한국연구재단 학술명저번역총서

● 서양편 ●

한국연구재단 학술명저번역총서

서양편 ● 68 ●

경제학 원리 2

앨프레드 마셜 지음 | 백영현 옮김

한길사

Principles of Economics
by Alfred Marshall

Published by Hangilsa Publishing Co., Ltd., Korea, 2010

◆ 이 책은 (재)한국연구재단의 지원으로 (주)도서출판 한길사에서 출간·유통을 한다.

이 도서의 국립중앙도서관 출판시도서목록(CIP)은
e-CIP 홈페이지(http://www.nl.go.kr/cip.php)에서 이용하실 수 있습니다.
(CIP제어번호: CIP2010004624)

경제학원리 2

경제학원리²

제VI편 국민소득의 분배

부록

경제학원리 [1]

어느 경우든, 일정한 소득증가에 의해
공급이 늘어나는 정도는
그러한 공급의 원천이 되는 사람들의
사회적 · 경제적 조건에 의해 좌우된다.

일러두기

1. 이 책은 Alfred Marshall, *Principles of Economics*(The Macmillan Company: New York, 1948)을 번역한 것이다.

2. 원서에 이탤릭체로 쓴 용어, 명조체 대문자로 시작하는 용어, 이탤릭체 대문자로 시작하는 용어는 이 책에서 고딕으로 표기했다.

3. 독자의 이해를 돕기 위해 각주에 옮긴이주를 넣고 *로 표시했다.

제 V 편 수요, 공급 그리고 가치의 일반적 관계

"기업은 성장하고 절정에 도달하고
그 뒤에 아마도 정체되고 쇠퇴할 것이다.
그리고 전환점에서 생명의 힘과
쇠퇴의 힘은 평형 또는 균형을 이룬다."

제1장 서론: 시장에 대해

1 기업은 성장하고 절정에 도달하고 그 뒤에 아마도 정체되고 쇠퇴할 것이다. 그리고 전환점에서 생명의 힘과 쇠퇴의 힘은 평형 또는 균형을 이룬다. 제IV편의 후반부는 주로 민족이나 산업·상업과 관련된 생명의 힘과 쇠퇴의 힘의 균형에 전념했다. 그리고 연구가 좀더 높은 단계에 도달함에 따라, 우리는 젊은이의 역량을 장년기에 이를 때까지 성장하게 하는 힘과 유사한 경제적 힘을 좀더 깊이 생각할 필요가 있을 것이다. 물론 장년기에 도달하고 난 뒤에 그는 경직되고 무기력해지며 끝내 다른 사람에게 자리를 양보하고 사라지게 된다. 그러나 진전된 연구를 위한 길을 마련하기 위해, 우리는 먼저 고무줄에 매달려 있는 돌이나 대야 속에서 서로 밀면서 정지해 있는 여러 개의 공의 물리적 균형에 상응하는 좀더 단순한 힘의 균형에 주목하려 한다.

우리는 이제 수요와 공급의 일반적 관계, 특히 가격의 조정과 관련된 수급관계를 고찰해야 한다. 여기서 수요와 공급은 가격의 조정에 의해 '균형'을 유지한다. 균형이라는 용어는 일상생활에서 흔히 사용되고 있으며, 현재로서는 특별한 설명 없이 사용할 수 있다. 그러나 이와 관련된 어려운 문제들이 많이 존재하며 이를 점차적으로 다루어야 할 것이다. 실제로 제V편의 대부분은 이러한 문제들을 처리하는 데 집중될 것이다.

우리는 어떤 종류의 경제문제에서 또는 다른 종류의 경제문제에서 사례를 들어 예증할 것이다. 그러나 추론의 주요과정은 특정 종류의 경제

문제의 고유한 가정에 구애받지 않을 것이다.

따라서 제V편은 서술적이 아니며 실제 문제를 구성적으로(construc-tively) 취급하는 것도 아니다. 여기서는 가치를 규정하는 원인들에 대한 지식의 이론적 뼈대를 설계하고, 다음 제VI편에서 시작되는 구성을 위한 토대를 마련한다. 그것은 지식의 달성보다는 오히려 두 가지 대항관계에 있는 힘, 즉 사람에게 경제적 노력과 희생을 촉구하는 힘과 억제하는 힘에 대한 지식을 획득하고 정리할 수 있는 능력을 목표로 한다.

제V편과 제VI편에서 전개되는 관념들을 명확히 하기 위해 시장에 대한 간결하고 잠정적인 설명으로 시작해보자. 시장의 조직은 원인이면서 동시에 결과로서 화폐, 신용 그리고 해외무역과 밀접한 관련이 있다. 따라서 이에 대한 온전한 연구는 그것을 상업 · 산업 경기변동, 그리고 생산자와 상인의 연합조직 및 고용주와 피고용자의 조직과 연결지어 다루는 이후의 저작으로 미루어질 것이다.

2 수요와 공급을 서로 관련지어 논할 때, 그것들이 지시하는 시장은 물론 동일한 것이어야 할 필요가 있다. 쿠르노가 말했듯이, "경제학자들은 시장이라는 용어를 재화가 매매되는 임의의 특정한 장터가 아니라, 구매자와 판매자가 자유롭게 접촉함으로써 동일 재화의 가격이 쉽고 빠르게 일치되는 경향이 있는 지역 전체로 이해한다."[1] 또는 제번스가 말했듯이, "원래 시장은 식량과 기타 재화들이 판매를 위해 진열되어 있는 마을의 공공장소였다. 그러나 이 용어는 일반화되어 밀접한 사업관계에 있고 임의의 재화에 대한 광범위한 거래를 속행하는 사람들의 집단을 의미하게 되었다. 대도시는 주요한 영업부문의 수만큼 많은 시장을 포함할 수 있다. 그리고 이러한 시장들은 국지화될 수도 있고 그렇지 않을 수도 있다. 시장의 중심은 업자들이 만나서 거래하기로 합의한 공공거래소, 상업중심지 또는 경매실이다. 런던에는 증권거래소, 곡물거래소, 석탄거래소, 설탕거래소 그리고 다른 많은 시장들이 상이한 장소에 국

---

1) 『부에 대한 이론의 수학적 원리에 관한 연구』, 제4장; 『경제학 원리』 1, 제III편, 제4장, 7을 보라.

지화되어 있으며, 맨체스터에는 면화거래소, 중고 면화거래소 그리고 다른 시장들이 있다. 그러나 특정 장소에 국지화되는 것이 필요조건은 아니다. 업자들은 도시 전역 또는 어떤 지역 전체에 퍼져 있을 수 있지만, 만일 그들이 정기시, 회합, 공시된 가격표, 우편을 수단으로 또는 다른 방법으로 서로 긴밀하게 소통한다면 시장을 형성한다."[2]

시장이 완전한 상태에 근접할수록, 시장의 모든 장소에서 동일 시점에 동일 재화에 대해 동일 가격이 지불되는 경향이 더욱 강해진다. 물론 시장이 광범위하다면, 상이한 구매자들에게 재화를 배달하는 경비를 반드시 참작해야 한다. 그리고 각각의 구매자는 반드시 시장가격과 더불어 배달에 따른 특별 요금을 지불해야 한다.[3]

3 경제적 추론을 실제로 적용할 때, 어떤 장소에서 수요와 공급의 움직임이 다른 장소에서의 그것에 의해 얼마나 많은 영향을 받는지 확인하는 것은 종종 어렵다. 분명 전신, 인쇄기 그리고 증기기관 운송의 일반적 경향은 이러한 영향이 미치는 범위를 확대하고 그 힘을 강화한다. 서구세계 전체는 어떤 의미에서 많은 종류의 증권, 고가의 귀금속에 대한 단 하나의 시장으로 간주될 수 있다. 그리고 정도의 차이는 있지만, 재화가 통관될 때 지불되는 관세를 포함해서 운송비를 적절하게 고려할 경우, 양모와 면화 심지어 밀에 대해서도 마찬가지다. 왜냐하면 어떤 경우든 서구세계 각지의 구매자들이 동일한 공급에 대해 경쟁할 수 없을 정도로 관세를 포함한 운송비가 크지는 않기 때문이다.

어떤 특정한 재화의 시장을 넓히거나 좁힐 수 있는 특수한 원인들이 많이 존재한다. 그러나 아주 광범위한 시장이 존재하는 거의 모든 재화들은 보편적으로 수요가 있으며, 쉽고 정확하게 기술될 수 있는 것들이

---

2) 『정치경제학 이론』, 제4장.
3) 따라서 부피가 큰 재화들의 가격이 선적항의 '본선인도'(free on board: 수입상이 지정 수배한 선적항[수출항]의 본선상에서 수출상이 계약상품을 수입상에게 인도할 것을 조건으로 하는 매매계약—옮긴이)로 표시되어 있는 것을 흔히 본다. 각 구매자는 재화들을 도착항까지 들여오는 경비를 가산해야 한다.

다. 예를 들어 면화, 밀 그리고 철은 긴요하고 거의 보편적인 욕구를 충족시켜준다. 그것들은 쉽게 기술될 수 있으며, 서로 멀리 떨어져 있는 그리고 재화로부터도 멀리 떨어져 있는 사람들 사이에서 매매될 수 있다. 만일 필요하다면, 재화들을 진정으로 대표하는 샘플들을 보여줄 수 있다. 그리고 아메리카에서 곡물과 관련해서 실제로 시행되는 것처럼, 재화들은 독립적인 기관에 의해 '등급이 매겨질' 수도 있다. 그러면 구매자는, 구매하는 재화의 샘플을 본 적도 없고 설사 샘플을 봤는데 스스로 평가할 수 없을지라도, 자신이 구매한 물건이 주어진 표준에 맞을 것이라고 확신할 수 있다.[4]

아주 넓은 시장이 존재하는 재화들은 반드시 장거리 수송을 견딜 수 있어야만 한다. 그러한 재화들은 다소 내구성이 있어야 하며, 부피에 비해 가치가 상당히 커야 한다. 부피가 너무 커서 산지에서 멀리 떨어진 곳에 판매될 때 가격을 크게 인상해야 하는 재화는 대체로 시장이 협소할 수밖에 없다. 예를 들어 보통의 벽돌에 대한 시장은 사실상 벽돌을 굽는 벽돌가마의 인근에 국한된다. 그것은 자체 벽돌가마를 보유하고 있는 다른 지역까지 육로로 장거리 수송되는 경우가 거의 없다. 그러나 어떤 특수한 종류의 벽돌은 잉글랜드 거의 전역에 걸쳐 시장을 가지고 있다.

4 이제 보편적으로 수요가 있고, 쉽게 인식될 수 있고, 쉽게 운반될 수 있는 조건들을 예외적으로 충족시키는 재화들의 시장을 좀더 면밀하게 고찰해보자. 그것들은 이미 말했던 것처럼 증권과 고가의 귀금속이다.

주식회사의 주식이나 사채 또는 정부의 공채는 발행조건이 동일하다

---

4) 공영 또는 민영 '창고'의 지배인은 농장주에게서 곡물을 받아 상이한 등급으로 분리해서 농장주에게 각 등급별 부셸 수를 기입한 증서를 돌려준다. 그의 곡물은 다른 농장주들의 곡물과 섞인다. 그의 증서는 곡물의 현물 인도를 희망하는 구매자에 이르기 전에 여러 차례 소유자가 바뀔 것이다. 그리고 그 구매자가 수취하는 곡물이 최초로 증서를 받은 농장에서 오는 경우는 거의 없거나 전무할 것이다.

면 가치도 정확히 일치한다. 발행조건이 동일한 증권은 어느 것을 구매하든 구매자에게 아무런 차이가 없다. 어떤 증권은 지방 사정에 대한 지식을 필요로 하며, 인근 지방도시의 증권거래소를 제외하면 아주 원활하게 거래되지는 않는다. 주로 비교적 규모가 작은 광산업체, 해운업체 등이 이 경우에 해당된다. 그러나 대규모 철도회사의 주식이나 사채는 잉글랜드 전역이 하나의 시장이 된다. 평상시 증권업자는 이를테면 미들랜드철도의 주식을 직접 보유하지 않은 상태에서도 매도할 수 있을 것이다. 왜냐하면 그는 그러한 주식이 언제나 시장에 유입될 것이며, 확실하게 그것을 구매할 수 있다는 것을 알기 때문이다.

그러나 가장 현저한 사례는 이른바 '국제적인' 증권인데, 그것은 지구 전역에서 수요가 있다. 여기에는 주요 정부의 공채, 그리고 수에즈 운하와 뉴욕중앙철도 같은 초대형 주식회사의 사채가 포함된다. 전신은 이러한 종류의 증권의 가격을 세계의 모든 증권거래소에서 거의 동일한 수준으로 유지해준다. 특정 증권의 가격이 뉴욕이나 파리, 런던이나 베를린에서 상승한다면, 가격상승에 대한 소식만으로도 다른 거래소에서의 가격상승을 야기한다. 만일 어떤 이유에서든지 가격상승이 지연된다면, 다른 거래소의 증권업자는 즉시 그러한 특수한 종류의 증권을 가격이 높게 형성된 거래소에 전신으로 매도주문을 낼 것이다. 반면에 가격이 높게 형성된 거래소의 증권업자는 다른 거래소에서 전신으로 매입주문을 낼 것이다. 이러한 매입과 매도는 가격이 모든 시장에서 동일한 수준으로 향하는 경향을 강화시킨다. 그리고 일부 거래소가 비정상적인 상태에 있지 않다면, 이러한 경향은 곧 불가항력적인 것이 된다.

증권거래소에서 증권업자는 일반적으로 매입가격과 거의 같은 가격으로 증권을 확실히 매도할 수 있다. 그리고 그는 종종 일등급 증권을 매도하는 동시에 매도가격보다 2분의 1, 4분의 1, 8분의 1 어떤 경우에는 심지어 16분의 1퍼센트 낮은 가격에 기꺼이 매입하려고 할 것이다. 만일 똑같이 우량한 두 종류의 증권이 있는데, 하나는 정부가 대규모로 발행한 공채이고, 다른 하나는 동일한 정부가 소규모로 발행한 공채라면, 따라서 전자는 끊임없이 시장에서 유통되고, 후자는 좀처럼 유통되지 않는다면, 이 점만 고려할 때 증권업자는 전자보다는 후자의 경우에 매도가격과 매입가격 사이의 더 큰 마진을 요구할 것이다.[5] 이것은 어떤 재화의 시장이 크면 클수록 일반적으로 가격변동은 작아지고, 딜러가 영업을 하기 위해 부과하는 총매상고 대비 이윤율은 낮아진다는 위대한 법칙을 잘 예시해준다.

쉽고 정확하게 기술될 수 있고, 운반이 용이하며, 보편적으로 수요가 있는 많은 종류의 생산물을 취급하기 위해 시장은 증권거래소를 모형으로 형성되었고 형성되고 있다. 그런데 이러한 성질을 가장 많이 가시고 있는 물적 재화는 금과 은이다. 바로 그런 이유 때문에 다른 재화들의 가치를 표시하는 화폐로 사용하기 위해 금과 은이 만장일치로 채택되었다. 금과 은의 세계시장은 가장 고도로 조직되어 있으며, 지금 설명하고 있는 법칙들의 작용과 관련해서 다수의 미묘한 사례를 제공할 것이다.

5 국제적인 증권 및 귀금속과 정반대의 극단에는 첫째, 꼭 맞는 의복처럼 특수한 개인에게 맞추기 위해 반드시 주문 제작되어야 하는 재화들이 있고 둘째, 신선한 채소처럼 원격지에 수송하면 이익을 남길 수 없는 상하기 쉽고 부피가 큰 재화들이 있다. 첫 번째 재화들은 도매시장 자체를 가지고 있다고 말하기가 거의 어렵다. 그러한 재화들의 가격은 소매단계의 매매조건에 의해 결정된다. 그리고 이러한 상품들에 대한 연구는 차후로 미루어질 것이다.[6]

---

5) 아주 규모가 작고 잘 알려지지 않은 기업의 주식 경우에는, 증권업자의 매입용 가격과 매도용 가격 사이의 차이가 매도가격의 5퍼센트 이상에 달할 수 있다. 만일 그가 매입한다면, 그는 이 증권을 받아갈 사람을 만날 때까지 상당히 긴 기간 보유해야 할지 모른다. 그리고 그동안 증권의 가치가 하락할 수 있다. 반면에 그가 직접 보유하지 않은 그리고 매일 시장에서 유통되지 않는 증권을 인도할 의무가 있다면, 그는 계약을 이행하기 위해 큰 고통과 비용을 치러야 할 것이다.

6) 사람은 소규모 구매에 대해서는 크게 걱정하지 않을 수 있다. 그는 다른 가게에서 2실링에 구매할 수 있는 종이 한 묶음을 어떤 가게에서 반 크라운 경화를 지불하고 구매할 수도 있다. 그러나 도매가격은 그렇지 않다. 인근의 제조업자는

두 번째 재화들에 대해서는 실제로 도매시장이 존재한다. 그러나 시장은 좁은 영역에 국한된다. 그 전형적인 사례는 시골 읍에서 보통 종류의 채소 판매에서 발견할 수 있다. 인근에 있는 채소생산자들은 아마도 판매와 구매 어느 쪽에서도 외부 간섭을 거의 받지 않고 채소를 읍민들에게 판매하기 위해 준비할 것이다. 물론 다른 시장에서 판매할 수 있는 힘과 구매할 수 있는 힘에 의해 극단적인 가격에 대한 일정한 억제 기제가 존재할 수 있다. 그러나 보통 상황에서 그러한 억제 기제는 작용하지 않는다. 그리고 이러한 경우에 딜러들은 서로 연합해서 인위적인 독점가격을 정할 수 있다. 가격은 생산비와 거의 무관하게 시장이 어느 정도까지 부담할 수 있는지에 대한 고려에 의해 주로 결정된다.

다른 한편 일부 채소생산자들은 두 번째 시골 읍에도 첫 번째 시골 읍과 거의 비슷하게 인접해서, 어떤 때는 첫 번째 읍에, 어떤 때는 두 번째 읍에 채소를 출하하는 경우가 있을 수 있다. 그리고 일부 소비자들은 이따금 첫 번째 읍에서 채소를 구매하지만 두 번째 읍에도 쉽게 접근할 수 있을 것이다. 이러한 상황에서는 가격이 조금만 변해도 판매자나 구매자는 유리한 시장을 선호하게 될 것이다. 따라서 두 읍에서의 거래는 어느 정도 서로 의존하게 된다. 두 번째 읍이 런던이나 다른 중심시장과 밀접하게 연결되어 있어서, 가격이 중심시장의 가격에 의해 통제를 받을 수 있다. 이 경우에는 첫 번째 읍에서의 가격도 상당 정도 중심시장의 가격과 같은 방향으로 변할 수밖에 없다. 정보가 입에서 입으로 전해져 마침내 소문이 미지의 근원지에서 아주 멀리까지 퍼져나가는 것처럼, 가장 외진 시장도 시장 관계자들이 직접적으로 알지 못하는 변화, 즉 먼 곳에서 발원한 그리고 시장에서 시장으로 점차적으로 확산되는

종이 1연을 5실링에 판매하는데, 어떤 제조업자가 그것을 6실링에 판매할 수는 없다. 왜냐하면 종이를 취급하는 도매업자는 종이를 구매할 수 있는 최저가격을 거의 정확하게 알고 있으며, 그 이상의 가격은 지불하지 않을 것이기 때문이다. 제조업자는 시장가격, 즉 같은 시기에 다른 제조업자들이 판매하는 가격과 비슷한 가격에 판매해야만 한다.

변화에 의해 영향을 받을 수 있다.

따라서 한쪽 극단에는 지구 전역으로부터 경쟁이 직접 작용하는 세계시장이 있고, 다른 쪽 극단에는 비록 간접적이고 전파된 경쟁의 영향력이 느껴지지만 원격지로부터 모든 직접적인 경쟁이 차단되어 있는 외진 시장이 있다. 그리고 이러한 양극단의 중간에 경제학자와 기업가들이 연구해야 하는 대다수의 시장이 있다.

6 시장은 또한 수요와 공급의 힘이 미치는 영역뿐만 아니라 그러한 힘이 서로 균형을 이루도록 허용된 기간에 따라 달라진다. 그리고 바로 지금 이러한 시간의 요소는 공간의 요소보다 더 많은 주의를 요한다. 왜냐하면 균형 자체의 성질 그리고 균형을 결정하는 원인의 성질은 시장 기간의 장단에 좌우되기 때문이다. 곧 밝혀지겠지만 만일 기간이 짧으면 공급은 수중에 있는 재고로 한정되며, 만일 기간이 길면 공급은 해당 재화를 생산하는 비용의 영향을 다소 받고, 만일 기간이 아주 길면 생산비가 재화를 생산하는 데 필요한 노동과 물적 재료들을 생산하는 비용의 영향을 다소 받는다. 물론 이러한 세 가지 유형의 시장들은 미세하게 서로 겹쳐진다. 우리는 첫 번째 유형으로 시작할 것이다. 그리고 제2장에서 수요와 공급의 일시적 균형을 고찰할 것이다. 여기서 '공급'은 사실상 시장에서 판매시점에 가용한 스톡만을 의미한다. 따라서 그것은 생산비에 의해 직접적으로 영향을 받을 수 없다.

제2장 수요와 공급의 일시적 균형

1 욕망과 노력 사이의 평형 또는 균형에 대한 가장 단순한 경우는 어떤 사람이 자신의 욕구를 자신의 직접적인 노동으로 충족시킬 때 발견된다. 어떤 소년이 자신이 직접 먹기 위해 검은 딸기를 딸 때 따는 행위 자체가 잠시 동안은 즐거울 수 있다. 그리고 좀더 긴 시간 동안은 먹는 기쁨이 따는 수고를 보상하기에 충분하다. 그러나 그가 상당히 먹고 나면 더 먹고 싶은 욕망은 체감한다. 반면에 딸기를 따는 일이 피로를 야기하기 시작한다. 그것은 실제로 피로라기보다는 단조로운 느낌일 수 있다. 마침내 놀고 싶은 열망과 따는 일에 대한 싫증이 먹고 싶은 욕망을 정확하게 상쇄할 때 균형에 도달한다. 여기서 과일을 따서 얻을 수 있는 만족은 극대치에 도달한다. 왜냐하면 이 시점까지는 과일을 추가로 따는 데 기인하는 쾌락의 감소보다 쾌락의 증가가 더 크고, 그 후에는 과일을 추가로 따는 데 기인하는 쾌락의 증가보다 쾌락의 감소가 더 클 것이기 때문이다.[1]

미개척지의 두 주민이 소총과 카누를 물물교환 하는 것처럼 어떤 사람이 다른 사람과 우연적인 거래를 할 때, 수요와 공급의 균형이라고 마땅히 부를 수 있을 만한 것이 거의 없다. 양쪽 모두 만족의 잉여가 있을 수도 있다. 왜냐하면 어떤 사람은 달리 카누를 얻을 수 없었다면 소총뿐만 아니라 다른 것도 기꺼이 줄 용의가 있을 것이며, 한편 다른 사람은

---

1) 『경제학 원리』 1, 제IV편, 제1장, 2; 「수학부록」 주 XII를 보라.

필요한 경우 소총을 얻기 위해 카누뿐만 아니라 다른 것도 기꺼이 줄 용의가 있을 것이기 때문이다.

진정한 균형은 물물교환 체계에서도 실제로 도달될 수 있다. 물물교환은 비록 구매와 판매보다 역사적으로 더 오래되었지만 어떤 의미에서 더 복잡하다. 그리고 진정한 균형가치의 가장 단순한 경우는 좀더 진전된 문명상태의 시장에서 발견된다.

어떤 종류의 거래들은 논의는 많이 되었지만 실제로는 별로 중요하지 않아서 무시될 수 있다. 그것은 전혀 '등급을 매길' 수 없는 늙은 대가의 그림, 진귀한 동전 등과 관련이 있다. 그러한 재화의 판매가격은 부유한 애호가가 판매 시에 그 자리에 있었는지 여부에 크게 좌우된다. 만일 애호가가 없다면, 아마도 그것은 이윤을 남기고 판매할 수 있을 것으로 기대하는 딜러에 의해 구매될 것이다. 그리고 동일한 그림의 가격은 계속되는 경매에서 실제로도 크게 변동하지만, 전문적으로 구매하는 사람들의 지속적인 영향이 없다면 더욱 크게 변동할 것이다.

2 이제 현대생활의 일상적인 거래로 방향을 바꿔, 시골 읍의 곡물시장을 사례로 들어보자. 그리고 문제를 단순화하기 위해 시장에 있는 모든 곡물의 품질이 같다고 가정하자. 각각의 농장주나 다른 판매자가 특정 가격에 팔려고 내놓은 물량은 자신의 화폐에 대한 필요 및 관련 시장의 현재·미래상태에 대한 예측에 의해 좌우된다. 어떤 판매자도 받아들이지 않을 가격수준도 있으며, 어떤 판매자도 거절하지 않을 가격수준도 있다. 그리고 공급량의 차이는 있지만 다수의 또는 모든 판매자들이 받아들일 중간수준의 가격도 있다. 누구든지 시장상황을 예측하고 그에 알맞게 행동하려고 애쓸 것이다. 곡물 보유자들이 35실링의 낮은 가격을 받고 기꺼이 판매하려는 분량은 600쿼터*를 넘지 않지만, 36실링에서는 다른 100쿼터의 보유자들이 판매하려 하고, 37실링에는 또 다른 300쿼터의 보유자들이 판매하려 한다고 가정하자. 또한 37실링에

---

* 곡량의 단위, 8부셸.

는 600쿼터에 대해서만 구매자들의 마음이 끌리는 반면, 36실링에는 100쿼터가 추가로 판매될 수 있고, 35실링에는 200쿼터가 추가로 판매될 수 있다고 가정하자. 이러한 사실들은 아래와 같은 표로 나타낼 수 있다.

가격	보유자들이 기꺼이 판매하려는 분량	구매자들이 기꺼이 구매하려는 분량
37실링	1000쿼터	600쿼터
36실링	700쿼터	700쿼터
35실링	600쿼터	900쿼터

물론 판매하지 않고 시장을 떠나는 것보다는 실제로 36실링을 수용할 용의가 있는 사람들 가운데 일부는 그 가격을 기꺼이 받아들이겠다고 즉시 드러내지는 않을 것이다. 비슷하게 구매자들은 연막을 치고 실제보다 덜 갈망하는 것처럼 시치미를 뗄 것이다. 따라서 시장의 '흥정과 교섭'에서 전자가 우세한지 후자가 우세한지에 따라 가격은 셔틀콕처럼 상하로 진동할 것이다. 만일 양쪽이 흥정과 교섭능력에 차이가 없다면, 예를 들어 한쪽이 아주 단순하거나 운이 없어서 다른 쪽의 역량을 평가하는 데 실패하지 않는다면, 가격은 결코 36실링에서 아주 멀어지지는 않을 것이다. 그리고 시장이 마감되면 가격이 36실링에 상당히 근접하리라는 것은 거의 확실하다. 왜냐하면 구매자들이 36실링에 원하는 분량 전부를 실제로 그 가격에 구매할 수 있다고 생각한다면, 곡물보유자는 그보다 상당히 높은 가격을 제시함으로써 판매기회를 놓치고 싶어하지 않을 것이기 때문이다.

구매자들 쪽에서도 비슷한 계산을 할 것이다. 언제든지 가격이 36실링을 크게 상회하면, 그들은 그 가격에서 공급이 수요보다 훨씬 많을 것이라고 생각할 것이다. 따라서 전혀 구매를 못하고 시장을 떠나야 한다면 높은 가격을 지불할 용의가 있는 구매자들도 기다리게 된다. 그리고 기다림으로써 그들은 가격이 하락하는 데 기여한다. 다른 한편 가격이 36실링 밑으로 크게 하락할 때는, 곡물을 팔지 못한 채 시장을 떠나야 한다면 그 가격이라도 수용할 용의가 있는 판매자들도 그 가격에는 수요가 공급을 초과할 것이라고 생각할 것이다. 따라서 그들은 기다릴 것이고, 기다림으로써 가격이 상승하는 데 기여한다.

그렇게 36실링이라는 가격은 진정한 균형가격이라고 불릴 만한 일정한 자격을 가지고 있다. 왜냐하면 만일 가격이 36실링으로 처음부터 고정되어 있고 계속 유지된다면, 수요와 공급은 정확하게 일치할 (즉 구매자들이 그 가격에 구매할 용의가 있던 분량은 판매자들이 그 가격에 판매할 용의가 있던 분량과 정확하게 일치할) 것이기 때문이다. 또 시장상황에 대한 완전한 지식을 가지고 있는 각각의 딜러가 그 가격에 정착될 것으로 기대하기 때문이다. 만일 가격이 36실링에서 크게 벗어난다면 그는 머지않아 변화가 일어날 것으로 기대하며, 그것을 예상함으로써 그는 변화가 빠르게 일어나는 데 기여한다.

실제로 우리의 논의를 위해 임의의 딜러가 시장 상황에 대해 완전한 지식을 가지고 있을 필요는 없다. 어쩌면 많은 구매자들이 판매자들의 판매 용의를 과소평가할 수 있다. 그 결과 가격은 당분간 임의의 구매자들을 발견할 수 있는 가장 높은 수준에서 유지될 수 있다. 따라서 가격이 37실링 밑으로 떨어지기 전에 500쿼터가 판매될 수 있다. 그러나 그 후에 가격은 반드시 떨어지기 시작하며, 그 결과 여전히 200쿼터가 더 판매되고 시장가격이 대략 36실링에 근접하게 될 것이다. 왜냐하면 700쿼터가 판매되었을 때, 어떤 판매자도 36실링보다 높은 가격을 제외하고는 더 이상 처분하고 싶어하지 않을 것이며, 어떤 구매자도 36실링보다 낮은 가격을 제외하고는 더 이상 구매하고 싶어하지 않을 것이기 때문이다. 마찬가지로 만일 판매자들이 구매자들의 지불용의를 과소평가한다면, 판매자들 가운데 일부는 곡물을 팔지 않고 남겨두기보다는 그들이 수용할 수 있는 가장 낮은 가격에 판매하기 시작할 것이다. 그리고 이 경우에 35실링의 가격에 상당한 곡물을 판매할 것이다. 그러나 시장

은 필시 가격 36실링, 총판매량 700쿼터에서 폐장될 것이다.[2]

3 이러한 예증에서는 대부분 시장의 실제 조건과 부합하는 암묵적인 가정이 있다. 그러나 그러한 가정이 정당화될 수 없는 경우까지 부지불식간에 스며드는 것을 방지하기 위해, 우리는 그것을 명확하게 인식해야 한다. 우리는 700번째 쿼터에 대해 구매자들이 지불할 용의가 있는 가격 그리고 판매자들이 수용할 용의가 있는 가격은 그 이전의 거래가 높은 가격에서 이루어졌든 낮은 가격에서 이루어졌든 영향을 받지 않을 것이라고 암묵적으로 가정했다. 우리는 구매량이 증가함에 따라 구매자들의 곡물에 대한 필요[곡물의 한계효용]는 감소한다는 것을 고려했지만, 화폐를 지출하지 않으려는 성향[화폐의 한계효용]에 대해서는 어떤 뚜렷한 변화도 고려하지 않았다. 우리는 이전의 지출이 높은 가격에서 이루어졌든 낮은 가격에서 이루어졌든 화폐의 한계효용은 거의 동일할 것이라고 가정했다.

이러한 가정은 우리가 실제로 관심을 가지고 있는 대부분의 시장거래와 관련해서는 정당화될 수 있다. 어떤 사람이 소비를 위해 무엇인가를 구매할 때 일반적으로 총자원의 작은 부분을 지출한다. 반면에 그가 그 것을 영업용으로 구매할 때 그는 재판매를 목표로 하며, 따라서 그의 잠재적 자원은 감소하지 않는다. 어떤 경우든 화폐를 지출하려는 용의는 가시적으로 변하지 않는다. 그렇지 않은 개인들이 실제로 있을 수 있다. 그러나 많은 화폐스톡을 지배할 수 있는 딜러들이 분명히 있으며, 그들의 영향은 시장을 안정시킨다.[3]

---

2) 이러한 사례는 일반적인 여론이 딜러들의 행동에, 더 나아가 시장가격에 미치는 영향의 단순한 형태를 보여주고 있다. 우리는 차후에 좀더 복잡한 상황에 대해 심도 있게 다루게 될 것이다.

3) 예를 들어 구매자는 가끔 현금이 궁핍한 상황에 처하며, 기꺼이 받아들였던 다른 판매제의보다 결코 열등하지 않은 판매제의를 흘려보내야만 한다. 자기자금이 고갈되면, 그는 거래에서 일견에 얻을 수 있을 것으로 보였던 모든 이윤이 상실되는 조건으로밖에 자금을 차입할 수 없었을 것이다. 그러나 판매제의가 진정으로 좋은 조건이라면, 자금사정이 그렇게 나쁘지 않은 다른 사람이 그 기

재화시장에서는 예외가 드물 뿐만 아니라 중요하지도 않다. 그러나 노동시장에서는 예외가 흔하고 중요하다. 어떤 노동자가 굶주림을 두려워할 때, 그의 화폐에 대한 필요[화폐의 한계효용]는 아주 크다. 그리고 만일 취직할 때 그가 최악의 거래를 하고 낮은 임금에 고용된다면 화폐의 한계효용은 여전히 클 것이고, 그는 노동을 계속해서 낮은 임금률에 판매할 것이다. 이러한 사정은 더욱 강화될 가능성이 크다. 왜냐하면 재화시장에서는 거래의 이익이 구매자와 판매자 양측에 거의 비슷하게 분포될 가능성이 큰 반면, 노동시장에서는 그것이 종종 판매자 측보다는 구매자 측에 유리하게 분포되기 때문이다. 노동시장과 재화시장의 또 다른 차이점은 각 노동 판매자의 가처분 노동은 오직 한 단위밖에 없다는 사실에서 비롯된다. 이러한 두 가지 차이점은, 연구가 진전됨에 따라 밝혀지겠지만, 일부 경제학자들 특히 고용주계층에 속하는 경제학자들이 노동을 단순히 상품으로 취급하고 노동시장을 모든 다른 시장과 유사한 것으로 간주하는 습관에 대해 노동계층이 느끼는 본능적 반감을 설명해주는 여러 사실들 가운데 일부다. 그러나 노동시장과 재화시장 그

회를 놓치지 않을 것이 거의 확실하다.

또 곡물을 36실링에 기꺼이 판매할 것으로 간주되었던 사람들 가운데 일부는 일정한 규모의 현금이 긴급히 필요했기 때문에 판매할 용의가 있었을 것이라는 것도 가능하다. 만일 그들이 좀더 높은 가격에 약간의 곡물을 판매하는 데 성공했더라면 현금의 한계효용은 상당히 감소했을 것이며, 따라서 그들은 가격이 줄곧 36실링이었다면 판매했을 곡물 전량을 36실링에 판매하는 것을 거절했을 수도 있다. 이 경우에 시장이 개장할 때 거래에서 우위를 가진 결과로, 판매자는 폐장까지 진정한 균형가격보다 높은 가격을 유지할 수 있을 것이다. 폐장 가격은 하나의 균형가격일 것이다. 비록 정확하게 진정한 균형가격이라고 말할 순 없지만, 그것은 진정한 균형가격에서 크게 벗어나지는 않을 것이다.

반대로 만일 시장이 판매자들에게 아주 불리해서 그들이 일부의 곡물을 아주 저렴하게 판매했다면, 따라서 여전히 현금이 크게 부족했다면, 현금의 최종적인 효용이 여전히 아주 높아서 그들은 구매자들이 원하는 만큼 모두 구매할 때까지 36실링보다 상당히 낮은 가격에 계속 판매할 것이다. 시장은 진정한 균형가격에 결코 이르지 못하고 폐장될 것이다. 그러나 진정한 균형가격에 상당히 근접할 것이다.

리고 노동과 상품의 차이는 이론적 시각에서는 기본적이지 않을지라도, 명확하게 구분되는 그리고 실제로는 종종 아주 중요한 차이인 것이다.

따라서 구매·판매이론은 재화 자체뿐만 아니라 화폐에 대해서도 한계효용이 그 크기에 의존한다는 것을 고려할 때 훨씬 더 복잡해진다. 그러나 고려의 실제적 중요성은 아주 크지 않다. 「부록 F」에서는 교환의 한쪽이 일반구매력의 형태인 거래와 물물교환의 차이점을 설명한다. 물물교환에서는 교환되는 각 재화의 보유량이 두 당사자의 개인적 욕구와 꼭 들어맞아야 할 필요가 있다. 만일 어떤 사람의 보유량이 너무 크면, 그것은 별 쓸모가 없을 수 있다. 만일 그의 보유량이 너무 적으면, 그가 원하는 것을 쉽게 줄 수 있고 동시에 그가 여분으로 가지고 있는 특정한 재화를 필요로 하는 사람을 찾는 데 어려움이 있을 수 있다. 그러나 일반구매력을 보유하고 있는 사람은 자신에게 필요한 것이 무엇이든 그것을 여분으로 보유하고 있는 사람을 만나자마자 얻을 수 있다. 그는 자신이 원하는 것을 팔려 하고 자신이 팔고자 하는 것을 원하는 사람과의 '이중적 일치'를 발견할 때까지 찾아다닐 필요가 없다. 따라서 누구나 특히 전문딜러는 계속해서 많은 화폐스톡을 지배할 수 있으며, 화폐스톡을 고갈시키거나 화폐의 한계효용을 크게 변화시키지 않고도 상당한 구매를 할 수 있다.

제3장 정상수요와 정상공급의 균형

1 다음으로 공급가격, 즉 딜러들이 다양한 분량에 대해 수용할 용의가 있는 일련의 가격을 규정하는 원인을 고찰해보자. 제2장에서 우리는 단 하루에 일어나는 일들을 보았고, 팔려고 내놓은 물량은 이미 존재하는 것으로 가정했다. 물론 이러한 물량은 지난해에 파종했던 밀의 양에 의존하며, 후자는 다시 지난해에 파종한 밀의 금년 가격에 대한 농장주들의 예측에 의해 크게 영향을 받는다. 이것이 바로 우리가 제3장에서 다루어야 할 요점이다.

장날 시골 읍의 곡물시장에서도 균형가격은 미래의 생산과 소비의 관계에 대한 예상의 영향을 받는다. 한편 아메리카와 유럽의 중심적인 곡물시장에서는 선물인도를 위한 거래가 이미 우위를 점하고 있으며, 빠른 속도로 전 세계의 모든 주요한 곡물거래의 흐름을 하나의 망으로 엮고 있다. 이러한 '선물'거래의 일부는 투기적 책동에 따른 사건에 불과하다. 그러나 대체로 그것은 한편으로는 세계소비 그리고 다른 한편으로는 현존하는 스톡과 북반구와 남반구의 차기 수확량에 대한 추정에 의해 좌우된다. 딜러들은 각종 곡물의 파종면적, 작물의 작황과 무게, 곡물의 대체재로 사용될 수 있는 재화들과 곡물이 대체재로 사용될 수 있는 재화들의 공급을 고려한다. 따라서 보리를 구매 또는 판매할 때, 그들은 양조할 때 보리의 대체재로 사용될 수 있는 설탕 같은 재화들의 공급과 모든 다양한 사료들의 공급을 고려한다. 특히 이러한 사료들이 부족하면 농가소비에서 보리의 가치는 상승할 것이다. 만일 세계의 임의의 지역에서 특정 종류의 곡물생산자가 손실을 입었으며, 미래의 수확을 위해 좀더 좁은 면적에 파종할 것이라고 생각한다면, 딜러들은 수확이 닥치고 곡물의 부족이 모두에게 명백해지면 가격이 상승할 것이라고 판단한다. 이러한 가격상승에 대한 예상은 선물 인도를 위한 현재의 판매에 영향을 미친다. 그리고 그것은 다시 현물가격에 영향을 미친다. 따라서 현물가격은 추가적인 공급을 생산하는 경비에 대한 추정에 의해 간접적으로 영향을 받는다.

그러나 이 장과 다음 여러 장에서 우리는 가장 멀리 미래를 내다보는 딜러들이 일반적으로 계산에 넣는 기간보다 훨씬 긴 기간에 걸친 가격의 변동에 특히 관심이 있다. 우리는 생산량 자체가 시장의 조건에 맞게 조정되고, 정상가격이 정상수요와 정상공급의 안정적 균형점에서 결정되는 것을 고려해야 한다.

2 이하의 논의에서는 생산비(cost)와 생산경비(expenses)라는 용어들을 자주 사용하게 된다. 그리고 논의를 진행하기 전에 이 용어들에 대한 약간의 설명이 필요하다.

재화의 공급가격을 수요가격과 대비시켰던 논의로 되돌아가서 출발해보자. 생산효율성이 오직 노동자의 노력에 의존한다고 가정하면서, 우리는 "일정량의 어떤 재화를 생산하는 데 필요한 노력을 끌어내기 위해 요구되는 가격을, 물론 주어진 단위기간을 감안해서, 그 재화량에 대응하는 공급가격이라고 명할 수 있다는 것"[1]을 보았다. 그러나 이제 재화의 생산이 일반적으로 많은 다양한 종류의 노동과 여러 형태의 자본의 사용을 필요로 한다는 사실을 고려해야 한다. 재화를 만드는 데 직·간접적으로 관련되는 다양한 종류의 노동의 발휘, 그리고 사용된 자본을 저축하기 위해 요구되는 절욕 또는 기다림, 우리는 이러한 모든 노력과 희생을 합해 재화의 **실질생산비**라 명할 수 있다. 그리고 이러한 노력과 희생에 대해 지불해야 하는 금액을 재화의 **화폐생산비**(money cost

---

1) 『경제학 원리』 1, 제IV편, 제1장, 2.

of production) 또는 짧게 말해 재화의 **생산경비**라 부를 것이다. 이러한 경비는 재화를 만들기 위해 필요한 노력과 기다림의 적절한 공급을 끌어내기 위해 지불되어야 하는 가격 또는 공급가격이다.[2]

재화의 생산경비에 대한 분석은 얼마든지 소급해서 올라갈 수 있을 것이다. 그러나 아주 멀리까지 거슬러 올라갈 필요는 거의 없다. 이를테면 제조업에서 사용되는 각종 원료의 공급가격을 최종적인 사실로서 받아들이는 것으로 충분한 경우가 많다. 즉 이러한 원료의 공급가격을 여러 가지 구성요소로 분해하지 않는다. 만약 그렇게 하지 않는다면, 분해는 결코 끝나지 않을 것이다. 다음에 우리는 어떤 재화를 만드는 데 필요한 것들을 편의상 여러 그룹으로 묶어 정리해서 그것을 재화의 **생산요소**라고 명할 수 있다. 따라서 일정량의 어떤 재화가 생산되었을 때 생산경비는 그에 대응하는 생산요소의 양의 공급가격이다. 그리고 이러한 공급가격의 합은 그 재화량의 공급가격이다.

3 전형적인 현대 시장은 종종 제조업자가 도매업자에게 유통비용이 거의 포함되지 않은 가격에 재화를 판매하는 시장으로 간주된다. 그러나 시야를 넓히면, 어떤 재화의 공급가격은 우리가 고려하고 있는 일군

---

2) 밀과 일부 다른 경제학자들은 일상생활의 관행을 따라 **생산비**라는 용어를 때로는 어떤 재화를 생산하는 어려움을 나타내기 위해서, 때로는 사람들로 하여금 이러한 어려움을 극복하고 재화를 생산하도록 유인하기 위해 지불되는 경비를 표현하기 위한 두 가지 의미로 사용했다. 그러나 명시적인 경고 없이 하나의 용법에서 다른 용법으로 이행함으로써, 그들은 많은 오해와 무익한 논쟁을 불러일으켰다. 가치와 생산비의 관계와 관련된 밀의 학설에 대한 케언즈(『새로이 해석된 정치경제학의 지도원리』)의 공격은 밀의 사망 직후에 발표되었다. 그리고 케언즈는 밀의 계승자로 간주되었기 때문에 불행하게도 밀의 설명에 대한 그의 해석이 일반적으로 권위가 있는 것으로 받아들여졌다. 그러나 필자는 「밀의 가치론」에서 케언즈가 밀의 의미를 잘못 이해했으며, 실제로 밀보다 진실을 제대로 파악하지 못했다는 것을 논증했다.

일정량의 1차생산물에 대한 생산경비는 지대가 없는 '생산의 한계'와 관련해 추정하는 것이 최선일 것이다. 그러나 이러한 방법은 수익체증의 법칙을 따르는 상품들에 대해서는 큰 어려움이 있다. 내친김에 이 점을 지적하는 것이 주요할 것 같다. 이 점에 대해서는 나중에 제12장에서 충분히 논의할 것이다.

의 재화 수요자들에게 판매하기 위해 인도되는 가격 또는 우리가 염두에 두고 있는 시장에서의 가격이라고 생각할 수 있다. 그리고 공급가격을 설정하기 위해 얼마나 많은 유통비용을 계산에 넣어야 하는지는 그 시장의 성격에 의존할 것이다.[3] 예를 들어 캐나다 삼림지구 인근에서 목재의 공급가격은 종종 거의 전적으로 벌목공의 노동가격으로 이루어져 있다. 그러나 런던 도매시장에서 동일한 목재의 공급가격은 상당 부분 운임으로 이루어져 있다. 한편, 잉글랜드 시골 읍의 소규모 구매자에 대한 목재의 공급가격은 절반 이상이 필요한 목재를 집까지 배달해주고 구매자를 위해 재고물량을 준비해두는 중간상인의 수수료와 철도요금으로 이루어져 있다. 또 특정 종류의 노동의 공급가격은 어떤 관점에서는 양육비, 일반교육비 그리고 전문교육비로 분할될 수 있다. 가능한 조합은 무수히 많다. 그리고 각각의 조합은 관련 문제의 완전한 해결을 위해 특별히 처리해야 할 특수한 사항들을 가지고 있지만, 이러한 모든 특수한 사항들은 제V편의 일반적인 논의와 관련해서는 무시될 수 있다.

재화의 생산경비를 추산할 때, 생산량의 변화는 새로운 발명이 없더라도 여러 가지 생산요소의 상대적 양의 변화를 수반할 수 있다는 사실을 반드시 고려해야 한다. 예를 들어 생산규모가 증가하면 마력 또는 증기력이 육체노동을 대체할 것이며, 재료는 좀더 원거리에서 대량으로 운송될 것이다. 따라서 모든 종류의 운송업자, 중간상인 그리고 무역업자의 노동에 상응하는 생산경비는 증가할 것이다.

생산자의 지식과 영업능력이 미치는 한, 그는 각 경우에 자신의 목적에 가장 적합한 생산요소들을 선택한다. 사용되는 생산요소의 공급가격 총합은 일반적으로 모든 대체 가능한 다른 생산요소 조합의 공급가격 총합보다 더 적다. 그렇지 않은 것으로 판단될 때는 언제나, 생산자는 일

---

3) 우리는 '생산'이라는 용어의 경제학적 의미에는 어떤 물건을 수요가 적은 장소에서 수요가 많은 장소로 이동시킴으로써 또는 소비자들의 필요가 충족되도록 도와줌으로써 새로운 효용을 생산하는 것이 포함된다는 것을 이미 지적했다 (『경제학 원리』 1, 제II편, 제3장).

반적으로 경비가 덜 드는 방법으로 대체하려고 노력할 것이다. 그리고 더 나아가 비슷한 방식으로 사회는 소요경비에 비해 효율성이 떨어지는 사업가를 좀더 효율적인 다른 사업가로 대체할 것이다. 우리는 이것을 편의상 대체원리(The principle of substitution)라고 명할 수 있다.

이러한 원리는 경제연구의 거의 모든 영역에 적용된다.[4]

4 내용을 정리해보자. 우리는 가장 일반적인 형태의 정상수요와 정상공급의 균형을 연구한다. 우리는 경제학의 특정 부문에 고유한 특징들은 무시하며, 경제학 거의 전반에 공통적인 포괄적인 관계에 주의를 집중한다. 따라서 다음과 같은 가정들이 성립된다. 수요와 공급의 힘이 자유롭게 작용하며, 딜러들은 수요 측에서도 공급 측에서도 긴밀한 결탁 없이 각자 독자적으로 행동한다. 또한 자유경쟁을 충분히 철저하게 관철한다. 즉 구매자들은 일반적으로 구매자들끼리 자유롭게 경쟁하며, 판매자들은 판매자들끼리 자유롭게 경쟁한다. 그러나 모든 사람이 비록 독자적으로 행동할지라도 다른 사람들의 행동에 대한 충분한 지식이 있어서, 일반적으로 다른 사람들보다 더 낮은 가격을 받거나 더 높은 가격을 지불하지 않는다. 완제품뿐만 아니라 생산요소에 대해서도, 노동의 고용에 대해서도 그리고 자본의 차입에 대해서도 잠정적으로 이러한 조건이 성립된다고 가정한다. 우리는 이러한 가정들이 얼마나 생활의 현실과 부합하는지에 대해 이미 어느 정도 조사했으며, 더 조사를 진행해야 할 것이다. 그러나 당분간은 동일한 시점에 시장에는 오직 하나의 가격만이 존재한다는 가정 아래 논의를 진행한다. 물론 필요하다면 시장의 각기 다른 장소에 있는 딜러들에게 재화를 인도하는 데 따르는 경비의 차이에 대해서는 별도로 감안해야 한다. 여기에는 소매시장의 경우 소매활동에 따르는 특별 경비를 감안하는 것도 포함된다.

이러한 시장에서는 일정량의 재화에 대응하는 수요가격, 즉 일정량의 재화가 하루, 1주 또는 1년 안에 구매자를 발견할 수 있는 가격이 존재

---

4) 『경제학 원리』 1, 제III편, 제5장; 제IV편, 제7장, 8을 보라.

한다. 주어진 재화의 양에 대응하는 수요가격을 규정하는 조건은 문제마다 성격이 다르다. 그러나 어떤 경우든 시장에 판매하기 위해 내놓은 재화의 양이 많으면 많을수록 그에 대한 구매자를 발견할 수 있는 가격은 낮아진다. 또는 제공되는 재화의 양이 증가하면, 각 부셸이나 야드의 수요가격은 감소한다.

시간의 단위는 각각 특수한 문제의 상황에 맞게 선택될 수 있다. 그것은 하루, 1주, 1년 또는 한 세대일 수도 있다. 그러나 어떤 경우든 그것은 반드시 고려 대상이 되는 시장기간에 비해 상대적으로 짧아야 한다. 시장의 일반적 상황은 이 기간에 변하지 않는 것으로, 이를테면 유행 또는 기호의 변화도 없고, 수요에 영향을 미칠 수 있는 새로운 대체재도 없고, 공급을 교란하는 새로운 발명도 없다고 가정된다.

정상공급의 조건은 덜 명확하다. 그리고 이러한 조건에 대한 완전한 연구는 이후의 장들에서 다루어진다. 그것은 조사대상이 되는 기간의 길이에 따라 세부적으로 달라질 것이다. 그 주된 이유는 기계, 기타 공장건축물과 같은 물적 자본뿐만 아니라 영업수완, 경영능력, 사업조직 같은 비물질적 자본도 서서히 성장하고 서서히 쇠퇴하기 때문이다.

'대표기업'의 생산의 내·외부경제는 그 기업이 생산하는 재화의 집계생산량에 의존한다.[5] 이러한 대표기업을 염두에 두자. 그리고 이러한 의존관계의 성질에 대한 추가적인 연구는 뒤로 미루고, 일정량의 재화의 정상공급가격은 (경영총수입[6]을 포함한) 대표기업의 정상생산경비로 간주될 수 있다고 가정하자. 즉 어떤 가격이 확보될 것이라는 기대가 성립되면 현재의 집계생산량이 그대로 유지될 때, 그러한 가격은 정상공급가격이라고 가정하자. 물론 그사이에 어떤 기업들은 흥하고 생산량을 늘리는 반면, 어떤 기업들은 쇠퇴하고 생산량을 줄인다. 그러나 집계생산량은 변하지 않는다. 정상공급가격보다 높은 가격에서는 흥하는 기업들의 성장이 촉진되고, 쇠퇴하는 기업들의 몰락이 중지되지는 않더

---

5) 『경제학 원리』 1, 제IV편, 제13장, 2를 보라.
6) 『경제학 원리』 1, 제IV편, 제12장의 마지막 단락을 보라.

라도 둔화될 것이다. 결과적으로 집계생산량은 증가한다. 다른 한편 정상공급가격보다 낮은 가격에서는 쇠퇴하는 기업들의 몰락이 빨라지고, 흥하는 기업들의 성장이 둔화되며, 전체적으로 생산은 감소한다. 그리고 가격의 등락은 종종 정체되기는 하지만 거의 소멸하는 법이 없는 거대한 주식회사에 대해서도 정도는 다르겠지만 비슷한 영향을 미칠 것이다.

5 우리의 생각을 명확하게 보여주기 위해 양모산업의 사례를 들어보자. 양모산업에 정통한 어떤 사람이 특정 종류의 옷감 연간 수백만 야드의 정상공급가격을 조사한다고 가정해보자. 그는 (1) 옷감을 제작하는 데 사용되는 양모, 석탄 그리고 기타 재료들의 가격, (2) 건물, 기계 그리고 다른 고정자본의 마모와 감가상각, (3) 모든 자본에 대한 이자와 보험료, (4) 공장에서 일하는 노동자들의 임금 그리고 (5) 위험을 부담하고, 작업을 설계·감독하는 사람들의 (손실에 대한 보험료를 포함한) 경영총수입을 계산해야 할 것이다. 그는 물론 공급의 조건이 정상적이라는 가정 아래, 옷감의 다양한 생산요소들의 필요한 양에 대한 공급가격들을 추정할 것이다. 그리고 그는 그것들을 모두 더해 옷감의 공급가격을 구할 것이다.

수요가격목록[7]과 유사한 방법으로 작성한 공급가격목록(또는 공급스케줄)을 가정해보자. 1년 또는 임의의 다른 단위기간에 각각의 일정량의 재화에 대응하는 일련의 공급가격을 작성한다.[8] 재화의 유량 또는

---

[7] 『경제학 원리』1, 제III편, 제3장, 4를 보라.

[8] 수요곡선의 경우처럼 재화의 양을 Ox상에 가격을 Oy와 평행하게 나타내면, 우리는 Ox상의 임의의 점 M에 대해 재화의 양 OM의 공급가격을 나타내는 수선 MP를 얻는다. 수선의 끝 점 P는 공급점(supply point)이라 명할 수 있다. 가격 MP는 재화의 양 OM에 대응하는 여러 생산요소들의 공급가격으로 이루어져 있다. 우리는 점 P의 궤적을 공급곡선이라 명할 수 있다.
예를 들어 OM의 옷감이 생산될 때, 대표기업의 생산경비는 다음과 같은 항목들로 분류된다고 가정해보자. (i) MP_1, 그것을 생산하는 데 사용되는 양모와 다른 유동자본의 공급가격, (ii) P_1P_2, 그에 상응하는 건물, 기계 그리고 기타 고정자본의 마모와 감가상각, (iii) P_2P_3, 모든 자본에 대한 이자와 보험료, (iv)

재화의 (연간)분량이 증가함에 따라 공급가격은 상승하거나 하락할 수 있다. 또는 심지어 등락을 반복할 수도 있다.[9] 만일 자연으로부터 좀더 많은 원료의 공급을 짜내려는 인간의 노력에 자연이 완강하게 저항한다면, 그리고 제조공정의 특정한 단계에서 중요한 새로운 경제를 도입할 여지가 전혀 없다면, 공급가격은 상승할 것이다. 그러나 만일 생산량이 좀더 많다면 수작업을 기계작업으로, 근력을 증기력으로 대폭 대체하는 것이 아마도 유리할 것이며, 생산량 증가는 대표기업의 재화 생산경비를 감소시킬 것이다. 그러나 재화의 양이 증가함에 따라 공급가격이 하락하는 이러한 경우는 나름의 특수한 어려움을 포함하고 있다. 그리고 이러한 어려움은 제V편의 제12장에서 다룬다.

6 따라서 (단위기간에) 생산된 재화의 양이 너무 적어서 수요가격이

P_3P_4, 공장에서 일하는 노동자들의 임금, 그리고 (v) P_4P, 위험을 부담하고 작업을 지휘하는 사람들의 경영총수입 등. 따라서 점 M이 점 O에서 오른쪽으로 이동함에 따라, P_1, P_2, P_3, P_4는 각각 곡선을 그리고, 점 P에 의해 그려지는 궁극적인 공급곡선은 옷감의 여러 생산요소들의 공급곡선들을 합성해서 얻어지는 것으로 나타날 것이다.

이러한 공급가격은 여러 생산요소들의 1단위당 가격이 아니라 옷감 1야드를 생산하

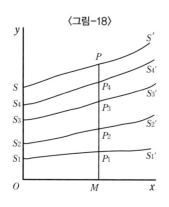

〈그림-18〉

기 위해 필요한 여러 생산요소들의 양의 가격이라는 것을 반드시 기억해야 한다. 따라서 이를테면 P_3P_4는 임의의 고정된 노동량의 공급가격이 아니라 집계 생산량이 OM야드일 때 1야드를 생산하기 위해 고용된 노동량의 공급가격이다(위의 3을 보라). 우리는 바로 여기서 공장부지에 대한 지대를 별도 항목으로 분류해야 할 것인지에 대해 고려하기 위해 수고할 필요는 없다. 그것은 나중에 언급될 문제들에 속한다. 우리는 세금을 무시했는데, 생산자는 물론 그것을 고려해야 할 것이다.

9) 즉 공급곡선을 따라 우측으로 이동하는 점은 위로 올라갈 수도 아래로 내려갈 수도 있으며, 심지어 올라갔다 내려갔다를 반복할 수도 있다. 즉, 공급곡선은 우상향할 수도 우하향할 수도 있으며, 심지어 어떤 부분에서는 우상향하다가 다른 부분에서는 우하향할 수도 있다(『경제학 원리』 1, 157쪽, 주 9)를 보라).

공급가격보다 높을 때, 판매자들은 그만큼의 재화를 시장에 공급할 가치가 있을 만큼 충분한 수준 이상의 가격을 받게 된다. 그리고 판매를 위해 시장에 공급되는 재화의 양을 증가시키는 강력한 힘이 작동한다. 다른 한편으로 생산된 재화의 양이 너무 많아서 수요가격이 공급가격보다 낮을 때, 판매자들은 그만큼의 재화를 시장에 판매할 가치가 있을 만큼 충분한 수준 이하의 가격을 받게 된다. 따라서 생산을 계속할 것인지 망설이던 사람들은 생산을 하지 않기로 결정하며, 판매를 위해 시장에 공급되는 재화의 양을 감소시키는 강력한 힘이 작동한다. 수요가격이 공급가격과 일치할 때, 생산량은 증가경향도 감소경향도 없다. 그것은 균형상태에 있는 것이다.

수요와 공급이 균형을 이룰 때 단위기간에 생산되는 재화의 양은 **균형량**이라고 부를 수 있으며, 균형량이 판매되는 가격은 **균형가격**이라 부를 수 있다.

이러한 균형은 **안정적이다**. 진자(pendulum)가 최저점 부근에서 진동하는 것처럼, 가격은 균형에서 조금이라도 이탈하면 균형으로 되돌아가는 경향이 있을 것이다. 그리고 안정적 균형에서 재화의 양이 균형량보다 적을 때는 수요가격이 공급가격보다 높고, 역도 또한 마찬가지다. 이것이 안정적 균형의 특징이다. 수요가격이 공급가격보다 높을 때 생산량은 증가하는 경향이 있다. 만일 균형량보다 낮은 수준에서 수요가격이 공급가격보다 높다면, 생산규모가 균형량 아래로 일시적으로 감소했을 때 그것은 균형수준으로 회복되는 경향이 있을 것이다. 따라서 그 방향으로의 이탈에 대해 균형은 안정적이다. 그리고 만일 균형량보다 낮은 수준에서 수요가격이 공급가격보다 높다면, 균형량보다 높은 수준에서는 수요가격이 공급가격보다 반드시 낮다. 그러므로 생산규모가 균형수준 이상으로 조금 증가했을 때, 그것은 균형수준으로 회복되는 경향이 있을 것이다. 따라서 균형은 그 방향의 이탈에 대해서도 역시 안정적이다.

끈에 매달려 있는 돌이 균형점에서 이탈하면 중력이 즉시 그것을 균형상태로 되돌리는 것처럼, 수요와 공급이 안정적 균형상태에 있을 때 만일 우연한 사고로 생산규모가 균형점에서 벗어나면, 그것을 균형점으로 되돌리는 힘이 즉시 작용할 것이다. 균형점 부근에서 생산규모의 변동은 끈에 매달려 있는 돌의 움직임과 유사한 성질을 가지고 있다.[10]

그러나 현실생활에서 이러한 진동은 끈에 자유롭게 매달려 있는 돌의 진동처럼 규칙적인 경우는 거의 없다. 만일 물레방아용 수로의 출렁이는 물 속에 끈이 매달려 있는 것으로 가정한다면, 비유가 좀더 정확할 것이다. 이 수로에는 어떤 때는 물이 자유롭게 흐르고 또 어떤 때는 물의 흐름이 부분적으로 중단된다. 그러나 이러한 복잡성도 경제학자나 상인이 부딪힐 수밖에 없는 모든 교란을 예시해주기에는 흡족하지 못하다. 끈을 붙들고 있는 사람이 가끔은 규칙적으로 가끔은 멋대로 손을 움직인다 하더라도, 그것이 가치에 대한 아주 현실적이고 실제적인 일부 문제들의 어려움을 능가하는 사례가 되지는 못할 것이다. 왜냐하면 수요스케줄과 공급스케줄은 실제로 오랫동안 변하지 않은 상태로 유지되

---

10) 『경제학 원리』 2, 제V편, 제1장, 1을 참조하라. 수요와 공급의 균형을 기하학적으로 나타내기 위해, 우리는 〈그림-19〉처럼 공급곡선과 수요곡선을 함께 그릴 수 있다. OR은 생산이 실제로 진행된 정도를 나타낸다고 할 때, 수요가격 Rd가 공급가격 Rs보다 크면, 생산은 이례적으로 수익성이 높으며, 따라서 증가할 것이다. 생산량지수라 부를 수 있는 R은 우측으로 이동할 것이다. 다른 한편 Rd가 Rs보다 작으면, R은 좌측으로 이동할 것이다. 만일 Rd가 Rs와 같다면, 즉 R이 두 곡선의 교점에서 수직으로 아래에 있다면, 수요와 공급은 균형 상태에 있을 것이다.
이것은 수익체감의 법칙을 따르는 재화에 대한 안정적 균형의 전형적인 도해로 간주할 수 있다. 그러나 만일 SS'가 수평선이라면, 모든 재화의 양에 대한 공급가격이 불변하는 '수익불변'의 경우를 나타낸

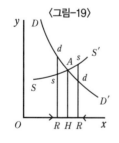

〈그림-19〉

다. 그리고 만일 우리가 SS'를 우하향하게 그러나 DD'보다는 덜 가파르게 그리면(이러한 조건의 필요성은 후에 좀더 자세하게 보일 것이다), 우리는 수익체증의 법칙을 따르는 재화의 안정적 균형을 나타내게 된다. 어느 경우든 앞의 추론은 토씨 하나 변하지 않는다. 그러나 마지막 경우는 어려운 문제들을 끌어들인다. 이에 대해서는 나중에 다룰 것이다.

는 것이 아니라 끊임없이 변하기 때문이다. 그리고 그러한 변화는 언제나 균형량과 균형가격을 변화시키며, 따라서 양과 가격이 진동하는 중심점도 새로운 위치로 이동한다.

이러한 고려는 우리가 연구를 진행하고 있는 수요·공급과 관련해서 시간이라는 요소가 중요하다는 것을 지적해준다. 어떤 재화의 생산을 가능케 하는 가격은 실질생산비, 즉 생산에 들어가는 직·간접적 노력과 희생을 나타낸다는 학설의 여러 가지 한계점들이 점차적으로 밝혀질 것이다. 왜냐하면 현대처럼 급격하게 변화하는 시대에, 정상수요와 정상공급의 균형은 재화의 소비로부터 획득되는 쾌락의 집계와 재화생산에 투입되는 노력 및 희생의 집계 사이의 어떤 명확한 관계와도 대응하지 않기 때문이다. 심지어 노력과 희생의 화폐적 보수인 정상수입과 이자가 노력과 희생의 정확한 척도일지라도, 그 대응관계는 정확하지 않을 것이다. 많이 인용되지만 그만큼 또 많이 오해를 받는 스미스와 다른 경제학자들의 이론의 실질적인 의미를 보면, 상품의 정상가치 또는 '자연'가치는 경제적 힘에 의해 **장기적으로** 성립되는 경향이 있는 가치라는 것이다. 경제적 힘이 그 영향을 완전히 발휘할 수 있을 만큼 충분히 긴 기간에 생활의 일반적인 조건들이 변하지 않을 때, 그러한 경제적 힘이 가져다줄 평균가치가 곧 정상가치다.[11]

그러나 우리는 미래를 완벽하게 예측할 수 없으며, 예기치 않은 일들이 발생할 수 있다. 그리고 현존하는 경향은, 그러한 경향의 완전하고도 완성된 결과로 보여지는 성과가 실현되기 이전에, 변경될 수 있다. 생활의 일반적인 조건들이 정체적이지 않다는 사실은 경제이론을 실제문제에 적용할 때 직면하는 수많은 난관의 원천이다.

물론 **정상적인** 것이 **경쟁적인** 것을 의미하지는 않는다. 시장가격이나 정상가격이나 마찬가지로 여러 가지 영향을 받아 형성된다. 그 가운데 어떤 것들은 도덕적 기초에 의거하고 다른 것들은 물리적 기초에 의거

---

11) 『경제학 원리』 2, 제V편, 제5장, 2; 「부록 H」 4를 보라.

한다. 그리고 또 어떤 것들은 경쟁적이고, 다른 것들은 그렇지 않다. 시장가격과 정상가격을 대비시킬 때, 그리고 협의의 정상가격과 광의의 정상가격을 대비시킬 때, 우리가 주목하는 것은 고려 중인 영향의 지속성과 그러한 영향이 효과를 발휘하도록 허용된 시간이다.[12]

7 이 책의 나머지 부분은 어떤 재화의 가치가 장기적으로 생산비와 일치하는 경향이 있다는 이론을 해석하고 그것을 제한하는 것에 주로 할애될 것이다. 특히 균형개념은 제3장에서는 조금 가볍게 다루었지만, 제V편의 제5장과 제12장에서 좀더 주의 깊게 연구될 것이다. 그리고 가치를 규정하는 것이 '생산비'인지 아니면 '효용'인지에 대한 논쟁은 부록 I에서 간략하게 설명할 것이다. 그러나 여기서 이 점에 대해 한두 마디 언급하는 것은 당연한 일이다.

가치가 효용에 의해 규정되는지 생산비에 의해 규정되는지 논쟁하는 것처럼, 우리는 종이를 자르는 것이 가위의 윗날인지 아랫날인지 정당하게 논쟁할 수 있다. 사실을 말하자면, 한쪽 날은 가만히 쥐고 다른 쪽 날을 움직여 종이를 자를 때, 우리는 두 번째 날에 의해 절단되었다고 무심결에 간단히 말할 수 있다. 그러나 이러한 진술은 엄밀하게 말해 정확한 것은 아니며, 발생한 일에 대한 엄격한 과학적 설명이 아니라 단지 통속적인 설명일 뿐이라고 주장하는 한에서만 용납된다.

마찬가지로 이미 만들어진 어떤 재화를 판매해야 할 때, 그것에 대한 사람들의 지불용의 가격은 그것을 보유하고 싶은 욕망과 그것에 지출할 수 있는 금액에 의해 규정될 것이다. 그것을 보유하고 싶은 욕망은 부분적으로 그것을 구매하지 않을 때 그와 비슷한 다른 것을 저렴한 가격에 획득할 수 있는 가능성에 의존한다. 이러한 가능성은 그것의 공급을 규정하는 원인들에 의존하고, 그러한 원인들은 다시 생산비에 의존한다. 그러나 판매되어야 할 재화의 스톡이 실질적으로 고정되어 있을 수도 있다. 예를 들어 생선시장의 경우가 그렇다. 당일 생선의 가치는 거의

---

12) 『경제학 원리』 1, 76~79쪽을 보라.

전적으로 수요와 좌판의 생선스톡의 관계에 의해 규정된다. 만일 어떤 사람이 스톡을 주어진 것으로 하고, 가격은 수요에 의해 규정된다고 말한다면, 그러한 간결함은 아마 엄밀한 정확성을 주장하지 않는 한에서는 용납될 수 있을 것이다. 어떤 진귀한 서적이 크리스티 경매장에서 판매되고 재판매될 때, 다양한 낙찰가격이 전적으로 수요에 의해 규정된다고 말하는 것은 용서받을 수는 있지만, 엄밀한 의미에서 정확한 것은 아니다.

정반대의 극단적인 경우를 들어보자. 수익불변의 법칙을 상당히 밀접하게 따르는 재화들이 있다. 그러한 재화들의 평균생산비는 생산량이 많든 적든 거의 동일할 것이다. 이러한 경우에는 시장가격의 변동의 중심이 되는 정상수준은 확정적으로 고정된 (화폐)생산비가 될 것이다. 만일 수요가 증가한다면, 시장가격은 당분간 정상수준 이상으로 상승할 것이다. 그러나 그 결과 생산은 증가할 것이며, 시장가격은 하락할 것이다. 만일 수요가 당분간 보통 수준 이하로 감소한다면, 그 반대현상이 일어날 것이다.

이러한 경우에 만일 어떤 사람이 시장의 변동을 무시하고, 여하튼 재화에 대한 수요가 충분해서 그 재화의 크고 작은 일정량에 대해 생산비와 일치하는 가격에서 구매자를 발견하는 것을 당연하게 받아들인다면, 그는 아마 수요의 영향을 무시한 것에 대해 그리고 (정상)가격이 생산비에 의해 규정된다고 말하는 것에 대해 용서받을 수 있을 것이다. 다만 그가 자신의 학설에 대한 표현의 과학적 엄밀성을 주장하지 않고, 적절한 곳에서 수요의 영향을 설명해야 한다는 것을 전제하는 한에서만 그렇다.

우리는 다음과 같이 결론지을 수 있다. 일반적으로 우리가 고려하는 기간이 짧으면 짧을수록 반드시 가치에 대한 수요의 영향에 더 많은 주의를 기울여야 하며, 기간이 길면 길수록 가치에 대한 생산비의 영향이 더욱 중요해질 것이다. 왜냐하면 생산비 변화의 영향은 대체로 수요 변화의 영향보다도 그 효과가 나타나는 데 더 많은 시간이 걸리기 때문이다.

어느 시점의 실제가치 또는 이른바 시장가치는 지속적으로 작용하는 원인들보다 일시적인 사건들 그리고 단속적이고 단기적으로 작용하는 원인들에 의해 종종 더 많은 영향을 받는다. 그러나 장기에는 이러한 단속적이고 불규칙적인 원인들의 영향은 대부분 서로 상쇄되며, 지속적인 원인들이 가치를 완전히 지배한다. 그러나 가장 지속적인 원인들도 변하게 마련이다. 왜냐하면 세대마다 생산의 전체 구조가 변경되고, 상이한 재화들의 상대적 생산비도 끊임없이 변하기 때문이다.

비용을 자본가적 고용주의 관점에서 고려할 때 우리는 물론 그것을 화폐로 측정한다. 피고용자의 작업에서 필요한 노력에 대해 그가 직접적인 관심을 갖는 이유는 반드시 임금을 지불해야 하기 때문이다. 피고용자들의 노력 및 그러한 노력에 필요한 실질비용에 대한 그의 관심은 간접적일 뿐이다. 문제에 따라서는, 나중에 밝혀지겠지만, 고용주 자신의 노동을 화폐로 평가하는 것이 필요하다. 그러나 비용을 사회적 관점에서 고려할 때, 주어진 결과에 도달하는 비용이 경제적 조건의 변화에 따라 체증하는지 체감하는지 탐구할 때, 우리는 질적으로 다양한 노력의 실질비용 및 기다림의 실질비용과 관계가 있다. 만일 노력의 관점에서 화폐의 구매력이 일정하다면, 그리고 기다림에 대한 보상비율이 일정하다면, 화폐비용은 실질비용과 대응된다. 그러나 이러한 대응관계는 결코 경술하게 받아들여서는 안 된다. 추후에, 문맥 속에서 별도의 지시가 없는 경우에도, **비용**이라는 용어의 해석을 위해서는 이러한 고려로도 충분할 것이다.

제4장 자원의 투자와 배분

1 정상가치에 대한 연구에서 해결해야 할 첫 번째 어려움은 미래 수익을 위한 자원의 투자를 규정하는 동기의 성질에 대한 것이다. 필요한 것을 구매하지도 않고 자신이 만든 것을 판매하지도 않지만, 자신을 위해 일하는 사람의 행동에 주목함으로써 논의를 시작하는 것이 적당할 것이다. 그는, 화폐지불이 전혀 개입되지 않은 상태에서, 한편으로 자신의 노력과 희생 다른 한편으로 그러한 노력과 희생의 결실에서 파생될 것으로 기대되는 쾌락을 비교평가한다.

자연이 무상으로 제공하는 재료를 사용해서 자연의 토지 위에 자신의 집을 짓는 사람을 예로 들어보자. 그는 일을 진행하면서 도구들을 제작하며, 도구 제작에 들어가는 노동은 집을 짓는 데 들어가는 노동의 일부라고 생각한다. 그는 임의의 계획에 맞게 집을 짓기 위해 필요한 노력을 평가하고, 노력의 투입에서부터 집이 완성될 때까지 경과하는 기간에 대해 기하급수적으로 증가하는 양(일종의 복리)을 거의 본능적으로 참작해야 할 것이다. 집이 완성되었을 때 집의 효용은 그에게 노력뿐만 아니라 기다림도 보상해야 할 것이다.[1]

---

1) 왜냐하면 그는 즉각적인 만족을 위해 이러한 노력 또는 그것과 동등한 노력을 투입할 수 있었기 때문이다. 그리고 만일 그가 연기된 만족을 의도적으로 선택했다면, 그것은 기다림의 불이익을 감안하더라도 연기된 만족이 연기된 만족을 대체할 수 있었던 즉각적인 만족을 능가하는 것으로 간주하기 때문이었을 것이다. 그가 집을 짓지 못하도록 억제하는 원동력은 이러한 노력의 집계에 대한 그의 평가인데, 각 노력의 해악 또는 반효용은 상응하는 기다림의 기간에 따라 기

만일 두 가지 동기, 즉 건설을 억제하는 동기와 건설을 촉진하는 동기가 서로 균형을 이루는 것처럼 보인다면, 그는 건설의 한계에 있을 것이다. 아마도 집의 어떤 부분과 관련해서는 이득이 '실질'비용을 훨씬 능가할 것이다. 그러나 그가 점점 더 야심찬 계획을 숙고함에 따라, 그는 결국 추가적인 확장의 이점이 건설에 필요한 노력과 기다림에 의해 상쇄된다는 것을 발견하게 될 것이다. 그렇게 건설의 확장은 자본투자의 외연적 한도 또는 수익성 한계에 이르게 될 것이다.

집의 어떤 부분을 건설하는 방법은 여러 가지가 있을 것이다. 예를 들어 어떤 부분들은 목재로 짓든 석재로 짓든 별 차이가 없을 수 있다. 거주시설의 각 부분에 대한 각각의 건설방법에 대한 자본투자는 그것에 의해 제공되는 이점과 비교되어야 할 것이다. 그리고 그러한 투자는 외연적 한도 또는 수익성 한계에 이를 때까지 추진되어야 할 것이다. 따라서 무수히 많은 수익성 한계가 존재할 것이며, 각각의 한계는 각 거주시설을 건설하는 각각의 방법에 대응된다.

2 이러한 예시는 어떤 재화의 화폐비용인 경비의 배후에 그 재화의 실질생산비인 노력과 희생이 존재하는 경위를 보여줄 수 있다. 그러나 방금 전에 언급했던 것처럼, 현대의 기업가는 보통 임금에 대해서든 원료에 대해서든 지불해야만 하는 경비를 있는 그대로 받아들이며, 그러한 경비가 그에 대응하는 노력과 희생에 대한 얼마나 정확한 척도인지는 별로 고민하지 않는다. 그는 일반적으로 조금씩 지출한다. 그리고 임의의 지출에 대한 결실을 획득하기 위해 오래 기다려야 한다고 생각한다면, 지출에 대한 보상을 받기 위해 그 결실은 반드시 더 커져야만 한

하급수적으로(일종의 복리로) 증가한다. 한편 그로 하여금 집을 짓도록 촉진하는 동기는 집이 완성되었을 때 얻게 될 만족에 대한 기대일 것이다. 그리고 그러한 만족은 다시 집을 사용함으로써 얻을 것으로 기대되는 다소간 먼 그리고 다소간 확실한 많은 만족들의 집계로 이루어져 있다. 만일 이러한 집이 제공할 만족의 할인가치의 집계가 그가 치러야 했던 노력과 기다림에 대한 보상보다 크다고 생각한다면, 그는 집을 짓기로 결정할 것이다(『경제학 원리』 1, 제III편, 제5장, 3; 제IV편, 제7장, 8; 그리고 「수학부록」 주 XIII을 보라).

다. 예상되는 결실은 불확실할 수도 있다. 그리고 그러한 경우에는 실패의 위험을 참작해야만 할 것이다. 실패의 위험을 참작하고 나면, 지출에 대한 결실은 자기 자신의 보수와는 관계없이 기다림의 시간에 비례해서 복리로 증가하는 금액만큼 지출을 초과할 것으로 반드시 기대되어야 한다.[2] 이러한 항목 아래 모든 기업이 영업관계를 개척하는 데 반드시 치르게 되는 막대한 직·간접적 경비도 포함되어야 한다.

경비의 어떤 부분이 (사업가 자신의 보수를 감안하고) 이렇게 복리로 체증할 때, 간결함을 위해서 그것이 **누적가산된**다고 표현할 수 있다. 그것은 미래 만족의 현재가치를 나타내기 위해 **할인된**다는 용어를 사용하는 것과 마찬가지다. 이때 경비의 각 부분은 발생에서 결실을 맺기까지 걸리는 시간 동안 누적가산되어야 한다. 그리고 누적가산된 부분의 집계가 사업에 수반되는 총경비다. 노력과 그 결과로 생기는 만족 사이의 수지는 편리한 시점에 정산될 수 있다. 그러나 어떤 시점을 선택하든, 하나의 단순한 규칙을 따라야 한다. 노력이건 만족이건 그 시점 이전에 발생하는 모든 부분은 그 시점까지 복리로 누적가산되어야 하며, 그 시점 이후에 발생하는 모든 부분은 그 시점까지 복리로 할인되어야 한다. 그 시점이 사업개시 이전이라면 모든 경비는 반드시 할인되어야 한다. 그러나 만일, 이런 경우에 흔히 그렇듯이, 그 시점이 노력이 완료되어 집이 완성된 시점이라면, 노력은 그 시점까지 반드시 복리로 누적가산되어야 하며, 만족은 그 시점까지 반드시 모두 역으로 할인되어야 한다.

기다림은 노력과 마찬가지로 진정한 비용의 요소다. 그리고 그것은 누적가산될 때 비용에 포함되기 때문에 별도로 계산되지 않는다. 비슷하게 정반대의 측면에서 임의의 시점에 '들어오는' 모든 화폐 또는 만족

---

2) 원한다면, 우리는 사업가 본인의 노동의 가격을 창업비의 일부로 간주하고, 다른 비용과 함께 복리로 계산할 수 있다. 또는 우리는 복리를 일종의 '복리의 이윤'으로 대체할 수 있다. 이러한 두 가지 방법은 완전히 치환 가능한 것은 아니다. 그리고 나중 단계에서 설명하겠지만 어떤 경우에는 전자가 더 적당하고, 다른 경우에는 후자가 더 적당하다.

에 대한 지배력은 그 시점의 소득의 일부다. 따라서 그 시점이 정산시점 이전이라면 소득은 정산시점까지 누적가산되어야 한다. 만일 그것이 정산시점 이후라면 소득은 역으로 반드시 할인되어야 한다. 만일 즉각적인 향유로 전환되는 대신, 그것이 미래의 소득을 위해 저장된 원천으로 사용된다면, 후에 발생하는 소득은 투자에 대한 추가적 수익으로 계산되어서는 안 된다.[3]

예를 들어 공사 완료시점에 틀림없이 대금을 지불한다는 계약으로 부두를 건설하는 사업에서, 공사에 사용되는 설비가 공사과정에 마모되어 공사 완료시점에는 완전히 가치를 상실한다고 하자. 이 경우 결제일까지 누적가산된 경비총액이 결제금액과 정확히 일치할 때, 사업은 겨우 수지가 맞을 것이다.

그러나 대체로 판매수입은 점차적으로 들어온다. 그리고 우리는 반드시 과거뿐만 아니라 미래를 보면서 대차대조표를 결산해야 한다. 과거를 보면서 우리는 순지출을 집계하고, 각 지출 부분에 대해 복리로 계산된 이자를 가산해야 한다. 미래를 보면서 우리는 모든 순수입을 집계하고, 각 순수입의 가치에서 연기되는 기간에 대한 복리를 공제해야 한다. 이렇게 할인된 순수입의 집계는 누적가산된 순지출의 집계와 비교될 것이다. 그리고 두 값이 정확히 일치한다면 사업은 겨우 수지가 맞을 것이다. 지출액을 계산할 때 사업주는 자신의 노동의 보수도 반드시 계산에 넣어야 한다.[4]

---

3) 저축에서 나오는 집계소득은 보통 저축에 대한 보수인 이자만큼 저축원금보다 더 클 것이다. 그러나 그러한 소득은 처음 저축이 이루어지는 시점 이후에 소비될 것이므로, 그것은 좀더 긴 기간에 대해서는 할인될 것이다(또는 좀더 짧은 기간에 대해서는 누적가산될 것이다). 만일 투자의 대차대조표에 최초의 저축 대신에 기입된다면, 그것은 정확하게 같은 금액이 될 것이다(저축 원금뿐만 아니라 그것에 의해 벌어들인 이후의 소득도 과세대상이다. 여기서 과세의 근거는 게으른 사람보다 근면한 사람에게 큰 소득세를 부과하는 편의주의적 근거와 유사하다). 이 절의 주된 논거는 「수학부록」 주 XIII에서 수학적으로 표현되어 있다.

4) 사업에 투자된 자본을 평가하고, 그 자본이 마모, 구성요소의 영향, 새로운 발

3 기민한 기업가는 사업 초기 및 이후의 모든 단계에서 일정한 경비를 가지고 좀더 나은 성과를 얻기 위해 또는 좀더 적은 경비로 동일한 성과를 얻기 위해 자원배분을 수정하려고 애쓴다. 바꾸어 말하면 그는 이윤을 증가시킬 목적으로 부단히 대체원리를 적용한다. 그렇게 함으로써 그는 거의 항상 작업의 총체적인 효율성, 즉 인간이 조직과 지식에서 끌어내는 자연에 대한 총체적인 조정력을 향상시킨다.

각 지역마다 각기 고유한 사정이 있으며, 그것은 그 지역에서 수행되는 모든 유형의 사업에 대한 자원배분 방법에 여러 가지 방식으로 영향을 미친다. 그리고 심지어 동일 장소 동종 업종에 대해서도, 동일한 목표를 추구하는 두 사람이 똑같은 방법을 택하는 경우는 없을 것이다. 이러한 다양성의 경향은 진보의 주된 원인이다. 어떤 업종에서 사업가들이 유능하면 유능할수록 이러한 경향은 더욱 강화될 것이다. 면방적 같

명, 업계 추이의 변화로부터 겪는 감가상각 충당금을 적립하는 문제와 관련해서, 거의 모든 업종마다 고유한 어려움과 고유한 관례를 가지고 있다. 이러한 마지막 두 가지 원인(새로운 발명과 업계 추이의 변화—옮긴이)은 일시적으로 어떤 종류의 고정자본의 가치는 높이는 동시에 다른 종류의 고정자본의 가치는 떨어뜨릴 수 있다. 상이한 사고의 틀을 가진 사람들 또는 문제에 대한 관심이 상이한 방향을 지향하는 사람들은 건물과 설비를 업계의 변화에 순응시키기 위해 필요한 지출 중에서 어떤 부분이 신규 자본투자로 간주될 수 있는지, 그리고 어떤 부분이 감가상각 충당금으로 책정되고 사업을 통해 벌어들인 순이익 또는 진정한 소득을 결정하기 전에 경상수입에서 공제되는 지출로 취급되어야 하는지에 대한 문제와 관련해서 종종 의견을 크게 달리할 것이다. 이러한 어려움은 그리고 그에 따른 의견의 차이는 영업관계를 구축하기 위한 자본의 투자, 그리고 기업의 영업권 또는 '계속기업으로서의'(as a going concern) 가치를 평가하는 적절한 방법과 관련해서 가장 심각하다. 이 주제 전반에 관해서는 매더슨(E. Matheson)의 『공장의 감가상각과 그 평가』(*Depreciation of Factories and their Valuation*, 1910)를 보라.

또 다른 일련의 어려움은 화폐의 일반적 구매력의 변화에서 기인한다. 만일 그것이 하락한다면, 또는 물가가 상승한다면, 공장의 가치는 그것이 실제로 현 상태를 유지할 때는 상승한 것으로 보일 것이다. 이러한 원천에서 기인하는 혼동은 상이한 유형의 사업의 실질적인 수익성을 추정할 때 첫눈에 가능할 것으로 보이는 것보다 더 심각한 오류를 발생시킨다. 그러나 이러한 종류의 모든 문제들은 우리가 화폐이론을 논의할 때까지 미룰 수밖에 없다.

은 업종에서는 가능한 자원배분 방법이 좁은 범위에 한정되어 있다. 작업의 모든 부분에 대해 기계, 그것도 거의 최신 기계를 사용하지 않는 자는 결코 버틸 수 없다. 그러나 목재·금속산업의 특정 부문, 농업·소매업 같은 어떤 업종들에서는 자원배분 방법이 다양할 수 있다. 예를 들어 동종 업종에 종사하는 두 제조업자 중에서 어떤 사람은 임금지불총액이 크고, 어떤 사람은 기계의 경비가 클 것이다. 두 소매업자 중에서 어떤 사람은 재고에 많은 자본을 고정시킬 것이고, 어떤 사람은 광고나 유리한 영업관계라는 비물질적 자본을 구축하기 위한 다른 수단에 많은 경비를 들일 것이다. 그리고 좀더 세부적인 사항들에 대해서는 자원분배 방법이 무수히 많다.

각 개인의 행동은 그의 기질과 인간관계뿐만 아니라 그의 특수한 기회와 자원에 의해서도 영향을 받는다. 그러나 자신의 자력을 참작해서, 각 개인은 사업의 여러 방향에서 수익성의 외연적 한도 또는 한계에 도달한 것으로 판단될 때까지, 즉 각각의 방향에서 추가적인 투자로 얻게 되는 이득이 경비를 보상할 것이라고 생각할 만한 합당한 근거가 없는 것처럼 보일 때까지 자본을 계속 투자할 것이다. 수익성 한계는, 동일 산업의 동일 부문 또는 동일 부문의 동일 하위부문에 대해서도, 가능한 투자의 고정직선상의 단순한 한 점이 아니라 가능한 모든 투자직선을 차례로 지나는 불규칙한 형태의 경계선으로 간주된다.

4 이러한 대체원리는 수익체감경향과 밀접한 관련이 있으며, 실제로 부분적으로는 그러한 경향에 의존한다. 이 경향은 자원 또는 에너지를 특정 방향으로 과도하게 투입할 때 발생하며, 일반적인 경험과 일치한다. 고전파 경제학에서는 오래된 국가에서 토지에 대한 자본과 노동의 점증적 투입에 따른 포괄적인 수익체감경향이 중요한 지위를 점하고 있는데, 대체원리는 이러한 포괄적인 경향과 밀접하게 연결되어 있다. 그리고 대체원리는 지출증가에 따른 한계효용 체감원리와 아주 유사해서, 어떤 경우에는 두 원리의 적용이 거의 일치한다. 우리는 이미 새로운 생산방식은 새로운 상품을 탄생시키거나 더 많은 소비자들이 소비할 수

있도록 기존 상품의 가격을 인하시킨다는 것을 보았으며, 다른 한편 소비방법과 소비량의 변화는 생산의 새로운 발전과 자원의 새로운 배분을 초래한다는 것을 보았다. 그리고 비록 인간의 고결한 삶에 가장 크게 기여하는 어떤 소비방법은 물적 부의 생산을 촉진하는 데 거의 아무런 역할을 하지 못함에도, 생산과 소비는 밀접하게 서로 관련되어 있다는 것도 이미 보았다.[5] 그러나 이제 서로 다른 사업 사이의 생산자원의 배분이 서로 다른 유형의 상품들에 대한 소비자의 구매의 배분의 대응물이자 투영물이라는 점을 자세하게 고찰해야 한다.[6]

이 사례는 다음과 같이 표현될 수 있는 일반적인 원리를 예시한다.

"한 해 동안 양털을 깎아 제한된 모사"를 가지고 "의복에 대한 가계 내의 모든 욕구를 고려하고, 모사를 가족의 복지에 최대한 기여하는 방식으로 배분하려고 노력하는" 자급자족 생활을 영위하는 주부로 돌아가 보자. "배분이 끝났을 때, 예컨대 양말용으로 모사를 너무 적게 투입하고, 조끼용으로 너무 많이 투입했다고 후회할 만한 정당한 근거가 있다면, 그녀는 실패했다고 생각할 것이다. 그러나 다른 한편 만일 중단해야 할 적절한 지점을 정확히 맞춘다면, 그녀는 양말에 투입된 모사의 마지막 실타래와 조끼에 투입된 모사의 마지막 실타래에서 동일한 크기의 편익을 끌어낼 만큼의 양말과 조끼를 제작하게 된다."[7] 만일 조끼 만드는 방법이 두 가지가 있고, 둘 다 결과에서는 똑같이 만족스럽지만, 한 가지 방법이 다른 방법보다 모사를 조금 더 사용하는 반면 덜 고생스럽다면, 그녀의 과제는 광범위한 실업계의 과제를 대표할 것이다. 이러한 과제는 첫째, 다양한 목표의 상대적 긴급도에 대한 결정, 둘째, 각각의 목표를 달성하는 다양한 수단들의 상대적 이점에 대한 결정, 셋째, 이러

---

5) 『경제학 원리』 1, 112~116, 137~147쪽을 보라.
6) 이 절의 일부 내용이 이전의 판에서는 『경제학 원리』 2, 제VI편, 제1장, 7에 있었다. 그러나 그것은 제V편의 핵심적인 장들을 준비하기 위해 이 위치에 필요한 것으로 보인다.
7) 『경제학 원리』 1, 제III편, 제5장, 1을 보라.

한 두 종류의 결정에 기초해서 각각의 목표에 대한 각각의 수단을 가장 수익성 있게 적용시킬 수 있는 한계에 대한 결정을 포함한다.

각각의 결정에 이르기 전에 복잡한 비교평가와 조정을 해야만 하는 기업가는 좀더 큰 규모로 이러한 세 가지 종류의 결정을 내린다.[8] 건설업에서 하나의 예를 들어보자. 좋은 의미에서의 '투기적 건설업자'의 행동을 지켜보자. 그는 전반적 수요를 예상해서 정직하게 건물을 짓는 일에 착수한다. 그는 자신의 판단오류로 인한 손실을 감수하며, 만일 자신의 판단이 실제상황에 의해 입증된다면 공동체뿐만 아니라 자신에게도 이익이 된다. 그가 주택, 창고, 공장, 점포 중 어느 것을 지을지 고민하고 있다고 해보자. 그는 각 종류의 건물에 가장 적합한 공사방법에 대해 상당히 정통한 견해를 가지고 있으며, 동시에 그 비용에 대해 대략적으로 추정하는 데 익숙하다. 그는 각 종류의 건물에 적합한 다양한 부지의 비용을 추정한다. 그는 임의의 부지에 대해 지불해야 하는 가격을, 해당 부지에 기초공사를 하기 위해 투입되는 경비 등과 마찬가지로, 자본지출의 일부로서 계산에 포함시킨다. 그는 이러한 비용에 대한 추정과 부지를 포함해서 건물에 대해 받을 수 있는 가격에 대한 추정을 비교한다. 만일 약간의 위험에 대한 보상을 포함해서 적당한 이윤을 창출할 수 있을 만큼 수요가격이 경비보다 충분히 큰 경우를 찾을 수 없다면 그는 사업을 중지할 수도 있다. 그렇지 않으면 가장 신뢰할 만한 노무자들을 유지하고, 공장과 유급 직원들에게 일거리를 제공하기 위해 약간의 위험을 각오하고 공사를 할 수도 있다. 이에 대해서는 나중에 좀더 설명하기로 한다.

이제 그는 구매 가능한 일정 면적의 대지 위에 건설되는 (이를테면)

---

8) 이 절의 나머지 부분은 「수학부록」 주 XIV의 전반부에서 다루어질 내용과 아주 밀접한 관련이 있다. 따라서 「수학부록」 주 XIV는 이 절의 나머지 부분과 연결해서 읽을 수 있다. 이 주제는 미분적 표현―그 추론이 아니라―이 사고를 명확히 하는 데 특히 도움이 되는 주제다. 그러나 사고의 개요는 보통의 언어로 표현할 수 있다.

특정 유형의 별장이 충분한 이윤을 창출할 것이라는 결론에 도달했다고 가정해보자. 추구해야 할 주된 목표가 설정되었으므로 그는 목표를 달성하는 방법에 대해 좀더 면밀하게 검토하고, 그러한 검토와 관련지어 계획의 세부사항에 대한 재고의 여지가 있는지 고려한다.

건설해야 하는 주택의 일반적인 특성이 주어지면, 그는 구매자들의 미적 감각을 충족시키고 그들에게 편의를 제공하는 데 비용대비 주택의 효율성에 가장 크게 기여하는 결과를 얻기 위해 여러 가지 재료들——벽돌, 석재, 강철, 시멘트, 석고, 목재 등——을 어떤 비율로 사용할 것인지를 고려해야 할 것이다. 건설업자가 다양한 재화들 사이에 자원을 배분하는 최선의 방법이 무엇인지를 결정할 때, 그는 가계의 다양한 필요를 위해 양모의 가장 경제적인 배분방법을 고민해야만 하는 자급자족 생활을 영위하는 주부와 본질적으로 동일한 문제에 직면한다.

그녀와 마찬가지로, 그는 자원을 특정 용도로 활용함으로써 얻어지는 편익이 어떤 점까지는 비교적 크지만 그 이후에는 체감한다는 것을 숙고해야만 한다. 그녀와 마찬가지로, 그는 각각의 용도에서 한계효용이 일치하도록 자원을 배분해야 한다. 그는 여기서 약간의 경비를 줄임으로써 초래되는 손실과 저기서 약간의 경비를 추가함으로써 얻게 되는 이득을 비교검토해야 한다. 요컨대 위의 주부와 건설업자는 토지에 대한 노동과 자본의 투입을 조절할 때 농장주를 인도하는 지침과 유사한 지침을 따른다. 농장주는 많은 수익을 창출하는 토지에 추가적인 경작이 중단되지 않도록, 그리고 농업에서 수익체감경향이 강하게 작용할 만큼 너무 많은 지출이 이루어지는 토지가 없도록 자본과 노동의 투입을 조정한다.[9]

따라서 기민한 기업가는 방금 전에 말했던 것처럼 "사업의 여러 방향에서 수익성의 외연적 한도 또는 한계에 도달한 것으로 판단될 때까지, 즉 각각의 방향에서 추가적인 투자로 얻게 되는 이득이 경비를 보상할

---

9) 『경제학 원리』 1, 제III편, 제3장, 1과 227쪽의 각주를 보라.

것이라고 생각할 만한 합당한 근거가 없는 것처럼 보일 때까지 자본을 계속 투자할 것이다." 그는 우회적 생산방식이 장기적으로 수지가 맞을 것이라고 결코 가정하지 않는다. 그러나 그는 비용대비 직접 생산방식보다 더 효율적일 것으로 기대되는 우회적 생산방식을 찾기 위해 항상 주의를 기울인다. 그리고 그는 자신의 능력 범위 안에서 최선의 생산방식을 채택한다.

5 여기서 우리는 비용과 관련된 약간의 전문용어들을 검토할 수 있다. 사업을 수행하기 위한 수단을 준비하기 위해 자본을 투자할 때, 기업가는 다양한 생산물로부터 획득한 가격으로 자본을 회수할 것이라 기대한다. 그리고 그는 정상적인 조건 아래서 생산물 각각에 대해 충분한 가격을 부과할 수 있을 것으로 기대한다. 이러한 충분한 가격은 고유비용(special cost), 직접비(direct cost) 또는 주요비용(prime cost)을 회수할 뿐만 아니라 사업의 일반적 경비에 대한 각 생산물의 적정한 몫을 부담하는 가격이다. 우리는 후자를 일반비(general cost) 또는 간접비(supplementary cost)라 명할 수 있다. 이러한 두 비용을 합하면 각 생산물에 대한 총비용(total cost)이 된다.

기업에서 주요비용이라는 용어는 여러 가지 용도로 쓰인다. 그러나 여기서 그것은 좁은 의미로 사용된다. 간접비는 기업 자본의 많은 부분이 투자된 내구적인 공장에 따른 고정비용과 간부직원의 봉급을 포함하는 것으로 이해된다. 기업이 간부직원의 봉급으로 지불하는 경비는 그들이 분담하는 작업량의 변동에 맞게 신속하게 조정되지 않는 것이 일반적이다. 간접비를 제외하면 상품을 제조하기 위해 사용되는 원료의 (화폐) 비용, 시간급이나 성과급으로 지불되는 노동의 임금, 공장의 추가적인 마모가 남는다. 공장이 완전히 가동되지 않을 때 제조업자가 주시하는 고유비용이 바로 이것이다. 그리고 불경기에 어떤 주문을 수락할 만한 가치가 있는지 결정할 때, 자신의 행동이 미래의 주문과 관련된 시장을 망치는 데 미치는 영향을 무시한다면, 그는 최저가격을 염두에 둔다. 그러나 실상 그는 이러한 영향을 고려할 수밖에 없다. 어떤 가격에서 겨우 생산할 만한 가치가 있다면, 실제로 그 가격은 시장 상황이 좋지 않은 경우에도 일반적으로 주요비용을 크게 상회한다. 이 점에 대해서는 나중에 다시 설명할 것이다.[10]

6 간접비는 일반적으로 단기에 판매가격에 의해 상당 정도 회수되어야 하며, 장기에는 반드시 완전히 회수되어야 한다. 만일 그렇지 않을 경우에는 생산이 억제되기 때문이다. 간접비의 종류는 많다. 그리고 그 중 어떤 것들은 주요비용과 정도의 차이만 있을 뿐이다. 예를 들어 기계공업 기업이 낮은 가격에 1대의 기관차 주문을 수락할 것인지 망설이고 있다면, 절대적인 주요비용은 원료의 가치와 기관차 제작에 고용된 장인들과 노동자들의 임금을 포함한다. 그러나 봉급을 받는 직원에게는 명확한 규칙이 존재하지 않는다. 왜냐하면 만일 경기가 좋지 않으면 그들은 아마도 유휴시간을 갖게 될 것이며, 그들의 봉급은 흔히 일반비 또는 간접비로 분류될 것이기 때문이다. 그러나 그 경계선은 종종 흐려진다. 예를 들어 십장들과 기타 신뢰받는 장인들이 단지 일시적인 작업 부족 때문에 해고되는 경우는 드물다. 따라서 그들의 봉급과 임금을 회수하지 못하는 가격에도, 그들의 유휴시간을 채우기 위해 임시적인 주문을 수락할 수 있다. 이러한 경우에 그들의 봉급과 임금은 주요비용으로 간주할 수 없다. 그러나 물론 경기가 좋지 않을 때는 공석을 채우지 않거나 심지어 비효율적인 직원을 해고함으로써 그리고 경기가 좋을 때는 임시직을 고용하거나 작업을 하청 줌으로써 사무직원들을 기업의 작업량 변화에 맞게 다소 조절할 수 있다.

만일 우리가 이러한 과업에서, 예컨대 많은 수의 기관차를 수년에 걸

---

10) 특히 『경제학 원리』 2, 제V편, 제9장을 보라. "주요비용에 대한 여러 분류법이 유행하고 있다. 〔……〕 우리는 주요비용이 실제로 단어가 함축하는 것처럼 생산의 본래적 또는 직접적 비용만을 포함하는 것으로 간주한다. 한편 어떤 업종에서는 편의상 생산비에 간접적 경비의 일부와 설비 및 건물의 감가상각비를 포함시킬 수 있지만, 어떤 경우에도 자본에 대한 이자 또는 이윤을 포함하지는 않는다"(가케E. Garcke와 펠스J. M. Fells, 『공장회계』*Factory Accounts*, 1887, 제1장).

쳐 점차적으로 인도하는 계약을 이행하는 것처럼 규모가 더 크고 시간이 더 걸리는 과업으로 넘어간다면, 이러한 주문과 관련해서 수행되는 대부분의 사무 노동은 반드시 그러한 작업에 고유한 것으로 간주되어야 한다. 왜냐하면 만일 주문이 감소하고 신규주문을 받지 않는다면, 봉급 항목의 경비는 거의 같은 비율로 삭감될 수 있기 때문이다.

일반적으로 사용되는 공업제품과 관련해서 장기간에 걸쳐 상당히 안정적인 시장을 고려할 때 이러한 경향은 더욱 강력하다. 왜냐하면 이 경우 특화된 숙련과 조직, 상근 사무직원 그리고 공장의 내구설비를 갖추는 데 발생하는 경비는 모두 생산과정에 필수적인 비용의 일부로 간주될 수 있기 때문이다. 이러한 지출은 해당 제조부문이 시장에 비해 지나치게 빠르게 팽창하는 위험에 있는 것처럼 보이는 한계까지 증가할 것이다.

다음 제5장에서는 제3장과 제4장의 논의가 계속된다. 우리는 공급과 가격에 가장 강력하게 작용하는 비용들이 예컨대 1대의 기관차에 대한 단일 주문의 경우에는 어떻게 소수의 자의적인 비용요소 그룹으로 한정되는지, 그러나 상당히 안정되고 일반적인 시장에 연속적으로 공급하는 경우에는 어떻게 좀더 확충되고 산업경제의 광범위한 특질에 훨씬 더 정확하게 대응되는지 좀더 자세히 보여줄 것이다. 생산비가 가치에 미치는 영향은 비교적 장기를 제외하면 명확하게 드러나지 않는다. 그리고 그러한 영향은 특정 기관차나 일정량의 재화보다는 생산의 전 공정과 관련지어 추정되어야 한다. 그리고 제8~10장에서는 생산요소에 대한 투자의 이자비용(또는 이윤)으로 이루어진 주요비용과 간접비의 성질이 시장기간의 장단에 따라 변동한다는 점과 관련지어 비슷한 연구가 이루어진다.

한편 주요비용과 간접비의 구분은, 자본주의 단계를 제외하면 크게 주목받지는 못하지만, 문명의 모든 단계에 작용한다는 점을 지적할 수 있다. 로빈슨 크루소는 오직 실질비용, 실질만족과 관계가 있었다. 그리고 판매도 구매도 거의 하지 않았던 구식 소농가족은 로빈슨 크루소와 거의 동일한 선상에서 미래의 편익을 위해 현재의 '노력과 기다림'의 투자를 조정했다. 그러나 만일 어느 쪽이든 여행 중에 야생 과일을 채집하기 위해 가벼운 사다리를 가지고 갈 만한 가치가 있는지 고민하고 있었다면, 오직 주요비용만을 기대편익과 비교했을 것이다. 그런데도 만일 사다리가 많은 사소한 과업 전체에서 제작비용을 보상할 만큼 충분한 서비스를 제공할 것으로 기대되지 않았다면, 사다리는 제작되지 않았을 것이다. 장기적으로 그것은 주요비용뿐만 아니라 간접비도 포함한 총비용을 상환해야 하는 것이다.

심지어 현대의 고용주도 제1의 실질비용으로서 자신의 노동을 고려해야 한다. 그는 어떤 사업이 (위험과 미래 수입의 할인을 적절하게 참작한 다음에) 화폐지출을 초과하는 화폐수입 잉여를 가져올 것이지만, 그러한 잉여가 사업에서 기인하는 고생과 걱정의 화폐상당액에 이르지 못할 것이라고 생각할 수 있다. 그러한 경우에 그는 그 사업을 회피할 것이다.[11]

---

11) 공장주는 제품의 주요비용 이외에 간접비를 회수할 수 있을 것으로 기대하며, 이러한 간접비는 공장이 산출하는 준지대의 원천이다. 만일 그의 기대에 부응하는 간접비가 회수된다면, 그의 사업은 충분한 이윤을 창출한다. 만일 그것이 그의 기대에 크게 미치지 못한다면, 그의 사업은 나빠지는 경향이 있다. 그러나 이러한 명제는 오직 가치의 장기적 문제와 관련될 뿐이다. 그리고 장기와 관련해서는 주요비용과 간접비의 차이는 특별한 의미가 없다. 이러한 구분의 중요성은 단기의 문제에 국한된다.

제5장 정상수요와 정상공급의 균형(계속): 장기균형과 단기균형

1 우리는 논의의 대상이 되는 기간이 장기냐 단기냐에 따라 **정상적이** 라는 용어의 범위가 달라진다는 것을 제3장에서 지적했다. 이제 우리는 이 점에 대해 좀더 자세하게 연구할 준비가 되어 있다.

다른 경우들과 마찬가지로 이 경우에도 경제학자는 단지 일상생활의 대화 속에 잠재해 있는 어려움을 표면에 드러낼 뿐이다. 솔직하게 맞섬 으로써 그러한 어려움을 철저히 극복할 수 있다. 일상생활에서는 **정상적** 이라는 용어를 기간이 달라지면 다른 의미로 사용하고, 한 의미에서 다 른 의미로의 이행에 대한 설명은 문맥에 맡기는 것이 관례다. 경제학자 는 이러한 일상생활의 관행을 따른다. 그러나 그러한 이행을 지적하는 데 수고를 감수함으로써 그는 단지 문제의 복잡성을 표면에 드러낼 뿐 인데도 때때로 그것을 만들어내는 것처럼 보인다.

연간 평균적인 양모가격이 비정상적으로 낮았음에도 양모가격이 어 느 날 비정상적으로 높았다고 말할 때, 탄갱부의 임금이 1872년에 비정 상적으로 높았고 1879년에 비정상적으로 낮았다고 말할 때, 노동의 (실 질)임금이 14세기 말에 비정상적으로 높았고 16세기 중반에 비정상적 으로 낮았다고 말할 때, 이와 같은 여러 가지 경우에 정상적이라는 용어 의 범위가 동일하지 않다는 것을 누구나 이해한다.

이 점과 관련해서 공장의 수명은 길고 생산물의 수명은 짧은 제조업 의 사례를 들어 설명하는 것이 가장 좋다. 새로운 직물이 처음으로 유행 할 때, 그리고 그것을 제조하는 적합한 공장이 거의 없을 때, 제조하기는 비슷하게 어렵지만 적합한 공장과 숙련이 풍부하게 있는 다른 직물들에 비해 새로운 직물의 정상가격이 수개월 동안 두 배가 될 수 있다. 장기적으로 볼 때, 우리는 새로운 직물의 정상가격이 다른 직물들의 정상가격과 동등하다고 말할 수 있다. 그러나 만일 초기 2~3개월 동안 새로운 직물의 대부분이 파산한 업자의 재고에서 판매를 위해 제공된다면, 우리는 그 가격이 다른 직물들보다 1.5배 비싸게 판매될 때도 비정상적으로 낮다고 말할 수 있을 것이다. 누구나 문맥을 통해 각각의 경우에 용어의 특수한 용법을 파악하며, 형식적인 설명구가 필요한 경우는 드물다. 왜냐하면 일상적인 대화에서 오해는 질문과 답변을 통해 미연에 방지될 수 있기 때문이다. 이 문제를 좀더 면밀하게 고찰해보자.

이미 지적했던 것처럼,[1] 직물 제조업자가 옷감 제작에 사용되는 모든 다양한 요소들의 생산경비를 각 요소의 필요한 분량을 감안해 추정할 때, 우선 공급의 조건이 정상적이라고 가정한다. 그러나 그가 먼 미래를 내다보느냐 가까운 미래를 내다보느냐에 따라 반드시 이 용어에 넓은 의미 또는 좁은 의미를 부여해야 한다는 사실을 고려해야 한다.

따라서 특정 종류의 직기(織機)를 조작하는 노동의 적절한 공급을 일으키기 위해 필요한 임금을 추정할 때, 그는 인근에서 동종 노동의 현행 임금을 취할 수 있을 것이다. 또는, 그는 인근에 그러한 특수한 종류의 노동이 부족하며, 현행 임금이 잉글랜드의 다른 지역보다 높아서, 이주를 감안하기 위해 여러 해 앞을 내다볼 때 정상임금률은 당시에 보편화되어 있는 수준보다 조금 낮은 것으로 간주할 수 있다고 주장할 수도 있을 것이다. 끝으로 그는 반 세대 전에 직물업에 대한 전망이 너무 낙관적이었던 결과로, 잉글랜드 전체에 걸쳐 직조공의 임금은 비슷한 등급의 다른 노동자들의 임금에 비해 비정상적으로 낮다고 생각할 수도 있을 것이다. 그는 이 직종에 너무 많은 사람들이 몰려들었고, 부모들은 이미 자식들을 위해서 좀더 높은 순수입을 제공하면서도 좀더 덜 어려

---

1) 『경제학 원리』 2, 제V편, 제3장, 5.

운 다른 업종을 선택하기 시작했으며, 결과적으로 몇 년 후에는 이 직종에 적합한 노동공급이 감소할 것이라고 주장할 수 있을 것이다. 이 경우 그는 장기적 시점에서 정상임금이 현행의 평균임금보다 높은 수준이라고 생각할 것이 틀림없다.[2]

또 양모의 정상공급가격을 추정할 때 그는 과거 수년간의 평균을 취할 것이다. 그는 가까운 미래에 공급에 영향을 미칠 가능성이 있는 모든 변화를 참작할 것이며, 오스트레일리아나 다른 곳에서 때때로 발생하는 가뭄의 영향을 계산에 넣어야 할 것이다. 왜냐하면 그러한 사건의 발생은 비정상적으로 간주하기에는 너무 흔하기 때문이다. 그러나 그는 오스트레일리아에서의 공급이 중단될 만큼 대규모 전쟁에 휘말릴 가능성은 고려하지 않을 것이다. 그는 이러한 위험에 대한 준비금은 특별 사업 위험이라는 항목에 포함되어야 하며, 양모의 정상공급가격에 대한 추정에 포함시켜서는 안 된다고 생각할 것이다.

그는 시민폭동 또는 장기간 지속되는 모든 비정상적인 노동시장의 교란을 위와 마찬가지로 취급할 것이다. 그러나 정상적인 조건 아래서 기계 등으로부터 끌어낼 수 있는 작업량을 추정할 때 그는 계속적으로 발생하고 사태의 일상적인 추이로 간주되는, 즉 비정상적이지 않은 노동쟁의로 인한 사소한 작업중단을 아마도 계산에 넣을 것이다.

이러한 계산을 행할 때 그는 인류가 이기적이거나 자기중심적인 동기에 의해 어느 정도 영향을 받는지 고찰하는 데 특별한 관심을 갖지는 않을 것이다. 그는 노여움과 허영심, 질투와 상처받은 자존심이 금전적 이득에 대한 욕망만큼이나 파업과 공장폐쇄의 공통적인 원인이라는 것을 알고 있을 것이다. 그러나 그것들은 그의 계산에 포함되지는 않을 것이

---

2) 기업가가 실제적인 목적을 위해 행하는 계산이 그렇게 먼 미래까지 내다보고, 정상적이라는 용어의 범위를 한 세대 전체에 걸쳐 확장할 필요가 있는 경우는 실제로 많지 않다. 그러나 경제학을 좀더 폭넓게 적용할 때, 가끔은 범위를 훨씬 더 넓게 확장할 필요가 있으며, 수세기에 걸쳐 각 산업등급의 노동공급 가격에 영향을 미치는 완만한 변화를 감안할 필요가 있다.

다. 작업을 중단시키고 재화들의 정상공급가격을 인상시키는 데 그것들의 영향을 정당하게 참작할 수 있을 만큼 그것들이 충분히 규칙적으로 영향을 미치는가? 그가 그것들에 대해 알고 싶은 것은 단지 이것뿐이다.[3]

2 시간이라는 요소는 경제연구가 어려운 주된 원인으로서, 우리는 제한된 능력을 가지고 한 걸음 한 걸음 나아갈 수밖에 없다. 복잡한 문제를 분해하고, 한 번에 작은 한 부분씩 연구하며, 마침내 부분 해(解)를 결합해서 어려운 문제 전체에 대한 다소 완전한 해를 구성한다. 복잡한 문제를 분해할 때, 우리는 연구를 방해히는 교란요인들을 당분간 체테리스 파리부스[*]라 부르는 울타리에 격리시킨다. 특정한 일단의 경향들은 다른 모든 것이 동일하다는 가정을 통해 분리해서 연구된다. 다른 경향들의 존재를 부정하는 것이 아니라, 그것들의 교란효과를 당분간 무시한다. 이렇게 문제의 범위가 좁혀지면 좁혀질수록 좀더 정밀하게 다룰 수 있지만, 동시에 실생활과의 대응관계는 희박해진다. 그러나 범위가 좁은 문제를 정밀하고 확고하게 다루는 것은 그렇게 하지 않았을 경우보다 그러한 문제를 포괄하는 광범위한 문제를 좀더 정밀하게 다루는 데 도움이 된다. 단계마다 좀더 많은 것들이 울타리에서 풀려날 수 있으며, 정밀한 논의가 좀더 구체적으로 이루어질 수 있고, 현실적인 논의가 전 단계에서 가능했던 것보다 정밀하게 이루어질 수 있다.[4]

시간이라는 요소가 생산비와 가치의 관계에 미치는 영향을 연구하기

---

3) 『경제학 원리』 1, 제I편, 제2장, 7을 참조하라.

＊다른 모든 것이 동일하다면.

4) 서문에서 설명되었던 것처럼(『경제학 원리』 1, 28~31쪽), 이 책은 주로 정상적인 조건과 관련이 있다. 그리고 그러한 조건은 가끔 정태적 조건으로 묘사된다. 그러나 필자의 견해로는 정상가치의 문제는 경제적 동학에 속한다. 왜냐하면 부분적으로 정학도 실제로는 동학의 한 분야에 불과하기 때문이며, 그리고 부분적으로, 정상상태에 대한 가설이 대표적인 예인데, 경제적 정지상태에 대한 모든 제안들은 단순히 잠정적인 것으로서 논의의 특정한 단계를 설명하기 위해 사용될 뿐이며, 설명이 끝나면 버려야 하는 것이기 때문이다.

위한 제일보는 그러한 영향이 거의 느껴지지 않는 '정상상태'라는 유명한 가상의 상태를 검토하고, 여기서 얻은 결과를 현대 세계의 그것과 대비시키는 것일 것이다.

정상상태라는 이름은 생산과 소비, 분배와 교환의 일반적 조건이 정지해 있다는 사실에서 유래한 것이다. 그러나 이 상태도 하나의 생활양식이기 때문에 그 내부는 운동으로 충만해 있다. 비록 각 개인이 청년에서 장년으로 성장하거나 장년에서 노년으로 쇠락할지라도, 인구의 평균연령은 일정하게 유지될 수 있다. 인구 1인당 동일한 크기의 재화들이 수많은 세대에 걸쳐 동일한 계층에 의해 동일한 방식으로 생산될 것이다. 따라서 생산장비의 공급은 안정적 수요에 충분한 시간을 가지고 적응할 것이다.

물론 우리는 정상상태에서 모든 기업이 언제나 동일한 규모와 동일한 영업관계를 유지하는 것으로 가정할 수도 있다. 그러나 그렇게 멀리까지 나아갈 필요는 없다. 비록 기업들이 흥하고 망하지만, 마치 원시림의 대표적인 나무가 그런 것처럼 '대표' 기업은 언제나 동일한 규모를 유지하며, 따라서 대표기업 내부의 자원으로부터 획득되는 경제는 일정하고, 집계생산량이 불변하기 때문에 인근의 보조적인 산업으로부터 획득되는 경제도 일정하다고 가정하는 것으로 충분할 것이다. 〔즉 대표기업의 내부경제와 외부경제 모두 일정하다. 어떤 수준의 가격에 대한 기대가 사람들을 해당 업종에 진입하도록 유인할 때, 그러한 가격은 영업관계를 구축하는 비용을 장기적으로 회수하기 충분한 수준이어야 한다. 그리고 이러한 비용의 적당한 부분이 생산비에 포함되어야 한다.〕

정상상태에서는 생산비가 가치를 규정한다는 것이 명백한 규칙일 것이다. 각각의 결과는 주로 하나의 원인에 대응되며, 원인과 결과 사이에 아주 복잡한 작용·반작용은 없을 것이다. 각각의 비용요소는 고정된 관행에 의해 다소 통제를 받지만, '자연의' 법칙에 의해 지배를 받을 것이다. 수요에 의한 반사적 영향은 없을 것이며, 경제적 원인의 즉각적인 결과와 장기의 결과 사이에는 기본적인 차이가 없을 것이다. 이러한 단조로운 세계에서 수확이 일정하다고 가정한다면, 장기정상가치와 단기 정상가치의 구분은 없을 것이다. 대표기업은 언제나 규모가 같고, 특별한 불경기도 호경기도 없는 상태에서 동일한 방식으로 동일한 범위 안에서 동일한 유형의 사업을 운영하기 때문에, 정상공급가격을 규정하는 정상경비는 언제나 같을 것이다. 수요가격목록도 공급가격목록도 언제나 같을 것이므로, 정상가격은 결코 변동하지 않을 것이다.

그러나 우리가 살고 있는 세계에서는 위의 조건들 가운데 어느 것도 사실이 아니다. 여기서 모든 경제적 힘의 작용은 주변에서 작용하는 다른 힘들의 영향 아래 끊임없이 변한다. 생산량, 생산방법 그리고 생산비의 변화는 언제나 서로를 변화시킨다. 그것들은 언제나 수요의 성격 및 규모에 영향을 주면서 동시에 그것에 의해 영향을 받는다. 또한 모든 이러한 상호적 영향이 완결되는 데는 시간이 걸리며, 일반적으로 어떤 두 가지 영향도 같은 속도로 작동되지는 않는다. 따라서 현실 세계에서는 생산비, 수요 그리고 가치 간의 관계에 대한 모든 분명하고 단순한 학설은 틀릴 수밖에 없다. 그리고 교묘한 설명을 통해 이러한 학설에 주어진 외관상의 명료성이 커지면 커질수록, 그것은 더욱 해롭다. 가치이론을 연구하겠다고 공언하고 그것을 쉽다고 생각하는 사람보다는 자신의 상식과 실제적 직관을 신뢰하는 사람이 더 나은 경제학자가 될 가능성이 크다.

3 방금 전 정상상태를 인구가 불변하는 상태로 간주했다. 그러나 정상상태의 거의 모든 특징들은 인구와 부가 모두 증가하는 곳에서도 보일 수 있는데, 다만 인구와 부는 동일한 비율로 증가하며, 토지는 부족하지 않고, 생산방법과 통상상태의 변화가 거의 없으며, 무엇보다도 인간의 성격 자체가 변하지 않는다는 조건 아래서 그렇다. 왜냐하면 이러한 상태에서는 생산과 소비, 교환과 분배의 가장 중요한 조건들이 질적으로 변하지 않을 것이며, 비록 규모 자체는 증가하겠지만 그것들 간의 일반적 상호관계가 동일할 것이기 때문이다.[5]

순수한 정상상태의 경직적인 굴레를 완화함으로써 우리는 현실의 생활조건에 한 걸음 더 다가선다. 그리고 전자를 더욱 완화함으로써 우리는 후자에 더욱 근접하게 된다. 우리는 그렇게 무수히 많은 경제적 원인들의 상호작용에 관한 어려운 문제를 향해 단계적으로 접근해간다. 정상상태에서 생산과 소비의 모든 조건들은 정지되어 있다. 그러나 아주 정확한 표현은 아니지만 이른바 **정태적** 분석방법의 가정은 덜 극단적이다. 이러한 분석방법에 의해 우리는 어떤 핵심적인 요점에 주목한다. 우리는 당분간 그것이 **정상상태**로 환원된다고 가정한다. 그리고 우리는 그것과 관련해서 주변상황에 영향을 주는 힘들과 그러한 힘들의 균형을 가져다줄 수 있는 경향을 연구한다. 이러한 수많은 부분 연구는 한 번의 노력으로 파악하기에는 너무 어려운 문제들을 해결하기 위한 길을 안내할 수 있다.[6]

4 우리는 어업과 관련된 문제들을 대충 세 가지로 분류할 수 있다. 기상의 불확실성 같은 단기간의 변화에 영향을 받는 문제들, 가축 전염병에 따른 1~2년 동안의 육류부족으로 인한 생선수요의 증가처럼 적당히 긴 기간의 변화에 영향을 받는 문제들, 끝으로 근육을 거의 사용하지 않는 고급장인 인구의 급증으로 인한 한 세대 동안의 생선수요의 커다란 증가와 관련된 문제들이 그것이다.

기상의 불확실성 등에 기인하는 생선가격의 일일 변동은 가상의 정상상태에서나 현대의 잉글랜드에서나 사실상 동일한 원인들에 의해 규정된다. 우리 주변의 일반적 경제조건은 빠르게 변화한다. 그러나 그러한 변화는 일일 가격변동의 중심인 단기의 정상수준에 가시적인 영향을 줄만큼 급속하게 일어나지는 않는다. 그러므로 그것은 일일 변동을 연구하는 동안 〔체테리스 파리부스의 울타리에 가두어〕 무시될 수 있다.

다음으로 넘어가서, 생선에 대한 전반적인 수요가 크게 증가했다고

---

5)『경제학 원리』 2, 제V편, 제11장, 6을 보라. 케인스(J. N. Keynes)의 『정치경제학의 영역과 방법』(*Scope and Method of Political Economy*, 1891), 제6장, 2를 참조하라.
6)『경제학 원리』 1, 「서문」과 「부록 H」 4를 참조하라.

가정하자. 예를 들어 가축의 질병 때문에 여러 해 동안 육류가 식량으로서 값이 비싸지고 위험해졌다고 가정하자. 이제 우리는 기상으로 인한 변동을 체테리스 파리부스의 울타리에 가두어 잠정적으로 무시한다. 그러한 변동은 너무 빨라서 곧 상쇄되며, 따라서 이러한 종류의 문제에서는 중요하지 않다. 그리고 정반대의 이유로 선원으로 육성되는 인구 변동은 무시된다. 왜냐하면 이러한 변동은 너무 느려서 육류 부족이 지속되는 1~2년 동안에 큰 영향을 미치지 못하기 때문이다. 당분간 이러한 두 종류의 변화를 울타리에 가두고, 어부 임금의 상승이 선원들로 하여금 선상노동에 지원하는 대신 1~2년 동안 어장에서 고기를 잡도록 유인하는 것과 같은 영향에 주의를 집중한다. 우리는 얼마나 많은 낡은 어선들과 어업용으로 특별히 제작되지 않은 선박들이 개조되어 1~2년 동안 고기를 잡기 위해 출항될 수 있는지를 고려한다. 우리가 조사하고 있는 일정량의 일일 생선공급에 대한 정상가격은 평균적인 수확을 거두어들이는 하루의 조업에서 이러한 분량을 획득하기에 충분한 노동과 자본을 어업에 빠르게 유입시키는 가격이다. 생선가격이 어업에 이용될 수 있는 노동과 자본에 미치게 될 영향은 이처럼 제법 한정된 원인들에 의해 규정된다. 이례적으로 수요가 많은 1~2년 동안 가격변동의 중심이 되는 새로운 수준은 분명히 이전보다 높을 것이다. 정상적이라는 용어를 단기와 관련지을 때, 수요량의 증가는 정상공급가격을 인상시킨다는 거의 보편적인 법칙의 실례를 여기서 보게 된다. 이러한 법칙은 장기적으로 수익체증경향을 따르는 산업과 관련해서도* 거의 보편적으로 적용된다.[7]

그러나 만일 장기와 관련지어 정상공급가격을 고려하는 것으로 넘어간다면, 우리는 그것이 상이한 결과를 동반하는 상이한 일군의 원인들에 의해 규정된다는 것을 발견하게 될 것이다. 육류에 대한 소비감소가 그것에 대한 영속적인 선호의 감소를 야기한다고 가정해보자. 그리고

---

* 단기적으로는.

7) 『경제학 원리』 2, 제V편, 제11장, 1을 보라.

생선에 대한 수요증가가 생선의 공급을 규정하는 힘들의 작용이 완결될 수 있을 정도로 충분히 오랫동안 지속된다고 가정해보자(물론 매일 그리고 매년의 변동은 계속되겠지만 무시될 수 있다). 효율성이 일정한 자본과 노동의 투입증가에 대해 **자연**이 **체감하는** 수익을 가져다준다면, 해양의 공급원은 고갈의 징후를 보이고, 어부들은 좀더 먼 해안에 그리고 좀더 수심이 깊은 바다에 의지해야 할지도 모른다. 다른 한편 인간은 끊임없이 진행되는 어류 소모의 극히 일부분에 대해서만 책임이 있다고 생각하는 사람들이 옳은 것으로 판명될지도 모른다. 그리고 이 경우에는 어업의 총어획고가 증가한 이후에도, 이전과 동일한 장비와 동일하게 효율적인 어부를 갖추고 출항한 어선의 어획고는 변하지 않을 것이다. 어쨌든 좋은 어선에 유능한 어부를 배치하는 정상비용은, 어업이 더 큰 규모의 산업으로 확립된 이후로는, 분명 과거보다 더 높지는 않을 것이며 어쩌면 과거보다 조금 낮을 수도 있을 것이다. 왜냐하면 어부에게는 특별한 천부적 자질이 요구되는 것이 아니라 단지 훈련을 통한 숙련만 요구되므로, 어부의 수는 한 세대도 지나기 전에 수요를 충족시키는 데 필요한 만큼 증가할 수 있을 것이기 때문이다. 한편 어선을 건조하고 어망을 제작하는 것과 관련된 산업들은 이제 규모가 크기 때문에 좀더 철저하게 그리고 경제적으로 조직될 것이다. 따라서 만일 해양이 어류 고갈의 징후를 보이지 않는다면, 경제적 원인의 정상적 작용이 완결될 수 있을 정도로 긴 시간이 흐른 뒤에는 좀더 많은 공급물량이 좀더 낮은 가격에 생산될 수 있을 것이다. 그리고 **정상적**이라는 용어를 장기와 관련지을 때, 생선의 정상가격은 수요증가와 함께 하락할 것이다.[8]

_____

8) 투크(T. Tooke, 『물가의 역사』*History of Prices*, 1838, I권, 104쪽)는 다음과 같이 말한다. "육·해군용 수요가 총공급의 너무 많은 비율을 차지하기 때문에 개인들에 의한 소비감소가 정부수요의 즉각적인 증가와 보조를 맞출 수 없는 특수한 품목들이 있다. 그 결과 전쟁의 발발은 그러한 품목들의 가격을 상대적으로 아주 높게 인상시키는 경향이 있다. 그러나 이러한 품목들도, 만일 상대적으로 높은 가격의 자극을 받는데도 공급이 수요를 따라잡을 수 없을 만큼 소비가 가속적으로 팽창하지 않는다면, (생산이나 수입에 대한 자연적 또는 인위적

이미 앞에서 설명했던 평균가격과 정상가격 사이의 구분을 강조해보자. 평균가격은 1일, 1주일, 1년 또는 임의의 다른 기간에 걸친 특정한 일군의 판매가격들의 평균일 수도 있고, 특정 시점에 수많은 시장에서의 판매가격들의 평균일 수도 있으며, 이러한 수많은 평균가격들의 평균일 수도 있다. 그러나 어떤 일군의 판매에 대해 정상적인 조건들은 다른 일군의 판매에 대한 정상적인 조건들과 정확히 일치하지 않을 것이다. 따라서 평균가격은 우연에 의해서만 정상가격, 즉 특정한 일군의 조건에서 경향적으로 나타나는 가격과 일치할 것이다. 우리가 앞에서 보았듯이, 오직 정상상태에서만 정상적이라는 용어의 의미가 항상 동일하다. 이 경우에 그리고 오직 이 경우에 한해서 '평균가격'과 '정상가격'은 서로 치환 가능한 용어들이다.[9]

5 동일한 문제영역을 다른 방식으로 재검토해보자. 시장가치는 수요와 시장에 현존하는 스톡의 관계에 의해 규정된다. 물론 '미래' 공급을 다소간 참작해야 하며, 기업연합도 약간의 영향을 미친다.

그러나 현행의 공급은 그 자체로서 부분적으로 생산자들의 과거 행동에 기인한다. 그리고 그러한 행동은 재화를 판매하면서 받을 것으로 기대하는 가격과 재화를 생산하기 위해 투입하게 될 경비를 비교한 결과로 결정된다. 생산자들이 고려하는 경비의 범위는 기존의 공장에서 추가 생산에 따른 추가경비만을 고려하느냐 아니면 목적에 맞게 새로운

장애가 없다고 가정할 때) 공급량이 가격을 과거와 거의 동일한 수준으로 감소시킬 정도로 증가하는 경향이 있다. 따라서 초석(salt-petre: 유리광택이 있으며 투명한 광물의 일종―옮긴이), 대마, 철 등의 가격통계표를 참조하면, 가격이 육·해군용 수요급증의 영향으로 아주 크게 상승했다가 수요가 가속적으로 급증하지 않을 때는 언제나 다시 하락하는 경향이 있다는 것을 목격하게 될 것이다." 연속적이고 가속적인 수요증가는 어떤 재화의 공급가격을 여러 해 동안 인상시킬 수도 있다. 그러나 그 재화에 대한 수요가 공급이 따라잡을 수 없을 만큼 큰 비율로 증가하지 않는다면 가격은 하락할 것이다.

9) 『경제학 원리』 2, 제V편, 제3장, 6. 평균가격과 정상가격 사이의 구분은 제V편, 제12장; 「부록 H」에서 추가로 설명될 것이다. 케인스의 『정치경제학의 영역과 방법』, 제7장을 보라.

공장을 건설할 것을 고려하느냐에 달려 있다. 예를 들어 조금 전에 논했던[10] 1대의 기관차 주문의 경우에, 수요에 맞게 공장을 재조정하는 문제는 거의 발생하지 않을 것이다. 주된 문제는 현존하는 공장에서 좀더 많은 작업을 수월하게 할 수 있는지 여부일 것이다. 그러나 수년간에 걸쳐 점차적으로 인도되는 다수의 기관차들에 대한 주문을 고려할 때는 목적에 맞는 '전용'공장, 따라서 순수하게 한계주요비용으로 간주되는 공장의 증설을 주의 깊게 검토할 것이 거의 확실하다.

판매 가능해 보이는 신규 생산이 크든 작든 기대되는 가격이 너무 낮지 않다면, 적은 주요비용으로 가장 손쉽게 생산될 수 있는 부분이 생산되는 것은 일반적인 규칙일 것이다. 그러한 부분은 생산의 한계에 있지는 않을 것이다. 가격에 대한 기대가 개선된다면, 추가적인 생산이 주요비용을 상회하는 상당한 잉여를 창출하고, 생산의 한계는 확장될 것이다. 기대가격의 상승은 일반적으로 그렇지 않았더라면 생산하지 않았을 어떤 사람들이 소량이나마 생산하도록 유인할 것이다. 그리고 좀더 낮은 가격에 무언가를 생산했던 사람들은 가격상승에 대응해서 생산을 늘릴 것이다. 어떤 생산자들이 임의의 가격에서 추가로 생산할 가치가 있는지 망설이는 생산의 부분은 다른 생산자들이 그 가격에서 생산을 시작할 것인지 망설이는 생산의 부분과 합해져야 한다. 그리고 두 부분이 합해져서 그 가격에서의 한계생산을 구성한다. 우리는 생산을 시작할 것인지 망설이는 생산자들이 모두 생산의 한계에 있다고 말할 수 있다(만일 그들이 농부들이라면 경작의 한계에 있다고 말할 수 있다). 그러나 일반적으로 그들은 극히 소수이며, 그들의 행동은 이미 무언가를 생산하고 있었을 생산자들의 행동에 비해 중요도가 떨어진다.

정상공급가격이라는 용어의 일반적 성질은 관련된 기간이 단기든 장기든 언제나 동일하지만 세부적으로는 큰 차이가 있다. 모든 경우에 그것은 일정한 집계생산률, 즉 일간 또는 연간 생산되는 일정한 집계량과

---

10) 『경제학 원리』 2, 55~64쪽을 참조하라.

관계가 있다. 모든 경우에 정상공급가격은, 그러한 가격에 대한 기대가 성립된다면 사람들이 그에 상응하는 집계량을 생산할 만한 가치가 있다고 생각하기에 필요충분한 가격이다. 모든 경우에 생산비는 한계생산비, 즉 생산이 일체 중단되는 한계에 있는 재화들과 기대가격이 떨어진다면 생산되지 않았을 재화들의 생산비다. 그러나 이러한 한계를 결정하는 원인들은 고려하고 있는 기간의 길이에 따라 달라진다. 단기에는 생산장비의 스톡이 사실상 고정된 것으로 간주된다. 생산장비를 얼마나 적극적으로 활용할 것인지 검토할 때, 사람들은 수요에 대한 기대에 의해 지배를 받는다. 장기에는 생산장비의 공급이 생산되는 재화들에 대한 수요의 기대에 맞게 조정된다. 이러한 차이를 좀더 자세히 살펴보자.

6 높은 가격에 대한 기대의 즉각적인 효과는 사람들로 하여금 모든 생산장비를 적극적으로 활용하고, 완전 가동하거나 심지어 초과 가동하도록 부추기는 것이다. 이때 공급가격은 사업가로 하여금 생산할 가치가 있는지 망설이는 한계에 있을 정도로 (아마 초과근무로 지친) 비효율적인 노동을 높은 가격에 고용할 수밖에 없고, 자신과 다른 사람들에게 과도한 긴장과 불편을 줄 수밖에 없게 하는 생산 부분의 화폐생산비다. 낮은 가격에 대한 기대의 즉각적인 효과는 많은 생산장비의 가동을 중지시키고, 남은 생산장비의 가동을 둔화시키는 것이다. 그리고 만일 생산자들이 좀더 나은 판매기회를 잃지 않을까 걱정하지 않는다면, 당분간 생산의 주요비용을 회수하고 자신의 노고를 보상해주는 가격에서는 생산할 만한 가치가 있을 것이다.

그러나 실제로 그들은 일반적으로 높은 가격을 사수한다. 각각의 생산자는 고객들에게서 미래에 좀더 높은 가격을 받을 기회를 망치지 않을까 걱정한다. 또한 만일 그가 좀더 큰 규모의 공개시장을 위해 생산한다면, 그는 모두를 위한 공동의 시장을 망치는 가격에 무리하게 판매할 때 다른 생산자들의 분노를 사지 않을까 다소 우려한다. 이 경우에 한계생산은, 조금이라도 가격이 더 하락하면 자기 자신의 이해관계에 대한 고려에서든 아니면 다른 생산자들과의 공식적 또는 비공식적 합의에 의해서든 추가적으로 시장을 망칠지도 모른다는 두려움으로 생산을 중지하게 될 사람들의 생산을 의미한다. 이러한 이유들 때문에 생산자들이 생산을 중지하는 바로 그 가격이 진정한 단기한계 공급가격이다. 이러한 가격은 완전 가동되지 않는 생산장비를 추가 사용할 때 즉각적으로 그리고 직접적으로 필요한 원료, 노동 그리고 공장의 마모에 대한 고유비용 또는 주요비용을 거의 항상 상회하고, 일반적으로 아주 크게 상회한다. 이 점에 대해서는 추가적인 연구가 필요하다.

고가의 공장을 사용하는 업종에서는, 재화의 주요비용이 총비용의 아주 작은 부분에 불과하다. 따라서 재화의 정상가격에 훨씬 못 미치는 수준에서의 주문도 주요비용을 크게 상회하는 잉여를 남길 수 있다. 그렇지만 만일 생산자들이 공장이 유휴상태에 있는 것을 방지하기 위해 그러한 주문을 수락한다면, 그들은 시장에 물건을 과도하게 공급해서 가격회복을 방해하게 된다. 그러나 실제로 생산자들이 이러한 방침을 무절제하게 영속적으로 추구하지는 않는다. 만일 그런 식으로 행동한다면, 그들은 자신들을 포함해서 해당 업종에 종사하는 많은 업자들을 파산시킬지도 모른다. 그리고 이 경우에는, 수요가 회복되어도 공급 측에서 거의 반응을 보이지 않을 것이며, 오히려 해당 업종에서 생산되는 재화들의 가격을 급등시킬 것이다. 이와 같은 극단적인 변동은 장기적으로 생산자들에게도 소비자들에게도 이롭지 못하다. 그리고 일반의 여론도 재화의 주요비용만을 겨우 회수하고 일반경비를 거의 충당하지 못하는 가격을 너무 쉽게 수락함으로써 '시장을 망치는' 사람의 행동을 비난하는 업종 윤리규정에 대해 아주 적대적이지는 않다.[11]

---

11) 암묵적이든 공개적이든 강력한 기업연합이 성립되면, 생산자들은 때때로 생산비와 거의 무관하게 가격을 상당 기간 조절할 수 있다. 그리고 만일 기업연합의 주도자들이 최상의 생산시설을 갖춘 자들이라면, 가격은 가장 저렴하게 생산되는 공급의 부분에 의해 규정된다고 말해도 좋을 것이다. 그것은 일견에는 리카도의 학설과 모순되는 것처럼 보이지만, 실질적으로는 그렇지 않다. 그러나 실제로는 재무상태가 가장 취약하고, 파산을 피하기 위해 조업을 계속해야만 하는 생산자들이 종종 기업연합의 나머지 생산자들에게 자신의 정책을 강

예를 들어 일정량의 옷감의 협의의 주요비용이 100파운드이고, 소유자의 정상이윤을 포함해서 업체의 일반경비의 적절한 부담분을 회수하기 위해 100파운드가 추가로 필요하다면, 보통의 조건에서 실제로 유효한 공급가격은 단기에서도 150파운드 미만으로 떨어질 가능성이 거의 없을 것이다. 물론 일반적인 시장 상황에 큰 영향을 미치지 않으면서 몇차례 특별 염가판매가 더 낮은 가격에 이루어질 수도 있다.

비록 단기공급가격에는 오직 주요비용만이 **필수적으로** 그리고 **직접적으로** 포함되지만, 간접비도 공급가격에 간접적으로 다소 영향을 미친다는 것은 여전히 사실이다. 생산자가 산출물을 잘게 나누어서 각각의 비용을 따로 분리하는 경우는 별로 없다. 그는 산출물의 상당 부분 그리고 심지어는 전체를 하나의 단위로 취급하는 경향이 있다. 그는 현재의 사업에서 새로운 부문을 추가할 만한 가치가 있는지, 새로운 기계를 도입할 만한 가치가 있는지 등을 검토한다. 그는 그러한 변화에서 유래하는 추가산출물을 먼저 하나의 단위로 취급하고, 그 후에 하나의 단위로 간주되는 추가산출물의 총비용을 참조해서 받아들일 용의가 있는 최저가격을 책정한다.

바꾸어 말하면 생산자는 대부분의 거래에서 생산물의 개별묶음이 아니라 생산공정의 증가부문 전체를 하나의 단위로 취급한다. 그리고 분석적 경제학자도 만일 현실의 조건과 밀접한 접촉을 유지하려면 이러한 선례를 따라야만 한다. 이러한 고려사항들은 가치론의 명확한 윤곽을 흐리는 경향이 있지만, 가치론의 내용에 영향을 주지는 않는다.[12]

단기에 관한 논의를 요약해보자. 특화된 숙련과 능력, 적합한 기계와

요한다. 아메리카뿐만 아니라 잉글랜드에서도 연합의 가장 취약한 구성원들이 연합의 지배자인 경우가 많다고 흔히들 말할 정도다.

12) 대부분의 목적을 위해서는 이러한 일반적인 서술로 족하다. 그러나 제11장에서 대표기업의 생산공정의 한계적 증분이라는 극도로 복잡한 개념에 대해 좀 더 상세히 연구할 것이다. 특히 수익체증경향을 보이는 산업을 고려할 때, 우리의 추론을 대표기업의 상황에 준거할 필요성에 대한 자세한 설명도 함께 이루어질 것이다.

기타 물적 자본, 그리고 적절한 산업조직의 공급을 수요에 완전히 적합하게 조정할 시간적 여유는 없다. 그러나 생산자들은 이미 사용하고 있는 장비를 가지고 최선을 다해 공급을 수요에 맞추어야 한다. 한편으로 장비의 공급이 부족할 때 장비를 상당 정도 증가시킬 수 있는 시간적 여유가 없다. 다른 한편으로 장비의 공급이 과잉일 때는, 점진적 부식과 다른 용도로 전환하여 공급이 대폭 감소할 수 있는 시간적 여유가 없기 때문에 그것들 가운데 일부는 불완전 가동될 수밖에 없다. 장비에서 파생되는 특정 소득의 변동은 당분간 장비의 공급에 가시적인 영향을 미치지 못하며, 장비에 의해 생산되는 재화들의 가격에 직접적인 영향을 미치지 못한다. 소득은 총수입에서 주요비용을 제한 나머지다. 〔즉 그것은, 제8장에서 좀더 분명하게 설명하겠지만, 어느 정도 지대의 성격을 가지고 있다.〕 그러나 이러한 소득이 장기적으로 기업의 일반경비의 적정한 부담분을 회수할 만큼 충분하지 않다면, 생산은 점차적으로 줄어들 것이다. 이렇게 장기에 걸쳐 작용하는 배후의 원인들이 단기 동안의 공급가격의 비교적 급속한 변화에 통제력을 행사한다. 그리고 "시장을 망칠지 모른다"는 두려움은 종종, 그러한 두려움이 없었을 경우보다, 배후의 원인들이 좀더 신속하게 작용하도록 만든다.

7 다른 한편으로 장기에는 물적 설비와 기업조직을 구비하고, 업계지식과 특화된 능력을 획득하기 위한 모든 자본과 노력의 투자는 그것에서 획득될 것으로 기대되는 소득에 맞게 조정될 시간적 여유가 있다. 따라서 이러한 소득에 대한 추정은 공급을 직접적으로 규정하며, 생산된 재화들의 진정한 장기정상 공급가격이다.

사업에 투자된 자본의 대부분은 일반적으로 내부조직과 외부 영업관계를 구축하는 데 지출된다. 만일 기업이 번창하지 못한다면, 비록 그 물적 설비의 원가의 상당 부분을 회수할 수 있을지라도, 모든 자본은 소실된다. 그리고 임의의 업종에서 신규 사업을 기획하는 사람은 누구든지 이러한 손실 가능성을 반드시 고려해야 한다. 만일 그가 그러한 종류의 과업을 위해 정상적인 능력을 갖춘 사람이라면, 그는 자신의 기업이

머지않아 대규모 생산의 경제의 적정한 몫을 향유하는 대표기업이 될 것으로 기대할 수 있다. 만일 그가 착수할 수 있는 다른 업종에서 비슷한 투자로 획득 가능한 순이익에 비해 이 업종의 대표기업의 순이익이 더 클 것으로 보인다면, 그는 이 업종을 택할 것이다. 어떤 업종에서 장기적으로 재화의 가격을 좌우하는 자본투자는 대표기업을 건설하고 운영하는 데 필요한 경비와 재화의 가격을 통해서 장기간에 걸쳐 획득하는 수입의 추정으로 규정된다.

특정 시점에 어떤 기업들은 흥하고 어떤 기업들은 쇠퇴할 것이다. 그러나 정상공급가격을 규정하는 원인들을 포괄적으로 볼 때, 우리는 거대한 조류의 표면 위에 있는 이러한 작은 소용돌이 때문에 수고할 필요는 없다. 어려움을 극복하기 위해 악전고투하고, 불충분한 자본을 가지고 사업을 운영하면서, 점차적으로 좋은 기업을 구축할 수 있을 것이라는 희망으로 아주 궁핍한 상황을 견뎌내는 일부 새로운 제조업자들에 의해 생산이 특별하게 증가할 수도 있다. 또는 사업장을 확장함으로써 새로운 경제를 획득하고, 비교적 낮은 비용으로 생산량을 증가시킬 수 있는 일부 부유한 기업들에 의해 생산이 특별하게 증가할 수도 있다. 후자의 경우에 이러한 추가생산물은 업종의 집계생산량에 비해 상대적으로 작을 것이기 때문에, 그로 인해 가격이 크게 하락하지는 않을 것이다. 따라서 기업은 환경에 대한 성공적 적응으로 큰 이득을 획득할 것이다. 그러나 개별기업 차원에서는 이러한 행운이 일어날지라도, 집계생산량 증가의 직접적인 결과로 장기정상 공급가격은 계속해서 체감하는 경향이 있을 것이다.

8 물론 '장기'와 '단기' 사이의 명확한 경계선은 존재하지 않는다. 이러한 경계선은 현실생활의 경제적 조건에서 자연적으로 주어지는 것이 아니며, 실제적인 문제들을 다루는 데 필요한 것도 아니다. 문명화된 종족과 미개한 종족 사이에 명확한 경계선이 존재하지 않음에도, 우리가 두 집단을 대비시키고 각각의 집단에 대해 수많은 일반 명제를 정립하는 것과 마찬가지로, 우리는 장기와 단기 사이의 엄격한 경계를 구분하

지 않으면서도 그것들을 대비시킨다. 만일 특정한 논의를 위해 양자를 뚜렷하게 구분하는 것이 필요하다면, 특별한 설명구를 사용해서 구분할 수 있다. 그러나 그러한 명확한 구분이 필요한 경우는 자주 있는 것도 아니고 중요한 것도 아니다.

네 가지 유형이 눈에 띈다. 각각의 유형에서, 가격은 수요와 공급의 관계에 의해 규정된다. 시장가격의 관점에서, 공급은 이미 수중에 보유하고 있거나 여하튼 '현존하는' 해당 재화의 스톡을 의미하는 것으로 간주된다. 정상가격의 관점에서, 정상적이라는 용어를 2~3개월 또는 1년의 단기와 관련된 것으로 간주할 때, 공급은 해당가격에서 인적·물적 설비의 현존하는 스톡을 가지고 주어진 기간에 생산될 수 있는 것을 의미한다. 정상가격의 관점에서, 정상적이라는 용어를 수년의 장기와 관련지을 때, 공급은 주어진 기간 내에 수익성을 보장하면서 건설되고 가동될 수 있는 설비에 의해 생산될 수 있는 것을 의미한다. 끝으로 지식, 인구, 자본의 점진적인 증가와 세대 간 수요·공급의 변화하는 조건에 의해 야기되는 정상가격의 아주 점진적인 또는 초장기적(secular)인 움직임이 있다.[13]

---

13) 제5장의 1을 참조하라. 물론 여러 가지 생산요소를 수요에 맞게 조정하는 데 필요한 기간은 크게 다를 수 있다. 예를 들어 숙련된 식자공의 수는 활자와 인쇄기의 공급만큼 빠르게 증가할 수는 없다. 이러한 원인만으로도 장기와 단기의 엄격한 구분을 방해할 것이다. 그러나 사실상 이론적으로 완벽한 장기는 반드시 재화의 생산요소들이 수요에 조정될 수 있을 만큼의 충분한 시간을 주어야 할 뿐만 아니라 그러한 요소들의 생산요소들이 조정될 수 있을 만큼 충분한 시간을 주어야 한다. 그것은, 논리적 결과를 계속 확장했을 때, 미래 요구가 무한대의 과거부터 예상될 수 있는 산업의 정상상태에 대한 가정을 내포하게 될 것이다. 리카도 자신의 설명은 아니더라도, 실제로 리카도의 가치론에 대한 수많은 대중적 설명에는 이와 같은 가정이 일부 무의식적으로 함축되어 있다. 그리고 무엇보다도 바로 이러한 원인으로, 19세기 전반에 유행했던 경제학설은 그 윤곽이 선명하고 명료했다. 선명성과 명료성 때문에 당시 학설은 어느 정도 매혹적이었던 반면에, 잘못된 실제적 결론으로 이끄는 경향의 대부분도 바로 그 점에서 유래했다.
비교적 단기의 문제와 비교적 장기의 문제는 전반적으로 비슷한 방식으로 취

이 책의 나머지 부분은 위의 세 번째 유형, 즉 상당히 긴 기간에 걸친 임금, 이윤, 가격 등의 정상적 관계와 주로 관련된다. 그러나 가끔은 다년간에 걸친 변화를 고려해야 한다. 그리고 제VI편 제12장은 '진보의 가치에 대한 영향', 즉 가치의 **초장기적** 변동에 대한 연구에 할애되어 있다.

급된다. 두 경우 모두, 특수한 연구를 위해 득정한 일군의 관계늘을 부분적 또는 전면적으로 분리하는 주요한 분석장치가 사용된다. 두 경우 모두, 유사한 사건들을 분석·비교하고, 그것들이 서로 해명하게 하고, 유사성에서 시사점이 풍부한 그리고 유사성을 통해 드러난 차이에서 시사점이 더욱 풍부한 사실들을 정리하고 그 상관성을 파악하는 기회를 얻을 수 있다. 그러나 두 경우 사이에는 큰 차이가 존재한다. 비교적 단기의 문제에서는, 특별히 고려하지 않은 힘들은 당분간 휴지상태에 있는 것으로 가정하는 극단적 조처가 필요하지 않다. 그러나 광범위한 힘들을 당면 문제와 간접적인 관계만을 가지고 있다는 이유로 체테리스 파리부스의 울타리에, 이를테면 한 세대 동안 가두기 위해서는 극단적 조처가 필요하다. 왜냐하면 간접적인 영향도 만일 누적되어 작용한다면 한 세대가 경과하는 동안에 중대한 결과를 낳을 수 있기 때문이다. 그리고 실제적인 문제에서는, 비록 잠정적일지라도, 그러한 영향을 특수한 연구를 가하지 않고 무시하는 것은 안전하지 않다. 따라서 아주 긴 장기와 관련된 문제들에 대해 정태적 분석방법을 사용하는 것은 위험하다. 모든 단계에서 신중, 선견 그리고 절제가 필요하다. 과업의 어려움과 위험은 수익체증의 법칙을 따르는 산업과 관련해서 정점에 달한다. 그리고 바로 그러한 산업들과 관련해서 정태적 분석방법의 가장 매력적인 적용이 가능하다. 우리는 이러한 문제들을 제12장과 부록 H로 미루어야만 한다.
"경제계는 계속 변화를 겪고, 점점 더 복잡해지기 때문에 [……] 기간이 길면 길수록 조정의 가망성은 점점 더 희박해진다." 따라서 가치가 장기에 도달하는 위치에 대해 논하는 것은 '변수를 상수로'(데바스C. S. Devas, 『정치경제학』*Political Economy*, 1891, 제IV편, 제5장) 취급하는 것이라는 반론에 대해서는 다음과 같이 답변할 수 있다. 우리가 변수들을 잠정적으로 상수로 취급하는 것은 사실이다. 그러나 자연계에서든 도덕적 세계에서든 오직 그 방법을 통해서만 과학이 복잡하고 변화무쌍한 주제를 다루는 데 커다란 진보를 이루었다는 것도 사실이다. 『경제학 원리』 2, 제V편, 제5장, 2를 보라.

제6장 결합수요와 복합수요, 결합공급과 복합공급

1 빵은 인간의 욕구를 직접적으로 충족시키며, 빵에 대한 수요는 직접적이라고 말한다. 그러나 제분기나 오븐은 빵을 만드는 데 기여함으로써 욕구를 간접적으로 충족시킬 뿐이다. 따라서 그것들에 대한 수요는 간접적이라고 말한다. 좀더 일반적으로 원료와 기타 생산수단에 대한 수요는 간접적이며, 그것들의 도움을 받아 생산되는 직접 유용한 생산물에 대한 직접수요에서 파생된다.

제분기와 오븐의 용역은 최종 생산물인 빵 속에 결합되어 있다. 따라서 그러한 용역에 대한 수요는 결합수요라고 부른다. 호프(hop)와 맥아(malt)는 서로 보완적이며, 결합해서 에일(ale)맥주라는 공통의 목적에 이른다. 이렇게 여러 보완적인 요소들 각각에 대한 수요는 예컨대 한 덩어리의 빵, 에일맥주 한 통과 같은 최종생산물 생산에 결합해서 제공하는 용역으로부터 파생된다. 바꾸어 말하면 욕구를 직접적으로 충족시키고 직접적인 수요가 있는 재화의 생산에 기여하면서, 보완적인 요소들이 제공하는 용역에 대한 결합수요가 존재한다. 완성품에 대한 직접수요는 실제로 그것을 생산하기 위해 사용된 요소들에 대한 수많은 파생수요로 분해된다.[1]

---

1) 『경제학 원리』 1, 제III편, 제3장, 6을 참조하라. 그러면 즉시 사용될 수 있는 형태의 재화들은 1차 재화 또는 소비자용 재화라고 부르고, 다른 재화들의 생산요소로 사용되는 재화들은 생산자용 재화 또는 2차 이상의 재화 또는 중간재라고 부른다는 것을 상기시켜줄 것이다. 또한 재화들이 언제 실제로 완성되는지를 말하

다른 예를 들어 설명해보자. 주택에 대한 직접수요는 각종 건설업 관련 노동과 벽돌, 석재, 목재 등에 대한 결합수요를 발생시킨다. 그것들은 모든 종류의 건설공사, 간단히 말해 신규주택에 대한 생산요소들이다. 이 중 임의의 생산요소, 예컨대 미장공의 노동에 대한 수요는 간접수요 또는 파생수요일 뿐이다.

노동시장에서 흔히 발생하는 사건들과 관련지어 위의 사례에 대한 연구를 계속해보자. 노동시장의 교란이 지속되는 기간은 단기이며, 수급 조절과 관련해서 고려해야 할 원인들은 단기에 작용할 수 있을 뿐이라고 하자.

이러한 경우는 중요한 실제적 의미가 있으며, 특별히 우리의 주의를 끌 만한 자격이 있다. 그러나 여기서는 단기만을 고려한다. 따라서 그것은 제6장과 이하 여러 장에서 공급의 힘의 작용이 완전 장기동안 전개될 만큼 충분한 시간 여유가 있는 경우로부터 사례를 선별하는 일반적 규칙에서 예외라는 것을 지적해야만 한다.

건설 관련 수요와 공급은 균형 상태에 있는데 특정 노동자집단, 예컨대 미장공들의 파업 또는 미장노동의 공급에 어떤 다른 교란이 있다고 가정하자. 미장노동의 수요를 분리해서 별도로 연구하기 위해 첫째, 신규주택에 대한 수요의 일반조건은 변하지 않았으며(즉 신규주택에 대한 수요스케줄이 여전히 유효하며), 둘째, 건설업자의 경영능력과 사업조직을 포함한 다른 생산요소들의 공급의 일반조건이 변하지 않았다고 가정한다(즉 그것들의 공급가격 목록도 여전히 유효하다고 가정한다). 그러면 미장노동 공급의 일시적인 억제는 건설물량의 비례적인 억제를 초래할 것이다. 감소된 주택물량에 대한 수요가격은 전보다 조금 높을 것이지만, 다른 생산요소들에 대한 공급가격은 전보다 높지 않을 것이

는 것이 어렵고, 많은 재화들이 밀가루처럼 실제로 소비를 위해 준비가 끝나기 전에 흔히 완성된 소비자용 재화로 취급된다는 것을 상기시켜줄 것이다. 『경제학 원리』 1, 제II편, 제3장, 1을 보라. 그 가치가 생산물의 가치에서 파생되는 재화들로 간주되는 도구재라는 개념의 모호성은 제II편, 제4장, 13에서 지적했다.

다.[2] 그렇게 신규주택은 주택생산을 위해 필요한 다른 요소들의 구매가격의 총합을 상회하는 가격에 판매될 수 있다. 양자의 차액은, 미장노동이 필수불가결하다고 가정한다면, 미장노동에 지불될 수 있는 가격의 상한을 결정할 것이다. 미장노동 공급의 억제 강도에 따른 이러한 차액의 변동은 다음과 같은 일반 규칙에 의해 규정된다. 어떤 재화의 생산에 사용되는 임의의 생산요소에 제공될 수 있는 가격은, 일정량의 재화에 대응해서, 그러한 분량의 재화를 판매할 수 있는 가격이 그것을 생산하는 데 필요한 다른 생산요소들의 상응하는 공급을 확보하기 위해 지불해야 하는 가격의 총합을 초과하는 부분에 의해 제한된다.

전문용어를 사용하면, 어떤 재화의 생산에 필요한 임의의 생산요소에 대한 수요스케줄은 재화의 수요스케줄에서 **파생될** 수 있는데, 각각의 일정한 재화량에 대한 수요가격에서 나머지 다른 생산요소들의 상응하는 양들의 공급가격의 총합을 공제하면 된다.[3]

---

2) 그것은 모든 보통의 조건 아래서 사실이다. 초과근무에 대한 특별수당은 더 적을 것이며 목수, 벽돌공 그리고 다른 노동자들의 노동가격은 상승하기보다는 오히려 하락할 것이다. 그리고 벽돌과 기타 건설 자재에 대해서도 마찬가지다.

3) 본문에서 주어진 개략적인 설명으로도 대부분의 목적을 위해서는 충분할 것이다. 일반 독자는 제6장의 나머지 각주들을 읽지 않아도 무방할 것이다.
우리가 별도의 연구를 위해 하나의 생산요소를 분리시키며, 그것의 공급조건에 교란이 일어나고, 문제에서 다른 요소들에 영향을 미치는 독립적인 교란이 동시에 일어나지 않으며, 따라서 다른 생산요소들의 경우에 판매가격은 언제나 공급가격과 일치하는 것으로 간주될 수 있다고 전제하는 경우를 제외하고는 이러한 **파생스케줄**이 타당하지 않다는 것을 반드시 기억해야 한다.
이것을 그림으로 예시할 때, 설명을 간단하게 하기 위해 어떤 재화의 생산경비를 그 재화의 두 가지 구성요소의 공급가격으로 분해하는 것이 편리할 것이다. 이제 칼의 공급가격을 칼날과 손잡이의 공급가격의 합으로 간주하고, 칼날과 손잡이를 접합하는 경비를 무시하도록 하자. ss'를 손잡이의 공급곡선, SS'를 칼의 공급곡선이라 하자. Ox상의 임의의 점 M에서, 점 q는 ss'와 점 Q는 SS'와 만나도록 수선 MqQ를 그려보자. 그러면 Mq는 손잡이 OM 단위에 대한 공급가격이고, qQ는 칼날 OM 단위에 대한 공급가격이고, MQ는 칼 OM 단위에 대한 공급가격이다. DD'는 칼의 수요곡선이고, 점 A에서 SS'와 만난다. 그림처럼 AaB를 수직으로 그려보자. 그러면 균형에서 칼 OB 단위는 가격 BA에서 판

매되며, 이 중 Ba는 손잡이에 aA는 칼날에 할
당된다.

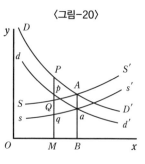

〈그림-20〉

(여기서 우리는 공급가격을 규정하는 힘들의
작용효과가 소진될 수 있을 정도로 충분한 시
간을 가정할 수도 있다. 따라서 우리는 공급가
격을 우하향하는 것처럼 그려도 좋을 것이다.
이러한 변화는 논의에 영향을 주지 못한다. 그
러나 대체로 우상향하는 공급곡선을 전형적인
사례로 취하는 것이 최선이다.)

이제 별도의 연구를 위해 칼의 손잡이에 대한 수요를 분리시키기를 원한다고
가정하자. 따라서 우리는 칼에 대한 수요와 칼날에 대한 공급은 각각의 곡선에
의해 지시되는 법칙을 따른다고 가정하자. 그리고 비록 손잡이의 공급이 일시
적으로 교란을 받았을지라도, 손잡이에 대한 공급곡선은 여전히 유효하며, 손
잡이 공급의 정상적인 상황을 나타낸다고 가정하자. MQ가 DD'와 점 P에서 만
나면 MP는 칼 OM 단위에 대한 수요가격이고, Qq는 칼날 OM 단위에 대한 공
급가격이다. Pp와 Qq가 같도록 MP상에 점 p를 잡아보자. 따라서 Mp는 MP가
Qq를 초과하는 부분이다. 그러면 Mp는 손잡이 OM 단위에 대한 수요가격이
다. Ox상에서 점 M의 연속적인 위치에 대해 그에 대응하는 점 p의 위치를 찾음
으로써 얻어지는 점 p의 궤적을 dd'라 하자. 그러면 dd'는 손잡이에 대한 파생
수요곡선이다. 물론 곡선 dd'는 점 a를 지난다. 이제 우리는 그림에서 곡선 dd'
와 ss'를 제외한 나머지 모든 것을 무시하고, 다른 모든 것이 동일하다면, 즉 칼
날의 공급법칙과 칼의 수요법칙에 영향을 미치는 어떠한 교란요인도 없다면,
두 곡선을 손잡이의 수요와 공급을 나타내는 곡선으로 간주해도 좋다. 그러면
Ba는 손잡이의 균형가격이다. 그리고 시장가격은 곡선 dd'와 ss'로 표현되는 수
요와 공급의 영향 아래 제5장에서 설명했던 것처럼 균형가격 주변에서 진동한
다. 보통의 수요곡선과 공급곡선은 균형점 부근을 제외하면 실제적 의미가 없
다는 것은 이미 언급했다. 그리고 파생수요 방정식에 대해서는 이러한 언급이
더욱 힘을 갖는다.

[$Mp - Mq = MP - MQ$이므로, 점 A는 안정적 균형점이고, 점 a도 역시 안정
적 균형점이다. 그러나 만일 공급곡선이 우하향한다면, 이러한 명제는 다소 유
보조건이 필요하다. 「부록 H」를 보라.]

이제 막 설명을 마친 예시에서, 각 생산요소의 단위는 재화의 생산량과 무관하
게 일정한 것으로 유지되었다. 왜냐하면 칼 한 자루를 위해서는 언제나 칼날 하
나와 손잡이 하나가 필요하기 때문이다. 그러나 재화생산량의 변화가 한 단위
의 재화를 생산하기 위해 필요한 각 생산요소의 양에 변화를 일으킨다면, 위의
과정을 거쳐 얻어진 생산요소에 대한 수요곡선과 공급곡선은 불변의 단위로 표
현되지 않는다. 따라서 일반적 용도로 사용하기 위해, 그것들은 불변의 단위로

2 그러나 이 이론을 생활의 실제조건에 적용할 때는, 어떤 생산요소의 공급에 교란이 일어나면 다른 생산요소들의 공급에도 교란이 일어날 가능성이 있다는 사실을 기억하는 것이 중요할 것이다. 특히 공급에 교란이 일어나는 생산요소가 미장노동 같은 특정 종류의 노동일 때, 고용주의 수입이 일반적으로 완충기 역할을 한다. 다시 말하면 손실은 일차적으로 고용주의 수입에 충격을 주지만, 일부 노동자들을 해고하고 다른 노동자들의 임금을 삭감함으로써 고용주는 궁극적으로 손실의 대부분을 다른 생산요소들 사이에 배분한다. 그것이 이루어지는 과정의 세부적인 내용은 다양하다. 그리고 그것은 고용주의 연합조직, 시장의 흥정과 교섭, 그리고 지금 이 시점에 우리의 관심사가 아닌 다른 요인들에 의해 좌우된다.

직접적인 용도가 아니라 어떤 재화의 생산요소로서 요구되는 어떤 요소의 공급에 대한 억제가 그 요소의 가격을 대폭 상승시킬 수 있는 조건들에 대해 검토해보자. 첫 번째 조건은 해당 요소 자체가 재화생산에 필수적 또는 거의 필수적일 뿐만 아니라 적당한 가격에서 그것에 대한 좋은 대체물이 없어야 한다는 것이다.

두 번째 조건은 해당 생산요소를 반드시 필요로 하는 재화의 수요가 경직적이고 비탄력적이어야 한다는 것이다. 따라서 그러한 재화의 공급이 억제되면, 소비자들은 훨씬 높은 가격을 제시할 것이다. 물론 두 번째 조건은 재화의 균형가격과 거의 비슷한 가격에서 좋은 대체재가 가용하지 않다는 조건을 포함한다. 만일 주택건설 억제가 주택가격을 대폭 상승시킨다면, 건설업자들은 예외적인 이윤을 확보하기 위해 시장에서 미장노동에 대해 경쟁적으로 높은 임금을 부를 것이다.[4]

환산되어야 한다(「수학부록」 XIV를 보라).

4) 우리는 어떤 조건에서 pM과 aB의 비율이 가장 클 것인지를 고찰해야 한다. 여기서 Mp는 OB에서 OM으로 일정량 BM만큼 감소한 재화의 공급에 대응하는 문제의 생산요소에 대한 수요가격이다. 두 번째 조건은 MP가 커야 한다는 것이다. 그리고 수요의 탄력성은 BM과 BA에 대한 MP의 초과분(MP-BA—옮긴이)의 비율에 의해 측정되기 때문에 PM이 크면 클수록 다른 모든 것이 동일하

세 번째 조건은 재화 생산경비에서 해당 생산요소의 가격이 차지하는 비중이 작아야 한다는 것이다. 미장공의 임금은 주택건설에 따른 총경비의 작은 부분에 불과하기 때문에, 심지어 임금이 50퍼센트 인상되어도 주택의 생산경비는 조금밖에 추가되지 않을 것이며, 주택에 대한 수요도 거의 억제되지 않을 것이다.[5]

네 번째 조건은 수요량이 조금이라도 억제되면 다른 생산요소들의 공급가격이 상당히 크게 하락해야 한다는 것이다. 그래야 해당 생산요소에 높은 가격을 지불할 수 있는 차액이 증가할 것이다.[6] 예를 들어 벽돌공과 다른 종류의 노동자들, 또는 고용주 자신이 다른 일을 쉽게 찾을수 없고 유휴상태를 유지할 수 없다면, 그들은 전보다 훨씬 낮은 수입으로도 기꺼이 일할 의사가 있을 것이다. 그리고 그것은 미장공들에게 좀더 높은 임금을 지불할 수 있는 차액을 증가시킬 것이다. 이러한 네 가지 조건들은 서로 독립적이다. 그리고 마지막 세 가지 조건들의 효과는 누적적이다.

만일 미장공 고용을 피할 수 있거나, 미장공의 작업이 미장공 단체 외부의 사람들에 의해 제법 잘, 그리고 적당한 가격에 수행된다면 미장공의 임금 상승은 억제될 것이다. 어떤 재화의 어떤 생산요소가 특정한 경우에 파생수요의 작용을 통해 나머지 다른 생산요소들에 행사할지도 모르는 횡포는 대체원리에 의해 완화된다.[7]

다면 수요의 탄력성은 작아진다.

5) 세 번째 조건은 MP가 BA를 일정한 비율로 상회할 때, Mp는 Ba를 좀더 큰 비율로 상회하는 원인이 된다는 것이다. 그리고 다른 모든 것이 동일하다면, 그것은 Ba가 BA의 작은 부분일 것을 요구한다.

6) 즉 만일 Qq가 지금보다 작아진다면 Pp는 작아질 것이고, Mp는 커질 것이다. 「수학부록」 주 XV를 보라.

7) 뵘바베르크는 『경제, 통계 연보』(*Jahrbuch für Nationalökonomie und Statistik*, 1891, XIII권, 59쪽)에 게재된 자신의 탁월한 논문 「경제적 재화 가치의 기초이론」(Grundzüge der Theorie des wirschaftlichen Güterwerts)에서 재화의 생산요소들 가운데 하나의 요소를 제외한 모든 요소들이 무한대로 공급되는 대체재를 가지고 있으며, 그것으로 인해 그것들의 가격이 엄격하게 고정

또한 어떤 완성품의 생산요소들 가운데 하나를 확보하는 데 어려움이 가중되면 종종 완성품의 성격을 변경함으로써 대처할 수 있다. 일부 미장노동은 필요 불가결할 수도 있지만, 사람들은 주택에서 얼마나 많은 미장작업을 할 가치가 있는지 고민하는 경우가 많다. 만일 미장작업의 가격이 상승하면, 그들은 미장작업을 조금 생략할 것이다. 미장작업을 조금 생략함으로써 그들이 상실하게 될 만족의 강도가 그것의 한계효용이다. 그들이 미장작업을 위해 지불할 용의가 있는 가격은 미장공 작업의 사용 분량에 대한 진정한 수요가격이다.

마찬가지로 에일맥주를 만드는 데는 맥아와 호프에 대한 결합수요가 존재한다. 그러나 맥아와 호프의 비율은 다를 수 있다. 어떤 에일맥주가 호프를 더 많이 함유한다는 점에서만 다른 에일맥주들과 다르고, 더 높은 가격을 받을 수 있다면, 이러한 가격의 차이가 호프에 대한 수요를 나타낸다.[8]

미장공, 벽돌공 등의 관계는 관련업종의 노동조합 간 제휴와 갈등의 역사에서 교훈적이면서도 낭만적인 많은 부분을 대표한다. 그러나 결합수요의 가장 많은 사례는 원료와 그것을 가공하는 직공들에 대한 수요에서 발견된다. 예를 들어 면화, 황마, 철 또는 구리와 이러한 여러 가지 재료를 다루는 사람들의 경우가 그렇다. 또한 서로 다른 식료품의 상대가격은 숙련요리사의 노동공급에 따라 크게 달라진다. 예를 들어 숙련요리사가 드물고 그의 노동에 대한 임금이 비싼 아메리카에서는 많은 종류의 고기와 상당 부분의 채소가 거의 무가치한 반면, 요리기술이 널리 보급되어 있는 프랑스에서는 큰 가치를 가지고 있다.

3 이미 설명했던 것처럼,[9] 특정 재화에 대한 집계수요는 그것을 필

되어 있다면, 나머지 요소에 대한 파생수요가격은 완성품의 수요가격에서 다른 요소들의 고정된 공급가격의 합을 공제한 부분이라는 것을 보여준다. 이것은 본문에서 설명했던 법칙에 대한 하나의 흥미로운 특수한 사례다.

[8] 「수학부록」 주 XVI을 보라.

[9] 『경제학 원리』 1, 제III편, 제4장, 2, 4를 보라.

요로 하는 서로 다른 집단들의 수요가 합성된 것이다. 그러나 **복합수요**라는 개념을 여러 생산자 집단들이 필요로 하는 생산요소로 확장할 수도 있다.

거의 모든 원료와 거의 모든 종류의 노동은 다수의 상이한 산업부문에서 사용되고, 무수히 다양한 재화들의 생산에 기여한다. 각각의 재화는 나름대로의 직접수요를 가지고 있으며, 그로부터 생산에 사용되는 각 요소의 파생수요가 발생한다. 그리고 생산요소는 우리가 이미 논의했던 방식으로 "다양한 용도에 배분된다."[10] 다양한 용도들은 서로 대항자 또는 경쟁상대다. 그리고 그에 상응하는 파생수요는 서로 대항적 또는 **경쟁적 수요**다. 그러나 생산물의 공급과 관련해서는 그러한 경쟁적 수요가 서로 협력한다. 이러한 파생수요는 생산요소의 공급을 흡수하는 총수요로 '합성된다.' 그것은 완성품에 대한 사회 각층의 부분 수요가 총수요로 집계 또는 합성되는 것과 마찬가지다.[11]

4 이제 **결합생산물**(joint products)의 경우를 고찰해보자. 결합생산

---

10) 『경제학 원리』 1, 제III편, 제5장을 보라.

11) 어떤 생산요소가 세 가지 용도를 가지고 있다고 해보자. 첫 번째 용도에 관한 수요곡선을 $d_1 d_1'$라 하자. Oy상의 임의의 점 N에서 $d_1 d_1'$와 p_1에서 만나도록 수평으로 Np_1을 그리면, Np_1은 가격 ON에서 첫 번째 용도에 대한 수요량이다. Np_1을 p_2, 그리고 P까지 연장하면, $p_1 p_2$와 $p_2 P$의 길이는 가격 ON에서 각각 두 번째, 세 번째 용도에 대한 수요량을 나타낸다. N이 Oy상에서 움직임에 따라 p_2는 곡선 $d_2 d_2'$를, P는 곡선 DD'를 그린다고 하자. 그렇게 $d_2 d_2'$는 첫 번째와 두 번째 용도만 가질 때의 생산요소의 수요곡선이 될 것이다. DD'는 세 가지 용도에 대한 생산요소의 수요곡선이다. 우리가 여러

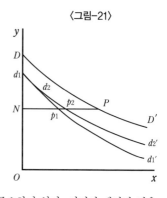

〈그림-21〉

가지 용도를 어떤 순서로 취할 것인지는 중요하지 않다. 여기서 예시된 경우에는, 두 번째 용도에 대한 수요가 첫 번째 용도에 대한 수요보다 낮은 가격에 시작되고, 세 번째 용도에 대한 수요는 더 높은 가격에서 시작된다(「수학부록」 주 XVII을 보라).

물이란 개별적으로는 쉽게 생산될 수 없지만, 소고기와 가죽 또는 밀과 밀짚처럼 공통의 기원에서 결합된 그리고 결합공급(joint supply)을 가지고 있다고 말해도 좋을 생산물들이다.[12] 이 경우는 결합수요를 가지고 있는 사물들의 경우와 대응하며, 단지 '수요'를 '공급'으로 대체함으로써 거의 동일한 방식으로 설명할 수 있다. 그 역도 또한 마찬가지다. 공통의 목적에 결합되는 사물들에 대한 결합수요가 존재하는 것처럼, 공통의 기원을 가지는 사물들의 결합공급이 존재한다. 공통의 기원에 대한 단일 공급은 그것에서 유래하는 여러 재화들의 파생공급으로 분해된다.[13]

---

12) 듀스넙(Dewsnup, 『아메리카 경제평론』*American Economic Review*, 1914년 증간호, 89쪽)은 "단일 공장에서의 총생산비가 별개의 공장들에 의한 생산비들의 합보다 작을 때" 이러한 재화들은 결합생산물로 취급해야 한다고 제안했다. 이러한 정의는 이 절의 말미에서 도달한 것보다 덜 일반적이다. 그러나 특정한 용도에서는 듀스넙의 정의가 편리하다.

13) 만일 결합생산물들 가운데 하나의 생산물에 대한 수요와 공급의 관계를 분리시키는 것이 바람직하다면, 수요에 관한 비슷한 유형의 사례에서 어떤 생산요소의 파생수요가격을 구하는 것과 똑같은 방식으로 파생공급가격을 구한다. 이 경우 다른 모든 것이 동일하다는 가정이 필요하다(즉 생산과정 전체에 대한 공급스케줄은 여전히 유효한 것으로 전제되어야 하며, 분리해야 할 생산물을 제외한 나머지 결합생산물 각각에 대한 수요스케줄도 마찬가지다). 그러면 파생공급가격은 그것이 생산과정 전체에 대한 공급가격에서 나머지 모든 결합생산물들의 수요가격의 합을 공제한 부분과 일치해야 한다는 규칙에 따라 구해진다. 여기서 가격들은 그에 상응하는 수량들에 대응된다.

우리는 두 결합생산물들의 상대적 크기가 불변한다고 가정하는 단순한 예를 들어 다시 설명할 수 있다. *SS'*는 일정량의 고기와 가죽을 산출하는 거세한 소의 공급곡선이라 하자. *dd'*는 도살된 소의 몸체, 즉 고기에 대한 수요곡선이라 하자. *Ox*상의 임의의 점 *M*에서 *dd'*와 점 *p*에서 만나도록 *Mp*를 수직으로 그리고, *pP*가 가죽 *OM* 단위에 대한 수요가격을 나타내도록 *Mp*를 *P*까지 연장해보자. 그러면 *MP*는 거세한 소 *OM* 단위에 대한 수요가격이고, 점 *P*의 궤적 *DD'*는 거세한 소에 대한 수요곡선이다. *DD'*는 총수요곡선이라 명할 수 있을 것이다. *DD'*가 *SS'*와 점 *A*에서 만난다고 하자. 그리고 그림처럼 *AaB*를 그려보자. 그러면 균형에서 거세한 소 *OB* 단위가 생산되고, 가격 *BA*에서 판매

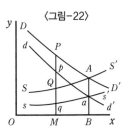

〈그림-22〉

예를 들어 곡물법 폐지 이후로 잉글랜드는 소비되는 밀의 많은 부분을 수입했다. 물론 밀짚과 함께 수입된 것은 아니다. 그것은 밀짚의 부족과 결과적으로 밀짚가격의 상승을 초래했다. 그리고 밀을 경작하는 농장주들은 곡물가치의 큰 부분을 밀짚에서 기대했다. 밀짚의 가격은 밀을 수입하는 나라에서는 높았으며, 밀을 수출하는 나라에서는 낮았다. 마찬가지로 오스트레일리아의 양모 생산지대에서 양고기의 가격은 한때 아주 낮았다. 양모는 수출했고, 양고기는 국내에서 소비해야만 했다. 양고기에 대한 국내수요가 많지 않았으므로, 양모의 가격은 양모와 양고기의 결합생산경비 기의 전체를 부담해야만 했다. 그 후에 양고기의 낮은 가격은 수출용 냉동육산업에 자극을 주었으며, 현재 오스트레일리아에서 양고기 가격은 이전보다 높아졌다.

결합생산물의 결합생산비가 각각의 생산비의 합과 정확히 일치하는 경우는 아주 드물다. 어떤 기업의 임의의 생산물이 시장가치를 가지는 한, 그것에 어느 정도의 특별한 배려와 경비를 할애할 것이 거의 확실하다. 그러나 그 생산물에 대한 수요가 크게 하락한다면, 그러한 배려와 경비는 감축되거나 사라질 것이다. 예를 들어 밀짚의 가치가 없다면, 농장주들은 밀의 줄기에 비해 이삭을 가능한 크게 하려고 더욱더 노력할 것이다. 또 외국 양모를 수입했기 때문에, 잉글랜드의 양은 어느 정도 양모의 품질이 저하되는데도 어린 나이에 양질의 고기를 대량 생산하도록 교묘한 이종교배와 품종선택을 통해 육종개량되었다. 동일한 생산과정에 따라 생산되는 두 재화 중 어느 하나가 무가치하고 팔리지 않을

되며, 이 중 Ba는 도살된 몸체에, aA는 가죽에 귀속된다.

MP가 SS'와 점 Q에서 만난다고 하자. QM상에서 Qq가 Pp와 같도록 점 q를 잡으면, q는 도살된 몸체에 대한 파생공급곡선상의 한 점이다. 만일 가죽 OM 단위의 판매가격이 언제나 그에 대응하는 수요가격 Pp와 일치한다고 가정한다면, OM 단위의 각 황소를 생산하는 비용은 QM이므로 OM 단위의 각 도살된 몸체에 귀속되는 $QM-Pp$, 즉 qM의 가격이 남는다. 그러면 점 q의 궤적 ss'와 dd'는 각각 도살된 몸체에 대한 공급곡선과 수요곡선이다(「수학부록」 주 XVIII을 보라).

때, 그러나 그것을 제거하기 위해 경비가 발생하지 않을 때에 한해서만, 무용한 재화의 생산량을 조정하려는 유인이 없다. 그리고 바로 이러한 특별한 경우에 한해서, 결합생산물 각각에 별도의 공급가격을 배정하는 것이 불가능하다. 왜냐하면 이러한 생산물들 사이의 비율을 변화시킬 수 있을 때는, 결합생산물들 중에서 다른 생산물들의 생산량에 영향을 미치지 않으면서도 하나의 생산물의 생산량을 미세하게 감소시켜 그 비율을 조정함으로써 생산과정의 총경비에서 어떤 부분을 절약할 수 있는지 확인할 수 있기 때문이다. 이러한 경비절약분이 그 생산물의 한계단위의 생산경비이며, 우리가 구하는 공급가격이다.[14]

그러나 이런 경우들은 예외적이다. 기업이나 심지어 산업 전체가 여러 종류의 생산물을 생산하기 위해 동일한 생산설비, 동일한 기술적 숙련, 그리고 동일한 사업조직의 많은 부분을 공통으로 활용하는 것이 유리한 경우가 훨씬 일반적이다. 이러한 경우에 여러 용도로 사용된 요소의 비용은 각각의 용도에서 얻어진 성과를 합한 수입에 의해 지불되어야 한다. 그러나 이러한 용도들의 상대적 중요도 또는 여러 가지 용도에 총비용이 배분되어야 하는 비율을 결정하는 고정된 규칙이 존재하는 경우는 거의 없다. 많은 것이 시장의 변화하는 특성에 의존한다.[15]

5 우리는 복합수요의 문제와 유사한 **복합공급**(composite supply)의 문제로 넘어갈 수 있다. 수요는 종종 대체원리에 따라 여러 가지 경로 중 어느 하나를 통해 충족될 수 있다. 이러한 다양한 경로는 서로 대항자 또는 **경쟁상대**다. 그리고 각각의 경로에 대응하는 재화들의 공급은 서로 대항적 또는 **경쟁적** 공급이다. 그러나 수요와 관련해서 그러한 경쟁적 공급이 서로 협력하며, 수요를 충족시키는 총공급으로 '합성된다.'[16]

---

14) 「수학부록」 주 XIX를 보라.

15) 다음 장(제7장)에서 이 주제에 대해 좀더 언급할 것이다. 그것은 근간이 되는 필자의 『산업과 상업』에서 충분히 논의될 것이다.

16) '경쟁재화'라는 표현은 피셔의 탁월한 저서 『가치·가격이론에 대한 수학적 고찰』(*Mathematical Investigations in the theory of value and prices*,

만일 그러한 재화들의 생산을 규정하는 원인들이 거의 동일하다면, 그것들은 여러 가지 목적에서 하나의 재화로 간주할 수 있다.[17] 예를 들어 소고기와 양고기는 여러 가지 목적에서 동일 재화의 다른 품목으로 취급될 수 있다. 그러나 양모의 공급문제가 개입되는 경우에 그것들은 반드시 별개의 것으로 취급되어야만 한다. 서로 대항관계에 있는 사물들은 완성품들이 아니라 생산요소들인 경우가 많다. 예를 들어 보통의 인쇄지를 만들기 위해 사용되는 대항관계에 있는 다수의 섬유들이 존재한다. 우리가 앞에서 지적했던 것처럼 여러 가지 보완적인 공급들 가운데 하나, 예컨대 미장노동의 공급에 대한 파생수요의 냉렬한 삭용은, 그것을 대체할 수 있는 대항적 요소의 경쟁적 공급에 의해 수요가 충족될 경우에는, 완화될 가능성이 크다.[18]

1892)에서 사용되었다. 그의 저서는 이 장에서 논의되는 주제에 큰 빛을 던져준다.

17) 제번스, 『정치경제학 이론』, 2판, 145, 146쪽; 『경제학 원리』 1, 158쪽, 주 11), 165쪽, 주 3)을 보라.

18) 임의의 가격에 대응하는 총공급은 그 가격에서 부분공급의 합이므로, 모든 경쟁관계에 있는 재화들이 충족시키는 욕구는 복합공급에 의해 이루어진다. 예를 들어 Oy상의 임의의 점 N에서 Ox와 평행하게 Nq_1q_2Q를 그린다. 여기서 Nq_1, q_1q_2 그리고 q_2Q는 각각 가격 ON에서 공급될 수 있는 첫 번째, 두 번째, 세 번째 경쟁관계에 있는 재화들을 나타낸다. 그러면 NQ는 그 가격에서 총복합공급이다. 그리고 점 Q의 궤적은 문제의 욕구를 충족시키는 수단들의 총공급곡선이다. 물론 서로 경쟁관계에 있는 여러 재화들의 단위들은 각각 같은 크기의 욕구를 충족시키도록 정해져야 한다. 여기 그림으로 나타낸 경우에, 다른 두 재화의 공급을 야기하지 않을 정도로 낮은 가격에 첫 번째 재화가 시장에 소량 공급될 수 있으며, 세 번째 재화의 공급을 야기하지 않을 정도로 낮은 가격에 두 번째 재화가 시장에 소량 공급될 수 있다(『수학부록』 주 XX을 보라).

경쟁관계에 있는 재화들 중 어느 것도 그 공급이 수익체증의 법칙에 의해 규정되지 않을 때

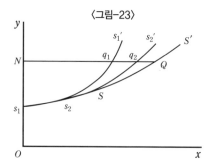

〈그림-23〉

6 제6장에서 논의된 네 가지 주요한 문제들은 거의 모든 재화들의 가치를 규정하는 원인들과 일정한 관계가 있다. 그리고 각종 재화들의 가치의 가장 중요한 관계는 일견에 명백하지 않은 경우가 많다.

제철에 일반적으로 목탄이 사용되었던 시대에, 가죽의 가격은 어느 정도 철의 가격에 의존했다. 그리고 가죽을 무두질하는 사람들은 잉글랜드 제철업자들의 오크나무 목탄에 대한 수요가 잉글랜드의 오크나무 생산을 유지하고 오크나무 껍질 가격의 상승을 막을 수 있도록 외국 철의 수입을 금지해달라고 청원했다.[19] 이러한 사례는 역으로 어떤 사물에 대한 과다수요가 공급원을 고갈시키고, 따라서 그로부터 생성될 수 있는 결합생산물의 결핍을 초래할 수 있다는 사실을 상기시켜주는 데

만 일반적으로 경쟁관계가 지속될 수 있다. 균형은 그것들 중 어느 것도 나머지들을 몰아낼 수 없을 때 한해서 안정적이다. 그리고 그것은 모든 경쟁관계에 있는 재화들이 수익체감의 법칙을 따르는 경우다. 왜냐하면 어떤 재화가 다른 경쟁관계에 있는 재화들에 대해 일시적으로 우위를 획득하고 그 재화에 대한 사용이 증가한다면, 그 재화의 공급가격은 상승할 것이며 다른 재화들이 더 저렴한 가격에 판매될 것이기 때문이다. 그러나 그중 어떤 재화가 수익체증의 법칙을 따른다면 경쟁관계는 조만간 중단될 것이다. 왜냐하면 그 재화가 다른 경쟁관계에 있는 재화들에 대해 일시적으로 우위를 획득한다면, 그것에 대한 사용이 증가함에 따라 공급가격은 낮아지고 판매는 증가할 것이기 때문이다.—공급가격은 추가로 낮아질 것이다. 따라서 경쟁관계에 있는 재화들에 대한 우위는 지속적으로 커져서 궁극적으로 그것들을 시장에서 몰아낼 것이다. 이러한 규칙에 명백한 예외가 있다는 것은 사실이다. 수익체증의 법칙을 따르는 재화들이 가끔 오랫동안 경쟁의 장에 남아 있는 것처럼 보인다. 종류가 서로 다른 미싱과 전등의 경우가 그럴 것이다. 그러나 이러한 경우에, 재화들은 진실로 동일한 욕구를 충족시키는 것이 아니라, 미세하게 다른 필요나 취향을 충족시킨다. 그것들의 상대적 장점에 대해서는 약간의 의견 차이가 여전히 존재한다. 그렇지 않다면 그것들 가운데 일부는 특허로 보호를 받거나 다른 방식으로 특정기업들에 독점권이 주어질 수 있다. 이러한 경우에는 관습과 광고의 힘에 따라 장기간 경쟁관계에 있는 재화들이 경쟁의 장에 남아 있을 수도 있다. 특히 이러한 재화들의 생산경비와 관련해서 실제로 최상의 지위에 있는 생산자들이 행상인과 기타 대리인을 통해 자신들의 제품을 효과적으로 선전하고 밀어낼 수 없을 때 그렇다.

19) 토인비, 『산업혁명』(*Industrial Revolution*), 1884, 80쪽.

도움이 될 수 있다. 왜냐하면 제철업자들의 목재수요는 잉글랜드에서 많은 삼림의 무분별한 파괴를 초래했기 때문이다. 마찬가지로 수년 전에 새끼 양에 대한 과다 수요는 어미 양의 전반적 부족의 원인으로 지적되었다. 어떤 사람들은 반대로 새끼 양을 부유층에게 판매함으로써 받는 가격이 높으면 높을수록 양 사육의 수익성은 더욱 커질 것이며, 일반인들을 위해 양고기의 가격은 더욱 저렴해질 것이라고 주장했다. 그러나 사실을 말하자면, 수요의 증가는 생산자들이 그것에 적응하지 못할 만큼 급작스럽게 작용하느냐 아니냐에 따라 상반되는 효과를 낳을 수도 있다.

또 예를 들어 아메리카의 밀 경작지대와 은광지대처럼 어떤 업종을 위해 철도와 기타 운송통신 수단이 발달하면, 그 지대의 거의 모든 다른 생산물의 주요한 생산경비의 일부가 크게 감소한다. 또 소금을 주원료로 사용하는 산업에서 생산되는 소다, 표백제 그리고 기타 생산물들의 상대가격은 이러한 산업에서 사용되는 다양한 생산공정의 개선에 따라 예외 없이 변동한다. 그리고 소금산업의 다양한 생산물들은 많은 제조업 부문에서 다소 중요한 생산요소로 사용되기 때문에 이러한 생산물들의 가격변화는 수많은 다른 재화들의 가격에 영향을 미친다.

또 면화와 면실유는 결합생산물이다. 최근 면화가격의 하락은 면실유 사용법과 생산방법의 개선에 크게 기인한다. 더 나아가 면화기근의 역사가 보여주듯이, 면화가격은 같은 부류에 속하는 양모, 아마포 그리고 다른 재화들의 가격에 큰 영향을 미치고, 면실유도 같은 부류의 사물들과 새로운 대항관계를 형성한다. 또 제조업에서 밀짚의 새로운 용도가 많이 발견되었다. 이러한 발견은 아메리카 서부에서 흔히 불태워졌던 밀짚에 가치를 부여하고 있으며, 밀 생산의 한계비용 상승을 억제한다.[20]

---

20) 또 토지이용을 위해 양과 소는 서로 경쟁하므로, 양가죽과 소가죽은 하나의 생산요소의 이용을 위한 간접적인 수요에서 서로 경쟁한다. 그러나 가구상에 게는 그것들이 동일한 욕구를 충족시키는 수단을 공급하기 위해 서로 경쟁한다. 따라서 양가죽에 대해, 그리고 구두의 상단 부분이 소가죽으로 되어 있을

때는 소가죽에 대해서도 가구상과 제화공의 결합수요가 존재한다. 구두는 소가죽과 양가죽에 대한 결합수요를 제공하며, 양가죽과 소가죽은 보완적인 공급을 제공한다 등, 복잡한 사례는 끝이 없다. 「수학부록」주 XXI을 보라. 오스트리아학파의 '귀속가치'(imputed value)설은 제6장에서 제시한 파생가치설과 약간의 공통점이 있다. 어떤 용어를 사용하든, 중요한 점은 가치와 관련해서 구학설과 신학설의 연속성을 인정해야 한다는 것이며, 귀속가치 또는 파생가치를 분배와 교환의 포괄적인 문제에서 다른 많은 구성요소들과 함께 단지 구성요소로서 지위를 갖는 것으로 취급해야 한다는 것이다. 새로운 용어들은 단지 일상적인 생활에 적용하기 위한 표현수단을 제공할 뿐이며, 그중 일부는 수학적 용어에 특유한 표현의 정밀성을 제공한다. 생산자들은 언제나 자신들이 관심을 가지고 있는 임의의 원료에 대한 수요가 그러한 원료를 사용해서 만드는 제품들의 수요에 얼마나 의존하는지, 그리고 제품들의 수요에 영향을 미치는 모든 변화에 따라 얼마나 영향을 받는지 고려해야 한다. 그리고 그것은 실제로 공통의 결과에 기여하는 힘들 가운데 어느 하나의 힘의 효력을 확인하는 문제의 특별한 경우다. 수학적 용어를 사용하면 이러한 공통의 결과는 다양한 힘들의 함수라 명할 수 있다. 그리고 그러한 힘들 중 어느 하나가 만들어내는 (한계)기여는 그 힘의 (미소한) 변화에 기인하는 결과의 (미소한) 변화에 따라 나타난다. 즉, 그 힘에 대한 결과의 미분계수에 따라 나타난다. 다시 말해 생산요소의 귀속가치 또는 파생가치는, 오직 하나의 생산물만을 위해 사용된다면, 그 요소에 대한 생산물의 미분계수다. 「수학부록」주 XIV~XXI에서 지적했듯이 복잡한 관계는 연속해서 전개된다(비저의 귀속가치설 부분에 대한 약간의 반론은 에지워스가 『이코노믹 저널』, 1895, V권, 279~285쪽에서 잘 설명했다).

제7장 결합생산물과 관련된 주요비용과 총비용, 판매비용, 위험에 대비한 보험, 재생산비

1 기업의 결합생산물에 대한 간접비의 적절한 배분에 초점을 맞추고, 주요비용과 간접비에 대한 고찰로 되돌아가보자.

기업의 어떤 부문에서 제작된 생산물이 다른 부문의 원료로 사용되는 경우가 종종 있다. 그러면 두 부문의 상대적 수익성에 관한 문제는 정교한 복식부기 체계를 통해서만 정확하게 확인할 수 있다. 물론 실제로는 거의 직관적인 추측에 따른 개략적 추정에 의존하는 경우가 더 흔하다. 이러한 어려움에 대한 가장 좋은 사례는 농업에서, 특히 동일 농장이 영구목초지와 장기적인 윤작법을 사용하는 경작지를 결합할 때 발견된다.[1]

또 다른 어려운 경우는 중량이 많이 나가는 재화들과 부피는 크지만 무겁지 않은 재화들 사이에 선박운항의 경비를 배분해야 하는 선주의 경우다. 그는 가능하다면 두 종류의 재화들이 혼합된 화물을 선적하려고 애쓴다. 그리고 경쟁관계에 있는 항구들의 생존경쟁에서 중요한 하나의 요소는 부피가 큰 재화들로 이루어진 화물만 또는 중량이 많이 나가는 재화들로 이루어진 화물만 제공할 수 있는 항구들은 불리하다는 것이다. 한편 어떤 항구의 주된 수출품이 중량은 많이 나가지만 부피는 크지 않은 재화들이라면, 그 항구는 주변에 저렴한 운임으로 선적될 수 있는 수출재를 만드는 산업들을 유인한다. 예를 들어 스태퍼드셔 주 도

---

[1] 제6장에서 지적했던 것처럼, 상이한 업종에서 복식부기 기장의 실제상의 주요한 어려움에 수학적 또는 준수학적 분석을 적용할 수 있는 여지가 있다.

기(陶器)업의 성공은 부분적으로 철과 기타 중량이 많이 나가는 화물을 싣고 머지 강*에서 출항하는 선박을 이용해서 제품을 낮은 운임에 수송할 수 있다는 것에 기인한다.

그러나 해운업에는 자유로운 경쟁이 있으며, 선박의 규모와 모양, 선박을 운항하는 항로, 그리고 총체적인 운영방법과 관련해서 조정의 여지가 아주 크다. 기업의 결합생산물의 구성비는 각각의 생산물에 대해 한계생산경비가 한계수요가격과 일치하도록 조정되어야 한다는 일반원리는 여러 가지로 적용될 수 있다.[2] 다시 말하면 각 종류의 화물에 대한 적재량은 정상적인 영업상태에서 그 분량에 대한 수요가격이 그것을 처리하는 경비를 정확하게 회수하기에 충분한 균형점을 향해 끊임없이 움직이는 경향이 있다. 여기서 경비는 (화폐)주요비용뿐만 아니라 간접적이든 직접적이든 장기적으로 발생하는 기업의 일반경비도 포함하도록 계산되어야 한다.[3]

어떤 제조업 부문에서는, 임의의 재화집단을 생산하는 총비용에 대한 1차근사치를 구할 때, 기업의 일반경비가 그러한 재화들의 주요비용 또는 그것들을 제조할 때 발생하는 고유 노동비용에 대응해서 배분된다고 가정하는 것이 관례다. 다음에 그러한 재화들이 공간이나 조명을 평균 이상 또는 평균 이하로 필요로 한다거나, 고가의 기계를 평균 이상 또는 평균 이하로 사용하는 경우에는 수정할 수 있다.

2 기업의 일반경비에는 상이한 부문간 배분에 특별한 주의를 요하는

---

* 아이리시 해로 들어가는 잉글랜드 중서부를 흐르는 강.

2) 『경제학 원리』 2, 제V편, 제6장, 4를 참조하라.

3) 물론 그것은 철도운임률에는 적용되지 않는다. 왜냐하면 운영방식과 관련해서 신축성이 거의 없고, 외부로부터의 경쟁이 별로 없는 철도회사는 상이한 종류의 운송에 부과하는 운임을 그에 대응하는 비용에 맞게 조정할 유인을 갖지 않기 때문이다. 사실 각 경우에 주요비용을 충분히 쉽게 확인할 수 있을지라도, 고속운송과 저속운송, 근거리운송과 원거리운송, 경량운송과 중량운송의 상대적 총비용이 얼마인지 정확하게 결정할 수 없다. 그뿐만 아니라 선로와 기차가 혼잡할 때 그리고 그것들이 한가할 때, 추가적 운송의 총비용이 얼마인지도 정확하게 결정할 수 없다.

두 가지 요소가 있다. 하나는 판매경비이고, 다른 하나는 위험에 대비한 보험경비다.

어떤 종류의 재화들은 판매가 용이하다. 그것들에 대해서는 지속적인 수요가 있으며, 재고를 쌓아두는 것이 언제나 안전하다. 그러나 바로 그런 이유 때문에 경쟁은 그러한 재화들의 가격을 '아주 얇게' 깎아내리고, 직접 생산비를 크게 상회하는 마진을 허용하지 않는다. 때때로 그것들을 제조하고 판매하는 과업은 판매관리비라는 항목으로 거의 아무런 경비가 요구되지 않을 만큼 자동화될 수 있다. 그러나 실제로는 이러한 재화들의 적정한 소규모 부담분보다 심지어 더 적은 경비를 책정하고, 그것들을 치열한 경쟁이 없기 때문에 생산이 기계적인 작업으로 정형화될 수 없는 다른 재화들의 판매를 촉진하는 영업관계의 개척·유지 수단으로 활용하는 경우가 종종 있다. 특히 가구·의복과 관련된 업종의 제조업자들 그리고 거의 모든 업종의 소매업자들은 특정 재화들을 다른 재화들의 광고수단으로 활용하고, 전자에는 **간접비**의 적정한 부담분 이하를 후자에는 부담분 이상을 책정하는 것이 최선임을 자주 발견한다. 그들이 첫 번째 종류로 분류하는 재화들은 모든 구매자들이 그 가치를 잘 알 만큼 품질이 균일하고 광범위하게 소비되는 재화들이며, 두 번째 종류로 분류하는 재화들은 구매자들이 최대한 저렴한 가격에 구매하는 것보다는 가상의 이미지를 더 중시하는 재화들이다.

이러한 종류의 어려움은 수익체증경향이 강력하게 작용할 때마다 발생하는 공급가격의 불안정성에 의해 크게 증폭된다. 이미 설명했던 것처럼, 이러한 경우 정상공급가격을 구할 때 정상적인 능력을 가진 경영진에 의해 경영되고, 산업조직에서 유래하는 내부경제와 외부경제의 정당한 몫을 향유하는 기업을 대표기업으로 선정해야만 한다. 여기서 내부경제와 외부경제는, 비록 특정 기업의 성쇠에 따라 변동되지만, 집계생산량이 증가하면 일반적으로 확대된다. 만일 어떤 제조업자가 생산을 증가시킴으로써 대폭적인 내부경제를 획득할 수 있는 재화를 생산한다면, 그 재화에 대한 신규시장을 개척하기 위해 상당한 희생을 감수할 만한 가치가 있다는 점은 분명한 사실이다. 만일 그가 많은 자본을 가지고 있고 그 재화에 대한 수요가 크다면, 판로확대를 위해 투입되는 경비는 아주 클 것이며 심지어 제조에 직접적으로 투입되는 경비를 상회할 것이다. 그리고 흔히 그러하듯이 그가 동시에 여러 가지 다른 재화들에 대한 시장을 개척하고 있다면, 이러한 경비에서 당해 년도 각 재화의 판매에 배분되어야 할 몫과 그러한 재화들을 판매하기 위해 구축하고자 하는 미래의 영업관계에 배분되어야 할 몫에 대해서는 아주 개략적인 추측을 할 수 있을 뿐이다.

사실 어떤 재화의 생산이 수익체증의 법칙을 따르며 대규모 생산자에게 큰 이점을 제공한다면, 그 재화의 생산은 거의 소수 대기업의 수중에 떨어질 가능성이 크다. 이 경우에는 정상한계 공급가격이 앞에서 설명한 방식으로 분리될 수는 없다. 왜냐하면 앞의 설명방식은 수많은 경쟁기업들——경쟁기업들의 규모는 아주 다양하고, 일부는 역사가 짧은 반면 다른 일부는 역사가 길고, 일부는 상승국면에 있는 반면 다른 일부는 하강국면에 있다——이 있다는 것을 전제로 하기 때문이다. 실제로 이러한 재화의 생산은 상당 부분 독점의 성격을 띠고 있으며, 그 가격은 세력권의 확대를 위해 다투는 대항적 생산자들 사이의 전략적 행동에서 벌어지는 사건들에 큰 영향을 받을 수 있으며, 따라서 진정한 정상수준을 갖기가 거의 힘들다.

경제적 진보의 결과, 원격지 시장에 재화를 판매하는 것이 지속적으로 유리해진다. 그것은 운송비를 저하시킨다. 그러나 종종 더욱더 중요한 것은, 그것이 멀리 떨어져 있는 생산자들과 소비자들 사이의 접촉을 가능하게 해준다는 점이다. 그럼에도 현장 부근에 거주하는 생산자의 이점이 아주 큰 업종들도 많다. 그러한 이점 때문에 근린생산자는 종종 좀더 경제적인 생산방법을 가지고 있는 원격지의 경쟁자들과 대항할 수 있다. 그는 원격지의 경쟁자들만큼 낮은 가격에 근린시장에 판매할 수 있다. 왜냐하면 비록 생산비는 그의 재화들이 그들의 재화들보다 더 클지라도, 그는 그들에게 발생하는 판매비용의 많은 부분을 피할 수 있기 때문이다. 그러나 시간은 좀더 경제적인 생산방법의 편에 서 있다. 그 또는 어떤 신규 생산자가 경쟁자들의 개선된 생산방법을 채택하지 않는다면, 원격지 경쟁자들은 점차 확고한 기반을 얻게 된다.

기업의 위험에 대비한 보험과 기업에서 생산된 특정 재화의 공급가격 간의 관계에 대한 좀더 면밀한 분석이 남아 있다.

3 제조업자와 상인은 보통 화재에 의한 상해와 해상에서의 손실을 대비해 보험에 가입한다. 그들이 지불하는 보험료는 일반경비에 포함되며, 이러한 일반경비의 부담분과 주요비용이 더해져 재화들의 총비용이 결정된다. 그러나 사업위험의 대부분에 대해서는 보험에 가입할 수 없다.

화재에 의한 또는 해상에서의 손실과 관련해서도, 보험사들은 부주의와 사기의 가능성을 반드시 참작해야 한다. 따라서 보험사들은, 자체 경비와 이윤에 대한 고려와는 독립적으로, 건물 또는 선박이 적정하게 운영되는 경우에 발생하는 위험의 진정한 등가보다 상당히 높은 보험료를 부과해야만 한다. 화재에 의한 또는 해상에서의 상해는 발생하기만 한다면 아주 클 가능성이 있기 때문에 일반적으로 이러한 추가비용을 부담할 만한 가치가 있다. 그것은 부분적으로는 특수한 업무상의 이유 때문이지만, 주된 이유는 점증하는 부의 총효용이 부의 증가분에 비해 작은 비율로 증가하기 때문이다. 그러나 사업위험의 많은 부분이 일반적인 기업경영과 아주 밀접하게 연결되어 있으므로, 위험을 인수한 보험사는 실제로 사업에 대한 책임을 지게 될 것이다. 결과적으로 모든 기업은 위험과 관련해 자가보험을 들어야 한다. 기업이 이러한 항목으로 적립한 금액은 일반경비의 일부이며, 이러한 경비의 부담분은 각 생산물의 주요비용에 더해져야 한다.

그러나 여기에는 두 가지 어려움이 있다. 어떤 경우에는 위험에 대비한 보험이 완전히 무시되고, 어떤 경우에는 이중으로 계산된다. 대규모 선주는 때때로 선박에 대해 보험업자와 보험계약을 체결하지 않고, 보험업자에게 지불했을 보험료의 적어도 일부를 따로 떼어 자가보험기금을 적립한다. 그러나 그는 선박운영에 따른 총비용을 계산할 때 반드시 주요비용에 보험으로 인한 경비를 추가해야만 한다. 그리고 어떤 위험에 대비해서 보험에 가입하기를 원하지만 합당한 조건으로 보험에 가입할 수 없을 때도, 그는 어떤 형태로든 보험으로 인한 경비를 반드시 고려해야 한다. 예를 들어 이따금 일부 선박들은 항구에서 놀고 있거나 아주 적은 운임만 벌어들일 것이다. 이 경우에 장기적으로 사업의 수익성을 확보하기 위해, 그는 어떤 형태로든 성공적이지 못한 운항의 손실을 만회하도록 성공적인 운항에 보험료를 부과해야만 한다.

그러나 일반적으로 그는 별도의 계정에 공식적인 기입을 통해서가 아니라 성공적인 운항과 성공석이지 못한 운항의 평균을 취하는 단순한 방법으로 보험료를 고려한다. 그리고 일단 그렇게 하고 나면, 이러한 위험들에 대비한 보험은 생산비에 별도의 항목으로 기입될 수 없으며, 그렇지 않을 경우 같은 것을 중복 계산하게 된다. 이러한 위험을 스스로 관리하기로 결정한다면, 손실발생에 대비해서 그는 경쟁자들의 평균에 비해 다소 많은 금액을 지출할 것이다. 그리고 이러한 추가경비는 보통의 방법으로 대차대조표에 계상될 것이다. 그것은 실질적으로 다른 형태의 보험료다. 따라서 그는 이러한 종류의 위험에 대비한 보험을 별도로 계산해서는 안 된다. 그렇지 않을 경우 그는 중복 계산하게 될 것이다.[4]

어떤 제조업자가 옷감 매상의 장기평균을 취하고 미래 행동의 근거를 과거 경험의 결과에 의존한다면, 그는 기계가 새로운 발명으로 진부해져서 감가되는 위험과 제품이 유행의 변화로 감가되는 위험을 이미 고

---

4) 아메리카의 어떤 보험회사들은 자동 살수장치를 설치하고 벽과 바닥을 견고하게 만드는 것 같은 예방조치를 취한다는 조건 아래서 통상적인 보험료율보다 훨씬 낮은 수준에서 공장의 화재에 대한 위험을 인수한다. 이러한 장치 때문에 발생하는 경비는 실제로 보험료다. 그리고 그것을 중복 계산하지 않도록 반드시 주의해야 한다. 화재위험을 스스로 책임지는 공장은, 만일 이러한 방법으로 건설된다면 재화의 주요비용에 보험료 상당분을 추가해야 하지만, 통상적인 방법으로 건설되었을 때보다 낮은 요율을 적용한다.

려한 것이다. 만일 그가 이러한 위험들에 대비한 별개의 보험경비를 고려한다면 그는 같은 것을 중복 계산하게 될 것이다.[5]

4 따라서 우리가 위험한 업종의 평균수입액을 계산할 때 불확실성에 대비한 다소의 적립은 있을 수 있더라도, 위험에 대비한 보험경비를 개별적으로 전부 고려해서는 안 된다. 금광업처럼 모험적인 직종에 특별한 매력을 느끼는 사람들이 있다는 것은 사실이다. 이 경우에는 보험통계상 추정에 따른 이득액이 손실액보다 훨씬 작은데도 손실 위험에 따른 억제력보다 큰 이득의 기회에 따른 흡인력이 더 강하다. 스미스가 지적했듯이, 낭만적인 요소를 가지고 있는 위험한 업종에는 사람들이 너무 몰려서 위험이 없는 업종보다 평균수입이 훨씬 낮은 경우가 종종 있다.[6] 그러나 대부분의 경우에 위험의 영향은 그것과는 반대 방향이다. 4퍼센트의 배당이 확실한 철도회사의 주식은 배당이 1퍼센트일 확률과 배당이 7퍼센트일 확률이 동일한 주식보다 높은 가격에 판매될 것이다.

모든 업종은 나름대로의 특수성이 있다. 그러나 거의 모든 경우에 불확실성의 폐해는 아주 중요하지는 않더라도 어느 정도는 중요하다. 어떤 경우에는 일정한 지출을 유인하기 위해 사업가가 평균을 중심으로 분산이 적은 수익을 획득할 것이라고 확신하는 경우에 비해, 분산이 크고 불확실한 결과들의 평균이 기대되는 경우에 더 높은 평균가격이 요구된다. 따라서 불확실성이 현저하게 클 경우에는, 평균가격에 불확실성에 대한 보상을 반드시 추가해야 한다. 비록 위험에 대비한 보험을 더할 경우 많은 부분이 중복 계산될지라도 말이다.[7]

---

5) 또 농장주가 평년작을 참조해서 특정 작물의 생산경비를 산정할 때, 기상으로 인한 흉작의 위험에 대비한 보험료 상당분을 추가로 계산해서는 결코 안 된다. 평년작을 감안하면서, 그는 이미 예외적인 풍작의 가능성과 예외적인 흉작의 가능성을 서로 상쇄시키기 때문이다. 뱃사공의 수입을 평년을 기초로 산정했을 때, 그가 가끔은 개울을 빈 배로 건널 수 있다는 위험은 이미 고려되었다.

6) 『국부론』, 제I편, 제10장.

7) 대규모 사업의 위험과 관련된 불확실성에 기인하는 해악은 튀넨(『고립국』, 제II편, 제1장, 82쪽)이 잘 설명했다.

5 사업상의 위험에 대한 이러한 논의는, 어떤 재화의 가격은 정상(화폐)생산비와 일치하는 경향이 있지만 우연이 아니고는 특정 시점에 그것과 일치하지는 않는다는 사실을 다시 한 번 상기시켜준다. 케리는, 이러한 사실에 주목하면서, 가치를 생산비가 아니라 (화폐)재생산비([money] cost of reproduction)와 관련지어 논할 것을 제안한다.

그러나 이러한 제안은 정상가치와 관련해서는 의미가 없다. 왜냐하면 정상생산비는 정상재생산비와 같은 의미이기 때문이다. 그리고 어떤 재화의 정상가치는 재화의 정상(화폐)생산비와 일치하는 경향이 있다고 말하는 대신 정상(화폐)재생산비와 일치하는 경향이 있다고 말함으로써 아무런 실질적인 변화가 일어나지 않는다. 후자의 표현은 전자의 표현보다 더 복잡하지만, 동일한 의미를 갖는다.

그리고 어떤 재화의 시장가치가 그 재화를 생산하기 위해 실제로 발생했던 비용보다 재생산비에 더 근접한 경우들이 있다는 사실은 쉽게 받아들일 수 있지만, 그러한 사실에서 변화에 대한 정당한 논거를 찾을 수는 없다. 예를 들어 최근 제철공정을 크게 개선하기 전에 건조된 어떤 철선의 현재가격은 철선을 생산할 때 실제로 발생했던 비용보다 그것을 재생산하는 비용, 즉 최신의 생산방법으로 그것과 유사한 다른 철선을 생산하는 데 발생하는 비용과의 차이가 더 적을 것이다. 그러나 구식선박의 가격은 선박의 재생산비보다 작을 것이다. 왜냐하면 선박의 설계기술이 제철기술만큼 빠르게 개선되었으며, 강철이 조선재료로서 철을 대체했기 때문이다. 사람들은 선박의 가격이 새로운 설계와 새로운 방법을 사용해서 똑같이 유용한 선박을 생산하는 비용과 동일하다고 여전히 주장할 수도 있다. 그러나 그것은 선박의 가치가 그것의 재생산비와 일치한다고 말하는 것과는 다르다. 그리고 사실상, 흔히 그렇듯이, 예기치 않은 선박의 부족이 운임의 급격한 상승을 야기할 때, 영업상의 수익 획득을 갈망하는 사람들이 현재 취항할 수 있는 선박에 대해 지불하려는 가격은 조선업체가 동일한 성능의 선박을 생산하고 얼마 뒤에 인도하기로 계약하면서 받으려는 가격보다 훨씬 더 높을 것이다. 구매자들이 새로운 제품의 생산을 편안하게 기다릴 수 있는 경우를 제외하면, 재생산비는 가치에 직접적인 영향을 거의 미치지 않는다.

다시 말하지만 적에게 포위당한 도시의 식량, 열병에 사로잡힌 섬의 공급이 부족한 퀴닌,* 라파엘(Raphael)의 그림, 어느 누구도 읽으려 하지 않는 책, 진부한 양식의 군함, 과잉공급 시장의 생선, 공급이 전혀 없는 시장의 생선, 유행에 뒤처진 낡은 종과 옷감 또는 폐허가 된 광산촌의 주택 등의 경우에는 재생산비와 가격 사이에 아무런 관계가 없다.

*　*　*

경제분석에 대한 경험이 없는 독자라면, 이하 일곱 개의 장을 생략하고 제V편에 대한 간략한 요약을 담고 있는 제15장으로 바로 넘어갈 것을 권한다. 가치와 한계비용의 관계를 취급하는 네 개의 장, 특히 제8장과 제9장은 '노동의 순생산'(net product of labour)**이라는 용어에 잠재된 약간의 어려움과 관계가 있다. 이 용어는 제VI편에서 사용된다. 그러나 거기서 제공되는 이 용어에 대한 일반적인 설명은 잠정적으로 대부분의 목적을 위해 충분할 것이다. 그리고 그것과 관련된 복잡한 문제들은 경제연구의 좀더 고급 단계에서 제대로 이해될 수 있을 것이다.

---

*해열, 진통, 특히 말라리아 등에 효험이 있는 약품.

**net product는 경우에 따라 생산물 개념으로 쓰이기도 하고 생산액 개념으로도 쓰인다.

제8장 가치와 한계비용의 관계에 대한 일반원리

1 제8장과 이하 세 개의 장은 생산물의 한계비용을 한편으로 생산물의 가치 그리고 다른 한편으로 토지, 기계 및 기타 생산에 사용되는 장비의 가치와 관련해서 연구할 것이다. 연구는 정상적인 조건, 장기적인 결과와 관련된다. 이 사실을 항상 염두에 두어야 한다. 어떤 재화의 시장가치는 정상생산비보다 아주 높을 수도 아주 낮을 수도 있다. 그리고 특정 시점에 특정 생산자의 한계비용은 정상적인 조건 아래서의 한계비용과 밀접한 관계를 보이지 않을 수도 있다.[1]

우리는 제6장의 말미에서 문제의 어떤 부분도 나머지 다른 부분과 분리될 수 없다는 것을 지적했다. 어떤 사물이 다른 사물의 유용성에 기여할 때, 전자에 대한 수요가 후자에 대한 수요에 의해 크게 영향을 받지 않는 경우는 상대적으로 드물다. 심지어 대다수의 거래품목들에 대한 수요는 직접수요가 아니고, 그러한 품목들이 원료 또는 도구로서 생산에 기여하는 재화들에 대한 수요에서 파생된 것이라고 말할 수도 있다. 또 이러한 품목들에 대한 수요는 파생된 것이기 때문에 재화들을 생산하는 데 함께 작용하는 다른 품목들의 공급에 크게 의존한다. 또 어떤 재화를 생산하는 데 사용될 수 있는 요소의 공급은 다른 재화들을 생산

---

1) 현대적 분석에서 한계비용에 부여된 중요한 지위에 대해 수많은 반론이 제기되었다. 그러나 그중 대부분이 정상조건, 정상가치와 관련된 논의를 비정상적 또는 특수한 조건과 관련된 논의를 수단으로 논박하는 논법에 의존한다는 것이 밝혀질 것이다.

하기 위한 그 요소의 파생수요에 의해 큰 영향을 받는다. 이러한 상호관계는 현실 사회의 경제문제에 관한 간략한 대중적 논의에서는 무시될 수 있고 무시되어야 한다. 그러나 철저함을 주장하는 어떤 연구도 그러한 상호관계에 대한 면밀한 분석을 피할 수 없다. 이러한 분석은 동시에 많은 것들을 염두에 둘 것을 요구한다. 그런 이유로 경제학은 결코 단순한 과학이 될 수 없다.[2]

이 장과 이하 세 개의 장에서 기획하는 연구는 좁은 영역을 다룬다. 그러나 그 영역은 만만한 영역이 아니다. 우리는 그것을 주의 깊게 그리고 여러 가지 관점에서 다룰 필요가 있다. 왜냐하면 그것은 함정과 장애물로 가득하기 때문이다. 그것은 우선적으로 토지, 기계 그리고 기타 물적 생산요소의 수입을 다룬다. 그것에 대한 주된 논증은 인간의 수입에도 적용된다. 그러나 인간의 수입은 물적 생산요소의 수입에는 영향을 미치지 않는 몇몇 다른 요인들에 의해 영향을 받는다. 당면 주제는 지엽적인 문제들에 의해 추가적으로 복잡해지지 않더라도 충분히 어려운 주제다.

2 대체원리의 작용을 상기하면서 시작하자. 현대 세계에서 거의 모든 생산수단은 인구의 경제적 힘을 조직하는 기능을 전문으로 하는 고용주 또는 기업가들의 손을 거친다. 그들 각각은 어떤 경우든 자신의 목적에 가장 적합한 것으로 생각되는 생산요소들을 선택한다. 그리고 그가 사용하는 생산요소들에 지불하는 가격의 합은 일반적으로 그것들을 대체할 수 있었던 생산요소들의 임의의 다른 조합에 지불해야 할 가격들의 합보다 더 작다. 왜냐하면, 만일 그렇지 않다면, 그는 일반적으로 비용이 적게 드는 조합 또는 공정으로 대체하는 작업을 시작할 것이기 때문이다.[3]

---

2) 독자들은 『경제학 원리』 2, 90쪽 주 20), 특히 「수학부록」 주 XIV에서 시작해 주 XXI에서 정점에 달하는 가치의 핵심적인 문제를 압축해 수학적으로 표현한 해석을 참조하라.
3) 『경제학 원리』 2, 제V편, 제3장, 3; 제4장, 3, 4 그리고 「수학부록」 주 XIV를

이러한 명제는 "모든 것은 자신에 맞는 수준을 찾게 마련이다", "대부분의 사람들은 기여한 만큼만 번다", "어떤 사람이 다른 사람보다 두 배 더 많이 벌 수 있다면, 그것은 그의 작업이 두 배 더 가치가 있다는 것을 보여준다", "기계를 사용하는 것이 더 저렴하다면, 기계는 언제나 육체노동을 대체한다" 등과 같은 일상생활 속에서 흔히 하는 말들과 잘 부합된다. 대체원리가 아무런 방해를 받지 않고 작용하는 것은 아니다. 관습이나 법, 직업불문율이나 노동조합의 규제로 이러한 원리는 제한될 수도 있다. 그것은 기업열의 부족으로 약화될 수도 있으며, 오랜 동료들과 헤어지는 것을 꺼리는 인정에 따라 완화될 수도 있다. 그러나 그것은 결코 작용을 멈추는 법이 없으며, 현대세계의 모든 경제적 조정에 스며든다.

어떤 종류의 작업에 대해서는 마력이 증기력보다 분명히 더 적합한 경우가 있다. 그 역도 마찬가지다. 만일 마력이나 증기력을 사용하는 기계에서 최근에 커다란 개선이 없었으며, 따라서 농장주는 과거의 경험에 의존해서 대체법칙(law of substitution)을 점진적으로 적용할 수 있다고 가정한다면, 증기력의 적용이 더 이상 순이득을 창출하지 못할 때까지 증기력은 마력을 대체할 것이다. 그러나 마력과 증기력이 (제번스의 표현에 따르면) **무차별적으로** 사용될 수 있는 한계가 있을 것이다. 그리고 그러한 한계에서, 마력이든 증기력이든 총생산물의 화폐가치를 늘리는 데서 순효율성은 그것을 투입하는 비용에 비례할 것이다.[4]

마찬가지로 동일한 성과를 획득하는 두 가지 방법, 즉 숙련노동을 사용하는 방법과 비숙련노동을 사용하는 방법이 있다면, 비용대비 효율성이 높은 방법이 채택될 것이다. 그리고 두 가지 방법이 무차별하게 사용

참조하라.

4) 이러한 한계는 개별농장주의 습관, 성향, 자원뿐만 아니라 지방의 상황에 의해 좌우될 것이다. 증기력을 이용한 기계를 좁은 밭과 울퉁불퉁한 지면에 사용하는 어려움은 노동이 풍부한 지역보다는 노동이 부족한 지역에서 좀더 일반적으로 극복된다. 특히 있음직한 일이지만, 전자보다 후자의 지역에서 석탄이 더 저렴하고, 말의 사료가 더 비싸다면 더욱 그렇다.

될 수 있는 한계가 있을 것이다.[5] 그러한 한계에서 각 방법의 효율성은 그것에 대해 지불한 가격과 비례할 것이다. 물론 상이한 지역의 특수한 상황뿐만 아니라 같은 지역 내 상이한 작업장의 특수한 상황도 감안해야 한다. 다시 말하면 숙련노동의 임금과 비숙련노동의 임금 사이의 비율은 한계에서 숙련노동의 효율성과 비숙련노동의 효율성 사이의 비율과 동일할 것이다.

또 상이한 두 종류의 근력(hand power) 사이 또는 상이한 두 종류의 기계력 사이의 대항관계와 유사한 근력과 기계력 사이의 대항관계가 있을 것이다. 어떤 작업을 위해서는, 예를 들어 불규칙하게 자라는 귀중한 직물에서 잡초를 제서하는 작업을 위해서는 근력이 유리하다. 한편 보통의 순무밭에서 잡초를 제거하는 작업을 위해서는 명백하게 마력이 유리하다. 따라서 근력과 마력은 각각의 영역에서 더 이상 사용하면 순이익을 가져오지 못할 때까지 사용될 것이다. 근력과 마력이 무차별적으로 사용될 수 있는 한계에서는, 각각의 가격은 반드시 각각의 효율성에 비례한다. 따라서 대체의 영향은 노동의 임금과 마력에 지불해야 하는 가격 사이에 직접적인 관계를 성립시키는 경향이 있을 것이다.

3 일반적으로 많은 종류의 노동, 원료, 기계 및 기타 설비, 그리고 내·외부 기업조직이 재화의 생산에 관여한다. 천부적 재능을 가진 어떤 기업가가 위험을 감수하고 새로운 생산방식이나 기존 생산방식의 새로운 조합이 기존 생산방식보다 더 효율적인지 알아보기 위해 실험하고자 할 때 경제적 자유의 이점이 가장 두드러지게 나타난다. 실제로 각 기업가는, 자신의 활력과 능력에 맞게, 사용하는 각 생산요소뿐만 아니라 그것을 대체할 수 있었을 다른 요소들의 상대적 효율성을 알기 위해

---

5) 일반적으로 숙련된 육체노동은 특수한 주문이나 동일한 패턴이 많이 요구되지 않는 재화들을 위해 사용되며, 비숙련노동은 특화된 기계와 결합되어 다른 재화들을 위해 사용된다. 모든 대규모 작업장에서는 유사한 작업을 위해 두 가지 방법을 모두 사용한다. 그러나 양자간의 지위는 작업장마다 조금씩 다를 것이다.

부단히 노력한다. 그는 임의의 생산요소를 추가투입함으로써 얼마나 많은 순생산, 즉 총생산물 가치의 순증가분)이 발생할 것인지 최선을 다해 추정한다. 여기서 순이 의미하는 것은 변화에 따라 간접적으로 야기될 수 있는 모든 추가경비를 공제하고 부수적으로 발생하는 모든 경비의 절약분을 더한다는 것을 의미한다. 그는 순생산이 지불해야 하는 가격을 더 이상 초과하지 않는 한계까지 각 생산요소를 고용하기 위해 노력한다. 그는 보통 정식 계산보다는 훈련된 직관에 의존한다. 그러나 그의 추론과정은 파생수요에 대한 연구에서 지적했던 것과 유사하다. 그리고 다른 관점에서, 그것은 복잡하고 정교한 복식부기 체계를 통해 얻을 수 있는 과정으로 묘사될 수도 있다.[6]

우리는 이미 이와 비슷한 유형의 단순한 추정을 몇 가지 해보았다. 예를 들어 에일맥주에서 호프와 맥아의 구성비가 어떻게 달라질 수 있는지, 호프의 함유량을 높임으로써 좀더 높은 가격을 받을 수 있을 때, 이러한 가격의 차이가 호프의 수요가격을 규정하는 원인들을 어떻게 대표하는지에 대해 언급했다. 호프를 추가투입하는 데 추가적 고통이나 경비가 수반되지 않음에도 호프의 추가투입에 따른 편익이 의심스럽다고 가정한다면, 에일맥주의 가격상승분은 우리가 구하고 있는 호프의 한계순생산이다. 이 경우에, 대부분의 다른 경우들처럼, 순생산은 생산물의 품질향상 또는 생산물 가치에 대한 일반적 기여다. 그것은 생산물의 나

---

6) 그가 바라는 변화는, 예를 들어 어떤 공장에서 근력을 증기력으로 대체하는 것처럼, 오직 대규모로 이루어질 수밖에 없을 수도 있다. 그리고 그 경우에 변화에는 특정한 불확실성과 위험의 요소가 있을 것이다. 그렇지만 한 개인의 행동을 고려한다면 생산과 소비에서 이러한 연속성의 단절은 불가피하다. 그러나 모자, 손목시계, 웨딩케이크 같은 대규모 시장에서는, 비록 어떤 개인도 많은 양을 구매하지는 않지만, 연속적 수요가 존재한다(『경제학 원리』1, 제III편, 제3장, 5를 보라). 마찬가지로 소기업들은 증기력을 사용하지 않으면서, 가장 경제적으로 운영되는 대기업들은 증기력을 사용하면서 가장 경제적으로 운영되는 반면에 중간 규모의 기업들은 한계에 있는 업종들이 존재할 것이다. 또 증기가 이미 사용되고 있는 대규모 업체에서도, 다른 곳에서는 증기력에 의해 수행되지만, 여기서는 근력에 의해 수행되는 일들이 언제나 있게 마련이다.

머지 부분과 분리될 수 있는 명확한 부분은 아니다. 그러나 예외적인 경우에는 그것이 나머지 부분과 분리될 수도 있다.[7]

4 어떤 생산요소의 한계투입이라는 개념은 투입증가에 따른 수익체감경향의 가능성을 의미한다.

임의의 목표를 달성하기 위한 특정 수단의 과도한 투입은 실제로 모든 사업부문에서 수익체감을 낳을 것이 확실하다. 그리고 모든 일상사에서 그럴 것이라고 말할 수도 있다. 우리가 이미 예증했던 원리에 대한 사례를 다소 추가해보자.[8] 재봉틀을 제작할 때 어떤 부품은 주철로 만들어야 하고, 보통의 강철로 충분한 부품도 있으며, 고가의 특수강이 필요한 부품도 있다. 그리고 재봉틀이 순조롭게 작동할 수 있도록 모든 부품은 어느 정도 매끈하게 다듬어져야 한다. 만일 어떤 사람이 별로 중요하지 않은 용도를 위한 재료 선택에 과도한 배려와 자금을 투입한다면, 그러한 지출은 급격한 수익체감을 낳을 것이라고 말하는 것은 사실일 것이다. 또한 자금의 일부를 기계가 원활하게 작동하도록 하는 데, 심지어 기계를 더 많이 생산하는 데 사용하는 것이 더 나을 것이라고 말하는 것도 사실일 것이다. 그리고 만일 그가 단지 마감손질의 광택에 과도한 자금을 투입하고, 고급의 금속이 필요한 곳에 저급한 금속을 사용한다면 사정은 더욱 악화될 수도 있다.

이러한 고려는 일견에는 경제문제를 단순화시키는 것처럼 보인다. 그러나 반대로 그것은 곤란과 혼동의 주된 원천이다. 왜냐하면 이러한 모든 수익체감경향들은 약간의 유사점을 가지고 있을지라도, 동일하지는 않기 때문이다. 따라서 특정한 과업에 다양한 생산요소들을 불균형적으로 투입함으로써 발생하는 수익체감은 조밀하고 증가하는 인구가 생계

---

7) 『경제학 원리』 2, 83, 84쪽, 「수학부록」 주 XVI을 보라. 그리고 『경제학 원리』 2, 제V편, 제6장, 제7장의 다른 예시들도 보라. 한계적 목동의 임금과 그의 노동의 순생산 사이의 관계에 대한 추가적인 설명은 『경제학 원리』 2, 제VI편, 제1장, 7에서 상세하게 다룰 것이다.

8) 『경제학 원리』 2, 제V편, 제4장, 4 그리고 『경제학 원리』 2, 236쪽의 튀넨에 대한 각주를 보라.

수단에 대해 압박을 가하는 포괄적인 경향과는 공통점이 거의 없다. 위대한 고전적 수익체감의 **법칙**이 주로 적용되는 대상은 임의의 특정 작물이 아니라 모든 주식작물이다. 수익체감의 법칙은 농장주들이 일반적으로 각종 작물에 대한 상대적 수요를 고려해서 토지 및 기타 자원에 가장 적합한 작물들을 경작하고, 자원을 각종 작물을 경작하는 데 적절하게 배분하는 것을 당연한 것으로 받아들인다. 물론 이 법칙은 그들에게 무한한 지능과 지혜를 부여하는 것이 아니라, 대체적으로 그들이 자원의 배분과 관련해서 정당한 정도의 배려와 분별을 보여준다고 가정한다. 또한 이 법칙의 적용 대상이 되는 국가에서는, 이미 모든 농지가 자본을 유효하게 활용할 수 있다는 것을 보여주면 어디서든 자기자본을 은행차입으로 보충할 수 있는 활동적인 기업가의 수중에 있다. 그리고 이 법칙은 이러한 나라에서 농업에 투입된 총자본의 규모가 증가하면 생산물 일반에 대한 수익이 체감할 것임을 역설한다. 이러한 명제는 농장주가 상이한 경작방법에 자원을 잘 배분하지 못한다면 과도하게 투입한 생산요소와 관련해서 현저한 수익체감이 발생할 것이라는 명제와 일견 유사하지만 아주 다르다.

예를 들어 특정한 상황에서 쟁기질, 써레질 또는 비료주기에 대한 최적의 작업할당 비율이 존재한다. 이 주제에 대해 약간의 의견 차이가 있을지도 모르지만, 그 차이의 폭은 좁을 것이다. 물리적으로 이미 양호한 상태에 있는 농지를 여러 번 쟁기질하는 반면, 절실하게 필요한 비료는 거의 주지 않는 경험이 부족한 사람은 일반적으로 과도한 쟁기질에 대해 급격한 수익체감을 초래할 수밖에 없을 것이다. 그러나 잘못된 자원 배분의 결과는 오래된 국가에서 경작에 적정하게 투입된 자원의 전반적 증가에 따른 농업의 수익체감경향과는 아주 밀접한 관계가 없다. 그리고 이와 정확하게 대응되는 경우로서, 적절하게 배분되었을 때 노동과 자본의 투입증가에 대해 수익체증이 발생하는 산업에서도 부적절한 비율로 투입된 특정 자원에 대해 수익체감이 발생하는 경우를 발견할 수 있다.[9]

5 현대의 분배이론에서 생산의 한계에 있는 순생산의 역할은 흔히

오해를 받는다. 특히 수많은 유능한 학자들도 현대의 분배이론에서는 어떤 요소의 한계적 사용이 전체의 가치를 규정하는 것으로 간주된다고 가정했다. 그러나 그렇지 않다. 분배이론에 따르면, 전체의 가치를 규정

---

9) 『경제학 원리』1, 제IV편, 제3장, 8을 보라. 카버의 『부의 분배』(*Distribution of Wealth*, 1904), 제2장 그리고 『경제학 원리』1, 408, 409쪽의 각주를 보라. 홉슨은 경제학의 실제적·사회적 측면에 대한 정력적이고 시사적인 저술가이지만, 리카도 학설의 비판가로서는 자신이 논하는 문제의 어려움을 과소평가하는 경향이 있다. 그는 임의의 생산요소의 한계투입분이 삭감되면, 생산질서에 혼란이 야기되어 모든 다른 요소들이 이전보다 덜 효과적으로 기능하게 될 것이라고 주장한다. 따라서 그로부터 기인하는 총손실은 그 생산요소의 진정한 한계생산물뿐만 아니라 다른 요소들에 기인하는 생산물의 일부도 포함할 것이라고 주장한다. 그러나 그는 다음 사항들을 간과했던 것처럼 보인다. (i) 자원의 다양한 용도 간의 배분을 재조정하는 힘이 끊임없이 작용하기 때문에, 임의의 조정실패는 너무 심화되기 전에 중단될 것이다. 그리고 그의 논의는 극단적인 조정실패에 적용된다고 단언하는 것은 아니다. (ii) 최선의 결과를 가져오도록 조정이 이루어졌을 때, 자원의 투입비율이 미세하게 변하면 조정의 효율성은 투입비율의 변화에 비해 훨씬 더 미세하게─전문용어로 '미량의 제곱'(second order of smalls)─저하된다. 따라서 그것은 투입비율의 변화와 비교할 때 무시될 수도 있다(순수 수학적 표현으로 효율성은 생산요소들의 비율의 함수로 간주되며, 효율성이 극대화되었을 때 임의의 비율에 대한 효율성의 미분계수는 0이다). 따라서 홉슨이 무시해야 한다고 주장했던 요인들을 고려한다면, 심각한 오차가 발생할 것이다. (iii) 경제학에서, 물리학과 마찬가지로, 변화는 일반적으로 연속적이다. 발작적인 변화가 실제로 일어날 수 있지만, 그것은 반드시 별도로 다루어져야 한다. 그리고 발작적인 변화에서 끌어낸 사례는 정상적인 지속적 변화의 진정한 해명에 도움을 주지 못한다. 우리 앞에 놓인 특수한 문제에서 이러한 주의는 특히 중요하다. 왜냐하면 임의의 생산요소 공급이 급격하게 제한되면, 모든 다른 생산요소들의 작용을 거의 쓸모없게 만들기 십상이기 때문이다. 따라서 이러한 종류의 변화가 동반하는 손해는 어떤 생산요소가 한계점, 즉 미세한 추가 투입을 하더라도 비율에 맞는 순생산을 획득할 수 있을 것인지 고민하는 점까지 투입되었을 때, 그 생산요소 공급의 미세한 제한에 의해 발생하는 손해와는 질적으로 다르다. 복잡한 계량적 관계의 변화에 대한 연구는 이러한 고려를 무시함으로써 종종 가치를 크게 상실한다. 실제로 『산업조직』(*The Industrial Systems*, 1909, 110쪽)에서 '한계적 목동'에 대한 언급이 예증하는 것처럼, 홉슨이 흔히 그랬다. 에지워스는 『경제학 계간』, 1904년호, 167쪽과 『과학』, 1910년호, 95~100쪽에서 이 각주에서 언급했던 두 사례에 대해 대가다운 분석을 제공했으니 참조하라.

하는 힘들의 작용을 연구하기 위해 한계에 이르러야만 한다는 것이다. 이것은 의미가 전혀 다르다. 물론 (예컨대) 필수적인 용도에서 철의 사용을 중지하는 것은 한계적 용도에서 철의 사용을 중지하는 것과 철의 가치에 동일한 영향을 미칠 것이다. 그것은 고압의 요리용 보일러의 압력이 안전밸브에서 증기가 배출되든 다른 증기가 배출되든 똑같은 영향을 받는 것과 마찬가지다. 그러나 사실 증기는 안전밸브를 통해서만 배출된다. 이와 마찬가지로 철 또는 임의의 다른 생산요소는 (보통의 상황에서) 명백한 이윤을 창출하지 않는 점을 제외하고는 결코 사용이 중지되지 않는다. 즉 그것은 오직 한계적 용도에서 사용이 중지될 뿐이다.

또 자동계량기의 지침은 구하고자 하는 무게를 결정한다. 이 경우 결정한다는 것은 표시한다는 의미다. 마찬가지로 안전밸브가 제곱인치당 100파운드의 압력을 지탱하는 스프링에 의해 조절될 때, 증기의 배출은 보일러에서 증기의 압력을 결정한다. 이 경우 결정한다는 것은 증기의 압력이 제곱인치당 100파운드에 달했다는 것을 표시한다는 의미다. 압력은 열에 의해 발생하는데, 증기의 양이 현재의 열량에서 스프링의 저항을 능가할 정도로 클 때 안전밸브 스프링은 굴복해 약간의 증기를 배출시킴으로써 압력을 조절한다.

이와 비슷하게 인간에 의해 제작된 기계 및 기타 생산장비에 대해서도 '생산비'라 불리는 스프링의 저항을 극복한 이후에 추가공급이 새어 나오는 한계가 존재한다. 이러한 장비의 공급이 수요에 비해 너무 적어서 새로운 공급으로부터 기대되는 수입이 감가상각 등을 감안하고도 그것의 생산비에 대한 정상이자(또는 경영수입을 계산에 넣는다면 이윤)를 창출하기에 충분한 수준을 상회한다면, 밸브는 열리고 새로운 공급이 새어 나온다. 수입이 그러한 수준보다 작다면 밸브는 열리지 않는다. 그리고 어쨌든 기존의 공급은 사용함에 따라 그리고 시간이 경과함에 따라 서서히 소모되므로, 밸브가 닫혀 있을 때 공급은 줄어든다. 밸브는 수요와 공급의 일반적인 관계가 가치를 규정하게 하는 기구의 일부분을 의미한다. 그러나 한계적 사용은 가치를 규정하지 않는다. 왜냐하면 한계적 사용뿐만 아니라 가치도 수요와 공급의 일반적 관계에 따라 규정되기 때문이다.

6 개별생산자의 자원이 일반구매력의 형태를 띠는 한, 그는 모든 투자를 한계까지, 즉 약간의 다른 재료, 기계, 광고 또는 약간의 추가노동 고용에 투자함으로써 획득할 수 있었던 것보다 더 큰 순수익을 기대할 수 없는 수준까지 추진할 것이다. 모든 투자는 말하자면 투자의 팽창력이 밸브의 저항력과 같아지도록 조종될 것이다. 만일 그가 특정한 판매 가능한 생산물로 즉시 체화되는 재료 또는 노동에 투자한다면 매출은 그의 유동자본(fluid capital)을 회수하고, 이러한 자본은 이윤을 창출하지 못할 정도로 추가투자에 따른 수익이 체감하는 한계까지 재투자된다.

그러나 만일 그가 토지나 내구성 있는 건물 또는 기계에 투자한다면 투자로부터 획득하는 수익이 그의 기대수익과 크게 다를 수도 있다. 그의 수익은 생산물시장에 의해 규정될 것인데, 생산물시장은 토지의 영구적 수명은 말할 나위도 없고 기계의 수명 동안 새로운 발명, 유행의 변화 등에 의해 그 성격이 크게 변할 수도 있다. 따라서 토지에 대한 투자에서 획득할 수 있는 수익과 기계에 대한 투자에서 획득할 수 있는 수익은 개인적 관점에서는 주로 토지의 수명이 좀더 길다는 점에서 차이가 있다. 그러나 생산 일반과 관련해서, 양자의 차이는 (물론 신생국에서는 인간에게 유용하게 쓰이는 토지의 공급이 증가할 수도 있지만) 토지의 공급은 고정되어 있는 반면, 기계의 공급은 무한대로 증가할 수 있다는 사실에서 주로 유래한다. 그리고 이러한 차이는 개별생산자에게 영향을 미친다. 만일 그의 기계를 진부화시키는 대규모의 새로운 발명이 없는 반면, 기계로 제작되는 제품에 대한 지속적인 수요가 있다면 제품은 대략 생산비 수준에서 계속 판매될 것이다. 그리고 그의 기계는 마모에 대응하는 상각비를 공제하고, 일반적으로 생산비에 대한 정상이윤을 보상할 것이다.

이자율은 어떤 비율을 나타내며, 이 비율과 관련된 두 가지 모두 금액으로 표시된다. 자본이 '자유롭고', 그것이 지배하는 금액이나 일반구매력이 명백할 때는, 그것으로부터 파생될 것으로 기대되는 순화폐소득은 위의 금액과 일정한 비율(4퍼센트, 5퍼센트 또는 10퍼센트)관계를 갖고 있는 것으로 표현될 수 있다. 그러나 자유자본이 특정 대상에 투자되었을 때, 그것의 화폐가치는 일반적으로 그것이 창출할 순소득을 자본화함으로써만 확인될 수 있다. 따라서 순소득을 규정하는 원인은 지대를 규정하는 원인과 다소간 유사할 것이다.

우리는 경제학에서 이 분야의 핵심이론에 도달하게 된다. "'자유'자본, '범용'자본 또는 신규 자본투자에 대한 이자로 정당하게 간주되는 것은 과거의 자본투자에 대해서는 일종의 지대——준지대——로서 취급되는 것이 좀더 적절하다. 그리고 범용자본과 생산의 특정 부문에 '매몰된' 자본 사이뿐만 아니라 신규 자본투자와 과거의 자본투자 사이에도 명확한 경계선은 존재하지 않는다. 각각의 경우에 전자는 후자와 연속적으로 겹쳐진다. 심지어 토지의 지대마저도 독자체(thing by itself)로서가 아니라 광범위한 속(屬, genus)의 대표 종(種, species)으로 이해된다. 물론 그것이 실제적으로나 이론적으로나 중요한 특질을 가지고 있다는 것은 사실이다."[10]

---

10) 이 문장은『경제학 원리』1, 초판의「서문」29, 30쪽에서 재인용한 것이다.

제9장 가치와 한계비용의 관계에 대한 일반원리(계속)

1 소작료의 귀착에 대한 문제는 아주 복잡하며, 이와 관련된 많은 실제적 논점들이 가치문제의 부차적인 논점에 대한 논쟁을 불러일으킨다. 따라서 앞에서 본 토지에 대한 실례를 보충하는 것은 당연하다. 문제의 단계마다 명확한 윤곽을 파악할 수 있도록 선택된 가상의 재화에 대한 사례를 들어보자. 이 경우 지주와 차지농 사이의 현실적 관계에서는 명확한 윤곽을 발견할 수 없다는 반론이 제기되지 않는다.

그러나 그것에 착수하기 전에, 가치문제를 측면에서 지원 설명하기 위해 조세의 귀착에서 끌어낸 실례를 활용하기 위한 기틀을 마련하는 것도 좋을 것이다. 왜냐하면 실제로 경제학의 많은 부분이 생산 또는 소비의 특정 부문에 주로 영향을 주는 경제적 변화가 공동체 전반으로 파급되는 과정에 깊은 관심을 갖기 때문이다. 대부분의 경제원리는 조세효과의 '전방'전가, 즉 최종소비자 쪽으로 향하고 원료와 생산수단의 생산자에게서 멀어지는 전가, 또는 반대방향으로 '후방'전가에 대한 논의에 따라 적절하게 예증할 수 있다. 그런데 우리가 여기서 논의하고 있는 문제들에 대해서는 특히 더 그렇다.[1]

만일 다른 사람들이 소비하는 재화나 용역을 생산하기 위해 어떤 일군의 사람들이 사용하는 것에 세금이 부과된다면, 세금은 생산을 억제하는 경향이 있다는 것은 일반 원리다. 이러한 과세는 조세부담의 대부

---

1) 이 절의 내용은 지방세왕립위원회의 설문에 대한 답변에서 재인용한 것이다. 1899년 정부기록 C. 9528호, 112~126쪽을 보라.

분을 전방으로 소비자들에게, 그리고 적은 부분을 후방으로 생산자들이 필요로 하는 것들을 공급하는 사람들에게 전가하는 경향이 있다. 비슷하게, 어떤 사물의 소비에 부과되는 세금은 다소간 후방으로 생산자들에게 전가되는 경향이 있다.

예를 들어 인쇄물에 예기치 않은 과중한 세금이 부과되면 인쇄업 종사자는 심각한 타격을 입을 것이다. 왜냐하면 만일 그들이 가격을 크게 인상하려 한다면 수요는 신속히 줄어들 것이기 때문이다. 그러나 타격은 이 업종에 종사하는 다양한 계층의 사람들에게 균일하게 가해지지는 않을 것이다. 인쇄기와 식자공은 다른 업종에서는 쉽게 고용되지 않으므로 인쇄기의 가격과 식자공의 임금은 당분간 낮게 유지될 것이다. 다른 한편 건물과 증기기관, 짐꾼, 엔지니어 그리고 사무원은 자연적인 쇠퇴의 완만한 과정을 통해 수요감소에 조정되는 것을 기다리지 않을 것이다. 그들 가운데 일부는 신속하게 다른 업종에서 고용될 것이며, 기존의 업종에 남아 있는 나머지에 대해 오랫동안 전가되는 부담은 거의 없을 것이다. 한편 부담의 상당 부분이 인쇄용지와 활자를 제작하는 산업 같은 보조산업 부문으로 전가될 것이다. 왜냐하면 이러한 부문의 생산물에 대한 시장이 축소될 것이기 때문이다. 저술가와 출판업자도 조금은 고통을 받을 것이다. 왜냐하면 그들은 매출 감소를 감수하더라도 책의 가격을 인상하거나, 총수입의 대부분이 비용으로 탕진되는 것을 목격하는 수밖에 없을 것이기 때문이다. 끝으로 서점의 매상고도 감소할 것이며, 그들도 다소 고통을 받을 것이다.

지금까지는 조세가 아주 넓은 지역에 부과되며, 인쇄업이 쉽게 이전될 수 있는 모든 장소에 미치는 것으로 가정했다. 그러나 만일 조세가 특정 지역에 국한된다면 식자공은 그 범위 밖으로 이주할 것이며, 인쇄소의 소유자는 좀더 특화되고 좀더 쉽게 이동하는 자원을 가진 사람들보다 조세부담의 더 작은 몫이 아니라 더 큰 몫을 감당할지도 모른다. 만일 지방세가 주민을 유인하는 다른 효과에 의해 보상되지 않는다면, 현지의 제빵사, 식료 잡화상 등의 매출은 감소할 것이며, 부담의 일부는 그들에게 떨어질 것이다.

다음으로 조세가 인쇄물 대신 인쇄기에 부과된다고 가정해보자. 이 경우에, 만일 인쇄업자가 파기하거나 사용하지 않으려고 했던 거의 진부화된 인쇄기를 보유하고 있지 않다면, 세금은 한계생산에 타격을 주지 않을 것이다. 그것은 인쇄물의 생산량이나 가격에 즉각적으로 영향을 미치지 않을 것이다. 그것은 인쇄기의 소유자에게 돌아가는 수입의 일부를 도중에 가로채고, 인쇄기의 준지대를 감소시킬 뿐일 것이다. 그러나 그것은 사람들이 인쇄기에 유동자본을 투자하도록 유인하는 데 필요한 순이윤율에는 영향을 주지 않을 것이다. 한편 낡은 인쇄기가 마멸됨에 따라 세금은 한계경비에 가산될 것이다. 여기서 한계경비란 생산자가 원하는 대로 자유롭게 지출할 수도 지출하지 않을 수도 있는, 그리고 그가 지출할 것인지 망설이고 있는 경비다. 따라서 인쇄물의 공급은 줄어들 것이며, 그 가격은 상승할 것이다. 그리고 새로운 인쇄기는 인쇄업자들이 일반적으로 세금을 지불하고도 경비에 대한 정상이윤을 획득할 수 있을 것으로 판단되는 한계까지만 도입될 것이다. 이러한 단계에 이르렀을 때 인쇄기에 대한 조세부담의 배분은, 각각의 인쇄기로부터 좀더 많은 작업을 끌어내려는 유인이 강하다는 점을 제외하면, 인쇄물에 대한 조세부담의 그것과 거의 동일할 것이다. 예를 들어 야간작업은 특별 경비를 수반한다는 사실에도 불구하고, 좀더 많은 인쇄기들이 2교대로 가동될 수도 있다.

이제 우리는 이러한 조세전가의 원리를 우리의 주요 사례에 적용하는 것으로 넘어가도 좋을 것이다.

2 다이아몬드보다 더 단단한 2,000~3,000개의 대형 운석소나기가 한 장소에 쏟아졌다고 가정해보자. 따라서 그것들 모두 단 한 번에 채집되었고, 아무리 탐색해도 더 이상 찾을 수 없었다고 가정해보자. 모든 재료를 절단할 수 있는 이러한 운석은 많은 산업부문에서 대변혁을 일으킬 것이다. 그리고 운석의 소유자는 큰 생산자잉여를 가져다주는 생산에서의 차별적 우위(differential advantage)를 갖게 될 것이다. 이

잉여는 한편으로 운석의 용역에 대한 수요의 크기 및 긴급도, 다른 한편으로 운석의 수에 의해 전적으로 규정될 것이다. 어떤 가격을 지불해도 그것을 입수할 수 없기 때문에, 잉여는 추가적인 공급을 획득하기 위한 비용의 영향을 받을 수 없다. 실제로 생산비가 운석의 가치에 간접적으로 영향을 미칠 수도 있다. 그러나 그것은 수요에 보조를 맞춰 공급이 증가될 수 있는 강철이나 다른 재료로 만든 도구들의 생산비일 것이다. 이러한 도구들을 사용해서 똑같이 효율적으로 수행될 수 있는 작업에 합리적인 생산자들이 운석을 습관적으로 사용하는 한, 운석의 가치는 이러한 저급한 용도에서 그것과 똑같이 효율적인 도구들의 생산비를 (도구들의 마모에 대한 상각비를 감안해) 크게 상회할 수는 없다.

운석들은 전혀 마모되지 않을 정도로 단단하기 때문에 하루의 모든 근무시간 동안 계속 사용될 수 있을 것이다. 그리고 만일 운석의 용역이 아주 유용한 것이라면, 그것으로부터 최대한의 용역을 끌어내기 위해 작업원들을 초과근무시키고 심지어 2교대 또는 3교대로 근무시킬 만한 가치가 있을 것이다. 그러나 운석을 좀더 집약적으로 사용하면 사용할수록, 운석의 추가적인 용역에서 얻어지는 순수익은 체감할 것이다. 그것은 토지뿐만 아니라 모든 다른 생산장비의 집약적인 사용이 한도를 넘어서면 수익체감을 초래할 것이라는 법칙을 예증해준다.

운석의 총공급은 고정되어 있다. 그러나 물론 특정 제조업자는 대가를 지불하면 거의 원하는 만큼을 획득할 수 있을 것이다. 장기적으로 그는 운석에 대한 지출을 이자(또는 자신의 노동에 대한 보수를 별도로 고려하지 않는다면, 이윤)와 더불어 회수할 것으로 기대할 것이다. 이는 그가 기계를 구매하는 경우와 마찬가지다. 기계의 총스톡은 무한정 증가될 수 있어서 그 가격은 생산비와 거의 일치하게 된다.

그러나 그가 일단 운석을 구매했을 때 생산공정이나 그것을 사용해서 제작되는 재화들의 수요가 변한다면, 그것으로부터 획득되는 소득은 기대했던 것보다 두 배로 증가할 수도 있고 절반으로 축소될 수도 있다. 후자의 경우에는 최신의 개선을 포함하지 않기 때문에 비용은 같지만 새로운 기계에 비해 절반밖에 소득을 창출하지 못하는 기계에서 파생되는 소득과 매우 유사할 것이다. 운석의 가치는 기계의 가치와 마찬가지로 그것이 창출할 수 있는 소득을 자본화함으로써 구해질 것이다. 그리고 그러한 소득은 그것이 제공하는 용역의 순가치에 의해 규정될 것이다. 각각의 소득창출 능력, 따라서 가치는 각각의 생산비와 독립적일 것이며, 그것으로부터 생산되는 생산물에 대한 일반적인 공급과 일반적인 수요의 관계에 따라 규정될 것이다. 그러나 기계의 경우에는 그러한 공급이 똑같이 효율적인 새로운 기계의 공급비용에 의해 통제받을 것이다. 반면에 운석의 경우에는 현존하는 모든 운석이 다른 어떤 것에 의해서도 수행될 수 없는 작업에 사용되고 있는 한, 그러한 한계가 존재하지 않을 것이다.

이러한 논의는 다른 방식으로 표현할 수도 있다. 운석을 구매한 사람은 그것을 다른 생산자에게서 입수했을 것이므로, 그의 구매는 운석의 용역에 대한 수요와 그러한 용역의 공급 사이의 일반적 관계에 실질적으로 영향을 주지는 않을 것이다. 따라서 그것은 운석의 가격에 영향을 주지는 않을 것이다. 운석의 가격은 여전히 그것에 대한 필요도가 가장 약한 용도에서 그것이 제공하는 용역의 자본화된 가치일 것이다. 그리고 구매자가 용역의 자본화된 가치를 나타내는 가격에 대한 정상이자를 기대한다고 말하는 것은 운석에 의해 제공되는 용역의 가치는 바로 그러한 용역의 가치에 의해 규정된다는 순환명제가 될 것이다.[2]

---

2) 이러한 순환논법은 가끔은 거의 해가 되지 않는다. 그러나 그것은 언제나 실질적인 문제점들을 어둡게 하고 은폐하는 경향이 있다. 그리고 이러한 논법은 때로는 회사의 발기인이나 특수이익 옹호자에 의해 부당한 용도로 사용된다. 예를 들어 준독점적 기업연합이나 트러스트는 종종 '자본을 과대평가한다'(over-capitalize). 이를 달성하기 위해 그것과 관련된 생산부문이 비정상적으로 호황인 시기, 즉 견실한 기업들이 한 해 동안 자본 대비 50퍼센트의 순익을 올리는, 따라서 수입이 겨우 주요비용만을 회수하는 과거의 여러 해에 걸친 불황을 만회하는 시기가 선택된다. 기업의 주식발행과 관련된 금융업자들은 때때로 공개할 기업에 대한 주문이 아주 많아서 가격 조건이 특히 유리하게끔 조정하기도 한다. 왜냐하면 손실을 부담하는 것은 자신 또는 자신이 통제하고 있는 기업들

다음으로 운석이 단 한 번에 모두 발견되지 않았으며, 지구표면에 걸쳐 공유지에 흩어져 있었다고 가정하자. 그리고 힘든 탐색은 여기저기서 운석을 발견함으로써 보상받을 수도 있다고 가정하자. 그렇다면 사람들은 미래에 가능한 이득이 노동과 자본의 투입을 장기적으로 정확히 보상하는 지점 또는 한계까지 운석을 찾아 헤맬 것이다. 그리고 장기적으로 운석의 정상가치는 수요와 공급의 균형을 유지하는 수준일 것이다. 연간 수집되는 운석의 수는 장기적으로 정상수요가격과 정상공급가격이 일치되는 수준에서 결정될 것이다.

끝으로 운석이 쉽게 부서지고, 조만간 파괴되며, 그 매장량이 무한히 많아서 추가적인 공급이 거의 일률적인 비용으로 빠르고 확실하게 획득될 수 있다고 가정함으로써, 운석의 경우를 제조업에서 흔히 사용되는 가벼운 기계 및 기타 장비와 일치되도록 해보자. 이 경우에 운석의 가치는 언제나 그 비용과 거의 일치할 것이다. 그리고 미세한 가격변화도 시장에서 운석의 공급량에 큰 변화를 가져올 것이기 때문에 수요의 변화는 운석의 가격에 거의 영향을 주지 못할 것이다. 이 경우에 운석에서 파생되는 소득은 (운석의 마모를 감안하고) 언제나 생산비에 대한 이자와 거의 일치할 것이다.

3 이러한 일련의 가정들은 운석에서 파생되는 소득이 엄격한 의미의 지대인 하나의 극단에서 자유자본 또는 범용자본에 대한 이자로 분류되는 다른 극단으로 연속적으로 완화된다. 첫 번째 극단적인 경우에, 운석

이기 때문이다. 준독점적 판매나 아마도 추가적인 생산의 경제에 의해 보장되는 이득이 강조될 것이다. 그리고 트러스트의 주식은 일반인들에 의해 흡수된다. 만일 마침내 트러스트의 행동, 특히 고율의 보호관세나 공개적인 특혜를 통해 준독점적 지위를 강화하려는 행동에 대한 비난이 제기되면, 주주들이 투자에 대해 온건한 수익을 획득할 뿐이라는 변명이 주어진다. 이러한 사례는 아메리카에서 드문 일이 아니다. 아메리카에서 몇몇 철도회사는 운임 인하로부터 주주들을 보호하기 위한 간접적인 방책으로 이따금 주식의 보다 온건한 물타기를 행한다. 왜냐하면 운임의 인하는 부풀린 자본에 대한 배당을 견실한 자본의 적정한 수익보다 감소시킬 위험이 있기 때문이다.

은 마모되거나 파괴될 수 없으며, 더 이상 발견될 수도 없다. 물론 운석들은 다양한 용도에 배분되며, 어떤 용도에서 운석의 사용량을 늘리려면, 적어도 동일하게 유용한 순용역을 제공하는 다른 용도에서 전용할 수밖에 없다. 따라서 다양한 용도에 운석을 사용하는 한계점은 운석의 고정된 스톡과 다양한 용도에 대한 수요의 집계의 관계에 의해 규정된다. 그리고 한계점이 이렇게 규정되므로, 운석의 사용에 대해 지불되는 가격은 각각의 한계점에서 운석이 제공하는 용역의 가치에 의해 표시된다.

운석과 관련해서 사용자에게 정액세를 부과하면, 각각의 용도에서 운석의 순가치는 동일한 크기만큼 감소할 것이다. 그것은 다양한 용도 간의 운석의 배분에 영향을 주지 않을 것이다. 그리고 조세부담은 재조정에 대한 마찰적 저항에 의해 야기되는 약간의 지연이 있은 뒤에는 전적으로 소유자에게 귀착될 것이다.

일련의 가설의 정반대의 극단적인 경우에 운석은 아주 빠른 속도로 마모되고 거의 동일한 비용에 아주 빠른 속도로 재생산되므로, 운석이 사용될 수 있는 용도의 긴급도와 크기가 변동하면 운석의 공급이 즉각 조정될 것이다. 따라서 그 용역이 창출하는 소득은 추가적인 운석을 확보하기 위한 화폐비용에 대한 정상이자보다 아주 많지도 아주 적지도 않을 것이다. 이 경우 운석을 사용하는 임의의 사업의 비용을 추정할 때 기업가는 (운석의 마모에 대한 상각비와 함께) 운석이 사용되는 기간에 대한 이자(또는 자기 자신의 노동을 감안한다면, 이윤)를 사업의 주요비용, 고유비용 또는 직접비의 일부로 간주할 것이다. 이러한 조건 아래서 운석에 대한 과세는 운석을 사용해서 제작된 재화에 대한 구매계약을 체결한 사람에게 전적으로 귀착될 것이다. 과세가 시행된 직후에 구매계약이 체결된 경우에도 마찬가지다.

운석의 수명 및 새로운 공급을 확보하기 위해 필요한 시간에 대해 중간적인 가설을 취해보자. 특정 시점에 운석의 차용자가 지불해야 할 것으로 예상하는 요금과 운석의 소유자가 운석으로부터 획득할 수 있을 것으로 기대하는 수입이 일시적으로 운석의 비용에 대한 이자(또는 이윤)와 어느 정도 괴리가 있을 수도 있다. 왜냐하면 운석이 사용될 수 있는 용도의 긴급도와 크기가 변동하면, 운석을 확보하는 어려움이 크게 변하지 않을지라도, 한계적 사용에서 운석에 의해 제공되는 용역의 가치가 대폭 상승하거나 하락할 수 있기 때문이다. 그리고 운석의 비용이 아니라 수요의 변동에 기인하는 이러한 등락은 특정 사업을 행하는 기간 또는 특정 가치문제의 기간에 아주 클 수 있다. 이러한 경우에는 운석으로부터 획득되는 소득이 운석의 생산비에 대한 이자라기보다는 지대와 좀더 유사한 것으로 간주된다. 그리고 운석에 조세가 부과되면 사람들이 지불하려는 운석의 임차료는 인하될 것이며, 운석의 추가공급을 확보하기 위해 자본과 노력을 투자하려는 유인은 약해질 것이다. 따라서 그것은 공급을 억제할 것이며, 운석을 필요로 하는 사람들로 하여금 운석생산비를 완전히 보전하는 수준까지 점차적으로 높은 임차료를 지불하도록 강제할 것이다. 그러나 이러한 재조정을 위해 긴 시간이 필요할 수도 있다. 그리고 그사이에 조세부담의 대부분이 운석의 소유자에게 귀착될 것이다.

만일 운석의 수명이 운석을 사용하는 생산공정에 비해 상대적으로 길다면, 운석의 스톡은 그것이 특히 적합한 모든 작업을 수행하기 위해 필요한 양을 초과할 수도 있다. 이 경우 일부 운석은 거의 유휴상태에 있을 것이다. 이러한 운석의 소유자는 기꺼이 운석을 사용할 용의가 있는 한계가격에 대한 추정에서 운석가치에 대한 이자를 감안하지 않을 것이다. 바꿔 말하면 장기적으로 지속되는 계약 또는 기타 업무와 관련해서는 주요비용으로 분류되었을 비용의 일부가, 단기적으로 지속되는 그리고 불경기일 때 고려대상이 되는 특수한 업무와 관련해서는 간접비로 분류될 것이다.

물론 장기에는 수취가격이 주요비용을 회수하는 것만큼 일반비 또는 간접비를 회수하는 것이 필수적이다. 장기적으로 어떤 기업이 증기기관에 투자된 자본에 대해 적당한 이자를 회수하지 못한다면, 매일매일 사용되는 석탄 또는 원료의 가격을 회수하지 못하는 경우만큼 확실하게 파산할 것이다. 마찬가지로 인간의 노동은 그에게 식량을 제공하지 않는다면 그를 사슬로 묶어두는 경우만큼 확실하게 중단될 것이다. 그러나 인간은 식량 없이도 하룻동안은 별 문제 없이 노동을 수행할 수 있다. 반면에 그가 사슬에 묶여 있다면 노동은 즉시 중단된다. 마찬가지로 어떤 기업은 주요비용 이상을 거의 벌어들이지 못하고, 고정 설비를 '무상으로 가동하면서' 1년 동안 또는 그 이상의 기간에 그럭저럭 운영될 수도 있으며, 종종 운영된다. 그러나 가격이 너무 낮아져서 그것이 1년 내내 임금과 원료, 석탄과 조명 등에 대한 경상경비를 지불하지 못한다면, 생산은 급작스럽게 중단될 가능성이 있다.

생산요소에서 창출되는 지대 또는 준지대로 간주되는 소득과 (마모 및 기타 소모를 대체하기 위한 충당금을 공제하고) 경상투자에 대한 이자(또는 이윤)로 간주될 수 있는 소득 사이에는 기본적인 차이가 있다. 그러한 차이는 기본적이지만, 정도의 차이에 불과하다. 생물학은 동물계와 식물계가 공통의 기원을 가지고 있음을 보여주고 있다. 그러나 포유동물과 수목 사이에는 기본적인 차이가 존재한다. 한편 좀더 좁은 의미에서는 오크나무와 사과나무의 차이도 기본적이다. 그리고 좀더 좁은 의미에서는 사과나무와 장미관목 사이의 차이도, 비록 모두 장미과로 분류되지만, 기본적이다. 따라서 우리의 핵심적인 이론은 자유자본에 대한 이자와 과거의 자본투자에 대한 준지대가 서로 연속적으로 겹쳐진다는 것이다. 심지어 토지의 지대마저도 독자체가 아니라 광범위한 속의 대표 종일 뿐이다.[3]

  4 또 물리적 세계든 도덕적 세계든 순수한 요소가 다른 요소들과 본래 구분되는 경우는 거의 없다. 우리는 엄밀한 의미에서의 순수 지대를 거의 발견하지 못한다. 토지에서 기인하는 거의 모든 소득은 건물과 헛간, 토지의 배수 등에 투하된 노력에서 파생되는 요소들을 다소간 포함

---

3)『경제학 원리』2, 112, 113쪽을 보라.

한다. 그러나 경제학자들은 일상의 용어에서 지대, 이윤, 임금 등의 명칭으로 불리는 복합적 사물들 속에서 성질의 다양성을 인식할 수 있게 되었다. 그들은 흔히 임금이라 불리는 복합물 속에 진정한 지대의 요소가 있으며, 보통 지대라고 불리는 것 속에 진정한 수입의 요소가 있다는 것을 알게 되었다. 요컨대 그들은 각 원소의 진정한 속성을 탐구하고, 다른 원소들의 화합물을 포함하고 있음에도 불구하고 통상의 산소나 소다를 취급할 준비가 되어 있는 화학자를 본받을 수 있게 되었다.[4]

그들은 현재 사용 중인 거의 모든 토지가 자본의 요소를 포함하고 있으며, 토지의 가치에서 생산목적으로 토지에 투하된 인간의 노력에 기인한 부분과 그렇지 않은 부분에 대해 각각 별도의 추론이 필요하다는 것을 인정한다. 그리고 보통 '지대'라는 이름으로 통용되지만 좁은 의미에서는 지대가 아닌 것을 포함하는 소득의 특정한 경우를 다룰 때 이러

---

4) 페터(F. A. Fetter)는 『경제학 계간』, 1901년 5월호에 실린 논문 「지대개념의 추이」(The Passing of the Concept of Rent)에서 "노동이 전혀 투입되지 않은 것들만 토지로 분류되고, 오래된 국가에서 이러한 조건을 만족하는 물적 대상이 존재하지 않는다는 것이 보인다면, 모든 것은 반드시 자본으로 분류되어야만 한다"(419쪽)라고 주장했을 때 이러한 교훈을 무시하는 것처럼 보인다. 또한 "토지의 기본적 속성으로서 그리고 지대의 기초로서의 외연성"에 대해 반박했을 때(같은 논문, 423~429쪽), 그는 자신이 공격하는 학설의 진의를 놓치고 있는 것처럼 보인다. 사실을 말하자면 토지의 외연성(그보다는 '토지의 공간관계'의 총체)은 (오래된 국가에서) 토지로부터 파생되는 소득이 진정한 지대의 요소를 다분히 포함하게 되는 토지의 유일한 속성은 아니더라도 주요한 속성이다. 그리고 토지에서 파생되는 소득 속에 존재하는 진정한 지대의 요소 또는 일상적인 용어로 '토지의 지대'라 불리는 것은 실제로 다른 요소들보다 훨씬 중요하며, 그것이야말로 지대론의 역사적 전개에 특수한 성격을 부여한다(『경제학 원리』 1, 216쪽을 보라). 수요는 많지만 증산이 불가능한 절대 강도를 가진 운석들이 세계의 경제사에서 토지보다도 더 중요한 역할을 수행했다면, 연구자들의 주요한 관심을 끄는 진정한 지대의 요소는 강도라는 속성과 관련된 것이었을 것이다. 그리고 그것은 지대론의 전개에 고유한 경향과 특성을 부여했을 것이다. 그러나 외연성도 강도도 진정한 지대를 창출하는 모든 사물들의 기본적인 속성은 아니다. 페터는 위에서 설명된 지대, 준지대 그리고 이자에 대한 핵심이론의 요점을 놓치고 있는 것처럼 보인다.

한 추론들의 결과를 합성해야 한다는 것도 인정한다. 이러한 추론들을 합성하는 방법은 문제의 성격에 따라 좌우된다. 가끔은 단순한 역학적인 '힘의 합성'으로도 충분하지만, 종종 다양한 힘들의 준화학적 상호작용을 반드시 고려해야만 한다. 한편 규모가 크고 중요한 거의 모든 과제에서는 성장의 생물학적 개념을 반드시 고려해야 한다.

5 끝으로 '희소지대'(scarcity rent)와 '차액지대'(differential rent) 사이에 가끔 이루어지는 구분에 대해 간단히 언급하자. 어떤 의미에서는 모든 지대가 희소지대이며, 또 차액지대이기도 하다. 그러나 어떤 경우에는 적절한 장비를 가지고 똑같이 가동했을 때 특정 생산요소와 그보다 열등한 (아마도 한계) 생산요소의 수익을 비교함으로써 전자의 요소에 귀속되는 지대를 추정하는 것이 편리하다. 그리고 다른 경우에는 어떤 재화의 생산에 기여하는 생산요소의 수요와 그 과부족의 관계를 직접 음미하는 것이 최선의 방법이다.

예를 들어 현존하는 모든 운석이 똑같이 단단하고 영속적이며, 단일 당국의 수중에 있다고 가정하자. 또한 당국은 운석의 용역 가격을 인위적으로 인상시키기 위해 독점력을 사용해서 생산을 제한하는 것이 아니라, 각각의 운석을 유리하게 사용할 수 있는 최대한도까지(즉 제작된 제품이 운석의 사용에 대한 일체의 보상 없이 이윤과 함께 경비만을 회수할 수 있는 가격에 출하될 정도로 압박이 강한 한계에 이를 때까지) 가동하기로 결정한다고 가정하자. 그러면 운석에 의해 제공되는 용역의 가격은 용역에 대한 수요와 관련해 용역의 집계산출량의 자연적 희소성에 의해 규정될 것이다. 그리고 집계잉여 또는 지대는 희소가격이 운석을 가동하는 집계경비를 초과하는 부분으로 가장 쉽게 계산될 것이다. 따라서 그것은 일반적으로 희소지대로 간주될 것이다. 그러나 다른 한편으로, 그것은 운석의 순용역의 집계가치와 운석의 모든 사용이 한계적 사용만큼 비생산적이라면 도달했을 집계가치의 차액으로 간주될 수도 있다. 그리고 운석들이 서로 다른 생산자들의 수중에 있고, 생산자들은 경쟁에 의해 운석의 추가사용이 더 이상 수지가 맞지 않는 한계에 이를 때까지 각각의 운석을 가동하도록 강요받는 경우에도 정확히 마찬가지일 것이다.

위의 마지막 사례는 지대를 추정할 때 '희소성'에 의한 방법이든 '차액'에 의한 방법이든 열등한 생산요소의 존재와는 무관하다는 사실을 드러내기 위해 선택되었다. 왜냐하면 운석의 보다 유리한 사용의 이익을 명확히 하기 위한 차액의 비교는 사용할 만한 가치가 전혀 없는 한계의 열등한 운석을 기준으로 하든, 우량한 운석의 한계적 사용을 기준으로 하든 똑같이 명백하기 때문이다.

이와 관련해서 열등한 토지나 기타 열등한 생산요소의 존재가 좀더 우월한 생산요소들의 지대를 인상시킨다는 견해는 단순히 진실이 아닌 것만이 아니라는 것을 지적하는 것도 좋을 것이다. 그것은 진실의 반대다. 왜냐하면 만일 열악한 토지가 홍수 때문에 아무것도 생산할 수 없다면 다른 토지에 대한 경작은 좀더 내포적일 필요가 있을 것이다. 따라서 열악한 토지가 생산물 총량에 열등하나마 기여할 때보다 생산물의 가격은 더 높고, 지대도 일반적으로 더 높을 것이다.[5]

---

5) 카셀(K. G. Cassel)의 『노동전수권론』(勞動全收權論, *Das Recht auf den vollen Arbeitsertrag*, 1900), 81쪽을 참조하라.
유능한 경제학자들의 저작에서도 나타나는 준지대의 성질에 대한 많은 오해는 가치 및 비용과 관련해 단기와 장기의 차이에 대한 부주의에서 기인하는 것처럼 보인다. 그렇게 준지대는 '필수적이지 않은 이윤'이며 '비용의 일부분'이 아니라고들 말한다. 단기와 관련해서 준지대를 필수적이지 않은 이윤이라고 말하는 것은 옳다. 왜냐하면 가정상 이미 제작되어 있고 작업 대기 중인 기계의 생산을 위해 '고유'비용 또는 '주요'비용이 발생하지 않기 때문이다. 그러나 장기적으로 주요비용에 추가해서 발생할 수밖에 없는 다른 (간접)비와 관련해서 그것은 필수적인 이윤이다. 그리고 예를 들어 해저전신 같은 산업에서는 간접비가 주요비용보다 훨씬 더 중요하다. 준지대는 어떤 조건 아래서도 비용의 일부가 아니다. 그러나 미래의 준지대에 대한 확신에 찬 기대는 기계에 자본을 투자하기 위한 그리고 일반적으로 간접비를 발생시키기 위한 필수조건이다.
또 준지대는 일종의 '국면' 또는 '기회'의 이윤으로서, 그리고 거의 동시에 이윤이나 이자가 전혀 아니고 그저 지대로서 묘사되었다. 단기적으로 그것은 국면소득 또는 기회소득이지만, 장기적으로는 그것을 생산하기 위해 투자되었던 일정액의 화폐로 표현되는 자유자본에 대한 정상이자율(또는 경영수입을 감안한다면, 이윤율)을 창출할 것으로 기대되며, 일반적으로 창출한다. 이자율은 정의상 비율로서 두 계수 사이의 관계다(『경제학 원리』 2, 112, 113쪽을 보라). 기계는 계수가 아니다. 그것의 가치는 파운드나 달러의 계수로 나타날 것이다. 그러나 기계가 새 것이 아니라면, 그 가치는 (할인된) 수입 또는 준지대의 집계로서 추정된 것이다. 만일 기계가 새 것이라면, 그 제작자는 잠재 구매자들에게 준지대의 집계가 제작비용을 보상하는 수준의 가격과 동등하게 보일 것이라고 기대한다. 따라서 이 경우에, 기계의 가격은 일반적으로 비용가격임과 **동시에** (할인된) 미래소득의 집계를 나타내는 가격이다. 그러나 기계가 오래된 것이거나 그 양식이 부분적으로 진부화된 것이라면, 기계의 가치와 생산비 사이에는 밀접한 관계가 없다. 그 가치는 단순히 획득할 것으로 기대되는 미래의 준지대의 할인된 가치의 집계일 뿐이다.

제10장 농산물 가치와 한계비용의 관계

1 이제 일반적 고찰에서 토지와 관련된 고찰로 넘어가자. 특히 오래된 국가의 농지를 염두에 두고 고찰을 시작하자.

전쟁 때문에 잉글랜드의 식량공급의 일부가 감축되었지만, 전쟁상황이 장기간 지속될 것으로 예상되지 않는다고 가정해보자. 잉글랜드 사람들은 즉시 효과가 나타날 수 있도록 추가적인 자본과 노동을 투입함으로써 수확량을 증가시키려고 할 것이다. 그들은 화학비료, 쇄토기(碎土機, cold-crushing machine) 사용 등의 성과를 고려할 것이다. 그리고 그 성과가 좋으면 좋을수록, 그 방향으로의 추가지출을 유인하기 위해 필요한 생산물의 가격 인상폭은 줄어들 것이다. 그러나 전쟁이 끝나기 전까지는 성과가 없는 개량에 대한 그들의 행동에는 전쟁이 거의 영향을 주지 못할 것이다. 그러므로 단기 동안의 곡물가격을 결정하는 원인에 대한 탐구에서는, 서서히 진행되는 개량에 기인하는 토양의 비옥도는 자연에 기인하는 토양의 비옥도와 거의 마찬가지로 주어진 것으로 간주해야 한다. 영속적인 개량에서 파생되는 소득은 추가적인 생산물을 위해 필요한 주요비용 또는 고유비용을 상회하는 잉여를 가져다준다. 그러나 그것은 본래의 지대와 동일한 의미의 진정한 잉여는 아니다. 즉 그것은 생산물의 총비용을 초과하는 잉여가 아니라 사업의 일반경비를 보전하기 위해 필요한 것이다.

좀더 정확하게 표현해보자. 개별소유자가 이룬 토지의 개량에서 파생되는 추가소득은 그의 노력·희생과는 무관하게 사회의 전반적 진보에 의해 토지에 부여된 편익을 포함하지 않도록 계산되어야 한다. 따라서 그의 노력과 희생을 보상하기 위해서는 이러한 추가소득 전부가 필요하다. 그는 그러한 노력과 희생에서 기인하는 이득을 과소평가할 수도 있지만, 꼭 마찬가지로 그것을 과대평가할 수 있다. 만일 그가 그것을 적정하게 평가한다면, 수익성이 있다는 징후가 보이는 즉시, 그의 이기심은 그로 하여금 투자하도록 조장한다. 그리고 그와 상반되는 특별한 근거가 없는 한, 우리는 그가 실제로 투자를 행한다고 가정해도 좋을 것이다. 장기적으로 토지에 투자된 자본에 대한 순수익은 성공적인 수익과 성공적이지 못한 수익을 모두 고려해서 이런 투자에 대한 석절한 동기 이상을 제공하지는 않는다. 따라서 사람들이 실제로 계산의 기초로 삼고 있는 수준보다 낮은 수익이 기대된다면, 개량은 더 적게 이루어질 것이다.

다시 말하면 어떤 종류의 개량작업을 하고, 그것을 완전히 가동하는 데 필요한 기간에 비해 더 긴 기간에 대해서는, 개량에서 파생되는 순소득은 개량작업을 하는 사람들의 노력과 희생을 보상하는 데 필요한 가격에 불과하다. 따라서 개량작업에 소요되는 경비는 한계생산경비에 직접 포함되며, 장기공급가격을 규정하는 데 직접 기여한다. 그러나 단기, 즉 문제의 개량작업을 하고 그것을 충분히 활용하는 데 필요한 기간에 비해 더 짧은 기간에 대해서는, 그러한 개량으로부터 장기적으로 그 비용에 대한 정상이윤을 제공하기에 충분한 순소득이 창출되어야 한다는 필요성에 기인하는 공급가격에 대한 직접적인 영향은 없을 것이다. 따라서 우리가 단기를 다룰 때, 이러한 소득은 생산물의 가격에 의해 좌우되는 준지대로 간주할 수 있을 것이다.[1]

---

1) 물론 개량의 성격과 규모는 부분적으로 토지보유의 상태와 그때 그 장소에 존재하는 지주와 차지농의 기업열, 능력, 자본이용 정도에 좌우된다. 이와 관련해서 우리는, 토지보유에 대해 연구할 때, 상이한 장소의 특수한 조건을 충분히 고려해야 한다는 것을 발견하게 될 것이다.

그러나 본래의 지대는 토양의 본원적 성질이 손상되지 않는다는 조건으로 평가된다는 것에 주의해야 한다. 그리고 개량에서 파생되는 소득이 준지대로 간주

우리는 다음과 같은 결론을 내릴 수 있다. (1) 생산량 그리고 경작의 한계(즉 우량한 토지든 열등한 토지든 막론하고 자본과 노동의 수익성 있는 투입의 한계)는 모두 수요와 공급의 전반적인 조건으로 규정된다. 그것들은 한편으로 수요, 즉 생산물을 소비하는 인구 수, 생산물에 대한 필요의 강도 그리고 지불능력에 의해 규정된다. 그리고 다른 한편으로 공급, 즉 가용한 토지의 규모와 비옥도 그리고 토지를 경작하려는 사람들의 수와 자원에 의해 규정된다. 그렇게 생산비, 수요의 강도, 생산의 한계 그리고 생산물의 가격은 서로를 규정한다. 그리고 그중 어떤 하나가 다른 것들에 의해 규정된다고 말하는 것은 순환논법이 아니다. (2) 지대로 귀속되는 생산물의 부분도 물론 나머지 부분과 마찬가지로 시장에 출하되며, 가격에 영향을 미친다. 그러나 수요와 공급의 전반적인 조건 또는 조건의 상호관계는 지대의 몫과 농장주의 경비에 대한 수익성을 보장하기 위해 필요한 몫으로의 생산물의 분할에 영향을 받지 않는다. 그런데 지대의 규모는 다른 것들을 규정하는 원인이 아니라 토지의 비옥도, 생산물의 가격, 경작한계의 상황에 의해 규정을 받는다. 지대는 토지에 투입된 자본과 노동에 의해 획득되는 총수익의 가치가 경작의 한계만큼 열악한 상황에서 투입된 자본과 노동에 의해 획득되는 총수익의 가치를 초과하는 부분이다. (3) 만일 경작의 한계에서 산출되지 않은 생산물 부분의 생산비를 추정한다면, 물론 지대에 상당하는 경비를 이러한 추정치에 포함시킬 필요가 있을 것이다. 그렇지만 만일 이러한 추정치가 생산물 가격을 규정하는 원인을 설명할 때 이용된다면 순환논법에 빠질 것이다. 왜냐하면 그것은, 전적으로 결과임에도, 그러한 결과를 낳는 사물의 원인을 설명할 때 원인의 일부로 간주되기 때문이다. (4) 한계생산

될 때 개량시설이 완전히 효율적인 상태로 유지된다는 것은 말할 것도 없다. 만일 개량시설이 마모된다면, 그것에 의해 창출되는 소득에서 마모상당분을 반드시 공제해야 준지대로 간주되는 순소득에 도달할 수 있다.

마모를 보전하기 위해 요구되는 소득의 부분은 광석채굴에 의해 광산에 가해진 손실만큼만 보전하는 사용료와 약간의 유사성이 있다.

물의 생산비는 순환논법에 빠지지 않고도 확인될 수 있지만 생산물의 다른 부분의 생산비는 불가능하다. 전체 생산물의 가격은, 수요와 공급의 전반적 조건의 통제 아래, 자본과 노동의 수익성 있는 투입의 한계에서의 생산비로 수렴한다. 한계생산물의 생산비는 가격을 규정하지는 않지만, 가격을 규정하는 원인을 부각시킨다.

2 만일 모든 토지의 비옥도가 동일하고 모든 토지가 점유되어 있다면, 토지에서 파생되는 소득은 독점지대의 성질을 가질 것이라는 견해가 있다. 그러나 그것은 오류인 것으로 보인다. 물론 토지소유자들이, 소유지의 비옥도가 동일하든 동일하지 않든, 결속해서 생산을 감소시키는 것을 생각해볼 수 있다. 그렇게 획득된 생산물의 인상된 가격은 독점가격일 것이다. 그리고 토지소유자의 소득은 지대라기보다는 독점수입이 될 것이다. 그러나 자유시장에서 토지로부터의 수입은 지대일 것이며, 지대는 우량한 토지와 열등한 토지가 섞여 있는 나라든 모든 토지의 비옥도가 동일한 나라든 동일한 원인에 의해 동일한 방식으로 규정될 것이다.[2]

사실을 말하자면, 만일 모든 사람이 투입하기 위해 준비해둔 자본을 완전히 활용하는 데 필요한 토지를 확보할 수 있을 만큼 충분한 수준 이상으로 토지가 있으며, 토지의 비옥도가 거의 동일하다면, 토지는 지대를 창출할 수 없을 것이다. 그러나 그것은 물이 풍부할 때는, 비록 물의 일정 부분의 용역은 생활을 유지하기 위해 필수적이지만 모든 사람이 노력을 들이지 않고도 추가적인 물의 공급에서 아무런 효용을 얻지 못하는 포만의 한계에 이를 수 있기 때문에, 물은 시장가치를 갖지 못한다는 오래된 역설을 예시해줄 뿐이다. 모든 시골집 주인이 필요한 만큼 물을 길어 쓸 수 있는 우물을 가지고 있으며, 이웃의 우물에서 물을 길어 쓰는 데 요구되는 노동보다 더 많은 노동이 필요하지 않을 때, 우물물은 시장가치를 갖지 못한다. 그러나 가뭄이 들어 얕은 우물은 고갈되고 심

---

2) 『경제학 원리』 2, 제V편, 제9장, 5를 참조하라.

지어 깊은 우물마저도 위협받는다면 깊은 우물의 소유자들은 다른 사람에게 물을 길어 쓰도록 허용할 때 물 한 통마다 일정한 요금을 청구할 수 있다. 인구가 밀집되면 밀집될수록, (새로운 우물이 개발되지 않는다고 가정했을 때) 이러한 요금을 청구할 수 있는 기회는 많아질 것이다. 그리고 결국 모든 우물 소유자는 우물에서 수입의 영속적 원천을 발견할 수도 있다.

마찬가지로 신생국에서도 토지의 희소가치가 점차적으로 발생한다. 초기의 정착민도 배타적 특권을 누리지 못한다. 왜냐하면 그도 단지 다른 사람이 자유롭게 할 수 있는 일을 할 뿐이기 때문이다. 그는 생명의 위험은 아니더라도 많은 역경을 겪는다. 그리고 아마도 토지가 불량한 것으로 판명되어 개량시설을 포기해야만 하는 위험도 무릅써야 할 것이다. 반면 그의 모험은 성공적인 것으로 판명될 수도 있다. 주민이 유입될 것이며, 마치 어부가 만선으로 귀환했을 때처럼 그의 토지가치는 조만간 토지에 대한 지출의 정상보수를 초과하는 큰 잉여를 가져다줄 수도 있다. 그러나 이 경우 그의 모험을 위해 필요한 보수를 초과하는 잉여는 존재하지 않는다. 그는 모든 사람들에게 열려 있는 위험한 사업에 착수했으며, 그의 활력과 행운이 결합되어 그에게 예외적으로 높은 보수를 가져다준 것이다. 그러나 다른 사람도 그가 했던 것처럼 동일한 기회를 포착할 수도 있었다. 따라서 토지로부터 미래에 획득할 것으로 기대되는 소득은 정착민의 계산에 포함되며, 사업을 어디까지 진행할 것인지 망설일 때 그의 행동을 결정하는 동기에 첨가된다. 그는 그것의 '할인가치'[3]를 자신의 자본에 대한 이윤, 그리고 개량이 자신의 노동으로 이루어졌을 때 자신의 노동에 대한 수입으로 간주한다.

종종 정착민은 토지를 보유하고 있는 동안 창출되는 생산물이 그의 역경, 노동 그리고 경비에 대한 적절한 보수에 미치지 못할 것이라는 기대에도 불구하고 토지를 보유한다. 그는 자신의 보수 가운데 일부를 개

---

3)『경제학 원리』1, 제III편, 제5장, 3;『경제학 원리』2, 제V편, 제4장, 2 참조.

척자의 생활방식에 적합하지 않은 새로운 이주민에게 조만간 판매할 수 있는 토지 자체의 가치에서 기대한다. 가끔 새로운 정착민도, 잉글랜드의 농부들이 비용을 치르고 배우는 것처럼, 자신의 밀을 거의 부산물로 간주한다. 그가 노동의 목적으로 삼는 주산물은 농장, 즉 토지를 개량함으로써 획득하는 부동산 권리증서. 그는 그것의 가치가 자신의 노력을 통해서라기보다는 공공의 번영의 산물인 편의와 자원 그리고 매매가 이루어지는 시장의 발달을 통해 지속적으로 상승할 것이라고 생각한다.

이것은 다른 방식으로 설명할 수도 있다. 생존을 위한 필수재로 측정할 때 고국에서 획득할 수 있는 것보다 훨씬 더 많은 수입을 어느 정도 확실하게 기대할 수 없다면, 사람들은 일반적으로 개척농의 역경과 고독에 정면으로 맞서려 하지 않는다. 광부들은 높은 임금에 대한 전망이 있기 전에는 문명의 다른 이기나 다양한 사회적 기회로부터 고립된 비옥한 광산에 매력을 느끼지 않는다. 그리고 그러한 광산에 자기자본을 투자해서 사업을 경영하는 사람들은 아주 높은 이윤을 기대한다. 비슷한 이유로, 개척농은 자신의 노동과 역경의 인내를 보상받기 위해 생산물의 판매수입 및 고가의 부동산 권리증서의 획득으로 구성된 높은 수준의 총이득을 요구한다. 그리고 토지가 무상일 때는 지대를 위한 잉여를 남겨두지 않은 상태에서 이러한 목적에 적합한 이득을 정확히 창출하는 한계까지 사람들이 거주하게 된다. 토지에 대한 대가가 요구될 때는 이러한 총이득이 개척자의 인내를 보상할 뿐만 아니라 이러한 대가를 치르기 위해 지대의 성질을 띠는 잉여를 남길 수 있는 한계까지 이주가 확장된다.

3 이 모든 것과 함께, 개별생산자의 관점에서 토지는 자본의 특수한 형태에 불과하다는 것을 기억해야 한다. 농장주가 어떤 토지의 경작을 수익성 한계까지 진전시킬 것인지, 그리고 그것을 좀더 집약적으로 경작할 것인지 아니면 새로운 토지를 확보할 것인지의 문제는 그가 쟁기를 추가 구매할 것인지 아니면 토지가 아주 좋은 조건이 아닐 때 가끔 사용하면서 그리고 말에게 좀더 많은 사료를 제공함으로써 현재 보유하고 있는 쟁기를 좀더 집약적으로 사용할 것인지의 문제와 같은 유형의

것이다. 그는 추가적인 토지에서 파생되는 순생산과 그것을 획득하기 위해 지출된 자본을 다른 용도로 사용했을 경우의 순생산을 비교한다. 그리고 마찬가지로 그는 열악한 조건에서 쟁기를 사용함으로써 획득되는 순생산과 쟁기의 재고를 증가시킴으로써 그리고 좀더 좋은 조건에서 사용함으로써 획득되는 순생산을 비교한다. 현존하는 쟁기를 좀더 집약적으로 사용해서 생산할 것인지 아니면 새로운 쟁기를 도입해서 생산할 것인지를 고민하는 생산물의 부분은 쟁기의 한계적 사용에서 파생된다고 말해도 좋을 것이다. 이러한 생산물은 쟁기에서 획득되는 순소득에 순(실제 마모에 대한 경비를 초과하는)증분을 부가하지 않는다.

또 토지와 건물을 소유하고 있는 제조업자나 상인은 두 가지 모두 사업과 관련해서 유사한 관계를 가지고 있는 것으로 간주한다. 어느 것이든 최초에는 그에게 충분한 도움과 수용여력을 제공하지만, 그가 그것들로부터 점점 더 많은 것을 끌어내기 위해 노력함에 따라 나중에는 수익체감을 보일 것이다. 마침내 그는 작업장 또는 점포가 너무 과밀해서 좀더 큰 공간을 확보하는 것이 목적에 부합하는 것은 아닌지 고민하게 될 것이다. 그리고 추가공간을 확보하기 위해 새로운 토지를 구매할 것인지 아니면 공장을 한 층 높일 것인지를 결정해야 할 때, 그는 전자에 대한 추가 투자에서 파생되는 순소득과 후자에 대한 추가 투자에서 파생되는 순소득을 비교한다. 현존하는 장비에서 끌어낸 생산의 한계분은 (이미 보유하고 있는 장비를 집약적으로 가동하는 것보다 장비를 늘리는 것이 더 나은지를 고민하고 있을 때) 장비에서 얻어지는 순소득에 기여하지 못한다. 이러한 논의에서는, 장비가 인간에 의해 제작된 것인지 아니면 자연에 의해 제공된 것의 일부인지는 문제가 되지 않는다. 이러한 논의는 지대에 대해서든 준지대에 대해서든 마찬가지로 적용된다.

그러나 사회적 관점에서는 차이가 있다. 만일 어떤 사람이 농장을 소유하고 있다면 다른 사람들이 확보할 수 있는 토지는 줄어든다. 그의 농장사용은 다른 사람들의 농장사용에 추가되는 것이 아니라 그들의 농장사용을 대신하는 것이다. 반면에 그가 토지나 지상의 건물을 개량하는 데 투자한다면 그는 다른 사람들이 비슷한 개량작업에 자본을 투자할 수 있는 기회를 크게 박탈하지는 않을 것이다. 따라서 토지와 인간에 의해 제작된 장비 사이에는 유사성과 상이성이 공존한다. 상이성이 존재하는 이유는, 오래된 국가에서 토지는 근사적으로(어떤 의미에서는 절대적으로) 영속적이고 고정된 스톡인 반면에 토지의 개량이든, 건물의 개선이든, 또는 기계의 개선이든 인간에 의해 제작된 장비는 그 장비를 사용해서 제작하는 생산물에 대한 유효수요의 변동에 맞게 증감될 수 있는 유량이기 때문이다. 상이성은 여기까지다. 그러나 다른 한편 장비의 일부는 신속하게 생산될 수 없으므로, 그것은 단기에는 거의 고정된 스톡이라는 점에서 유사성이 존재한다. 그리고 단기에는 그것으로부터 파생된 소득과 그것에 의해 생산된 생산물 가치의 관계는 그러한 소득과 진정한 지대의 관계와 동일하다.[4]

---

4) 지대와 이윤의 관계는 한 세대 전의 경제학자들의 주의를 사로잡았다. 그들 중에는 특히 시니어, 밀, 헤르만, 맹골트(H. von Mangoldt)가 포함된다. 시니어는 어려움의 열쇠는 시간이라는 요소가 쥐고 있다는 것을 거의 감지했던 것처럼 보인다. 그러나 다른 곳과 마찬가지로 여기서도 그는 그 함의를 충분히 전개하는 것이 아니라 넌지시 시사하는 것으로 만족했다. 그는 "일정한 수입을 발생시키는 자본이 증여에 의해서든 상속에 의해서든 그것을 생성시키기 위해 절욕하고 노력하지 않은 사람의 소유로 귀속되는 순간, 이윤과 지대의 구분은 실제적인 의미를 상실한다"(『정치경제학 요강』, 129쪽)라고 말한다. 또 밀은 『정치경제학 원리』, 제III편, 제5장, 4에서 "특정 생산자 또는 특정 상태에 대한 생산의 유리성은 이익의 원천이다. 그것은 비록 어떤 사람이 정기적으로 다른 사람에게 지불하지 않는다면 지대로 불리지는 않지만, 지대와 전적으로 동일한 법칙에 의해 지배받는다"라고 말한다.

거짓 정보 또는 다른 수단으로 가격을 조작하지 않으면서 미래를 정확하게 예견하고, 증권거래소나 상품거래소에서 기민한 매매를 통해 이득을 얻는 투기자는 일반적으로 필요한 곳에서는 생산을 촉진하고 그렇지 않은 곳에서는 생산을 억제하는 공공서비스를 제공하지만, 오래된 국가의 부동산 투기자는 토지의 스톡이 고정되어 있기 때문에 그러한 공공서비스를 제공하지 못한다는 것도 충분히 언급했다. 기껏해야 후자는 큰 가능성을 가지고 있는 부지가 그것을 관리하는 사람의 조급함, 무지 또는 빈곤의 결과로 열등한 용도에 사용되는 것을 막을 수 있을 뿐이다.

4 이상의 고찰을 영속적인 조세가 '곡물'에 부과되는 경우에 적용해 보자. 여기서 '곡물'은 고전파 경제학자들이 모든 농산물에 대한 약어로 사용했던 의미로 해석된다. 농부가 적어도 세금의 일부를 소비자에게 전가하려고 할 것임은 자명하다. 그러나 소비자가격의 상승은 수요를 억제할 것이며, 따라서 농부에게 다시 영향을 줄 것이다. 이러한 세금이 소비자에게 어느 정도 전가될 것인지를 알기 위해 우리는 반드시 수익성 있는 **경비지출의 한계**를 연구해야만 한다. 여기서 그 한계는 양호한 시장 으로부터 멀리 떨어진 척박한 토지에 투입된 소규모 지출의 한계든 아 니면 인구가 조밀한 산업지대에 근접한 비옥한 토지에 투입된 대규모 지출의 한계든 구분할 필요는 없다.

경작의 한계 부근에서 소량의 곡물을 생산하고 있었다면, 농부가 받 는 순가격이 다소 하락하더라도 곡물공급은 크게 억제되지 않을 것이 다. 따라서 소비자가 지불하는 가격도 크게 상승하지는 않을 것이며, 소 비자는 조세부담을 거의 지지 않을 것이다. 그러나 생산경비를 초과하 는 곡물의 잉여가치는 큰 폭으로 하락할 것이다. 농부가 자기 소유의 토 지를 경작하고 있었다면 그는 세금의 대부분을 부담하게 될 것이다. 그 리고 농부가 토지를 임대하고 있었다면 지대를 큰 폭으로 삭감해달라고 요구할 수 있을 것이다.

다른 한편 만일 경작의 한계 부근에서 다량의 곡물이 생산되고 있었 다면 세금은 생산을 크게 감소시키는 경향이 있을 것이다. 그에 따른 가 격상승은 그러한 생산감소를 억제할 것이며, 농부는 이전과 거의 동일 하게 내포적으로 경작할 수 있을 것이고, 지주의 지대는 거의 영향을 받 지 않을 것이다.[5]

그렇게 한편으로, 토지경작이나 농장건물의 건설을 저해하는 조세는

---

5) 물론 지대가 토지에서 파생되는 진정한 경제적 잉여로 조절되는 것은 실제로 완만하고 불규칙적이다. 이러한 문제들은 『경제학 원리』 2, 제VI편, 제9장과 제 10장에서 논의된다. 그리고 다소 자의적인 가정 아래서 곡물에 대한 조세의 귀 착은 「부록 K」에서 제법 상세하게 논의된다.

토지생산물의 소비자에게 전방으로 전가되는 경향이 있다. 그러나 다른 한편으로 그 위치와 규모 그리고 햇빛·열·비·공기의 연간소득에 기인하는 토지의 (연간)가치에 대한 조세는, 차지인도 임차기간에는 지주이므로, 지주를 제외하면 어디에도 부과될 수 없다. 이러한 토지의 (연간)가치는 흔히 토지의 '본원적 가치' 또는 '내재적 가치'라고 불린다. 그러나 그 가치의 많은 부분이 비록 개별보유자는 아니더라도 인간행동의 결과다. 예를 들어 소유자가 자연 그대로 방치해두었음에도, 불모의 황무지가 인근의 산업인구 증가로 갑자기 높은 가치를 획득할 수도 있다. 따라서 토지의 연간가치 중에 이러한 원인에서 유래하는 부분을 토지의 '공적 가치'라고 부르는 것이 좀더 성확할 것이다. 반면에 토지의 연간가치 중에서 개별보유자의 작업과 경비에서 유래하는 부분은 토지의 '사적 가치'라고 부를 수 있을 것이다. 그러나 '내재적 가치'와 '본원적 가치'라는 기존의 용어들은 그것들의 부분적 부정확성에 주의한다면 일반적 용도로 계속 유지되어도 좋을 것이다. 그리고 이미 있던 다른 용어 가운데 알맞은 것을 사용하자면, 이러한 토지의 연간 공적 가치를 '본래의 지대'라고 말할 수도 있다.

토지의 공적 가치에 대한 조세는 토지를 고도로 경작하거나 농장건물을 건설하는 유인을 크게 감소시키지 않을 것이며, 시장에 출하되는 농산물의 공급을 크게 감소시키지도, 농산물의 가격을 크게 인상시키지도 않을 것이다. 따라서 그것은 토지소유자에게서 다른 주체들에게 전가되지 않는다.

이것은 과세 대상이 되는 토지의 본래의 지대는 소유자에 의해 개발된 토지의 특수한 용도가 아니라 토지의 일반적 능력에 근거해서 산정된다고 가정한다. 토지의 순생산은 정상적인 능력과 기업열을 가진 경작자가 최선의 판단에 맞게 토지를 잘 활용할 때 획득할 수 있는 순생산인 것으로 가정된다. 만일 개선된 경작방법이 토지의 잠재적 자원을 개발해서 충분한 이윤율과 함께 경비를 보상하기에 필요한 수준을 크게 상회하는 많은 수익을 창출한다면, 순수익에서 정상이윤을 초과하는 부분은 마땅히 본래의 지대에 속한다. 그러나 본래의 지대에 대한 아주 무거운 특별세가 이러한 초과소득에 적용된다는 것이 알려질 경우, 심지어 예상될 경우에도, 이러한 예상은 토지소유자의 개량작업을 저해할 수도 있다.[6]

5 동일한 원료 또는 생산장비에 대한 서로 다른 산업부문 사이의 경합에 대해서는 부수적으로 다소 언급했다. 그러나 이제 동일한 토지에 대한 다양한 농업부문 사이의 경합을 고려해야만 한다. 이 경우는 도회지의 토지의 경우보다는 간단하다. 왜냐하면 농업은 주요작물과 관련해서는 단일사업이기 때문이다. 물론 고급나무(포도나무를 포함), 화훼, 채소 등을 재배하는 일은 다양한 종류의 특화된 경영능력에 대한 여지를 제공한다. 따라서 고전파 경제학자들이 모든 종류의 농작물은 일정량의 곡물로 환산될 수 있으며, 전체의 작은 고정된 부분인 건축용지를 제외하고 모든 토지는 농업용으로 사용될 것이라고 잠정적으로 가정한 것은 정당했다. 그런데 예컨대 호프 같은 특정 작물에 관심을 집중할 때는 새로운 원리를 도입해야 할 것처럼 보일 수도 있다. 그러나 그렇지 않다. 이 점을 고찰해보자.

호프는 여러 가지 방식으로 다른 작물들과 윤작된다. 그리고 농부는 종종 자신의 농지의 일부에 호프를 재배할지 다른 작물을 재배할지 망설인다. 따라서 각 작물은 토지이용과 관련해서 서로 경합한다. 만일 어떤 작물이 다른 작물과 비교할 때 이전보다 수익성이 높을 것이라는 징후를 보인다면, 경작자들은 좀더 많은 토지와 자원을 그것에 할애할 것이다. 관습, 자신감 부족, 고집, 경작자의 지식부족 또는 차지계약의 조건에 따라 변화가 지연될 수도 있다. 그러나 각 경작자가——다시 한 번 강력한 지배적인 대체원리를 상기하자——"자력을 참작해서 사업의 여러 방향에서 수익성 한계에 도달한 것으로 판단될 때까지, 즉 각각의 방향에서 추가적인 투자에 의해 얻게 되는 이득이 경비를 보상할 것이라

---

6) 건축용지에 부과되는 세금 전액을 공한지에 대해 면제해주는 것은 건설을 지연시킨다. 「부록 G」를 보라.

고 생각할 만한 합당한 근거가 없는 것처럼 보일 때까지 자본투자를 진행할 것"임은 대체로 여전히 참이다.

균형에서 귀리, 호프 그리고 다른 모든 작물들은 경작자가 투입한 자본과 노동의 지출에 대해 동일한 순수익을 창출할 것이다. 만일 그렇지 않다면 그는 계산을 잘못한 것이다. 그는 경비지출을 통해 창출할 수 있었던 극대보수를 획득하지 못할 것이며, 작물을 재배분함으로써, 귀리나 다른 작물의 경작을 확장하거나 축소함으로써 이득을 증가시킬 수 있는 여지가 여전히 남아 있을 것이다.[7]

이제 동일한 토지를 이용하기 위한 가종 작물들 간의 경쟁과 관련해서 과세문제를 검토할 필요가 있다. 경작 장소를 불문하고 호프에 조세가 부과된다고 가정하자. 그것은 단순히 지방세가 아니다. 농부는 호프를 심은 경작지의 경작강도를 줄임으로써 조세부담의 일부를 피할 수 있다. 그리고 호프를 심으려 했던 경작지에 대체작물을 투입함으로써 부담을 추가로 피할 수 있다. 과세를 무릅쓰고 호프를 재배하고 판매하는 것보다 과세되지 않은 다른 작물을 재배하고 판매함으로써 더 나은

---

7) 농부가 시장을 위해 원료나 식량을 생산한다면 상이한 용도 간의 자원 배분은 기업경제의 문제다. 그가 자신의 가계소비를 위해 생산한다면 그것은 적어도 부분적으로는 가계경제의 문제. 『경제학 원리』 2, 제V편, 제4장, 4를 참조하라. 「수학부록」 주 XIV에서는 집계극대수익을 보장하는 상이한 사업부문 간 경비지출의 배분은 가계경제의 유사한 문제에 대한 방정식 체계와 동일한 방정식 체계에 의해 결정된다는 사실을 강조하고 있다는 점을 부언할 수 있다.

밀(『정치경제학 원리』, 제III편, 제16장, 2)은 '결합생산물'을 논할 때 특정 토지의 이용에 대한 작물들의 경합과 관련된 모든 문제들이 윤작과 그와 비슷한 요인들에 의해 복잡해진다고 말했다. 예컨대 다양한 윤작 대상 작물들에 대해 복식부기를 이용한 복잡한 손익감정 분석이 필요하다는 것이다. 농부들은 실습과 예리한 본능을 통해 그러한 분석을 제법 잘 할 수 있다. 이러한 문제의 전모를 간명한 수학적 용어로 표현할 수도 있지만, 그것은 지루하고 결실을 맺지 못할 것이다. 따라서 수학적 용어는 구체적인 사실들이 보완되지 않는다면 별 쓸모가 없을 것이다. 물론 좀더 고차원적인 농학이 구체적인 사실들을 보완할 수 있을 정도로 충분히 진보한다면, 수학적 용어는 궁극적으로 유용하게 쓰일 수 있을 것이다.

결과를 얻을 것으로 생각하는 한, 그는 두 번째 방법에 의지할 것이다. 이 경우 호프생산의 한도를 어디서 정할 것인지를 결정할 때, 그는 예컨대 귀리를 재배함으로써 토지에서 획득할 수 있는 잉여를 마음속에 떠올린다. 그러나 여기서도 귀리를 재배했을 때 토지에서 획득하게 될 잉여 또는 지대와 호프의 가격이 반드시 회수해야만 하는 한계비용 사이에는 단순한 양적 관계가 존재하지는 않을 것이다. 그리고 경작지가 예외적으로 품질이 좋은 호프를 생산하고, 그 당시 우연히 호프를 경작하기에 아주 좋은 조건이라면, 농부는 경작지에 호프를 재배하는 것이 최선임을 결코 의심하지 않을 것이다. 물론 세금 때문에 그는 호프를 재배하는 데 경비를 다소 줄이기로 결정할지도 모른다.[8]

---

8) 만일 그가 과세에도 불구하고 호프를 재배함으로써 (지대를 제외하고) 경비를 상회하는 30파운드의 잉여를 획득할 수 있고, 다른 작물을 재배함으로써 비슷한 경비를 상회하는 겨우 20파운드의 잉여를 획득할 수 있다고 판단했다면, 다른 작물을 재배함으로써 토지에서 획득할 수 있었던 지대가 호프의 한계가격에 '포함된다'는 것을 참이라고 말할 수는 없다. 그러나 "지대가 생산비에 포함되지 않는다"라는 고전파의 학설을 그것이 의도된 것이며 참이라는 의미에서보다는 참이 아닌 의미로 해석하고 비난하기가 더 쉽다.

보통사람은 지대가 귀리의 가격에 포함되지 않는다는 오래된 표현에 대해 분노한다. 왜냐하면 다른 용도로 토지에 대한 수요가 증가하면 인근의 모든 토지의 임대가치(rental value)는 상승하고, 귀리를 재배할 수 있는 토지는 감소하고, 결과적으로 남아 있는 귀리 경작지에서 좀더 많은 귀리를 재배할 만한 가치가 있으며, 귀리의 한계경비와 가격이 상승한다는 것을 알기 때문이다. 그에게 지대의 상승은 호프와 다른 작물을 재배할 수 있는 용지의 부족을 주목하게 되는 매개수단 역할을 한다. 그리고 그로 하여금 이러한 조건 변화의 징후의 이면으로 들어가 진실로 작동하는 원인을 파악할 것을 강요하려고 시도할 만한 가치는 없다. 따라서 토지의 지대가 가격에 포함되지 않는다고 말하는 것은 부적절하다. 그러나 지대가 가격에 포함된다고 말하는 것은 부적절한 것보다 더 나쁘다. 그것은 거짓이다.

제번스는(『정치경제학 이론』, 「서문」, 54쪽) "목초지로 사용되면 1에이커당 2파운드의 지대를 창출했던 토지가 갈아지고 밀을 재배하는 데 사용된다면, 1에이커당 2파운드는 밀의 생산경비에 포함되어야 하는 것은 아닌가?"라고 질문한다. 대답은 부정적이다. 왜냐하면 2파운드라는 특정한 금액과 오직 경비만을 보전하는 밀의 생산경비 사이에는 아무런 관련이 없기 때문이다. 정확하게 말하면 다음과 같다. "어떤 상품을 생산하기 위해 사용될 수 있는 토지가 다른 상한편 호프공급이 전반적으로 줄어드는 경향이 있으면 호프가격은 상승할 것이다. 만일 호프의 수요가 아주 경직적이고, 적당한 품질의 호프를 이러한 특별세가 부과되는 지역 외부에서 쉽게 수입할 수 없다면 가격은 거의 과세액만큼 상승할지도 모른다. 이 경우에 호프의 감산 경향은 억제될 것이며, 과세이전과 거의 동일한 양의 호프가 재배될 것이다. 여기서도 앞에서 설명했던 인쇄물에 대한 과세의 경우처럼, 지방세의 효과는 국세(general tax)의 그것과 강한 대조를 이룬다. 왜냐하면 지방세가 양질의 호프가 경작될 수 있는 지역 대부분에 부과되지 않는다면, 그 효과는 호프의 재배를 비과세지역으로 몰아내게 될 것이기 때문이다. 세수는 미미할 것이며, 과세지역의 농부들은 큰 고통을 받을 것이다. 그리고 소비자들은 호프에 대해 좀더 높은 가격을 지불할 것이다.

6 앞 절의 논의는, 단기에 관한 한, 농장 건물의 수익능력과 기타 준지대에 적용된다. 어떤 상품을 생산하는 데 이용될 수 있는 현존하는 농장 건물이나 다른 장비들이 다른 상품을 생산하기 위해 전용되며, 그 까닭은 후자에 대한 수요가 충분히 커서 그것을 생산함으로써 좀더 높은 소득을 획득할 수 있기 때문이라고 하자. 그러면 장비들이 다른 용도로 전용되어 높은 소득을 획득할 수 없었을 경우에 비해, 당분간 전자의 공급은 감소할 것이며, 그 가격은 상승할 것이다. 그렇게 장비들을 농업의 여러 부문에 사용할 수 있을 때, 각 부문에서 한계비용은 이러한 장비들이 다른 부문의 작업을 위해 전용되는 정도에 따라 영향을 받을 것이다. 다른 생산요소들은 수익체감에도 불구하고 첫 번째 상품을 생산하는 부

품을 생산하기 위해 사용될 때, 첫 번째 상품의 가격은 경작면적의 제한으로 상승한다. 두 번째 상품의 가격은 오직 경비만을 보전하는 부분, 즉 수익성 있는 경비지출의 한계에서 생산되는 부분의 생산경비(임금과 이윤)와 일치할 것이다. 그리고 어떤 특정한 논의를 위해 그 토지에서 생산되는 두 번째 상품에 대한 총경비를 집계해서 생각하고, 그것을 생산된 상품 전체에 배분한다면, 우리가 계산에 포함시켜야만 하는 지대는 첫 번째 상품을 생산하는 데 사용될 때 토지가 지불하는 지대가 아니라 두 번째 상품을 생산하는 데 사용될 때 토지가 지불하는 지대다."

문에 좀더 집약적으로 사용될 것이며, 가격은 좀더 높은 수준에서만 균형을 이룰 수 있기 때문에 그 부문의 생산물 가격은 상승할 것이다. 다른 생산물의 수요증가에 기인한 장비의 수익능력 향상이 이러한 가격상승의 원인으로 나타날 것이다. 왜냐하면 그것은 그 생산부문에서 장비의 상대적 희소성을 야기하고, 따라서 한계비용을 상승시킬 것이기 때문이다. 피상적으로는 이러한 명제로부터 장비의 향상된 수익능력이 가치를 규정하는 비용항목에 포함된다는 명제로 단순하게 이행할 수 있을 것처럼 보인다. 그러나 이러한 이행은 타당하지 않다. 첫 번째 상품의 가격상승과 두 번째 상품을 생산하는 부문으로 전용되고 거기에 유용하게 개조되었을 때 장비가 획득할 수 있는 소득 사이에는 직접적인 또는 양적인 관계가 존재하지 않을 것이다.

비슷하게 어떤 산업부문에서 사용되는 공장에 세금이 부과되었을 때, 공장의 일부는 다른 산업부문으로 전용될 것이다. 그 결과 후자의 부문에서 생산물의 한계비용, 따라서 생산물의 가격은 하락할 것이며, 동시에 모든 용도에서 공장의 순임대가치(net rental value)는 일시적으로 감소할 것이다. 그러나 생산물 가격의 하락과 순임대가치의 감소는 크기가 다를 것이다. 그리고 생산물 가격하락과 지대 또는 그보다는 준지대 감소 사이에는 양적 관계가 존재하지 않을 것이다.

이러한 원리는 단기든 장기든 광산에는 적용될 수 없다. 광산 사용료는 비록 종종 지대라고 불리지만 지대가 아니다. 왜냐하면 광산, 채석장 등이 거의 무궁무진하지 않다면 직접적인 경비에 대한 소득 초과분은 적어도 부분적으로는 저장된 재화——실제로 자연에 의해 저장된, 그러나 이제 사유재산으로 취급되는 재화——의 판매에 의해 획득되는 가격으로 간주해야 하기 때문이다. 따라서 광물의 한계공급가격은 광산을 운영하는 데 따른 한계경비와 더불어 사용료를 포함한다. 물론 소유자는 사용료를 과도한 지체 없이 받기를 원한다. 그리고 소유자와 임차인 사이의 계약은 부분적으로 이러한 이유 때문에 종종 사용료뿐만 아니라 지대의 지불에 관한 조항을 포함한다. 그러나 1톤의 석탄에 대한 사용료가 정확하게 조정될 경우, 미래의 부의 원천으로 간주되는 광산의 가치가 자연의 보고에서 석탄 1톤을 채굴함으로써 감소할 때, 사용료는 이러한 가치 감소분을 나타낸다.[9]

---

9) 『경제학 원리』 1, 241쪽을 보라. 리카도는 스미스가 지대를 (화폐)생산비의 부분으로서 임금, 이윤과 동일하게 취급했다고 비난했으며, 스미스는 분명 그런 적이 가끔 있었다. 그러나 스미스는 다른 곳에서 "지대는 임금, 이윤과는 다른 방식으로 상품가격의 구성요소에 포함된다는 것을 인정해야 한다. 임금과 이윤의 고저는 가격 고저의 원인이지만, 지대의 고저는 가격 고저의 결과다. 어떤 상품의 가격이 높거나 낮은 이유는, 그 상품을 시장에 공급하기 위해 높거나 낮은 임금과 이윤을 반드시 지불해야 하기 때문이다. 그러나 상품의 가격이 그러한 임금과 이윤을 지불하기에 충분한 수준보다 훨씬 더, 조금 더 또는 전혀 높거나 낮기 때문에, 그것은 높은 지대를 제공하거나, 낮은 지대를 제공하거나 또는 전혀 지대를 제공하지 않는다"(『국부론』, 제I편, 제11장)라고 말하고 있다. 많은 다른 사례처럼 여기서도 스미스는 자신의 저작의 다른 부분에서는 부정했던 진리를 어떤 부분에서는 예견했다.

스미스는 "상당 기간 유지될 수 있는 석탄의 가격"을 논하면서, "가장 풍요로운 광산은 인근의 모든 광산에서 석탄의 가격을 조절한다"라고 주장한다. 그의 의미는 분명하지 않다. 그러나 그는 어떤 일시적 염가판매를 염두에 두고 있는 것 같지는 않다. 그는 광산이 1년에 얼마로 임대된다는 것을 암시한 것처럼 보인다. 리카도는 일견 같은 노선을 따르면서, "가격을 조절하는 것은 가장 척박한 광산이다"라는 정반대의 결론에 이른다. 그것은 아마도 스미스의 학설보다는 진리에 좀더 가까울 것이다. 그러나 사실 광산 사용에 대한 경비가 주로 사용료의 형태라면, 어느 명제도 적용될 수 없는 것처럼 보인다. 리카도가 지대는 광물의 한계생산비에 포함되지 않는다고 말했을 때, 그는 기술적으로는 옳다(여하튼 완전히 틀리지는 않다). 그러나 만일 광산이 실질적으로 무궁무진하지 않다면 그것에서 파생되는 소득은 일부는 지대이고 일부는 사용료이며, 또한 한계든 아니든 생산물의 모든 부분에 대한 경비에는 지대가 포함되지는 않지만 최저한의 사용료는 포함된다는 것을 부언해야만 한다.

물론 사용료는 예외적으로 풍부하고 채굴하기 쉽지도, 예외적으로 척박하고 채굴하기 어렵지도 않은 광층(鑛層, seams)을 고려해 계산된다. 어떤 광층은 채굴에 따른 경비를 겨우 보상한다. 고갈되거나 큰 결점이 있는 어떤 광층은 투입된 노동의 임금도 거의 보상하지 못한다. 그러나 이러한 논의 전체는 오래된 국가의 조건을 암묵적으로 가정한다. 타우시그는 신생국의 상황을 염두에 두면서 "가장 척박한 광산의 소유자가 그것을 개발하기 위해 아무런 노력을 투입하지 않았다고 가정하면, 그는 어떤 수입도 보장받을 수 없을 것이라고 의심할 때"(『경제학 원리』, 1911, 제2장, 96쪽) 아마도 그는 옳을 것이다.

제11장 도시의 지가와 한계비용의 관계

1 앞의 세 장은 토지와 기타 자연의 선물의 '본원적 힘'에 대한 소유권에서 파생되는 소득과 생산비의 관계, 사적 자본투자에서 직접 유래하는 소득과 생산비의 관계를 고찰했다. 이러한 두 소득의 중간지위에 있는 세 번째 종류의 소득이 있다. 그것은 이득을 목적으로 하는 개인의 자본·노동 투자의 직접적인 결과가 아니라 사회의 전반적 진보의 간접적인 결과인 소득 또는 소득의 부분으로 이루어져 있다. 이제 특히 시가지의 지가(地價)를 염두에 두고, 이러한 종류의 소득을 고찰해보자.

비록 자연은, 생산물의 양으로 측정할 때, 토지경작을 위한 자본과 노동의 투입증가에 대해 거의 언제나 체감하는 수익을 가져다주지만, 반면에 내포적 경작이 인근 비농업인구의 증가에 기인한 것이라면, 바로 이러한 인구집중은 생산물의 가치를 상승시킬 것임을 우리는 이미 지적했다. 우리는 이러한 영향이, 생산물을 그 크기가 아니라 생산자가 수취하는 가치로 측정할 때, 수익체감의 법칙의 작용을 저지하고 흔히 압도한다는 것을 보았다. 경작자는 충분한 판매시장뿐만 아니라 필요한 재화를 구매할 수 있는 충분한 시장에 접하게 된다. 그는 고가에 판매하는 반면 저가에 구매한다. 그리고 사회생활의 편의와 향유는 항구적으로 좀더 그의 손이 쉽게 닿는 곳으로 다가온다.[1]

또 우리는 고도의 산업조직[2]에서 발생하는 경제가 개별기업의 자원

---

1) 『경제학 원리』 1, 제IV편, 제3장, 6을 보라.

에 크게 의존하지 않는 경우가 많다는 것을 알고 있다. 개별업체가 스스로 마련해야 하는 이러한 내부경제는 흔히 산업환경의 전반적 진보에서 발생하는 외부경제와 비교했을 때 아주 미미하다. 기업의 입지조건은 거의 언제나 기업이 외부경제를 이용할 수 있는 정도를 결정하는 데 큰 역할을 한다. 그리고 어떤 장소가 인근지역의 부유하고 활동적인 인구의 증가 또는 현존하는 시장과 소통을 원활하게 해주는 철도나 다른 좋은 운송통신 수단의 개설에서 획득하게 되는 입지가치(situation value)는 산업환경의 변화가 생산비에 미치는 모든 영향 중에서 가장 두드러진 것이다.

농업이든 아니든 어떤 산업의 두 생산자가 모든 측면에서 동일한 시설을 가지고 있지만, 어떤 생산자가 다른 생산자보다 유리한 입지를 가지고 있고, 적은 운송비용으로 동일한 시장에서 매매할 수 있다면 그의 입지가 제공해주는 차별적 우위는 경쟁상대가 운송비로 부담하는 초과경비의 집계다. 그리고 예를 들어 그의 업종에 특히 적합한 노동시장에의 근접성 같은 입지의 다른 이점들도 비슷한 방법으로 화폐액으로 환산될 수 있다고 가정해도 좋을 것이다. 그러한 이점들을 화폐가치로 나타내고 모두 더했을 때, 우리는 첫 번째 기업이 두 번째 기업에 대해 가지는 입지우위의 화폐가치를 얻을 수 있다. 그리고 두 번째 기업이 아무런 입지가치도 가지지 못하고, 그 용지가 단지 농업용지로서의 가치만 갖고 있는 것으로 간주될 때, 입지우위의 화폐가치는 첫 번째 기업의 특별 입지가치가 된다. 좀더 유리한 부지에서 획득할 수 있는 추가 소득은 이른바 특별 입지지대(situation rent)를 발생시킨다. 어떤 건축용지의 집계 부지가치(site value)는 건물을 제거하고 그 용지를 자유시장에서 판매할 때 취득하게 될 지가를 나타낸다. '연간부지가치' —— 엄밀하게 옳지는 않지만 편리한 표현을 사용해서 —— 는 그러한 지가가 현행 이자율에서 창출하는 소득이다. 이러한 지가는 분명히 특별 입지가치를 단

2)『경제학 원리』1, 제IV편, 제10~13장을 보라.

지 농지용 가치만큼 상회한다. 여기서 농지용 가치는 지가의 총액과 비교해보면 거의 무시할 만한 양인 경우가 많다.[3]

2 입지가치의 대부분이 '공적 가치'임은 분명하다(『경제학 원리』2, 138쪽을 보라). 그러나 주의를 요하는 예외적인 경우들이 있다. 가끔 도시 전체 또는 심지어 지역 전체에 대한 개발이 기업원리에 입각해 계획되고, 비용과 위험을 무릅쓰고 한 개인 또는 기업의 투자로 실시된다. 이러한 사업은 부분적으로 인도적·종교적 동기에 기인할 수도 있다. 그러나 어떤 경우든 그 금융적 기초는 인구집중 자체가 경제적 효율성 향상의 원인이라는 사실에 있을 것이다. 보통 상황에서는, 이러한 효율성에 기인하는 주요한 이득은 그 장소의 토지를 소유하고 있는 사람들에게 귀속될 것이다. 하지만 새로운 지역을 식민하거나 신도시를 건설하는 일에 착수한 사람들이 상업적 성공에 거는 주된 희망은 보통 스스로 이러한 이득을 확보하는 것에 기초한다.

예를 들어 솔트 씨와 풀먼 씨가 공장을 지방으로 이전하기 위해 솔트 풀먼 시를 건설하기로 결정할 때 그들은 농지용 가치로 구매할 수 있는 토지가, 인근의 인구밀도 상승으로부터 도시 부동산이 얻게 되는, 특별

---

3) 동일한 시장에 출하하는 두 농장이 동일한 자본과 노동을 투입할 때, 첫 번째 농장이 두 번째 농장에 비해 생산물을 시장에 출하하는 경비의 초과분만큼 더 많은 농산물을 산출한다고 가정한다면, 두 농장의 지대는 동일할 것이다(여기서 두 농장에 투입된 자본과 노동은 동일한 화폐 척도로 환원된다고 가정한다. 또는 같은 말이지만 두 농장이 그것들을 조달하는 시장을 동일하게 이용한다고 가정한다). 또 만일 동일한 광천수를 공급하는 두 광천 A와 B가 일정한 생산경비로 무한정 채굴될 수 있다면, 그리고 그 경비는 생산량과 무관하게 예컨대 A에서는 1병당 2펜스, B에서는 1병당 2.5펜스라면, B로부터의 운송비가 A로부터의 그것보다 1병당 0.5펜스 낮은 지역들은 경쟁에 대해 중립지대일 것이다(만일 운송비가 거리에 비례한다면, 중립지대는 A와 B를 초점으로 하는 쌍곡선이다). A는 A측에 있는 모든 지역에서 B보다 저렴하게 판매할 수 있으며, 그 역도 마찬가지다. 그리고 각각은 각자의 영역 내에서 생산물의 판매로부터 독점지대를 취득할 수 있을 것이다. 이것은 수많은 기상천외한 그러나 시사점이 전혀 없지는 않은 자명한 문제들의 전형이다. 튀넨의 『고립국』의 탁월한 연구를 참조하라.

입지가치를 획득할 것으로 기대한다. 또한 인기 있는 온천장에 천연적으로 적합한 부지를 선정하여 토지를 매입하고 자원을 개발하는 데 많은 자금을 투입하는 사람들도 이와 비슷한 가능성을 기대한다. 그들은 궁극적으로 토지가 사람들의 집중으로부터 높은 입지가치를 갖게 될 것을 기대하기 때문에 투자에서 파생되는 순수익을 기꺼이 오래 기다릴 것이다.[4]

이런 모든 경우에, 토지에서 파생되는 연소득(또는 농업지대를 초과하는 부분)은 여러 가지 목적을 위해 지대보다는 이윤으로 간주되어야 한다. 그리고 이 점은 솔트풀먼 시에서 공장이 건설되는 토지에 대해서든, 공장근로자들과 활발한 거래가 가능한 가게 또는 상점의 부지로서 높은 '부지지대'를 제공하는 토지에 대해서든 마찬가지다. 이러한 경우에는 커다란 위험을 감수해야 하며, 큰 손실의 위험이 있는 모든 모험에는 큰 이득에 대한 희망도 있게 마련이다. 상품의 정상생산경비는 그것을 생산하기 위해 필요한 모험에 대한 보수를 반드시 포함해야 한다. 모험을 할 것인지 말 것인지 망설이는 한계에 있는 사람들에게 기대되는 순이득——기대되는 손실을 공제한 순이득——에는 그들의 노고와 경비를 보상하기에 충분한 보수가 포함되어야만 한다. 그리고 이러한 모험에서 발생하는 이득이 충분한 수준을 크게 상회하지 않는다는 것은 모험이 흔치 않다는 사실에서 알 수 있다. 그러나 그러한 모험은 아주 강력한 기업들의 손아귀에 있는 산업에서는 더 자주 일어난다. 예를 들어 대규모 철도회사는 철도공장을 건설하기 위해 크루(Crewe)*나 스윈던

---

4) 이러한 종류의 경우들은 물론 신생국에서 가장 빈번하다. 그러나 그것들이 오래된 국가에서 아주 드문 것은 아니다. 솔트번 시(잉글랜드 노스요크셔 주에 있는 도시―옮긴이)는 두드러진 사례다. 한편 예외적인 관심의 대상이 되는 최근의 사례는 레치워스 전원도시(1903년 잉글랜드에 건설된 최초의 전원도시―옮긴이)가 제공한다.

* 영국 잉글랜드 체셔 주 크루넌트위치 구에 있는 교회구 도시로서 그랜드정션철도회사가 1837년 리버풀-버밍엄 간 철도를 개통시키고 1843년 그 회사의 철로공장을 이곳으로 이전하면서 생겨났으며 1877년에 시로 승격.

(Swindon)* 같은 곳을 큰 위험을 감수하지 않고도 개발할 수 있다.[5]

이것과 조금 비슷한 사례로는 일군의 지주가 연합해서 철도를 건설하는 경우가 있다. 비록 철도의 순운임수입이 철도를 건설하기 위해 투자된 자본에 대한 충분한 이자를 보상할 것으로 기대되지는 않지만, 철도는 그들의 소유지의 지가를 크게 상승시킬 것이다. 이 경우, 비록 자본이 토지에 직접 투입되는 대신 철도를 건설하는 데 충당되었지만, 토지소유자의 소득증가의 일부는 토지개량에 투입된 자본의 이윤으로 간주되어야 한다.

농지나 도회지 토지의 전반적인 상태를 개선하기 위한 주요한 배수시설이나 기타의 계획도 유사한 성격의 다른 사례들이다. 다만 사적인 협정에 의해서든 특별요금을 부과해서든 스스로 경비를 부담하는 토지소유자가 그것을 수행하는 한에서 그렇다. 비슷한 또 다른 사례는 국민의 교육을 장려하고, 물적 부의 원천을 개발하며, 사회적·정치적 조직을 조성하기 위한 국가의 투자에서 발견된다.

그렇게 토지와 기타 자연의 선물에 가치를 부가해주는 환경의 개선은 많은 경우에 부분적으로는 토지소유자가 자신의 토지 가치를 상승시키기 위해 의도적으로 행하는 투자에서 유래한다. 따라서 그 결과로서 생

---

* 영국 잉글랜드 윌트셔 주 북부 템즈다운 행정구의 도시로서 1841년까지는 작은 시장도시였지만 그레이트웨스턴 철도 건설에 따라 엔지니어링 공장이 세워진 뒤 급작스럽게 성장.

5) 정부는 특히 수비대 주둔지, 병기고 그리고 군수공장을 위한 새로운 부지를 선택하는 문제에서 이러한 종류의 계획을 쉽게 수행할 수 있다. 정부와 민간기업의 생산경비를 비교할 때, 정부공장의 부지는 농업용지 가치로만 계산되는 경우가 많다. 그러나 이러한 방식은 오해를 불러일으킨다. 민간기업은 부지 때문에 과중한 연간차지료를 지불하거나 스스로 도시를 건설하려면 중대한 위험을 감수해야만 한다. 따라서 정부경영이 일반적 목적을 위해 민간경영만큼 효율적이고 경제적이라는 것을 입증하기 위해서는 정부공장의 대차대조표에 부지의 도시지가에 대한 완전한 비용을 계상해야 한다. 정부가 비슷한 경우에 민간기업에서 발생하는 위험을 발생시키지 않고 공업도시를 건설할 수 있는 예외적인 생산부문에서는 이러한 이점이 정부가 그러한 특수한 사업을 수행해야 한다는 논거로서 정당하게 간주될 것이다.

기는 소득증가의 일부는 장기적 관점에서는 이윤으로 간주될 수도 있다. 그러나 그렇지 않은 경우도 많다. 그리고 토지소유자의 특별한 경비투입에 의해 발생되지 않고, 지출에 대한 직접적인 동기를 제공하지 않는 경우에는 자연의 선물에서 파생되는 순소득의 증가는 반드시 지대로 간주되어야 한다.

이러한 사례들과 다소 유사한 사례로는 개발도상의 도시 주변에 20에이커 이상의 토지를 소유하고 있는 사람이 그것을 건축용지로 '개발'하는 경우가 있다. 그는 필경 도로를 설계하고, 주택을 연립해 건설할 곳과 분리해서 건설할 곳을 결정하고, 건축의 진반직인 양식과 각 주택에 대한 최소한의 건축비를 규정할 것이다. 왜냐하면 각 주택의 미관은 모든 주택의 일반적인 가치를 더해주기 때문이다. 그가 창출한 이러한 집합적 가치는 일종의 공적 가치의 성격을 갖는다. 그리고 이러한 집합적 가치의 대부분은 인근의 번영하는 도시의 발달 덕분에 장소 전체가 얻게 되는 잠재적인 공적 가치에 의존한다. 그러나 그중 그의 선견지명, 건설능력과 경비투입에서 기인하는 부분은 개인에 의한 공적 가치의 점유라기보다는 그의 사업기획에 대한 보수로 간주되어야 한다.

이러한 예외적인 사례들은 반드시 고려해야 한다. 그러나 각각의 구획된 토지에 세워지는 건물의 크기와 성격은 주로 (지자체의 건축조례를 따르지 않으면 안 되지만), 인근 지역의 입지가치에 미치는 작용을 거의 또는 전혀 고려하지 않은 상태에서, 가장 수익성이 높은 성과가 기대되는 것을 선택한 결과라는 일반적인 규칙은 유효하다. 다시 말하면 구획된 토지의 부지가치는 거기에 어떤 건물을 세울 것인지를 결정하는 사람의 통제 밖에 있는 원인에 의해 대부분 규정된다. 그리고 그는 건물의 다양한 종류에서 파생되는 소득에 대한 추정치에 맞게 건축비를 조정한다.

3 건축용지의 소유자는 가끔은 그 위에 스스로 건물을 짓기도 하고, 가끔은 그것을 매각한다. 그러나 대부분의 경우 그는 99년 계약으로 정액의 부지지대를 받고 임대해준다. 계약기간이 지나면 부지와 건물은

(계약에 따라 반드시 양호한 상태로 보전되어야 한다) 그의 법적 상속자에게 귀속된다. 그가 토지를 판매할 때 받을 수 있는 가치와 임대할 때 받을 수 있는 부지지대를 규정하는 것이 무엇인지 숙고해보자.

임의의 구획된 토지의 자본화된 가치는 그것에서 발생하는 모든 순소득의 보험통계상의 '할인'가치(actuarial 'discounted' value)다. 다만 한편으로 지대를 수금하는 데 따른 경비를 포함해서 부수적인 경비와 다른 한편으로 그것의 광물 자원, 사업을 위한 개발 가능성, 그리고 거주용지로서 물질적·사회적·미적 이점 등을 감안해야 한다. 토지소유가 제공하는 사회적 지위와 기타 개인적 만족의 화폐상당액은 토지에서 파생되는 화폐소득 형태의 수익에는 나타나지 않지만, 그것의 자본화된 화폐가치에는 포함된다.[6]

다음으로 토지소유자가 예컨대 99년 기한의 건축부지 임대계약으로 임대해준 부지에서 취득할 수 있는 '부지지대'를 규정하는 것이 무엇인지 고찰해보자. 그러한 계약 아래서 모든 일정한 화폐지불액의 현재 할인가치는 부지의 현재 자본가치(capital value)와 일치하는 경향이 있다. 물론 이때 첫째, 계약만료 시점에 현재 소유자의 법적 상속자에게

---

6) 농지의 가치는 보통 현행 지대의 몇 배 또는 그러한 지대의 '구매 연수'로 표현된다. 그리고 다른 모든 것이 동일하다면 토지보유에 따른 직접적 만족의 중요성이 크면 클수록, 그뿐만 아니라 그러한 만족과 토지에서 발생하는 화폐소득이 증가할 가능성이 크면 클수록 농지가치는 상승할 것이다. 구매 연수는 미래의 정상이자율이나 화폐의 구매력 하락이 예상되는 경우에도 증가할 것이다.
아주 먼 미래의 토지가치 상승을 현재로 할인할 때 그 가치는 보통 생각하는 것보다 훨씬 작다. 예를 들어 이자율이 5퍼센트라면(중세시대에는 이자율이 좀더 높았다), 복리로 투자된 1파운드는 200년 후에는 1만 7,000파운드 그리고 500년 후에는 4,000만 파운드에 이를 것이다. 따라서 지가가 현재 처음으로 상승한 것으로 한다면, 정부가 미리 이러한 지가 상승을 예상하고, 그러한 지가 상승분을 얻을 권리를 확보하기 위해서 200년 전에 1파운드를 투자했을 때 당시 1파운드의 지가가 현재 1만 7,000파운드를 초과하지 않거나, 500년 전에 투자했을 때 지가가 현재 4,000만 파운드를 초과하지 않는다면, 그것은 불량한 투자였을 것이다. 그것은 이러한 상당한 자금을 연이율 5퍼센트로 투자할 수 있었다는 것을 가정한다. 물론 그것은 가능하지 않았을 것이다.

건물과 함께 토지를 반환해야 하는 의무와 둘째, 계약에 포함된 토지사용에 대한 제한사항에서 발생하는 가능한 불편을 고려하고 그만큼을 자본가치에서 공제해야 한다. 이러한 공제의 결과로 부지지대는 토지의 '연간부지가치'에 비해, 그러한 부지가치가 계약기간에 고정되어 있다면, 다소 작을 것이다. 그러나 사실 부지가치는 인구증가나 다른 원인들 때문에 상승할 것으로 기대된다. 따라서 부지지대는 일반적으로 계약 초기에는 연간부지가치보다 조금 높고, 계약말기에는 훨씬 낮을 것이다.[7]

　임의의 구획된 토지 위에 건물을 지을 수 있는 권리의 가치를 결정하기 전에, 추정 총수익에서 공제되어야 하는 건물과 관련된 추정경비에는 부동산에 부과되고 부동산 소유자가 납부할 것으로 기대할 수 있는 (중앙·지방)세가 포함된다. 그러나 이 문제는 어려운 부차적인 논점을 불러일으킨다. 이에 대한 논의는 「부록 G」로 미룬다.

　4 수익체감의 법칙은 주거용뿐만 아니라 모든 업종에서 업무용 목적을 위한 토지의 사용에도 적용된다는 사실로 되돌아가보자.[8] 물론 농업과 마찬가지로 건설업에서도 자본이 과소 투입되는 것은 가능하다. 입식(入植)자작농이 자신에게 할당된 160에이커 전부를 외연적으로 경작하는 것보다는 절반만 경작함으로써 좀더 많은 농작물을 재배할 수 있는 것처럼, 용지가 거의 무가치할지라도 아주 높이가 낮은 주택이 그것

---

7) 유행이나 영업사정으로 버려진 지역에서는 몇몇 부지의 가치가 하락했다. 다른 한편 아무런 특별한 입지가치가 없었을 때 임대되었지만, 그 이후로 유행이나 상업의 중심지가 된 토지의 경우에는 연간 부지가치가 부지지대의 수십 배로 상승했다. 특히 금이 부족했고, 모든 계층의 화폐액으로 표시한 소득이 아주 낮았던 18세기 전반부에 임대가 이루어졌을 때는 더욱 그렇다. 그로부터 100년 후의 지주의 재산수입 1,000파운드를 할인하면 그 현재가치는 일반적으로 상정하는 것보다 아마도 작을 것이다. 비록 오류가 앞의 각주에서 논의되었던 수백 년에 걸친 예상의 경우만큼 크지는 않을지라도 말이다. 만일 이자율이 3퍼센트라면, 100년 후의 1,000파운드의 현재가치는 대략 50파운드일 것이며, 만일 이자율이 3~4세대 이전에 일반적인 수준이었던 5퍼센트라면, 그것은 겨우 8파운드에 불과하다.

8) 『경제학 원리』 1, 제IV편, 제3장, 7을 보라.

의 거주시설에 비해 비쌀 수도 있다. 그러나 농업에서 1에이커당 최고 수익을 창출하는 자본과 노동의 투입량이 존재하며, 그 이상의 추가투입에 대해서는 수익이 체감하는 것처럼, 건설업에서도 마찬가지다. 농업에서 최고수익을 창출하는 1에이커당 자본량은 작물의 성질, 경작기술의 상태 그리고 공급해야 할 시장의 성격에 따라 다르다. 이와 유사하게 부지의 희소가치가 없다면, 건설업에서도 최고수익을 창출하는 1평방피트당 자본은 건축의 용도에 따라 다르다. 그러나 부지가 희소가치를 가질 때는 부지를 확장하기 위해 필요한 토지의 추가비용을 지불하는 것보다 이러한 최고수준 이상으로 자본을 계속 투입할 만한 가치가 있다. 토지가치가 높은 곳에서는 토지가치가 낮은 경우에 동일한 목적을 위해 1평방피트당 투입될 비용에 비해, 두 배 이상의 비용을 들여서라도 두 배의 거주시설을 짓는 편이 더 나을 것이다.

우리는 건설의 한계(margin of building)라는 용어를 일정한 부지에서 끌어낼 만한 가치가 있는 꼭 그만큼의 거주시설에 적용할 수도 있다. 물론 이러한 한계 거주시설은 토지가 덜 희소했다면 끌어낼 만한 가치가 없었을 것이다. 개념을 명확히 하기 위해 이러한 거주시설이 건물의 맨 위층에 의해 제공된다고 가정할 수 있다.[9]

---

9) 아파트에는 주택소유자의 부담으로 운행되는 승강기가 제공된다. 그리고 이 경우에 어쨌든 아메리카에서는 맨 위층의 임차료가 다른 층의 임차료보다 높다. 만일 부지의 가치가 아주 높고, 이웃들을 배려하기 위해 건물의 높이를 법적으로 제한하지 않는다면 그는 건물을 아주 높게 짓는 것이 좋을 것이다. 그러나 결국 그는 건설의 한계에 도달할 것이다. 마침내 그는 낮은 층들의 가치저하와 함께 토대와 두꺼운 벽, 그리고 승강기를 위한 추가경비가 한 층을 추가함으로써 획득하는 이익보다 더 크다는 것을 발견하게 될 것이다. 이때 제공할 만한 가치가 있는 마지막 추가적인 거주시설은, 비록 저층보다는 고층에 대한 총임대료가 더 클지라도, 건설의 한계에 있다고 간주되어야 한다. 『경제학 원리』1, 240쪽 주 19)를 참조하라.
그러나 잉글랜드에서는 개인이 이웃들에게서 공기와 햇빛을 빼앗을 만큼 건물을 높게 짓는 것은 조례로 제한되어 있다. 시간이 지나면 건물을 높게 지은 사람들은 건물 주변에 상당한 빈 공간을 마련할 수밖에 없을 것이며, 그것은 아주 높은 건물의 수익성을 악화시킬 것이다.

건물을 좀더 넓은 용지에 펼치는 대신 맨 위층을 건설함으로써 토지 비용은 절약된다. 그리고 그것은 이러한 건설계획에 따른 추가경비와 불편을 정확히 보상한다. 맨 위층에 제공되는 거주시설은, 그것의 부수적인 불편을 참작할 때, 토지의 지대를 전혀 참작하지 않은 상태에서 정확히 건설비만큼의 가치가 있다. 그리고 맨 위층이 공장의 일부라면 맨 위층에서 생산되는 제품의 생산경비는 그것의 가격에 의해 정확히 회수되며, 토지의 지대를 위한 잉여는 없다. 공업제품의 생산경비는 토지에 대한 지대를 전혀 지불하지 않는 건설의 한계에서 제조되는 제품의 생산경비로 간주될 수 있다. 다시 말해서 토지의 지대는 가치를 규정하는 수요와 공급의 힘의 작용이 가장 명백하게 보일 수 있는 한계에서의 경비항목에 포함되지 않는다.

예를 들어 어떤 사람이 호텔 또는 공장을 계획하고 있으며, 목적을 위해 얼마나 많은 토지를 사용할 것인지 숙고하고 있다고 가정해보자. 만일 토지가 저렴하다면 그는 토지를 많이 사용할 것이다. 만일 토지가 비싸다면 그는 토지를 적게 사용하고 건물을 높게 지을 것이다. 그가 전면의 폭이 각각 100피트, 110피트인 사무실을 자신과 고객과 피고용자에게 전체적으로 동일한 편익을 제공하고, 따라서 자신에게 동일한 수익을 제공하도록 건설하고 운영하는 데 따른 경비를 계산한다고 가정하자. 미래의 경비를 자본화했을 때 두 계획의 차이는 전면의 폭이 넓은 쪽이 500파운드 유리한 것으로 드러났다고 해보자. 전면의 폭 1피트당 50파운드 미만의 부지를 획득할 수 있다면 그는 넓은 용지를 사용하는 쪽으로 기울 것이고, 그렇지 않다면 좁은 용지를 사용하는 쪽으로 기울 것이다. 그리고 그에게 토지의 한계가치는 50파운드일 것이다. 부지 이외의 경비를 같은 금액만큼 투입해서 획득할 수 있는 사업수익이 좁은 부지 대신 부지를 넓히는 경우 또는 고가의 용지 대신 좀더 저렴한 용지 위에 건설하는 경우 각각 어느 정도 증가할 것인지를 계산해보더라도, 그는 동일한 결론에 도달할 것이다. 그러나 어떤 방식으로 계산을 하든, 그 성격은 다른 종류의 설비를 구매할 가치가 있는지를 결정하는 방식과 유사하다. 그리고 그는 어느 쪽이든 (감가상각을 참작해서) 투자로부터 획득될 것으로 기대되는 순소득이 자신의 사업과 동일한 일반적 관계를 갖는 것으로 간주한다. 가용한 모든 토지가 상이한 용도로 사용되고, 각 용도에서 그 한계효용이 전면의 폭 1피트당 50파운드의 자본가치를 갖는 입지우위가 있다면, 자본가치가 현행의 지가일 것이다.

5 그것은 토지에 대한 다양한 용도간 경쟁으로 인해, 각각의 장소에서 각각의 용도로 동일한 부지에 대한 추가적인 자본 투입이 더 이상 수익성 없는 한계에 이를 때까지 건설이 진행된다는 것을 가정한다. 어떤 지역에서 주거용 및 업무용 거주시설에 대한 수요가 증가하면, 동일한 대지 면적으로부터 점점 더 많은 거주시설을 끌어내는 경비와 불편을 피하기 위해 토지를 확보하는 데 점점 더 높은 가격을 지불할 만한 가치가 있게 된다.

예를 들어 상점, 창고, 제철소 등에 의해 토지에 대한 경쟁이 격화되어 리즈 시의 토지가치가 상승하면, 직포제조업자는 생산경비의 증가를 피하기 위해 다른 도시나 농촌으로 이전하고, 그가 사용했던 토지에는 상점과 창고가 건설될 수 있다. 도시의 입지조건은 공장보다는 상점과 창고로 더 가치가 있다. 한편 직포제조업자는 농촌으로 이전함으로써 발생하는 토지비용 절약이 변화에 따른 다른 이점들과 함께 이전에 따른 불편을 상쇄하고도 남을 것이라고 생각할 것이다. 이전할 만한 가치가 있었는지에 대한 검토에서 공장부지의 임대가치는 그의 옷감의 생산경비에 포함될 것이며, 그것은 옳다.

그러나 우리는 이러한 사실의 이면을 살펴야 한다. 수요와 공급의 전반적 관계 때문에, 생산은 (지대를 전혀 포함하지 않는) 생산경비가 너무 높아 좁은 부지에 작업을 과도하게 집중하는 데서 오는 불편과 경비를 피하기 위해 사람들이 추가적인 토지에 높은 가격을 기꺼이 지불하게 되는 한계까지 수행된다. 이러한 원인들이 부지가치를 규정한다. 따라서 마땅히 부지가치가 한계비용을 규정하는 것으로 간주해서는 안 된다.

그렇게 토지에 대한 공업용 수요는 모든 측면에서 농업용 수요와 비슷하다. 귀리를 재배하기에 적합한 토지에 다른 작물을 재배하면 더 큰 지대를 지불할 수 있고, 그러한 작물의 수요가 클 경우에는 귀리의 생산경비는 증가한다. 그리고 같은 방식으로, 런던에서 지상 60피트 정도에서 가동되는 인쇄기는, 만일 다른 용도에 대한 용지수요가 건설의 한계를 그렇게 높게 밀어 올리지 않았더라면, 좀더 낮은 경비로 가동될 수 있었을 것이다. 또 호프재배자가 현재 농지에 대해 높은 지대를 지불해야 하기 때문에 호프의 가격이 생산경비를 보전하지 못한다는 것을 발견할 수도 있으며, 그는 호프재배를 포기하거나 다른 농지를 구할 수도 있다. 반면에 그가 남기고 간 농지는 어쩌면 시장을 겨냥하는 원예업자에게 임대될지도 모른다. 시간이 경과해서 인근 지역의 토지에 대한 수요가 증가하면, 원예업자는 자신의 생산물을 판매해서 획득하는 집계가격으로 지대를 포함해 생산경비를 회수하지 못하게 될 것이다. 그는 이제 예컨대 건설회사에게 자리를 양보한다.

각각의 경우에 토지에 대한 수요증가는 수익성을 유지하면서 토지를 내포적으로 사용할 수 있는 한계를 변경시킨다. 이 한계에서의 비용은 토지의 가치를 규정하는 기본적인 원인들의 작용을 보여준다. 그리고 동시에 수요와 공급의 전반적인 조건은 가치를 한계에서의 비용과 일치시킨다. 따라서 우리의 목적을 위해서는 한계에서의 비용을 직접 탐구하는 것이 옳다. 그러나 그러한 탐구는 사기업의 대차대조표의 목적으로는 부적절할 것이다.

6 아주 고가의 도회지 토지에 대한 수요는 제조업자보다는 다양한 종류의 도·소매업자들에게서 발생한다. 여기서 이러한 경우에 고유한 수요의 아주 흥미로운 특징들에 대해 조금 언급할 만한 가치가 있다.

만일 동일한 업종에서 두 공장의 산출량이 같다면, 두 공장의 건평은 분명히 거의 같을 것이다. 그러나 유통업체의 규모와 총매상고 사이에는 밀접한 관계가 존재하지 않는다. 유통업체에서 풍부한 공간은 편의의 문제이며, 추가적인 이윤의 원천이다. 그것은 물리적으로 필요 불가결한 것은 아니다. 그러나 공간이 넓으면 넓을수록 유통업체는 좀더 많은 재고를 유지할 수 있으며, 견본들을 진열할 수 있는 이점이 더 클 것이다. 그리고 기호와 유행의 변화에 민감한 업종의 경우에는 특히 그렇다. 이러한 업종에서 딜러들은 유행하고 있는 최선의 아이디어를 대표하는 상품들과 조만간 그렇게 될 상품들을 비교적 좁은 공간에 수집하기 위해 노력한다. 그리고 부지의 임대가치가 높으면 높을수록 그들은 손실을 감수하고라도 조금이라도 유행에 뒤지거나 재고의 전반적 품격을 향상시키지 못하는 상품들을 신속하게 제거해야 한다. 만일 낮은 가격보다는 잘 선별된 재고가 고객을 좀더 잘 유인하는 곳이라면, 상인들은 상대적으로 매상고는 적더라도 높은 이윤율을 제공하는 가격을 책정할 것이다. 그러나 반대의 경우에는, 그들은 낮은 가격을 책정하고 자본과 점포 규모에 비례해서 사업규모를 키우려고 노력할 것이다. 이는 시장을 겨냥하는 원예업자가 어떤 장소에서는 맛이 가장 좋을 때 완두콩을 조기에 출하하는 것이 최선이라고 생각하는 반면, 다른 장소에서는 가장 무게가 많이 나갈 때까지 자라도록 놔두는 것이 최선이라고 생각하는 것과 같은 이치다. 상인들이 어떤 방법을 따르든, 고객에게 그 이상의 편의를 제공할 만한 가치가 있는지를 망설이는 한계가 존재할 것이다. 그들의 계산에 따르면, 그러한 편의를 제공함으로써 획득하는 추가적인 판매는 겨우 경비를 회수할 뿐 지대를 위한 잉여에 전혀 기여하지 못한다. 이러한 편의를 제공한 결과 판매되는 재화들은 그의 판매경비 속에 지대가 포함되지 않는 재화들이다. 그것은 마치 시장을 겨냥하는 원예업자가 겨우 생산할 만한 가치가 있다고 생각하는 완두콩의 판매경비 속에 지대가 포함되지 않는 것과 마찬가지다.

어떤 가게에서는 지대가 아주 높은데도 가격은 저렴하다. 왜냐하면 수없이 많은 사람들이 가게 문 앞을 지나가지만, 그들은 기호를 만족시키기 위해 높은 가격을 지불할 여력이 없으며, 가게주인은 저렴하게 판매하지 않으면 전혀 판매할 수 없다는 것을 알기 때문이다. 그는 자본 1회전당 낮은 이윤율에 만족해야만 한다. 그러나 고객들의 욕구가 단순하므로 그는 많은 재고를 쌓아둘 필요가 없으며, 자본을 연간 여러 번 회전시킬 수 있다. 따라서 그의 연간순이윤은 아주 크고, 그는 많은 연간 순이윤을 획득할 수 있는 입지에 대해 높은 지대를 기꺼이 지불할 용의가 있다. 다른 한편 런던의 상류층이 거주하는 지역의 한적한 거리와 다수의 촌락에서는 가격이 아주 높다. 왜냐하면 전자의 경우에는 고객들이 서서히 판매될 수밖에 없는 최상급의 제품들에 의해 유인되며, 후자의 경우에는 실제로 총 매상고가 아주 작기 때문이다. 그러나 어느 경우든 상인은 런던 시의 동부*에 있는 저렴하고 사람들이 북적거리는 가게처럼 높은 임차료를 지불할 수 있을 만큼 이윤을 창출할 수 없다.

그러나 사실을 말하자면, 교통량이 팽창하지 않아서 고객이 추가로 증가하지 않는 경우에 입지는 소매업보다는 다른 용도로 더 많은 가치를 갖게 된다. 그러면 부과하는 가격과 취급하는 제품의 종류에 비해 많은 고객들을 어떻게든 확보할 수 있는 소매업자만이 가게를 유지할 것이다. 따라서 수요가 증가하지 않는 모든 업종에서 소매업자의 공급은 줄어들 것이다. 그리고 남아 있는 소매업자들은 고객들에게 좀더 큰 편의와 유인을 제공하지 않고도 과거보다 높은 가격을 부과할 수 있을 것이다. 이처럼 어떤 지역의 용지가격의 상승은 용지의 부족에 대한 징표일 것이다. 그리고 용지의 부족은, 다른 모든 것이 동일하다면, 소매 재화들의 가격을 인상시킬 것이다. 이것은 임의의 지역에서 농업지대의 상승이 농지의 부족을 반영하는 것과 마찬가지다. 농지의 부족은 생산의 한계경비, 따라서 작물의 가격을 인상시킬 것이다.

7 주택(또는 다른 건물)의 지대는 복합지대(composite rent)로서 그 중 일부는 부지에, 다른 일부는 건물 그 자체에 귀속된다. 둘 사이의 관계는 제법 복잡해서 「부록 G」로 미루는 것이 좋을 것이다. 그러나 여기서 복합지대 일반에 대한 약간의 설명이 필요할 것이다. 어떤 대상이 동시에 두 가지 지대를 창출한다는 명제에는 일견 약간의 모순이 있는 것처럼 보일 수도 있다. 왜냐하면 지대는 어떤 의미에서 그것을 운영하는

---

* 빈민가.

경비를 공제한 후의 잔여소득이고, 동일한 작업공정의 결과로서 생기는 동일한 수입과 관련해 두 가지의 나머지가 존재할 수 없기 때문이다. 그러나 그 대상이 복합물일 때 각각의 부분은 그것을 운영하는 경비를 초과하는 잉여수입을 창출하도록 활용될 수 있다. 각각에 대응하는 지대는 언제나 분석적으로 구분될 수 있으며, 가끔은 상업적으로 분리될 수도 있다.[10]

예를 들어 수력을 이용하는 제분소의 지대는 제분소를 건설한 부지에 대한 지대와 사용되는 수력에 대한 지대를 포함한다. 많은 부지들 중 어느 곳에서든 동등하게 사용될 수 있는 제한된 수력이 있는 지역에 제분소 건설을 검토하고 있다고 가정하자. 그러면 선정된 부지와 결합된 수력에 대한 지대는 두 지대의 합이다. 두 지대는 각각 부지의 점유가 특정 종류의 생산에 제공하는 차별적 우위에 상당하는 지대이고, 수력의 소유권이 특정 부지에서 제분소를 가동시키는 데 제공하는 차별적 우위에 상당하는 지대다. 그리고 이러한 두 가지 지대는 동일인의 소유이든 아니든 이론적으로나 실제적으로나 명백하게 구별될 수 있으며 개별적으로 추정될 수 있다.

그러나 그것은 제분소를 건설할 수 있는 다른 부지가 존재하지 않는다면 불가능하다. 그리고 이 경우에 수력과 부지의 소유자가 다르다면, 양자가 결합되어 생산하는 가치가 다른 용도로 부지를 사용할 때 획득하는 가치를 초과하는 차액에서 얼마나 많은 부분이 부지의 소유자에게 귀속되는지를 결정하기 위해서는 '흥정과 교섭'이 있을 뿐이다. 그리고 수력을 이용할 수 있는 다른 부지들이 있을 때도, 똑같이 효율적으로 이용될 수 없다면, 양자가 결합되어 창출하는 수익이 부지를 다른 용도로 사용할 때의 수익과 수력을 다른 곳에 사용할 때의 수익의 합계를 상회

---

10) 만일 어떤 주택이 그 부지에 적합하지 않다면, 지대 총액이 부지지대를 초과하는 부분은 주택이 적절한 부지에 건설되었을 때 얻게 되는 건물지대 전액보다 적다는 것을 염두에 두어야 한다. 이와 유사한 제약들이 거의 모든 복합지대에 적용된다.

하는 생산자잉여의 초과분을 부지의 소유자와 수력의 소유자에게 어떻게 배분할 것인지를 결정하는 방법은 여전히 존재하지 않는다. 수력 공급에 대한 수년간의 약정이 성립되기 전까지는 제분소는 건설되지 않을지도 모른다. 그러나 그러한 약정의 기한이 만료되면, 수력과 제분소 부지에 의해 발생되는 생산자잉여의 집계를 배분하는 비슷한 난관이 제기될 것이다.

이러한 종류의 어려움은 철도회사, 가스회사, 수도회사, 전력회사 같은 부분 독점기업들이 수요자에게 요금을 인상하려는 시도와 관련해서도 계속 발생한다. 수요자는 그러한 회사들의 용역을 사용하기 위해 사업시설을 조정하고, 자신의 비용을 들여 그러한 목적으로 고가의 설비를 설치한다. 예를 들어 피츠버그 시에서 제조업자들이 석탄 대신 천연가스를 사용하는 용광로를 막 건설했을 때 가스 요금이 느닷없이 두 배 인상되었다. 그리고 광산의 역사는 통행권 등과 관련해서 인근의 지주들, 그리고 인근의 주택, 철도, 부두의 소유자들과 이러한 종류의 어려움에 대한 많은 사례를 제공해준다.[11]

---

11) 동일한 업종, 동일한 기업에서 근로자들의 상이한 계층 사이의 이해관계는 복합지대의 주제와 약간의 유사성이 있다. 『경제학 원리』 2, 제VI편, 제8장, 9, 10을 보라.

제12장 정상수요와 정상공급의 균형(계속): 수익체증의 법칙과 관련해서

1 이제 제3장과 제5장에서 시작했던 연구를 계속하고, 생산이 수익체증을 따르는 상품의 수급관계와 관련된 약간의 어려움을 고찰해보자.

우리는 이러한 경향이 수요 증가에 따라 즉시 발현되는 경우는 거의 없다는 것을 지적했다. 예를 들면, 시계모양의 아네로이드 기압계*에 대한 급작스런 유행의 첫 번째 효과는, 비록 그것이 희소한 소재를 전혀 포함하고 있지 않더라도, 일시적인 가격상승일 것이다. 작업에 필요한 특수한 훈련을 받지 못한 노동을 높은 임금을 지불하고 다른 업종에서 끌어들여야 할 것이다. 많은 노력이 낭비될 것이고, 당분간 실질생산비도 명목생산비도 증가할 것이다.

그러나 만일 유행이 상당 기간 지속된다면 어떠한 새로운 발명과도 무관하게 아네로이드 기압계 제작비는 점차적으로 하락할 것이다. 왜냐하면 특화된 숙련노동이 풍부하게 양성되고, 각종 작업분야에 적정하게 배치될 것이기 때문이다. 교체 가능한 부품 방식이 넓게 활용되면서, 특화된 기계는 현재 손으로 수행되는 작업의 많은 부분을 좀더 용이하고 저렴하게 수행할 것이다. 그렇게 시계모양의 아네로이드 기압계의 연간 산출량이 계속적으로 상승하면서 그 가격은 크게 하락할 것이다.

여기서 수요와 공급의 중요한 차이를 지적해야 한다. 상품이 판매되는 가격의 하락은 수요에 언제나 한 방향으로 작용한다. 상품의 수요량

---

* 기압의 변화에 따른 수축과 팽창으로 공합(空盒)의 두께가 변하는 것을 이용하여 기압을 측정하는 기압계.

은 수요가 탄력적이냐 비탄력적이냐에 따라 크게 증가하거나 작게 증가한다. 그리고 가격하락으로 가능해진 상품의 새로운 용도나 확장된 용도를 개발하기 위해서는 긴 시간이 필요할 수도 있고 짧은 시간이 필요할 수도 있다.[1] 그러나——어떤 재화가 가격의 하락으로 유행에서 밀려나게 되는 예외적인 경우를 무시한다면, 좌우간——수요에 미치는 가격의 영향은 모든 상품에 대해 그 성격이 비슷하다. 그리고 장기적으로 높은 탄력성을 보여주는 수요는 거의 즉시 높은 탄력성을 보여준다. 따라서 소수의 예외를 제외하면, 장기와 단기를 명시하지 않은 상태에서도, 상품에 대한 수요가 탄력적 또는 비탄력적이라고 말할 수 있다.

그러나 공급에 대해서는 이와 같은 단순한 규칙이 존재하지 않는다. 구매자들이 지불하는 구매가격의 상승은 실제로 언제나 공급을 증가시킨다. 만일 우리가 단기만을 염두에 두고, 특히 딜러 시장의 거래를 고려한다면, 수요의 탄력성과 아주 밀접하게 대응하는 '공급의 탄력성'이 존재한다. 가격이 상승하면, 판매자들이 보유하고 있는 여분의 재고가 많고 적음에 따라, 그리고 그들이 다음 시장에서 가격수준을 낮게 예상하느냐 높게 예상하느냐에 따라, 그들이 수용하는 오퍼는 크게 또는 작게 증가할 것이다. 그리고 이러한 규칙은 장기적으로 수익체감경향을 보이는 상품에 대해서도, 수익체증경향을 보이는 상품에 대해서도 거의 똑같이 적용된다. 사실 어떤 제조업부문에 필요한 대규모 공장이 완전 가동되고, 빠르게 증설될 수 없다면 그 생산물의 판매가격 상승은 상당 기간 산출물 증가에 이렇다 할 영향을 미치지 못할 수도 있다. 반면에 비록 장기적으로는 공급이 수익불변, 심지어 수익체감을 따를지라도 수공 상품에 대한 유사한 수요의 증가는 공급의 큰 증가를 빠르게 초래할지도 모른다.

장기와 관련된 좀더 기본적인 문제에서 사정은 훨씬 더 복잡하다. 왜냐하면 현재의 가격에서도 무제한의 수요에 대응하는 궁극적인 산출량

---

1) 『경제학 원리』 1, 제III편, 제4장, 5를 보라.

은 이론적으로 무한할 것이기 때문이다. 수익체증의 법칙, 심지어 수익불변의 법칙을 따르는 상품에 대해서도 장기적으로 공급의 탄력성은 이론상 무한하다.[2]

2 다음으로 지적해야 할 점은 산업의 점진적 발전의 결과로 상품가격이 하락하는 경향과 사업을 확장함으로써 개별기업이 급속하게 새로운 경제를 도입하는 경향은 전혀 다르다는 것이다.

이미 설명했듯이, 유능하고 진취적인 제조업자의 진일보는 이어지는 단계를 좀더 쉽고 신속하게 만든다. 그리고 그의 운이 지속되고, 그가 활력, 유연성 그리고 힘든 일에 대한 애착을 온전히 유지하는 한, 그는 계속 전진할 것이다. 그러나 이러한 것들이 영원히 지속될 수는 없다. 그리고 그것들이 쇠퇴하자마자 그의 사업은 그것을 흥하게 했던 바로 그 원인들의 작용을 통해 파괴될 것이다. 물론 그가 과거의 자신만큼 강한 자의 손에 사업을 양도할 수 있는 경우는 다르다. 그렇게 거대한 산업은 하나의 긴 파동을 관통하거나 지속적으로 상향 운동하는 반면에, 개별기업의 성쇠는 빈번할 수도 있다. 마치 나무는 해마다 지속적으로 자라는 반면에, 나뭇잎들은 (이전의 사례를 반복하자면) 여러 번에 걸쳐 성숙하고, 균형에 이르고, 쇠퇴하는 것처럼 말이다.[3]

단일기업이 보유하는 생산능력을 규정하는 원인은 산업의 총산출량을 통제하는 원인과 전혀 다른 법칙을 따른다. 그리고 판매의 어려움을 고려하면 그 차이는 더욱 뚜렷해질 것이다. 예를 들어 특수한 기호를 겨냥하는 제조업체는 규모가 작을 가능성이 크다. 그리고 그것은 일반적

---

2) 엄밀하게 말해서, 생산량과 그것이 판매될 수 있는 가격은 대규모 생산에 적합한 설비와 조직의 변화가 허용된 시간의 길이를 감안한다면 서로 함수관계를 갖는다. 그러나 실제 생활에서 생산물 1단위당 생산비는 기대 생산량에서 도출되지만, 그 반대의 경우는 성립하지 않는다. 경제학자들은 보통 이러한 관례를 따른다. 그리고 그들은 수요와 관련해서 이러한 순서를 바꾸어 사업관례를 따르기도 한다. 즉 그들은 주어진 판매증가를 초래하기 위해 요구되는 가격하락보다는 주어진 가격하락의 결과로 발생하는 판매증가를 더 자주 고려한다.

3) 『경제학 원리』 1, 제IV편, 제9~13장, 특히 제11장, 5를 보라.

으로 다른 업종에서 이미 개발된 기계와 조직양식을 쉽게 채용할 수 있으며, 따라서 생산규모를 대폭 확대하면 즉시 광범위한 경제를 확보할 것이 확실하다. 그러나 이러한 업종에 있는 개별기업은 다소간 특정 시장에 국한될 가능성이 있다. 만일 시장이 이렇게 한정되어 있다면, 성급한 생산증가는 그로부터 발생하는 경제의 확대와 비교해서 아주 불균형적으로 그의 시장 수요가격을 하락시킬 수 있다. 좀더 일반적인 의미에서 본다면 그의 재화는 넓은 시장을 목표로 생산되고 있다고 말할 수 있고, 이 넓은 시장에 비해 그의 생산은 소규모에 지나지 않는 것이라도, 고유의 좁은 시장에서는 그의 생산의 확대에 따라 큰 폭의 가격하락이 일어나는 것이다.

사실 경기가 좋지 않을 때, 생산자는 종종 잉여재화의 일부를 자신의 고유한 시장 밖에서 주요비용을 겨우 보전하는 가격에 판매하려고 노력할 것이다. 반면에 자신의 고유한 시장 내부에서는, 그는 여전히 간접비를 거의 보전하는 가격에 판매하려고 노력할 것이다. 여기서 간접비의 대부분은 사업의 외부조직을 개발하는 데 투입된 자본에 대한 기대수익이다.[4]

또 간접비는 대체로 다른 상품들보다 수익체증의 법칙을 따르는 상품의 경우에 주요비용보다 상대적으로 크다.[5] 왜냐하면 그러한 상품의 생

---

4) 그것을 달리 표현하면, 개별생산자를 고려할 때, 우리는 그의 공급곡선을 광범위한 시장에서 그가 생산하는 상품에 대한 전반적인 수요곡선이 아니라 그의 고유한 시장에서 특수한 수요곡선과 연결지어야 한다고 말할 수 있다. 그리고 이러한 특수한 수요곡선은 일반적으로 아주 가파를 것이다. 아마도 산출규모의 증가가 큰 폭의 내부경제 증대를 제공할 때도, 그의 수요곡선은 그의 공급곡선만큼이나 가파를 것이다.

5) 물론 이 규칙은 보편적인 것은 아니다. 예를 들어 운행 중에 승객이 부족하고 4펜스의 여객운임을 상실한 버스의 순손실은, 비록 버스영업이 수익불변의 법칙을 따를지라도, 3펜스보다는 4펜스에 가까울 것이다. 또 구두를 손으로 제작하지만 판매경비는 아주 높은 리젠트 가의 제화업자는, 시장을 망칠 것이라는 두려움이 없었다면, 고가의 기계를 사용하고, 일반적으로 대규모 생산의 경제를 활용하는 구두 제조업자에 비해 특별주문을 잃지 않기 위해 정상가격보다 훨씬 낮은 가격에 판매하고 싶을 것이다. 예를 들어 광고 목적으로 일부 재화들을 거

산은 물적 장비와 영업관계의 구축에 많은 자본 투자를 필요로 하기 때문이다. 그것은 자신의 고유한 시장을 망칠지도 모른다는 두려움 또는 공동시장을 망치는 것에 대한 다른 생산자들의 비난에 대한 두려움의 강도를 증가시킨다. 이미 설명했듯이, 생산장비가 완전 고용되지 않을 때는 이러한 두려움이 재화의 단기공급가격을 통제한다.

그러므로 개별생산자의 공급조건을 시장의 전체 공급을 규정하는 전형적인 조건으로 간주할 수 없다. 우리는 활발한 성장을 장기간 유지하는 기업은 아주 소수라는 사실과 개별생산자와 그의 고유한 시장 사이의 관계가 생산자 전체와 전반적 시장 사이의 관계와는 중요한 점에서 다르다는 사실을 반드시 고려해야 한다.[6]

의 주요비용에 판매하는 관행처럼, 결합생산물의 간접비와 관련된 다른 어려움이 존재한다(『경제학 원리』2, 제V편, 제7장, 2를 보라). 그러나 그것들은 여기서 특별히 고려될 필요는 없다.

6) 개별기업이 생산량 증가에서 획득하는 생산의 경제 효과에 대한 추상적 논의는 단순히 세부적 효과에 대해서뿐만 아니라 일반적 효과에 대해서도 오해를 불러일으키는 경향이 있다. 그것은 이러한 경우에 공급을 규정하는 조건들이 총체적으로 표현되어야 한다고 말하는 것과 거의 동일하다. 그러한 논의는 종종 표면 아래에 있는 어려움 그리고 산업의 균형조건을 수학적 공식으로 표현하려는 시도에서 특히 심각한 어려움에 의해 손상된다. 쿠르노를 포함해서 일부 경제학자들은 실제로 생산량의 증가가 생산경비를 감소시킬 정도의 중대한 내부경제를 발생시키는 상황을 나타내주는 개별기업의 공급스케줄에 직면했다. 그러나 그들의 전제는 어떤 기업이든 출발이 좋으면 지역 내에 업종 전체에 대한 독점을 획득한다는 결론에 필연적으로 도달한다는 것을 명확하게 언급하지 않은 채, 그들은 수학을 대담하게 따라갔다. 다른 학자들은 이러한 딜레마를 피하기 위해 수익체증의 법칙을 따르는 상품에 대해서는 균형이 전혀 존재하지 않는다고 주장했다. 그리고 또 어떤 학자들은 생산량이 증가함에 따라 가격이 하락하는 공급스케줄의 타당성에 이의를 제기했다. 이러한 논의에 대해 언급한 「수학 부록」주 XIV를 참조하라.

이러한 어려움에 대한 해결은 기본적인 일반적 추론의 지도 아래 각각의 중요한 구체적인 사례를 전혀 독립적인 문제로 취급하면서 추구해야만 한다. 일반적인 명제의 **직접적인** 적용범위의 확대를 통해 모든 어려움에 대한 해법을 제공하려는 시도는 주요한 과업에 거의 도움이 되지 않을 정도로 문제를 복잡하게 만든다. 경제학의 '원리'는 반드시 생활의 문제에 들어가기 위한 길잡이를 제공

3 개인의 역사가 인류의 역사가 될 수 없는 것처럼, 개별기업의 역사는 산업의 역사가 될 수 없다. 그러나 인류의 역사는 개인의 역사의 결과다. 그리고 전반적 시장의 집계생산은 개별생산자의 생산을 확대하고 축소하도록 유인하는 동기의 산물이다. 바로 이 지점에서 대표기업이라는 도구가 우리를 돕는다. 어떤 기업을 상정할 때 우리는 언제나 그 기업이 속해 있는 산업에서 생산의 집계적 규모에 대응하는 내·외부경제의 정당한 몫을 누리는 기업을 상정한다. 우리는 그러한 기업의 규모가 부분적으로는 기술과 운송비의 변동에 좌우되지만, 다른 모든 것이 동일하다면, 산업의 전반적 팽창에 의해 규정된다는 것을 인정한다. 우리는 그 기업의 경영자기 사업의 새로운 부문을 추가할 가치가 있는지, 어떤 새로운 기계를 도입할 필요가 있는지 검토하는 것으로 간주한다. 우리는 그가 이러한 변화에서 생기는 산출물을 다소간 하나의 단위로서 취급하며, 비용과 이득을 비교검토하는 것으로 간주한다.[7]

우리가 주목하는 것은 한계비용이다. 우리는 급작스런 수요증가의 결과로 한계비용이 즉시 하락할 것으로 기대하지 않는다. 반대로 우리는 단기공급가격이 산출물 증가와 함께 상승할 것으로 기대한다. 그러나 또한 우리는 수요의 점진적 증가가 대표기업의 규모와 효율성을 점진적으로 증가시키고, 그 기업이 향유할 수 있는 내·외부경제를 향상시킬 것으로 기대한다.

다시 말해서 이러한 산업에서 장기 공급가격목록(공급스케줄)을 작성할 때, 우리는 재화 유량의 증가와 공급가격 하락을 대응시킨다. 그것이 의미하는 바는, 안정적인 수요를 충족시키기 위해 증가된 재화의 유량이 시간경과에 따라 수익성을 유지하면서 좀더 낮은 가격에 공급된다는 것이다. 우리는 임의의 중대한 새로운 발명에서 기인할 수 있는 모든 경제를 무시하는 반면, 현존하는 아이디어를 응용함으로써 자연스럽게

하는 것을 목표로 삼아야 한다. 그것은 독립적인 연구와 사색의 대체물임을 주장해서는 안 된다.

7) 『경제학 원리』 2, 제V편, 제5장, 6을 보라.

발생할 것으로 기대되는 경제를 포함한다. 그리고 우리는 고려 중인 조건들이 장기간 일정하게 작용하는 것으로 가정할 때 도달하게 될 진보와 쇠퇴의 힘의 균형상태를 주시한다. 그러나 이와 같은 개념들은 반드시 포괄적으로 받아들여져야 한다. 그것들을 명확히 하려는 시도는 우리의 능력을 넘어선다. 만일 우리가 실생활의 거의 모든 조건들을 고려대상에 포함시킨다면, 과제는 처리하기 불가능할 정도로 힘겨워진다. 만일 우리가 소수의 조건을 선별한다면, 그것과 관련된 길게 이어지는 정교한 추론은 실제적인 작업을 위한 엔진이기보다는 과학적 노리개가 된다.

정상수요와 정상공급의 안정적 균형에 대한 이론은 실제로 우리의 생각에 명확성을 부여하는 데 도움이 된다. 그리고 그 초보적 단계에서, 가장 강력하고 지속적인 일군의 경제적 힘의 주요 작용방식에 대한 제법 신뢰할 만한 상을 제공하는 것을 방해하지 않는 한, 이러한 이론은 생활의 실태에서 벗어나지 않는다. 그러나 추론을 좀더 먼 그리고 복잡한 논리적 귀결까지 밀고 나갈 때 그것은 실제 생활의 조건에서 멀어진다. 사실 우리는 여기서 경제적 진보의 가장 중요한 주제에 가까워지고 있다. 따라서 유기적 성장의 문제가 아니라 정태적 균형의 문제로 취급할 때 경제문제는 불완전하게 표현된다는 것을 특별히 상기할 필요가 있다. 왜냐하면 비록 정태적 취급만이 사고의 명확성과 정확성을 제공할 수 있고, 유기체로서의 사회에 대한 좀더 철학적인 취급을 위한 필수적인 서론이지만, 그것은 단지 서론일 뿐이기 때문이다.

정태적 균형이론은 경제연구의 서론에 불과하다. 그리고 그것은 수익체증경향을 나타내는 산업의 진보와 발전에 대한 연구에서는 거의 서론도 되지 못한다. 정태적 이론의 한계는 특히 추상적 관점에서 그것에 접근하는 사람들이 한결같이 간과했기 때문에, 그것에 명확한 형식을 부여하는 것 자체마저도 위험요소가 있다. 그러나 이 점을 신중하게 염두에 두면서, 우리는 위험을 감수할 수도 있을 것이다. 이 주제에 대한 간단한 연구는 「부록 H」에서 제공된다.

제13장 최대만족설과 관련된 정상수요와 정상공급의 변화에 대한 이론

1 제Ⅴ편의 앞 장들, 특히 제12장에서 우리는 수요와 공급의 조정에서 점진적인 변화를 고려했다. 그러나 대폭적이고 지속적인 유행의 변화, 중대한 새로운 발명, 전쟁 또는 페스트로 인한 인구감소, 어떤 상품이나 그것의 제조에 사용되는 원료 또는 그 상품과 경합하고 대체 가능한 다른 상품의 공급원의 개발 또는 고갈——이와 같은 변화는 상품의 연간(또는 일일) 소비량과 생산량에 대응하는 가격이 그러한 소비량과 생산량에 대한 종래의 정상수요가격, 정상공급가격과 달라지는 원인이 될 수도 있다. 즉, 그러한 변화는 수요스케줄이나 공급스케줄 또는 두 가지 모두 새롭게 작성하는 것을 불가피하게 만들 수도 있다. 이렇게 제기된 문제들에 대한 연구를 계속 진행해보자.

어떤 상품에 대한 정상수요의 증가는 임의의 상품량에서 구매자를 발견할 수 있는 가격의 상승을 수반한다. 또는 같은 말이지만, 임의의 가격에서 판매자를 발견할 수 있는 상품량의 증가를 수반한다. 이러한 수요증가는 그 상품에 대한 유행의 확산, 그 상품에 대한 새로운 용도 또는 새로운 시장의 개발, 그 상품이 대체재로 사용될 수 있는 어떤 상품의 영속적인 공급감소, 또는 공동체의 부와 일반구매력의 영속적인 증가 등에 의해 야기될 수 있다. 반대 방향으로의 변화는 수요의 감소와 수요가격의 하락을 초래할 것이다. 비슷하게 정상공급의 증가는 임의의 가격에서 공급될 수 있는 상품량의 증가 그리고 임의의 상품량이 공급될 수 있는 가격의 하락을 의미한다.[1] 이러한 변화는 운송수단의 개선에 의해서든 다른 방법에 의해서든 새로운 공급원의 개발, 새로운 공정 또는 새로운 기계의 발명 같은 생산기술의 향상, 또는 생산보조금 등에 의해 야기될 수 있다. 반대로 정상공급의 감소(또는 공급스케줄의 상향 이동)는 새로운 공급원의 폐쇄 또는 조세부과에 의해 야기될 수 있다.

2 우리는 정상수요 증가의 효과를 문제의 상품이 수익불변의 법칙을 따르느냐, 수익체감의 법칙을 따르느냐 아니면 수익체증의 법칙을 따르느냐에 따라, 즉 상품의 공급가격이 모든 생산량에서 일정한지, 생산량이 증가함에 따라 증가하는지 아니면 감소하는지에 따라 세 가지 관점에서 고려해야 한다.

첫 번째 경우, 수요의 증가는 가격을 변화시키지 않고 단순히 생산량만을 증가시킨다. 왜냐하면 수익불변의 법칙에 따르는 상품의 정상가격은 절대적으로 생산경비에 의해 결정되기 때문이다. 이와 관련해 고정된 가격에서 그 상품에 대한 수요가 없다면 그 상품은 전혀 생산되지 않을 것이라는 점을 제외하면, 수요는 아무런 영향을 미치지 못한다.

만일 상품이 수익체감의 법칙을 따른다면, 그것에 대한 수요증가는 가격을 상승시키고, 생산량의 증가를 초래한다. 물론 생산량 증가분은 수익불변의 법칙을 따르는 경우만큼 크지 않다.

다른 한편 만일 상품이 수익체증의 법칙을 따른다면, 수요증가는 훨

---

1) 수요가격 또는 공급가격의 등락은 물론 수요곡선 또는 공급곡선의 상하이동을 수반한다.

만일 변화가 점진적이라면, 공급곡선은 각 곡선이 이전의 곡선보다 조금 아래에 위치한 일련의 곡선들로 표현될 것이다. 그리고 우리는 생산규모의 확대에서 발생하는 산업조직의 점진적인 개선의 효과를 이런 방식으로 표현해도 좋을 것이다. 그리고 장기공급가격은 이러한 개선을 통해 영향을 받는다. 커닝엄(H. Cunynghame) 경이 사비로 인쇄했던 독창적인 논문에서, 결과적으로 장기공급곡선은 어떤 의미에서 일련의 단기공급곡선을 대표하는 것으로 간주되어야 한다고 제안하는 것처럼 보이는 의견이 제시되었다. 각각의 단기공급곡선은 전 구간에 걸쳐 그 곡선이 장기공급곡선과 만나는 점과 Oy의 거리에 의해 표시되는 생산규모에 정확히 속하는 산업조직의 발전을 상정할 것이다(부록 H 3을 참조하라). 수요곡선에 대해서도 비슷하다.

씬 큰——수익불변의 법칙을 따르는 경우보다 더 큰——생산량증가를 초래하며, 동시에 가격을 하락시킨다. 예를 들어 매주 어떤 종류의 상품 1,000단위가 생산되고 10실링에 판매되는 반면, 매주 2,000단위의 공급가격이 9실링이라면, 정상수요의 미세한 증가는 점차적으로 정상가격을 9실링이 되게 할 것이다. 왜냐하면 우리는 공급을 결정하는 원인들의 정상적인 작용이 그 효과를 다할 만큼 충분히 긴 기간을 고려하고 있기 때문이다. 각각의 경우에 정상수요가 증가하는 대신 감소할 때는 그 반대가 성립한다.[2]

---

2) 제13장의 문제를 명확하게 이해하는 데 도표는 특히 유용할 것이다.

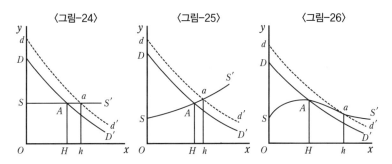

〈그림-24〉, 〈그림-25〉, 〈그림-26〉은 각각 수익불변, 수익체감, 수익체증의 세 경우를 나타낸다. 마지막 경우에 수익이 생산증가의 초기 단계에서는 체감하지만 최초의 균형점에 도달한 이후로, 즉 OH보다 큰 상품량에 대해서는 체증한다. 각각의 경우에 SS'는 공급곡선이고, DD'는 최초의 수요곡선의 위치이며, dd'는 정상수요가 증가한 다음의 수요곡선의 위치다. 각각의 경우에 점 A와 점 a는 각각 최초의 균형점과 새로운 균형점이고, AH와 ah는 각각 최초의 정상 또는 균형가격과 새로운 정상 또는 균형가격이고, OH와 Oh는 각각 최초의 균형량과 새로운 균형량이다. 모든 경우에 Oh는 OH보다 크다. 그러나 〈그림-25〉에서 그것은 조금 큰 반면, 〈그림-26〉에서는 훨씬 크다(이러한 분석은 차후에 정상공급 조건의 변화의 효과에 관한 비슷한 그러나 좀더 중요한 문제를 논할 때 채택된 방법을 사용해 좀더 확장될 수 있다). 〈그림-24〉, 〈그림-25〉, 〈그림-26〉에서 ah는 각각 AH와 같고, AH보다 크고, AH보다 작다.

정상수요의 감소의 효과는 동일한 도표를 사용해 설명할 수 있다. 이제 dd'가 수요곡선의 최초의 위치로, DD'가 새로운 위치로 간주된다. ah는 최초의 균형가격이고 AH는 새로운 균형가격이다.

이 절의 논의는 몇몇 경제학자들에 의해 수입 공산품에 대한 **보호관세**가 일반적으로 그러한 상품에 대한 국내시장을 확대시켜주고, **수익체증**의 **법칙**을 작동시킴으로써 **궁극적으로** 그 상품의 국내 소비가격을 하락시킨다는 주장을 뒷받침하는 것으로 간주되었다. 실제로 이러한 성과는 신생국에서 현명하게 선택된 '유치산업 **보호**'(protection to nascent industries) 정책에 의해 도달될 수도 있다. 신생국에서 제조업은 마치 청소년처럼 고속성장 능력이 있다. 그러나 신생국에서도 이 정책은 본래의 기능에서 왜곡되어 특수한 이해집단의 부를 축적하는 쪽으로 흐르기 쉽다. 왜냐하면 선거에서 가장 많은 표를 던질 수 있는 산업들은 이미 규모가 너무 커서 추가적인 규모확대를 통해 새로운 경제가 거의 창출되지 않는 산업들이기 때문이다. 그리고 물론 잉글랜드처럼 아주 오랫동안 기계와 익숙한 나라의 산업은 일반적으로 그러한 **보호**로부터 많은 실질적인 도움을 얻을 수 있는 단계를 이미 지났다. 한편 특정 산업에 대한 **보호**는 거의 항상 다른 산업들에 대한 시장, 특히 해외시장을 축소시키는 경향이 있다. 이러한 몇 가지 언급은 문제가 복잡하다는 것을 보여줄 뿐, 감히 그 이상을 자처하지는 않는다.

3 정상수요의 증가가 모든 경우에 생산을 증가시키지만, 어떤 경우에는 가격을 상승시키고 다른 경우에는 가격을 하락시킨다는 것을 우리는 보았다. 그러나 공급의 용이성 향상은 (공급스케줄의 하향이동을 야기하므로) 언제나 생산량을 증가시키는 동시에 정상가격을 하락시킨다는 것을 이해해야 한다. 왜냐하면 정상수요가 변하지 않는 한, 증가된 공급량은 좀더 낮은 가격에서만 판매될 수 있기 때문이다. 그러나 공급량 증가에서 기인하는 가격의 하락은 어떤 경우에는 다른 경우보다 훨씬 더 클 것이다. 상품이 수익체감의 법칙을 따른다면, 생산증가에 따르는 어려움이 새로운 공급의 용이성을 중화시키는 경향이 있기 때문에 가격이 소폭 하락할 것이다. 다른 한편 만일 상품이 수익체증의 법칙을 따른다면 생산증가는 공급의 용이성을 향상시킬 것이며, 공급의 전반적인 조건의 변화에서 유래하는 공급의 용이성과 협력할 것이다. 그리

고 양자는 협력해서 수요가격의 하락이 공급가격의 하락을 따라잡기 전에 큰 폭의 생산증가와 그에 따른 가격하락을 가능케 할 것이다. 만일 수요가 아주 탄력적이라면 새로운 발명, 새로운 기계의 응용, 새롭고 저렴한 공급원의 개발, 조세의 폐지 또는 보조금 지급처럼 정상공급의 용이성의 미세한 향상은 큰 폭의 생산량증가와 가격하락을 초래할 수도 있다.[3]

---

3) 이 모든 것들은 도표의 도움으로 가장 명확하게 볼 수 있다. 그리고 실제로 문제의 어떤 부분들은 도표의 도움 없이는 만족스럽게 다룰 수 없다. 〈그림-27〉, 〈그림-28〉, 〈그림-29〉는 각각 수익불변, 수익체감, 수익체증의 세 경우를 나타낸다. 각각의 경우에 DD'는 수요곡선이고, SS'는 최초의 공급곡선의 위치이며, ss'는 새로운 공급곡선의 위치다. 점 A와 점 a는 최초의 안정적 균형점과 새로운 안정적 균형점이다. 모든 경우에, Oh는 OH보다 크고, ah는 AH보다 작다. 그러나 〈그림-28〉에서는 변화가 작고, 〈그림-29〉에서는 변화가 크다. 물론 수요곡선은 점 A의 오른쪽에서 공급곡선보다 반드시 아래에 있어야 한다. 그렇지 않다면 점 A는 안정적 균형점이 아니라 불안정적 균형점이 될 것이다. 그러나 이러한 조건 아래서 수요가 탄력적이면 탄력적일수록, 즉 점 A에서 수요곡선이 수평에 가까우면 가까울수록 점 a는 점 A에서 더 멀어질 것이며, 생산의 증가와 가격의 하락은 더 클 것이다.

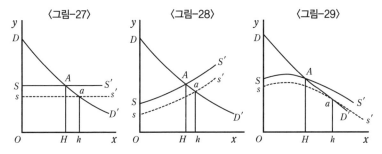

전체적인 결과는 제법 복잡하다. 그러나 그것은 다음과 같이 표현될 수 있을 것이다. 첫째, 점 A에서 수요의 탄력성이 주어져 있을 때, 생산에 투입된 추가적인 자본과 노동에서 획득되는 수익이 크면 클수록 생산량증가와 가격하락은 둘 다 더 클 것이다. 즉 〈그림-28〉의 점 A에서 공급곡선이 수평에 가까우면 가까울수록, 〈그림-29〉의 점 A에서 공급곡선의 기울기가 더 가파르면 가파를수록 생산량증가와 가격하락은 더 클 것이다(공급곡선이 점 A의 오른쪽에서 수요곡선보다 아래에 있지 않으며, 따라서 점 A를 불안정적 균형으로 만들지 않는다는 위에서 언급한 조건 아래서). 둘째, 점 A에서 공급곡선의 위치가 주어져 있을 만일 제6장에서 논의했던 복합공급과 결합공급 그리고 복합수요와 결합수요를 고려한다면, 우리는 제12장과 제13장에서 채택한 방법에 의해 해결될 수 있는 거의 무한대로 다양한 문제들을 전개할 수 있다.

4 이제 공급조건의 변화가 소비자잉여 또는 소비자지대에 미칠 수 있는 효과를 고찰해보자. 문제를 단순화하기 위해, 임의의 상품량에 대응하는 공급가격의 전반적 상승을 야기할 수 있는 변화를 대표하기 위해서는 조세부과를, 임의의 상품량에 대응하는 공급가격의 전반적 하락을 야기할 수 있는 변화를 대표하기 위해서는 보조금 지급을 들 수 있다.

첫째, 만일 어떤 상품의 생산이 수익불변의 법칙을 따른다면, 따라서 공급가격이 모든 상품량에서 동일하다면 소비자잉여는 생산자에 대한 지급액 증가분보다 더 크게 감소할 것이며, 세금이 부과되는 특별한 경우에는 정부의 총세수보다 더 크게 감소할 것이다. 왜냐하면 소비자가 실제 소비하는 부분에 대해 소비자는 정부가 걷어들이는 만큼 상실하고, 가격상승으로 인해 소비를 단념한 부분에 대해 소비자잉여는 소실되는 반면, 그에 상응하는 생산자나 정부의 수입은 전혀 없기 때문이

때 수요곡선의 탄력성이 크면 클수록, 모든 경우에 생산량증가는 더 클 것이나 〈그림-28〉에서 가격하락은 더 작을 것이며, 〈그림-29〉에서 가격하락은 더 클 것이다. 〈그림-27〉은 〈그림-28〉이나 〈그림-29〉의 한계적인 경우로 간주될 수도 있다.

이러한 모든 추론은 상품이 줄곧 수익체감의 법칙을 따르거나 수익체증의 법칙을 따른다고 가정한다. 만일 그것이 처음에는 전자의 법칙을 그다음에는 후자의 법칙을 따른다면, 따라서 어떤 부분에서는 양의 기울기를 갖고 다른 부분에서는 음의 기울기를 갖는다면, 비록 공급의 용이성 향상이 모든 경우에 반드시 생산량을 증가시키지만, 그것이 가격에 미치는 영향에 대해서는 일반적 규칙을 정할 수 없다. 특히 수요곡선과 한 번 이상 만나는 경우처럼, 공급곡선에 상이한 형태를 부여함으로써 무수히 다양한 기이한 결과를 얻을 수도 있다.

이러한 탐구방법은, 소득의 상당 부분을 빵에 지출하는 노동계층이 밀을 소비하는 한, 밀에 세금이 부과되는 경우에는 적용될 수 없다. 그리고 모든 상품에 부과되는 전반적 과세의 경우에도 그것은 적용될 수 없다. 왜냐하면 어떤 경우든 개인에 대한 화폐의 한계효용이 세금이 부과된 이후에도 이전과 거의 동일하게 유지된다고 가정할 수 없기 때문이다.

다.[4] 역으로 수익불변의 법칙을 따르는 상품에 대한 보조금에 의해 야기되는 소비자잉여의 이득은 보조금보다 작다. 왜냐하면 보조금 이전에 소비했던 부분에 대해 소비자잉여는 정확히 보조금의 크기만큼 증가하는 반면, 보조금에 의해 야기된 신규소비에 대해 소비자잉여의 이득은 보조금보다 작기 때문이다.[5]

그러나 만일 상품이 수익체감의 법칙을 따른다면, 세금은 상품의 가격을 인상시키고 상품의 소비를 감소시킴으로써 세금을 제외한 생산경비를 감축시킬 것이다. 그 결과 공급가격이 세금의 크기보다 적게 상승하게 될 것이다. 이 경우에 총세수는 소비자잉여의 손실보다 더 클 수도 있다. 그리고 만일 수익체감의 법칙이 아주 급격하게 작용해서 소비의 미세한 감소가 세금을 제외한 생산경비의 큰 감소를 야기한다면, 총세수는 소비자잉여의 손실보다 더 클 것이다.[6]

---

4) 이것은 도표의 도움으로 가장 명확하게 볼 수 있다. 최초의 수익불변 공급곡선 SS'가 점 A에서 수요곡선 DD'와 만난다. DSA는 소비자잉여다. 세금 Ss가 부과된 이후에 새로운 균형은 점 a이고 소비자잉여는 Dsa다. 과세총액은 직사각형 $sSKa$, 즉 상품량 sa 세율 Ss일 때의 세금에 불과하다. 그것은 소비자잉여 상실보다 aKA만큼 모자란다. 순손실 aKA는 다른 모든 것이 동일하다면 aA의 경사가 가파르면 작고 가파르지 않으면 크

〈그림-30〉

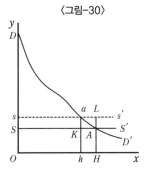

다. 그렇게 순손실은 수요가 가장 비탄력적인 상품, 즉 필수재일 때 가장 작다. 따라서 만일 일정한 과세총액이 임의의 계층에서 무자비하게 징수되어야 한다면, 편의재에 부과되는 것보다는 필수재에 부과될 때, 소비자잉여의 손실을 적게 야기할 것이다. 물론 사치재 그리고 더 적은 정도로 편의재에 대한 소비는 세금을 부담할 수 있는 능력을 가리킨다.

5) 만일 최초의 공급곡선 ss'가 보조금 지급에 의해 SS' 위치로 하향 이동한다면, 우리는 소비자잉여의 이득이 $sSAa$라는 것을 알게 된다. 그러나 지급된 보조금은 상품량 SA에 대해 Ss이며, 직사각형 $sSAL$에 의해 표시된다. 그리고 그것은 소비자잉여의 이득을 aLA만큼 초과한다.

6) 〈그림-31〉에서 최초의 공급곡선을 SS'라 하고, 조세부과는 그것을 ss'로 상향 이동시킨다고 하자. 점 A와 점 a는 각각 최초의 균형점과 새로운 균형점이라

다른 한편 수익체감의 법칙을 따르는 상품에 대한 보조금은 생산을 증가시킬 것이며, 보조금을 제외한 생산경비가 이전보다 더 큰 장소와 조건으로 경작의 한계를 확대시킬 것이다. 따라서 그것은 소비자가격을 하락시킬 것이며, 소비자잉여를 증가시킬 것이다. 물론 소비자가격의 하락 폭과 소비자잉여의 증가 폭은 보조금이 수익불변의 법칙에 따르는 상품에 지급될 때보다는 작다. 전자의 경우* 소비자잉여의 증가는 정부가 치르는 보조금의 직접비보다 작다는 것이 확인되었다. 따라서 후자의 경우** 소비자잉여의 증가는 보조금의 직접비보다 훨씬 더 작다.[7]

유사한 추론을 거쳐 수익체증의 법칙을 따르는 상품에 대한 과세는 수익불변의 법칙을 따르는 상품에 대한 과세보다 소비자에게 더 큰 피

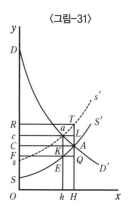

〈그림-31〉

하자. 그리고 그림처럼 두 점을 지나고 Ox, Oy와 평행한 직선을 그려보자. 그러면 그림에서 보여지듯이, 세금은 상품 1단위당 세율 aE로 부과된다. 그리고 새로운 균형점에서 상품은 Oh, 즉 CK 단위만큼 생산되므로 총세수는 $cFEa$이고, 소비자잉여의 손실은 $cCAa$일 것이다. 즉 세금으로 인한 총수입은 $CFEK$가 aKA보다 크거나 작으면 소비자잉여의 손실보다 크거나 작을 것이다. 그리고 그림에서는 전자가 후자보다 훨씬 크다. 만일 SS'가 수익체감의 법칙의 아주 미미한 작용을 나타내도록 그려진다면, 즉 점 A 부근에서 그것이 거의 수평에 가깝다면 EK는 아주 작을 것이다. 그리고 $CFEK$는 aKA보다 작아질 것이다.

* 상품의 생산이 수익불변의 법칙을 따르는 경우.
** 상품의 생산이 수익체감의 법칙을 따르는 경우.

7) 이 경우를 예증하기 위해 우리는 〈그림-31〉에서 보조금 지급 이전의 공급곡선의 위치를 ss', 보조금 지급 이후의 공급곡선의 위치를 SS'라고 생각할 수 있다. 그러면 점 a는 최초의 균형점이고, 점 A는 보조금이 지급되었을 때 균형이 이동하는 점이다. 소비자잉여의 증가는 $cCAa$에 불과한 반면, 그림에서 보이듯이 정부의 보조금은 상품 1단위당 AT율로 지급된다. 그리고 새로운 균형점에서 상품은 OH, 즉 CA단위만큼 생산되므로 정부가 지급한 보조금은 $RCAT$에 해당한다. 그것은 소비자잉여의 증가를 포함하고, 따라서 소비자잉여의 증가보다 클 수밖에 없다.

해를 준다는 것을 보여줄 수 있다. 왜냐하면 세금은 수요를 감소시키고, 따라서 생산량을 감소시키기 때문이다. 그것은 제조경비를 어느 정도 증가시키고, 가격을 세금의 크기보다 더 크게 상승시키고, 끝으로 소비자잉여를 국고로 들어가는 총납부액보다 훨씬 크게 감소시킬 것이다.[8] 다른 한편 이러한 상품에 대한 보조금은, 소비자잉여의 증가가 생산자들에 대한 정부의 총지급액을 상회할 정도로 소비자가격을 크게 하락시킬 수도 있다. 그리고 수익체증의 법칙이 아주 급격하게 작용하는 경우에는 반드시 그렇게 될 것이다.[9]

이러한 결과들은 재정정책에 대한 연구에서 세심한 주의를 요하는 몇

---

8) 〈그림-32〉에서 SS'를 최초의 공급곡선의 위치로, ss'를 조세부과 이후의 공급곡선의 위치로 생각하고 점 A를 최초의 균형점, 점 a를 새로운 균형점이라 생각하면, 〈그림-31〉에서처럼 과세총액은 $cFEa$로, 소비자잉여의 손실은 $cCAa$다. 전자는 항상 후자보다 작다.

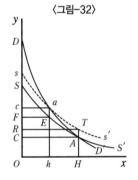

〈그림-32〉

본문의 명제는 개괄적으로 요점을 간단하게 서술했다. 만일 그것이 실제 문제에 적용된다면, 우리가 무시했던 여러 가지 고려사항들을 참작할 필요가 있다. 수익체증 산업은 거의 확실히 성장하며, 따라서 대규모 생산의 경제를 새롭게 획득한다. 만일 세금이 경미하다면, 그것은 단순히 이러한 성장을 지연시킬 수 있을 뿐이며, 실질적인 생산 축소를 초래하지 않을 수 있다. 비록 세금이 과중하고 산업이 축소된다 할지라도, 부록 H에서 설명된 것처럼, 획득된 규모의 경제의 많은 부분이 적어도 부분적으로는 보존될 것이다. 결과적으로 ss'는 SS'와 모양이 꼭 같을 필요는 없다. 그리고 aE는 AT보다 반드시 작아야 한다.

9) 이 경우를 예증하기 위해 우리는 〈그림-32〉에서 ss'를 보조금 지급 이전의 공급곡선의 위치로, SS'를 이후의 공급곡선의 위치로 생각할 수 있다. 그러면 〈그림-31〉의 경우처럼, 소비자잉여의 증가는 $cCAa$로 나타내지는 반면, 보조금 명목으로 정부에 의해 이루어지는 직접적인 지급은 $RCAT$로 나타내진다. 그림에서 보여지는 것처럼 전자는 후자보다 훨씬 크다. 그러나 만일 우리가 수익체증의 법칙의 아주 미세한 작용을 지시하기 위해서 ss'를 그린다면, 즉 그것이 점 a의 부근에서 거의 수평으로 그려진다면, 보조금은 소비자잉여의 이득에 비해 상대적으로 증가할 것이다. 이 경우는 〈그림-30〉에서 수익불변의 법칙을 따르는 상품에 대한 보조금의 경우와 거의 차이가 없을 것이다.

가지 과세의 원리를 시사한다. 재정정책을 검토할 때 세금 징수와 보조금 지급에 따른 경비, 조세나 보조금이 일으킬 수 있는 많은 경제적·도덕적 간접효과들을 고려할 필요가 있을 것이다. 그러나 이러한 부분적인 결과들은 수요와 공급의 (안정적)균형점이 동시에 **최대만족**(maximum satisfaction)점이라는 일반적 학설을 지금까지보다 좀더 세심하게 검토하는 당면 목표에는 아주 적합하다. 특히 이 학설과 관련해서 하나의 추상적이고 명료한 형태가 바스티아(C. F. Bastiat)의 『경제적 조화』(*Economic Harmonics*, 1849)가 출간된 시점 이후로 크게 유행했는데, 그것은 우리 논의의 좁은 범위 안에 포함된다.

   5 실제로 모든 수요와 공급의 균형점은 정당하게 최대만족점으로 간주될 수 있다는 것이 이 학설에 대한 하나의 해석이다.[10] 수요가격이 공급가격을 상회하는 한, 구매자나 판매자 또는 모두에게 만족의 잉여를 제공하는 가격에서 교환될 수 있다는 것은 사실이다. 두 당사자 가운데 적어도 한쪽에 대해, 그가 받는 것의 한계효용은 그가 포기하는 것의 한계효용보다 더 크다. 반면에 다른 쪽은 교환을 통해 이득을 얻지 못하더라도 손실을 입지는 않는다. 여기까지 교환의 모든 단계는 두 당사자의 만족의 집계를 증가시킨다. 그러나 균형에 도달하면, 이제 수요가격은 공급가격과 일치하므로 그러한 잉여의 여지가 존재하지 않는다. 교환에서 각 당사자가 받는 것의 한계효용은 그가 포기하는 것의 한계효용을 더 이상 초과하지 않는다. 그리고 생산이 균형량 이상으로 증가할 때 이제 수요가격은 공급가격보다 낮기 때문에 구매자가 받아들일 수 있지만, 동시에 판매자에게 손실을 수반하지 않는 교환조건은 있을 수 없다.

   사실을 말하자면 수요와 공급의 균형점은 제한된 의미에서 최대만족점이며, 두 당사자의 만족의 집계는 균형점에 도달할 때까지 증가한다. 그리고 균형량 이상의 생산은, 구매자와 판매자가 각각 자신의 이해관계를 위해서 개인으로서 자유롭게 행동하는 한, 영속적으로 유지될 수

---

10) 『경제학 원리』 2, 제V편, 제1장, 1을 참조하라. 불안정적 균형은 이제 무시해도 좋다.

없다.

그러나 사람들은 수요와 공급의 균형점이 완전한 의미에서 집계 최대 만족점이라고 가끔 명시적으로 주장하며, 흔히 암묵적으로 상정한다. 요컨대 그들은 균형수준 이상의 생산증가가 직접적으로(즉 생산증가를 준비하는 어려움, 그리고 그것이 야기할지도 모르는 간접적인 폐해와 무관하게) 두 당사자의 만족의 집계를 감소시킨다고 가끔 명백하게 주장하며, 흔히 암묵적으로 상정한다. 이런 식으로 해석할 경우, 이 학설은 보편적 타당성을 갖지 못한다.

첫째로 그것은 서로 다른 당사자들 간의 부의 차이가 무시될 수 있으며, 1실링으로 평가되는 어떤 당사자의 만족이 1실링으로 평가되는 다른 당사자의 만족과 동일한 것으로 간주될 수 있다고 가정한다. 그런데 만일 계층으로서 생산자들이 소비자들보다 훨씬 더 가난하다면, 공급 감소가 수요가격의 대폭적인 상승을 야기할 때(즉 수요가 비탄력적일 때), 공급감소에 의해 만족의 집계는 증가할 수도 있다는 것은 자명한 일이다. 또 만일 계층으로서 소비자들이 생산자들보다 훨씬 더 가난하다면, 생산을 균형수준 이상으로 확장하고 손해를 보고 판매함으로써 만족의 집계가 증가할 수 있다는 것도 자명한 일이다.[11]

그러나 이 점에 대해서는 미래의 고찰을 위해 남겨두는 것이 좋을 것이다. 그것은 사실 부유층의 자산의 일부를, 자발적이든 강제적이든, 빈곤층에 배분함으로써 만족의 집계가 직접적으로 증가될 수 있다는 포괄적인 명제의 특수한 경우에 불과하다. 그리고 이 명제의 함의는 현존하는 경제조건을 탐구하는 첫 단계 동안은 제쳐두는 것이 합리적이다. 따라서 시야에서 놓치지 않는다는 조건 아래서, 첫 번째 가정은 정당한 조치다.

둘째로, 최대만족설은 생산자들이 상품에 대해 받는 가격의 하락은

---

11) 이 사례에서 교환되는 두 상품 가운데 하나는 일반구매력이다. 물론 진주조개를 채취하는 빈곤한 계층의 사람들이 식량을 얻기 위해 진주를 화폐와 교환하는 부유한 계층의 사람들에게 의존한다 하더라도 논의는 유효할 것이다.

그에 상응하는 생산자들의 손실을 수반한다고 가정한다. 그러나 이러한 가정은 산업조직의 개선에서 기인하는 가격하락과 관련해서는 옳지 않다. 상품이 수익체증의 법칙을 따를 때, 균형점 이상의 생산증가는 공급가격을 크게 하락시킬 수도 있다. 증가된 상품량에 대한 수요가격은 더 큰 폭으로 하락하고, 생산은 결국 생산자들의 손실로 귀결될 수도 있다. 그러나 이러한 손실은 소비자잉여의 증가로 나타나는 구매자들의 이득의 화폐가치보다 훨씬 더 작을 수도 있다.

수익체증의 법칙이 아주 급격하게 작용하는 상품, 다시 말하면 생산량이 증가함에 따라 정상공급가격이 급격하게 하락하는 상품의 경우에는 훨씬 낮은 가격에 크게 증가된 공급을 불러일으키기에 충분한 보조금을 지급한다면, 그 직접적인 경비를 크게 상회하는 소비자잉여가 발생할 것이다. 그리고 만일 소비자들 사이에 일반적 합의가 이루어질 수 있다면, 생산자들에게 충분한 보수를 보상하는 가격을 지불하고 동시에 소비자들에게 많은 이익을 남겨주는 거래조건을 정할 수 있을지도 모른다.[12]

6 공동체가 구성원의 소득이나 수익체감의 법칙을 따르는 재화의 생산에 세금을 부과하고, 조세수입을 수익체증의 법칙이 급격하게 작용하는 재화들의 생산에 대한 보조금으로 충당하는 간단한 방법이 있을 것이다. 그러나 이러한 정책을 결정하기 전에, 공동체는 지금 우리 앞에 있는 일반이론의 영역 외부에 있지만 실제로는 아주 중요한 고려사항들을 참작해야 할 것이다. 공동체는 세금을 징수하고 보조금을 관리하는

---

12) 비록 실제 중요성은 별로 크지 않지만, (안정적)균형점이 복수인 경우는 최대 만족설을 보편적 진리처럼 언급할 때 수반되는 오류에 대한 좋은 예시를 제공한다. 소량 생산되고 높은 가격에 판매되는 균형점이 최초로 성립되고, 이 점은 최대만족설에 따르면 만족의 집계의 절대적인 최대치를 제공하는 것으로 간주될 것이다. 그러나 좀더 많은 생산, 좀더 낮은 가격과 대응되는 다른 균형점은 생산자들에게는 똑같이 만족스럽지만, 소비자들에게는 훨씬 더 만족스러울 것이다. 두 번째 경우의 소비자잉여가 첫 번째 경우의 소비자잉여를 초과하는 부분은 만족의 집계의 증가를 나타낼 것이다.

직·간접비, 조세부담과 보조금의 혜택이 공평하게 배분되도록 보장하는 데서의 어려움, 사기와 부패의 기회, 보조금을 받은 업종과 보조금 받기를 희망하는 다른 업종에서 사람들이 기업경영으로부터 보조금 관리자를 조종하는 쪽으로 활력을 전용할 위험 등을 모두 고려해야 할 것이다.

이러한 준윤리적 문제들 외에도, 엄밀하게 경제적 성격을 띠는 다른 문제들도 발생할 것이다. 예를 들면 어떤 특정한 세금 또는 보조금이 해당 상품의 생산에 적합한 토지를 소유한 도시나 농촌의 지주들의 이해관계에 미칠 수 있는 영향과 관련된 문제가 있다. 이러한 문제들을 결코 간과해서는 안 된다. 그러나 그것들은 세부적으로 너무 다르기 때문에 여기서 제대로 논의할 수는 없다.[13]

---

13) 농산물에 대한 조세의 귀착은 토지의 비옥도를 나타내기 위해 사용했던 것과 유사한 도표의 도움을 받아 나중에 논의할 것이다(『경제학 원리』 1, 제IV편, 제3장을 보라). 지주의 지대는 거의 모든 상품의 집계 판매가격의 일정한 몫을 흡수한다. 그러나 그것은 수익체감의 법칙을 따르는 상품들의 경우에 가장 두드러진다. 무리한 가정을 설정하지 않더라도, 〈그림-33〉(〈그림-31〉의 재현)은 문제의 주된 특징을 개략적으로 나타낼 수 있다.

「부록 H」 1에서 논의되겠지만, 생산증가는 비록 농업 자체는 아닐지라도 보조적인 산업 특히 운송업의 조직개선을 이끄는 경향이 있기 때문에 좀더 비옥한 토지에서 그리고 좀더 유리한 조건 아래서 작물을 재배하는 데 들어가는 경비가 생산의 규모와 무관하다고 마음대로 가정하는 것은 적당하지 않다. 그러나 문제의 개략적인 윤곽을 분명히 하기 위해 잠정적으로 이러한 가정을 허용해도 좋을 것이다. 물론 그것에 기초한 일반적 추론을 실제문제에 적용할 때, 여기서 무시하고 있는 사실들을 고려해야 한다는 것을 결코 잊어서는 안 된다. 이러한 가정 아래, 세금이 부과되기 전의 공급곡선이 SS'라면, 지주의 지대는 CSA로 표현된다. 세금이 부과된 이후에 공급곡선이 ss'로 상향 이동하면 지주의 지대는 FSE가 된다. FSE는 생산량 Oh를 단위당 가격 ha에 판매해서 얻어지는 총수입 $cOha$에서 과세총액 $cFEa$와 생산량 Oh에 대한 지대를 제외한 총생산경비 $OhES$의 합을 뺀 나머지다(그림에서 곡선 ss'는 곡선 SS'와 모양이 같다. 그것은 세금이 종량세(從量稅, specific tax), 즉 가격과 관계없이 상품 1단위에 일정액의 세금을 부과한다는 것을 의미한다. 지금까지의 논의는 이러한 가정에 의존하지는 않는다. 그러나 이러한 가정을 한다면, 간단하게 csa에서 지주의 새로운 지대를 구할 수 있으며, csa는 FSE와 동일하다). 따라서 지

7 최대만족이 일반적으로 각 개인으로 하여금 자원을 최적으로 지출하도록 촉진함으로써 달성된다는 학설에 도입되어야 하는 두 번째 중대한 제한의 성격을 지적하기 위해 충분히 논의했다. 만일 그가 자신의 소득을 빈곤층의 용역에 대한 수요와 빈곤층의 소득을 증가시키는 방향으로 지출한다면, 부유층에 같은 금액의 소득을 더해주는 경우에 비해 총행복이 증가한다는 것은 자명하다. 왜냐하면 추가적인 1실링이 가난한 사람에게 가져다주는 행복은 부유한 사람에게 가져다주는 행복보다 훨씬 크기 때문이다. 그리고 그는 생산자의 자질을 떨어뜨리는 상품보다는 향상시키는 상품을 구매함으로써 도움이 된다는 것도 자명하다.[14] 그러나 더 나아가 우리가 1실링의 가치가 있는 행복은 그것이 누구에게 돌아가든 똑같이 중요하고, 1실링에 상당하는 소비자잉여는 그것이 어떤 상품에서 파생되었든 똑같이 중요하다고 가정할지라도, 개인이 소득을 지출하는 방식은 공동체의 직접적인 관심대상이 되는 경제문제임을 인정해야 한다. 만일 수익체감의 법칙을 따르는 상품에 소득을 지출한다면, 그는 이웃들이 그 상품을 획득하는 것을 좀더 어렵게 만들고, 그

주의 지대의 손실은 $CFEA$이며, 소비자잉여의 손실 $cCAa$와 더하면 $cFEAa$가 된다. 그것은 과세총액을 aAE만큼 초과한다.

다른 한편 보조금의 직접지급액은 소비자잉여의 증가 및 위의 가정 아래 계산된 지주의 잉여의 증가의 합보다 클 것이다. 왜냐하면 ss'를 공급곡선의 최초의 위치라 하고, SS'를 보조금을 지급한 이후의 공급곡선의 위치라 하면, 이러한 가정 아래서 지주의 새로운 잉여는 CSA 또는 RsT와 같다. 그것은 지주의 최초의 지대 csa보다 $RcaT$만큼 크다. 소비자잉여의 증가는 $cCAa$이므로, 보조금 지급총액 $RCAT$는 소비자잉여 및 지주의 지대의 이득을 합한 것보다 TaA만큼 크다.

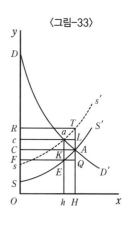

〈그림-33〉

「부록 H」 3에서 언급한 이유 때문에 이러한 추론의 기초로 삼았던 가정들은 공급곡선이 우하향하는 경우에는 적용할 수 없다.

14) 『경제학 원리』 1, 제III편, 제6장을 참조하라.

렇게 그들의 소득의 실질구매력을 감소시킨다. 반면에 수익체증의 법칙을 따르는 상품에 소득을 지출한다면, 그는 다른 사람들이 그러한 상품을 획득하는 것을 좀더 용이하게 만들고, 그렇게 그들의 소득의 실질구매력을 증가시킨다.

또 모든 (물질적·비물질적) 경제재에 부과되는 일률적인 **종가세**(從價稅, ad valorem tax) 또는 같은 말이지만, 지출에 부과되는 세금은 개인들의 지출을 본래의 경로에서 이탈시키지 않기 때문에 최선의 세금이라고 흔히들 주장한다. 우리는 이제 이러한 주장이 타당하지 않다는 것을 알게 되었다. 그렇지만 조세나 보조금의 직접적인 경제적 효과가 그것을 채택하기 이전에 검토해야 하는 사항 전체를 구성하지 않으며, 많은 경우에 주요한 부분을 구성하는 것도 아니라는 사실을 당분간 무시한다면 첫째, 지출에 부과되는 세금은 일반적으로 대규모 생산의 경제에 대한 여지가 거의 없고 수익체감의 법칙을 따르는 상품들에만 전적으로 부과되는 세금보다 소비자잉여를 큰 폭으로 축소시키며 둘째, 정부가 수익체감의 법칙을 따르는 상품들에 세금을 부과하고 세수의 일부를 수익체증의 법칙을 따르는 상품들에 대한 보조금으로 충당하는 것이 공동체에 이익이 된다.

이러한 결론은 그 자체로는 정부개입의 정당한 근거를 제공하지 않는다는 것에 주의해야 할 것이다. 그러나 그것은 개인들의 경제활동을 행복의 총합에 가장 크게 기여하는 경로로 향하도록 사회가 할 수 있는 작업의 한계가 무엇인지를 발견하기 위해, 수요와 공급에 대한 통계자료의 철저한 수집과 그 결과에 대한 과학적 해석을 통해 할 일이 많이 남아 있음을 보여준다.[15]

15) 맬서스가 『정치경제학 원리』(1820, 제3장, 9)에서 대규모 전쟁 중에 외국의 곡물을 수입하기가 어려워짐에 따라, 자본이 좀더 수익성 높은 제조업에 대한 투자에서 수익성 낮은 농업에 대한 투자로 전환되었지만, 만일 그 결과로서 생기는 농업지대의 증가를 고려한다면, 새로운 투자방향이 "개인 차원에서는 아닐지라도 국민경제 차원에서 좀더 높은 이윤"을 가져다주는 경로라고 결론지을 수 있다고 주장했다는 것은 주목할 만하다. 이 점에서 맬서스가 옳았다

는 것은 의심의 여지가 없다. 그러나 그는 그 결과로서 생기는 곡물가격의 상승과 소비자잉여의 손실에 따라 일반 대중에게 가해지는 훨씬 중요한 손해를 간과했다. 시니어는 농업 생산물과 제조업 생산물의 경우에 한편으로 수요증가의 다양한 효과, 다른 한편으로 과세의 다양한 효과에 대한 연구에서 소비자들의 이해관계를 고려했다(『정치경제학 요강』, 118~123쪽). 1차생산물을 수출하는 나라에서 보호무역 옹호론자들은 제13장에서 제공된 것과 방향이 일치하는 논거를 활용한다. 그리고 이제 특히 아메리카에서(예를 들어 애덤스 H. C. Adams에 의해) 비슷한 논거가 수익체증의 법칙을 따르는 산업에 대한 정부의 적극적인 개입을 지지하기 위해 활용된다. 1844년 뒤퓌는 도식법을 이 장에서 채택했던 것과 다소 비슷하게 적용했다. 그리고 젱킨(F. Jenkin, 『에든버러 철학논고』*Edinburgh Philosophical Transactions*)도 1871년 독립적으로 도식법을 적용했다.

제14장 독점이론

1 독점업자가 자신의 이익을 추구하면서, 자신을 다른 구성원과 동등하게 취급하고 사회 전체의 복지에 가장 크게 기여하는 경로로 자연스럽게 인도된다고 상정되는 경우는 결코 없다. 최대만족설은 독점화된 상품의 수요·공급에 결코 적용되지 않는다. 그러나 독점업자의 이해와 사회의 다른 구성원의 이해의 관계, 그리고 그가 자신의 이해만을 고려했을 때 선택하는 배열보다 사회 전체에 더 유익한 배열이 가능한 전반적인 조건에 대한 연구에서 배울 점이 많다. 이러한 목표를 염두에 두고, 이제 독점업자가 선택하는 상이한 행동경로로부터 일반 대중과 독점업자에게 발생하는 편익의 상대적 크기를 비교하기 위한 틀을 모색할 필요가 있다.

현대적 기업연합과 독점의 변화무쌍한 형태에 대한 연구는 이후의 저작에서 다룰 것이다. 그중 가장 중요한 형태, 예를 들어 '트러스트'는 최근에 형성되었다. 여기서 우리는 독점가치를 결정하는 일반적 원인, 즉한 개인 또는 개인들의 연합조직이 판매량이나 공급가격을 설정하는 힘을 갖는 모든 경우에 다소간 명확하게 규명될 수 있는 원인에 대해서만 고려한다.

2 독점기업 소유자의 직접적인 관심은 분명 공급을 수요에 맞게 조절하는 것이지만, 자신의 상품을 판매할 수 있는 가격이 그것의 생산경비만을 보전하도록 조절하는 것이 아니라 최대한 가능한 총순수입(total net revenue)을 확보하도록 조절하는 것이다.

그러나 여기서 우리는 순수입이라는 용어의 의미와 관련해서 어려움에 봉착한다. 왜냐하면 자유롭게 생산된 상품의 공급가격은 정상이윤을 포함하며, 정상이윤 전체 또는 여하튼 간에 정상이윤에서 고용된 자본에 대한 이자와 손실에 대비한 보험을 공제한 나머지는 종종 무차별하게 순수입으로 분류되기 때문이다. 그리고 어떤 사람이 자신의 기업을 경영할 때, 그는 이윤에서 자신의 실질적 경영수입에 해당하는 부분과 기업이 어느 정도 독점적 성격을 갖기 때문에 발생하는 예외적 이득을 신중히 구분하지 않는 경우가 많다.

그러나 이러한 어려움은 주식회사의 경우에는 상당 부분 예방된다. 주식회사에서는 모든 또는 거의 모든 경영경비를 확정된 금액으로 원장에 기입하고, 순이익이 공표되기 전에 기업의 총수입에서 공제한다.

주주에게 배당되는 순이익은 투자된 자본에 대한 이자와 파산의 위험에 대비한 보험을 포함하지만, 경영수입은 거의 또는 전혀 포함하지 않는다. 따라서 배당금이 이자와 보험으로 정당하게 간주될 수 있는 부분을 초과하는 부분이 우리가 구하는 **독점수입**(monopoly revenue)이다.

개인이나 개인회사가 독점을 소유할 때보다 주식회사가 소유할 때 이러한 순수입의 크기를 정확히 기입하는 것이 훨씬 용이하므로, 어떤 도시에 가스 공급을 독점하고 있는 가스회사의 경우를 전형적인 사례로 들어보자. 문제를 단순히 하기 위해 이 회사는 자기자본 전체를 이미 고정설비에 투자했으며, 사업을 확장하려 한다면 추가자본을 고정 이자율로 회사채를 발행해서 차입해야 한다고 가정할 수 있다.

3 가스에 대한 수요스케줄은 가스가 자유롭게 생산되는 상품이었을 경우와 동일하다. 수요스케줄은 도시의 소비자들이 소비하려는 일정량의 가스에 대응하는 1,000피트당 가격을 명기해준다. 그러나 공급스케줄은 반드시 일련의 공급량에 대응하는 정상생산경비를 나타내야 한다. 그리고 정상생산경비는 주주들이 출자한 것이든 회사채를 발행해 차입한 것이든 모든 자본에 대해 고정된 정상이자율의 이자를 포함한다. 그

것은 또한 (다소 정확하게) 필요한 작업에 맞게 조절된, 따라서 가스 산출량 증가와 함께 증가하는 관리자와 정규직원의 봉급을 포함한다. **독점수입스케줄**은 다음과 같이 구성될 수 있다. 일정량의 상품에 수요가격과 방금 설명한 방식대로 추정한 공급가격을 대응시킨 다음, 수요가격에서 대응하는 공급가격을 공제하고 그 나머지를 상응하는 상품량에 대한 독점수입의 난에 기입한다.

  예를 들어 만일 10억 피트가 연간 1,000피트당 3실링의 가격에 판매될 수 있고, 동일한 양에 대한 공급가격이 1,000피트당 연간 2실링 9펜스라면, 독점수입스케줄은 10억 피트에 대해 3펜스를 보여줄 것이다. 그것은 10억 피트가 판매되었을 때, 순수입의 집계는 300만 펜스 또는 1만 2,500파운드임을 가리킨다. 이 회사의 목표는, 즉각적인 배당만을 간주할 때, 이러한 순수입의 집계를 최대한 크게 만들 수 있는 가스 가격을 설정하는 것일 것이다.[1]

---

1) DD'는 수요곡선, SS'는 본문에서 설명한 공급스케줄에 대응하는 곡선일 때, Ox상의 임의의 점 M으로부터 점 P_2에서 SS'와 만나고 점 P_1에서 DD'와 만나

〈그림-34〉

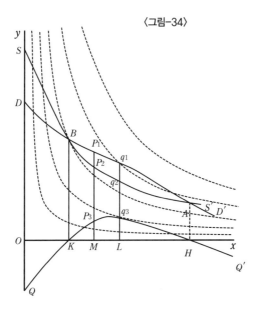

4 이제 공급조건에 변화가 발생한다고 가정해보자. 새로운 경비가 발생할 수도 있고, 기존의 경비가 절약될 수도 있으며, 기업에 새로운 조세가 부과되거나 보조금이 지급될 수도 있다.

우선, 이러한 경비의 증가 또는 감소가 분할되지 않는 전체로서 기업과 관계를 맺으며, 상품생산량에 따라 변하지 않는 고정된 금액이라고

도록 수직으로 MP_2P_1을 그려보자. 그것을 $MP_3 = P_2P_1$이 되도록 잘라보면, 점 P_3의 궤적은 세 번째 곡선 QQ'이고, 우리는 그것을 독점수입곡선(monopoly revenue curve)이라고 명할 수 있다. 소량의 가스에 대한 공급가격은 물론 아주 높을 것이다. 그리고 Oy 부근에서, 공급곡선은 수요곡선보다 위에 놓일 것이며, 따라서 순수입 곡선은 Ox 아래에 있을 것이다. 곡선 QQ'는 Ox와 점 K에서 그리고 다시 점 H에서 만날 것이다. 두 점은 각각 수요곡선과 공급곡선이 만나는 두 점 B와 A에서 Ox상에 그린 수선의 발이다. 최대 독점수입은 Ox상에 수직으로 Lq_3를 그었을 때, $OL \times Lq_3$가 극대가 되는 QQ'상의 점 q_3를 발견함으로써 얻어질 것이다. SS'와 점 q_2에서 만나고 DD'와 점 q_1에서 만나도록 Lq_3를 연장해보자. 이 회사가 단기의 독점수입을 극대화하고자 한다면, 가격을 1,000 피트당 Lq_1으로 책정하고, 결과적으로 1,000피트 OL단위를 판매할 것이다. 생산경비는 1,000피트당 Lq_2일 것이며, 순수입의 집계는 $OL \times q_2q_1$ 또는 같은 것이지만 $OL \times Lq_3$일 것이다.

그림에서 점선들은 수학자들에게는 직각 쌍곡선으로 알려져 있다. 그러나 우리는 그것을 수입불변곡선(constant revenue curve)이라고 명명할 수 있다. 왜냐하면 이 곡선상의 임의의 한 점에서 Ox와 Oy에 각각 수직인 두 선분(하나는 1,000피트당 수입을, 다른 하나는 1,000피트 단위의 판매수량을 나타낸다)을 그렸을 때, 이러한 두 선분의 곱은 동일한 곡선상의 임의의 점에 대해서 크기가 같을 것이기 때문이다. 물론 이러한 곱은 Ox와 Oy에 좀더 근접한 내측에 있는 곡선에서 외측에 있는 곡선보다 더 작다. 결과적으로 점 P_3는 점 q_3보다 작은 수입불변곡선상에 있으므로 $OM \times MP_3$는 $OL \times Lq_3$보다 작을 것이다. 점 q_3는 QQ'가 수입불변곡선 중의 하나와 접하는 접점이라는 것을 지적해야 할 것이다. 즉 점 q_3는 QQ'상의 어떤 점들보다 더 큰 수입불변곡선상의 점이다. 따라서 $OL \times Lq_3$는 그림에서 점 M에 주어진 위치에서뿐만 아니라 Ox상에서 점 M이 취할 수 있는 모든 위치에서 $OM \times MP_3$보다 더 크다. 다시 말하면 점 q_3는 최대 총독점수입에 대응하는 QQ'상의 점으로서 정확하게 결정된다. 그렇게 우리는 다음과 같은 규칙을 얻게 된다. 만일 QQ'가 일련의 수입불변곡선들 가운데 하나의 곡선과 접하는 접점을 지나면서 수요곡선과 만나도록 수직으로 직선을 그으면, Ox와 그러한 교점과의 거리는 최대 독점수입을 제공하는 상품의 판매가격일 것이다. 「수학부록」 주 XXII를 보라.

해보자. 그러면 책정된 가격과 판매된 상품량이 어떠하든, 독점수입은 각 경우에 맞게 그 금액만큼 증가하거나 감소할 것이다. 따라서 변화가 있기 전에 최대 독점수입을 제공했던 판매가격은 변화 이후에도 최대 독점수입을 제공할 것이다. 한마디로 말해서 변화는 독점업자에게 행동 경로를 변경할 유인을 제공하지 않을 것이다. 예를 들어 연간 12억 피트가 판매될 때 최대 독점수입이 획득된다고 가정해보자. 그리고 가격이 1,000피트당 30펜스에 고정되어 있을 때 연간 12억 피트가 판매된다고 가정해보자. 그리고 12억 피트에 대한 생산경비는 1,000피트당 26펜스이며, 1,000피트당 4펜스 따라서 총 2만 파운드의 독점수입이 남는다고 가정해보자. 이것이 극대치다. 만일 이 회사가 가격을 좀더 높게 예컨대 31펜스로 책정하고 11억 피트만을 판매한다면, 회사는 아마도 1,000피트당 4.2펜스 따라서 총 1만 9,250파운드의 독점수입을 획득할 것이다. 한편 13억 피트를 판매하기 위해서는, 이 회사는 가격을 예컨대 28펜스로 낮추어야 할 것이며, 1,000피트당 3.6펜스 따라서 총 1만 9,500파운드의 독점수입을 획득할 것이다. 그렇게 가격을 30펜스에 고정시킴으로써 회사는 가격을 31펜스에 고정시키는 경우보다 750파운드, 가격을 28펜스에 고정시키는 경우보다 500파운드를 더 획득한다. 이제 판매량과 무관하게 연간 1만 파운드의 고정된 금액의 세금이 가스회사에 부과된다고 하자. 독점수입은 가격을 30펜스로 책정하면 1만 파운드, 31펜스로 책정하면 9,250파운드, 28펜스로 책정하면 9,500파운드가 될 것이다. 따라서 가스회사는 계속해서 가격을 30펜스로 책정할 것이다.

　회사의 총수입이 아니라 독점수입에 비례하는 세금 또는 보조금에 대해서도 마찬가지다. 이제 세금이 고정된 금액으로 부과되는 것이 아니라 독점수입에 대한 일정한 비율 예컨대 50퍼센트가 부과된다고 가정해보자. 이 회사는 가격을 30펜스로 책정하면 1만 파운드, 31펜스로 책정하면 9,625파운드, 28펜스로 책정하면 9,750파운드의 독점수입을 유보할 것이다. 따라서 가스회사는 여전히 가격을 30펜스로 책정할 것이다.[2]

　다른 한편 생산량에 비례하는 세금은 독점업자에게 산출량을 줄이고 가격을 인상시키려는 유인을 제공한다. 왜냐하면 그렇게 함으로써 경비가 절감되기 때문이다. 그리고 조세부과 이전에는 산출량 감소에 의해 총지출에 대한 총수입의 초과분이 감소하겠지만, 조세부과 이후에는 증가할 수 있다. 게다가 만일 조세부과 이전에 순수입이 판매량을 대폭 감소시키는 경우에 비해 별로 크지 않았다면, 조세부과 이후에 독점업자는 생산을 크게 감소시킴으로써 이득을 볼 것이다. 그리고 이러한 경우에 변화는 큰 폭의 생산감소와 가격상승을 야기할 가능성이 크다. 반대로 어떤 변화가 독점기업 운영경비를 생산량에 비례해서 감소시킨다면, 정반대의 결과를 야기할 것이다.

위의 사례에서 예를 들어 1,000피트당 2펜스의 세금 부과는 만일 회사가 가격을 31펜스로 책정해서 11억 피트를 판매한다면 독점수입을 1만 83파운드로, 30펜스로 책정해서 12억 피트를 판매한다면 1만 파운드로, 28펜스로 책정해서 13억 피트를 판매한다면 8,666파운드로 감소시킬 것이다. 따라서 세금은 회사가 가격을 30펜스 이상으로 인상하도록 유도할 것이다. 가격은 31펜스 또는 그보다 조금 더 높게 책정될지도 모른다. 이러한 수치들은 가격을 어느 정도까지 높이는 것이 회사에 유리한지 정확히 보여주지는 못한다.

다른 한편 만일 판매량 1,000피트당 2펜스의 보조금이 지급된다면, 독점수입은 가격을 31펜스로 책정하면 2만 8,416파운드로, 30펜스로

---

2) 만일 독점기업의 운영경비에 (과세 또는 다른 방법으로) 생산량과 무관한 일정액이 추가된다면, 그 결과로 독점수입곡선상의 모든 점이 기존의 수입불변곡선보다 일정액만큼 수입이 작은 새로운 수입불변곡선상의 점으로 하향이동한다. 따라서 새로운 독점수입곡선상의 수입극대점은 이전의 그것보다 수직적으로 아래에 있다. 즉 판매가격과 생산량은 변하지 않는다. 일정액의 보조금 지급 또는 다른 일정액의 운영경비 감소에 대해서는 정반대다. 독점수입에 비례적인 세금의 효과에 대해서는 「수학부록」주 XXIII를 참조하라.

그러나 만일 세금이나 다른 새로운 추가경비가 최대 독점수입을 초과할 때는, 독점기업은 조업을 중단한다는 점에 주의해야 한다. 또한 이때 최대 독점수입을 제공했던 가격은 독점기업을 계속해서 운영함으로써 발생하는 손실을 극소화하는 가격으로 전환된다는 점에 주의해야 한다.

책정하면 3만 파운드로, 28펜스로 책정하면 3만 333파운드로 증가할 것이다. 따라서 그것은 가격인하를 야기할 것이다. 물론 독점기업의 생산비용을 1,000피트당 2펜스 절약해주는 가스제조 방법의 개선으로도 동일한 결과가 일어날 것이다.[3]

5 만일 독점업자가 판매목적으로 너무 많은 양을 생산해서, 여기서

---

3) 본문에서는 세금이나 보조금이 판매액에 비례해서 증가한다고 가정하고 있다. 그러나 엄밀하게 고찰해보면, 본문의 논의는 과세총액 또는 보조금총액이 판매액 증가와 함께 증가한다는 것 이상의 가정을 포함하지 않을 것이다. 그것은 판매액 증가와 정확히 비례해서 증가할 것을 요구하지는 않는다.
수요와 (독점)공급의 다양한 조건 및 그에 대응하는 독점수입곡선의 모양을 나타내는 도표를 그림으로써 많은 정보를 얻는다. 그렇게 얻어진 곡선의 모양에 대한 세밀한 검토는 독점과 관련해 경제적 힘의 다형적(multiform) 작용을 이해하려는 노력에서 어떠한 정교한 추론 과정보다도 더 큰 도움이 될 것이다. 투명한 종이 위에 수입불변곡선들을 그리고, 그것들을 독점수입곡선과 겹쳤을 때 극대수입 점 또는 점들을 찾을 수 있다. 수요곡선과 공급곡선이 한 번 이상 만날 때뿐만 아니라 만나지 않을 때도, 〈그림-35〉처럼 종종 독점수입곡선상의 점들 중에서 수입불변곡선과 접하는 점은 여러 개 있을 것이다. 이러한 점들은 각각 하나의 진정한 극대독점수입을 보여줄 것이다. 그러나 그것들 가운데 한 점은 일반적으로 다른 어떤 점보다도 더 큰 수입불변곡선상에 있으므로 두드러질 것이다. 따라서 그것은 다른 점들보다 더 큰 독점수입을 나타낼 것이다.

〈그림-35〉

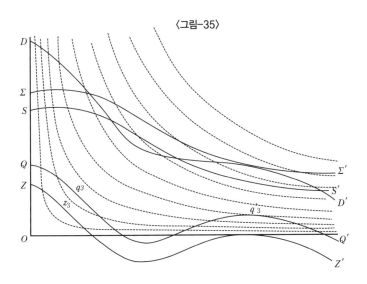

정의한 바의 공급가격이 수요가격과 일치한다면, 독점업자는 모든 독점수입을 상실할 것이다. 최대 독점수입을 가져다주는 생산량은 언제나 그보다 상당히 적다. 따라서 독점생산량은 항상 독점이 없을 때보다 적고, 소비자가격은 항상 높을 것처럼 보일 수도 있다. 그러나 그렇지 않다.

왜냐하면 모든 생산이 한 개인 또는 한 기업의 수중에 있을 때는, 동일한 집계생산량이 비교적 규모가 작은 다수의 경쟁적인 생산자들 사이에 분할되어 있는 경우에 비해 총경비가 일반적으로 더 적기 때문이다. 경쟁적인 생산자들은 소비자들의 주의를 끌기 위해 서로 다투어야 하고, 총합해서 단일 기업에 비해 온갖 형태의 광고에 훨씬 더 많은 금액을 지출할 수밖에 없을 것이다. 그리고 그들은 대규모 생산에서 기인하는 다종다양한 경제를 이용하는 데 불리할 것이다. 특히 그들은 개선에 따른 편익 전체를 획득할 것으로 확신하는 단일의 대기업만큼 생산방법을 개선하고 적합한 기계를 사용하는 데 많이 지출할 수 없다.

이러한 논의는 실제로 단일기업이 유능하고 진취적인 경영자들에 의해 경영되고, 자본에 대한 무제한적인 지배력을 가지고 있다고 가정하고 있다. 이러한 가정은 항상 성립할 수는 없다. 그러나 이러한 가정이

〈그림-35〉처럼 만일 이러한 최고의 극대점 q_3'가 좀더 작은 극대점 q_3보다 우측에 있다면, 상품에 대한 조세부과 또는 공급곡선을 전역에서 상향이동시키는 임의의 다른 변화는 독점수입곡선을 동일한 크기만큼 하향이동시킬 것이다. 공급곡선이 SS'에서 $\Sigma\Sigma'$로 상향이동하고, 그 결과 독점수입곡선은 최초의 위치 QQ'에서 ZZ'으로 하향이동한다고 하자. 그러면 최고의 극대수입점은 q_3'에서 z_3로 이동할 것이다. 그것은 생산의 큰 감소, 가격의 큰 상승 그리고 소비자의 큰 손해를 나타낸다. 상품에 대한 보조금처럼 공급가격을 전역에서 하락시키고 독점수입곡선을 상향이동시키는 변화가 일어날 때, ZZ'를 최초의 위치로 QQ'를 새로운 위치로 간주함으로써 역방향의 변화를 명백하게 보여줄 수 있다. 조금만 숙고해도(적당한 도표를 그림으로써 이러한 사실은 좀더 명백해질 것이다), 독점수입곡선이 수입불변곡선의 모양에 근사하면 할수록 일반적으로 생산경비의 변화에서 기인하는 극대수입점의 위치 변화는 클 것임이 자명하다. 〈그림-35〉에서 이러한 변화가 큰 까닭은 DD'와 SS'가 한 번 이상 만나기 때문이 아니라 q_3'에 의해 구분되는 QQ'의 두 부분이 동일한 수입불변곡선의 주변에 있기 때문이다.

성립될 수 있는 경우에, 일반적으로 독점 상태에 있지 않은 상품에 대한 공급스케줄은 독점공급스케줄보다 더 높은 공급가격을 보여줄 것이며, 따라서 자유경쟁 아래서 생산되는 균형량은 수요가격이 독점공급가격과 일치할 때의 상품의 생산량보다 더 적을 것이라고 결론을 내려도 좋다.[4]

독점이론의 가장 흥미롭고 어려운 응용 사례 가운데 하나는 별개의 구분된 유역을 각각의 대형 철도회사에 할당하고 그곳에서 경쟁을 배제하는 것이 공익에 가장 크게 기여하는지의 문제에 대한 것이다. 이러한 제안을 지지하기 위해, 사람들은 철도회사가 100만 명의 승객 또는 100만 톤의 화물보다는 200만 명의 승객 또는 200만 톤의 화물을 더 저렴하게 운반할 수 있으며, 일반 대중의 수요를 두 노선에 분할하면 그중 어느 노선도 저렴한 용역을 제공하지 못할 것이라고 역설한다. 철도회사가 책정한 '독점수입가격'(monopoly revenue price)은, 다른 모든 것이 동일하다면, 그 용역에 대한 수요가 증가하면 낮아질 것이며, 그 역도 또한 같음을 반드시 인정해야 한다. 그러나 인간의 본성을 있는 그대로 감안할 때 경쟁적 노선의 개설로 독점을 해체하면, 기존 노선이 보다 저렴한 운임으로 운송할 수 있는 새로운 방안을 모색하는 것을 억제하기보다는 오히려 촉진한다는 것을 경험이 보여준다. 시간이 지나면 철도회사는 연합해서 노선을 이중으로 운행하는 데 낭비된 경비를 공중

---

4) 다시 말하면 〈그림-34〉의 표시법에 따라 점 *L*이 반드시 점 *H*보다 훨씬 왼쪽에 있어야 하지만, 만일 독점이 없다면 상품에 대한 공급곡선이 *SS'*의 현 위치보다 훨씬 위에 있어서 *DD'*와의 교점이 그림에서 점 *A*보다 훨씬 왼쪽에 있을지도 모른다. 그뿐만 아니라 점 *L*보다 왼쪽에 있는 것도 가능할지 모른다. 수익체증의 법칙이 강하게 작용하는 산업에서, 강력한 단일 기업이 소규모 경쟁사들에 비해 가지고 있는 유리한 점들에 대해, 그리고 창업자들에 필적하는 천부적 재능, 진취성 그리고 활력을 가진 사람들에 의해 여러 세대 동안 경영된다면 그러한 기업이 자신의 생산분야에서 실질적인 독점을 획득할 수 있는 가능성에 대해 이미 언급한 적이 있다(『경제학 원리』 1, 제IV편, 제11장, 제12장; 『경제학 원리』 2, 제V편, 제11장).

에게 전가할 것이라는 지적도 여전히 있다. 그러나 이러한 지적은 또다시 새로운 논쟁거리를 만들 뿐이다. 독점이론은 이러한 실제적인 문제를 제시하며, 그에 대한 해답을 제공하지는 않는다. 우리는 그것에 대한 연구를 미루어야 한다.[5]

6 지금까지 우리는 독점의 소유자가 상품의 가격을 책정할 때 그것에서 얻을 수 있는 단기순수입만을 염두에 둔다고 가정했다. 그러나 실제로는, 비록 소비자들의 이해관계에 관심이 없다 할지라도, 그는 어떤 상품에 대한 수요가 상당 부분 그것에 대한 사람들의 친숙함에 의존하며, 최대순수입을 제공하는 가격수준보다 조금 낮은 가격을 설정함으로써 판매를 증가시킬 수 있다면 상품 사용이 늘면서 머지않아 현재의 손실을 벌충할 것이라는 점을 고려할 것이다. 가스의 가격이 낮으면 낮을수록, 사람들은 가스시설을 주택에 설치할 가능성이 커진다. 일단 가스시설이 설치되면, 비록 전기나 광유 같은 경쟁상품이 가스와 치열하게 경쟁할 수 있을지라도, 사람들은 어느 정도 가스를 계속해서 사용할 것이다. 어떤 철도회사가 항만 또는 건설 중인 교외지역으로의 승객과 화물수송을 독점하고 있는 경우에는 더욱 그렇다. 상인들로 하여금 항구를 이용하는 습관이 생기게 하고, 항구의 주민들로 하여금 부두와 창고를 개발하도록 유인하기 위해 또는 철도회사의 지속적인 성공을 보장할 정도로 때 이른 번영의 분위기를 제공하면서 새로 건설되는 교외에 투기적 건설업자로 하여금 주택을 저렴하게 건설하고 신속하게 세입자로 채우는 것을 돕기 위해, 철도회사는 사업상 최대순수입을 제공하는 수

---

5) 수요증가가 독점가격에 미치는 영향과 관련된 문제를 완전히 이론적으로 취급하기 위해서는 수학의 사용이 요구된다. 이에 대해 독자들은 에지워스가 『경제학 저널』, 1987년 10월호에 발표한 독점에 관한 논문을 참조하면 된다. 그러나 〈그림-34〉를 자세히 들여다보면, DD'의 일률적인 상향이동은 점 L을 오른쪽으로 크게 이동시킬 것이며, 그에 따른 점 q_1의 위치는 이전보다 하향이동할 것이다. 그런데 만일 여행에 대한 용의가 철도 요금에 의해 거의 영향을 받지 않을 만큼 부유한 새로운 계층의 거주자들이 이 지역에 들어온다면, DD'의 모양은 변경될 것이다. 그것의 왼쪽 구간은 오른쪽 구간에 비해 더 상승할 것이다. 그리고 점 q_1의 새로운 위치는 이전보다 상향이동할 수도 있다.

준보다 훨씬 낮은 운임을 부과할 만한 가치가 있다는 것을 발견하게 될 것이다. 미래의 사업발전을 위해 현재 이득의 일부를 희생하는 독점업자의 행동은 영업관계를 확립하기 위해 희생하는 신흥기업의 행동과 질적 차이가 아니라 정도의 차이가 있을 뿐이다.

이러한 경우에 철도회사는, 비록 인도적 동기를 자칭하지는 않더라도, 철도회사의 이해관계가 자사 용역의 구매자와 아주 밀접하게 연결되어 있으며, 소비자잉여를 증가시키기 위해 순수입을 일시적으로 희생하는 것이 이득이라는 것을 알게 된다. 그리고 어떤 지역의 지주들이 연합해서 그 지역을 관통하는 철도 지선을 개설하는 경우에는 생산자와 소비자의 이해관계는 좀더 밀접하게 연결된다. 이때 지주는 운임수입이 투하된 자본에 대한 현행 이자율을 제공할 것이라고 크게 기대하지는 않지만——즉 우리가 정의했던 철도의 독점수입이 음(-)이 아닐 것이라고 크게 기대하지는 않지만——, 토지가치의 대폭 상승으로 인해 사업은 전체적으로 유리할 것이라고 기대한다. 그리고 시 당국이 가스나 수도사업, 도로개선, 신규교량 또는 시가철도에 의한 운송의 편의를 제공하는 사업을 기획할 때는 충분한 순수입을 제공하고 재정부담을 경감할 수 있게 높은 요금을 부과할 것인지 아니면 소비자잉여를 증가시키기 위해 낮은 요금을 부과할 것인지 하는 문제가 제기되게 마련이다.

7 그러므로 독점업자가 소비자잉여의 증가를 같은 크기만큼은 아닐지라도 예컨대 2분의 1 또는 4분의 1만큼의 독점수입 증가와 동등하게 바람직한 것으로 간주한다는 가정 아래, 독점업자의 행동을 규정하는 계산에 대한 약간의 연구가 필요하다는 것은 분명하다. 만일 어떤 가격에 상품을 판매함으로써 발생하는 소비자잉여를 그것에서 파생되는 독점수입에 더한다면, 양자의 합은 상품의 판매에서 생기는 생산자와 소비자의 쌍방의 순편익의 화폐측정치다. 우리는 그것을 판매의 **총편익**이라고 명할 수 있다. 그리고 만일 독점업자가 소비자의 이득을 같은 크기만큼의 자신의 이득과 똑같이 중요하게 여긴다면, 그의 목표는 이러한 총편익을 극대화하는 양만큼만 상품을 생산하는 것이다.[6]

6) 〈그림-36〉에서 DD', SS', QQ'은 각각 〈그림-34〉처럼 동일한 방법으로 그려진
수요곡선, 공급곡선, 독점수입곡선을 나타낸다. 점 P_1에서 Oy에 수직으로 P_1F
를 그리면 DFP_1은 가격 MP_1에 가스 1,000피트 OM단위를 판매함으로써 발생
하는 소비자잉여다. $OM \times MP_4 = DFP_1$이 되도록 MP_1에서 점 P_4를 취해보자.
점 M이 원점 O에서 Ox상을 움직임에 따라 우리의 네 번째 곡선 OR이 그려질
것이다. 우리는 이 곡선을 소비자잉여곡선이라 명할 수 있다(물론 이 곡선은 원
점 O를 지난다. 왜냐하면 상품의 판매가 줄어들어 0이 되면, 소비자잉여도 사
라지기 때문이다).

〈그림-36〉

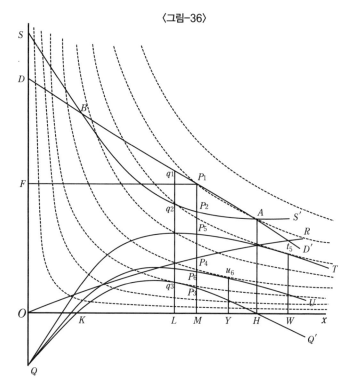

다음으로 P_3P_1에서 MP_4와 길이가 같은 P_3P_5를 잘라보면, $MP_5 = MP_3 + MP_4$.
따라서 $OM \times MP_5 = OM \times MP_3 + OM \times MP_4$이다. 그런데 $OM \times MP_3$는 OM단위가
가격 MP_1에 판매될 때 독점수입총액이다. 그리고 $OM \times MP_4$는 그에 대응되는
소비자잉여다. 따라서 $OM \times MP_5$는 독점수입과 소비자잉여의 합, 즉 OM 단위
가 생산될 때 공동체가 상품에서 얻게 되는 총편익(의 화폐측정치)이다. 점 P_5
의 궤적은 우리의 다섯 번째 곡선 QT이며, 우리는 그것을 총편익곡선이라 명할
수 있다. 이 곡선은 점 t_5에서 하나의 수입불변곡선과 접한다. 그것은 총편익(의

그러나 독점업자가 1파운드의 소비자잉여와 1파운드의 독점수입을 동등하게 취급할 수 있고 취급할 의사도 있는 경우는 거의 없을 것이다. 심지어 이해관계가 국민의 이해관계와 일치한다고 고려하는 정부마저도 어떤 수입원을 포기하면 일반적으로 나름대로의 단점을 가지고 있는 다른 수입원들에 의지할 수밖에 없다는 사실을 참작해야 한다. 왜냐하면 그것들은 필연적으로 징수할 때 마찰과 경비를 수반하고, 더불어 일반 대중에게 소비자잉여의 손실이라고 기술했던 종류의 폐해를 다소 일으킬 것이기 때문이다. 그리고 그것들이, 특히 정부가 세수의 일부를 포기할 때 목적으로 삼았던 편익이 공동체의 상이한 구성원에게 불평등하게 배분된다는 사실을 고려할 때, 완전히 공평하게 조정되는 것은 불가능하다.

독점업자가 절충해서 1파운드의 소비자잉여를 10실링의 독점수입과 동등한 것으로 간주한다고 가정하자. 독점업자가 일정한 가격에 상품의 판매에서 획득하는 독점수입을 계산하고, 상응하는 소비자잉여의 절반을 더한다고 해보자. 우리는 이러한 합을 **절충편익**(compromise benefit)이라고 명할 수 있다. 그리고 그의 목표는 **절충**편익을 최대한 크게 만드는 가격을 책정하는 것이다.[7]

아래의 일반적인 결과들은 엄밀한 증명이 가능하다. 그러나 조금만

화폐 측정치)이 OW단위가 판매로 제공될 때 또는 같은 말이지만 판매가격이 OW 단위에 대한 수요가격에 책정될 때, 극대라는 것을 보여준다.

7) 만일 그가 1파운드의 소비자잉여는 n파운드의 독점수입과 동등하다는 것에 기초해 절충할 때, $P_3P_6 = nP_3P_5$ 또는 마찬가지지만 $P_3P_6 = nMP_4$가 되도록 P_3P_5에서 점 P_6을 취해보자. 여기서 n은 진분수다. 그러면 $OM \times MP_6 = OM \times MP_3 + nOM \times MP_4$이다. 즉 그것은 가격 MP_1에 상품 OM단위를 판매함으로써 파생되는 독점수입과 이러한 판매에서 파생되는 소비자잉여에 n배를 곱한 것의 합과 같다. 그리고 그것은 이러한 판매에서 파생되는 절충편익이다. 점 P_6의 궤적은 우리의 여섯 번째 곡선 QU다. 우리는 이 곡선을 **절충편익곡선**(compromise benefit curve)이라 명할 수 있다. 이 곡선은 수입불변곡선들 중의 하나와 점 u_6에서 접한다. 그것은 절충편익이 OY 단위가 판매될 때 또는 같은 말이지만 판매가격이 OY 단위에 대한 수요가격에 책정될 때, 극대에 이른다는 것을 보여준다.

숙고해도 그것들은 너무 명백해서 거의 증명을 요하지 않는다. 첫째, 만일 소비자 이익의 증진을 조금이라도 바란다면, 최대 가능한 독점수입을 획득하는 것이 유일한 목표일 때보다 독점업자가 판매하려고 제공하는 상품량은 더 클 것이다(그리고 판매하려는 가격은 더 낮을 것이다). 둘째, 소비자의 이익을 증진하려는 독점업자의 의욕이 크면 클수록, 즉 독점업자가 자신의 수입과 비교해서 소비자잉여의 실제가치를 평가하는 비율이 크면 클수록 생산량은 증가할 것이다.[8]

8 얼마 전까지만 해도, "자신을 피치자들의 대리인으로 생각하는 잉글랜드의 통치자는 투입된 노동만큼의 가치가 없는 작업에 그들의 에너지를 강제로 동원하지 않도록 또는——그 의미를 좀더 평이한 언어로 바꾸면——비용에 대한 이자를 지불할 만큼 충분한 소득을 창출하지 못하는 일에는 관여하지 않도록 주의해야만 한다"[9]라고 사람들은 흔히 주장했다. 때때로 이 같은 주장은 소비자들이 높은 가격에 그리고 대규모로 구매할 용의가 없었던 편익은 대부분 제안된 사업에서 어떤 개인적 이해관계를 갖고 있던 사람들의 겉모습만 그럴싸한 권고 속에만 존재했을 가능성이 크다는 것을 의미할 뿐이다. 그러나 좀더 빈번하게는 소비자들이 낮은 가격에서 얻을 수 있는 이익 또는 이른바 소비자잉여의 크기를 과소평가하는 경향을 가리킨다.[10]

---

8) 다시 말해서 첫째, 〈그림-36〉의 OY는 언제나 OL보다 크다. 그리고 둘째, n이 크면 클수록 OY도 크다. 「수학부록」 주 XXIII-2를 보라.

9) 이 문장은 1874년 6월 30일자 『타임스』의 사설에서 인용한 것이다. 그것은 대부분의 여론을 잘 반영한다.

10) 〈그림-37〉은 인도에서 제안된 정부사업의 경우를 나타내는 것으로 간주할 수 있다. 공급곡선은 모든 영역에서 수요곡선보다 위에 있다. 그것은 〈그림-37〉이 지시하고 있는 사업의 수지가 맞지 않는다는 것을 보여준다. 그 의미는 생산자들이 어떤 가격을 책정하든 그들은 손실을 입는다는 것이다. 생산자들의 독점수입은 음(-)일 것이다. 그러나 총편익곡선 QT는 Ox 위에 있으며, t_5에서 수입불변곡선과 접한다. 만일 OW 단위를 판매하기 위해 내놓는다면 (또는 같은 말이지만 가격을 OW 단위에 대한 수요가격으로 책정한다면), 결과로서 생기는 소비자잉여는 총가치를 고려하면 조업에 따른 손실을 $OW \times Wt_5$에 상당하는 만큼 능가할 것이다. 그러나 결손액을 보전해주기 위해 정부가 반드시

사적인 사업에서 성공의 주된 요소 중 하나는 임의의 제안된 행동경로의 이익과 불이익을 평가하고, 그것들에 대해 진정한 상대적 중요성을 할당할 수 있는 능력이다. 체험과 천부적 재능을 겸비해서 각각의 요소에 그것의 적당한 크기를 귀착시킬 수 있는 능력을 획득한 사람은 이미 성공의 도상에 있을 것이다. 그리고 생산력의 효율성 향상은 대부분

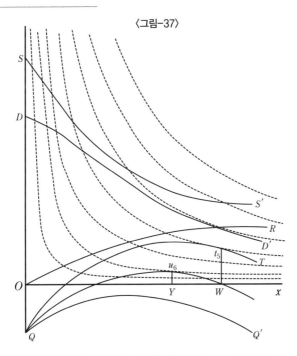

〈그림-37〉

세금을 부과해야 하며, 모든 간접비와 다른 손해를 고려할 때 그것들이 일반 대중에게 정부로 귀속되는 수입의 두 배만큼 손실을 가져다준다고 가정하면, 2루피의 소비자잉여는 오직 1루피의 정부 지출을 보상해주는 것으로 간주할 필요가 있을 것이다. 그리고 이러한 가정 아래서 정부사업의 순이득을 나타내기 위해 우리는 반드시 〈그림-36〉에서처럼 절충편익곡선 QU를 그려야 한다. 단 $n = 1/2$로 놓아야 한다. 그렇게 $MP_6 = MP_3 + (1/2)MP_4$가 된다(같은 것을 달리 표현하면, QU는 (음의) 독점수입곡선 QQ'와 총편익곡선 QT의 중간에 그려진다). 그렇게 그려진 〈그림-37〉의 QU는 점 u_6에서 수입불변곡선과 접한다. 그것은 만일 OY 단위가 판매로 제공된다면, 같은 말이지만 가격이 OY 단위에 대한 수요가격에 책정된다면 결과적으로 인도에서는 $OY \times Yu_6$로 표현되는 순이득이 발생할 것이다.

끊임없이 이러한 사업적 직관을 획득하기 위해 전념한 수많은 유능한 사람들에 기인한다. 그러나 불행하게도 그렇게 비교평가된 이익은 거의 모두 하나의 관점, 즉 생산자의 관점에서 고려된다. 그리고 상이한 행동 경로에 대한 소비자들과 생산자들의 이해관계의 상대적 크기를 비교평가하는 데 관심을 갖는 사람들은 많지 않다. 왜냐하면 실제로 이와 관련되어 필요한 자료들은 오직 극소수 사람들의 직접적인 경험에서 나오며, 이러한 극소수의 경우에도 자료들은 아주 제한적이고 불완전하기 때문이다. 게다가 유능한 기업가가 자신의 사업과 관련해서 그리고 위대한 행정관이 공익과 관련해서 이러한 직관을 획득했을 때도, 그가 자신의 계획을 사유재량으로 수행할 수 있을 가능성은 아주 적다. 여하튼 민주주의 국가에서는 어떠한 대규모 공공사업도, 고차원적인 공무(公務)와 관련해 직접적인 경험이 있는 소수에 대해서뿐만 아니라 그러한 경험이 없고 다른 사람들이 제시한 자료를 근거로 판단을 내려야 하는 다수에 대해서도 그 사업의 이점이 명백해질 수 없다면, 일관적인 정책 노선 아래 지속될 것이 확실치 않다.

이러한 종류의 판단은 자신의 사업과 관련된 오랜 경험에 기초한 직관의 도움을 받아 유능한 기업가가 내리는 판단보다 항상 열등할 수밖에 없다. 그러나 만일 그러한 판단이 공공정책의 상이한 행동경로가 공동체의 여러 계층에 야기할 수 있는 편익과 손해의 상대적 크기에 대한 통계적 측정에 기초할 수 있다면, 그것은 현재보다는 좀더 신뢰성을 확보할 수 있을 것이다. 정부 경제정책의 실패와 부정은 통계적 측정의 결함에서 발생하는 경우가 적지 않다. 한쪽 방향으로 강력한 이해관계를 가지고 있는 소수는 크게, 지속적으로 그리고 동시에 목소리를 내는 반면, 반대 방향으로 이해관계를 가지고 있는 국민의 대다수는 거의 아무런 목소리를 내지 않는다. 왜냐하면 비록 이러한 사정에 대해 그들이 상당한 관심이 있을지라도, 이해관계가 아주 적은 대의를 위해 애써 노력하려는 사람은 거의 없기 때문이다. 따라서 비록 관련된 이해관계에 대한 통계적 측정이 가용할지라도, 그리고 소수의 이익이 침묵하는 다수의 집계이익의 10분의 1 또는 100분의 1에 불과하다는 것이 증명될 수 있을지라도, 소수가 바라던 것을 얻게 된다.

통계를 쉽게 잘못 해석할 수 있다는 것은 의심할 여지가 없다. 그리고 그것은 새로운 문제에 처음으로 적용되었을 때 종종 문제를 크게 오도한다. 그러나 통계의 오용에 수반되는 최악의 오류들 가운데 많은 부분이 명확하고, 마침내 어느 누구도 감히 무식한 청중에게 강연할 때조차도 그것을 반복하려고 시도하지 않을 정도로 명확하게 폭로될 수 있다. 그리고 통계적 형태로 환원될 수 있는 논증은, 비록 여전히 뒤떨어진 상태이지만, 전체적으로 다른 어떤 논증들보다도 그 주제를 연구했던 모든 사람들의 일반적인 용인을 획득하는 방향으로 확실하고 빠르게 전진한다. 집단적 이해관계가 급속하게 확대되고 경제적 사안에서 집단행동 경향이 심화됨에 따라, 공익에 대해 어떤 계량적 척도가 가장 필요하고, 그것을 위해 어떤 통계가 요구되는지를 알아야 할 필요성과 이러한 통계를 획득하기 위한 노력이 나날이 중요해진다.

시간이 흐름에 따라 소비에 대한 통계가 잘 정비되어서 충분히 신뢰할 만한 수요스케줄을 제공하고, 시각에 호소하는 도표를 통해 상이한 공적·사적 행동경로에서 기인하는 소비자잉여의 크기를 제시해줄 것이라고 기대하는 것이 터무니없지는 않을 것이다. 이러한 도표에 대한 연구를 통해 다양한 공적·사적 사업계획과 관련된 공동체의 이해관계의 상대적 크기에 대한 좀더 공정한 개념을 획득하도록 정신은 점차적으로 훈련될 수 있다. 그리고 그러한 연구를 통해 좀더 견실한 학설이 과거 세대의 전통을 대체할 수 있다. 이러한 전통은 당시에는 건전한 영향을 미쳤겠지만, 직접적인 금전적 이윤을 보여주지 못하는 공적 이익을 목표로 하는 모든 공공 사업기획에 의혹을 던짐으로써 사회적 열의를 냉각시켰다.

우리가 이제 막 기도했던 많은 추상적 추론의 실제적 의의는 이 책의 끝부분에 이르기 전까지는 충분히 밝혀지지 않을 것이다. 그러나 그러한 추론을 이 단계에서 일찍 소개하는 것이 유익할 것으로 생각하는데,

부분적으로는 수요와 공급의 균형에 대한 주요 이론과 밀접한 관계가 있기 때문이고, 또 부분적으로는 조만간 다루게 될 분배를 결정하는 원인들에 대한 고찰의 성격과 목표를 간접적으로 설명해주기 때문이다.

9 지금까지 우리는 독점업자가 자유롭게 사고팔 수 있다고 가정했다. 그러나 실제로는 어떤 산업부문에서 독점적 연합체가 형성되면 그 부문과 거래할 기회가 있는 다른 부문에서도 독점적 연합체의 발달이 촉진된다. 그리고 그러한 연합체들 사이의 갈등과 제휴는 현대 경제에서 점점 더 중요한 역할을 수행한다. 이 주제와 관련해서 일반적 특성에 대한 추상적 추론은 설명력이 거의 없다. 만일 두 개의 절대 독섬기업이 서로 보완적이라면, 따라서 어느 기업도 상대방의 협력 없이는 생산물을 유효하게 활용할 수 없다면, 최종생산물의 가격이 어디에서 고정될 것인지를 결정할 방법은 전혀 없다. 만일 쿠르노의 선례를 따라 구리와 아연이 놋쇠를 만들기 위해 결합될 때를 제외하면 모두 쓸모없다고 가정하면, 그리고 A라는 사람은 이용 가능한 구리 공급원을 독점하고 있는 반면 B라는 사람은 아연공급원을 독점하고 있다고 가정하면, 놋쇠의 생산량과 놋쇠의 판매가격을 사전에 결정할 수 있는 방법이 없을 것이다. 각각은 거래에서 상대방을 이기려고 애쓸 것이다. 그리고 비록 경쟁의 결과는 구매자들에게 큰 영향을 미치겠지만, 구매자들은 그 결과에 영향을 미칠 수 없을 것이다.[11]

이렇게 가정된 조건 아래서는, 시장에서 아연의 가격이 전략적 흥정

---

11) 생산자잉여의 배분의 불확정성에 관한 한, 이 경우와 수력 또는 그것을 활용할 수 있는 유일한 부지의 복합지대의 경우(『경제학 원리』 2, 제V편, 제11장, 7을 보라) 사이에 약간의 유사성이 존재한다. 그러나 이 경우에는 생산자잉여가 얼마인지를 알 방법이 없다. 쿠르노의 기본방정식은 모순적인 가정에 기초한 것처럼 보인다(그의 『부에 대한 이론의 수학적 원리에 관한 연구』, 제9장, 113쪽을 보라). 다른 곳에서와 마찬가지로, 여기서도 그는 새로운 분야를 개척했지만, 그것의 가장 명백한 특징을 간과했다. 무어(H. L. Moore, 『경제학계간』, 1906년 2월호)는 부분적으로 베르트랑(J. Bertrand)과 에지워스의 작업에 근거해서 독점 문제에 알맞은 가정들을 명료하게 규정했다.

과 교섭보다는 자연적 원인에 의해 결정될 때, A는 구리가격 인하에 따른 판매량 증가에서 발생하는 편익의 전부 심지어 그 일부라도 얻을 것이라고 기대할 수 없을 것이다. 왜냐하면 만일 그가 가격을 인하하면 B는 그러한 행동을 경제적 취약성의 징조로 파악해서 아연 가격을 인상할 수도 있기 때문이다. 그것은 A에게 가격 측면에서뿐만 아니라 판매량 측면에서도 손실을 초래할 것이다. 따라서 각각은 상대방을 속이고 싶어질 것이며, 소비자들은 단일 독점업자가 구리와 아연의 공급을 모두 독점할 때보다 시장에 출하되는 놋쇠의 양이 더 줄어들고, 더 높은 가격이 요구된다는 것을 발견할 수도 있다. 왜냐하면 단일 독점업자는 소비를 자극하는 낮은 가격을 통해 장기적으로 이득을 볼 것으로 전망할지도 모르기 때문이다. 그러나 A든 B든 양자가 담합해서 공통 정책에 합의하지 않는다면, 즉 그들이 독점기업을 부분적으로 그리고 아마도 일시적으로 합병하지 않는다면 각자 행동의 효과를 확신할 수 없을 것이다. 이러한 근거로 그리고 독점기업은 관련산업을 교란할 가능성이 크기 때문에, 공익은 일반적으로 보완적 독점기업들을 단일 업자가 소유할 것을 요구한다고 역설하는 것은 합리적일 수 있다.

그러나 다른 한편에는 더욱 중요한 고려사항들이 있다. 왜냐하면 현실세계에서는 이제 막 논의했던 것처럼 절대적이고 영속적인 독점은 거의 존재하지 않기 때문이다. 현대세계에서는 소비자의 이익을 위해 점진적으로 개발되지 않는 구식상품과 생산방법은 새로운 상품과 생산방법으로 대체되는 경향이 강화되고 있다. 그리고 그렇게 집중되는 직·간접적 경쟁은 보완적 독점기업들 가운데 어느 한쪽의 지위를 다른 쪽보다 약화시킬 것이다. 예를 들어 만일 고립된 좁은 지역에 방적공장과 방직공장이 각각 하나씩만 있다면, 당분간은 두 공장이 단일 사업가의 수중에 있는 것이 공익에 부합할지도 모른다. 그러나 그렇게 확립된 독점은 절반씩 별도로 고려할 때보다 흔들기가 훨씬 어려울 것이다. 왜냐하면 새로운 모험가는 방적업에 진출해서, 구식 방직공장의 고객들을 위해 구식 방적공장과 경쟁할 수 있을 것이기 때문이다.

또 두 산업 중심지 사이에 일부분은 철도편으로 그리고 일부분은 선편으로 이루어진 직통로를 고려해보자. 만일 직통로의 어느 쪽 절반에서도 경쟁이 영속적으로 불가능하다면, 필경 선박과 철로가 동일인의 수중에 있는 것이 공익에 부합할 것이다. 그러나 실제로는 이러한 일반적인 진술을 하는 것은 불가능하다. 어떤 조건 아래서는, 그것들이 한 사람의 수중에 있는 것이 공익에 더 부합하고, 다른 조건 아래서는 그리고 아마도 이러한 조건들이 더 빈번하겠지만, 그것들이 서로 다른 사람들의 수중에 있는 것이 장기적으로 공익에 더 부합한다.

마찬가지로 보완적인 산업부문에서 독점적 카르텔 또는 다른 연합체의 합병을 찬성하는 논의는, 비록 종종 그럴듯하고 심지어 견고하지만, 일반적으로 좀더 면밀하게 조사해보면 기대에 미치지 못할 것이다. 그러한 논의는 현저한 사회적·산업적 불화의 제거를 지적한다. 그러나 그러한 일시적 제거는 아마도 미래에 좀더 심각하고 좀더 영속적인 불화를 비용으로 치를 것이다.[12]

---

12) 필자의 『산업과 상업』, 제III편은 제14장에서 스케치했던 것들과 유사한 문제들에 대한 연구에 할애된다.

제15장 수요와 공급의 균형에 대한 일반이론 요약

1 제15장은 새로운 주제를 전혀 포함하고 있지 않으며, 제V편의 성과의 단순한 요약이다. 이 장의 후반부는 제V편의 뒷부분에 있는 장들을 생략했던 독자들에게 유익할 수 있다. 왜냐하면 그것은 전반적 논조를 설명할 수는 없지만 지적할 수는 있기 때문이다.

제V편에서 우리는 수요와 공급의 상호관계에 대한 이론을 가장 일반적인 형태로 연구했다. 이론의 특정한 응용에 따른 특수한 사례들을 최대한 무시하고 일반이론과 여러 생산요소, 다시 말해서 **노동, 자본, 토지**의 특수한 성질과의 관계는 다음 편(제VI편)으로 미루었다.

문제의 어려움은 주로 시장이 가지는 공간의 넓이와 시간의 길이가 각각 다르다는 것에서 유래한다. 특히 시간의 영향은 공간의 영향보다 더 본질적이다.

장날 시골의 곡물거래 같은 초단기 시장에서도 '흥정과 교섭'은 일종의 균형가격이라 불릴 자격이 있는 평균수준 주변을 진동할 수 있다. 그러나 어떤 가격을 제안하고 다른 가격을 거부하는 딜러들의 행동은 생산비에 대한 계산에 거의 의존하지 않는다. 그들은 한편으로 현재의 수요와 다른 한편으로 이미 가용한 상품스톡을 주시할 것이다. 사실을 말하자면, 그들은 전조를 미리 던져줄지도 모르는 가까운 미래의 생산동향에 다소 주의를 기울일 것이다. 그러나 쉽게 상하는 재화들의 경우에, 그들은 현재 이후의 일을 거의 생각하지 않을 것이다. 예를 들어 생산비는 생선시장에서 하루의 거래에 이렇다 할 영향을 주지 못한다.

공급이 모든 점에서 수요에 완벽하게 조정될 수 있는 엄밀한 정상상태에서 정상생산경비, 한계경비 그리고 (지대를 포함한) 평균경비는 장기에 대해서든 단기에 대해서든 똑같을 것이다. 그러나 실제로는 전문 경제학자뿐만 아니라 기업가의 언어도 가치를 결정하는 원인에 적용되었을 때, 정상적이라는 용어의 사용에 큰 신축성을 보여준다. 그리고 그 용어를 상당히 명료하게 구분하기 위해서는 연구가 필요하다.

이러한 구분의 한쪽에는 장기가 있다. 이 경우 경제적 힘의 정상적 작용은 그 효과가 완전히 발휘될 수 있는 시간적 여유를 갖는다. 따라서 숙련노동 또는 다른 생산요소의 일시적인 부족은 해소될 수 있다. 그리고 생산규모의 확대에서 정상적으로——즉 중대한 새로운 발명의 도움 없이——발생하는 경제가 전개될 수 있는 시간적 여유가 있다. 정상적인 능력을 가진 경영진에 의해 경영되고, 대규모 생산의 내부경제와 외부경제를 정상적으로 향유할 수 있는 대표기업의 경비는 정상생산경비를 추정하는 기준으로 간주될 수 있다. 그리고 조사대상이 되는 기간이 새로운 기업을 구축하는 데 투입된 자본이 완성되고 충분한 결실을 맺을 수 있을 만큼 충분히 길다면, 한계공급가격은 그러한 가격에 대한 기대가 성립할 때 장기적으로 자본가로 하여금 자신의 업종에 물적 자본을 투자하고, 모든 등급의 노동자로 하여금 인적 자본을 투자하도록 유인하기에 필요 충분한 가격이다.

이러한 구분의 다른 한쪽에는 단기가 있다. 단기란 생산자들이 현존하는 특화된 숙련, 특화된 자본과 산업조직을 가지고 가능한 범위 내에서 수요의 변화에 맞게 생산을 조절하기에는 충분하지만 이러한 생산요소의 공급을 중대하게 변화시키기에는 충분하지 않은 기간이다. 이러한 기간에는 물적·인적 생산장비의 스톡은 상당 정도 고정된 것으로 간주해야만 한다. 그리고 공급의 한계증분은 생산자가 이러한 장비에서 획득할 만한 가치가 있다고 추정하는 생산량에 따라 결정된다. 경기가 좋을 때는 에너지가 최고도로 발휘되고, 초과근무가 이루어지며, 생산의 한계는 더 멀리 더 빨리 전진하려는 의지의 부족 때문이 아니라 능력의 한계로 결정된다. 그러나 경기가 침체할 때는 모든 생산자는 주요비용에 얼마나 근접한 가격에서 신규주문을 인수할 만한 가치가 있는지 결단을 내려야만 한다. 이러한 결단을 내리는 데는 명확한 법칙이 존재하지 않는다. 주로 영향을 미치는 힘은 시장을 망칠지도 모른다는 두려움이다. 그 힘은 상이한 개인과 상이한 산업집단에 대해 상이한 방식, 상이한 강도로 작용한다. 왜냐하면 고용주들 사이에서건 피고용자들 사이에서건 모든 공개적인 연합조직과 모든 비공식적인 무언의 그리고 '관행적' 양해의 주된 동기는, 개인이 자신에게 즉각적인 이득을 가져다주지만 업계에 좀더 큰 집계손실을 발생시키는 행동으로 공동시장을 망치는 것을 막을 필요가 있기 때문이다.

2 다음으로 우리는 결합수요를 충족시키기 위해 결합해서 사용될 필요가 있는 사물들과 관련해서 수요와 공급의 관계를 고찰했다. 결합수요의 가장 중요한 사례는 임의의 업종에서 반드시 동반 작용해야 하는 특화된 물적 자본과 특화된 인적 숙련의 결합수요다. 단독으로는 그 어느 것에 대해서도 소비자의 직접적인 수요가 없고, 오직 양자에 대한 결합수요만이 존재하기 때문에 각각에 대한 개별수요는 파생수요다. 이러한 파생수요는, 다른 모든 것이 동일하다면, 공통 생산물에 대한 수요가 증가하거나 다른 결합 생산요소의 공급가격이 하락하면 증가한다. 마찬가지로 가스와 코크스*, 고기와 가죽처럼 결합 공급되는 상품들은 각각 파생공급가격만 가질 뿐이다. 이러한 파생공급가격은 한편으로 전체 생산공정의 경비와 다른 한편으로 나머지 결합생산물의 수요에 의해 규정된다.

어떤 사물이 여러 가지 상이한 용도로 사용되는 것에서 기인하는 사물에 대한 복합수요와 여러 공급원을 가지고 있는 어떤 사물에 대한 복합공급은 특별한 어려움을 나타내지 않는다. 왜냐하면 상이한 용도를 위한 수요량들 또는 상이한 공급원으로부터의 공급량들은 동일한 상품

---

* 고체연료의 일종.

에 대한 부유층, 중간계층, 빈곤층의 수요를 합성하기 위해 우리가 제III편에서 채택했던 것과 동일한 방식으로 합성될 수 있기 때문이다.

다음으로 우리는 기업의 간접비——특히 영업관계의 구축, 판매 그리고 보험과 관련된 비용——를 그 기업의 다양한 생산물에 배분하는 문제에 대해 약간 연구했다.

3 시간이라는 요소와 결부되어 있는 정상수요와 정상공급의 균형에 대한 핵심적인 어려움으로 되돌아가서, 우리는 생산장비의 가치와 그것에 의해 생산되는 상품들의 가치의 관계에 대해 좀더 자세하게 고찰했다.

상이한 생산자들이 어떤 재화를 생산하는 데 상이한 우위를 가지고 있을 때, 그 재화의 가격은 반드시 특별하고 예외적인 설비를 가지고 있지 않은 생산자들의 생산경비를 보전하기에 충분해야 한다. 만일 그렇지 않다면 그들은 생산을 보류하거나 감축할 것이며, 수요에 비해 상대적으로 공급량이 부족하기 때문에 가격은 상승할 것이다. 시장이 균형상태에 있을 때, 그리고 재화가 이러한 경비를 보전하는 가격에 판매되고 있을 때, 어떤 예외적인 우위를 가지고 있는 생산자들에게는 그러한 경비를 초과하는 잉여가 남는다. 만일 이러한 우위가 자연의 선물에 대한 지배권에서 유래한다면, 이러한 잉여는 생산자잉여 또는 생산자지대라고 불린다. 어쨌든 잉여가 존재하고, 만일 자연의 선물의 소유자가 다른 사람에게 그것을 임대한다면, 그는 일반적으로 그것의 사용 대가로서 잉여와 동등한 화폐소득을 획득할 수 있다.

생산물의 가격은 한계에서, 즉 지대를 전혀 창출하지 못할 만큼 불리한 조건 아래서 생산되는 부분의 생산비와 같다. 이 부분의 비용은 순환논법에 빠지지 않고도 계산할 수 있다. 그러나 다른 부분의 비용은 그럴 수 없다.

만일 호프를 재배하기 위해 사용되었던 토지가 시장을 겨냥하는 원예농지로서 좀더 높은 지대를 창출할 수 있는 것으로 밝혀진다면, 호프경작 면적은 의심할 여지없이 감소될 것이다. 그리고 그것은 호프의 한계생산비, 따라서 호프의 가격을 상승시킬 것이다. 특정 종류의 작물에 대해 토지가 창출하는 지대는 그러한 작물을 위한 토지의 수요가 다른 작물의 공급의 어려움을 가중시킨다는 사실을 환기시킨다. 여기서 그러한 지대는 다른 작물의 경비에는 포함되지 않는다. 그리고 도회지 토지의 부지가치와 그 부지 위에 건설된 건축물의 비용 사이의 관계에 대해서도 비슷한 논의가 적용된다.

따라서 우리가 정상가치에 대한 폭넓은 관점을 취할 때, '장기적으로' 정상가치를 결정하는 원인들을 고찰할 때, 그리고 경제적 원인의 '궁극적인' 결과를 추적할 때, 생산장비 형태의 자본에서 파생되는 소득은 해당 상품의 생산경비를 보전하는 보수에 포함된다. 그리고 이러한 소득의 기대치에 대한 추정은 생산수단을 늘릴 것인지 말 것인지 고민하는 한계에 있는 생산자들의 행동을 직접적으로 통제한다. 그러나 다른 한편으로 우리가 생산장비의 공급을 크게 증가시키기 위해 필요한 기간에 비해 상대적으로 짧은 기간에 정상가격을 결정하는 원인들을 고려할 때 그러한 원인들이 가치에 미치는 영향은 주로 간접적이며, 자연의 선물에 의한 영향과 다소간 유사하다. 우리가 고려하는 기간이 짧으면 짧을수록, 그리고 그러한 장비의 생산공정이 더디면 더딜수록, 생산장비에서 파생되는 소득의 변동은 그것을 사용해서 생산되는 상품의 공급을 억제하거나 증가시키는 데서 그리고 그 상품의 공급가격을 상승시키거나 하락시키는 데서 그 역할이 감소할 것이다.

4 이러한 사실에서 수익체증의 법칙을 따르는 상품의 한계생산경비와 관련된 기술적 성질을 갖는 약간의 어려움에 대한 고찰이 필요하다. 이러한 어려움은 개별기업이 내적, 하물며 외적 조직을 확대하기 위해 반드시 필요한 시간의 길이를 감안하지 않은 채 공급가격을 생산량에 의존하는 것으로 나타내려고 하는 유혹에서 비롯된다. 결과적으로 그러한 어려움은 가치이론에 대한 수학적 그리고 준수학적 논의에서 가장 두드러진다. 왜냐하면 공급가격과 생산량의 변동을, 점진적인 성장을 일체 고려하지 않은 상태에서, 전적으로 양자의 상호의존 관계로 설명

할 때, 각 개별생산자의 한계공급가격은 마지막 단위의 생산에 의한 집계생산경비의 증분이며, 많은 경우에 생산증가로 인한 이러한 한계가격의 감소는 동일한 원인으로 인한 전반적인 시장에서의 수요가격의 감소보다 그 폭이 더 클 것이라고 주장하는 것이 정당하기 때문이다.

따라서 정태적 균형이론은 수익체증의 법칙을 따르는 상품들에 대해서는 완전히 적용될 수 없다. 그러나 많은 산업부문에서 각 생산자는 자신이 잘 알려져 있지만 빠르게 확장할 수는 없는 고유한 시장을 가지고 있다는 점을 유념해야 한다. 따라서 비록 산출물을 빠르게 증가시키는 것이 물리적으로는 가능하다 할지라도, 그는 자신의 고유한 시장에서 수요가격을 아주 크게 억누르는 위험을 감수하든지, 아니면 좀더 열악한 조건으로 자신의 잉여생산물을 외부시장에 처리해야 하는 위험을 각오해야 할 것이다. 그리고 어떤 산업부문에서는 각 생산자가 대규모 시장 전체에 접근할 수 있지만, 현존하는 공장이 이미 완전조업에 근접해 있을 때는 생산증가를 통해 획득할 수 있는 내부경제가 거의 남아 있지 않을 것이다. 이러한 두 가지 명제 중 어느 것에도 맞지 않을 산업부문 역시 존재한다는 것은 의심할 여지가 없다. 그러나 이러한 부문은 과도기적인 상태에 있다. 그리고 정상수요와 정상공급의 정태적 균형이론은 이러한 부문에는 적용해봐야 별로 얻을 게 없다는 것을 인정해야만 한다. 그러나 이러한 경우는 많지 않으며, 제조업의 거의 대부분에서는 공급가격과 생산량 사이의 관계가 장기와 단기에서 근본적으로 상이한 성격을 보여준다.

단기에는 기업의 내적·외적 조직을 생산량의 급격한 변화에 맞게 조절하는 어려움이 너무 크기 때문에 공급가격은 일반적으로 생산량이 증가하면 상승하고, 생산량이 감소하면 하락하는 것으로 간주해야만 한다.

그러나 장기에는 대규모 생산의 내·외부경제가 전개될 수 있는 시간적 여유가 있다. 한계공급가격은 특정 재화의 단위에 대한 생산경비가 아니라 생산 및 판매의 집계적 공정의 한계증분의 (보험과 경영총수입을 포함하는) 전체 경비다.

5 수요 공급의 전반적 조건의 변화에 대한 특수한 사례로 간주되는 세금의 효과에 대한 연구는, 소비자의 이해관계를 적절하게 감안했을 때 이른바 '최대만족'에 관한 일반적 학설, 즉 각 개인이 자신의 직접적인 이익을 자유롭게 추구한다면 생산자는 자신의 자본과 노동을, 소비자는 자신의 지출을 보편적 이익에 가장 크게 기여하는 경로로 투입한다는 학설과 관련해서 과거의 경제학자들이 가정했던 것만큼의 자명한 이론적 근거는 존재하지 않는다는 것을 시사한다. 실제로 가장 일반적인 성질에 대한 분석에 한정되어 있는 이 연구의 현 단계에서는, 인간의 본성이 현재와 같이 구성되어 있을 때 집단행동이 개인주의적 행동에 비해 활력, 융통성, 창의성 그리고 목적지향성에서 어느 정도 열등할 것인가, 따라서 집단행동이 선택한 임의의 행동경로에 의해 영향을 받는 모든 이해관계를 고려할 때 그것이 절약할 수 있는 것보다 실제적인 비효율성으로 인해 더 많은 것을 낭비하지는 않는지의 중요한 문제와 아무런 관계가 없다. 그러나 부의 불균등한 분배에서 기인하는 폐해를 고려하지 않더라도, 만족의 집계가 극대점에 훨씬 미치지 못한 상태에서는 수익체증의 법칙이 아주 강력하게 작용하는 상품들의 생산과 소비를 증진시키는 집단행동에 의해 만족의 집계가 크게 증가될 수 있다고 믿을 만한 분명한 근거가 존재한다.

이러한 주장은 독점이론에 대한 연구로 확인된다. 독점업자의 직접적인 이해관계는 최대순수입을 확보하도록 제품의 생산과 판매를 조절하는 것이다. 그리고 그가 그렇게 택한 행동경로는 최대의 집계만족을 제공하는 경로는 아닐 것이다. 개인적 이해와 집단적 이해의 괴리는 수익체증의 법칙을 따르는 상품보다는 수익체감의 법칙을 따르는 상품에 대해 덜 중요하다. 그러나 전자의 경우에는, 대폭적인 생산증가가 재화의 집계생산경비보다는 소비자잉여를 훨씬 크게 증가시킬 것이기 때문에 직접 또는 간접적으로 개입하는 것이 종종 공동체의 이해에 부합할 수도 있다고 믿을 만한 아주 자명한 근거가 존재한다. 특히 도표의 형태로 표현되었을 때 수요와 공급의 관계에 대한 정확한 개념은 어떤 통계가 수집되어야 하며, 그러한 통계가 다양한 갈등적인 공적 · 사적 · 경제적 이해관계의 상대적 크기를 추정하려는 시도에 어떻게 사용되어야 하는지를 이해하는 데 유용할 수 있다.

리카도의 가치와 생산비의 관계에 대한 이론은 경제학사에서 아주 중요한 지위를 점하고 있으므로, 그것의 실질적인 성격을 오해하면 그 폐해가 아주 클 수밖에 없다. 그리고 불행하게도 리카도의 이론은 오해를 불러일으키기 쉽게 표현되어 있다. 그 결과 그 이론은 현세대의 경제학자들이 재구성할 필요가 있다는 믿음이 광범위하게 퍼져 있다. 부록 I는 이러한 견해를 수용하지 못하고, 역으로 리카도가 남겨둔 상태로 이론의 기초는 여전히 손상되지 않았다고, 즉 이러한 기초에 많은 것이 추가되었으며, 그 위에 더 많은 것이 구축되었으나, 기초에서 제거된 것은 거의 없다고 주장할 만한 근거를 보여준다. 「부록 I」에서 설명했던 것처럼 리카도는 수요가 가치를 규정하는 데 불가결한 역할을 수행한다는 것을 알고 있었지만, 그 작용이 생산비의 작용보다 더 분명한 것으로 간주했으며 따라서 그는 결코 공식적인 전문서를 쓰려고 시도하지 않았기 때문에 친구들과 자신이 사용하기 위해 만들었던 노트에서 수요를 가볍게 다루었다. 또한 그는 생산비를——생산과정에서 사용된 노동의 단순한 양에만 의존하는 것으로 간주했다는 마르크스의 주장과는 달리——노동의 양뿐만 아니라 질에도 의존하며, 노동을 보조하기 위해 필요한 비축된 자본의 양과 이러한 보조가 요구되는 기간에도 의존하는 것으로 간주했다.

제VI편 국민소득의 분배

"어떤 사람들은 현재를 위해 미래를
희생하면서 다른 사람들에게 이자를 지불한다.
그것은 다른 사람들이 미래를 위해
현재를 희생할 수 있도록 하기 위함이다."

제1장 분배에 대한 예비적 고찰

1 제VI편의 요지는 자유로운 인간이 기계, 말 또는 노예와 동일한 원리에 입각해서 작업에 동원되지 않는다는 사실에 있다. 만일 그렇지 않다면 가치의 분배측면과 교환측면 사이에 차이가 거의 없을 것이다. 왜냐하면 모든 생산요소는, 우발적인 수급조절의 실패를 감안한다면, 마모 등을 포함한 자체 생산경비를 보전하기에 적당한 수익을 획득할 것이기 때문이다. 그러나 실상 인간은 자연에 대한 지배력이 증대함에 따라 자연으로부터 필수재 이상으로 점점 더 많은 잉여를 끌어낸다. 그리고 이러한 잉여는 인구의 무한한 증가에 의해 흡수되지 않는다. 따라서 다음과 같은 문제들이 남게 된다. 사람들 간에 이러한 잉여의 분배를 규정하는 일반적인 원인은 무엇인가? 관습적 필수재, 즉 **편의수준**은 어떤 역할을 하는가? 소비 · 생활방식이 일반적으로 효율성에 미치는 영향은 어떤 역할을 하는가? 욕구와 활동, 즉 **생활수준**은 어떤 역할을 하는가? 대체원리의 다면적 작용, 그리고 상이한 계층 · 등급의 육체노동자와 두뇌노동자들 사이의 생존경쟁은 어떤 역할을 하는가? 자본의 사용이 자본을 지배하고 있는 사람들에게 부여하는 힘은 어떤 역할을 하는가? 노력의 보수를 획득하자마자 소비하는 사람들과 비교할 때, 노동하고(위험한 사업을 기도하는 것을 포함한다) '기다리는' 사람들에게는 국민소득(general flow)의 몫이 얼마나 많이 귀속되는가? 우리는 이러한 그리고 이와 유사한 문제들에 대한 개략적인 답을 제공하려는 시도를 할 것이다.

1세기 이전에 프랑스와 잉글랜드의 학자들이 수요는 종속적인 역할을 하는 반면, 가치는 거의 전적으로 생산비에 따라 규정된다고 설명했다는 사실을 지적함으로써, 우리는 이 주제에 대한 예비적인 고찰에 착수할 것이다. 다음으로 우리는 이러한 결과가 정상상태에서 얼마나 진실에 근접하는지, 그리고 이러한 결과를 생활과 작업의 실제 조건에 적합하게 하기 위해 어떤 수정이 필요한지 고찰할 것이다. 제1장의 나머지 부분은 주로 노동수요를 검토할 것이다.

제2장에서는 우선 현대적 조건 아래서 노동공급을 고려할 것이다. 그런 다음에 노동자와 자본·토지 소유자 사이의 국민소득 분배의 개괄적인 윤곽을 결정하는 원인에 대해 전반적으로 조사할 것이다. 이러한 개략적인 조사에서는 많은 세부적인 사항들을 놓치고 지나가게 마련이다. 그중 일부를 채우는 것이 이 편의 나머지 부분의 과업이다. 그러나 다른 부분은 이후의 저작으로 미루어야 한다.

2 국민소득의 분배를 결정하는 원인들에 대해 스미스 직전의 프랑스 경제학자들이 가장 단순하게 설명했다. 그것은 18세기 후반부에 프랑스가 처한 특별한 상황에 기초하고 있었다. 프랑스의 소농에 대한 조세공과는 오직 그의 지불능력에 의해서만 한정되었으며, 노동계층의 소수만이 기아선상에서 벗어나 있었다. 그래서 경제학자들이나 이른바 중농주의자들은 문제를 단순하게 하기 위해 노동에 대한 임금을 기아선에서 유지하는 인구의 자연법칙이 존재한다고 가정했다.[1] 그들은 그러한 법

---

1) 그렇게 이러한 목적을 위해 중농주의자로 간주될 수도 있는 튀르고는 "모든 종류의 직종에서 장인의 임금은 생계를 확보하는 데 필요한 수준에 제한될 수밖에 없으며 실제로 그렇다. 〔……〕 그는 생계비만을 벌어들일 뿐"이라고 말한다 (『부의 형성과 분배에 대한 연구』, 제6장). 그러나 이러한 명제는 임금에 대한 과세가 반드시 임금을 인상시킨다는 결론에 도달하고, 임금은 세금이 높은 곳에서는 낮은 경우가 많고 세금이 낮은 곳에서는 높은 경우가 많다는 경험적 사실과 모순이라고 지적하면서 흄(D. Hume)이 반론을 제기했을 때, 튀르고 (1767년 3월)는 그의 철의 법칙은 단기가 아니라 오직 장기에만 완전히 작동한다는 취지로 답했다. 세(J. B. Say)의 『튀르고』(Turgot, 1888) 영문판 53쪽 이하를 보라.

칙이 모든 근로 대중에 대해 참이라고 가정하지는 않았다. 그러나 예외가 거의 없었기 때문에 그들은 이러한 가정이 가져다주는 전반적 인상은 참이라고 생각했다. 이는 비록 소수의 산악이 지구 반경의 1,000분의 1만큼 지평선상에 돌출해 있는데도 지구가 편구면(oblate spheroid)이라고 말함으로써 지구의 모양에 대해 설명을 시작해도 좋은 것과 어느 정도 비슷하다.

또 그들은 "일반적으로 절약이 사치를 압도했다"라는 사실의 결과로 유럽에서 이자율이 지난 5세기 동안 감소했다는 것을 알고 있었다. 그러나 그들은 자본의 민감성과 세금 징수인의 손아귀를 벗어남으로써 그의 압박을 회피하는 자본의 민첩성에 아주 깊은 인상을 받았다. 따라서 이윤이 당시 수준 이하로 하락한다면, 자본은 빠른 속도로 소비되거나 도피할 것이라고 가정하는 것이 큰 무리가 없다고 결론을 내렸다. 그에 따라, 역시 문제를 간단히 하기 위해, 그들은 어느 정도 자연임금률(natural rate of wages)과 대응되는 일종의 자연이윤율(natural rate of profit) 또는 필요이윤율이 존재한다고 가정했다. 그리고 만일 현행 이윤율이 이러한 필요수준을 상회한다면, 이윤율이 필요수준으로 떨어질 때까지 자본은 빠르게 성장할 것이라고 가정했다. 끝으로, 만일 현행 이윤율이 그러한 수준 이하로 떨어진다면 자본은 급속하게 축소될 것이며, 이윤율은 다시 상승할 것이라고 가정했다. 이렇게 임금과 이윤은 자연법칙에 따라 결정되기 때문에 그들은 모든 상품의 자연가치가 단순히 생산자를 보상하기 위해 필요한 임금과 이윤의 합으로서 규정된다고 생각했다.[2]

---

2) 이러한 전제에서 중농주의자들은 토지의 지대가 과세용으로 처분 가능한 일국의 유일한 순생산이며, 자본이나 노동에 조세가 부과되면 순가격이 자연적인 수준으로 상승할 때까지 자본이나 노동의 공급은 줄어든다는 결론을 논리적으로 도출했다. 그들의 주장에 따르면, 지주들은 이러한 순가격에 과세액, 세금징수에 따른 모든 경비를 추가한 총가격을 지불해야 한다. 그뿐만 아니라 징세원들이 산업의 자유로운 진행과정을 저해함으로써 발생하는 손해도 지주가 부담해야 한다. 따라서 만일 지주들이, 존재하는 유일한 잉여의 소유자로서, 왕이

스미스는 이러한 결론을 중농주의자들보다 한층 더 진전시켰다. 물론 지대 요소를 배제하기 위해 생산에 필요한 노동과 자본은 반드시 경작의 한계에서 추정되어야 한다는 것을 명확히 하는 일은 리카도에게 남겨졌다. 그러나 스미스는 프랑스와 달리 잉글랜드에서 노동과 자본이 기아선상에 있지 않다는 것을 알고 있었다. 잉글랜드에서 노동계층 대부분의 임금은 단순히 생존을 위한 필수재보다 훨씬 많은 것을 허용했다. 그리고 자본의 안전한 투자기회가 너무 다양했기 때문에 자본은 소멸하거나 도피할 가능성이 없었다. 따라서 그가 용어를 신중하게 사용했을 때, '자연임금률', '자연이윤율'이라는 용어는 중농주의자들이 사용했을 때처럼 분명한 정의와 경직성을 가지고 있지 않았다. 그리고 그는 이러한 자연율이 끊임없이 변동하는 수요와 공급의 조건에 의해 어떻게 결정되는지를 상당 정도 설명하기에 이르렀다. 그는 심지어 다음과 같이 주장했다. 즉 노동에 대한 후한 보수는 "보통 사람들의 근면성을 향상시키며", "풍부한 생계수단은 노동자의 육체적 역량을 향상시키고, 자신의 조건이 개선될 것이며 편안하고 풍요롭게 생을 마칠 것이라는 희망은 자신의 역량을 최대한 발휘하도록 격려한다. 따라서 임금이 낮은 곳보다는 임금이 높은 곳에서, 예를 들어 스코틀랜드보다는 잉글랜드에서, 외딴 시골보다는 대도시 근교에서, 우리는 언제나 노동자가 좀더 적극적이고, 근면하고, 기민한 것을 발견하게 될 것이다."[3] 그러나 스미스는 때때로 구식표현에 빠졌으며, 부주의한 독자들은 그가 노동임금의 평균수준이 철의 법칙에 의해 생존을 위한 필수재 수준에 고정됨을 믿는다고 생각하게 되었다.

또한 맬서스는 13세기부터 18세기까지 잉글랜드의 임금 추이에 대한

요구하는 모든 세금을 직접 납부하는 의무를 진다면, 그리고 특히 왕이 '자유방임 자유통행'(laisser faire, laisser passer), 즉 모든 사람이 스스로 선택한 것을 만들고, 원하는 시장에 노동을 판매하고 상품을 판매하는 것을 용인한다면 그들은 장기적으로 손실을 적게 입을 것이다.

3) 『국부론』, 제I편, 제8장.

감탄할 만한 조사에서, 임금의 평균수준이 어떤 때는 일일 곡물 0.5펙*으로 떨어지고 다른 때는 1.5펙, 심지어 15세기에는 2펙으로 상승하면서 세기마다 진동하는 것을 보여주었다. 그러나 비록 "열악한 생활양식은 빈곤의 결과임과 동시에 원인일 수 있음"을 간파했음에도 그는 이러한 열악한 상태를 거의 전적으로 인구증가의 탓으로 돌렸으며, 생활습관이 노동자의 효율성, 따라서 수익능력에 미치는 영향에 대한 현세대 경제학자들의 강조를 예견하지 못했다.[4]

리카도의 어법은 스미스나 맬서스의 그것보다 훨씬 더 부주의했다. 실제로 그가 다음과 같이 분명하게 말한 것은 사실이다.[5] "식량과 필수재로 측정된 노동의 자연가격은 절대적으로 고정되어 있고 일정한 것으로 이해하면 안 된다. [……] 그것은 본질적으로 사람들의 습관과 관습에 의존한다." 그러나 이렇게 한 번 언급한 뒤에 그는 그것을 계속 반복하는 수고를 감수하지 않았다. 그리고 대부분의 독자들은 그가 말했던 것을 잊어버린다. 논의과정에서 그는 자주 튀르고나 중농주의자들과 비슷한 어법을 사용했으며,[6] 생존을 위한 필수재 수준 이상으로 임금이 상승하자마자 인구가 빠르게 증가하는 경향은 임금을 '자연법칙'에 의해 생존을 위한 필수재 수준으로 고정시키는 원인이 된다는 것을 의미하는 것처럼 보였다. 이 법칙은 특히 독일에서 리카도의 '철의' 법칙 또는 '냉혹한' 법칙이라 불렸다. 많은 독일의 사회주의자들은 이 법칙이 지금 서구세계에서도 작동하고 있으며, 생산을 조직하는 방식이 '자본주의적' 또는 '개인주의적'인 한 계속 그럴 것이라고 믿었다. 그리고 그들은 리카도를 그들 편에 서 있는 권위자로 내세웠다.[7]

---

* 약 9리터.

4) 『정치경제학 원리』, 제4장, 2. 15세기에 실질임금의 상승 정도에 대해서는 다소 의문의 여지가 있다. 보통 잉글랜드 노동자의 실질임금은 최근 두 세대에 비로소 2펙을 초과했다.

5) 『정치경제학과 과세의 원리』, 제5장.

6) 『경제학 원리』 1, 제IV편, 제3장, 8을 참조하라.

7) 사회주의자가 아니고, 그러한 법칙이 존재하지 않는다고 믿는 일부 독일 경제

그러나 실제로 리카도는 임금의 필연적 또는 자연적 한도가 어떠한 철의 법칙에 의해서도 고정되지 않는다는 것을 인식했을 뿐만 아니라 그것이 각각의 시대와 장소에서 지역적 조건이나 관습에 따라 결정된다는 것도 인식하고 있었다. 그는 더 나아가 좀더 높은 '생활수준'의 중요성에 대해 아주 민감했으며, 인도주의자들에게 노동자계층 사이에서 임금이 생존을 위한 필수재 수준에 가깝게 하락하는 것을 용납하지 않으려는 불굴의 의지를 북돋우도록 노력할 것을 요청했다.[8]

많은 학자들이 리카도가 '철의 법칙'에 대해 믿고 있었다고 집요하게 주장하는 것은 '극단적인 경우(strong cases) 상정하기'를 즐기는 그의 취향과 추론의 결과를 현실생활에 적용 가능하게 만들기 위해 필요한 조건이나 제약을 단순화하기 위해 생략한다는 힌트를 일단 주고 나면 반복하지 않는 그의 습관에 의해서만 설명할 수 있다.[9]

학자들도 여전히 리카도와 그 계승자들의 학설은 이 법칙의 진실과 운명을 같이한다고 주장한다. 반면에 다른 학자들은(예를 들면 로셔의 『독일 경제학사』 *Geschichte der National-oekonomik in Deutschland*, 1874, 1022쪽) 리카도에 대한 사회주의자들의 오해에 이의를 제기한다.

8) 그의 말을 인용하는 것도 좋을 것이다. "인도주의자들은 모든 나라에서 노동계층이 편의재와 향락재에 대한 기호를 갖게 되고, 모든 합법적인 수단을 이용해서 그것들을 획득하기 위해 노력하도록 격려되기를 바랄 뿐이다. 과잉 인구에 대한 그 이상의 보증은 있을 수 없다. 노동계층이 거의 욕구가 없고 가장 저렴한 식량에 만족하는 나라에서, 사람들은 최악의 부침과 고난에 노출되어 있다. 그들은 재난에 대비한 피난처가 없다. 그들은 좀더 낮은 지위에서 안전을 구할 수 없다. 그들은 이미 너무 낮아서 더 이상 낮아질 수 없다. 그들의 생계에 주요한 품목이 부족할 때 가용한 대체재가 거의 없으며, 그들에게 결핍은 거의 모든 기근의 해악을 수반한다"(『정치경제학과 과세의 원리』, 제5장). 매컬럭은 리카도의 교의를 가장 극단적으로 답습하고, 그것을 가혹하고 엄격하게 적용했다고 비난을 받았다. 그리고 이러한 비난은 전혀 부당한 것이 아니었다. 그런 매컬럭이 『임금론』(*On Wages*, 1826), 제4장의 표제로 "저임금 그리고 노동자들이 상습적으로 가장 저렴한 식품으로 삶을 영위하는 것의 불리한 점들, 고임금의 이점들"을 선택했다는 것은 주목할 만하다.

9) 리카도의 이러한 습관은 부록 I에서 설명된다(또 『경제학 원리』 2, 제V편, 제14장, 5를 보라). 잉글랜드의 고전파 경제학자들은 흔히 최저임금이 곡물 가격에 좌우된다고 말했다. 그러나 그들은 '곡물'이라는 용어를 농산물 일반에 대한 약

밀은 비록 경제학에서 인간적인 요소를 강조하려고 애써 노력했음에도 임금이론에 대해서는 선행자들을 넘어서 큰 진전을 이루지 못했다. 그러나 그는, 맬서스를 좇아서, 만일 임금감소로 노동계층의 편의수준이 하락한다면, "그들에게 가해진 폐해는 영속적일 것이며, 그들의 악화된 조건은 과거의 좀더 나은 최저수준이 그랬듯이 스스로 영속하는 경향이 있는 새로운 최저수준이 될 것"[10]이라는 역사의 교훈을 강조했다.

그러나 높은 임금이 그것을 받는 사람들뿐만 아니라 후손들의 효율성을 향상시키는 데 미치는 효과에 대한 면밀한 분석은 1세대 전에 비로소 시작되었다. 이러한 연구에서 선구적 역할을 한 학자들은 워커(F. A. Walker)와 다른 아메리카의 경제학자들이었다. 그리고 구세계와 신세계의 상이한 국가들의 산업문제에 대한 비교연구방법의 적용은 고임금 노동이 일반적으로 효율적이며 따라서 값비싼 노동이 아니라는 사실에 점점 더 많은 주의를 끊임없이 촉구했다. 이러한 사실은 우리에게 알려진 어떤 다른 사실보다도 인류의 미래에 대해 희망적이지만, 분배이론에 아주 복잡한 영향을 미친 것으로 밝혀질 것이다.

어로 사용했다. 그것은 마치 페티(『조세공납론』*A Treatise of Taxes and Contributions*, 1662, 제14장)가 "우리가 주기도문에서 빵이라는 단어가 모든 생존을 위한 필수재를 포함하는 것처럼 가정하듯이, 곡물의 경작이 모든 생존을 위한 필수재를 포함하는 것으로 가정된다"라고 말하는 것과 같다. 물론 리카도는 노동계층의 전망에 대해 현재의 우리보다 덜 희망적으로 생각했다. 현재는 농업노동자도 가족을 부양하고 예비로 무엇인가를 남겨둘 수 있다. 반면에 당시에는 장인들도, 특히 흉년이 들고 난 다음에는, 가족을 위해 넉넉하고 우량한 식량을 구매하기 위해 임금 전액을 투입했다. 애슐리 경은 현대의 전망과 비교해서 리카도 전망의 협소함을 강조한다. 그는 이전의 각주에서 인용된 리카도의 문장의 역사를 시사적으로 설명하면서, 라살(F. Lassalle)마저도 자신의 냉혹한 법칙에 절대적 경직성을 부여하지 않았음을 보여준다. 「부록 I」2를 보라.

10) 밀, 『정치경제학 원리』, 제II편, 제11장, 2. 그는 리카도가 편의수준을 불변하는 것으로 상정했다고 불평했는데, 『경제학 원리』 2, 219쪽 주 6)에 인용된 리카도의 문장을 간과했음이 틀림없다. 그러나 그는 리카도의 '최저임금률'이 사회에 일반화된 편의수준에 의존하며, 생존을 위한 필수재와는 관련이 없다는 것을 알고 있었다.

분배문제는 과거의 경제학자들이 생각했던 것보다 훨씬 더 어렵고, 이 문제에 대한 단순 명쾌한 해답은 결코 참일 수 없다는 것이 이제 분명해졌다. 그것에 대한 간명한 해답을 제공하려는 과거의 시도는 대부분 우리의 세계와는 다른, 생활의 조건이 아주 단순한 세계에서나 제기될 수 있는 비현실적인 질문에 대한 해답이었다. 그러나 이러한 문제에 답하기 위해 행해졌던 작업이 낭비는 아니었다. 왜냐하면 아주 어려운 문제는 부분으로 분해함으로써 가장 잘 해결할 수 있기 때문이다. 그리고 이러한 각각의 단순한 문제는 해결해야 하는 방대하고 난해한 문제의 일부분을 포함한다. 이러한 경험의 도움을 받아, 이 장의 나머지 부분에서는 현실생활에서 노동과 자본의 수요를 규정하는 일반적인 원인들을 해명하기 위해 단계적으로 나아가보자.[11]

3 모든 사람이 작업을 보조하는 자본을 소유하고 있는 가상의 세계를 상정하고 수요가 노동의 수입에 미치는 영향을 연구하는 것으로 시작해보자. 이 경우에는 자본과 노동의 관계에 대한 문제는 일어나지 않는다. 즉 자본은 아주 소량 사용되고 있으며, 모든 사람이 사용하는 자본을 소유하고 있고, 자연의 선물은 자유롭게 확보되고 전유되지 않을 만큼 풍부하다고 가정해보자. 게다가 모든 사람이 동일한 능력이 있을 뿐만 아니라 일하려는 의지도 똑같고, 실제로도 똑같이 열심히 일한다고 가정하자. 또 모든 작업은 비숙련작업——어떤 두 사람이 업무를 바꾼다면, 각각 동일한 작업량을 동일한 수준으로 수행할 것이라는 의미에서 특화되지 않은 작업——이라고 가정하자. 끝으로, 모든 사람은 다른 사람들의 도움 없이 즉시 판매 가능한 상품을 생산하며, 그러한 상품의 최종소비자에게 직접 처분한다고 가정하자. 따라서 모든 상품에 대한 수요는 직접수요다.

이러한 경우에 가치문제는 아주 단순하다. 상품은 그 생산에 투입된 노동에 비례해서 교환된다. 만일 어떤 상품의 공급이 부족하다면, 그것

---

11) 『경제학 원리』 2, 제V편, 제5장, 특히 2, 3을 참조하라.

은 당분간 정상가격보다 높게 판매될 것이다. 그것은 생산과정에서 좀 더 많은 노동을 필요로 하는 상품들과 교환될 수 있다. 그러나 만일 그렇다면 사람들은 즉시 그것을 생산하기 위해 다른 작업을 그만둘 것이고, 아주 짧은 기간에 그것의 가치는 정상적인 수준으로 떨어질 것이다. 물론 미세한 일시적인 교란이 있을 수도 있다. 그러나 대체로 모든 사람의 수입은 다른 사람의 수입과 일치할 것이다. 즉, 각각은 생산된 재화와 용역의 순총합에서 동일한 몫을 갖게 될 것이다. 또는 흔히 말하듯이 노동에 대한 수요를 구성하는 **국민소득** 또는 **국민배당**에서 동일한 몫을 갖게 될 것이다.[12]

이제 만일 새로운 발명으로 어떤 업종에서 작업 효율성이 두 배가 된다면, 각 개인은 새로운 장비를 추가하지 않고도 특정 종류의 상품을 연간 두 배나 많이 생산할 수 있으며, 그러한 상품의 교환가치는 이전의 절반으로 감소할 것이다. 모든 사람의 노동에 대한 유효수요는 다소 증가할 것이며, 각 개인이 공통의 수입흐름*에서 끌어낼 수 있는 몫은 이전보다 조금 증가할 것이다. 선택여하에 따라 각 개인은 다른 모든 상품들을 과거의 수준으로 유지하면서 그 상품을 두 배 더 획득할 수 있다. 또는 그는 모든 상품들을 과거보다 조금 더 많이 획득할 수도 있다. 만일 많은 업종에서 생산효율성이 향상된다면 공통의 수입흐름이나 배당은 상당히 크게 증가할 것이다. 이러한 업종에서 생산된 상품들은 다른 업종에서 생산된 상품들에 대한 상당히 큰 수요를 구성할 것이며, 모든 사람의 수입의 구매력을 증가시킬 것이다.

4 다른 모든 것들이 전과 동일하다는 조건 아래서는, 즉 노동자들의 능력과 근면이 동일하고, 각 업종의 업무의 쾌적한 정도가 동일하고 그러한 업무를 습득하는 데 난이도가 동일하다는 조건 아래서는, 각 업종에서 약간의 특화된 숙련이 요구된다고 가정할지라도, 상태는 크게 변하지 않을 것이다. 정상수입률(normal rate of earnings)은 모든 업종

---

12)『경제학 원리』 2, 제VI편, 제1장, 10을 보라.

* 국민소득을 의미한다.

에서 여전히 똑같을 것이다. 왜냐하면 만일 어떤 업종에서 일일 노동으로 생산되는 상품이 다른 업종에서 일일 노동으로 생산되는 상품보다 더 비싸게 판매되고, 이러한 격차가 지속될 기미가 있다면, 사람들은 유리한 업종에 우선권을 두고 자식들을 양육할 것이기 때문이다. 약간의 경미한 불규칙성이 존재할 수 있다는 것은 사실이다. 한 업종에서 다른 업종으로 전환하는 데는 반드시 시간이 걸리고, 어떤 업종들은 당분간 수입흐름의 정상적인 몫 이상을 획득하고, 다른 업종들은 그 이하를 획득하거나 심지어 일감이 부족하다. 그러나 이러한 교란에도 불구하고, 각 상품의 현행가치는 정상가치 주변에서 변동할 것이다. 이 경우에 정상가치는 이전의 경우와 마찬가지로 단순히 상품에 투입된 노동량에 의존할 것이다. 왜냐하면 모든 종류의 노동의 정상가치는 여전히 똑같을 것이기 때문이다. 공동체의 생산능력은 노동분업으로 향상될 것이며, 공통의 국민배당 또는 수입흐름은 좀더 증가할 것이다. 일시적인 교란을 무시하면 모든 사람들이 그것을 등분할 것이므로, 각 개인은 자신의 노동의 결실을 가지고 스스로 생산할 수 있는 것보다 더 유용한 상품들을 구매할 수 있을 것이다.

이 단계에서도, 앞에서 고찰했던 것과 마찬가지로, 각 상품의 가치는 그것에 투입된 노동량과 밀접하게 대응된다는 것은 여전히 사실이다. 또한 각 개인의 수입은 단순히 자연의 관대함과 생산기술의 진보에 의해 규정된다는 것도 여전히 사실이다.

5 노동자를 양성하고 훈련하는 데 투입된 풍부한 경비지출이 그의 효율성에 미치는 영향을 계속해서 무시하도록 하자. 이 문제는 분배의 공급측면과 관련된 다른 사정들과 함께 다음 장(제2장)에서 논의하도록 남겨두자. 그리고 인구변화가 자연에서 제공되는 소득에 미치는 영향을 고찰하도록 하자. 인구증가가 일정 비율로 진행되거나 여하튼 임금률에 의해 영향을 받지 않는다고 가정하자. 물론 인구증가율은 관습, 도덕관, 의료지식의 변화에 의해 영향을 받을 수도 있다. 그리고 우리는 모든 노동의 등급 또한 같다고 가정한다. 또한 국민배당은 경미한 일시

적 차이를 제외하면 모든 가족에 평등하게 배분된다고 가정한다. 이 경우에 생산기술이나 운송기술의 개선, 새로운 발명, 자연에 대한 새로운 승리는 각 가족이 지배할 수 있는 편의재와 사치재를 균등하게 증가시킬 것이다.

그러나 이 경우는 앞 절의 경우와 다르다. 왜냐하면 이 경우에 인구증가는 충분히 오랫동안 지속된다면 궁극적으로 생산기술의 향상을 압도하고, 농업에서 수익체감의 법칙을 야기하기 때문이다. 다시 말해서 토지를 경작하는 사람들이 자본과 노동의 대가로 획득하는 밀과 기타 농산물은 과거보다 줄어들 것이다. 한 시간의 노동은 농업 전반, 따라서 다른 모든 업종에서 과거보다 소량의 밀에 대응될 것이다. 왜냐하면 모든 노동이 같은 등급이라고 가정했으며, 따라서 수입은 일반적으로 모든 업종에서 동일하기 때문이다.

더 나아가 토지의 잉여가치 또는 임대가치가 상승하는 경향이 있다는 것을 지적할 필요가 있다. 왜냐하면 임의의 농산물의 가치는 거의 이익이 없는 또는 한계조건 아래서 투입된 노동의 가치와 반드시 일치하기 때문이다. 이러한 노동은 비옥한 토지든 척박한 토지든 농산물 생산에 필요한 정도의 자본의 도움을 받는 것으로 상정된다. 경작의 한계에서 1쿼터의 밀을 재배하기 위해 과거보다 더 많은 자본과 노동이 필요할 것이다. 따라서 유리한 조건 아래 투입된 노동에 대해 자연이 제공하는 밀은 이전보다 노동, 자본과 비교해서 상대적으로 더 높은 가치를 갖게 될 것이다. 즉, 그것은 그것을 재배하는 데 사용된 노동과 자본의 가치를 초과하는 좀더 큰 잉여가치를 창출할 것이다.

6 이제 노동은 사회 전반적으로 동일한 노력에 대해 동일한 보수를 보장받을 수 있을 만큼 자유롭게 이동한다는 가정을 버리도록 하자. 그리고 노동은 하나의 산업등급만 있는 것이 아니라 여러 등급이 있다고 가정함으로써 생활의 실제조건에 좀더 가깝게 접근하도록 하자. 부모들은 언제나 자신들의 등급 내에 있는 직업에 맞게 자식들을 양육하며, 자식들은 그 등급 내에서 자유롭게 선택할 수 있지만 그밖에서는 자유롭

게 선택할 수 없다고 가정하자. 끝으로, 각 등급에 속하는 노동자 수의 증가는 경제적 원인과는 다른 원인들에 의해 규정된다고 가정하자. 앞의 경우처럼 인구증가가 일정 비율로 진행될 수도 있으며 관습, 도덕관 등의 변화에 따라 영향을 받을 수도 있다. 이 경우에도 집계국민배당은 생산기술의 현재상태에서 인간의 노동에 대해 자연이 제공하는 산출의 풍부함으로 규정될 것이다. 그러나 상이한 등급 간에 집계국민배당의 배분은 불균등할 것이다. 그것은 사람들의 수요에 따라 규정될 것이다. 어떤 산업부문에 종사하는 사람들의 몫은 국민소득의 좀더 큰 몫을 차지하는 사람들에 대해 그들이 충족시켜줄 수 있는 필요가 광범위하고 절박하련 할수록 더욱 클 것이다.

예를 들어 장인들이 하나의 등급, 신분 또는 산업부문을 형성한다고 가정하자. 그들의 수는 고정되어 있거나, 적어도 그들의 수입과 독립적인 원인들에 의해 통제되므로 그들의 수입은 그들이 제공할 수 있는 만족을 원하는 계층들의 자원과 열망에 의해 규정될 것이다.

7 이제 모든 사람이 작업을 보조하는 자본을 소유하고 있는 가상의 세계를 떠나, 노동과 자본의 관계가 분배문제에서 중요한 역할을 하는 현실세계로 돌아올 수 있다. 그러나 각 요소의 투입량 및 생산에 대한 기여에 따른 다양한 생산요소 간 국민배당의 분배에 관심을 국한하도록 하자. 그리고 각 요소의 보수가 그 요소의 공급에 미치는 반작용은 제2장에서 고찰하자.

이미 설명했듯이, 기민한 기업가는 가장 수익성 높은 자원의 투입을 끊임없이 추구하고, 지출의 작은 부분을 다른 생산요소들로 이전시킴으로써 이득을 얻을 수 있는 한계 또는 한도까지 각 생산요소를 활용하기 위해 노력한다. 그리고 그 자신은, 그의 영향이 미치는 한에서, 대체원리가 작용하는 매개체 역할을 한다. 따라서 대체원리는 그를 매개로 각요소의 한계투입에서 요하는 비용을 그것의 사용에서 발생하는 추가적 순생산과 일치하도록 각 생산요소를 조정한다. 우리는 이러한 일반적 추론을 노동고용의 경우에 적용해야 한다.[13]

신중한 기업가는 자신의 일에 맞게 적당한 수의 노동자를 고용하고 있는지의 문제를 항상 염두에 둔다. 어떤 경우에는 이 문제가 설비에 의해 결정된다. 고속기관차 1대당 오직 한 명의 기관사만이 필요하다. 그러나 고속열차에 차장이 단 한 사람밖에 없다면 교통이 혼잡할 때 그 열차는 몇 분을 지체할 것이며, 그것은 두 번째 차장에 의해 절약될 수 있을 것이다. 따라서 기민한 경영자는 끊임없이 두 번째 차장의 도움에서 발생하게 될 시간의 절약과 승객의 불편의 경감효과를 측정하며, 그 비용을 치를 만한 가치가 있는지 고려한다. 이 문제는 시간표상에 추가적인 열차를 배치하는 것이 "수지가 맞을 것인가"라는 문제와 성질상으로는 비슷하지만, 형식상으로는 좀더 단순하다. 후자의 경우에는 노동뿐만 아니라 설비에 더 많은 지출을 필요로 할 것이다.

또 우리는 때때로 어떤 농장주가 농지에 대한 노동을 갈망한다고 말하는 것을 듣는다. 어쩌면 그는 충분한 말과 장비를 보유하고 있을 것이다. 그러나 "만일 한 사람 더 고용한다면 그는 자신의 돈뿐만 아니라 그 이상을 회수할 것이다." 즉 추가적 노동자의 순생산은 그의 임금을 보전하고도 남는다. 어떤 목장주가 목동의 수에 대해 이와 같은 문제를 제기한다고 가정하자. 단순화하기 위해, 목동을 추가 고용해도 설비나 가축에 대한 추가적인 경비가 소요되지 않는다고 가정하자. 그리고 추가적인 목동은 목장주가 어떤 방향에서 감수하는 수고만큼 다른 방향에서 덜어주기 때문에, 경영수입(경영수입이 위험에 대비한 보험 등을 포함하도록 포괄적으로 해석될지라도)에 새로이 추가되는 부분이 전혀 없다고 가정하자. 그리고 끝으로 목장주는 추가적인 목동이 양호한 상태에

---

13) 『경제학 원리』 2, 제V편, 제4장, 1~4를 보라. 잠시 후에 우리는 인간노동의 고용이 주택 또는 기계의 사용과 어떤 점에서 다른지를 고려해야 할 것이다. 그러나 현재로서는 이러한 차이를 무시하고, 문제를 큰 틀에서만 보아도 좋을 것이다. 그럼에도 약간의 기술적 어려움에 봉착할 것이다. 그리고 『경제학 원리』 2, 제V편, 제7장 말미의 제안에 따라 제V편의 나머지 장들을 생략한 독자들은, 만일 여기서 제공된 일반적인 설명에 만족하지 않는다면, 반드시 되돌아가서 제V편, 제8장과 제9장을 읽어야 한다.

있는 양의 연간산출을 20마리 증가시키는 정도만큼 새끼 양의 소모를 막아주거나 다른 방식으로 기여할 것이라고 생각한다고 가정하자. 다시 말해서 그는 추가적인 목동의 순생산이 양 20마리에 상당한다고 평가한다. 만일 추가적인 목동을 양 20마리 가격보다 적은 비용으로 고용할 수 있다면, 기민한 목장주는 분명히 그를 고용할 것이다. 그러나 만일 추가적인 목동이 대략 그 가격에서만 고용될 수 있다면, 목장주는 망설임의 한계에 있을 것이다. 그리고 그러한 목동은 한계적 목동이라고 명명할 수 있다. 왜냐하면 그의 고용은 한계에 있기 때문이다.

그 목동은 정상적인 효율성을 가지고 있다고 가정하는 것이 최선이다. 설사 그가 예외적인 효율성을 가지고 있다 할지라도, 그의 임금이 순생산과 일치한다는 조건이 성립된다면, 실제로 그는 한계적 목동일 것이다. 목장주는 정상적인 효율성을 가진 목동이 양의 산출을 단 16마리 추가할 것이라고 계산하고, 통상적인 임금의 4분의 1을 더 주고 예외적인 효율성을 가진 목동을 기꺼이 고용할지도 모른다. 그러나 그 목동을 그렇게 예외적이라고 가정하는 것은 아주 부적절하다. 그는 대표적인 목동이어야 한다. 즉 정상적인 효율성이 있어야 한다.[14]

---

14) 『경제학 원리』 2, 제VI편, 제13장, 8, 9에서 노동표준화에 대한 설명을 참조하라. 다음의 표에서 통계적 설명이 제공된다. (2)열은 각각 8, 9, 10, 11, 12명의 목동이 노동할 때 영국의 대규모 목양장에서 적정한 양모와 함께 연간 출하될 수 있는 양의 수를 나타낸다(사람은 부족하고 토지는 풍부하며 양의 가치는 비교적 작은 오스트레일리아에서는, 양털을 깎는 시기를 제외하면 양 2,000마리당 목동은 10명 미만인 경우가 많다. 애슐리 편, 『영국 자치령』*British Dominions*, 1911, 61쪽). 우리는 목동이 8명에서 12명으로 증가할 때 농장을 경영하는 일반경비가 증가하지 않는다고 가정하고 있다. 목동 수의 증가는 어떤 방향에서 목장주의 수고를 덜어주는 반면 다른 방향에서는 그만큼 수고를 더해주므로, 이 점에서 어떤 방향으로든 아무것도 고려할 필요가 없음을 가정하고 있다. 따라서 (3)열에 정리되어 있는 각각의 추가적인 목동에 기인하는 생산물은 그에 상응하는 (2)열의 수치에서 같은 (2)열의 선행하는 수치를 뺀 것이다. (4)열은 (2)열의 수치를 (1)열의 수치로 나누어서 구한다. (5)열은 1인당 양 20마리의 임금률로 목동의 노동비용을 보여준다. (6)열은 목장주의 이윤과 지대를 포함해서 일반경비로 남겨진 잉여를 보여준다.

(1) 목동의 수	(2) 양의 수	(3) 최종의 노동자에 기인한 생산물	(4) 1인당 평균 생산물	(5) 임금지불 총액	(6) (2)—(5)
8	580	-	$72\frac{1}{2}$	160	420
9	615	35	$68\frac{1}{3}$	180	435
10	640	25	64	200	440
11	660	20	60	220	440
12	676	16	$56\frac{1}{3}$	240	436

아래로 이동함에 따라 (3)열의 수치는 계속 체감하지만 (6)열의 수치는 증가하다가 일정하게 유지되고, 마침내 감소한다. 이것은 목장주의 이익이 10명을 고용하든 11명을 고용하든 똑같이 충족되지만 8, 9 또는 12명을 고용하면 그만큼 충족되지 않는다는 것을 가리킨다. 만일 노동과 양에 대한 시장의 상황이 목동 한 명을 양 20마리의 가격으로 1년간 고용할 수 있는 것이라면, 11번째 목동은 (정상적 능력을 가진 것으로 가정한다면) 한계적 목동이다. 만일 시장의 상황이 목동 한 명을 양 25마리의 가격으로 1년간 고용할 수 있는 것이라면 (6)열의 수치는 각각 380, 390, 390, 385 그리고 376이 될 것이다. 따라서 그러한 특수한 목장주는 필시 목동을 한 명 적게 고용하고, 양을 시장에 적게 출하할 것이다. 그리고 수많은 목장주 중에서 그렇게 할 사람들의 비중은 **분명** 클 것이다.

비슷한 경우와 관련해서 상세하게 설명했듯이(『경제학 원리』 2, 제V편, 제8장, 4, 5를 보라), 이러한 노동에 대해 목장주가 정확히 지불할 가치가 있는 임금은 목동의 임금을 규정하는 다수의 원인에서 생기는 결과를 표시해줄 뿐이다. 그것은 마치 안전밸브의 움직임이 보일러의 압력을 규정하는 다수의 원인에서 생기는 결과를 표시하는 것과 같다. 이론적으로 이것으로부터 목장주는 20마리의 추가적인 양을 시장에 출하함으로써 양의 가격을 전반적으로 떨어뜨릴 것이며, 따라서 다른 양에 대해 약간의 손실을 볼 것이라는 사실이 도출될 수밖에 없다. 이러한 수정은 특별한 경우에는 상당히 중요할 수 있다. 그러나 수많은 생산자 가운데 하나가 대규모 시장에 미세한 추가공급을 출하하는 경우를 다루는 일반적 논의에서는 그것은 아주 미미할 것이며(수학적으로는 미량의 제곱), 무시될 수 있다(『경제학 원리』 2, 109쪽 주 9)를 보라).

물론 이러한 예외적인 경우에 목동의 순생산은 목동들의 임금을 규정하는 데에 농장에서 토지, 건물, 도구, 경영노동 등 다른 방향으로 상당한 추가 경비 없이는 수익성 있게 고용될 수 없는 임의의 한계적 목동의 순생산보다 더 큰 역할을 하지는 못한다.

위 표의 (4)열은 (3)열과 마찬가지로 (1)열과 (2)열에서 도출된다. 그러나 표는 (3)열의 양의 수와 동등한 가치의 임금을 지불하고 목동을 고용할 때, 목장 만일 그가 대표적인 목동이고, 그의 고용주도 대표적인 고용주라면 20마리의 양은 순생산을 나타낼 것이고, 따라서 목동의 수익능력을 나타낼 것이다. 그러나 만일 고용주가 무능한 경영자라면, 예를 들어 그가 양의 사료를 부족하게 공급하도록 방치한다면, 목동은 20마리 대신 15마리만을 절약할 수도 있다. 노동자와 그의 고용조건이 정상적인 경우에만 순생산이 정상임금을 나타낸다.

목동의 노동에서 획득되는 추가적인 생산은 목장주가 이미 고용한 목동의 수에 따라 크게 영향을 받는다. 그리고 그것은 또 수요와 공급의 일반적인 조건, 특히 현세대 동안 목동을 공급할 원천이 되는 계층에 속하는 인구 수, 양고기와 양모에 대한 수요 그리고 그것들이 공급될 수 있는 지대의 넓이, 다른 모든 농장의 목동들의 능률 등에 의해 규정된다. 그리고 한계생산물의 크기는 농지에 대한 다른 용도의 경쟁에 의해 좀더 큰 영향을 받는다.[15] 예컨대 목양업에 가용한 공간은 목재 또는 귀리를 기르거나 사슴을 사육하기 위한 토지의 수요에 따라 감축된다.

위의 사례는 단순한 산업에서 선택되었다. 그러나 비록 그 형식은 다를지라도, 문제의 실제 내용은 모든 산업에서 마찬가지다. 각주에 지적된, 그러나 우리의 주된 목표를 위해서는 중요하지 않은 조건들의 제약을 받지만, 모든 유형의 노동 임금은 그 유형의 한계노동자의 추가적 노동에서 기인하는 순생산과 일치하는 경향이 있다.[16]

주가 얼마나 많은 목동을 고용할 수 있는지 보여준다. 따라서 표는 임금 문제의 핵심에 이른다. 그러나 (4)열은 문제와 직접적인 관계가 없다. 따라서 흡슨이 자신이 만든 유사한 표(그러나 선택된 수치는 그가 비판한 가설에 적합하지 않다)에 대해 설명하면서, "바꾸어 말하면, 이른바 최종 또는 한계생산성은 평균생산성에 불과한 것으로 드러난다. [……] 한계생산성이 존재한다는 생각은 [……] 완전히 잘못된 것이다"(『산업조직』, 110쪽)라고 말할 때, 그는 오해한 것처럼 보인다.

15) 『경제학 원리』2, 140, 141쪽을 참조하라.

16) 인간노동의 순생산을 설명하는 이와 같은 방법은 영업관계를 점차적으로 구축하기 위해 대규모의 자본과 노력을 투입해야 하는 산업에는 쉽게 적용할 수 없으며, 특히 수익체증의 법칙을 따르는 산업은 더욱 그렇다. 그것은 『경제학

이러한 학설은 때때로 임금에 대한 이론으로 주창된다. 그러나 그러한 주장을 뒷받침해주는 정당한 근거는 없다. 어떤 노동자의 수입이 그의 노동의 순생산과 일치하는 경향이 있다는 학설은 그 자체로서는 아무런 실질적 의미가 없다. 왜냐하면 순생산을 측정하기 위해서 우리는 그의 임금 외에도 그가 작업하는 상품의 모든 생산경비를 감안해야만 하기 때문이다.

그러나 위의 학설이 임금이론을 포함하고 있다는 주장에 대해서는 이러한 반박이 정당하지만, 그것이 임금을 규정하는 원인들 가운데 하나의 작용을 해명해준다는 주장에 대해서는 정당하지 않다.

8 이후의 장들에서는, 앞 절에서 육체노동의 경우와 관련해 예를 들어 설명했던 원리에 대해 특수한 목적을 위해 다른 사례를 들 필요가 있을 것이다. 그리고 특히 기업의 실제 산출고가 보통 노동자의 추가적인 고용에 의해 증가되는 만큼 추가적인 감독에 의해서도 증가되는 경우, 기업경영 업무의 특정 부분의 가치가 어떻게 측정될 수 있는지를 보여줄 필요가 있을 것이다. 또 부수적인 추가경비 지출을 발생시키지 않으면서 기계의 증설에 의해 공장의 산출고가 증가하는 특정한 경우에는 기계의 수입(earnings)을 산출고 증분에 따라 추정할 수 있다.

특수한 기계의 작업으로부터 일정한 집계가치를 갖는 기계 일반의 작업으로 일반화함으로써, 어떤 공장에서 100파운드 가치의 추가적인 기계가 다른 추가경비를 동반하지 않고 부설되고, 그 기계의 마모를 감안해 연간 4파운드의 순생산을 공장에 추가할 수 있다고 가정하자. 만일 자본 투자자들이 높은 보수를 획득할 수 있을 것으로 보이는 모든 투자처에 자본을 투입한다면, 그리고 그렇게 투자해서 균형에 도달한 이후

원리』2, 제V편, 제12장과 「부록 H」에서 설명한 것과 같은 등급의 실제적 어려움이다. 『경제학 원리』1, 제IV편, 제12장; 제V편, 제7장, 1, 2와 제11장을 보라. 임의의 대기업에서, 추가적으로 고용된 노동자가 기업의 전반적 경제에 미치는 영향에 대해서도 순수하게 추상적인 관점에서 고려될 수도 있다. 그러나 그것은 진지하게 고려하기에는 너무 미미하다(『경제학 원리』2, 109쪽 주9)를 보라).

에도 이러한 기계를 고용하는 것이 여전히 정확하게 수지가 맞다면, 우리는 이러한 사실에서 연간이자율은 4퍼센트라는 것을 추론할 수 있다. 그러나 이러한 종류의 예증은 가치를 규정하는 거대한 원인들의 작용의 일부만을 지시해줄 뿐이다. 그것은 순환논법에 빠지지 않고는 임금이론이 되지 못하는 것과 마찬가지로 이자이론도 되지 못한다.

그렇지만 임의의 용도와 관련된 자본수요의 성격에 대한 우리의 사례를 좀더 밀고 나가고, 자본의 집계수요가 어떻게 다수의 상이한 용도와 관련된 수요들로 구성되어 있는지를 관찰하는 것이 좋을 것이다.

개념을 명확히 하기 위해 어떤 특정한 업종, 예컨대 모자제조업의 예를 들어, 그것이 흡수하는 자본의 양을 결정하는 것은 무엇인지 고찰해보자. 완전히 안전한 증권에 대한 이자율은 연간 4퍼센트이며, 모자제조업은 100만 파운드의 자본을 흡수한다고 가정하자. 그것은 모자제조업이 100만 파운드어치의 자본을 잘 활용한다면, 제조업자가 연간순이자 4퍼센트를 지불하고 자본을 이용할 수 있다는 것을 의미한다.[17]

모자제조업에는 몇 가지 필요한 것이 있다. 그것은 약간의 식량, 의복, 주거공간을 필요로 할 뿐만 아니라 원료와 같은 약간의 유동자본과 도구 및 소규모 기계 같은 약간의 고정자본을 필요로 한다. 그리고 비록 경쟁 때문에 필요한 자본을 사용해서 보통의 영업이윤 이상을 획득할 수 없을지라도, 그러한 자본의 결여는 너무 치명적이기 때문에 해당 업종에 종사하는 사람들은 그것을 좀더 나은 조건에 사용할 수 없다면 그것에 대해 연간 50퍼센트의 이자를 지불할 용의가 있을 것이다. 이자율이 연간 20퍼센트 이상이라면 사용하지 않겠지만, 연간 20퍼센트라면 사용하는 다른 기계들도 있을 수 있다. 만일 이자율이 10퍼센트라면 더

---

17) 업자에 대한 대부자금의 이자율은 일반적으로 연간 4퍼센트를 크게 상회한다. 그러나 우리가 제VI편, 제6장에서 설명하겠지만, 그것은 진정한 순이자 이외에 다른 것들을 포함한다. 전쟁 때문에 최근에 자본이 대대적으로 파괴되기 이전에는 이자율이 3퍼센트라고 말하는 것이 합당한 것처럼 보였다. 그러나 전쟁이 끝난 후 몇 년 동안은 심지어 4퍼센트에도 자본을 이용하기가 거의 힘들었다.

많은 기계들을 사용할 것이다. 만일 이자율이 6퍼센트라면 더 많은 기계들을 사용할 것이고, 이자율이 5퍼센트라면 더욱더 많은 기계들을 사용할 것이다. 끝으로 이자율이 4퍼센트라면 그들은 훨씬 더 많은 기계를 사용할 것이다. 여기에 이르면 기계의 한계효용, 즉 고용할 만한 가치가 있는 마지막 기계의 효용은 4퍼센트로 측정된다.

이자율의 상승은 기계의 사용을 감소시킬 것이다. 왜냐하면 그들은 그 가치에 대해 4퍼센트 이상의 연간순잉여를 제공하지 못하는 기계의 사용을 피할 것이기 때문이다. 그리고 이자율이 하락하면 그들은 좀더 많은 자본장비를 요구하고, 그 가치에 대해 4퍼센트 이하의 연간순잉여를 제공하는 기계도 도입할 것이다. 또 이자율이 낮으면 낮을수록 모자제조 공장으로 사용되는 건물과 모자제조업자의 본부의 규모는 더욱 방대해질 것이다. 그리고 이자율이 하락하면 원료와 소매업자의 수중에 있는 완성품 재고가 증가하는 형태로 모자제조업에 좀더 많은 자본이 사용될 것이다.[18]

자본이 투입되는 방식은 동일 업종 내에서도 크게 다를 수 있다. 각 사업가는 자력을 참작해, 사업의 여러 방향에서 수익성 한계에 도달한 것으로 판단될 때까지 자본 투자를 진행할 것이다. 그리고 그러한 수익성 한계는, 이미 말했던 것처럼, 가능한 모든 투자직선을 차례로 지나고, 추가적 자본을 차입할 수 있는 이자율 하락이 있을 때마다 투자직선을 따라 불규칙적으로 밖으로 이동하는 경계선이다. 자본의 대부에 대한 수요는 모든 업종에서 모든 개인들의 수요를 집계한 것이다. 그리고 그러한 수요는 상품의 판매에 대해 적용되는 법칙과 유사한 법칙을 따른다. 그것은 마치 임의의 주어진 가격에서 구매자를 발견할 수 있는 일정한 양의 상품이 존재하는 것과 마찬가지다. 가격이 상승할 때 판매될 수 있는 분량이 감소하는 것처럼 자본의 사용에 대해서도 마찬가지다.

그리고 생산적 용도를 위한 차입이나 즉각적 지출수단을 획득하기 위

---

18)『경제학 원리』2, 제V편, 제4장, 제번스의 이자론에 대해 간략한 해설이 수록된「부록 I」3을 참조하라.

해 미래의 재원을 저당 잡히는 정부 또는 낭비가의 차입은 이 점에서는 마찬가지다. 그들의 행동이 종종 냉정한 계산에 의해 거의 규정되지 않으며, 그들은 흔히 차입에 대해 지급하게 될 이자를 거의 고려하지 않은 채 차입하고자 하는 금액을 결정한다는 것이 사실이다. 그러나 여전히 이자율은 이러한 종류의 차입에 대해서도 상당한 영향을 미친다.

9 어렵지만 포괄적인 명제로 전체를 요약해보자. 토지, 기계, 숙련노동, 비숙련노동 등 모든 생산요소는 수익성이 있는 한 생산에 투입되는 경향이 있다. 만일 고용주나 다른 기업가가 임의의 생산요소를 조금 더 사용함으로써 좀더 나은 결과를 얻을 것이라고 생각한다면 그들은 그렇게 할 것이다. 그들은 이러한 방향으로 또는 다른 방향으로 지출을 조금 늘림으로써 얻게 될 순생산(즉 부수적인 지출을 감안해서 총생산물의 화폐가치의 순증가분)을 추정한다. 그리고 만일 그들이 어떤 방향에서 다른 방향으로 약간의 지출을 이전시킴으로써 이득을 볼 수 있다면 그들은 그렇게 할 것이다.[19]

그렇게 각 생산요소의 사용은 공급과 관련해서 수요의 일반적 조건에 의해 규정된다. 한편으로는 그 생산요소가 사용될 수 있는 모든 용도의 긴급도와 그 생산요소를 필요로 하는 사람들이 처분할 수 있는 자력의 관계에 의해, 그리고 다른 한편으로는 그 생산요소의 가용한 스톡에 의해 규정된다. 그리고 대체원리에 따라 생산요소는 용역가치가 낮은 용도에서 용역가치가 높은 용도로 끊임없이 이동하는 경향이 있으며, 각각의 용도에 대한 생산요소의 가치는 이러한 경향에 의해 균등하게 유지된다.

만일 비숙련노동이나 다른 요소의 사용이 줄어들었다면, 그 이유는 사람들이 그 요소를 사용할 만한 가치가 있는지 망설이는 어떤 한계점에서 그럴 만한 가치가 없다고 결정했기 때문일 것이다. 각 요소의 한계적 사용과 한계적 효율성을 반드시 주목해야 하는 이유가 바로 여기에

---

19) 이런 명제는 『경제학 원리』 2, 제V편, 제4장, 제8장의 논의 방향을 긴밀하게 따르고 있다.

있다. 우리는 반드시 그렇게 해야 한다. 왜냐하면 오직 한계에서만 수요와 공급의 변화된 관계를 나타내는 대체가 발생할 수 있기 때문이다.

만일 노동의 등급 간 차이를 무시하고, 모든 노동을 동종의 노동으로 간주하거나 적어도 표준적 효율성이 있는 특정 노동을 기준으로 표현한다면, 우리는 노동의 직접투입과 물적 자본의 직접투입 사이의 무차별의 한계(margin of indifference)를 찾을 수 있을 것이다. 그리고 튀넨의 말을 인용해서 "자본의 노동이 인간의 그것보다 더 저렴하다면 사업가는 약간의 노동자를 해고하고, 그 반대의 경우에는 노동자를 추가 고용할 것이기 때문에 자본효율성은 반드시 자본수입의 척도일 수밖에 없다"[20]라고 간단하게 말해도 좋을 것이다.

그러나 물론 자본 일반과 노동의 경쟁은 단일 업종에서 기계와 노동의 경쟁과는 성격이 다르다. 후자는 특정 종류의 노동을 완전히 실업 상태로 내몰 수도 있다. 그러나 전자는 노동 일반을 제거할 수는 없다. 왜

20) 『고립국』, 제II편, 제1장, 123쪽. 그는 "이자율이 자본효율성과 노동효율성의 관계를 표현하는 요소"(같은 책, 124쪽)라고 주장한다. 끝으로 그는, 제번스가 한 세대 이후에 독립적으로 연구하면서 동일한 목적을 위해 채택했던 것과 아주 비슷한 표현을 빌려 다음과 같이 말한다. "최종적으로 투입된 미세한 자본의 효용이 이자율의 수준을 결정한다"(162쪽). 특유의 폭넓은 시야를 가지고, 튀넨은 임의의 생산 부문에서 자본의 연속적인 투입단위에 대한 수익체감의 일반적인 법칙을 발표했다. 그리고 이 주제에 대한 그의 논의는 현재까지도 매우 흥미롭다. 물론 그것은 어떤 산업에서 투입된 자본의 증가는 산출물을 자본증가 비율보다 더 크게 증가시킬 수 있다는 사실을, 어떤 산업으로의 연속적인 자본유입은 반드시 궁극적으로 그 산업에서 이윤율을 저하시킬 수밖에 없다는 사실과 어떻게 조화시킬 것인지를 보여주지 못하고 있다. 이러한 원리 및 다른 중요한 경제적 원리들에 대한 그의 설명은 비록 많은 점에서 초보적이지만, 자본축적을 결정하는 원인이나 임금과 자본스톡의 관계에 대한 그의 공상적이고 비현실적인 가정과는 상이한 기초 위에 서 있다. 이러한 가정에서 그는 노동의 자연임금률이 노동자의 필수재와 자본에 의해 보조될 때 노동자의 노동에 기인하는 생산물의 몫 사이의 기하평균(n개의 양수가 있을 때 이들 수의 곱의 n제곱근의 값—옮긴이)이라는 기이한 결과를 도출한다. 그에 따르면 자연율은 유지될 수 있는 가장 높은 수준을 의미한다. 튀넨의 주장에 따르면, 만일 노동자가 당분간 그 이상을 받는다면, 장기적으로 그가 벌어들인 것 이상으로 손실을 발생시킬 만큼 자본의 공급이 억제된다.

나하면 그것은 반드시 자본으로 사용되는 상품의 제작자들에 대한 고용 증가를 야기하기 때문이다. 그리고 사실상 노동을 자본으로 대체하는 것은 좀더 짧은 기다림과 결합된 형태의 노동을 좀더 긴 기다림과 결합된 형태의 노동으로 대체하는 것이다.[21]

10 국민배당 또는 국가 전체의 배분 가능한 순소득이 토지, 노동, 자본의 몫으로 분할된다고 말할 때, 우리는 반드시 포함되는 것과 제외되는 것을 분명히 해야 한다. 모든 용어들을 광의로 사용하든 협의로 사용하든, 우리의 논의에는 큰 변화가 거의 없을 것이다. 그러나 용어의 용법은 논의 전체에 걸쳐 일관성을 유지해야 한다. 그리고 토지, 노동, 자본의 수요와 공급의 어떤 국면에 포함된 것들은 반드시 다른 국면에서도 포함되어야 한다.

일국의 노동과 자본은, 그 나라의 자연자원에 작용해서, 연간 모든 종류의 용역을 포함하는 물질적 · 비물질적 상품들의 일정한 순집계량을 생산한다. '순'이라는 제한어는 원료 · 반제품의 사용분과 생산에 관여하는 설비의 마모 및 상각분을 고려하기 위해 필요하다. 물론 진정한 소득 또는 순소득을 구하기 위해서는 총생산물에서 이러한 모든 소모분을 반드시 공제해야 하며, 대외투자에 기인하는 순소득은 더해야 한다(『경제학 원리』 1, 제II편, 제4장, 6을 보라). 이것이 일국의 진정한 연간순소득 또는 순수입 또는 국민배당이다. 물론 우리는 그것을 1년이나 기타 기간에 대해서도 추정할 수 있다. 국민소득이라는 용어와 국민배당이라는 용어는 동의어지만, 우리가 분배를 위해 가용한 새로운 향유의 원천의 합의 자격으로 국민소득을 바라볼 때 후자가 좀더 의미심장하다. 그러나 여기서는 통상 개인소득의 일부로 간주되지 않는 어느 것도 **국민소득** 또는 **국민배당**의 일부로 고려하지 않는 통례를 따르는 것이 최선이다. 따라서 그렇지 않다는 특별한 언급이 없다면, 어떤 개인이 스스로에게 제공하는 용역, 가족 구성원이나 친구들에게 무상으로 제공하는

---

21) 튀넨은 이러한 사실을 잘 알고 있었다. 앞의 책, 127쪽; 『경제학 원리』 2, 제VI편, 제2장, 9, 10을 보라.

용역, 그리고 자신의 소유물이나 통행료가 없는 다리 같은 공공자산에서 얻게 되는 편익은 국민배당의 부분으로 간주되지 않으며, 별도로 고려되어야 한다.

생산의 일부는 단순히 소모된 원료나 마모된 기계를 보전하는 것이 아니라 원료·기계 등의 스톡을 증가시키는 데 충당된다. 그리고 국민소득이나 국민배당의 이러한 부분은 직접적인 개인의 소비가 아니다. 그러나 그것은 개인소비를 광의로 해석할 때, 예컨대 인쇄기 제조업자가 그 제품의 일부를 인쇄업자에게 판매할 때 일반적으로 사용하는 용어의 의미에서, 소비에 포함된다. 그리고 이러한 포괄적 의미에서, 모든 생산의 목적이 소비라는 것은 사실이다. 그리고 국민배당은 순생산의 집계뿐만 아니라 소비의 집계와 같은 의미라는 것도 사실이다. 산업의 일상적인 조건 아래서 생산과 소비는 함께 움직인다. 적절한 생산에 의해 대비되지 않는 소비는 존재하지 않으며, 모든 생산에는 그것이 의도했던 소비가 뒤따른다. 실제로 특정 생산부문에서는 어느 정도 계산 착오가 있을 수 있으며, 상업신용의 붕괴는 일시적으로 거의 모든 창고를 팔리지 않은 재고로 가득 채울 수 있다. 그러나 이러한 상황은 예외적인 것이며, 현재 우리의 관점 내에는 존재하지 않는다(『경제학 원리』 2, 제V편, 제13장, 10; 「부록 J」 3을 보라).

제2장 분배에 대한 예비적 고찰(계속)

1 앞 장의 서두에서 언급했던 것처럼, 이제 분배에 미치는 수요의 영향에 대한 연구를 보완하기 위해 상이한 생산요소에 대한 보수가 요소의 공급에 미치는 반작용을 검토해야 한다. 우리는 상이한 유형의 노동, 그리고 자본이나 토지의 소유자들 사이에 국민배당의 분배를 규정하는 데 생산비와 효용 또는 욕망의 강도가 수행하는 역할에 대한 예비적인 개관을 위해 위의 두 가지를 결합해야 한다.

리카도와 그를 추종했던 유능한 기업가들은 수요의 작용을 설명할 필요가 없는, 너무 당연한 것으로 받아들였다. 그들은 그것을 강조하지 않았으며, 충분한 주의를 기울여 연구하지도 않았다. 이러한 무관심은 큰 혼란을 야기했으며, 중요한 진리를 가렸다. 이에 대한 반동으로 각 생산요소의 수입은 생산물의 가치에서 파생되며, 단기에는 주로 생산물 가치에 의해 규정된다는 사실이 지나치게 강조되었다. 각 요소의 수입은 토지의 지대와 동일한 원리에 의해 규정되기 때문에, 심지어 어떤 학자들은 지대법칙의 다양한 적용을 통해 완전한 분배이론을 구성할 수 있다고 생각했다. 그러나 그들은 목표에 도달하지 못했다. 리카도와 그의 계승자들은, 공급의 힘에 대한 연구가 좀더 긴요하고 난해한 것임을 암묵적으로 결정했을 때, 그들의 직관에 따라 제대로 인도를 받았던 것으로 보인다.

노동이든 물적 자본이든 어떤 생산요소의 〔한계〕효율성을 규정하는 것이 무엇인지 고찰할 때 즉각적인 해답을 얻기 위해서는 그 요소의 가용한 공급에 대한 지식을 필요로 한다. 왜냐하면 만일 공급이 증가한다면 그 요소는 그것을 별로 필요로 하지 않고, 효율성이 떨어지는 용도에 투입될 것이기 때문이다. 그리고 최종적인 해답을 얻기 위해서는 그 요소의 공급을 결정하는 원인들에 대한 지식도 필요하다. 모든 것의 명목가치는, 아치의 종석(keystone)처럼, 특정 종류의 노동이든 자본이든 아니면 다른 무엇이든 서로 반대방향으로 작용하는 두 측면의 대항적 힘, 즉 수요압력의 힘과 공급압력의 힘이 균형을 이룰 때 안정된다.

생산요소든 직접 소비를 위한 상품이든, 그 생산은 수요의 힘과 공급의 힘이 균형을 이루는 한계 또는 한도까지 진행된다. 어떤 상품의 양과 가격, 그것을 만드는 데에 사용되는 여러 가지 생산요소들의 양과 가격, 이 모든 요인들이 서로를 규정하며, 만일 외생적인 원인이 그중 하나의 요인을 변화시킨다면 교란의 효과는 다른 모든 요인들로 파급된다.

마찬가지로 여러 개의 공이 대야 안에 있을 때 그것들은 서로의 위치를 규정한다. 그리고 또 무거운 물건을 천장의 상이한 점에 붙어 있는 상이한 강도와 길이를 가지고 있는 여러 개의 고무줄에 매달았을 때(모든 고무줄은 팽창되어 있다), 모든 고무줄과 물건의 균형 위치는 서로를 규정한다. 만일 어떤 고무줄의 길이가 짧아진다면, 다른 모든 것들의 위치는 변할 것이다. 그리고 다른 모든 고무줄의 길이와 팽창력도 변할 것이다.

2 이미 설명했듯이, 특정 시점에 생산요소의 유효공급은 첫째, 현존하는 스톡에 의존하며 둘째, 그러한 스톡을 관리하는 사람들이 그것을 생산에 투입하려는 용의에 의존한다. 이러한 용의는 단순히 기대되는 직접적인 수익에 의해 결정되지는 않는다. 물론 하한(lower limit)이 있을 수는 있다. 이러한 하한은 경우에 따라서는 주요비용으로 묘사될 수도 있다. 그리고 그러한 하한 아래서는 작업이 일체 이루어지지 않는다. 예를 들어 제조업자는 기계의 실제 마모와 더불어 조업으로 발생하는 추가적인 직접비를 보전하지 못하는 주문에 대해서는 주저하지 않고 기계를 가동하지 않기로 결정한다. 한편 노동자 자신의 체력소모와 작업

에 따른 피로 및 기타 반상품에 대해서도 다소 비슷한 고려가 있을 수도 있다. 그리고 비록 현재는 우리가 개인의 특정한 작업과 관련된 직접비가 아니라 정상적인 조건 아래서의 비용과 보수에 관심이 있지만, 오해를 피하기 위해 여기서 이 문제에 대해 간략하게 언급하는 것이 좋을 것이다.

　이미 지적했듯이,[1] 어떤 사람이 원기 있고 열성적이며, 스스로 선택해서 일을 할 때 그것은 실제로 그에게 아무런 비용을 발생시키지 않는다. 일부 사회주의자들이 어느 정도 근거를 가지고 과장해서 역설했던 것처럼, 전혀 일을 할 수 없게 되기 전까지는 자신이 적당한 일을 얼마나 즐기는지 아는 사람은 거의 없다. 그러나 옳든 그르든 대부분의 사람들은 생계비를 벌 때 자신이 하는 일의 대부분이 쾌락의 잉여를 전혀 창출하지 못하며, 반대로 어떤 비용을 발생시킨다고 믿는다. 그들은 작업종료시간에 이를 때 기뻐한다. 아마도 그들은 초반의 노동시간이 마지막 노동시간만큼 많은 비용을 발생시키지 않는다는 것을 잊어버릴 것이다. 그들은 오히려 9시간의 노동이 마지막 시간의 9배에 해당하는 비용을 발생시킨다고 생각하기 쉽다. 그리고 그들이 마지막의 가장 괴로운 시간을 충분히 보상해주는 임금률로 나머지 모든 시간에 대해 지급받음으로써 생산자잉여 또는 생산자지대를 획득한다고 생각하는 경우는 거의 없다.[2]

---

1) 『경제학 원리』 1, 제II편, 제3장, 2; 제IV편, 제1장, 2; 제IV편, 제9장, 1을 보라.
2) 일일 8시간 노동에 대한 최근의 논의는 노동의 피로에 대해 거의 언급하지 않는 경우가 많다. 왜냐하면 실제로 육체적이든 정신적이든 노력이 거의 들지 않아서, 노력이 필요하다는 것이 피로가 아니라 권태에서의 해방으로 간주되는 작업이 많기 때문이다. 어떤 사람은 근무 중이고, 따라서 필요할 때에는 작업준비가 되어 있어야 하지만, 실제로 하루 한 시간도 작업하지 않을 수 있다. 그럼에도 그는 아주 긴 근무시간에 반대할 것이다. 왜냐하면 그것은 다양성, 가정적·사회적 쾌락을 위한 기회, 그리고 어쩌면 편안한 식사와 휴식을 그의 생활에서 박탈할 수 있기 때문이다.
　만일 어떤 사람이 자신이 원할 때 일을 그만둘 자유가 있다면, 그는 일을 계속해서 얻어지는 이익이 그에 따른 불이익을 더 이상 초과하지 않는 것처럼 보일 어떤 사람이 장시간 노동하면 할수록, 비록 근무시간일지라도, 만일 일에 의해 마비되지 않는다면 휴식하고 싶은 욕망은 강해진다. 한편 모든 추가적인 노동시간은 그에게 더 많은 보수를 제공하며, 그의 가장 절박한 욕구가 충족되는 단계에 그를 더욱 근접시킨다. 그리고 보수가 크면 클수록 이러한 단계에 좀더 빨리 도달한다. 보수가 증가함에 따라 새로운 욕구와 만년에 가족과 자신을 위해 편의재를 준비하려는 새로운 욕망이 생기는지, 아니면 노동을 통해서만 획득될 수 있는 향유에 대해서는 조만간 포만상태에 이르고, 자체로서 즐거운 활동을 위해 좀더 많

때 그만둘 것이다. 만일 그가 다른 사람들과 공동으로 작업해야 한다면, 그의 일일 노동시간의 길이는 고정되는 경우가 많다. 그리고 어떤 업종에서는 연간 노동일수가 실질적으로 고정된다. 그러나 그가 작업에 투입하는 노력의 크기가 엄격하게 고정되어 있는 업종은 거의 없다. 만일 그가 거주하는 지역에 보편화되어 있는 최저기준에 이를 만큼 노동할 능력이나 의지가 없다면, 그는 일반적으로 기준이 좀더 낮은 다른 지역에서 일자리를 찾을 수 있다. 반면에 각 지역의 기준은 그곳에 정착한 산업인구에 의한 다양한 노동강도의 이익과 불이익의 전반적인 균형에 의해 정해진다. 따라서 인간의 개별적 선택과는 무관하게 연간노동의 양이 결정되는 경우는, 인간이 다른 가용한 주택이 전혀 없어서 그가 선호하는 주택의 크기와 크게 다른 주택에서 살아야만 하는 경우처럼 예외적이다. 사실을 말하면, 만일 어떤 사람이 시간당 10펜스에 하루 9시간 노동하는 것보다는 8시간을 노동하고자 하는데, 9시간 노동하거나 전혀 노동하지 않도록 강요받는다면, 그는 아홉 번째 시간에서 손실을 입는다. 하지만 이러한 경우는 드물다. 그리고 이런 일이 발생할 때 우리는 반드시 하루를 단위로 간주해야만 한다. 그러나 비용의 일반법칙은 이러한 사실로 교란받지 않는다. 그것은 마치 효용의 일반법칙이 한 번의 연주회나 차 한 잔을 단위로 간주해야 한다는 사실, 그리고 연주회 전체에 대해 10실링을 지불하는 것보다는 절반의 연주회에 5실링을 지불하는 것을 또는 차 한 잔에 4펜스를 지불하는 것보다는 차 반 잔에 2펜스를 지불하는 것을 원하며, 두 번째 절반에서 손실을 입을 수 있다는 사실에 의해 교란받지 않는 것과 마찬가지다. 따라서 노동의 유효공급은 고정되어 있기 때문에 가치는 반드시 비용과 직접적인 관계없이 수요에 의해 결정되어야 한다는 뵘바베르크(『국민경제 저널』*Zeitschrift für Volkswirschaft*, II권에 실린 논문 「가치의 궁극적인 기준」The Ultimate Standard of Value, 제4장)의 제안에 대한 충분한 근거는 없는 것처럼 보인다. 왜냐하면 사실은 아니지만 설사 연간노동시간수가 엄격하게 고정되어 있을지라도, 노동강도는 탄력성을 유지할 것이기 때문이다.

은 휴식과 좀더 많은 기회를 갈망할지는 개인에게 달려 있다. 어떤 보편적인 규칙도 설정될 수 없다. 그러나 어떤 종족이나 개인이 무지하고 무기력할수록, 특히 그들이 남방의 지방에 사는 경우에, 만일 보수율이 상승해서 이전보다 단시간의 노동에 대한 대가로 습관적인 향유를 제공받는다면, 그들은 좀더 짧은 시간 동안 노동을 지속할 것이며, 노동하는 중에도 열심히 노력하지 않을 것임을 경험으로 알 수 있다. 그러나 식견이 좀더 넓고, 단호하면서도 유연한 성격의 사람들은, 만일 물적 이득을 위한 노동보다 고차원적인 목표를 위해 활동하는 것을 실제로 선호하지 않는다면, 보수율이 높으면 높을수록 더 열심히 더 오래 일할 것이다. 그러나 이 점은 진보의 가치에 대한 영향이라는 주제로 좀더 자세히 논의할 필요가 있을 것이다. 당분간 우리는 보수의 증가는 대체로 효율적인 노동 공급의 즉각적인 증가를 초래할 것이며, 방금 지적했듯이 이러한 규칙에 대한 예외는 비록 무의미하지는 않지만 대규모로 존재하는 법은 거의 없다고 결론지어도 좋을 것이다.[3]

3 그러나 임금상승이 개인이 수행하는 작업에 미치는 직접적인 영향으로부터 한 세대 또는 두 세대 이후의 궁극적인 영향으로 관심을 돌릴 때 결과는 불분명해진다. 일시적인 개선은 수많은 젊은이들에게 고대했던 대로 결혼해서 가정을 꾸릴 수 있는 기회를 제공할 것이다. 그런데

---

3) 제Ⅵ편, 제12장을 보라. 흉작, 전시의 물가폭등, 그리고 신용경색은 때때로 남성이든, 여성이든, 어린이든 일부 노동자들에게 초과노동을 강요한다. 그리고 현재에는 지속적으로 감소하는 임금을 받고도 점증적인 노력을 투입하는 경우가 종종 주장되는 것만큼 많지는 않지만, 과거에는 아주 드물지 않았다. 이러한 경우는 쇠퇴하는 기업이 주요비용, 고유비용 또는 직접비를 회수할 수 있는 수준보다 조금 높은 가격에 주문을 인수함으로써 경비에 대한 약간의 수익을 보장하려는 노력과 비교될 수 있다. 그리고 다른 한편으로 거의 모든 시대에는, 아마도 현대에는 이전 시대보다 적겠지만, 경기가 급격하게 상승할 때 아주 적은 노동을 통해 얻게 되는 임금에 만족하고, 그렇게 호황에 종지부를 찍는 데 기여하는 사람들에 대한 이야기가 있다. 그러나 이러한 문제들은 경기변동에 대해 연구할 때까지 미루어질 수밖에 없다. 보통 때는 장인, 전문 직업인 또는 자본가적 사업가는 어떤 가격 이하에서는 작업을 하지 않겠다는 하한을 개인으로서 또는 동업협회의 일원으로서 결정한다.

영속적인 번영은 출생률을 높이는 요인으로 작용하는 동시에 출생률을 낮추는 요인으로도 작용한다. 그러나 다른 한편으로 임금상승은, 모친이 자식들에 대한 의무를 소홀히 함으로써 얻어진 것이 아니라면, 거의 확실하게 사망률을 감소시킨다. 그리고 다음 세대의 육체적·정신적 활력에 미치는 고임금의 영향을 감안한다면 이러한 사정은 더욱 강력할 것이다.

만일 소비가 조금이라도 줄어든다면 노동이 효율적으로 수행될 수 없다는 의미에서, 각 등급의 노동마다 반드시 필요한 소비가 존재한다. 실제로 성인들은 자식들을 희생시키면서 스스로를 잘 돌볼 수 있을지도 모른다. 그러나 그것은 효율성 감소를 한 세대 동안 늦출 뿐이다. 다음으로 관습적 필수재가 존재하는데, 그것은 관습과 습관에 의해 아주 강하게 요구되기 때문에 사람들은 그 대부분을 없이 지내는 것보다는 엄격한 의미에서의 필수재를 상당 부분 포기할 것이다. 세 번째로 관습적 편의재가 존재하며, 아주 어려울 때도 비록 전부는 아니지만 그중 일부는 완전히 포기되지 않을 것이다. 이러한 관습적 필수재와 관습적 편의재의 많은 부분이 물질적·도덕적 진보의 소산이다. 그리고 그 범위는 때와 장소에 따라 변한다. 그것들이 많으면 많을수록 생산요소로서 인간의 경제성은 감소한다. 그러나 현명하게 선택된다면, 그것들은 생산의 최상의 목표에 도달하게 한다. 왜냐하면 그것들은 인간생활의 격조를 높여주기 때문이다.

효율성을 위해 반드시 필요한 소비의 증가는 스스로 소비의 수단을 창출하며, 국민배당에서 끌어내는 만큼 국민배당을 증가시킨다. 그러나 반드시 필요하지 않은 소비의 증가는 자연에 대한 인간의 지배력 향상을 통해서만 가능하다. 그리고 그것은 지식과 생산기술의 진전을 통해서, 조직개선과 좀더 크고 풍부한 원료공급원의 확보를 통해서, 끝으로 자본과 소기의 목표를 달성하기 위한 각종 수단의 증가를 통해서 발생할 수 있다.

그렇게 노동공급이 노동수요에 얼마나 밀접하게 호응하는지의 문제는 다음과 같은 문제들로 분해될 수 있다. 사람들의 현재 소비에서 얼마나 많은 부분이 엄밀한 의미에서의 필수재로 구성되어 있는가? 얼마나 많은 부분이 이론적으로는 생략될 수 있지만 실제적으로는 대부분의 사람들이 효율성을 위해 진정으로 필요한 일부 재화보다 더 선호하는 관습적 필수재로 구성되어 있는가? 그리고 얼마나 많은 부분이, 물론 목표 자체로서 본다면 아주 중요할지도 모르지만, 생산수단이라는 관점에서는 실제 불필요한 재화로 구성되어 있는가?

우리가 제1장의 서두에서 지적했듯이, 과거의 프랑스와 잉글랜드 경제학자들은 노동계층의 거의 모든 소비를 첫 번째 항목으로 분류했다. 그들은 부분적으로는 문제를 단순하게 하기 위해서 그리고 부분적으로는 당시에 노동계층이 잉글랜드에서는 빈곤했고, 프랑스에서는 아주 빈곤했기 때문에 그런 식으로 분류했다. 그리고 그들은 노동공급이 노동에 대한 유효수요의 변화에, 물론 기계의 공급이 기계에 대한 유효수요의 변화에 호응하는 것만큼 신속하지는 않을지라도 동일한 방식으로 호응할 것이라고 추론했다. 그리고 오늘날에도 저개발국가와 관련해서는 이러한 문제에 대해 그들의 대답과 크게 다르지 않은 답이 주어질 것이 틀림없다. 왜냐하면 세계 대부분의 국가에서 노동계층은 사치재를 소비할 여유가 거의 없고, 관습적 필수재도 많이 소비할 여유가 없으며, 노동계층의 수입증가는 노동자 수의 큰 증가로 귀결되어 단순한 양육비를 지출할 수 있는 과거의 수준에 가깝게 그들의 수입을 급격하게 떨어뜨릴 것이기 때문이다. 세계 대부분의 국가에서 임금은 이른바 철의 법칙 또는 냉혹한 법칙에 의해 거의 규정되며, 그 수준은 다소 비효율적인 노동계층의 양육 및 유지비용과 밀접하게 연결된다.

현대 서구세계에 관해서는 이 문제에 대한 해답이 현저하게 다르다. 지식과 자유, 활력과 부, 그리고 식량 및 원료의 공급을 위한 풍요로운 원거리 산지로의 접근 용이성이 최근에 크게 진전되었다. 그러나 오늘날 잉글랜드에서도, 대부분 인구의 소비의 많은 부분이 가장 경제적인 방식은 아니지만 큰 낭비 없이 생명과 활력을 지속시키는 데 기여한다.

어떤 종류의 향락은 의심할 여지없이 유해하다. 그러나 그것은 나머지와 비교해서 상대적으로 체감한다. 주요한 예외는 아마도 도박일 것이다. 효율성을 향상시키는 수단으로서는 엄밀하게 경제적이지 않은 지출의 대부분은 기발한 사업을 준비하는 습관을 형성하는 데 도움을 주고, 생활의 다양성을 제공한다. 특히 생활의 다양성이 없다면 인간은 무기력해지고 정체될 것이며, 열심히 노력할지라도 별 성과를 얻지 못할 것이다. 그리고 심지어 서구의 국가들에서도 숙련노동은 일반적으로 임금이 가장 높은 곳에서 가장 저렴하다는 것이 잘 알려져 있다. 일본의 산업발전은 좀더 값비싼 관습적 필수재의 일부가 그에 대응하는 효율성 하락을 동반하지 않으면서도 단념될 수 있음을 보여준다. 그러나 비록 이러한 경험이 미래에 중대한 결과를 낳을 수도 있겠지만, 과거나 현재와는 거의 관계가 없다. 인간을 현재 있는 그대로 그리고 지금까지 있었던 그대로 고려할 때, 서구 세계에서 효율적 노동에 의해 획득되는 수입은 효율적인 노동자들을 양성·훈련시키고, 그들의 활력을 십분 유지·발휘하는 경비를 보전하는 데 필요한 최저 수준을 크게 상회하지 않는다는 것은 여전히 사실이다.[4]

이제 임금상승이, 유해한 조건 아래서 획득한 것이 아니라면, 거의 항상 다음 세대의 육체적·정신적 심지어 도덕적 역량을 향상시킨다고 결론지을 수 있다. 그리고 다른 모든 것이 동일하다면 노동에 의해 획득되는 수입의 증가는 노동의 성장률을 증가시키며, 또는 노동의 수요가격

---

4) 모든 기관차에는 일부 장식 목적으로 고안되고, 증기기관의 효율성에 전혀 영향을 주지 않으면서 생략되거나 대체될 수 있는 청동이나 구리로 만들어진 부분이 있다. 사실 그 부분의 규모는 상이한 철도기관의 패턴을 선별하는 기관사의 취향에 따라 다르다. 그러나 관습이 그러한 경비를 요구하는 일이 발생할지도 모른다. 즉 관습이 논리에 굴복하지 않으며, 철도회사가 관습에 반하는 모험을 감행할 수 없는 일이 발생할지도 모른다. 관습이 지배하는 시대를 다루는 경우에, 우리는 기관차의 동력기를 제작하는 비용에 피스톤의 비용과 같은 수준으로 그러한 장식용 금속작업의 비용을 포함시켜야만 할 것이다. 그리고 관습적으로 필요한 것과 본래 필요한 것이 동등하게 중요시되는 상당히 긴 기간과 관련된 실제적인 문제들이 많이 있다.

의 상승은 노동의 공급을 증가시킨다고 결론지을 수 있다. 만일 지식 및 사회적·가정적 습관의 상태가 주어져 있다면 전체로서의 국민의 수는 아닐지라도 그 활력, 그리고 특정 업종에 대해서는 그 업종에 종사하는 사람들의 활력뿐만 아니라 그 수도 공급가격을 가지고 있다고 말할 수 있다. 여기서 공급가격을 가지고 있다는 것은 그것들을 일정하게 유지해주는 특정 수준의 수요가격이 존재하며, 수요가격이 상승하면 증가하고 수요가격이 하락하면 감소한다는 의미다.

그렇게 다시 한 번 우리는 수요와 공급이 임금에 대등한 영향을 미치는 것을 보게 된다. 가위의 어느 날도 또는 아치의 어느 각주도 더 지배적이라고 주장할 수 없는 것처럼, 수요와 공급 어느 것도 더 지배적이라고 주장할 수 없다. 임금은 노동의 순생산과 일치하는 경향이 있다. 노동의 한계생산성은 노동에 대한 수요가격을 결정한다. 반면 임금은 효율적인 에너지를 양성, 훈련, 유지하는 비용과 비록 간접적이고 복잡하지만 밀접한 관계가 있다. 문제의 다양한 요인들이 서로를 (규정한다는 의미에서) 결정한다. 그리고 그것은 부수적으로 공급가격과 수요가격을 일치시키는 경향을 보장한다. 임금은 수요가격이나 공급가격에 의해서 규정되는 것이 아니라, 수요와 공급을 규정하는 일련의 원인들에 의해 규정된다.[5]

'일반임금률' 또는 '노동임금 일반'이라는 관용어구에 대해 약간의 언급이 필요할 것이다. 분배에 대한 포괄적인 시각에서, 특히 자본과 노동의 일반적 관계를 고려할 때, 이러한 관용어구들은 편리하다. 그러나 실

---

5) 제VI편의 주요한 논의를 다양한 비판가들이 오해하고 있으므로, 이 절에서 반복설명을 피할 수 없다. 이러한 비판가들 중에는 명민한 뵘바베르크도 포함된다. 방금 전 인용했던 논문에서(특히 5를 보라), 그는 임금이 노동의 순생산에 대응될 뿐만 아니라 노동을 양육·훈련시키고, 그 효율성을 유지하는 비용(또는 덜 적합하지만 간략하게 노동의 생산비)과도 대응된다는 믿음에는 불가피하게 자기모순이 따른다고 주장하는 것처럼 보인다. 다른 한편 주요한 경제적 힘들 사이의 상호작용은 『경제학 계간』, 1984년 6월호에 실린 카버의 뛰어난 논문에 발표되었다. 또 그의 『부의 분배』, 제IV장을 보라.

제로 현대 문명에서 이른바 일반임금률이라는 것은 존재하지 않는다. 수많은 노동자집단 각각은 나름대로의 임금문제를 가지고 있으며, 공급 가격을 통제하고 각 집단의 수를 제한하는 일련의 특수한 자연적·인위적 원인들을 가지고 있다. 각각은 다른 생산요소들이 그것의 노동용역을 필요로 하는 정도에 의해 규정되는 나름대로의 수요가격을 가지고 있다.

4 '일반이자율'이라는 어구에 대해서도 다소 유사한 어려움이 발생한다. 그러나 여기서 주된 어려움은 공장 또는 선박 같은 특정 대상에 이미 투자된 자본에서 파생되는 소득이 본래 준지대이며, 투자의 자본 가치가 변하지 않는다는 가정 아래서만 이자로 간주될 수 있다는 사실에 기인한다. 당분간 이러한 어려움을 무시하고,[6] '일반이자율'이라는 어구는 자유자본의 신규 투자에서 기대되는 순이익에만 엄격하게 적용된다는 것을 상기하면서, 자본성장에 대한 이전의 연구결과를 간단하게 요약해보자.

우리는 부의 축적이 아주 다양한 원인들에 의해 규정된다는 것을 보았다.[7] 그것은 관습, 자제하고 미래를 명확하게 파악하는 습관, 그리고 무엇보다도 가족애의 힘으로 규정된다. 안전은 부의 축적에 대한 필수 조건이며, 지식과 지능의 향상은 여러 측면에서 부의 축적을 촉진한다. 그러나 저축이 일반적으로 이자율 이외의 많은 다른 원인들에 의해 영향을 받을지라도, 그리고 많은 사람들의 저축이 이자율에 의해 거의 영향을 받지 않을지라도, 자신과 가족을 위해 고정된 크기의 소득을 확보하기로 결정한 소수의 사람들은 이자율이 낮을 때보다 높을 때 저축을 적게 할 것이다. 그러나 이자율 또는 저축의 수요가격 상승은 저축량을 증가시키는 경향이 있다는 견해를 뒷받침하는 것으로 보이는 강력한 증거가 존재한다.

따라서 임의의 시장에서 자본의 사용에 대해 지불하는 가격으로서 이

---

6) 『경제학 원리』 2, 제VI편, 제6장, 6을 보라.
7) 『경제학 원리』 1, 제IV편, 제7장, 10에 요약된 내용을 보라.

자율은, 시장에서 그 이자율에 대응하는 자본에 대한 집계수요와 그 이자율로 시장에 제공되는 자본의 집계스톡을 일치시키는, 균형수준으로 향하는 경향이 있다. 만일 우리가 고려하고 있는 시장이 소규모 시장——예컨대 단일의 도시 또는 개발도상에 있는 국가의 단일 업종——이라면 자본에 대한 수요증가는 주변의 지역이나 관련업종에서 유인된 공급증가에 의해 즉시 대처될 것이다. 그러나 만일 전 세계 또는 큰 나라 전체를 하나의 자본시장으로 고려한다면, 자본의 집계공급이 이자율의 변화에 의해 상당히 큰 폭으로 신속하게 증감한다고 간주할 수 없다. 왜냐하면 전체 자본기금은 노동과 기다림의 산물이며, 이자율 상승이 유인하는 추가적인 노동과 기다림은 현존하는 자본의 총스톡을 창출한 노동과 기다림과 비교했을 때 빠른 속도로 큰 규모에 이르지는 못할 것이기 때문이다. 따라서 자본 일반에 대한 수요의 대폭적인 증가는 당분간 공급증가보다는 이자율 상승으로 대처될 것이다. 그것은 한계효용이 가장 낮은 용도에서 부분적인 자본의 철회를 야기할 것이다. 이자율 상승은 완만하고 점진적으로 자본의 총스톡을 증가시킬 뿐이다.

5 토지는 인간자신 및 인간에 의한 토지의 개량을 포함해서 인간에 의해 만들어진 생산요소들과는 성질이 다르다.[8] 왜냐하면 토지 이외의 다른 생산요소의 공급은 그 용역에 대한 수요에 다양한 정도로 그리고 다양한 방식으로 반응하지만, 토지는 그런 반응을 하지 않기 때문이다. 어떤 계층의 노동의 수입이 예외적으로 상승하면, 그러한 계층의 노동자 수 또는 효율성 또는 양자 모두 증가하는 경향이 있다. 그리고 그 계층의 효율적 노동의 공급증가는 그것이 공동체에 제공하는 용역의 가격을 떨어뜨리는 경향이 있다. 만일 노동자의 수가 증가한다면, 각 노동자의 수입률은 이전 수준으로 떨어질 것이다. 그러나 만일 그들의 효율성이 향상된다면, 그들은 아마도 과거보다 1인당 더 많은 수입을 획득할 것이지만, 그들의 이득은 국민배당의 증가에서 기인하는 것이지, 다른

---

8) 이 절의 논의는 개략적이다. 기술적이고 더 철저한 설명을 위해 독자는 『경제학 원리』 2, 제V편, 제10장을 참조하라.

생산요소들의 희생에서 오지는 않을 것이다. 그것은 자본에 대해서도 마찬가지다. 그러나 토지에 대해서는 그렇지 못하다. 따라서 토지의 가치는 다른 생산요소들의 가치와 공통적으로 제1장의 말미에서 논의되었던 영향의 지배를 받지만, 현재의 논의에서 고려하는 영향의 지배를 받지는 않는다.

사실을 말하자면, 토지는 개인 제조업자나 경작자의 관점에서는 특수한 형태의 자본에 불과하다. 그리고 토지는 앞 장에서 논의되었던 수요법칙과 대체원리의 영향을 받는다. 왜냐하면 토지의 스톡은, 자본 또는 각종 노동의 스톡과 마찬가지로, 추가적인 이동에 의해 생산에서 전혀 이득을 얻을 수 없을 때까지 하나의 용도에서 다른 용도로 이동하는 경향이 있기 때문이다. 그리고 앞 장의 논의와 관련해서 본다면 공장, 창고 또는 쟁기에서 (마모 등을 감안하고) 파생되는 소득은 토지에서 파생되는 소득과 동일한 방식으로 규정된다. 각각의 경우에, 소득은 생산요소의 한계순생산의 가치와 일치하는 경향이 있다. 각각의 경우에, 그것은 당분간 그 요소의 총스톡과 다른 요소들이 그것의 도움을 필요로 하는 정도에 의해 규정된다.

그것은 문제의 한 측면이다. 다른 측면은 (오래된 국가에서) 토지가 제2장에서 논의했던 반작용을 공유하지 않는다는 것이다. 토지를 제외하면 어떤 생산요소의 수입률 상승은 그 요소의 공급, 그 결과로 그것의 국민배당에 대한 기여 그리고 결과적으로 다른 생산요소들에 의해 구매되는 그 요소의 용역의 실질비용에 영향을 미친다. 어떤 공장에 층 하나를 더 건설하는 것이나 어떤 농장에 추가로 쟁기질을 하는 것은 일반적으로 다른 공장에서 층 하나 또는 다른 농장에서 한 번의 쟁기질을 줄이는 것은 아니다. 개인이 공장에 한 층을 더 건설하거나 농장에 쟁기질을 한 번 추가함에 따라, 국가 전체로도 공장의 한 층이나 농장의 쟁기질 한 번을 추가하게 된다. 따라서 분배해야 할 국민배당이 증가한다. 그리고 장기적으로 제조업자나 농장주의 수입증가는 일반적으로 다른 생산자들의 희생을 동반하지는 않는다. 이와는 대조적으로 (오래된 국가에서) 특정 시점의 토지의 스톡은 모든 시점에서의 스톡이다. 그리고 어떤 제조업자나 농장주가 자신의 사업에서 토지를 좀더 추가하기로 결정한다면, 그는 실제로 다른 사람의 사업에서 그것을 취해오기로 결정하는 것이다. 그는 자신의 사업에 토지를 조금 추가하지만, 국가전체는 국가적 사업에 토지를 추가하지는 않는다. 이러한 변화는 그 자체로서 국민소득을 증가시키지 않는다.

6 현 단계의 논의를 결론지어보자. 생산된 모든 상품들의 순집계는 이러한 모든 상품들의 수요가격, 따라서 그것들을 생산하는 데 사용된 생산요소들의 수요가격이 유출되는 진정한 원천이다. 같은 내용을 달리 표현하면, 이러한 국민배당은 국내의 모든 생산요소의 집계 순생산이면서, 동시에 그것들에 대한 유일한 지불 원천이다. 그것은 노동의 수입, 자본의 이자 그리고 끝으로 토지와 기타 생산을 위한 차별적 우위에 대한 생산자잉여 또는 생산자지대로 분할된다. 국민배당은 각종 소득의 총체를 구성하며, 각종 소득에 배분된다. 그리고 국민배당이 크면 클수록, 다른 모든 것이 동일하다면, 그것들 각각의 몫도 클 것이다.

국민배당은 일반적으로 말해서 사람들의 각종 용역에 대한 필요——즉 **총필요**가 아니라 **한계적 필요**——에 비례해서 각종 소득에 배분된다. 한계적 필요는 사람들이 어떤 생산요소의 용역(또는 용역의 결실)을 추가로 구매할 것인지 아니면 추가 재원을 다른 생산요소들의 용역(또는 용역의 결실)을 구매하는 데 투입할 것인지에 대해 무차별한 지점의 필요를 의미한다. 다른 모든 것이 동일하다면, 그 공급이 늘어날 수 있는 경우에 한해서, 각 생산요소는 획득하는 몫이 크면 클수록 더 빠르게 증가할 것이다. 그러나 어떤 생산요소의 공급증가는 그 요소에 대한 좀더 긴급한 필요를 충족시키는 데 기여할 것이며, 그렇게 함으로써 그 요소에 대한 한계적 필요를 감소시키고, 그 요소의 판매가격을 떨어뜨릴 것이다. 다시 말해서 어떤 생산요소의 상대적 몫 또는 보수율이 증가하면, 역으로 그 몫을 감소시키고 다른 요소들에 배분되는 상대적 몫을 증가시키는 힘이 작동될 것이다. 이러한 반작용은 완만할 수 있다. 그러나 만일 생산기술이나 사회의 전반적인 경제조건에 급격한 변화가 없다면, 각 생산요소의 공급은 그것의 생산비에 의해 아주 긴밀하게 규정될 것이다. 단, 여기서 국민소득의 지속적 증가가 계층마다 효율성을 위한 단순 필수재를 넘어 점점 더 많은 잉여를 가져다줌에 따라 관습적 필수재가 지속적으로 확대되는 것을 고려해야 한다.

7 어떤 업종에서의 효율성 향상과 수입증가가 다른 업종들의 조건에 미치는 영향을 연구할 때 우리는 다음과 같은 일반적 사실, 즉 다른 모든 것이 동일하다면, 어떤 생산요소의 공급이 커지면 커질수록 그 요소가 특별히 적합하지 않은 용도에 점점 더 많이 사용될 것이며, 그러한 요소의 사용이 수익성 없는 것으로 밝혀지는 경계 또는 한계에서의 용도에 대해 만족해야 할 수요가격은 점점 낮아질 것이며, 또한 모든 용도에서 그 요소가 받게 되는 가격이 경쟁에 의해 균등화된다면 이러한 균등화된 가격이 모든 용도에서 그 요소의 가격이라는 일반적 사실에서 출발할 수 있다. 이 생산요소의 증가에서 기인하는 추가생산은 국민배당을 증가시킬 것이며, 그럼으로써 다른 생산요소들도 혜택을 입을 것이다. 그러나 문제의 생산요소는 좀더 낮은 보수율을 감수해야만 할 것이다.

예를 들어 다른 어떤 변화도 없는 상태에서 자본이 빠르게 증가한다면 이자율은 반드시 하락한다. 만일 다른 어떤 변화도 없는 상태에서 특정 종류의 노동을 수행할 준비를 갖춘 사람들의 수가 증가한다면 그들의 임금은 반드시 하락한다. 어떤 경우든 생산 증가와 국민배당 증가로 귀결될 것이다. 어떤 경우든, 특정 생산요소의 손실은 다른 생산요소들의 이득으로 귀결될 것이다. 그러나 반드시 모든 생산요소들의 이득으로 귀결되지는 않는다. 점판암이 풍부한 채석장의 개발 또는 채석공의 수적 증가나 효율성 향상은 모든 종류의 주택을 개선시킬 것이다. 그리고 그것은 벽돌 쌓는 직공과 목수의 노동에 대한 수요를 증가시킬 것이며, 그들의 임금을 인상시킬 것이다. 그러나 그것이 건축자재의 생산자로서 기와를 만드는 사람들에게 끼치는 피해는 소비자로서 기와를 만드는 사람에게 주는 혜택보다 더 클 것이다. 특정 생산요소의 공급이 증가하면 많은 다른 생산요소들에 대한 수요는 다소 증가하고, 어떤 생산요소들에 대한 수요는 크게 증가한다. 그러나 수요가 오히려 감소하는 생산요소도 있다.

어떤 노동자, 예컨대 구두공장 직공의 임금은 그의 노동의 순생산액과 일치하는 경향이 있다는 것을 우리는 안다. 그러나 임금은 그러한 순생산에 의해 규정되는 것은 아니다. 왜냐하면 순생산은, 한계적 사용에 따른 다른 모든 부수적 결과와 마찬가지로, 수요와 공급의 일반적 관계에 의해 가치와 동시에 규정되기 때문이다.[9] 그러나 (1) 구두산업에 대한 자본과 노동의 집계투입이 추가투입에 따른 추가생산액이 거의 수익을 낼 수 없는 한도 또는 한계까지 진행되고, (2) 설비, 노동 그리고 다른 생산요소들 사이에 자원의 배분이 적정하게 이루어지고, (3) 공장이 정상적인 경기 여건에서 가동되고, 정상적 능력이 있는 경영진에 의해 운영되며, 정상적인 능력과 활력을 가진 직공을 정상임금에 추가로 고용할 것인지 망설이는 상태에 있다고 하자. 이러한 모든 조건들이 갖추어져 있을 때 그러한 직공의 작업을 잃는다면 그 공장의 순산출고가 감소할 것이며, 그러한 감소분의 가치는 그 직공의 임금과 거의 일치한다고 정당하게 결론지을 수 있다. 이 명제의 주어와 술어를 뒤바꾼다면, 그의 임금은 그러한 순생산과 대략 일치한다(물론 어떤 개인의 순생산을 그와 공동으로 작업하는 다른 사람들의 순생산에서 명확하게 분리하는 것은 기술적으로 불가능하다).[10]

구두공장에서 다양한 부류의 직공들이 수행하는 작업은 난이도가 서로 다르다. 그러나 우리는 그들 간의 산업적 등급의 차이를 무시하고, 모두 같은 등급이라고 가정해도 좋을 것이다(이러한 가정은 논의의 일

---

9) 『경제학 원리』2, 제V편, 제8장, 5; 제VI편, 제1장, 7을 보라.

10) 『경제학 원리』2, 230, 231쪽을 보라. 공장의 순생산은 현재는 보통 생산조사 공식통계에서 재료에 부가한 가치로 간주된다. 따라서 공장의 순생산은 총생산이 재료의 가치를 초과하는 부분이다.

반적 특성에 영향을 주지 않으면서도 그 표현을 크게 단순화시켜준다).

현대의 산업조건이 급격히 변화하는 상황에서 산업부문마다 때로는 노동이 과다 공급되기도 하고 과소 공급되기도 한다. 그리고 이러한 불가피한 불균형은 경쟁을 제한하는 기업연합이나 다른 영향에 의해 증폭되는 경향이 있다. 그러나 서유럽국가 전역에서 노동의 이동성은 충분히 커서, 동일한 산업등급에 속해 있는 노동자의 임금은 직종이 달라도 균등화되는 경향이 있다. 따라서 정상적인 구두제작공과 동일한 산업등급에 속해 있는 노동자는 구두제작공이 (구두의 재료비용을 감안한 다음) 공장의 순생산에 특정 종류의 구두 한 켤레를 추가하기 위해 필요한 시간과 대략 비슷한 시간을 노동함으로써 받게 되는 임금으로 그러한 구두 한 켤레를 구매할 수 있다는 명제에는 심각한 오류가 따르지 않는다. 이러한 명제를 좀더 일반적인 형태로 표현한다면, 모든 노동자는 일반적으로 100일간의 노동에 대한 수입으로 그와 동일한 등급에 속해 있는 다른 노동자의 100일간의 노동의 순생물을 구매할 수 있다고 말할 수 있다. 그는 스스로 선택해서 후자의 순생산 전체를 전자의 수입으로 구매할 수 있다는 것이다.

만일 다른 등급에 속해 있는 노동자의 정상수입이 그의 수입의 1.5배라면, 구두제작공은 그 등급에 속해 있는 노동자의 2일간의 노동의 순생산을 획득하기 위해서는 반드시 3일간의 임금을 지출해야만 한다. 동일한 대응관계가 다른 상황에도 성립된다.

그렇게 다른 모든 것이 동일하다면 자신의 업종을 포함해 임의의 업종에서 노동의 순효율성이 상승할 경우, 구두제작공이 그 업종의 생산물을 획득하기 위해 지출하는 임금부분의 실질액은 같은 비율로 상승할 것이다. 그리고 다른 모든 것이 동일하다면, 구두제작공의 실질임금의 균형수준은 자신의 업종을 포함해 그의 임금을 지출해서 구매하는 재화를 생산하는 업종들의 평균효율성에 직접 의존하며, 그것에 비례해서 변동한다. 역으로 어떤 산업에서 노동자들이 효율성을 10퍼센트 향상시킬 수 있는 개선을 거부한다면, 구두제작공은 그 산업의 생산물에 지출되는 임금부분의 10퍼센트에 상당하는 손실을 부담한다. 그러나 노동자들의 효율성 향상은, 만일 그들의 생산물이 구두와 경쟁관계에 있다면, 구두제작공에게 특히 그가 그러한 생산물을 소비하지 않는 경우에는 적어도 일시적으로 피해를 줄 수도 있다.

또 구두제작공은 자신의 등급을 다른 등급에 비해 상대적으로 상승시키는 상이한 등급 간의 상대적 지위의 변화를 가져오는 모든 것에서 이득을 볼 것이다. 그는 의사의 도움을 가끔 필요로 하기 때문에 의사의 수가 증가하면 이득을 볼 것이다. 그리고 다른 등급들로부터 제조업이든, 상업이든, 아니면 다른 업종이든 경영관리 업무에 주로 종사하는 등급들로 대규모의 유입이 일어난다면 그는 더 많은 이득을 볼 것이다. 왜냐하면 경영수입이 육체노동의 수입과 비교해서 영속적으로 감소할 것이기 때문이다. 그리고 모든 종류의 육체노동의 순생산은 상승할 것이다. 구두제작공은, 다른 모든 것이 동일하다면, 자신의 순생산을 나타내는 임금을 사용해서 모든 상품을 좀더 많이 획득할 것이다.

8 이미 언급했듯이, 대체과정은 경쟁의 한 형태다. 그리고 경쟁이 완전하다고 가정하지 않는다는 것을 재차 강조할 필요가 있을 것이다. 완전경쟁은 시장의 상태에 대한 완전한 지식을 요구한다. 그리고 롬바르드 가,* 증권거래소 또는 도매상품 시장에서 사업의 추이를 고려할 때는, 딜러들이 완전한 지식을 가지고 있다고 가정하는 것이 실제 생활에서 크게 벗어나지 않는다 할지라도, 등급이 낮은 노동의 공급을 규정하는 원인들을 고찰할 때는 그러한 가정을 하는 것이 아주 무모한 일일 것이다. 왜냐하면 어떤 사람이 노동시장에 대해 모든 것을 알 수 있는 충분한 능력이 있다면, 그는 낮은 등급에 머물러 있기에는 너무 탁월한 사람일 것이기 때문이다. 과거의 경제학자들은 실업생활의 현실과 끊임없이 접촉하고 있었으므로 이러한 사실을 잘 알고 있었음이 틀림없다. 그러나 부분적으로는 문제를 간략하고 단순하게 하기 위해서, 또 부분적

---

* 런던의 은행과 보험사들이 집중되어 있는 거리.

으로는 '자유경쟁'이라는 용어가 거의 유행어가 되어 있었기 때문에, 그리고 부분적으로는 학설들을 충분히 분류하지 못했고 그 조건을 명시하지 못했기 때문에, 그들은 종종 완전한 지식을 가정한 것처럼 보였다.

따라서 임의의 산업집단의 구성원들이 실제로 가지고 있는 정상적인 수준 이상의 능력과 선견, 그리고 모든 정보에 밝은 사람들이 그들에게 있다고 생각하는 수준 이상의 능력과 선견을 부여받았다거나, 그들이 실제로 가지고 있는 것과는 다른 동기, 그리고 모든 정보에 밝은 사람들이 그들에게 있다고 생각하는 것과는 다른 동기에 의해 지배받는다고 가정하지 않음을 강조하는 것은 특히 중요하다. 물론 때와 장소의 일반적 조건을 감안해야 한다. 수없이 많은 변덕스럽고 충동적인 행동이 일어날 수 있으며, 저급하고 고귀한 동기들이 뒤섞일 수도 있다. 그러나 각 개인은 자신과 자식들을 위해 자력의 범위 내에 있고, 자신이 그것에 도달하기 위해서 투입할 수 있는 그리고 투입할 용의가 있는 노력의 범위 내에 있는 직업 중에서 전체적으로 가장 유리한 것으로 보이는 직업을 선택하는 영속적인 경향이 있다.[11]

9 검토해야 할 마지막 일단의 문제로 자본 일반과 임금 일반의 관계에 대한 것이 남아 있다. 특정 업종에서는 자본 일반이 고용의 장을 두고 노동과 끊임없이 경쟁하는 것이 자명하다. 그러나 자본 자체는 기다림뿐만 아니라 노동이 체화된 것이므로, 경쟁은 실질적으로는 좀더 긴 기다림의 도움을 받는 어떤 종류의 노동과 좀더 짧은 기다림의 도움을 받는 다른 종류의 노동 사이의 경쟁이다. 예를 들어 "자본제적 기계가 구두제작에 고용되었던 많은 노동을 대체했다"라고들 말한다. 그것은 이전에는 구두를 수작업으로 제작하는 사람들이 많았고, 다소의 기다림의 도움을 받아 송곳과 다른 도구들을 사용하는 사람들이 아주 적었던 반면, 현재에는 구두를 제작하는 사람의 수는 감소했지만 긴 기다림의 도움을 받아 기술자들이 제작한 강력한 기계를 사용해서 이전보다 훨씬

---

11) 상품의 경우와 노동의 경우에 수급조절의 차이는 이하 여러 장에서 논의한다.

많은 구두를 만든다는 것을 의미한다. 노동 일반과 기다림 일반 사이에는 실질적이고 유효한 경쟁이 존재하지만, 양자간의 전체 관계의 작은 부분에 불과하다. 이러한 경쟁은 노동이 자본의 도움, 따라서 효율적인 생산방법의 도움을 저렴하게 획득하는 데서 얻게 되는 편익과 비교할 때 상대적으로 중요성이 작다.[12]

일반적으로 말해서 저축할 능력이나 저축하려는 용의가 향상되면 기다림의 용역은 지속적으로 확대 투입될 것이며, 이전처럼 높은 이자율에 고용되는 것이 억제될 것이다. 즉 실제로 발명을 통해 유리한 우회적 생산방식이 새로 개발되지 않는다면 이자율은 계속 하락할 것이다. 그러나 이러한 자본의 성장은 국민배당을 증가시키고, 다른 분야에서 새롭고 풍부한 고용기회를 열어주고, 기다림의 용역에 의한 노동용역의 국부적 대체를 보상하고도 남을 것이다.[13]

자본의 성장과 발명에 기인한 국민배당의 증가는 모든 종류의 상품에 영향을 미칠 것이 확실하다. 예를 들어 제화공은 자신의 수입으로 좀더 많은 식량과 의복, 좀더 많은 양질의 수도, 전등, 열, 여행 등을 구매할 수 있을 것이다. 적어도 최초에는 부유층이 소비하는 상품에만 영향을 미치는 개선이 다소 있을 수 있다. 이러한 경우에는 그에 상응하는 국민배당 증가분이 노동계층으로 전혀 직접 유입되지 않으며, 노동계층은 특정 산업에서 일부 구성원이 겪게 될 교란을 보상해주는 어떤 이익도 얻지 못한다. 그러나 이러한 경우는 흔치 않으며, 일반적으로 그 규모가 작다. 그리고 이러한 경우에도 거의 언제나 간접적인 보상이 있게 마련이다. 왜냐하면 부유층의 사치재를 위해 기획된 개선도 조만간 다른 계층들의 편의재로 확대되기 때문이다. 그리고, 비록 불가피한 결과는 아

---

12) 우리는 여기서 협의의 노동과 사업가 자신, 공장장 그리고 십장의 노동 사이의 고용을 위한 경쟁을 유보해두자. 제VI편, 제7장과 제8장의 많은 부분을 이러한 어렵고도 중요한 문제에 할애한다.
13) 여기서 자본은 광의로 해석되며 영업자본에 국한되지 않는다. 이 점은 부차적인 관심의 대상이며 「부록 J」 4에서 다룬다.

널지라도, 사실 사치재의 가격하락은 보통 다양한 방식으로 수공품이나 인간의 직접적인 용역에 대한 부유층의 욕망을 증가시키며, 동시에 그러한 욕망을 충족시킬 수 있는 가용한 자원을 증가시켜준다. 이것은 자본 일반과 임금 일반 관계의 다른 측면을 지시한다.

10 임의의 특정 산업계층이 한 해 동안 받게 되는 국민배당의 몫은 그 해에 생산된 상품들이거나 그러한 상품들의 등가물로 구성된다는 것을 이해해야 한다. 왜냐하면 그 해에 생산된 또는 부분적으로 생산된 상품들의 많은 부분은 산업의 자본가·사업가가 보유하고 자본스톡에 추가되는 반면, 그 대가로 그들은 직·간접적으로 노동계층에게 그 이전에 생산된 일정한 싱품을 양도할 수 있기 때문이다.

노동과 자본 사이의 통상적인 거래는 임금 수령자가 즉시 소비 가능한 형태의 상품에 대한 처분권을 획득하고, 그 대신 고용주의 재화들을 즉시 소비 가능한 형태로 한 단계 진전시킨다. 그러나 대부분의 피고용자들에게는 그것이 사실이지만, 생산과정을 완료한 피고용자들에게는 사실이 아니다. 예를 들어 시계를 조립해서 완성한 피고용자들은 고용주들에게 임금으로 받는 것보다 훨씬 많은 즉시 소비 가능한 형태의 상품들을 제공한다. 그리고 만일 파종시기와 수확시기를 감안하기 위해 한 해의 두 계절을 차례로 고려한다면, 노동자들은 전체로서 임금으로 수령한 것보다 더 많은 최종재를 고용주들에게 제공하는 것을 발견하게 된다. 그러나 노동의 수입은 자본이 제공한 선대(advances)에 의해 좌우된다는 명제를 정당화할 수 있는 조금 무리한 주장도 존재한다. 왜냐하면——기계와 공장, 선박과 기차를 고려하지 않더라도——노동자들에게 대여된 주택, 그리고 노동자들에 의해 소비되는 상품으로 가공될 각 단계의 원료도 노동자들에 대한 자본의 선대로서, 1개월간 임금을 수령하지 않고 노동할 때마저, 노동자들이 자본가에게 제공하는 선대의 등가물보다 훨씬 크기 때문이다.

이 모든 사실에도 불구하고, 이미 설명했던 분배의 전반적인 틀 속에서, 자본 일반과 노동 일반의 관계는 임의의 다른 두 생산요소들 사이의 관계와 큰 차이가 없다. 노동과 자본의 관계에 대한 현대적 이론은 이 주제에 대한 모든 과거 이론의 힘겨운 산물이다. 다만 현대적 이론은 밀이 자신의 저서 제IV편, 제3장에서 제공했던 이론보다 정확도나 완성도 그리고 균질성이 좀더 향상되었다는 점에서 차이가 있을 뿐이다. 밀의 이론은 이 문제와 관련된 모든 다양한 요소들을 집대성한 유일한 것이다.

지금 단계의 논의를 다시 결론지어보자. 자본 일반과 노동 일반은 국민배당의 생산에서 서로 협력하며, 각각의 (한계)효율성 정도에 따라 국민배당에서 수입을 얻는다. 그것들의 상호의존 관계는 극히 밀접하다. 노동 없는 자본은 죽은 자본이고, 자기 또는 타인 자본의 도움 없이는 노동자는 오래 살지 못할 것이다. 노동이 원기왕성한 곳에서 자본은 높은 보수를 획득하며 빠르게 성장한다. 그리고 자본과 지식의 덕으로, 서구 세계의 보통 노동자는 과거의 군주들보다 여러 측면에서 더 잘 먹고, 더 잘 입고 심지어 더 좋은 집에서 살게 되었다. 노동과 자본의 협력은 방적과 직조의 협력만큼 필수적이다. 방적이 시간상으로 약간 앞서지만, 그렇다고 해서 우위에 있는 것은 아니다. 자본과 노동 쌍방의 번영은 상대방의 역량·활동과 불가분의 관계가 있다. 비록 각각이 상대방을 희생시키면서 일시적으로 국민배당의 몫을 좀더 획득할 수 있을지라도, 영속적으로 그럴 수는 없다.

현대 세계에서 개인 고용주와 주식회사의 임원들은 대다수가 소규모의 자기자본을 가지고 있음에도 거대한 산업바퀴의 중심축 역할을 한다. 자본 소유자들과 노동자들의 이해관계는 그들을 향해서 움직이고 그들에게서 발산된다. 그리고 그들은 전체를 강력하게 장악한다. 따라서 그들은 이 책의 두 번째 권에서 다루게 될 고용과 임금의 변동에 관한 논의에서 지배적인 지위를 차지할 것이다. 그리고 노동, 자본, 토지 각각의 고유한 수요와 공급의 행동양식의 특징에 관한 논의에서는 지배적인 지위는 아닐지라도 중요한 지위를 점할 것이다. 이와 관련해서는 이하 여덟 장에서 논할 것이다.

「부록 J」에서 '임금기금'설에 대해 약간 설명할 것이다. 이 학설은 노동의 공급을 규정하는 원인들을 소홀히 한 채 노동의 수요 측면을 지나치게 강조했으며, 자본의 도움을 받은 노동생산물의 **유량**과 임금의 **유량** 사이의 진정한 상관관계 대신 자본스**톡**과 임금의 **유량** 사이의 상관관계를 암시했다고 생각할 만한 근거를 제시할 것이다. 그러나 좀더 깊이 검토했더라면 고전파 경제학자들 스스로——비록 거의 모든 그들의 계승자들은 아닐지라도——이 학설의 오해를 불러일으키는 암시를 제거함으로써, 고전파의 임금기금설을 현대적 학설과 융합시킬 수 있었을 것이라는 의견에 대해서도 근거가 제시될 것이다. 「부록 K」에서는, 다양한 유형의 생산자잉여와 소비자잉여에 대해 연구할 것이다. 그러한 연구는 약간의 추상적 의미가 있지만 실제직 중요성은 거의 없는 문제들을 제기한다.

이미 넌지시 비추었지만, 여러 생산요소들의 (총 그리고 한계)효율성, 집계 순생산 또는 국민배당에 대한 여러 생산요소들의 직·간접적 기여, 그리고 각 생산요소에 귀속되는 국민배당의 몫은 아주 복잡한 수많은 상호작용에 의해 상호관련되어 있으므로, 이러한 관계의 전모를 단일명제로 표현하는 것은 불가능하다. 그러나 긴밀하고, 압축적이고, 명확한 수학적 용어를 사용해서 상당히 통합된 개관으로 도약하는 것은 가능하다. 물론 질적 차이가 다소 조야하게 양적 차이로 해석될 수 있는 경우를 제외하면, 그것은 질적 차이를 고려할 수 없다.[14]

---

14) 이러한 검토는 「수학부록」 주 XIV~XXI에 집약되어 있다. 그중 마지막 주는 이해가 쉽고, 문제의 복잡성을 보여준다. 나머지 대부분은 주 XIV에서 발생하는 세부적인 문제점들을 전개한 것이다. 그리고 일부 내용은 『경제학 원리』 2, 제V편, 제4장에 보통의 용어로 설명되어 있다.

제3장 노동의 수입

1 제V편에서 수요·공급 균형의 일반이론을 검토하고, 제VI편의 처음 두 장에서 분배와 교환에 관한 핵심문제의 개요를 논하면서, 우리는 생산요소들의 특유한 성질과 부대적 사항에 대한 고려를 되도록 한쪽에 제쳐두었다. 우리는 생산장비의 가치와 그것의 도움을 받아 생산되는 생산물의 가치 사이의 관계에 대한 일반이론이, 고용주든 피고용자든 전문 직업인이든, 다양한 등급에서 천부적 재능 또는 오래전에 습득된 숙련과 지식으로 획득되는 소득에 어느 정도까지 적용될 수 있는지 상세하게 탐구하지 않았다. 실제 장터에서 이윤, 심지어 좀더 기본적인 이자라는 용어에 부여되는 여러 가지 상이한 의미의 범위에 대해 주의를 기울이지 않음으로써 우리는 이윤 분석과 관련된 어려움을 회피했다. 그리고 우리는 토지보유의 다양한 형태가 토지수요의 형식에 미치는 영향을 설명하지 않았다. 이러한 그리고 다른 결함들은 이하 세 장에서 노동, 자본, 경영능력 그리고 토지와 관련된 수요와 공급을 좀더 상세하게 분석해서 보완할 것이다.

제3장에서 다루고 있는 수입의 추정 및 계산방법과 관련된 문제들은 주로 산술 또는 부기의 분야에 속한다. 그러나 그것들을 소홀히 다룸으로써 많은 오류가 발생한다.

2 물적 재화와 관련해 수요와 공급의 작용을 바라볼 때, 우리는 동일한 시장에서 동일한 명칭으로 판매되고 있는 두 재화가 실제로는 구매자들에게 품질 및 가치가 동일하지 않다는 어려움에 항상 직면한다. 또

한 두 재화가 실제로 같을지라도, 판매 조건이 다르기 때문에 그것들은 아주 첨예한 경쟁에도 불구하고 명목상 상이한 가격에 판매될 수도 있다. 예를 들어 배송에 따른 경비나 위험의 일부를 어떤 경우에는 판매자가 부담하지만, 다른 경우에는 구매자에게 전가할 수도 있다. 그러나 이러한 종류의 어려움은 물적 재화보다는 노동의 경우에 훨씬 심각하다. 노동에 대해 지급되는 진정한 가격은 종종 명목적으로 지급되는 가격과 크게 다르며, 그 차이의 원인을 파악하기가 쉽지 않다.

'효율성'이라는 용어와 관련해서 기본적인 어려움이 있다. 대략 비슷한 **효율성**을 가진 사람들은 직종이 달라도 장기적으로 거의 동일한 수입(또는 그보다는 동일한 '순이익', 『경제학 원리』1, 제II편, 제5장, 1을 보라)을 획득한다고 말할 때 '효율성'이라는 용어는 반드시 광의로 해석해야 한다. 그것은 앞에서 정의했던 것처럼(『경제학 원리』1, 제IV편, 제5장, 1) 반드시 **전반적인 산업효율성**의 의미로 해석되어야 한다. 그러나 동일한 직종에서 상이한 사람들의 수익능력의 차이와 관련지어 이 용어를 사용할 때, 효율성은 그 직종에서 요구되는 효율성의 특정한 판정기준을 염두에 두고 평가되어야 한다.

경쟁은 동일한 업종 또는 동일한 난이도의 업종에 종사하는 사람들의 수입을 균등화시킨다고 사람들은 흔히 말한다. 그러나 이러한 명제는 신중하게 해석해야 한다. 왜냐하면 경쟁은 임의의 기간, 예컨대 1일 또는 1년 동안 상이한 효율성을 가진 두 개인이 획득하는 수입을 균등화하는 것이 아니라 불균등화하는 경향이 있기 때문이다. 그리고 마찬가지로 그것은 효율성의 평균 수준이 다른 두 지역에서 평균 주급을 균등화하는 것이 아니라 불균등화하는 경향이 있다. 노동계층의 평균적인 역량과 활력이 잉글랜드 남부보다 북부에서 더 높다면, 당연히 '경쟁이 사태를 본연의 위치에 자리 잡게' 하면 할수록, 남부보다 북부에서 평균 주급이 더 높을 것이다.[1]

---

1) 약 50년 전에 잉글랜드 북부와 남부의 농장주들이 의견을 교환한 결과, 손수레에 근채류를 담는 작업이 육체노동의 효율성에 대한 탁월한 척도라는 것으로

레슬리와 일부 다른 학자들은 임금의 지역 간 분산을 순진하게도 노동계층의 이동이 거의 없으며, 고용을 위한 노동자들 간의 경쟁이 유효하지 않다는 사실을 입증하는 것이라고 강조했다. 그러나 그들이 인용했던 사실은 대부분 일급이나 주급과 관계된 것으로 그저 절반의 사실일 뿐이었다. 그리고 나머지 부족한 절반을 채운다면, 그것은 인용된 사실에 근거한 것과는 일반적으로 정반대의 추론을 지지한다. 왜냐하면 지역 간 주급의 분산과 효율성의 분산은 일반적으로 서로 일치하는 것으로 나타나기 때문이다. 따라서 사실은, 문제와 관계가 있는 한, 경쟁의 유효성을 입증하는 경향이 있다. 그러나 이러한 사실에 대한 완전한 해석은 대단히 어렵고 복잡한 과업이라는 것을 조만간 발견하게 될 것이다.

어떤 사람이 1일, 1주, 또는 1년과 같이 일정한 기간에 획득하는 수입 또는 임금은 그의 시간수입(time-earnings) 또는 시간임금(time-wages)이라고 명할 수 있을 것이다. 그리고 불균등한 시간임금에 대한 레슬리의 사례는 전체적으로 경쟁이 동일한 난이도 그리고 인접해 있는 직종의 수입을 노동자의 효율성에 맞게 조정한다는 가정을 약화시키는 것이 아니라 지지하는 경향이 있다고 말해도 좋을 것이다.

그러나 '노동자의 효율성'이라는 문구의 모호성이 아직 완전히 해소된 것은 아니다. 어떤 종류의 작업에 대한 보수가 수행된 작업의 양과 질에 적합하게 지급될 때, 동일한 임률의 개수임금(piece-work wage)*이

의견이 일치되었다. 그리고 면밀한 비교검토는 두 지역에서 보통 일일작업 동안 노동자들이 실어 나르는 중량과 수취하는 임금이 비례한다는 것을 보여주었다. 남부의 표준적인 임금과 효율성은 북부에 비해 당시에는 큰 차이가 있었지만, 요즘에는 좀더 근접할 것이다. 그러나 노동조합의 표준적인 임금은 일반적으로 남부보다는 북부에서 더 높다. 그리고 좀더 높은 임금을 받기 위해 북부로 이주한 많은 사람들이 북부의 표준적인 작업량을 수행할 수 없다는 것을 알고 남부로 되돌아간다.

* 일종의 성과임금으로서 노동자가 생산한 생산품의 개수에 따라 지불하는 임금 형태.

지급된다고 사람들은 말한다. 그리고 만일 두 사람이 동일한 조건에서 동일한 성능의 장비를 갖추고 노동한다면, 각각의 여러 작업에 대해 동일한 임률목록에 준거해서 산정된 개수임금을 받을 때, 그들은 효율성에 비례해서 보상을 받는다. 그러나 만일 장비의 성능이 동일하지 않다면, 동일한 임률의 개수임금은 노동자들의 효율성에 비례하지 않는 결과를 낳는다. 예를 들어 만일 구식의 기계를 갖춘 면방적공장에서 최신의 설비를 갖춘 공장과 동일한 개수임금 목록을 적용한다면, 외견상의 평등은 실질적인 불평등을 나타낼 것이다. 경쟁이 유효하면 유효할수록, 그리고 경제적 자유와 기업이 더욱 완벽하게 발달하면 발달할수록, 구식기계를 갖춘 공장은 분명 다른 공장보다 높은 임률목록을 채용할 것이다.

따라서 경제적 자유와 기업이 동일한 난이도 그리고 인접해 있는 직종에서 임금을 균등화하는 경향이 있다는 명제에 정확한 의미를 부여하기 위해서는 새로운 용어를 도입할 필요가 있다. 우리는 그 용어를 **효율성임금**(efficiency-wages) 또는 좀더 포괄적으로 **효율성수입**(efficiency-earnings)에서 찾을 수 있다. 이 용어는 수입을 획득하기 위해 투입된 시간에 근거해서 측정되는 시간수입과는 달리, 그리고 수입을 획득하기 위해 수행된 작업에 의한 산출고에 근거해서 측정되는 개수수입과는 달리, 노동자에게 요구되는 능력과 **효율성**의 발휘에 근거해서 측정된 수입을 의미한다.

그러므로 모든 사람의 수입을 본연의 수준에 자리 잡게 하는 경제적 자유와 기업(좀더 일상적인 용어로 경쟁)의 경향은 동일한 지역에서 효율성수입을 균등화시키는 것이다. 노동의 이동성이 클수록, 노동이 덜 특화될수록, 부모가 자식들을 위해 가장 유리한 직종을 찾는 데 좀더 열중할수록, 그들이 스스로 경제적 조건의 변화에 빠르게 적응할수록, 그리고 끝으로 이러한 변화가 좀더 완만하고 좀더 덜 격렬할수록 이러한 경향은 더욱 강화될 것이다.

그러나 이러한 경향에 관한 명제는 약간의 수정을 필요로 한다. 우리는 지금까지 작업을 위한 임금지불총액이 동일하다는 조건 아래서 그러한 작업을 수행하기 위해 소수의 노동자를 고용하든 다수의 노동자를 고용하든 고용주에게는 무차별하다고 가정했다. 그러나 사실은 그렇지 않다. 작업량에 대해 일정한 비율로 임금이 지급될 때, 한 주일 동안 가장 많이 버는 노동자들이 고용주에게는 가장 저렴한 노동자들이다. 그리고 만일 너무 과로해서 조기에 노동력이 고갈되지 않는다면, 그들은 공동체의 관점에서도 가장 저렴한 노동자들이다. 그들은 비효율적인 동료 노동자들과 같은 규모의 고정자본을 사용하지만 좀더 많은 생산물을 생산하기 때문에 산출물 1단위당 자본비용은 저렴하다. 두 경우에 주요 비용은 동일하다. 그러나 동일한 개수임금이 지급될 때 좀더 효율적인 그리고 좀더 높은 시간임금을 받는 노동자들에 의해 수행된 작업의 총비용은 좀더 낮은 시간임금을 받는 노동자들에 의해 수행된 작업의 총비용보다 작다.[2]

이 점은 충분한 공간이 있고 상대적으로 고가의 기계를 거의 사용하지 않는 옥외작업에서는 그리 중요하지 않다. 왜냐하면, 감독 문제를 제외하면, 정해진 작업량에 대해 임금지불총액이 100파운드라 할 때, 그런 총액이 20명의 효율적인 노동자들에게 배분되든 30명의 비효율적인 노동자들에게 배분되든 고용주에게는 거의 차이가 없기 때문이다. 그러나 고가의 기계를 사용하고 그 비용을 노동자들의 수에 대응해서 배분해야 할 때, 30명의 노동자들이 임금지불총액 40파운드에 수행했던 작업을 20명의 노동자들이 임금지불총액 50파운드에 수행할 수 있다면, 재화들의 총비용이 하락하는 경우가 많을 것이다. 이 같은 모든 사안에 대해 아메리카가 전 세계를 선도하고 있으며, 그곳에서는 가장 높은 임

---

2) 이러한 논의는 해당 업종에서 노동자들의 일교대 이상의 고용이 허용되는 경우에는 수정이 필요할 것이다. 종종 고용주는 하루 10시간 일교대 고용에 대해 현재 지불하는 임금을 하루 8시간 2교대 고용 각각에 대해 지불할 만한 가치가 있을 것이다. 왜냐하면 전자보다는 후자의 경우에 각각의 노동자는 더 적게 생산하겠지만, 각각의 기계는 더 많이 생산할 것이기 때문이다. 이 점에 대해서는 다시 설명할 것이다.

금을 지불하는 방법을 고안해낸 자가 최선의 기업가라고 흔히 말한다.

따라서 교정된 법칙에 따르면 경제적 자유와 기업은 일반적으로 동일한 지역의 효율성수입을 균등화하는 경향이 있지만, 아주 고가의 고정자본이 사용되는 경우에는 좀더 효율적인 노동자들의 시간수입을 그들의 효율성 수준 이상으로 인상시키는 것이 고용주에게 더 유리할 것이다. 물론 이러한 경향은 특수한 관습과 제도에 의해 그리고 어떤 경우에는 노동조합 규약에 의해 방해를 받을 수 있다.[3]

3 수입이 일정하게 정해져 있는 작업에 대한 추정과 관련해서는 충분히 설명했다. 다음으로 어떤 직종의 실질수입을 추정할 때 화폐 수령액 이외에 많은 것들을 고려해야 하며, 작업에 따른 긴장, 스트레스와 직접적으로 관련된 것 이외에 많은 부수적인 불이익을 계산에 넣어야 한다는 사실을 주의 깊게 검토해야 한다.

스미스가 말했듯이, "노동의 **실질임금**은 그것으로 획득되는 생활의 필수재와 편의재의 일정량으로 구성되어 있다고 말할 수 있다. 그리고 노동의 **명목임금**은 화폐량으로 구성되어 있다. [……] 노동자가 부유한지

---

3) 리카도는 노동자에게 임금으로 지급되는 상품량의 변동과 고용주에 대한 노동자의 수익성 변동 사이의 구분의 중요성을 간과하지 않았다. 그는 고용주의 실질적인 이해관계는 노동자에게 지급한 임금의 크기에 있는 것이 아니라, 임금이 노동자의 작업에서 기인하는 생산물 가치에서 차지하는 비율에 있다는 것을 알고 있었다. 그리고 그는 임금률이 이러한 비율에 의해 측정되는 것으로 판단했으며, 이러한 비율이 상승하면 임금이 상승하고 이러한 비율이 하락하면 임금이 하락한다고 말했다. 그가 이러한 목적을 위해 새로운 용어를 고안하지 못했던 것이 아쉽다. 왜냐하면 그가 친숙한 용어를 독특하게 사용하는 것을 다른 사람들은 거의 이해하지 못했으며, 어떤 경우에는 자신도 잊고 있었기 때문이다(시니어, 『정치경제학 요강』, 142~148쪽을 참조하라). 리카도가 주로 염두에 두고 있었던 노동생산성 변동은 한편으로 생산기술의 진보에서 기인하는 것이었으며, 다른 한편으로 인구증가로 제한된 토지에서 좀더 많은 곡물을 끌어내야만 할 때 수익체감의 법칙의 작용에 기인한 것이었다. 만일 그가 노동자의 조건의 개선에서 직접적으로 기인하는 노동생산성 증가에 주의를 기울였다면, 현재의 경제학의 지위와 국가의 실질적 후생은 십중팔구 지금보다 훨씬 더 진전되었을 것이다. 현재 상태로는 리카도의 임금이론은 맬서스의 『정치경제학 원리』보다 덜 시사적인 것처럼 보인다.

가난한지, 노동자의 보수가 좋은지 나쁜지는 그의 노동에 대한 명목가격이 아니라 실질가격에 따라 결정된다."[4] 그러나 "그것으로 획득되는"이라는 문구는 노동이나 그 생산물의 구매자에 의해 직접적으로 제공되는 필수재와 편의재에만 적용되는 것으로 간주해서는 안 된다. 왜냐하면 직종과 결부되어 있으면서 노동자의 별도 경비를 요구하지 않는 이익들도 반드시 참작해야 하기 때문이다.

임의의 장소나 임의의 시점에 어떤 직종의 실질임금을 조사하려고 할 때, 첫 번째 단계는 명목임금으로 지급되는 화폐의 구매력의 변동을 조정하는 것이다. 우리가 화폐이론을 체계적으로 다루기 전까지는 이 점을 완전히 설명하는 것은 불가능하다. 그러나 이러한 조정은 비록 우리가 모든 상품의 가격동향에 대한 완벽하게 정확한 통계를 가지고 있다 할지라도 단순한 산술적 계산은 아니라는 것쯤은 언급해도 좋을 것이다. 왜냐하면 만일 서로 거리가 먼 지역 또는 시점을 비교한다면, 우리는 사람들의 욕구와 그러한 욕구를 충족시키는 방법이 서로 다르다는 것을 발견하기 때문이다. 그리고 심지어 동일한 시점과 장소에 주의를 한정짓는다 할지라도, 우리는 상이한 계층의 사람들이 소득을 상이한 방식으로 지출하는 것을 발견하게 된다. 예를 들어 벨벳, 가극 그리고 과학도서의 가격은 산업의 하위등급에게는 별로 중요하지 않다. 그러나 빵이나 구두가죽의 가격하락은 상위등급보다는 그들에게 훨씬 더 많은 영향을 미친다. 우리는 이러한 종류의 차이를 항상 염두에 두어야 한다. 그러나 일반적으로 그것들을 대략적으로 조정하는 것은 가능하다.[5]

---

4) 『국부론』, 제1편, 제5장.
5) 『여성과 어린이의 농업고용 관련 구빈법위원회 보고서』(*The Report of the Poor Law Commissioners on the Employment of Women and Children in Agriculture*, 1843, 297쪽)에는, 노섬벌랜드 주(잉글랜드 북동부에 있는 주— 옮긴이)에서 화폐가 거의 등장하지 않는 연간임금에 대한 흥미로운 사례가 제시되어 있다. 여기에 하나의 예를 들어보자. 밀 10부셸, 귀리 30부셸, 보리 10부셸, 호밀 10부셸, 완두콩 10부셸, 1년 동안의 젖소의 사료, 감자 800야드, 작은 집과 채소밭, 석탄, 현금 3파운드 10실링 그리고 암탉 대신 보리 2부셸.

4 이미 지적했듯이, 한 개인의 실질소득은 그의 총소득에서 그것의 생산에 필요한 경비를 공제해서 구해진다. 그리고 이러한 총소득은 화폐지급 형태를 띠지 않는 많은 것들을 포함하며, 그것들은 간과될 위험이 있다.[6]

우선 경비에 대해서 살펴보자. 우리는 임의의 업종을 대비하는 데 수반되는 보통·전문교육 경비와 작업에서 소모되는 개인의 건강과 체력을 고려하지 않는다. 이러한 것들에 대해서는 다른 방식으로 고려하는 것이 최선일 것이다. 그러나 우리는 모든 사업경비를 공제해야만 한다. 이 점에서는 전문직업인의 경우나 장인의 경우나 마찬가지다. 따라서 법정변호사의 총소득에서 사무실 임대료와 서기의 급여를 반드시 공제해야 하며, 목수의 총수입에서 공구를 위해 치르는 경비를 반드시 공제해야 한다. 그리고 어떤 지역의 채석공의 수입을 측정할 때, 지역의 관습상 공구와 발파용 폭약에 대한 경비를 채석공이 부담하는지 고용주가 부담하는지를 반드시 알아내야만 한다. 이러한 경우들은 상대적으로 단순하다. 그러나 의사가 사무실, 운송수단, 접대를 위해 치르는 경비 중에서 얼마나 많은 부분을 사업경비로 간주해야 하는지를 결정하는 것은 어렵다.[7]

5 또 하인이나 가게점원이 마음대로 행동할 자유가 있었다면 구매하지 않았을 고가의 의복을 자기 부담으로 갖추어야 한다면, 그들의 임금의 가치는 이러한 강제사항으로 인해 다소 감소할 것이다. 그리고 주인이 하인들에게 고가의 의복, 거주 그리고 식량을 제공할 때 이러한 것들이 하인에게 제공하는 가치는 일반적으로 주인에게 드는 비용보다 더 작다. 따라서 몇몇 통계학자들이 그랬던 것처럼, 하인의 화폐임금과 주

---

6) 『경제학 원리』 1, 제II편, 제4장, 7을 보라.

7) 이러한 종류의 문제들은 제II편에서 소득과 **자본**의 정의를 설명할 때 제기했던 문제들과 밀접한 관련이 있다. 거기서 화폐 형태를 띠지 않는 소득요소들을 간과하는 것에 대비해 이미 주의를 주었다. 심지어 전문직업인과 임금노동자의 경우에 대해서도, 그 수입은 상당 정도 일정한 물적 자본에 대한 지배력에 좌우된다.

인이 하인에게 제공하는 모든 것들에 대한 주인의 비용의 등가물을 더해서 하인의 실질임금을 계산하는 것은 오류다.

　다른 한편 농장주가 종업원에게 무료로 석탄을 운반해줄 때 그는 물론 말들이 할 일이 거의 없을 때를 선택하며, 종업원 수입의 실질적인 증가는 농장주의 비용보다 훨씬 크다. 예를 들어 고용주가 비록 종업원에게는 유용하지만 판매에 수반되는 큰 경비 때문에 자신에게는 거의 무가치한 상품을 종업원이 무상으로 가져가도록 허용하거나, 고용주가 종업원에게 그가 생산에 기여한 상품을 스스로 사용하기 위해 도매가로 구매하는 것을 허용하는 것과 같은 여러 가지 부수입과 수당에 대해서도 마찬가지다. 그러나 이러한 구매허가가 구매의무로 전환된다면 그것은 과도하게 남용될 소지가 다분하다. 과거에 종업원에게 상한 곡물을 양호한 곡물의 도매가로 구매하도록 강요하곤 했던 농장주는 실제로 그에게 겉으로 보이는 것보다 낮은 임금을 지불했다. 그리고 이른바 **현물급여제**(truck system)*가 오래된 국가의 어떤 업종에서 행해지면, 대체로 실질임금률이 명목임금률보다 낮다고 정당하게 가정할 수 있다.[8]

---

* 임금으로 물품 등을 지급하는 제도.

8) 주된 사업이 건전한 상태에 있는 고용주는, 현물급여제에 필요한 점포를 운영할 어떤 강력한 이유가 없다면, 일반적으로 너무 바빠서 그렇게 할 여유가 없다. 결과적으로 오래된 국가에서 **현물급여제**를 채택한 고용주는 대개 명목적으로 지급한 임금의 일부를 비밀스럽게 되찾을 목적으로 그렇게 했다. 그러한 고용주는 가내공업자들에게 기계와 도구를 터무니없이 높은 지대를 지불하고 임차하도록 강요했고, 모든 종업원들에게 불량한 재화들을 불리한 조건으로 높은 가격에 구매하도록 강요했으며, 어떤 경우에는 최고의 이윤율을 확보하기가 가장 용이한 재화, 특히 알코올을 구매하는 데 그들의 임금의 대부분을 사용하도록 강요했다. 예를 들어 레키는 극장 입장권을 싼 가격에 구매해서 종업원들에게 정가에 구매하도록 강요하는 유혹을 뿌리칠 수 없었던 고용주에 대한 우스꽝스러운 사례를 기록하고 있다(『18세기 잉글랜드의 역사』, 제6장, 158쪽). 그러나 점포를 고용주가 경영하는 것이 아니라 십장이나 그와 공조하는 사람들이 경영할 때, 그리고 고용주가 종업원들에게 점포에서 많이 거래하지 않는다면 좋은 말을 듣기 어렵다는 것을 공개적으로는 말하지 않더라도 그렇게 이해시킬 때, 그 폐해가 가장 크다. 왜냐하면 고용주는 근로자들에게 피해를 주는 모든 것에서 다소 손실을 입는 반면, 부당한 십장의 착취는 자신의 궁극적인 이해관

6 다음으로 성공의 불확실성과 고용의 불안이 어떤 직종의 실질적인 수입률에 미치는 영향을 고려해야 한다.

우리는 어떤 직종의 수입을 성공적인 구성원과 성공적이지 못한 구성원의 평균으로 간주하면서 출발해야 할 것이다. 그러나 진정한 평균을 얻기 위해서는 주의해야 한다. 만일 성공적인 사람들의 평균수입이 연간 2,000파운드이고, 성공적이지 못한 사람들의 평균수입이 연간 400파운드라면, 전자와 후자의 수가 같을 때 전체의 평균은 연간 1,200파운드일 것이다. 그러나 아마도 법정변호사의 경우가 그럴 테지만, 만일 성공적이지 못한 사람들의 수가 성공적인 사람들의 수의 10배라면 진정한 평균은 550파운드에 불과할 것이다. 그리고 더 나아가서 완전히 실패한 사람들은 직업을 전적으로 포기하는 경우가 많을 것이므로 계산에서 제외될 것이다.

그리고 이러한 평균을 취함으로써 비록 위험에 대비한 보험을 별도로 참작할 필요를 미연에 방지할 수 있을지라도, 일반적으로 불확실성의 폐해에 대해서는 여전히 고려해야 할 것이다. 왜냐하면 자신의 앞날을 알고 싶어하며, 연간 400파운드의 확실한 소득을 제공하는 직종을 600파운드를 제공할 수도 있지만 똑같은 확률로 200파운드만 제공할 수도 있는 직종보다 훨씬 더 선호하는 침착하고 견실한 기질의 사람들이 많이 있기 때문이다. 그러므로 거대한 야망과 고상한 포부에 호소하지 못하는 불확실성에 특별한 매력을 느끼는 사람은 극소수다. 반면에 그것은 인생의 진로를 선택하는 많은 사람들에게 장애물로 작용한다. 그리고 적당한 성공에 대한 확실성은 보험통계상의 가치가 동일한 불확실한

_____

계가 아니라면 거의 저지되지 않기 때문이다.

전체적으로 이러한 종류의 해악들은 현재는 상대적으로 미미하다. 그리고 신생국에서는 대기업이 적당히 좋은 소매상점이나 가게에 대한 접근이 불가능한 외딴 지역에서 종종 생겨난다는 것을 반드시 기억해야 한다. 그리고 이 경우에 고용주는 종업원들에게 임금의 일부를 식량, 의복 등 수당의 형태로 지불하거나 그들을 위한 점포를 열어 그들이 원하는 거의 모든 것들을 공급할 필요가 있을 것이다.

성공에 대한 기대보다 보통 더 매력적이다.

그러나 다른 한편으로 그 사례는 소수이지만 어떤 직종이 극단적으로 높은 보수를 제공한다면, 그 직종의 매력은 보수의 총계와 비교할 때 과도하게 증가한다. 이에 대해서는 두 가지 이유가 있다. 첫째 이유는 기질상 모험을 좋아하는 젊은이들에게 실패의 불안에 따른 억제력보다는 큰 성공의 전망에 따른 유인력이 더 크기 때문이다. 그리고 두 번째 이유는 어떤 직종의 사회적 등급은 그것에 종사하는 사람들의 평균적인 행운보다는 그것을 통해 도달할 수 있는 최고의 신분과 최상의 지위에 더 크게 의존하기 때문이다. 치국책(statecraft)의 오랜 격언에 따르면, 정부는 모든 부처에서 소수의 높은 보수를 받을 수 있는 직책을 두어야 한다. 그리고 귀족주의 국가에서 정부의 고위관리는 아주 높은 급여를 받는 반면, 하급관리는 비슷한 직무에 대한 민간 수준보다 낮은 급여를 받았다. 그러나 하급관리는 궁극적으로 갈망의 대상이 되는 직위에 오를 수 있다는 희망과 그러한 국가에서 관리에 대한 높은 사회적 평가로 위안을 받았다. 이러한 제도는 이미 부와 권력을 가진 자들을 이롭게 하는 부수적 결과를 초래한다. 그리고 부분적으로는 그런 이유 때문에 민주주의 국가에서는 그 제도를 채택하지 않는다. 민주주의 국가는 종종 정반대의 극단으로 나아가고, 하급관리의 직무에 대해서는 민간수준 이상으로, 고급관리에 대해서는 민간수준 이하로 급여를 지급한다. 그러나 이러한 방식은, 다른 근거에서 그 장점이 무엇이든, 분명히 비용이 많이 드는 방식이다.

우리는 다음으로 고용의 단속성이 임금에 미치는 영향을 고려할 수 있다. 고용이 불규칙한 직종에서는 보수가 수행된 작업에 비해 높아야 한다는 것은 자명하다. 의사와 구두닦이는 각각 일이 없는 때를 대비해서 일종의 의뢰료(retaining fee)를 포함하는 요금을 작업할 때 반드시 받아야 한다. 만일 직종의 이점이 다른 측면에서는 동일하고, 작업의 난이도가 동일하다면 작업할 때 벽돌 쌓는 직공은 가구장이보다, 가구장이는 철도원보다 반드시 높은 임률의 보수를 받아야 한다. 왜냐하면 철도의 작업은 연중 거의 일정한 반면, 가구장이와 벽돌 쌓는 직공은 언제나 불경기로 인해 일이 없을 위험이 있으며, 벽돌 쌓는 직공의 작업은 서리와 비로 인해 더 자주 중단되기 때문이다. 이러한 중단을 감안하는 보통의 방법은 장기간에 걸친 수입을 더하고 그것의 평균을 구하는 것이다. 그러나 우리가 실직해서 갖게 되는 휴식과 여가가 그에게 직접적으로나 간접적으로나 무용하다고 가정하지 않는다면, 이러한 방법이 아주 만족스러운 것은 아니다.[9]

어떤 경우에는 정당하게 이러한 가정을 할 수도 있다. 왜냐하면 일을 기다리는 것이 종종 너무나 많은 걱정과 근심을 수반해서 일하는 것보다 더 많은 긴장을 초래하기 때문이다.[10] 그러나 항상 그렇지는 않다. 사업의 규칙적 과정의 일환으로 발생하고 미래에 대한 우려를 일으키지 않는 작업 중단은 체력을 회복하고, 미래의 활동을 위한 활력을 비축하는 기회를 제공한다. 예를 들어 성공적인 법정변호사는 연간 일정 기간 격무에 시달릴 수밖에 없으며, 그것은 그 자체로서 하나의 해악이다. 그러나 이것을 감안했을 때 그는 법정 휴가기간에 수임료를 전혀 벌어들이지 못함으로써 거의 잃는 것이 없다고 간주해도 좋을 것이다.[11]

7 다음으로 어떤 사람이 주업에서 벌어들이는 수입을 부업을 통해 보충할 수 있도록 주변환경이 제공하는 기회를 고려해야 한다. 그리고 이러한 주변환경이 그의 다른 가족 구성원에게 일을 제공해주는 기회도 고려할 필요가 있을 것이다.

많은 경제학자들이 가족의 수입을 단위로 삼자고 제안했다. 그리고

---

9) 이러한 고려는 개수임금제도에서 특히 중요하다. 어떤 경우에는 피할 수 있는 것이든 불가피한 것이든 가공하는 재료의 공급부족 또는 다른 작업 중단에 의해 수입이 크게 감소될 수 있다.
10) 폭스웰이 고용 불규칙성의 폐해에 대해 1886년 강연에서 통렬하게 지적했다.
11) 상위등급의 노동자들에게는 일반적으로 유급 휴가가 허용되지만, 하위등급의 노동자들은 휴가를 얻을 때 보통 그에 따른 보수를 상실한다. 이러한 구별의 원인은 분명하다. 그러나 그것은 자연히 일종의 불만을 자아냈으며, 노동위원회의 조사는 그러한 불만을 터뜨렸다. 예를 들어 보고서 B류, 24호, 431~436쪽을 보라.

이러한 제안은 가족의 전 구성원이 함께 일하는 구식의 가내공업이나 농업과 관련해서 큰 의미가 있다. 다만 부인이 가사를 경시하는 데서 기인하는 손실을 감안한다는 조건 아래서 그렇다. 그러나 현대 잉글랜드에서 이러한 종류의 업종은 예외적이다. 가장이 자식들의 직업을 자신의 업종으로 이끄는 경우를 제외하고, 가장의 직업은 다른 가족 구성원의 직업에 강력하고 직접적인 영향을 거의 미치지 못한다. 물론 그의 일터가 고정되어 있을 때 그의 가족이 쉽게 접근할 수 있는 고용기회는 근린지역의 경제력에 의해 제한된다.

8 따라서 어떤 업종의 매력은 수행해야 하는 작업의 난이도와 강도, 그리고 그 업종에서 획득할 있는 화폐수입뿐만 아니라 많은 다른 원인들에 의존한다. 그리고 어떤 직종의 수입이 그 직종에 대한 노동공급에 영향을 미치는 것으로 간주될 때, 또는 그러한 수입이 노동의 공급가격이라고 말할 때, 수입이라는 용어는 '순이익'[12]에 대한 간략한 표현으로 사용된다는 것을 항상 염두에 두어야 한다. 많은 사람들이 정육점 주인의 일에 대해 그리고 어느 정도는 정육점 주인 자신에 대해 가질 수 있는 혐오감은 난이도가 비슷한 다른 업종에 비해 정육업의 수입을 증가시킨다는 스미스의 유명한 문장으로 예증되듯이 어떤 업종은 다른 업종보다 더 건전하거나 청결할 수 있으며, 더 위생적이거나 쾌적한 장소에서 작업할 수 있으며, 또한 좀더 사회적 지위를 수반할 수 있다는 사실들을 반드시 고려해야 한다.

물론 개개인의 성격은 언제나 특정한 이점을 높게 평가하거나 낮게 평가하는 데 작용을 미칠 것이다. 예를 들어 어떤 사람들은 작은 집이나마 소유하는 것을 너무 좋아해서 도시에서 훨씬 높은 임금을 받는 것보다 낮은 임금을 받으면서 시골에 사는 것을 선호한다. 반면에 다른 사람들은 거주공간의 크기에 대해 무관심하며, 그들이 사치재로 간주하는 것들을 손에 넣을 수 있다는 조건 아래서는 기꺼이 생활의 편의를 포기

---

12) 『경제학 원리』 1, 제II편, 제4장, 2를 보라.

할 것이다. 예를 들어 노동계층주택문제위원회의 1884년 보고에서 언급되었던 가족이 그랬다. 가족의 수입은 주당 7파운드였지만, 그들은 여행과 오락에 화폐를 자유롭게 지출할 수 있기 위해 단칸방에서 사는 것을 선택했다.

이와 같은 개인적 성벽 때문에 우리는 특정 개인의 행동을 확실하게 예측하지 못한다. 그러나 만일 어떤 직종의 이점과 불리한 점을 그 직종에 종사하려는 사람들 또는 자식들을 그 직종에 맞게 양육하려는 사람들이 생각하는 그 직종의 평균적인 화폐가치로 계산한다면, 우리는 고려 중인 때와 장소에서 그러한 직종에 대한 노동공급을 증가시키거나 감소시키는 경향이 있는 힘의 상대적 크기를 대략적으로 추정할 수 있을 것이다. 특정한 때와 장소의 상황에 근거한 이와 같은 추정을 차용해 다른 때와 장소의 상황에 무분별하게 적용함으로써 심각한 오류가 발생할 가능성이 크다는 사실은 매우 중요하다.

이와 관련해서 우리 시대에 국민성의 차이가 미치는 영향에 주목하는 것은 흥미로운 일이다. 아메리카에서는 스웨덴 사람들과 노르웨이 사람들이 서북부의 여러 주들에서 농업으로 흘러들어간 반면, 아일랜드 사람들이 좀더 오래된 동부의 여러 주들에서 농장을 선택했다. 가구업과 양조업에서는 독일 사람들이, 철도건설에서는 이탈리아 사람들이, 정육업과 광업에서는 슬라브 사람들이, 일부 섬유업에서는 아일랜드 사람들과 프랑스계 캐나다 사람들이 우세했다. 그리고 런던에서는 유대계 이민들이 의류업과 소매업에 주로 종사했다. 이 모든 것들은 부분적으로는 국민성의 차이에 기인한 것이며, 또 부분적으로는 상이한 업종의 부수적인 이점과 불리한 점에 대한 상이한 인종들의 평가의 차이에 기인한 것이기도 하다.

끝으로 작업의 불쾌함은, 만일 그것이 산업적 능력이 아주 저급한 사람들이 수행할 수 있는 것이라면, 임금을 인상시키는 데 거의 영향을 주지 못하는 것 같다. 왜냐하면 과학의 진보는 최하등급의 작업 외에는 어떤 작업에도 부적합한 많은 사람들을 살려두기 때문이다. 그들은 적성에 맞는 상대적으로 적은 양의 작업을 위해 치열하게 경쟁한다. 궁핍하기 때문에 그들은 거의 전적으로 자신들이 벌어들일 수 있는 임금만을 생각할 뿐, 부수적인 불편에 주의를 기울일 여유가 없다. 그리고 실제로 환경의 영향으로 그들 가운데 많은 사람들이 이러한 직종의 불결함을 별로 중요치 않은 악으로 간주하는 데 길들여진다.

그러므로 일부 직종에서는 불결함이 저임금의 원인이 되는 모순적 결과가 생긴다. 왜냐하면 고용주들은 개선된 장비를 사용해 양질의 숙련 노동자들을 작업시키기 위해서는 이러한 불결함에 상당하는 임금을 추가 지불해야 한다는 것을 발견하기 때문이다. 따라서 그들은 비숙련노동자들만을 필요로 하는 구식의 생산방법을 고수하며, 이러한 노동자들은 어떤 고용주에게도 별 가치가 없기 때문에 낮은 (시간)임금으로 고용할 수 있다. 이러한 종류의 노동이 감소하고 그 임금이 상승하는 것만큼 절박한 사회적 필요는 없다.

제4장 노동의 수입(계속)

1 앞 장에서 노동에 대한 수요와 공급의 작용은 노동의 실질가격을 명목가격으로부터 식별하는 어려움을 중심으로 논의되었다. 그러나 이러한 작용에서 여러 가지 특징이 여전히 연구과제로 남아 있으며, 이것들은 매우 중요하다. 왜냐하면 그것들은 수요와 공급의 힘의 작용의 형식뿐만 아니라 내용에도 영향을 주며, 어느 정도는 그러한 힘의 자유로운 작용을 제한하고 저해하기 때문이다. 우리는 그러한 특징들의 많은 영향력을 최초의 가장 명백한 효과로는 전혀 측정하지 못하며, 아무리 두드러져 보일지라도 누적적이지 않은 효과보다 누적적인 효과가 장기적으로 훨씬 더 중요하다는 것을 발견하게 될 것이다.

따라서 문제는 관습의 경제적 영향을 추적하는 문제와 공통점이다. 관습의 직접적인 영향 때문에 어떤 재화가 그렇지 않았을 경우보다 때로는 좀더 낮은 가격에 때로는 좀더 높은 가격에 판매될 때, 그러한 직접적인 영향은 실제로 아주 중요하지는 않다는 사실이 이미 지적되었으며, 논의가 진행됨에 따라 더욱 분명해질 것이다. 왜냐하면 이러한 괴리는 대체로 영속되고 증폭되는 경향이 없을 뿐만 아니라, 역으로 그러한 괴리가 커지면 스스로를 중화시키는 힘을 작동시키는 경향이 있기 때문이다. 어떤 때는 이러한 힘이 관습을 완전히 파괴한다. 그러나 흔히 그러한 힘은 판매되는 재화의 성질의 점진적이고 미세한 변화를 통해 관습을 피해간다. 따라서 구매자는 실제로 과거의 명칭 과거의 가격으로 새로운 재화를 얻게 된다. 이러한 직접적인 영향은 자명하지만 누적적이지는 않다. 다른 한편 생산방법과 생산자의 성격이 자유롭게 발전되는 것을 방해하는 관습의 간접적인 영향은 자명하지 않다. 그러나 그것은 일반적으로 누적적이며, 따라서 세계 역사에 심원하고 강력한 영향력을 행사한다. 만일 관습이 한 세대의 진보를 억제한다면, 다음 세대는 그렇지 않았을 경우보다 낮은 단계에서 출발하게 된다. 그리고 후세대가 겪게 되는 진보의 지연은 전 세대의 그것에 누적되고 부가된다. 그렇게 대대로 계속된다.[1]

수요와 공급이 노동의 수입에 미치는 영향도 마찬가지다. 만일 임의의 시점에 그것이 어떤 개인 또는 계층의 임금을 강하게 압박한다면 해악의 직접적 효과는 자명하다. 그러나 그 결과로서 생기는 피해는 종류가 다르다. 해악의 직접적인 효과는 원인이 소멸하면 함께 소멸하며, 일반적으로 노동자들의 성격을 저하시키거나 노동자들의 성격이 강건해지는 것을 저해하는 간접적 효과와 그 중요성이 비교되지 않는다. 왜냐하면 후자의 효과는 추가적인 성격약화와 추가적인 피해를 초래하고, 그것은 다시 추가적인 성격약화와 추가적인 피해를 초래하고, 계속해서 누적적으로 진행되기 때문이다. 한편 높은 수입과 강건한 성격은 좀더 강건한 성격과 좀더 높은 수입으로 이어지고, 그것은 다시 더 강건한 성격과 더 높은 수입으로 이어지고, 계속해서 누적적으로 진행된다.

2 우리가 주목해야 할 첫 번째 요점은 인적 생산요소가 기계나 다른 물적 생산요소와 같은 방식으로 매매되지 않는다는 사실이다. 노동자는 자신의 노동을 판매한다. 그러나 그 자신은 여전히 자기가 소유한다. 그를 양육하고 교육하는 경비를 부담하는 사람들은 훗날 그의 용역에 대한 대가로 지불되는 보수를 거의 받지 못한다.[2]

---

1) 그러나 관습의 유익한 효과들 가운데 일부는 누적적이라는 것에 주의해야 한다. 왜냐하면 '관습'이라는 광의의 용어 속에 포함되어 있는 많은 상이한 것들은 고귀한 윤리적 원칙, 명예롭고 예의바른 행동의 규칙, 그리고 하찮은 이득을 차지하려는 불필요한 투쟁을 피하기 위한 규칙의 결정체이기 때문이다. 그리고 이러한 것들이 민족성에 미치는 좋은 영향은 누적적인 경우가 많다. 『경제학 원리』1, 제I편, 제2장, 1, 2를 참조하라.

현대의 사업방식이 어떤 결함이 있든, 그것은 적어도 물적 재화의 생산경비를 부담한 사람은 그 재화에 대해 지불되는 가격을 받는다는 미덕을 가지고 있다. 공장, 증기기관 또는 주택을 건설하거나 노예를 보육하는 사람은 그것들을 스스로 보유하는 한 그것들이 제공하는 모든 용역의 순편익을 획득한다. 그리고 그것들을 판매할 때 그가 받는 가격은 그것들의 미래 용역의 추정 순가치다. 따라서 그는 추가적인 투자로 얻게 되는 이득이 경비를 보상할 것이라고 생각할 만한 합당한 근거가 없는 것처럼 보일 때까지 자본을 투자할 것이다. 그는 투자를 신중하면서도 대담하게 실행해야만 한다. 그렇지 않을 경우, 그는 좀더 폭이 넓고 선견지명이 있는 정책을 따르는 다른 사람들과의 경쟁에서 패배하고, 실업계의 지도자 대열에서 궁극적으로 사라지는 처벌을 감수해야 할 것이다. 경쟁이 작용하고, 환경을 이용하는 방법을 가장 잘 아는 사람들이 생존경쟁에서 살아남기 때문에 공장과 증기기관의 건조는 장기적으로 생산수단으로서 그것들의 수익력을 증대시켜줄 대규모의 경비를 지출할 의지와 능력이 있는 사람들에게 맡겨지는 경향이 있다. 그러나 잉글랜드 노동자들의 양육과 소년기 훈련을 위한 자본투자는 사회의 다양한 계층에서 부모의 자력, 미래를 예측하는 능력 그리고 자식들을 위해 자신을 희생하려는 용의에 의해 제약된다.

이러한 제약의 폐해는 실제로 산업의 상위등급과 관련해서는 상대적으로 미미하다. 왜냐하면 그러한 등급에 속한 대부분의 사람들은 미래를 분명하게 파악하고, '미래를 낮은 이자율로 할인하기' 때문이다. 그들은 자식들을 위해 최상의 직업과 그러한 직업에 맞는 최상의 훈련을 선별하기 위해 많은 노력을 한다. 그리고 그들은 일반적으로 이러한 목

---

2) 이것은 오래전에 스미스가 아래와 같이 언급했던 것처럼 노예노동이 경제적이지 못하다는 주지의 사실과 부합한다. "노예의 마모를 갱신하거나 보수하기 위해, 그렇게 말하는 것이 허용될 수 있다면, 충당되는 기금은 흔히 부주의한 노예소유주나 무관심한 감독이 관리한다. 자유인에 대해 동일한 역할을 하는 기금은 〔……〕 아주 검소하게 그리고 지나치게 알뜰한 주의를 기울여 자유인 자신이 관리한다."

적을 위해 상당한 경비를 기꺼이 부담할 용의가 있으며 그럴 능력이 있다. 특히 전문직계층은 일반적으로 자식들을 위해 약간의 자본을 저축하려고 노력하지만, 자식들에게 자본을 투자할 기회에 훨씬 더 주의를 기울인다. 그리고 산업의 상위등급에서 추가적이고 특수한 훈련을 요하는 새로운 일자리가 생길 때마다, 그러한 자리를 위한 치열한 경쟁을 보장하기 위해 미래의 이득이 현재의 경비에 비해 아주 높을 필요는 없다.

그러나 사회의 하위계층에서 이러한 폐해는 막대하다. 왜냐하면 빈약한 자력과 교육 그리고 미래를 분명히 파악하는 능력이 상대적으로 떨어지기 때문에, 부모들은 좋은 경영자가 공장의 기계장비를 개선하는 데 자본을 투자하는 만큼 자유롭고 대담하게 자식들의 교육과 훈련에 자본을 투자하지 못한다. 노동계층의 자식들의 대다수는 제대로 먹지도 입지도 못한다. 그들은 육체적 건강도, 도덕적 건강도 증진시키지 못하는 곳에서 거주한다. 그들이 받는 학교교육은 비록 현대의 잉글랜드에서 그것이 계속되는 한 그리 나쁘지는 않을 것이지만 조만간 중단된다. 그들은 인생에 대한 폭넓은 시야를 획득할 기회도, 사업이나 과학 또는 예술의 고차원적인 작업의 성질에 대한 통찰력을 획득할 기회도 거의 갖지 못한다. 그들은 인생의 초기에 힘겹고 소모적인 노동을 수행하고, 대부분은 전 생애에 걸쳐 그러한 노동을 수행한다. 그들은 능력과 재능을 제대로 개발하지 못한 채 생을 마친다. 만일 그들의 개발되지 않은 능력과 재능이 완전한 결실을 맺을 수 있었더라면, 그러한 능력과 재능은——좀더 높은 평가는 말할 것도 없고——개발을 위한 적절한 기회를 제공하는 데 투입된 경비보다 훨씬 크게 국가의 물적 부에 기여했을 것이다.

그런데 특별히 강조해야 할 점은 이러한 폐해가 누적적이라는 것이다. 특정 세대에 아이들의 양육상태가 열악하면 열악할수록 성인이 되었을 때 그들의 소득은 감소할 것이며, 그들의 자식들의 물적 욕구를 적절하게 제공하는 능력도 감소할 것이다. 그리고 다음 세대도 마찬가지일 것이다. 또한 그들 자신의 재능이 충분히 개발되지 않으면 않을수록 자식들의 최선의 재능을 개발하는 것의 중요성에 대한 그들의 인식은 약화될 것이며, 그렇게 할 수 있는 능력도 감소할 것이다. 역으로 특정 세대의 노동자들에게 최선의 자질을 개발할 수 있는 많은 기회와 더불어 많은 수입을 가져다주는 변화가 일어나면, 그들은 자식들에게 좀더 많은 물적·도덕적 혜택을 주게 될 것이다. 한편 그들 자신의 지력, 지혜 그리고 선견을 향상시켜줌으로써 이러한 변화는 또한 자식들의 행복을 위해 자신의 쾌락을 희생시킬 용의를 어느 정도 강화시킬 것이다. 물론 현재 그들의 자력과 지식이 허용하는 범위 내에서는 가장 빈곤한 계층에서도 그러한 용의는 충만해 있다.

3 사회의 상위계층 출신들이 하위계층 출신들에 비해 가지고 있는 이점은 대부분 부모에게서 받은 좀더 좋은 진로지도와 유리한 출발에 있다. 유리한 조건에서 인생을 출발한다는 것의 중요성은 장인과 비숙련노동자의 자식들의 운명을 비교할 때 가장 분명해진다. 숙련을 요하는 직종에서 비숙련노동자의 자식이 쉽게 접근할 수 있는 직종은 많지 않다. 그리고 대부분의 경우에 자식은 부친의 직업을 따른다. 그것은 구식 가내공업에서 거의 보편적인 규칙이었다. 심지어 현대적 조건에서도 부친은 자식을 자신이 종사하는 직업에 입문시키는 것이 훨씬 수월한 경우가 많다. 고용주와 십장은 자신들이 전적으로 책임을 져야 하는 미지의 소년보다는 자신들이 알고 신뢰하는 사람의 자식을 선호하는 것이 보통이다. 그리고 많은 업종에서 소년은, 취업을 한 이후에도, 그를 가르치고 그에게 세심한 감독을 요하지만 교육적 가치가 있는 작업을 시키는 수고를 아끼지 않는 부친 또는 부친의 친구 곁에서 일할 수 없다면 제대로 진보하고 확고한 지위를 획득할 가능성이 아주 작다.

그리고 장인의 자식은 또 다른 이점을 가지고 있다. 그는 보통의 노동자에 비해 일반적으로 좀더 양호하고 청결한 주택에서 거주하고, 좀더 개선된 물적 환경에서 생활한다. 그의 부모는 아마도 더 나은 교육을 받았을 것이며, 자식들에 대해 고귀한 의무관념을 가지고 있을 것이다. 그리고, 마지막에 말하지만 아주 중요한 것으로서, 그의 모친은 가족을 돌보는 데 더 많은 시간을 할애할 수 있을 것이다.

만일 문명세계의 어떤 국가와 다른 국가, 잉글랜드의 어떤 지방과 다른 지방 또는 잉글랜드의 어떤 업종과 다른 업종을 비교한다면, 우리는 노동계층의 자질 저하가 여성들이 수행하는 힘든 작업의 양에 거의 비례한다는 것을 발견한다. 모든 자본 중에서 가장 가치 있는 것은 인간에게 투하된 자본이다. 그리고 그러한 자본 중에서 가장 귀중한 부분은 모친이 다정하고 이타적인 본능을 유지하고, 여성에게 어울리지 않는 힘겨운 작업의 긴장과 스트레스로 무정해지지 않는 한, 모친의 배려와 영향력의 결과다.

이러한 사실은 효율적인 노동의 생산비를 추정할 때 종종 가족을 단위로 삼아야만 한다는 이미 지적했던 원칙의 다른 측면에 주목하게 한다. 여하튼 우리는 효율적인 남성의 생산비를 별개의 분리된 문제로 취급할 수 없다. 그것은 가정을 행복하게 만들고, 자식들을 육체와 정신이 강건하게, 정직하고 청결하게, 상냥하고 용감하게 기르는 데 적합한 여성과 결부시켜 효율적인 남성의 생산비에 대한 좀더 광범위한 문제의 일부로 간주되어야 한다.[3]

---

3) 페티 경은 '주민가치'를 아주 정교하게 설명했다. 그리고 성인 남성의 양육비와 가족의 양육비에 대한 관계는 캉티용(『상업론』*Essai sur la nature du commerce en général*, 1775, 제I편, 제2장)에 의해, 다시 스미스(『국부론』, 제1편, 제8장)에 의해 그리고 최근에는 탁월한 시론에서 엥겔(『노동의 가격』*Der Preis der Arbeit*, 1866), 파(W. Farr) 및 다른 학자들에 의해 철저하게 과학적으로 검토되었다. 이주민—그의 이주 이전의 양육비는 다른 나라에서 지불되었으며, 새롭게 정착한 나라에서 그는 소비하는 이상으로 생산에 기여할 것이다—의 정착으로 야기되는 국부의 증가에 대한 추정이 많았다. 이러한 추정은 여러 가지 방법으로 이루어졌으며, 모든 추정이 개략적이었고, 일부는 원칙적으로 명백한 오류가 있었다. 그러나 대부분의 추정에 따르면, 이주민 1인당 200파운드의 평균가치가 있는 것으로 나타났다. 만일 잠정적으로 남성과 여성의 차이를 무시할 수 있다면, 우리는 이주민의 가치를 『경제학 원리』 2, 제V편, 제4장, 2의 논의방식에 근거해서 계산해야 할 것이다. 즉 우리는 그가 제공하게 될 모든 미래용역의 추계액을 '할인하고', 그것들을 모두 더하고, 거기서 그가 소비하게 될 모든 부와 다른 사람들의 직접적인 용역의 '할인된' 가치의 합을 공

4 청소년이 성장함에 따라 그의 부모와 학교교사의 영향력은 줄어든다. 그리고 그 이후부터 죽을 때까지 그의 성격은 노동의 성질 그리고 사업, 유희, 신앙을 위해 모이는 사람들의 영향력에 의해 주로 형성된다.

성인의 기술훈련, 낡은 도제제도의 쇠퇴 그리고 그것을 대신할 방법을 찾는 데서의 어려움에 대해서는 이미 많이 언급했다. 여기서 다시 노동자의 능력을 개발하는 데 자본을 투자하는 경비를 누가 부담하든지, 그러한 능력은 노동자 자신이 보유할 것이며, 따라서 그를 도와주었던 사람들은 도덕적 만족 이외의 보수를 거의 받지 못한다는 어려움에 직

제해야 할 것이다. 생산과 소비의 각 구성요소의 추계치를 계산함으로써 우리는 부수적으로 그의 조기사망과 질병의 가능성뿐만 아니라 성공과 실패의 가능성도 참작한다는 것을 지적할 수 있다. 또 우리는 그의 가치를 그의 고국에서 그를 위해 치렀던 화폐생산비로 추정할 수 있을지도 모른다. 그것은 비슷한 방식으로 그의 과거 소비의 모든 구성요소들의 '누적가산' 액을 모두 더하고, 그의 과거의 생산의 모든 구성요소들의 '누적가산' 액의 합을 공제함으로써 구해질 것이다.

지금까지 우리는 남성과 여성의 차이를 고려하지 않았다. 그러나 모친으로서, 부인과 자매로서 여성들이 제공하는 용역을 고려하지 않는다면, 그리고 남성이주자는 이러한 용역을 소비한 것으로서 공제하고, 여성이주자는 이러한 용역을 공급한 것으로서 부가하지 않는다면, 상기의 방법은 남성이주자의 가치를 지나치게 높게, 여성이주자의 가치를 지나치게 낮게 평가한다는 것은 자명하다(「수학부록」 주 XXIV를 보라).

많은 학자들은 적어도 암묵적으로나마 인생 전반에 걸쳐 평균적인 개인의 순생산과 소비는 일치한다고, 또는 그는 생애 전 기간에 체류했던 국가에 물적 복지를 더하지도 줄이지도 않을 것이라고 가정한다. 이러한 가정 아래서는 그의 가치를 추정하는 상기의 두 가지 방법은 일치할 것이다. 그러므로 물론 우리는 좀더 쉬운 후자의 방법으로 계산해야 할 것이다. 예를 들어 노동계층의 하위 절반, 예컨대 인구의 하위 5분의 2의 평균적인 어린이의 양육비가 100파운드라고 추측할 수 있을 것이다. 그리고 우리는 다음 5분의 1에 대해서는 175파운드, 다음 5분의 1에 대해서는 300파운드, 다음 10분의 1에 대해서는 500파운드, 그리고 나머지 10분의 1에 대해서는 1,200파운드를 또는 평균적으로 300파운드로 어림 잡을 수 있을 것이다. 그러나 물론 인구의 일부는 아주 젊기 때문에 양육비가 거의 지출되지 않았을 것이고, 다른 일부는 거의 인생의 막바지에 도달했을 것이다. 그러므로 이러한 가정 아래서 한 개인의 평균가치는 200파운드일 수도 있다.

면하게 된다.

사실을 말하자면, 기업 간 경쟁에서 우위를 점하고, 가장 선진적인 방법을 사용해서 최상의 상품을 생산하려는 야심을 가진 고용주들에게 고임금 노동은 실제로 저렴한 노동이다. 그들은 피고용자들에게 높은 임금을 지급하고, 주의 깊게 훈련시키려 할 것이다. 부분적으로 그렇게 하는 것이 그들에게 수지가 맞기 때문이며, 그리고 부분적으로 그들에게 생산기술을 주도할 수 있는 능력을 부여하는 성격은 피고용자들의 복지에 깊은 관심을 갖도록 할 것이기 때문이다. 그러나 그러한 고용주들의 수가 증가하고는 있지만, 그들은 여전히 상대적으로 소수다. 그리고 만일 종업원 훈련에 투하된 자본의 성과가 기계개선의 성과와 마찬가지라면, 그들마저도 종업원 훈련에 원하는 만큼의 자본투자를 항상 진척시킬 수 있는 것은 아니다. 심지어 그들은 가끔 차지계약 연장이 불확실하고 실시된 토지개량에 대한 보상이 보장되지 않은 상태에서 지주 자산의 가치를 상승시키는 데 자본을 매몰하는 차지농과 동일한 입장이라고 생각하며, 그것은 투자를 억제한다.

또 종업원에게 높은 임금을 지급하고 종업원의 행복과 교양에 관심을 가지면서, 관대한 고용주가 제공하는 편익은 자기 세대로 끝나지 않는다. 왜냐하면 그의 종업원의 자식들이 그러한 편익을 공유하고, 그렇지 않았을 경우보다 육체적으로나 성격적으로 더 건강하게 성장하기 때문이다. 그가 노동에 대해 지불한 가격은 다음 세대에 고도의 산업적 재능을 가진 노동자의 공급을 증가시키기 위한 생산비에 포함될 것이다. 그러나 이러한 재능은 가장 높은 가격을 지불하고 그것을 고용할 권리가 있는 다른 사람들이 보유할 것이다. 그뿐만 아니라 그의 후계자도 그가 행했던 이러한 선행으로부터 많은 물적 보수를 획득할 것으로 기대할 수 없다.

5 노동에 고유한 수요와 공급의 작용의 특징들 중에서 다음으로 검토해야 할 것은 어떤 사람이 자신의 용역을 판매할 때 그는 용역이 제공되는 장소에 있어야만 한다는 사실과 관련이 있다. 벽돌 판매자에게는

벽돌이 궁전을 건설하는 데 사용되든 하수도를 건설하는 데 사용되든 전혀 중요하지 않다. 그러나 일정한 난이도의 과업을 수행하는 노동의 판매자에게는 작업이 이루어지는 장소가 위생적이고 쾌적한 곳인지의 여부, 또는 동료들이 마음에 드는지의 여부가 아주 중요하다. 잉글랜드의 어떤 지방에 여전히 남아 있는 연간고용에서, 노동자는 새로운 고용주가 지불하는 임금률만큼이나 주의 깊게 그가 어떤 기질을 가지고 있는지 조사한다.

이러한 노동의 특수성은 많은 개별적인 경우에는 아주 중요하지만, 대체로 방금 전에 설명했던 것과 동질적인 광범위하고 심원한 영향을 미치지는 못한다. 물론 어떤 직종의 부대조건이 불쾌하면 불쾌할수록, 그러한 직종에 사람들을 끌어들이기 위해서는 좀더 높은 임금이 요구된다. 그러나 이러한 부대조건이 지속적이고 광범위한 폐해를 유발할 것인지 여부는 그것이 인간의 육체적 건강과 역량을 훼손하거나 그 성격을 약화시킬 정도의 것인지에 의존한다. 이러한 종류의 것이 아니라면, 그것은 실제로 그 자체로서는 폐해이지만, 일반적으로 그 이상의 다른 폐해를 유발하지는 않으며, 그 효과가 누적적인 경우는 거의 없다.

그러나 어느 누구도 직접 출석하지 못하는 시장에서는 노동을 제공하지 못하기 때문에 노동의 이동성과 노동자의 이동성은 동의어가 된다. 그리고 정든 집과 묘지를 포함해서, 고향을 떠나고 오랜 동료들과 헤어지기를 꺼리는 마음은 새로운 곳에서 좀더 나은 임금을 구하는 것을 저해하는 경우가 많을 것이다. 그리고 서로 다른 가족 구성원이 서로 다른 업종에 종사하고 있으며, 이주가 하나의 구성원에게는 유리하지만 다른 구성원에게는 해가 된다면, 노동자와 그의 작업의 불가분성은 노동의 수급조절을 크게 저해한다. 이 점에 대해서는 이후에 좀더 다룰 것이다.

6 또 노동은 종종 밀접하게 관련된 일련의 사실, 즉 노동력은 "보존될 수 없으며"(perishable), 노동력의 판매자들은 통상 가난하고 예비자금을 가지고 있지 못하며, 그리고 그들은 노동을 시장으로부터 쉽게 보류할 수 없다는 사실에서 생기는 고유한 불리한 조건 아래서 판매된다.

보존이 불가능하다는 속성은 모든 등급의 노동에 공통적이다. 노동자가 실직 중에 상실한 시간은 만회할 수 없다. 물론 어떤 경우에는 그의 활력이 휴식을 통해서 회복될 수도 있다.[4] 그러나 물적 생산수단의 가동력의 많은 부분도 같은 의미에서 보존이 불가능하다는 것을 반드시 기억해야 한다. 왜냐하면 그러한 생산수단이 조업중단으로 인해 획득하지 못하는 소득의 대부분도 완전히 상실되기 때문이다. 물론 가동되지 않으면 공장 또는 증기선의 마모는 실제로 어느 정도 절약된다. 그러나 많은 경우에 그러한 절약은 공장주나 선주가 상실한 소득과 비교할 때 규모가 작다. 그들은 투하된 자본에 대한 이자의 손실이나 시간의 경과 또는 새로운 발명에 의한 진부화 경향으로부터 발생하는 감가를 보상받지 못한다.

많은 판매 가능한 상품들도 보존이 불가능하다. 1889년 런던에서 부두 노동자들이 파업했을 때 수많은 선박에 쌓여 있는 과일, 육류 등을 보존할 수 없었던 것이 파업 참가자들에게 아주 유리하게 작용했다.

예비자금의 부족과 노동을 시장으로부터 장기간 보류할 수 있는 능력의 부족은 주로 육체를 사용해서 작업하는 거의 모든 등급의 노동자들에게 공통적이지만, 비숙련노동자들의 경우에는 더욱 그렇다. 왜냐하면 부분적으로는 그들의 임금은 저축할 여유를 거의 남겨두지 않으며, 부분적으로는 그들 중에서 어떤 집단이 노동을 중단할 때 그들을 대체할 수 있는 노동자들이 많기 때문이다. 그리고 노동조합 문제를 논할 때 조만간 설명하겠지만, 비숙련노동자들은 숙련장인들에 비해 강력하고 영속적인 조합을 결성하고, 고용주들과의 교섭에서 일종의 동등한 조건을 제시하기가 어렵다. 천 명을 고용하는 한 사람은 그 자체로 노동시장에서 천 명에 해당하는 구매자들의 절대적으로 견고한 조합이라는 것을 반드시 기억해야 한다.

그러나 이러한 명제는 모든 종류의 노동에 적용되지는 않는다. 하인

---

4) 『경제학 원리』 2, 제Ⅵ편, 제3장을 보라.

들은 비록 많은 예비자금을 가지고 있지 못하며, 정식 노동조합을 거의 가지고 있지는 못할지라도, 때때로 고용주들보다 단체행동을 더 잘할 수 있다. 런던 상류사회의 하인들의 실질임금총액은 동등한 숙련과 능력을 요하는 다른 업종과 비교해서 아주 높다. 그러나 다른 한편 특화된 숙련이 전혀 없으면서, 넉넉하지 않은 사람에게 고용되는 하인들은 감당할 만한 노동조건마저도 획득할 수 없으며, 아주 낮은 임금으로 힘겹게 일한다.

다음으로 가장 높은 등급의 노동자들에게로 눈을 돌려보면, 대체로 그들은 노동의 구매자보다 교섭에서 우위를 점한다는 것을 발견한다. 전문직계층의 다수가 대부분의 의뢰인과 고객들보다 더 부유하고, 더 많은 예비자금을 가지고 있으며, 좀더 많은 지식과 결단력이 있으며, 그들의 용역의 판매조건과 관련해서 훨씬 큰 단체 행동능력이 있다.

노동의 판매자가 흔히 겪는 교섭에서의 불리한 조건은 그가 노동이라는 특수한 상품을 판매해야 한다는 사실이 아니라 그가 처한 환경이나 자질에 의존한다. 이에 대한 추가적인 증거가 필요하다면, 그러한 증거는 성공적인 법정변호사, 사무변호사,* 내과의사, 오페라 가수 또는 기수와 판매 가능한 재화를 취급하는 가난한 자영생산자들을 비교함으로써 구할 수 있을 것이다. 멀리 떨어진 장소에서 조개를 수집해 대도시 중앙시장에 판매하는 사람들을 예로 들어보자. 그들은 예비자금이 거의 없으며, 세상물정에 대해 그리고 그 나라의 다른 지방 생산자들이 하는 일에 대해 거의 알지 못한다. 반면에 그들에게서 조개를 구매하는 사람들은 광범위한 지식과 대규모 예비자금을 가지고 있는 소수의 강고한 도매업자들이다. 그 결과 판매자들은 교섭에서 아주 불리한 위치에 처한다. 수공레이스를 판매하는 여성과 아이들, 그리고 대규모의 강력한 딜러에게 가구를 판매하는 이스트런던**의 '다락방 직인'(garret

---

* 법정변호사와 의뢰인 사이에서 재판 사무를 취급하며 법정에 나서지 않는 하급 변호사.
** 남아프리카 공화국 케이프 주 동부 인도양안에 있는 항만도시.

master)에 대해서도 거의 마찬가지다.

계층으로서 육체노동자들이 교섭에서 불리한 위치에 있다는 것은 분명하다. 그리고 불이익이 존재하는 곳에서는 언제나 그 효과가 누적적일 것도 분명하다. 왜냐하면 비록, 고용주들 사이에 경쟁이 있는 한, 그들은 노동의 실질가치를 크게 하회하지 않는 가격, 즉 노동자를 고용하기 위해 지불할 용의가 있는 최고가격을 크게 하회하지 않는 가격에 노동자를 고용할지라도, 어떤 이유에서든 임금이 저하되면 노동효율성이 떨어지는 경향이 있으며, 따라서 고용주가 노동자를 고용하기 위해 지불할 용의가 있는 가격을 떨어뜨리는 경향이 있기 때문이다. 따라서 교섭에서 노동자들의 불리한 조건의 효과는 두 가지 방향으로 누적적이다. 그것은 그의 임금을 저하시킨다. 그리고 이미 설명했듯이, 임금 저하는 노동자의 효율성을 떨어뜨리며, 그럼으로써 그의 노동의 정상가치를 떨어뜨린다. 그리고 추가적으로 그것은 교섭주체로서 그의 효율성을 떨어뜨리고, 그의 노동이 정상가치 이하에 판매될 가능성을 증가시킨다.[5]

---

5) 이 절의 주제와 관련해서 『경제학 원리』 2, 제V편, 제2장, 3과 물물교환에 대한 「부록 F」를 참조하라. 브렌타노(L. Brentano)는 제4장에서 논의되었던 몇 가지 요점들에 대해 처음으로 주의를 기울였다. 또 하우얼(G. Howell)의 『자본과 노동의 갈등』(Conflicts of Capital and Labour, 1878)을 보라.

제5장 노동의 수입(계속)

1 노동의 수요와 공급의 작용에서 우리가 고려해야 할 또 다른 특수성은 이미 논의했던 특징들의 일부와 밀접한 관련이 있다. 그 특수성은 어떤 작업을 수행하는 노동을 양성하고 훈련시키는 데 시간이 필요하며, 이러한 훈련에서 귀결되는 수익이 서서히 발생한다는 사실에 있다.

이와 관련해서 미래에 대한 할인, 수요에 맞게 고도로 숙련된 노동공급의 의식적인 조정의 가장 명료한 사례는, 부모가 자식의 직업을 선택하고 자식을 자신보다 높은 등급으로 상승시키기 위해 노력하는 경우다.

스미스가 아래와 같이 말했을 때 그는 주로 이와 같은 사실을 염두에 두고 있었다. "어떤 고가의 기계를 설치했을 때, 기계가 완전히 마모되기 전에 그것에 의해 수행되는 특별히 효율적인 작업은 투입된 자본을 회수하고 적어도 보통 수준의 이윤을 남길 것이라는 기대가 반드시 성립되어야 한다. 특별한 솜씨와 숙련을 요하는 직종에 맞게 많은 노동과 시간을 들여 교육을 받은 사람은 고가의 기계와 비교할 수 있다. 그가 수행하도록 익힌 작업에서 그는 보통노동의 임금을 상회하는 보수를 받으며, 그러한 작업은 교육의 총경비를 회수하고 적어도 동일한 가치의 자본에 대한 보통 수준의 이윤에 상당하는 이윤을 남길 것이라는 기대가 반드시 성립되어야 한다. 그리고 인간의 수명이 아주 불확실하다는 것을 고려할 때, 좀더 확실한 기계의 수명에 대해서와 마찬가지로, 그것은 반드시 적당한 기간 안에 이루어져야 한다."

그러나 이러한 명제는 단지 일반적인 경향에 대한 개괄적인 지적으로 받아들여야 한다. 자식을 양육하고 교육시키는 데에 부모는 자본주의적 사업가가 새로운 기계를 설치하도록 유인하는 동기와는 다른 동기에 의해 지배를 받는다. 그러나 이와는 무관하게, 인간은 기계에 비해 수익능력이 유지되는 기간이 더 길다. 따라서 수입이 결정되는 상황도 기계보다는 사람의 경우에 예측하기가 더 어렵고, 수요에 대한 공급의 조정도 더 완만할 뿐만 아니라 더 불완전하다. 비록 공장과 주택, 광산의 수갱과 철도의 제방은 그것들을 건설한 인간보다 수명이 더 길 수 있지만, 이러한 것들은 일반규칙에 대한 예외들이다.

2 부모가 자식을 위해 숙련직종을 선택하는 것과 자식이 그러한 선택의 모든 성과를 획득하기까지 거의 한 세대가 경과한다. 그리고 그동안 업종의 성격이 변화에 의해 거의 대변혁을 겪을지도 모른다. 그러한 변화 중의 일부에 대해서는 변화가 일어나기 오래전부터 전조가 있을 것이다. 그러나 다른 일부는 최상의 통찰력이 있는 사람들, 그리고 업계 사정에 가장 정통한 사람들도 예견할 수 없는 것들이다.

잉글랜드의 거의 전역에서 노동계층은 자신들 그리고 자식들의 노동에 대한 유리한 기회를 끊임없이 찾고 있다. 그리고 그들은 다른 지역에 정착한 친구들과 친지들에게 다양한 업종의 임금에 대해 그리고 각 업종의 부대적인 이점과 불리한 점들에 대해 묻는다. 그러나 그들이 자식들을 위해 선택하는 업종의 먼 미래를 결정할 원인을 확인하는 것은 아주 어렵다. 그리고 이러한 난해한 조사에 착수하는 사람들은 많지 않다. 대다수는 깊이 생각하지 않고 각 업종의 현재조건은 미래의 그것을 충분히 나타낸다고 가정한다. 그리고 이러한 습관의 영향력이 미치는 한에서는, 특정 세대에 어떤 업종의 노동공급은 동세대가 아니라 이전 세대의 수입에 의해 좌우되는 경향이 있다.

또 어떤 부모들은 어떤 업종의 수입이 같은 등급의 다른 업종에 비해 수년 동안 상승하는 것을 목격하고, 그러한 변화가 같은 방향으로 계속될 것으로 가정한다. 그러나 이전의 상승이 일시적 원인에 기인한 것으로 그 업종으로 이례적인 노동의 유입이 없다 할지라도 추가적인 상승

대신 하락이 뒤따르는 경우가 종종 발생한다. 그리고 만일 그러한 이례적인 유입이 일어난다면, 그 결과 수입이 여러 해 동안 정상 수준 이하로 유지될 정도로 노동공급이 과다하게 이루어질 수도 있다.

다음으로 비록 어떤 업종에서는 이미 그 업종에 종사하고 있는 사람들의 자식들을 제외하면 취업이 어려울지라도, 대부분의 업종에서는 신입사원을 비슷한 등급의 다른 업종에 종사하는 사람들의 자식들에게서 충원한다는 사실을 상기해야 한다. 따라서 노동공급이 노동의 교육·훈련경비를 부담하는 사람들의 자력에 의존한다는 것을 고려할 때, 우리는 특정 업종보다는 종종 동일한 등급의 업종 전체를 하나의 단위로 간주해야만 한다. 그리고 노동공급이 노동의 생산비를 지불하기 위해 가용한 기금에 의해 제한된다면, 특정 등급의 노동공급은 현세대가 아니라 지난 세대에 그 등급의 수입에 따라 결정된다.

그러나 사회의 각 등급에서 출생률은 여러 가지 원인으로 결정되며, 그중 미래에 대한 신중한 계산은 기껏해야 부수적인 역할을 할 뿐임을 기억해야 한다. 현대 잉글랜드처럼 전통이 중요치 않은 나라에서도 관습과 여론은 큰 영향력을 행사하는데 그러한 관습과 여론은 과거 세대의 경험의 산물이다.

3 그러나 어떤 업종에서 다른 업종으로, 어떤 등급에서 다른 등급으로 그리고 어떤 장소에서 다른 장소로 성인 노동력이 이동함으로써 달성되는 노동수요에 대한 노동공급의 조정을 언급하지 않으면 안 된다. 비록 특수한 기회에 가끔 하위등급에서 잠재력이 대대적으로 개발될 수도 있지만, 등급 간 이동이 대규모로 이루어질 가능성은 낮다. 예를 들어 갑작스런 신생국의 개방이나 독립전쟁 같은 사건은 어렵고 책임이 따르는 직책을 원활하게 수행하는 다수의 하위등급의 노동자들에게 승격할 기회를 제공할 것이다.

그러나 성인노동의 업종 간, 지역 간 이동이 경우에 따라서는 대규모로 급속하게 일어나서 노동의 수급조절이 단시일에 완료될 수도 있다. 어떤 업종에서 다른 업종으로 쉽게 이전될 수 있는 일반적 능력은 산업의 특정 부문에 특화된 육체적 숙련이나 전문지식에 비해 상대적으로 해마다 중요성이 커지고 있다. 그렇게 경제적 진보와 함께 한편으로는 산업 생산방법의 변동이 지속적으로 확대되어 한 세대 전에도 어떤 종류의 노동수요를 예측하는 데 어려움이 가중되는 반면, 다른 한편으로는 이미 이루어진 수급조절의 오류를 교정하는 힘도 커진다.[1]

4 이제 어떤 상품의 생산에 사용되는 장비에서 파생되는 소득은 장기적으로 장비 자체의 공급과 가격, 따라서 상품 자체의 공급과 가격에 통제력을 행사하지만, 단기에는 이러한 종류의 영향력이 충분히 작용할 시간적 여유가 없다는 원리로 되돌아가보자. 그리고 목표를 위한 단순한 수단이자 자본가의 사유재산인 생산의 물적 요소가 아니라, 생산의 수단이자 동시에 목적이면서 여전히 자신을 소유하는 인간에 적용될 때, 이러한 원리는 얼마나 수정될 필요가 있는지 탐구해보자.

우선 첫째로, 노동은 서서히 생산되고 서서히 소모되므로 우리는 반드시 '장기'라는 용어를 좀더 엄밀하게 사용해야 하며, 보통 상품에 대한 정상공급과 정상수요의 관계를 고려할 때보다 노동에 대한 정상공급과 정상수요의 관계를 고려할 때 그것을 일반적으로 더 긴 기간으로 간주해야 한다는 것을 지적해야 한다. 많은 문제들이 있다. 보통 상품 그리고 심지어 그것을 만들기 위해 필요한 대부분의 물적 장비의 공급이 수요에 맞게 조정될 수 있을 만큼 충분히 긴 기간, 따라서 그 기간에 그러한 상품의 평균가격을 '정상적'으로 그리고 상당히 포괄적인 의미에서 그것의 정상생산경비와 동등한 것으로 간주하는 것이 정당할 만큼 충분히 긴 기간, 그러나 노동공급이 노동수요에 맞게 완전히 조정될 수 있기에는 충분치 않은 기간을 상정해볼 수 있다. 그렇다면 이 기간에 노동의 평균수입이 노동을 제공한 사람들에게 정상적인 보수를 가져다준

---

1) 이 절의 주제에 대해서는 『경제학 원리』 1, 제IV편, 제6장, 8; 부스의 『런던에서의 생활과 노동』(Life and Labour in London, 1902) 그리고 스미스(H. L. Smith)의 『노동 이동성의 현대적 변화』(Modern Changes in the Mobility of Labour, 1891)를 참조하라.

다는 것은 전혀 확실하지 않을 것이다. 그보다 노동의 평균수입은 노동의 가용한 스톡과 노동에 대한 수요에 의해 결정되는 것으로 간주해야 할 것이다. 이 점에 대해 좀더 자세히 검토해보자.

5 시장에서 상품가격의 변동은 시장에 현존하거나 쉽게 시장에 출하될 수 있는 스톡과 수요의 일시적 관계로 규정된다. 그렇게 결정된 시장가격이 정상수준보다 높을 때, 높은 가격을 이용하기 위해 적기에 신규공급물량을 시장에 출하할 수 있는 사람들은 비정상적으로 높은 보수를 획득한다. 그리고 만일 그들이 소규모 자영 수공업자라면, 이러한 가격상승 전체가 그들의 수입증가로 이어질 것이다.

그러나 현대의 산업사회에서는 생산의 위험을 책임지고 가격상승의 이익과 가격하락의 손실을 일차적으로 받는 사람은 자본가적 사업가다. 상품을 만드는 데 투입된 직접비, 상품의 (화폐)주요비용을 초과하는 순수취액은 자신의 수완과 능력을 포함해 다양한 형태로 사업에 투자된 자본에서 당분간 파생되는 수익이다. 그러나 해당 업종의 경기가 좋을 때 사업을 확장하고, 이러한 높은 수익을 가능한 한 많이 확보하기를 갈망하는 고용주들 사이의 경쟁의 힘은 피고용자들의 용역을 획득하기 위해 좀더 높은 임금을 지불하는 것에 동의하도록 만든다. 비록 고용주들이 의견을 모아서 당분간 양보를 거부할지라도, 피고용자들의 단결은 시장의 경기호전이 제공하는 수익의 기회를 상실할 것이라는 조건으로 고용주들의 양보를 강요할 수 있다. 그 결과 일반적으로 머지않아 이득의 많은 부분이 피고용자들에게 배분되며, 피고용자들의 수입은 번영이 지속되는 한 정상수준을 상회한다.

1873년 정점에 달했던 인플레이션 시기에 광부들의 높은 임금은 당분간 그들의 용역에 대한 수요와 가용한 숙련된 광산노동의 관계에 의해 규정되었다. 이때 광업으로 전입한 비숙련노동은 그 효율성을 감안해서 숙련노동으로 환산되었다. 그러한 노동을 전입하는 것이 전혀 불가능했다면, 광부들의 수입은 오직 석탄에 대한 수요의 탄력성과 광부를 희망하는 젊은 세대의 점진적인 성장에 의해서만 제한되었을 것이다. 그런데 사실 다른 직종에서 광업으로 전입된 사람들은 전직을 갈망하지는 않았다. 왜냐하면 석탄, 철광산업이 번영할 때 신용은 일반적으로 팽창하므로 그들은 제자리를 지킴으로써 다소 높은 임금을 받을 수 있었기 때문이다. 광업으로 전직한 사람들은 지하에서 하는 일에 익숙지 않았으며, 작업의 불편함은 그들에게 심대한 영향을 미쳤다. 전문지식의 부족으로 위험은 가중되었으며, 숙련부족으로 체력은 심각하게 소모되었다. 따라서 전입자의 경쟁이 숙련광부의 특별수입의 상승을 크게 억제하지는 못했다.

경기가 후퇴할 때 광부의 자업에 적응하지 못했던 전입자들이 광산을 떠났다. 그럼에도 남아 있는 광부들은 수행할 작업량에 비해 너무 많았으며, 그들의 임금은 하락했다. 그리고 광부의 작업과 생활에 가장 적합하지 못한 사람들이 다른 업종으로 이동함으로써 좀더 높은 임금을 받을 수 있는 한도까지 광부의 임금은 하락했다. 그러한 한도는 낮은 수준이었다. 왜냐하면 1873년에 정점에 달했던 신용의 팽창은 견실한 기업을 훼손시켰으며, 진정한 번영의 기초를 침식시켰고, 정도 차이는 있지만 거의 모든 산업을 불건전한 침체상태로 빠뜨렸기 때문이다.

6 이미 언급했듯이, 현재 사용하고 있는 개량시설에서 파생된 수익의 오직 일부분만을 그것의 순수입으로 간주할 수 있다. 왜냐하면 어떤 종류든 수익을 순소득으로 간주할 수 있으려면, 개량시설의 자본가치의 소모분에 상당하는 금액이 반드시 수익에서 공제되어야 하기 때문이다. 마찬가지로 기계의 순수입을 구하려면 기계의 마모뿐만 아니라 경상 운영경비를 반드시 공제해야 한다. 그런데 광부도 기계처럼 마모를 면하기 어렵다. 따라서 그의 숙련의 특별수익을 추정할 때, 마모에 상당하는 금액을 수입에서 반드시 공제해야 한다.[2]

그러나 광부에게는 추가적인 어려움이 존재한다. 왜냐하면 기계의 소유자는 기계를 장기간 가동해도 기계의 마모를 포함해서 운영경비를 참

---

2) 이러한 특별수익을 준지대로 간주할 만한 약간의 근거가 있다. 『경제학 원리』
   2, 제VI편, 제5장, 7; 제8장, 8을 보라.

작한다면 손해를 보지 않는 반면, 숙련된 기능의 소유자는 장기간 노동하면 휴식 및 이동의 자유의 상실 등과 같은 부수적인 불편을 겪게 되며 손해가 발생하기 때문이다. 만일 광부가 어떤 주에는 4일간 노동하고 1파운드를, 그리고 다음 주에는 6일간 노동하고 1파운드 10실링을 번다면, 여분의 10실링의 일부분만을 그의 숙련에 대한 수익으로 간주할 수 있다. 왜냐하면 그 나머지는 반드시 그의 추가적인 피로 및 마모의 보상으로 간주해야 하기 때문이다.[3]

지금까지의 논의를 결론지어보자. 모든 상품의 시장가격, 즉 단기가격은 주로 수요와 가용한 스톡의 관계에 의해 결정된다. 그리고 인적 요소이든 물적 요소이든 생산요소의 경우에는, 수요는 그것을 사용해서 제조하는 상품에 대한 수요에서 '파생된다.' 상대적으로 단기에는 임금의 변동이 재화의 판매가격의 변동에 선행하는 것이 아니라 그것을 뒤따르게 된다.

그러나 물적 요소뿐만 아니라 인적 요소를 포함해서, 모든 생산요소들이 현재 획득하는 소득과 미래에 획득할 것으로 생각하는 소득은 행동을 통해 이러한 요소들의 공급을 결정하는 사람들에게 부단히 영향을 미친다. 정상균형상태로 향하는 불변의 경향이 존재한다. 정상균형상태에서는, 각 생산요소의 공급과 그 용역에 대한 수요의 관계는 그것의 공급자들에게 노력과 희생에 대해 충분한 보상을 제공하도록 유지될 것이다. 만일 어떤 나라의 경제조건이 충분히 오랫동안 정상상태를 유지한다면, 이러한 균형화 경향은 수요에 대한 공급의 조절을 통해서 실현될 것이며, 기계뿐만 아니라 인간도 일반적으로 양육훈련 경비, 관습적 필수재뿐만 아니라 엄격한 의미에서의 필수재에 부합하는 금액을 획득할 것이다. 그러나 관습적 필수재는, 비록 경제가 정상상태일지라도, 비경제적인 원인들의 영향으로 변할 수 있을 것이다. 그리고 이러한 변화는

---

3) 『경제학 원리』 2, 제VI편, 제2장, 2를 참조하라. 만일 그들이 상당량의 영업용기구의 스톡을 보유하고 있다면 그들은 그 정도만큼 자본가다. 그리고 그들의 소득의 일부는 이러한 자본에 대한 준지대다.

노동공급에 영향을 미치고, 국민배당을 감소시키고, 그것의 분배를 변화시킬 것이다. 실제로는 한 나라의 경제적 조건이 끊임없이 변하고 있으며, 노동과 관련된 정상수요와 정상공급의 조절점은 끊임없이 이동하고 있다.

7 이제 비범한 천부적 재능으로 획득되는 특별한 소득을 어떤 항목으로 분류할 것인지의 문제를 논의할 수 있다. 이러한 소득은 어떤 생산요소의 효율성을 향상시키기 위해 인간의 노력을 투자한 결과가 아니므로, 그것을 자연에 의해 무상으로 제공된 생산의 차별적 우위의 소유에서 기인하는 생산자잉여로 간주할 만한 일견 강력한 근거가 존재한다. 단순히 어떤 개인이 획득하는 소득의 구성요소를 분석하는 한에서 이러한 비유는 타당하고 유용하다. 그리고 성공적인 사람들의 소득 중에서 어느 정도가 행운·기회·국면에 기인하는지, 어느 정도가 유리한 조건에서 인생을 출발하는 것에 기인하는지, 어느 정도가 특수한 훈련에 투입된 자본에 대한 이윤인지, 어느 정도가 예외적으로 힘든 노동에 대한 보상인지, 어느 정도가 희귀한 천부적 재능의 소유에서 발생하는 생산자잉여 또는 생산자지대로서 남는지를 탐구하는 것은 흥미로운 일이다.

그러나 어떤 직종에 종사하는 사람들 전체를 고려할 때, 실패한 사람들의 낮은 수입을 무시하고 멋대로 성공적인 사람들의 예외적으로 높은 수입을 지대로 취급해서는 안 된다. 왜냐하면 어떤 직종에서 노동공급은, 다른 모든 것이 동일하다면, 그 직종에서 기대되는 수입의 대소에 따라 규정되기 때문이다. 그 직종에 종사하는 사람들의 미래는 확실하게 예측할 수 없다. 어떤 사람들은 전망이 거의 없는 상태로 출발하지만 큰 잠재력을 가진 것으로 판명되고, 아마도 운이 따라준다면 큰 부를 축적할 것이다. 반면에 어떤 사람들은 처음에는 전도가 유망하지만 결국 실패한다. 어부의 풍어와 흉어 또는 농부의 풍작과 흉작의 가능성과 마찬가지로 성공과 실패의 가능성은 일괄해서 고려되어야 한다. 그리고 젊은이가 자신의 직종을 선택할 때나 그의 부모가 그를 위해 직종을 선택할 때, 그들은 성공적인 사람들의 행운을 결코 무시하지 않는다. 따라서 성공한 사람들의 거대한 부는 장기적으로 그 직종을 찾는 노동과 능력의 공급에 대해 지불되는 가격의 일부분이다. 그것은 해당 직종에서 노동에 대한 진정한 또는 '장기'의 정상공급가격에 포함된다.

그러나 만일 어떤 종류의 사람들이 천성적으로 특정 직종에 대해서만 특별한 재능이 있으며, 따라서 그들은 어떤 경우에든 확실히 그 직종을 찾을 것으로 예상된다면, 보통 사람들의 성공과 실패의 가능성을 고려할 때 그러한 사람들이 받게 될 수입은 예외적인 것으로서 무시될 수도 있다는 점을 인정할 수 있을 것이다. 그러나 실제로 그러한 사례는 없다. 왜냐하면 특정 직종에서 어떤 사람의 성공은 대부분 재능과 감각의 발전에 달려 있으며, 그 역량은 그가 직종을 선택하기 전까지는 분명하게 예측할 수 없기 때문이다. 이러한 예측은, 기껏해야 새로운 이주민이 선택의 여지가 있는 다양한 토지에 대해 미래의 비옥도와 입지우위를 예측하는 것만큼 틀릴 가능성이 있다.[4] 그리고 부분적으로 이러한 이유로, 희귀한 천부적 자질에서 유래하는 추가소득은 오래된 나라의 토지지대보다는 이례적으로 운 좋은 선택을 한 이주민의 토지보유에서 오는 잉여생산물과 좀더 밀접한 유사성이 있다. 그러나 토지와 인간은 많은 측면에서 다르기 때문에 이러한 유사성도 너무 멀리 나아간다면 오해를 불러일으키기 쉽다. 그리고 비범한 능력에 따른 수입에 생산자잉여라는 용어를 적용할 때는 아주 주의해야 한다.

끝으로 다양한 생산부문에 사용되는 장비의 특별 수입(지대의 성질을 가지고 있든 준지대의 성질을 가지고 있든)에 관해서 『경제학 원리』 2, 제V편, 제8장~제11장에서 전개된 논의는 천부적 재능과 숙련에 대한 특별 수입에 적용될 수 있다는 점을 지적할 수 있다. 어떤 상품을 생산하기 위해 사용될 수 있는 토지 또는 기계가 다른 상품을 생산하기 위해 사용될 때 첫 번째 상품의 공급가격은 상승한다. 여기서 공급가격의 상승폭은 이러한 생산장비가 두 번째 용도에서 창출하는 소득에 의존하

---

4) 『경제학 원리』 2, 제V편, 제10장, 2를 참조하라.

는 것은 아니다. 마찬가지로 어떤 상품을 생산하는 데 투입될 수 있는 훈련된 숙련이나 천부적 재능이 다른 상품을 생산하는 데 투입될 때, 첫 번째 상품의 공급가격은 그 공급원이 축소됨에 따라 상승한다.

제6장 자본의 이자

1 자본도 노동과 마찬가지로 수요와 공급의 관계를 그 자체만으로 검토할 수는 없다. 분배와 교환의 거대한 핵심적인 문제에서 모든 관련 요소들은 서로를 규정한다. 제VI편의 처음 두 장 그리고 무엇보다도 자본과 직접적으로 관련된 부분들은 제6장과 이하 두 장에 대한 서론으로 간주할 수 있다. 그러나 이 장과 이하 두 장에서 주로 다루겠지만, 자세한 분석에 들어가기 전에 자본과 이자에 대한 현대적 분석과 과거 작업의 관계에 대해 약간의 설명이 가능하다.

경제학은 현대의 산업조직에서 자본의 역할을 이해하는 데 견실하고 실질적인 도움을 준다. 그러나 경제학이 놀랄 만한 발견을 한 것은 아니다. 오늘날 경제학자가 알고 있는 중요한 모든 것을 오래전부터 유능한 사업가들이 실행했다. 비록 그들이 지식을 명료하게 또는 심지어 정확하게 표현할 수는 없었을지라도 말이다.

자본을 사용함으로써 어떠한 이득도 기대할 수 없다면, 자본을 사용하기 위해 아무것도 지불하지 않을 것임을 누구나 다 알고 있다. 더 나아가 이러한 이득은 종류가 다양하다는 것도 누구나 알고 있다. 어떤 사람들은 실제의 또는 가상의 절박한 필요를 충족시키기 위해 자금을 차입하고, 현재를 위해 미래를 희생하면서 다른 사람들에게 이자를 지불한다. 그것은 다른 사람들이 미래를 위해 현재를 희생할 수 있도록 하기 위함이다. 어떤 사람들은 기계 및 기타 '중간'재를 확보하기 위해 차입한다. 그들은 그것을 사용해서 이윤을 남기고 판매하기 위해 재화를 생산할 것이다. 어떤 사람들은 호텔, 극장 등을 획득하기 위해 차입한다. 그것은 직접적으로 용역을 제공하지만, 그것을 관리하는 사람들에게 이윤의 원천이 된다. 어떤 사람들은 거주하기 위해 주택을 임대하거나, 자기소유의 주택을 구매 또는 건설하기 위해 자금을 차입한다. 일국의 자원이 증가하고 그 결과 이자율이 하락하면, 다른 모든 것이 동일하다면, 기계·부두 등에 대한 자본의 투입이 증가하는 것과 마찬가지로 주택에 대한 자본투입도 증가한다. 목조주택 대신 거의 동일한 거주시설을 제공하는 내구성 있는 석조주택에 대한 수요는 당분간 국부가 성장하고 있으며, 자본이 낮은 이자율에 차입된다는 것을 가리킨다. 그리고 이러한 주택수요는 신규공장 또는 철도에 대한 수요와 같은 방식으로 자본시장과 이자율에 영향을 미친다.

누구나 알고 있듯이, 사람들은 무상으로 자금을 대부해주지 않는 것이 보통이다. 왜냐하면 자본이나 그 등가물을 직접 이용할 수 있는 좋은 사용처가 없다 할지라도, 사람들은 그것을 유익하게 사용하고, 그것을 차입하기 위해 이자를 지불할 의사가 있는 다른 사람들을 찾을 수 있다고 확신하기 때문이다. 그리고 그들은 가장 좋은 시세를 위해 버틴다.[1]

앵글로색슨족이나 기타 견실하고 자제력이 강한 민족들 중에서도 소득의 대부분을 저축하려는 사람은 드물고, 최근에 신생국들의 발견과 개발이 진전되면서 자본을 사용하려는 새로운 수요가 증가한다는 것은 주지의 사실이다. 따라서 누구나 축적된 부를 사용하려는 수요에 비해 축적된 부의 공급이 부족하게 되는 원인을 일반적으로 이해하고 있으며, 축적된 부의 사용은 결국 이득의 원천이므로 대부되었을 때 보상을 요구한다는 사실도 일반적으로 이해한다. 누구나 인류의 대다수가 연기된 만족보다 현재의 만족을 선호함으로써, 또는 '기다리는 것'을 꺼림으로써 부의 축적이 억제되고, 이자율이 성립된다는 것을 알고 있다. 그리

---

1) 자본에 대한 수요는 가장 넓은 의미의 생산성에서 유래하는 반면, 자본의 공급은 그 용도의 전망성과 사람들이 미래를 내다보기를 꺼리는 것에 의해 억제된다는 사실은 『경제학 원리』1, 제II편, 제4장에서 지적되었다.

고 실제로 이 점에 대한 경제적 분석의 진정한 과업은 이미 알려진 사실을 강조하는 것이 아니라 이러한 일반적 경향에 대한 예외가 일견에 보이는 것보다 얼마나 많은지를 지적하는 것이다.[2]

이러한 사실들은 잘 알려져 있으며, 자본 및 이자이론의 기초다. 그러나 일상생활 속에서 사실들은 단편적으로 드러나는 경향이 있다. 특수한 관계는 일견에 분명하게 하나로서 파악되지만, 서로를 결정하는 원인들의 상호작용은 좀처럼 하나의 전체로서 분류되지 않는다. 자본과 관련된 경제학의 주된 임무는 부의 생산과 축적 그리고 소득의 분배에 작용하는 모든 힘들의 순서를 정하고 상호관계를 규명하는 것이다. 그럼으로써 자본뿐만 아니라 다른 생산요소들에 대해서도 그것들이 서로를 규정하는 것으로 파악할 수 있다.

다음으로 여가와 그 자체가 목적인 활동을 위한 기회를 포함해서, 현재의 만족과 연기된 만족 사이의 선택에서 사람을 좌우하는 영향을 분석해야 한다. 그러나 여기서 주된 역할을 하는 것은 정신과학이다. 경제학은 정신과학에서 확립된 학설을 수용하고 다른 재료와 결합해서 경제학의 고유한 문제들에 적용한다.[3]

따라서 원하는 목적을 달성하기 위해 축적된 부의 이용에서 얻어지는 이득에 대한 이 장과 다음 두 장에서 이루어지는 분석은 매우 어렵다. 특히 축적된 부가 영업자본의 형태를 띨 때는 더욱 그렇다. 왜냐하면 이

---

2) 『경제학 원리』1, 제III편, 제5장, 3, 4와 제IV편, 제7장, 8을 보라. 현세계의 조건을 조금만 변경시켜도 다른 세계로 이동한다고 지적하는 것은 이러한 오류에 대한 훌륭한 교정책이 될 것이다. 다른 세계란 대다수의 주민들이 자신의 노후와 사망 후 가족을 위해 준비하기를 갈망해서, 안전한 보관을 위해 사람들이 기꺼이 보관료를 지불하려는 부의 크기가 다른 사람들이 차입하고자 하는 부의 크기를 초과하고, 어떤 형태든 축적된 부를 유리하게 사용할 수 있는 새로운 기회가 아주 적은 세계다. 결국 자본의 이용으로 이득을 획득했던 사람들마저도 자본을 보관함으로써 보관료를 수취할 수 있으며, 이자율은 도처에서 음(-)이 된다.
3) 『경제학 원리』1, 제III편, 제5장; 제IV편, 제7장을 참조하라.

러한 이득이나 이윤은 다양한 요소들을 포함하기 때문인데 어떤 부분은 자본의 사용에 대한 광의의 이자에 속하는 반면, 다른 부분은 순이자 또는 본래의 이자를 구성한다. 또한 어떤 부분은 위험의 부담을 포함해 기업과 경영능력에 대한 보수를 구성하고, 어떤 부분은 임의의 생산요소에 귀속된다기보다는 그것들의 결합에 귀속된다.

자본에 대한 과학적 학설은 과거 3세기 동안 세 방향으로 지속적으로 발전·개선해왔다. 자본이론에서 현재 알려져 있는 일차적으로 중요한 거의 모든 것들을 스미스는 감지했으며, 리카도는 명확하게 인지했던 것으로 보인다. 그리고 비록 이론의 여러 측면 중에서 서자마다 강조하고 싶은 부분이 달랐다 할지라도, 스미스 시대 이후의 위대한 경제학자 중에 이론의 어떤 측면을 완전히 간과한 사람이 있었다고 믿을 만한 정당한 근거는 없다. 그리고 특히 기업가들에게 익숙한 그 어느 것도 실제적인 금융의 귀재인 리카도가 결코 간과하지 않았다는 것은 확실하다. 그러나 리카도 이후에도 진보는 있었다. 거의 모든 학자가 특정한 부분을 개선시켰고, 그 부분을 좀더 뚜렷하고 명백하게 표현했다. 그렇지 않다면 상이한 부분들의 복잡한 관계를 설명하는 데 기여했다. 위대한 사상가가 이룬 어떤 업적도 무효화되는 경우는 거의 없지만, 새로운 무언가가 끊임없이 추가된다.[4]

---

4) 뵘바베르크는 선배 학자들이 자본과 이자에 대해 발표한 저작들의 날카로운 통찰력을 과소 평가했던 것으로 보인다. 그가 이론의 그저 소박한 파편으로 간주한 것들이 오히려 실제 사업운영에 정통했던 언급인 것으로 보인다. 그들은 부분적으로는 어떤 특수한 목적을 위해 또 부분적으로는 설명체계의 부족으로 인해 다른 요소들이 보이지 않을 만큼 문제의 어떤 요소들을 불균형적으로 강조했다. 아마도 그 자신의 자본이론에 부여된 모순적인 논조의 일부는 그들과 유사하게 특정 요소들을 불균형적으로 강조하고, 문제와 관련된 다양한 요소들이 상호규정된다는 사실을 인정하기를 꺼린 결과일 수 있다. 비록 그가 주택과 호텔 그리고 실제로는 엄밀하게 말해서 중간재가 아닌 모든 것들을 자본의 정의에서 제외했음에도, 중간재가 아닌 재화들의 이용에 대한 수요가 자신이 정의한 자본에 대한 수요와 마찬가지로 이자율에 직접적인 영향을 미친다는 사실에 대해서는 이미 주의를 환기시켰다. 그가 매우 강조했던 학설, 즉 "시간이 걸리는 생산방법은 좀더 생산적이며"(『자본의 적극이론』*Positive Theory of*

2 그러나 중세와 고대의 역사를 돌이켜볼 때 자본이 생산에서 제공하는 용역, 즉 이자가 지불되는 용역의 성질과 관련해서 명확한 개념이 없었음이 틀림없다. 그리고 이런 초기의 역사는 현대의 과제에 간접적인 영향을 미치고 있으므로, 여기서 이에 대한 약간의 언급이 필요하다.

원시공동체에서는 신규자본을 사업에 투자할 기회가 거의 없었으며, 직접적으로 사용되지 않는 자산을 가지고 있는 사람은 무이자로 안전하게 그것을 빌려주어도 많은 것을 포기해야 하는 경우는 거의 없었을 것이다. 자금을 차입한 사람들은 일반적으로 가난하고 병약했으며, 그들의 필요는 절박했고 그들의 교섭력은 아주 미미했다. 자금을 대부해준 사람들은 대체로 궁핍한 이웃들을 돕기 위해 여분을 아낌없이 나누어주는 사람이거나 전문적인 대금업자였다. 곤궁할 때 가난한 사람은 상기의 전문 대금업자들에게 호소했다. 그리고 그들은 흔히 자신들의 힘을 잔인하게 악용해서 그에게 올가미를 씌웠다. 그는 올가미에서 벗어나기위해 큰 고통을 겪어야 했으며, 어쩌면 본인이나 자식의 개인적 자유를 포기해야 했을지도 모른다. 교육을 받지 못한 사람뿐만 아니라 고대의 현자, 중세교회의 교부 그리고 현대 인도의 잉글랜드 출신 통치자도 대금업자는 "다른 사람들을 통해 이득을 추구하기 위해 그들의 불행을 악용하며, 동정의 미명 아래 억압받는 자들을 함정에 빠뜨리려고 한다"[5]

Capital, 1899, 제V편, 제4장, 261쪽), 또 "우회적 생산공정의 연장은 기술적 결과의 추가적 향상을 수반한다"(같은 책, 제II편, 제2장, 84쪽)는 학설은 자본이라는 용어의 이와 같은 용법과 연결되어 있다. 그러나 시간이 많이 걸리고 우회적이지만, 비생산적이고 따라서 사용되지 않는 공정이 무수히 많다. 사실 그는 원인과 결과를 전도시킨 것처럼 보인다. 이자는 자본의 사용에 대해서 지급되어야만 하고, 자본의 사용으로 획득될 수 있기 때문에 대규모 자본이 고정되는 길고 우회적인 생산방법은 다른 방법들보다 더 생산적이지 않다면 채용되지 않는다는 것이 맞는 학설일 것이다. 많은 우회적 생산방법들의 생산성 정도가 다르다는 사실은 이자율에 영향을 미치는 원인들 가운데 하나다. 그리고 이자율과 우회적 생산방식이 채용되는 범위는 분배와 교환의 중심적 과제를 상호규정하는 두 가지 구성요소다. 「부록 I」 3을 보라.

5) 성 크리소스토무스(St. Chrysostomus: 동방교회의 대표적인 교부—옮긴이)의

고 말하는 경향이 있다. 이러한 사회상태에서는, 사람들로 하여금 후일에 이자를 붙여 반환한다는 계약 아래 부를 차입하도록 격려하는 것이 공익에 보탬이 되는지, 이러한 계약들이 전체적으로 인류의 행복의 총합을 증가시킨다기보다 감소시키는 것은 아닌지 음미할 가치가 있을 것이다.

그러나 불행하게도 이러한 어려움과 중요한 실제적인 문제를 해결하려는 시도들이 화폐대부에 대한 이자와 물적 부의 임대료 사이의 철학적 구분을 통해 이루어졌다. 아리스토텔레스는 화폐는 아무것도 낳을 수 없으며, 화폐를 대여하고 이자를 받는 것은 화폐를 자연의 이치에 반하는 용도로 사용하는 것이라고 말했다. 그리고 그를 추종해서, 스콜라 철학자들은 집이나 말을 빌려준 사람은 편익을 직접적으로 창출하는 재화의 향유를 포기했기 때문에 그것의 사용에 대한 대가를 징수해도 좋다고 아주 힘들여서 정교하게 주장했다. 그러나 그들은 화폐에 대한 이자에 관해서는 유사한 근거를 발견하지 못했다. 그리고 이자는 대금업자에게 아무런 비용이 들지 않는 용역에 대한 부과금이기 때문에 정당하지 않다고 말했다.[6]

만일 자금의 대여가 진실로 그에게 아무런 비용도 들지 않고, 그가 화

제5법화. 『경제학 원리』 1, 제I편, 제2장, 8을 보라. 또 애슐리의 『영국경제사 및 학설 서설』(*An Introduction to English Economic History and Theory*), 1888~93, 제VI편, 제6장; 벤담의 『고리론』(*On Usury*, 1787)을 참조하라. 고리대금에 대한 반감은 유대인의 경우를 제외한 많은 경우에, 그리고 어쩌면 모든 경우에 동족의식에 기원을 두고 있다. 그리고 레슬리가 말했던 것처럼(『시론집』*Essays*: 『정치경제학 시론집』*Essays in Political Economy*, 1888, 2판, 244쪽으로 판단된다—옮긴이), 고리대금에 대한 반감은 "각 공동체의 구성원이 여전히 서로를 동족으로 간주했고, 재산공유제가 적어도 실제적으로는 존재했고, 필요한 것 이상으로 가지고 있는 사람은 누구든 여분의 부를 곤궁에 처한 동족과 공유하는 것을 거절할 수 없었던 선사시대로부터 물려받은 것이다."

6) 그들은 또한 어떠한 대상을 고용하는 것(hiring)과 그것을 차용하는 것(borrowing)을 구분한다. 전자의 경우는 그 대상을 돌려주어야 하는 반면, 후자의 경우는 대상의 등가물만 반환하면 된다. 그러나 이러한 구분은 분석적 관점에서는 흥미롭지만 실제적으로는 거의 중요하지 않다.

폐를 스스로 사용할 수 없으며, 그는 부유한 반면 차입자는 가난하고 궁핍하다면, 의심할 여지없이 그는 화폐를 무상으로 대부해줄 도덕적 의무가 있다고 주장해도 좋을 것이다. 그러나 같은 이유로 그는 스스로 거주하지 않는 집이나 스스로 필요하지 않은 말의 하루 동안의 노동을 가난한 이웃에게 무상으로 빌려주어야 할 의무가 있을 것이다. 따라서 스콜라철학자들의 학설은——차입자와 대부자의 특수한 상황과는 무관하게——화폐, 즉 재화 일반에 대한 통제권을 대부하는 것이 대부자의 편에서는 희생이 아니며, 차입자에게는 특정 재화의 임대와 같은 종류의 편익을 제공한다는 유해한 궤변을 시사했으며, 사람들의 마음에 그러한 궤변을 실제로 각인시켰다. 그들은 화폐의 차입자가 예컨대 어린 말을 구매하고 그 말의 용역을 사용할 수 있으며, 대부를 상환해야 할 때 구매가격만큼의 가격을 받고 말을 판매할 수 있다는 사실을 흐리게 했다. 대부자는 구매력을 제공했으며, 차입자는 그것을 획득했다. 말의 구매대금의 대부와 말의 임대 사이에는 본질적 차이가 없다.[7]

3 역사는 일정 부분 반복된다. 그리고 현대 서구세계에서 새로운 개혁 움직임이 이자의 성질에 대한 또 다른 그릇된 분석에서 힘을 얻었고, 역으로 그러한 분석에 힘을 주기도 했다. 문명이 진보하면서 궁핍한 사람들에 대한 부의 대부는 점점 줄어들었고, 반면에 사업에서의 생산적 용도를 위한 자본의 대부는 점점 더 빠른 속도로 증가했다. 그 결과 비록 차입자들은 이제 억압의 대상으로 간주되지는 않지만, 모든 생산자들이, 차입자본을 가지고 운영하든 그렇지 않든, 사용되는 자본의 이자를 사업존속의 조건으로서 장기적으로 제품의 가격에 포함되어 회수되

---

7) 부주교 커닝엄(N. Cunningham)은 이자를 수반하는 대부의 금지가 국가에 심각한 피해를 주는 대부분의 경우에, 중세교회가 그러한 금지를 교묘하게 해제하는 수법을 잘 설명하고 있다. 이러한 교묘한 수법은 판사가 법률을 문자 그대로 적용하는 것이 해로운 것처럼 보일 때 법률의 문언을 서서히 해명하며 빠져나가는 법적 의제(legal fiction)와 유사하다. 두 가지 경우 모두 약간의 실제적 폐해를 회피하기 위해 일관성과 성실성이 결여된 사고습관을 육성하는 비용을 치르게 된다.

어야 할 경비에 산입한다는 사실에 대해 불평이 제기되었다. 이 때문에, 그리고 현대의 산업조직에서는 행운이 지속된다면 투기를 통해 거대한 부를 축적할 수 있는 기회가 많다는 사실 때문에, 이자의 지급이 비록 직접적이지는 않더라도 간접적으로 노동계층을 억압하며, 지식의 발전에 기인하는 편익의 정당한 몫을 그들에게서 앗아간다는 비판이 제기되었다. 여기서 어떤 개인에게도 자신이 직접 사용하기 위해 필요한 것 이외의 생산수단이나 직접적인 향유수단을 소유하도록 허용되지 않는 것이 공공의 행복에 이바지하며 따라서 정의에 부합한다는 실천적 결론이 도출된다.

이러한 실천적 결론은 우리의 주의를 끌게 될 다른 논의들에 의해 지지된다. 그러나 여기서는 톰슨(W. Thompson), 로드베르투스(J. K. Rodbertus), 마르크스 그리고 그것을 지지하는 다른 사람들이 사용했던 학설에만 관심이 있다. 노동은 언제나 임금과 사용된 자본의 마모를 상회하는 '잉여'[8]를 창출하며, 노동에 대한 부당한 대우는 이러한 잉여의 착취에 있다고 그들은 주장했다. 그러나 이러한 잉여의 전부가 노동의 산물이라는 가정은 그러한 가정을 통해 그들이 궁극적으로 논증하겠다고 공언한 것을 이미 당연한 것으로 받아들이고 있다. 그들은 그것을 논증하려고 시도하지 않았으며, 그것은 사실이 아니었다. 공장에서 방적이, 기계의 마모를 참작하고 나면, 방적공의 산물이라는 것은 사실이 아니다. 그것은 방적공의 노동과 고용주 및 하부관리직의 노동 그리고 사용된 자본의 산물이다. 그리고 자본 자체는 노동과 기다림의 산물이다. 따라서 방적은 여러 종류의 노동과 기다림의 산물이다. 만일 그것이 노동과 기다림의 산물이 아니라 단지 노동만의 산물이라는 것을 인정한다면, 의심할 여지없이 우리는 불가항력적인 논리에 의해 이자라는 기다림의 보상은 정당화되지 않는다는 것을 시인할 수밖에 없다. 왜냐하면 결론이 전제에 함축되어 있기 때문이다. 사실 로드베르투스와 마르크스

---

8) '잉여'는 마르크스의 용어다. 로드베르투스는 그것을 '추가'(plus)라고 불렀다.

는 대담하게 자신들의 전제에 대해 리카도의 권위를 원용했다. 그러나 그것은 실제로 리카도가 명시적으로 서술한 명제와도 배치되며, 리카도의 가치론의 전반적인 기조와도 배치된다. 또한 상식과도 대립된다.[9]

같은 내용을 다른 말로 표현해보자. 추가적인 노력이 노동하는 사람에게 희생을 수반하는 것처럼, 만족의 연기가 **일반적으로** 연기하는 사람에게 희생을 수반하는 것이 참이라면, 그리고 인간이 이러한 연기를 통해서 초기비용은 클지라도, 노동투입의 증가에 의한 것만큼 확실하게, 향유의 집계를 증가시키는 생산방법을 사용할 수 있다는 것이 참이라면, 어떤 재화의 가치가 단순히 투하된 노동의 크기에 의존한다는 것은 참일 수 없다. 이러한 전제를 확립하려는 모든 시도는 자본에 의해 수행되는 용역은 희생 없이 제공되는, 따라서 용역의 영속성을 유인하기 위한 보상으로서 이자를 필요로 하지 않는 '자유'재라고 암묵적으로 가정할 수밖에 없다. 바로 이러한 가정이 증명하려는 결론이다. 로드베르투스와 마르크스의 고통받는 인간에 대한 강한 동정심에 대해 우리는 언제나 경의를 표해야 한다. 그러나 그들이 실제적 제안의 과학적 기초라고 간주했던 것은, 이자에 대한 경제적 정당성이 존재하지 않는다는 취지의 일련의 순환논법에 지나지 않는 것으로 보인다. 그러나 그러한 결과는 줄곧 그들의 전제 속에 내포되어 있었다. 마르크스의 경우에는, 그의 서문에서 보이는 것처럼, 그가 '탐닉했던' 신비적인 헤겔식 표현으로 이러한 순환논법이 가려져 있었다.

4 이제 분석을 진행하자. 이자는 단순히 자본의 수입 또는 기다림에 대한 보상이라고 말할 때, 우리가 말하는 이자는 순이자다. 그러나 보통 이자라는 이름으로 통하는 것은 순이자 외에 다른 요소들도 포함하고 있으며, 순이자와 구별해서 **총이자**라고 불러도 좋을 것이다.

상업상 보증 및 신용의 조직상태가 초보적일수록 이러한 부가적 요소는 더욱 중요하다. 예를 들어 중세시대에 군주가 미래 수입의 일부를 현

---

9) 「부록 I」 2를 보라.

금화하고자 할 때 그는 1,000온스의 은을 차입해서 1년 후에 1,500온스를 상환하겠다고 약속할 것이다. 그러나 그가 약정을 이행하리라는 확실한 보장은 없다. 그리고 어쩌면 대부자는 1년 후에 1,300온스의 변제가 절대적으로 확실한 약정이 있다면, 군주의 약정을 그 약정과 교환하고 싶어할 것이다. 이러한 경우에 대부가 이루어지는 명목이자율은 50퍼센트이지만, 실질이자율은 30퍼센트다.

위험에 대비한 보험을 참작할 필요성은 아주 명백해서 그것을 간과하는 경우는 흔치 않다. 그러나 모든 대부는 대부자에게 다소간의 불편을 초래하며, 대부가 사안의 성격상 상당한 위험을 수반할 때 이러한 위험을 최대한 줄이기 위해 아주 큰 노력이 따른다는 것은 그만큼 분명하지 않다. 또 차입자가 이자로 생각하는 것의 상당 부분이 대부자의 관점에서는 번거로운 사업에 대한 경영수입이라는 것도 마찬가지다.

현재 잉글랜드에서 자본에 대한 순이자는 연간 3퍼센트에 조금 못 미친다. 수고나 경비를 거의 동반하지 않으면서 소유자에게 안전한 소득을 가져다줄 정도로 우량한 증권거래소의 제1급 증권에 투자해도 그 이상을 획득할 수 없다. 그리고 유능한 사업가가 완벽하게 안전한 담보를 제공하고 (예컨대) 4퍼센트에 차입할 때, 4퍼센트의 총이자는 3퍼센트를 약간 못 미치는 순이자 또는 본래의 이자와 1퍼센트를 약간 상회하는 대부자의 경영수입으로 구성된다고 생각할 수 있다.[10]

---

10) 대부자는 단기채권보다 장기채권을 더 원하는 경우도 있고, 그 반대의 경우도 있다. 장기채권은 잦은 갱신의 수고를 덜어주지만, 대부자에게서 오랫동안 자금에 대한 지배력을 박탈하고 따라서 그의 자유로운 처분권을 제한한다. 1등급 거래소증권은 초장기채권과 초단기채권의 이점을 겸비한다. 왜냐하면 증권보유자는 마음껏 증권을 장기간 보유할 수 있으며, 필요할 때 그것을 현금화할 수 있기 때문이다. 물론 신용이 위축되고 다른 사람들이 현금을 원할 때 증권보유자들은 손해를 각오하고 증권을 매각해야만 한다. 만일 그러한 증권이 언제나 손실 없이 실현될 수 있고, 매매 시 중개인의 수수료가 전혀 없다면, 그것은 대부자가 선택한 시점에 "청구하는 대로 지불되는 조건의"(on call) 대출금보다 높은 소득을 가져다주지는 못할 것이다. 그리고 그러한 소득은 언제나 장기든 단기든 정기대부금에 대한 이자보다 낮을 것이다.

전당포업자의 사업은 거의 위험을 수반하지 않는다. 그러나 그의 대부는 일반적으로 연간 25퍼센트 또는 그 이상으로 이루어진다. 그중 대부분은 실제로 번거로운 영업에 대한 경영수입이다. 좀더 극단적인 사례를 들어보자. 런던, 파리 그리고 다른 곳에서도 행상인에게 자금을 대부해주는 것을 업으로 삼는 사람들이 있다. 많은 경우에 화폐는 과일 등의 구매를 위해 아침에 대여되고, 판매가 끝나는 저녁에 10퍼센트의 이윤과 함께 회수된다. 이러한 금융업에서는 위험이 아주 적으며, 돈을 돌려받지 못하는 경우가 거의 없다.[11] 일일 10퍼센트에 투자된 1파딩은 계산상으로 1년 후에 1조 파운드에 이를 것이다. 그러나 어느 누구도 행상인에게 대출함으로써 부자가 될 수는 없다. 왜냐하면 어느 누구도 이런 방식으로 거금을 빌려줄 수 없기 때문이다. 이른바 대부자금에 대한 이자는 사실상 거의 전부가 특수한 영업에 대한 수입으로 이루어져 있으며, 그러한 영업을 좋아하는 자본가는 거의 없다.

5 사업에 사용되는 자본의 많은 부분이 차입된 것일 때, 사업에 추가되는 위험에 대해 좀더 면밀하게 분석할 필요가 있다. 비슷한 사업을 하는 두 사람이 있는데 한 사람은 자기자본을 가지고, 다른 한 사람은 주로 차입자본을 가지고 사업을 운영한다고 가정해보자.

두 사람 모두에게 공통적인 일단의 위험이 있다. 그것은 그들이 종사하고 있는 특정 업종의 **사업위험**이라고 말할 수 있다. 그것은 원료와 완성품 시장의 변동, 예기치 못한 유행의 변화, 새로운 발명, 부근에 강력한 새로운 경쟁자의 출현 등에 의해 발생한다. 그러나 다른 일단의 위험이 있는데, 차입자본을 가지고 사업을 운영하는 사람만이 그 부담을 지게 된다. 우리는 그것을 **인적 위험**(personal risk)이라고 명할 수 있다. 왜냐하면 다른 사람에게 사업 목적으로 사용하도록 자본을 빌려준 사람

---

11) 또 제솝(A. Jessop, 『아르카디아』*Arcady*, 1881, 214쪽)은 24시간 동안 10퍼센트의 총이자를 받고 예외적인 경우에는 200파운드에 달하는 금액을 대여해주면서 "가축시장의 언저리에서 안목이 있는 투기자들에게 접근하는 다수의 소규모 자금 대부업자가 존재한다"라고 우리에게 말해준다.

은 차입자의 성격이나 능력상의 어떤 결점이나 결함의 가능성에 대비한 보험료의 의미로 높은 이자를 부과해야만 하기 때문이다.[12]

차입자는 보기보다 무능하거나 무기력하거나 부정직할 수 있다. 그는 자기자본을 가지고 사업을 운영하는 사람만큼 실패를 직시하고, 나쁜 징후가 보이자마자 투기적 모험에서 손을 뗄 유인을 가지고 있지 못하다. 그러하기는커녕 그의 신의의 기준이 높지 않다면 그는 자신의 손실에 대해서 아주 예민하지 않을 수 있다. 왜냐하면 일단 투기에서 손을 뗀다면 그는 자신이 가진 모든 것을 상실할 것이지만, 투기가 진행되도록 내버려둔다면 추가적인 손실은 모두 채권자에게 떠넘기고 보는 이득은 자신에게 올 것이기 때문이다. 많은 채권자들이 채무자 측의 이 같은 종류의 준사기적(semi-fraudulent) 타성으로 손실을 입으며, 소수의 채권자들만 고의적 사기로 손실을 입는다. 예를 들어 채무자는 파산절차가 종료될 때까지 본래 채권자에게 제공해야 할 자산을 은닉해둘 수 있다. 그리고 그는 새로운 사업에 뛰어들어, 과도하게 의심을 불러일으키지 않으면서 자신의 은밀한 유보자금을 서서히 사용할 수 있다.

그러므로 차입자가 자본의 대부에 대해 지불하는 가격을 차입자는 이자로 간주하지만 대부자의 관점에서는 이윤으로 간주하는 것이 좀더 정확하다. 왜냐하면 그것은 아주 심각한 위험에 대비한 보험과 그러한 위험을 최소로 유지하는 아주 힘겨운 과업에 대한 경영수입을 포함하는 경우가 많기 때문이다. 이러한 위험과 경영업무의 성질상의 차이는 물론 화폐사용에 대한 대가로 지불되는 이른바 총이자의 상응하는 편차를 발생시킨다. 따라서 경쟁의 경향은 이러한 총이자를 균등화시키지 않는다. 반대로 대부자와 차입자가 자신의 사업을 철저하게 이해하면 할수록, 특정 부류의 차입자가 다른 부류의 차입자들보다 더 낮은 이자율로 대부자금을 획득할 것이 더욱 확실하다.

자본이 남아도는 곳에서 부족한 곳으로, 수축되는 업종에서 팽창하는

---

12) 『경제학 원리』 2, 제VI편, 제8장, 2를 보라.

업종으로 자본을 이동시키는 현대 금융시장의 고도로 효율적인 조직에 대한 연구는 나중 단계로 미루도록 하자. 그리고 현 단계에서는, 서구의 어떤 국가에서 두 가지 상이한 투자방식에 대한 자본의 대부로부터 획득되는 순이자율이 아주 미세하게라도 차이가 있다면, 비록 간접적인 경로라 할지라도 한쪽에서 다른 쪽으로 자본이 이동한다는 것을 당연하게 받아들이는 것으로 만족해야 한다.

사실을 말하자면, 두 가지 투자방식 가운데 어느 것이든 투자규모가 작고, 그것에 대해 많이 아는 사람이 거의 없다면, 자본의 이동은 아주 완만할 수도 있다. 예를 들어 어떤 사람은 소규모 담보대출에 대해 5퍼센트의 이자를 지급하는 반면, 그의 이웃은 좀더 나은 보증을 제공하지 않는 담보대출에 대해 4퍼센트의 이자를 지불할 수도 있다. 그러나 모든 대규모 거래에서 순이자율은 (순이자가 이윤의 다른 구성요소들과 분리될 수 있는 한) 잉글랜드 전역에서 거의 동일하다. 또 서구의 상이한 국가들 간에 평균순이자율의 차이는 경제교류의 전반적 확산의 결과로, 그리고 특히 각국의 대표적인 자본가들이 동일한 수익을 창출하고 세계 전역에서 같은 날 실제로 같은 가격에 판매되는 거액의 거래소증권을 보유한다는 사실의 결과로 급속하게 축소되고 있다.

금융시장을 논의하게 될 때 우리는 단기적 이용을 위한 자본의 공급을 대폭 변동시키는 원인, 특정 시점에 담보가 확실하고 필요 시에 신속하게 자금을 회수할 수만 있다면 은행가와 기타 금융가가 극단적으로 낮은 이자율에도 만족하게 되는 원인을 연구해야 할 것이다. 이러한 시기에 그들은 제1급의 담보를 제공하지 않는 차입자들에게도 아주 높지 않은 이자율에 단기자금을 기꺼이 대출하려고 한다. 단기대출에서는 만일 차입자의 약점의 징후가 파악된다면 대부자가 대출연장을 거부할 수 있는 힘이 있기 때문에 대부자의 손실위험은 대폭 축소될 수 있다. 그리고 확실한 담보를 가지고 있는 단기대출은 단지 명목가격만을 받을 것이므로, 대부자가 차입자에게서 받게 되는 이자의 거의 전부가 위험에 대한 보험과 수고에 대한 보상이다. 반면에 단기대출이 차입자에게 실질적으로 아주 저렴한 것은 아니다. 그는 그러한 대출 때문에 위험에 포위되며, 그러한 위험을 피하기 위해 종종 훨씬 높은 이자율을 기꺼이 지불할 용의가 있을 것이다. 왜냐하면 만일 불의의 사태로 그의 신용이 훼손되거나, 금융시장의 교란이 대부자금의 일시적 부족을 야기한다면 그는 즉시 심각한 궁지에 몰릴 수도 있기 때문이다. 명목적으로 상인들에 대한 저리 대출은, 만일 그것이 오직 단기적인 것이라면, 위에서 논의했던 일반적인 규칙에 대한 실질적인 예외는 아니다.

6 공통의 원천에서 생산과정에 투입되는 자원의 유량은 두 가지 흐름으로 이루어진다. 7중 작은 흐름은 축적된 스톡에 대한 신규 투자다. 큰 흐름은 식량, 연료처럼 직접 소비에 의해서든, 철로의 경우처럼 마모에 의해서든, 초가지붕이나 영업안내서의 경우처럼 시간의 경과에 의해서든, 아니면 이 모든 요소의 결합에 의해서든 소모된 것을 단순히 갱신할 뿐이다. 이러한 두 번째 흐름의 연간유량은 잉글랜드처럼 자본의 주요형태가 내구적인 나라에서도 적어도 자본 총스톡의 4분의 1은 될 것이다. 따라서 자본소유자들은 일반적으로 다양한 투자에서 획득되는 순소득에 차이가 없도록 당시의 정상적인 조건에 맞게 자본의 형태를 조절할 수 있다고 당분간 가정하는 것이 무리는 아니다.

바로 이러한 가정 아래서만, 자본 일반이 모든 형태의 자본에 대해 동일한 일정 수준의 순이자를 획득할 수 있다는 기대 아래 축적된다고 자유롭게 말할 수 있다. '이자율'이라는 용어는 기존의 자본투자에 대해서는 아주 제한적인 의미에서만 적용될 수 있다는 것을 명심해야 한다. 예를 들어 잉글랜드의 다양한 업종에 70억 파운드 정도의 영업자본이 약 3퍼센트의 순이자로 투자되었을 것이라고 추정할 수 있다. 그러나 이런 방식으로 말하는 것은, 비록 여러 가지 점에서 편리하고 정당화될 수 있다 할지라도, 정확하지 못하다. 정확하게 표현한다면 각 업종의 신규 자본투자[즉 한계투자]에 대한 순이자율이 약 3퍼센트라 할 때, 다양한 업종에 투자된 영업자본 총액이 생산하는 순소득의 집계는 33년 동안의 구매에 의해(즉 3퍼센트의 이자율에 기초해서) 자본화된다면 70억 파운드 정도에 달할 것이다. 왜냐하면 토지를 개량하거나 건물을 건설하는 데 또는 철도나 기계를 제작하는 데 이미 투자된 자본의 가치는 그것의 미래 순소득〔또는 준지대〕의 추정액의 집계할인가치이기 때문이다. 그리고 만일 그것의 장래 소득 창출능력이 줄어든다면 그 가치는 그만큼 하락할 것이며, 감가상각을 공제한 좀더 작은 소득의 자본화된 가치일 것이다.

7 이 책에서 줄곧 우리는, 반대되는 특별한 언급이 없는 한, 모든 가치가 불변의 구매력을 가진 화폐로 표현된다고 가정한다. 그것은 천문학자가 하루의 시작과 끝을 실제의 태양이 아니라 천구를 일정 속도로 운행한다고 가정되는 **평균태양**에 준거해서 결정한다고 가르치는 것과 마찬가지다. 더 나아가 화폐의 구매력 변동이 대부조건에 미치는 영향은 단기 대부자금 시장——여러 가지 점에서 다른 시장과는 다른 특징을 갖는 시장——에서 가장 두드러지며, 그러한 영향에 대한 충분한 논의는 차후로 미루어야 한다. 그러나 여기서 내친김에 추상적 이론의 하나의 논점으로서 지적해야 할 것이다. 왜냐하면 차입자가 기꺼이 지불하려고 하는 이자율은, 화폐가 차입시점과 상환시점에서 동일한 구매력을 가지고 있다는 가정 아래서만, 그가 자본을 이용해서 획득할 것으로 기대하는 편익을 측정하기 때문이다.

예를 들어 어떤 사람이 연말에 105파운드를 상환하겠다는 약정으로 100파운드를 차입한다고 가정해보자. 만일 그사이에 화폐의 구매력이 10퍼센트 상승한다면(또는 같은 의미이지만 일반물가가 11분의 10의 비율로 하락한다면), 그는 연초에 충분했을 수준보다 10분의 1 더 많은 상품을 판매하지 않고는 상환해야 할 105파운드를 확보할 수 없다. 즉 그가 취급하는 상품의 상품일반 대비 상대가치가 변동하지 않는다고 가정할 때, 이자와 함께 100파운드의 차입금을 상환하기 위해 그는 연초에 115파운드 10실링의 비용이 드는 상품을 연말에 판매해야 한다. 따라서 그가 취급하는 상품이 15.5퍼센트 증가하지 않는다면 그는 손해를 입는다. 화폐의 사용 대가로 명목상 5퍼센트의 이자를 지불하지만 그는 실제로 15.5퍼센트의 이자를 지불한다.

반대로 만일 한 해 동안 가격이 상승해 화폐의 구매력이 10퍼센트 하락한다면, 그리고 연초에 90파운드의 비용이 드는 상품이 100파운드에 판매된다면, 차입금에 대해 5퍼센트의 이자를 지불하는 대신 그는 화폐를 위탁 관리함으로써 실제로 5.5퍼센트의 보수를 획득하게 될 것이다.[13]

상업활동의 호황과 불황의 순환을 발생시키는 원인을 논의할 때, 우리는 그것이 화폐의 구매력 변동으로 야기되는 실질이자율의 변동과 밀접한 관련이 있다는 것을 발견하게 될 것이다. 가격이 상승할 기미가 있을 때는 사람들이 화폐를 차입하고 재화를 구매하기 위해 쇄도하며, 그렇게 가격상승을 촉진한다. 사업은 팽창하고, 무모하게 그리고 비경제적으로 관리된다. 차입자본으로 운영하는 사람들은 차입했던 것보다 더 적은 실질가치를 상환하며, 공동체의 희생의 대가로 부를 증식한다. 그 후 신용이 수축되고, 가격이 하락하기 시작하면 모두 상품을 버리고 가치가 급격히 상승하는 화폐를 손에 넣고 싶어한다. 그것은 가격하락을 가속화하고, 추가적인 가격하락은 신용을 더욱더 수축시킨다. 그렇게 가격이 하락했기 때문에 가격은 장기간 하락한다.

우리는 가격변동이 귀금속의 공급변동에 유래하는 정도는 아주 미미하며, 금본위제 대신 금은복본위제를 도입해도 가격안정 효과는 크지 않다는 것을 발견하게 될 것이다. 그러나 가격변동이 초래하는 폐해가 너무 크기 때문에 그것을 조금이라도 완화시키기 위해 많은 노력을 들일 만한 가치가 있다. 이러한 폐해가 인간의 자연에 대한 지배력의 변화과정에 따른 화폐구매력의 완만한 변화에 반드시 내재되어 있는 것은 아니다. 그리고 이러한 변화에는 일반적으로 득과 실이 모두 존재한다. 제1차 세계대전 이전의 50년 동안 생산기술의 개선과 풍부한 원료 공급원의 발견은 인간이 필요로 하는 많은 상품들을 획득하는 데 노동효율

---

13) 피셔, 『평가익과 이자』(*Appreciation and Interest*, 1896) 그리고 『이자율』 (*The rate of interest*, 1907), 특히 제5장, 제14장과 각각의 「부록」을 참조하라.

성을 배가시켰다. 만일 상품으로 표시한 화폐의 구매력이 인간의 자연에 대한 지배력 향상을 따르는 것이 아니라 불변한다면, 화폐임금이 관습에 의해 크게 영향을 받는 노동계층의 구성원(이제는 그 수가 실제로 급격하게 감소하고 있다)은 손해를 입을 것이다. 그러나 이 문제는 다른 곳에서 충분히 논의할 것이다.

제7장 자본의 이윤과 경영능력

1 제IV편 말미의 여러 장에서 우리는 다양한 기업경영의 형태와 필요한 자질에 대해 약간 검토했다. 그리고 자본을 지배하는 경영능력의 공급이 자본의 공급, 그것을 관리하는 경영능력의 공급, 두 가지를 결합해서 생산에 유효하게 만드는 조직의 공급이라는 세 가지 요소로 구성된다고 간주할 수 있음을 보았다. 제6장에서는 주로 이자, 즉 첫 번째 요소의 수입을 검토했다. 제7장의 전반부에서 우리는 경영총수입이라 불리는 두 번째와 세 번째 요소의 결합에서 발생하는 수입을 다루고, 후반부에서 전자와 경영순수입이라 불리는 두 번째 요소의 수입과의 관계로 넘어갈 것이다.[1] 우리는 기업체를 창설하고 운영하는 사람들이 사회에 제공하는 공헌의 성질과 그들의 작업에 대한 보수를 좀더 면밀하게 고찰해야 한다. 이러한 보수를 규정하는 원인들이 일반적으로 생각하는 것보다 덜 임의적이고, 다른 종류의 수입을 규정하는 원인들과 좀더 긴밀한 유사성을 나타낸다는 것을 발견하게 될 것이다.

그러나 출발점에서는 양자를 구분해야 한다. 생존경쟁의 결과, 환경 속에서 번성하기에 가장 적합한 조직방법은 존속하지만 환경을 이롭게 하는 데 가장 적합한 조직방법은, 직접적이든 간접적이든 그것이 제공하는 모든 편익에 대해 정당한 보상을 받지 않는다면, 반드시 존속하는 것은 아니라는 사실을 상기해야 한다.[2] 그리고 사실 후자의 조직방법이

---

1) 『경제학 원리』 1, 402쪽을 보라.
2) 『경제학 원리』 1, 제IV편, 제8장을 보라.

정당한 보상을 받는 것은 아니다. 왜냐하면 대체법칙——이것은 적자생존법칙의 특수한 그리고 제한된 적용에 불과하다——의 결과로, 직접적이고 단기적인 용역을 좀더 낮은 가격에 제공하는 생산조직방법이 다른 조직방법을 구축하는 경향이 있기 때문이다. 각 조직방법이 제공하게 될 간접적이고 궁극적인 용역은 대체로 거의 또는 전혀 영향을 주지 못한다. 그 결과 만일 공정하게 출발했더라면 장기적으로 사회에 큰 기여를 했었을 많은 기업들이 쇠퇴하거나 소멸한다. 그것은 협동조합의 특정 형태의 경우에 특히 그렇다.

이와 관련해서 우리는 고용주 및 기타 사업가들을 두 종류, 즉 새롭고 개선된 사업방법을 개척한 사람들과 관행적인 궤도를 따르는 사람들로 분류할 수 있다. 후자가 사회를 위해 수행하는 용역은 주로 직접적이며 충분한 보상을 놓치는 경우는 거의 없다. 그러나 전자의 경우는 그렇지 못하다.

예를 들어보자. 철광석에서 완성품 형태로 넘어가는 동안 금속을 가열하는 공정의 횟수를 줄임으로써 최근 제철업의 특정 부문에 내부경제가 도입되었다. 그리고 이러한 새로운 발명에서 그 일부는 특허를 받을 수도 비밀을 유지할 수도 없는 성질의 것이었다. 5만 파운드의 자본을 가진 어떤 제조업자가 정상적인 상태에서는 연간 4,000파운드의 순이윤을 획득한다고 가정해보자. 이중 1,500파운드는 그의 경영수입으로 간주할 수 있고, 나머지 2,500파운드는 이윤의 다른 두 요소에 귀속된다. 그가 지금까지 인근의 동업자들과 동일한 방식으로 작업을 해왔으며, 비록 탁월하지만, 그런 예외적으로 어려운 직책을 수행하는 사람들의 정상적 또는 평균적인 능력만큼의 능력을 보여주었다고 가정하자. 즉 연간 1,500파운드가 그가 수행하는 종류의 작업에 대한 정상수입이라고 가정하자. 그러나 시간이 지나면서, 그가 지금까지 관행적으로 행했던 가열공정을 한 차례 절약하는 방법을 고안해낸다고 가정하자. 그 결과 그는 경비를 늘리지 않고도 2,000파운드의 판매가액에 상당하는 만큼 연간산출물을 증가시킬 수 있다. 따라서 그가 제품을 기존의 가격으로 판매할 수 있는 동안, 그의 경영수입은 평균보다 연간 2,000파운드 더 많을 것이다. 그리고 그는 사회에 제공하는 공헌에 대해 전액 보상받을 것이다. 인근의 동업자들은 그의 방법을 모방할 것이며, 아마도 당분간 평균 이상의 이윤을 획득할 것이다. 그러나 조만간 경쟁의 결과로 공급은 증가하고 제품가격은 하락할 것이며, 그들의 이윤은 대략 이전 수준으로 하락할 것이다. 콜럼버스(Columbus)의 방법이 널리 알려진 이후에는 계란을 세움으로써 특별히 높은 보수를 받을 수 있는 사람은 없다.

장기적으로 세상에 거의 무한한 가치를 제공하는 발명을 한 기업가들은 많은 경우에 밀턴(J. Milton)이 『실락원』(*Paradise Lost*)으로 또는 밀레(J. F. Millet)가 「만종」(Angelus)으로 벌어들인 수입에 비해 훨씬 적은 수입을 발명에서 획득한다. 한편 많은 사람들이 아주 중요한 공공서비스를 수행하는 데서의 비범한 능력보다는 행운으로 거대한 부를 축적하지만 새로운 진로를 개척한 기업가들은, 사망할 때 억만장자였다 하더라도, 종종 사회에 그들 자신의 이득과는 비교되지 않을 정도의 편익을 제공했을 가능성이 있다. 비록 우리가 모든 사업가의 보수는 그가 공동체에 제공하는 **직접적인 공헌**에 비례하는 경향이 있다는 것을 발견할지라도, 이러한 사실은 그 자체로 현대사회의 산업조직이 생각할 수 있는 최선의 것, 심지어 실현될 수 있는 최선의 것임을 입증하는 데는 별로 도움이 되지 않을 것이다. 그러나 여기서 우리의 연구범위는 **현행사회제도** 아래서 사업의 기획과 기업경영의 수입을 결정하는 원인들의 작용에 관한 연구에 한정되어 있다는 사실을 망각해서는 안 된다.

우리는 상이한 등급의 보통노동자, 십장 그리고 고용주가 사회를 위해 수행하는 용역에 대한 보수의 조정을 추적하는 것에서 시작할 것이며, 대체원리가 모든 곳에서 작동하는 것을 발견하게 될 것이다.

2 이미 지적했듯이, 소기업의 업주가 직접 수행하는 작업의 대부분을 대기업에서는 봉급을 받는 부장, 관리자, 십장 등에게 위임한다. 그리고 이러한 실마리는 우리의 연구를 위해 유용한 많은 것들을 안내해

줄 것이다. 가장 단순한 경우는 평범한 십장의 수입에 대한 사례로서, 여기서부터 논의를 시작할 것이다.

예를 들어 철도건설 도급자 또는 조선소 소장이 근로자 20명당 십장한 명을 두는 것이 가장 적합하다고 생각하고, 십장에게 근로자 임금의 두 배를 지불하는 경우를 가정해보자. 그것이 의미하는 바는 다음과 같다. 만일 근로자가 500명이고 십장이 24명이라면, 그는 두 명의 근로자를 추가고용하는 것보다는 한 명의 십장을 추가고용함으로써 동일한 경비에 좀더 많은 작업량을 수행할 수 있을 것으로 기대한다. 반면에 만일 근로자가 490명이고 십장이 25명이라면, 그는 두 명의 근로자를 추가로 고용하는 것이 더 유리하다는 것을 발견하게 될 것이다. 만일 그가 근로자 임금의 1.5배를 지급하고 십장을 고용할 수 있었다면, 그는 근로자 15명당 십장 한 명을 고용했을 것이다. 그러나 실제로는 고용된 십장의 수가 근로자 수의 20분의 1로 결정되며, 십장의 수요가격은 근로자 임금의 두 배로 결정된다.[3]

십장이 감독대상이 되는 노동자들을 혹사시킴으로써 자신의 임금을 벌어들이는 예외적인 경우도 있을 수 있다. 그러나 십장은 작업이 잘못되어 원상태로 돌려야 할 필요가 있는 제품이 줄어들도록, 누구나 무거운 물건 등을 이동할 때 필요한 그리고 바로 필요한 시점에 도움을 받도록, 모든 기계와 도구가 적절한 작업순서에 맞게 배치되어 어느 누구도 부적절한 장비를 가지고 작업함으로써 시간과 체력을 낭비하지 않도록 하는 등 세부조직의 개선을 행함으로써 정당한 방법으로 사업의 성공에 기여한다고 가정해도 좋을 것이다. 이와 같은 일을 하는 십장의 임금은 경영수입의 대부분에 대한 전형으로 간주될 수 있다. 사회는 개별고용주를 매개로 작용하면서, 십장의 임금과 동일한 경비로 고용되는 다른 등급의 노동자를 추가고용함으로써 십장을 추가고용하는 것보다 산업의 집계효율성이 향상되는 한계에 도달할 때까지 십장의 용역에 대한

---

3) 이 논의에 대해서는 『경제학 원리』 2, 제VI편, 제1장, 7의 논의를 참조.

유효수요를 제공한다.

지금까지 고용주는 경쟁이 생산요소들을 개선하고 조직해서 최소의 화폐비용으로 (화폐가치로 측정된) 직접적인 용역의 최대 성과가 달성될 수 있도록 매개하는 경쟁의 힘의 매개자로 간주되었다. 그러나 이제 고용주 자신의 노력에 주목해야 한다. 물론 이러한 노력은 좀더 불규칙하긴 하지만 고용주들 간 경쟁의 직접적인 작용으로 개선되고 조직된다.

3 다음으로 십장 및 봉급을 받는 관리자들의 업무가 끊임없이 사업주의 업무와 교착되는 방식을 고찰하도록 하자. 이 문제와 관련해서 소기업이 점진적으로 확대되는 과정을 주시하는 것은 흥미로울 것이다. 예를 들어 목수는 소규모 작업장을 임대하고, 개인들을 위해 단편적인 일거리를 맡을 수 있을 때까지 도구를 지속적으로 늘려간다. 수행해야 할 작업은 그들과 상담하여 결정한다. 관리업무와 작은 위험이라도 그러한 위험을 책임지는 업무는 의뢰인과 목수 사이에 분담된다. 그리고 그것이 의뢰인에게 큰 부담을 주므로, 의뢰인은 그가 수행하는 관리업무에 대해서 높은 보수를 지불하려 하지 않을 것이다.[4]

목수의 다음 단계는 소규모 수선작업의 모든 측면을 전담하는 것이다. 이제 그의 건설업자로서의 경력이 시작된다. 그리고 만일 그의 사업이 성장한다면 그는 점진적으로 육체노동에서 그리고 심지어 어느 정도 세부적인 감독에서 손을 뗀다. 피고용자들의 업무로 자신의 업무를 대체함으로써 이제 그는 수입에서 그들의 임금을 공제하고 난 후에야 자신의 이윤계산을 시작할 수 있다. 만일 그가 이제 막 뛰어든 산업 등급의 정상적인 수준에 필적하는 경영능력을 스스로 입증하지 못한다면 필경 그는 자신이 획득했던 소자본을 조만간 모두 상실할 것이며, 잠시 발버둥친 후에 자신에게 적합한 소박한 등급으로 복귀할 것이다. 그러나 그가 정확히 정상적인 경영능력을 가지고 있다면, 그리고 그의 운이 평균보다 좋지도 나쁘지도 않다면 그는 자신의 지위를 계속 유지할 것이

---

4) 『경제학 원리』 1, 제IV편, 제12장, 3을 참조하라.

며, 어쩌면 약간의 기반을 구축할 것이다. 그리고 경비를 초과하는 여분의 수입은 그의 등급의 정상경영수입에 상당할 것이다.

만일 그의 능력이 그의 등급에서 정상적인 수준보다 우월하다면, 그는 거의 모든 경쟁상대보다 임금과 기타 경비를 적게 들이고도 비슷한 성과를 얻을 수 있을 것이다. 그는 경쟁상대의 경비 가운데 일정 부분을 좀더 나은 조직능력으로 대체할 것이며, 그의 경영수입은 절약한 경비를 포함할 것이다. 그렇게 그는 자본과 신용을 확장할 것이며, 좀더 많은 자금을 좀더 낮은 이자율로 차입할 수 있을 것이다. 그는 사업상의 지인 및 영업관계를 확장하고, 새료 및 공정에 대한 지식과 대담하지만 현명하고 수익성 있는 사업기회를 넓혀 나갈 것이다. 마침내 그는 육체노동을 그만둔 이후에도, 자신의 모든 시간을 흡수하는 책무를 거의 모두 다른 사람들에게 위임할 것이다.[5]

---

5) 다수의 근로자를 고용하고 있는 고용주는 현대적 군대의 선임장교와 마찬가지 방법으로 자신의 활력을 절약해야 한다. 윌킨슨(S. Wilkinson)이 말한 것처럼(『군대의 두뇌』*The Brain of an Army*, 1890, 42~46쪽), "조직이 의미하는 바는, 모든 사람의 직무가 결정되어 있고, 모두가 자신이 반드시 책임져야 할 업무가 무엇인지를 알고 있으며, 권한이 의무와 공외연적이라는 것이다. 〔……〕〔독일 군대에서는〕 모든 대위급 이상의 지휘관은 단위부대로 구성된 본대를 지휘하며, 직접적으로 책임이 있는 사관의 실수가 있는 경우를 제외하면 하부의 업무에 대해서는 관여하지 않는다. 〔……〕 군단을 지휘하는 장군은 소수의 부하들하고만 직접적으로 관계한다. 〔……〕 그는 모든 다양한 단위부대들의 상태를 시찰하고, 시험한다. 그러나 〔……〕 그는 가능한 한 세부적인 업무에 대한 염려로 방해를 받지 않는다. 그는 정신을 냉정하게 유지할 수 있다." 배젓은 만일 대기업의 사장이 "아주 바쁘다면, 그것은 뭔가 잘못되고 있다는 증거다"(『롬바르드 가』*Lombard Street*, 1873, 제8장)라고 특유의 어조로 언급했으며, 원시적 고용주는 전투에 참가한 헥토르(그리스 신화에 나오는 영웅으로서 호메로스의 서사시 『일리아스』에서 트로이 군의 총대장―옮긴이)나 아킬레스(그리스 신화에 나오는 영웅으로서, 호메로스의 서사시 『일리아스』에서 그리스 군의 용장―옮긴이)와 유사하고 현대의 전형적인 고용주는 "멀리 떨어진 전신의 끝에서 서류에 열중하는 몰트케 백작(Count Moltke: 현대적 참모제도의 창시자―옮긴이)처럼 표적인물들이 살해되었는지를 보고 승리를 확보하는 장군"(『잉글랜드 정치경제학의 공준』에 수록된 「자본의 이동성」Transferability of Capital에 관한 시론)과 유사하다고 논했다.

4 십장과 보통 근로자의 수입 그리고 고용주와 십장의 수입의 조정을 지켜보았으므로, 이제 소규모 고용주와 대규모 고용주의 수입을 고찰해도 좋을 것이다.

우리의 목수가 대규모 건설업자가 되고나면, 그의 사업은 너무 다면적이고 너무 커서 여러 사업부문을 감독하는 고용주 수십 명분의 시간과 활력을 필요로 할 것이다. 대규모 사업과 소규모 사업 사이의 생존경쟁 과정에서 우리는 대체원리가 끊임없이 작동하는 것을 목격한다. 대규모 고용주는 소규모 고용주의 업무 중에서 일부 작은 부분은 자신의 업무로, 나머지 많은 부분은 유급관리자 및 십장의 업무로 대체한다. 예를 들어 어떤 건물을 건설하기 위한 공개입찰이 실시되었을 때, 대규모 자본을 가지고 있는 건설업자는 원거리에 거주하고 있음에도 견적서를 제출할 만한 가치가 있음을 종종 발견하게 된다. 지방의 건설업자들은 작업장과 신뢰할 수 있는 인부들을 이미 현장 부근에 가지고 있기 때문에 큰 이점을 확보하고 있다. 반면에 대규모 건설업자는 재료를 대량으로 구매하고, 기계 특히 목공용 기계를 통제하고, 필요한 자본을 유리한 조건에 차입할 수 있다는 이점을 가지고 있다. 이러한 두 가지 이점들은 보통 균형을 이룬다. 그리고 공사를 따내기 위한 경쟁은 종종 소규모 건설업자의 전력투구와 좀더 유능하지만 바쁜 대규모 건설업자가 직접 제공할 수 있는 제한된 관리감독 사이의 상대적 효율성에 달려 있다. 물론 후자는 자신의 제한된 관리감독을 지방주재 현장감독과 본사 사무원의 업무로 보완한다.[6]

5 지금까지는 자기자본을 사업에 투입한 사람의 경영총수입을 고려했다. 이러한 경영총수입은 스스로 자본을 사업에 투입할 의사가 없는 자본소유자들에게서 기업을 경영하는 데 자기자본이 부족한 사람에게 자본의 이용권이 모아져서 이전되어야 할 때 수반되는 직·간접비의 등가물을 포함한다.

---

6) 『경제학 원리』 1, 제IV편, 제11장, 4를 참조하라.

다음으로 생존경쟁의 결과, 어떤 업종에서는 주로 자기자본을 가지고 운영하는 사업가들이 진출하고, 다른 업종에서는 주로 차입자본을 가지고 운영하는 사업가들이 진출한다. 이 점과 관련해서 검토해보자. 사업에 사용되는 자본의 대부자가 보상을 요구하는 인적 위험은 다소간 사업의 성질뿐만 아니라 개별차입자의 상황에 따라 변한다. 이러한 위험이 어떤 경우에는 아주 높다. 예를 들면 의거할 수 있는 과거의 경험이 거의 없고, 대부자가 차입자의 기술진보와 관련해서 독자적인 판단을 쉽게 내릴 수 없는 전기관련 업종의 새로운 분야에 어떤 사람이 진출할 때 그렇다. 이와 같은 경우에는 차입자본으로 운영하는 사람이 아주 불리하다. 이윤율은 자기자본을 투입하는 사람들의 경쟁에 의해 주로 결정된다. 자기자본을 투입하는 사람들이 이 분야에 많이 진출하지 않을 수도 있다. 그리고 그 경우에는 경쟁이 치열하지 않을 것이며, 이윤율은 높을 수도 있다. 즉 이윤은 사업의 난이도에 상응하는 정도의 경영수입에 더해 자본에 대한 순이자를 상당히 초과할 수도 있다. 비록 사업의 난이도가 평균수준을 상회할지라도 말이다.

또 자기자본이 거의 없는 신인은 회전속도가 느리고 수익을 얻기 위해 장기간 자본을 투입할 수밖에 없는 업종에서는 불리하다.

그러나 대담하고 지칠 줄 모르는 기획으로 수익을 빠르게 거둘 수 있는 모든 산업, 특히 고가의 제품을 저렴한 비용에 복제해 일시적으로 높은 이윤을 획득할 수 있는 모든 산업에서 신인은 능력을 한껏 발휘한다. 신속한 결단과 교묘한 계략 그리고 어쩌면 약간은 천성적인 무모함으로 '상대방을 지치게 하기 위해 속도를 끌어올리는' 사람이 바로 신인이다.

그리고 상당히 불리한 조건에서도 그의 지위의 자유와 품위가 아주 매력적이기 때문에 그는 아주 완강하게 버틴다. 그렇게 영세한 농지를 과중하게 저당 잡힌 소규모 자작농, 낮은 가격으로 하청을 받는 이른바 '소규모 하청업체 고용주'(sweater) 또는 '다락방 직인'은 보통 노동자보다 더 낮은 보수를 받고도 더 격렬하게 일하는 경우가 종종 있다. 그리고 비교적 적은 자기자본을 가지고 대규모 사업을 운영하는 제조업자는 자신의 노동과 근심을 거의 아무것도 아닌 것으로 간주할 것이다. 왜냐하면 그는 어차피 생활비를 벌기 위해 일할 수밖에 없다는 것을 스스로 알고 있으며, 다른 사람에게 고용되는 것을 꺼리기 때문이다. 따라서 그는 부유한 경쟁상대에 비하면 별것 아닌 이득을 위해 정열적으로 일을 할 것이다. 한편 부유한 사람은 은퇴 후 자본의 이자로 편안하게 살 수 있기 때문에 실업생활의 고통을 더 이상 참을 만한 가치가 있는지 고심할 것이다.

1873년 정점에 달했던 인플레이션은 사회의 다른 구성원을 희생시키면서 일반 차입자, 특히 사업가들의 부를 증식시켰다. 따라서 신인들은 아주 순조롭게 사업에 진출했으며, 이미 사업에서 성공을 거두었거나 성공적인 사업을 물려받은 사람들은 순조롭게 현역에서 은퇴했다. 당시 배젓은 신인들의 성장이 잉글랜드의 실업계를 점점 더 민주적으로 만들고 있다고 주장했으며, 비록 "동물계에서나 인간 사회에서나 분산화는 진보의 원리임"을 인정하면서도 호상(merchant prince) 가족이 장기 존속했더라면 사회가 큰 혜택을 입었을 것이라고 유감의 뜻을 표했다.[7] 그러나 최근 부분적으로는 사회적 요인에 의해 그리고 부분적으로는 지속적인 가격하락의 영향으로 반동이 일어났다. 사업가의 자식들은 한 세대 전보다 부친의 직업을 자랑스럽게 여기는 경향이 있으며, 사업에서 손을 떼면 갖게 될 재산으로 끊임없이 증가하는 사치품에 대한 요구를 충족시키기가 점점 더 힘들어진다는 것을 알게 되었다.

6 기업가의 경영수입과 피고용자들의 용역에 따른 수입의 비교평가는 여러 가지 점에서 주식회사에 의거할 때 가장 잘 설명된다. 주식회사에서는 경영관리업무의 대부분을 봉급을 받는 이사들(실제로 약간의 주식을 보유한다)과 경영자들 및 다른 하급 관리자들이 분담한다. 그들 대부분은 어떤 종류의 자본도 거의 또는 전혀 가지고 있지 않다. 그들의

---

7) 배젓, 『롬바르드 가』, 서장.

수입은 거의 전적으로 순수한 노동수입이므로, 장기적으로 동등한 어려움과 불쾌함을 수반하는 보통 직종의 노동의 수입을 지배하는 일반적 원인들에 의해 규정된다.

이미 언급했던 것처럼,[8) 주식회사는 내부 마찰, 주권소유자와 사채소유자, 보통주소유자와 우선주소유자 그리고 주주와 임원 사이의 이해대립, 그리고 정교한 상호규제 시스템의 필요에 의해 구속받는다. 주식회사는 개인회사가 가지고 있는 진취성, 활력, 목적의 통일성 그리고 신속한 행동을 거의 가지지 못한다. 그러나 업종에 따라서는 이러한 결점이 상대적으로 그다지 중요하지 않은 경우가 있다. 주식회사의 공개성이 제조업과 투기적 유통업의 많은 부문에서는 주된 약점 가운데 하나이지만, 보통의 은행업과 보험업 및 유사업종에서는 장점이다. 한편 이러한 업종들과 대부분의 운송업(철도, 시가철도, 운하 그리고 가스, 수도, 전기)에서는 자본을 무제한적으로 지배할 수 있는 주식회사가 거의 압도적으로 유리하다.

강력한 주식회사가 조화롭게 운영되고, 투기적인 증권거래 조작과 경쟁사들을 짓밟거나 강제 합병하려는 전략에 직접 또는 간접적으로 휘말리지 않을 때 그것은 보통 먼 미래를 바라보고, 다소 굼뜨더라도 원대한 정책을 추구한다. 이러한 주식회사는 일시적인 이익을 얻기 위해 평판을 희생시키는 경우가 거의 없으며, 서비스의 평판을 떨어뜨릴 정도로 피고용자들과의 교섭을 극단적으로 강경하게 몰아가려 하지 않는다.

7 그렇게 현대의 다양한 사업방법은 각각 나름대로의 장점과 단점이 있다. 그리고 각 방법의 적용은 고유한 장점이 더 이상 단점을 능가하지 못하는 한도 또는 한계에 이를 때까지 다방면으로 확장된다. 또는, 의미는 같지만 달리 표현하자면, 특정한 목적을 위한 다양한 사업조직 방법의 수익성 한계는 임의의 선상의 한 점이 아니라, 사업조직의 모든 가능한 선들을 차례로 지나는 불규칙한 형태의 경계선으로 간주된다. 그리

---

8) 『경제학 원리』 1, 제IV편, 제12장, 9, 10을 보라.

고 이러한 현대적 사업방법은 부분적으로는 다양한 방법을 포함하고 있기 때문에 그러나 또한 부분적으로는 자기자본은 없지만 사업능력이 있는 사람들에게 활동의 장을 제공하는 방법을 많이 포함하고 있기 때문에, 자본소유자 이외에는 어느 누구도 자본을 생산에 거의 투입하지 않는 원시적 사업방법에 비해 사업의 기획 및 경영에 따른 수입과 그러한 수입의 원천이 되는 서비스 사이에 훨씬 더 밀접한 대응관계를 가능하게 만든다. 왜냐하면 이전에는 사회가 필요로 하는 사업을 영위하고 서비스를 수행할 수 있는 자본과 기회를 가진 자가 과업에 필요한 소질과 능력을 보유하고 있는 경우는 오직 우연적으로만 가능했기 때문이다. 그러나 현재 상태에서는 상품의 정상생산경비 가운데 보통 이윤으로 분류되는 몫은 모든 면에서 대체원리의 작용으로 통제를 받기 때문에 이윤은 필요한 자본의 정상공급가격, 기업을 경영하기 위해 필요한 능력과 활력의 정상공급가격, 끝으로 적절한 경영능력과 필요한 자본을 결합시키는 조직의 정상공급가격의 합에서 장기간 벗어날 수 없다.

경영능력의 공급은 크고 탄력적이다. 왜냐하면 그것은 광범위한 영역에서 조달되기 때문이다. 누구나 생활을 영위한다. 만일 그가 기업경영에 천부적인 소질이 있다면, 그는 생활의 경험 속에서 기업경영을 위한 어느 정도의 훈련을 획득할 수 있다. 그러므로 유용하고 희귀하며 높은 보수를 받는 능력 중에서 경영능력만큼 그것을 획득하기 위해 특별히 투입된 노동과 경비에 적게 의존하고, '천부적 자질'에 크게 의존하는 다른 종류의 능력은 존재하지 않는다. 더 나아가 경영능력은 고도로 비특수적(non-specialized)이다. 대다수의 업종에서 전문지식과 숙련은 판단 · 기민 · 임기응변 · 조심성 · 의지의 견고함 같은 포괄적이고 비특수적인 능력에 비해 매일매일 중요성이 줄어들고 있다.[9]

---

9) 『경제학 원리』 1, 제IV편, 제12장, 12. 생산의 형태가 분화되고 복잡해지면, "어떤 사람이 자본가라는 이유로 고용주가 되는 것은 더 이상 사실이 아니다. 사람들은 노동을 고용해서 수익을 창출할 수 있는 능력이 있기 때문에 자본을 지배한다. 산업의 장성(將星)에게서〔……〕노동과 자본은 여러 기능을 수행할 기회

사장이 수석노동자에 불과한 소기업에서는 특화된 숙련이 아주 중요하다. 그리고 "각 업종은 결코 명문화되지 않는 그리고 아마도 명문화될 수 없는 고유한 전통이 있으며, 그것은 단편적으로만 습득될 수 있으며, 지성이 형성되고 사상이 정착되기 이전의 초년 시절에 가장 잘 획득될 수 있다"는 것도 사실이다. "그러나 현대의 산업계에서 각 업종은 보조적인 업종과 유사업종에 둘러싸여 있다. 그것들은 해당 업종에 대한 상상을 익숙하게 만들고, 그것의 상태를 알려준다."[10] 게다가 현대적 기업가의 특징인 그러한 일반적 자질은 기업의 규모가 커짐에 따라 더욱 중요해진다. 이러한 자질이야말로 그를 사람들의 시도자로 특징짓고, 처리해야 할 실제적 문제의 핵심을 곧장 파악할 수 있게 해주고, 사안의 상대적 중요도를 거의 본능적으로 이해할 수 있게 해주며, 현명하고 원대한 정책을 고안해 냉정하고 단호하게 실행할 수 있게 해준다.[11]

임의의 업종에서 경영능력에 지불되어야 하는 가격을 정확하게 알아내기 어렵다는 사실 때문에 그 능력의 수급조절이 다소 저해된다는 점을 반드시 인정해야 한다. 벽돌공이나 연철공의 임금은 다양한 정도의 효율성을 가진 노동자들의 평균임금을 구하고 그들의 고용의 단속성을

를 구한다"(워커F. A. Walker, 『임금문제』*Wages Question*, 1876, 제14장).

10) 배젓, 『잉글랜드 정치경제학의 공준』, 75쪽.

11) 배젓(같은 책, 94, 95쪽)는 다음과 같이 말한다. 현대의 대규모 상업은 "모든 업종에 공통적인 일반원리를 가지고 있으며, 개인은 이러한 원리를 이해하고 적정한 지성을 가지고 있다면 두 가지 이상의 업종에서 상당한 역할을 수행할 수 있다. 그러나 이러한 공통의 요소가 상업에서 나타나는 것은 정치의 경우와 마찬가지로 발전한다는 증거다. 원시적 상업은 모두 유약하다. 고대 부족에서는 전업자 옷감장수, 벽돌공, 무기제조인만 존재했을 뿐이다. 각각의 기법과 관련해서, 그것을 수행하는 사람들은 자신들 이외의 어느 누구에게나 그것을 불가해한 것이 되도록 노력했으며, 대부분 불가사의한 것이었다. 그것을 위해 필요한 지식은 소수만이 가지고 있었으며, 이러한 소수에 의해 비밀로 유지되었다. 그리고 이렇게 독점화되고 종종 전승된 지식 외에는 다른 어느 것도 유용하지 않았다. '일반적' 사업지식은 존재하지 않았다. 일반적인 돈벌이 기법이라는 개념은 아주 현대적인 것이며, 과거의 거의 모든 돈벌이 기법은 개별적이고 특수한 것이었다."

감안해 수정한다면 비교적 쉽게 알 수 있다. 그러나 어떤 사람이 획득하게 되는 경영총수입은 사업의 진정한 이윤을 면밀하게 계산하고, 자본에 대한 이자를 공제한 후에야 겨우 알아낼 수 있다. 그의 사업경영의 실태는 자신도 정확하게 모르는 경우가 많다. 그리고 그것은 동종업종에 종사하는 사람들도 결코 정확하게 예측할 수 없다. 오늘날에는 작은 마을에서도 누구나 모든 이웃들의 사업에 대해 알지 못한다. 레슬리가 말한 것처럼, "작은 재산을 모은 마을 여인숙 주인, 선술집 주인 또는 가게 주인은 이웃들에게 자신의 이윤을 발설함으로써 경쟁을 초래하지 않으며, 장사가 잘 안 되는 사람은 사업의 상태를 노출시킴으로써 채권자들에게 경계심을 불러일으키지 않는다."[12]

그러나 개별업자의 경험이 시사하는 교훈을 알아내는 것은 어려울 수 있지만, 업종 전체의 사정은 결코 완벽하게 은폐될 수 없으며, 장기간 은폐될 수도 없다. 단순히 해안에 부서지는 여섯 차례의 파도를 지켜봄으로써 해수면이 높아지는지 낮아지는지 분간할 수는 없지만, 약간의 인내심을 가지면 문제는 해결된다. 그리고 기업가들 사이에는 어떤 업종의 평균이윤율이 큰 폭으로 상승하거나 하락하면, 머지않아 이러한 변동이 일반인들의 주의를 끌 수밖에 없다는 것에 대해 일반적으로 합의한다. 그리고 업종을 전환함으로써 전망을 개선시킬 수 있는지 알아내는 것은 숙련노동자보다는 기업가에게 가끔은 더 어려운 과업일지도 모르지만, 기업가는 다른 업종의 현재와 미래에 대해 진상을 파악할 수 있는 기회를 훨씬 많이 가지고 있다. 그리고 만일 그가 업종을 바꾸려 한다면, 그는 일반적으로 숙련노동자보다는 더 수월하게 업종을 바꿀 수 있을 것이다.

전체적으로 결론을 내리자면, 천부적 재능의 희소성과 작업에 필요한 특수한 훈련에 따른 비용의 대소는 숙련노동자의 정상임금에 영향을 미치는 것과 마찬가지로 정상경영수입에도 영향을 미친다. 어느 경우든,

---

12) 『격주비평』, 1879년 6월호에 실린 논문, 그의 『시론집』(*Essays*: 『정치경제학 시론집』으로 판단된다―옮긴이)에 재수록되었다.

소득의 증가는 그 소득을 획득하는 사람들의 공급을 증가시키는 힘을 작동시킨다. 그리고 어느 경우든, 일정한 소득증가에 의해 공급이 늘어나는 정도는 그러한 공급의 원천이 되는 사람들의 사회적·경제적 조건에 의해 좌우된다. 대규모의 자본과 양호한 영업관계를 가지고 인생을 출발한 유능한 기업가가 그러한 이점 없이 출발한 똑같이 유능한 기업가보다 더 높은 경영수입을 획득할 가능성이 크다는 것이 사실일지라도, 불평등한 사회적 배경을 가지고 출발한 똑같은 능력을 가진 전문 직업인들의 수입에도 비록 규모는 작지만 유사한 불평등이 존재하기 때문이다. 따라서 노동자의 임금은 부친이 그의 교육에 투입했던 경비만큼이나 인생의 출발조건에 달려 있다.[13]

---

13) 『경제학 원리』 2, 제VI편, 제4장, 3을 보라. 기업의 주된 책임을 맡은 사람들의 일반적 기능에 대해서는 브렌타노의 『사업가』(*Der Unternehmer*, 1907)를 참조하라.

제8장 자본의 이윤과 경영능력(계속)

1 경영수입을 규정하는 원인은 최근 50년 이내까지는 주의 깊게 검토되지 않았다. 초기 경제학자들은 이 분야에서 좋은 연구성과를 남기지 못했다. 왜냐하면 그들은 이윤의 구성요소를 제대로 구분하지 못했으며, 평균이윤율을 규정하는 단순한 일반법칙——문제의 성질상 존재할 수 없는 법칙——을 찾기 위해 노력했기 때문이다.

이윤을 규정하는 원인을 분석할 때, 우리가 봉착하는 최초의 어려움은 어느 정도 이윤의 정의에 관한 것이다. 이러한 어려움은 대기업에서 봉급을 받는 관리자들과 십장들이 수행하는 업무의 많은 부분을 소기업에서는 업주가 직접 수행한다는 사실에 기인한다. 대기업의 이윤을 산출하기 위해서는 순수입에서 관리자들과 십장의 봉급이 공제되는 반면, 소기업의 이윤에는 업주의 노동수입 전액이 포함된다. 이러한 어려움은 오래전부터 인식되었다. 스미스는 다음과 같이 지적했다. "대규모 장이 서는 읍에서 최고의 약제상이 연간 판매하게 될 약품 전체의 원가는 30파운드나 40파운드를 상회하지 않을 수 있다. 따라서 비록 그가 400, 500 또는 1,000퍼센트의 이윤을 남기고 그것들을 판매할지라도, 이러한 이윤은 흔히 약제상의 노동에 대한 적정한 임금에 불과할지도 모른다. 약제상이 적정한 임금을 벌어들일 수 있는 유일한 방법은 약품 가격에 그것을 부과하는 것이다. 따라서 외견상의 이윤의 대부분이 이윤의 형태로 가장된 실질임금이다. 작은 항구도시에서 소규모 식료품 잡화상은 100파운드의 재고에 대해 40 또는 50퍼센트의 이윤을 획득하겠지만, 같은 장소에서 상당히 큰 도매업자가 1,000파운드의 재고에 대해 8 또는 10퍼센트의 이윤을 획득하는 경우는 드물 것이다."[1]

여기서 사업에 투자된 자본의 연간이윤율과 자본이 1회전할 때, 즉 자본과 같은 금액의 매출이 이루어질 때 성립하는 이윤율 또는 회전이윤율을 구분하는 것이 중요하다. 현재 우리는 연간이윤에 관심이 있다.

이윤이라는 용어의 대상범위를 소기업에 대해서는 축소하고 대기업에 대해서는 확대함으로써, 두 경우 모두 이윤이 동일한 종류의 용역에 대한 보수를 포함하도록 조정한다면, 양자의 연간정상이윤율의 명목적 차이는 대부분 사라질 것이다. 보통의 계산방법에 따르면 대규모 자본의 이윤율이 소규모 자본의 이윤율보다 낮은 것처럼 보이지만, 정확하게 측정한다면 대규모 자본의 이윤율이 더 높은 경향이 있는 업종들이 있다. 동일한 업종에서 경쟁하는 두 기업 중에서 대규모 자본을 가진 기업은 거의 항상 저렴하게 구매할 수 있으며, 소기업이 누리지 못하는 숙련과 기계의 특화 및 다른 방법으로 많은 생산의 경제를 활용할 수 있다. 반면에 소기업이 유일하게 가질 수 있는 중요한 고유의 이점은 고객들에게 좀더 가까이 접근하고, 그들의 개인적 욕구를 고려하기가 용이하다는 데 있다. 이러한 이점이 중요하지 않은 업종, 특히 대기업이 소기업보다 더 유리한 가격에 판매할 수 있는 일부 제조업부문에서 대기업은 소기업에 비해 경비는 상대적으로 더 작고, 수입은 더 크다. 따라서 만일 이윤이 두 경우 모두 동일한 요소를 포함하도록 조정된다면 대기업의 이윤율이 소기업의 그것보다 높을 수밖에 없다.

그러나 바로 이러한 사업부문에서 대기업들이 우선 소기업들을 구축

---

1) 『국부론』, 제1편, 제10장. 시니어는 『정치경제학 요강』, 203쪽에서 10만 파운드의 자본의 정상이윤율을 10퍼센트 이하로, 1만 파운드나 2만 파운드에 대해서는 15퍼센트로, 5,000파운드나 6,000파운드에 대해서는 20퍼센트로 그리고 그 이하의 자본에 대해서는 '좀더 높은 비율'로 평가했다. 또한 제VI편의 제7장, 4를 참조하라. 자본을 전혀 투자하지 않은 경영자가 파트너가 되고 봉급 대신 이윤의 몫으로 보수를 받을 때 개인기업의 명목이윤율은 상승한다는 점에 주의해야 한다.

하고, 서로 결합해서 부분적인 독점의 이익을 보장하든지 아니면 격렬한 경쟁을 통해 이윤율을 아주 낮은 수준으로 떨어뜨리는 일이 흔히 발생한다. 섬유, 금속 그리고 운송의 각 업종에는 어떤 기업도 대규모 자본 없이는 전혀 사업을 시작할 수 없는 부문이 많다. 한편 이러한 부문에서 중규모로 시작한 기업은 조만간 대규모 자본을 이용할 수 있을 것이라는 희망으로 큰 어려움을 헤치고 나아간다. 대규모 자본을 이용하면 자본규모에 비해서는 비록 적지만 총액으로는 많은 경영수입을 획득할 것이다.

고차원적인 능력이 필요하지만, 대기업을 경영하는 것이 중규모 기업을 경영하는 것만큼이나 용이한 업종들도 있다. 예를 들어 압연공장에서는 거의 모든 세부적인 업무를 기계적인 작업으로 정형화할 수 있으며, 100만 파운드의 자본을 투입해도 유능한 경영자가 쉽게 관리할 수 있다. 제철업의 어떤 부문에서는 세부 업무에 대한 끊임없는 사고와 고안을 필요로 하며, 20퍼센트의 이윤율도 아주 높은 평균이윤율이 아니다. 그러나 이러한 부문에서 공장주는 연간 15만 파운드의 경영수입을 획득할 것이다. 그리고 중제철업의 연속적 부문에서 최근 거대기업의 합병으로 좀더 큰 규모의 경영수입이 획득된다. 그러한 기업의 이윤은 해당 업종의 경기에 따라 아주 민감하게 변동한다. 그러나 비록 총액은 엄청나지만, 평균이윤율은 낮다.

어떤 업종에서는 최고급의 능력을 거의 필요로 하지 않지만, 주식회사든 개인회사든 좋은 영업관계와 대규모 자본을 가지고 있는 회사는 근면한 성향을 지닌 경영자가 건전한 상식과 적당한 기업열을 가지고 경영하는 한 신생기업에 대항해서 지위를 유지할 수 있다. 이러한 업종에서는 소수의 예외를 제외하면 이윤율이 낮다. 그리고 잘 정착된 주식회사든 개인회사든 가장 유능한 종업원을 파트너로 삼을 준비가 되어 있다면 이러한 종류의 경영자는 거의 부족하지 않다.

전체적으로 우리는 다음과 같이 결론을 내려도 좋을 것이다. 첫째, 대기업의 진정한 이윤율은 일견에 보이는 것보다 더 높다. 왜냐하면 소기업의 이윤율을 대기업의 그것과 비교하기 전에, 소기업에서 보통 이윤으로 간주하는 많은 것들을 다른 항목으로 분류해야 하기 때문이다. 둘째, 이렇게 수정한다 할지라도, 보통 방법으로 계산된 이윤율은 기업의 규모가 커짐에 따라 일반적으로 하락한다.

2 정상경영수입은 자본에 대비해서 보면 물론 높다. 따라서 경영업무가 자본과 비교해서 많을 경우에는 자본에 대한 연간이자율이 높아진다. 새로운 방법을 조직하고 고안하는 데 커다란 정신적 긴장을 수반하기 때문에, 또는 많은 근심과 위험을 포함하기 때문에 경영업무는 과중해질 수 있다. 그리고 이러한 두 가지 원인은 흔히 동반한다. 개별업종들은 각각의 특수성을 가지고 있으며, 이 주제에 관한 모든 규칙에는 많은 예외가 있게 마련이다. 그러나 다른 모든 것이 동일하다면 다음과 같은 일반명제가 성립되고, 상이한 업종 간 정상이윤율의 차이를 설명해 줄 것이다.

첫째, 기업에서 요구되는 경영업무는 고정자본의 크기보다는 유동자본의 크기에 더 의존한다. 따라서 내구적인 생산설비가 압도적으로 많은 업종에서는, 그러한 설비가 일단 설치되고 나면 수고와 주의를 거의 요하지 않기 때문에 이윤율은 낮은 경향이 있다. 우리가 보았던 것처럼 이러한 업종에서는 주식회사가 주종을 이룰 공산이 크며, 철도회사와 수도회사의 경우 이사들과 고위 간부들의 봉급총액은 사용된 자본에 비해 아주 작은 비중을 차지한다. 그리고 운하, 부두, 교량을 소유한 회사의 경우에는 그 정도가 더 심하다.

둘째, 기업의 고정자본과 유동자본의 비율이 정해져 있을 때 임금지불총액이 재료비와 재고품 가치에 비해 크면 클수록 일반적으로 경영업무는 더 과중하고, 이윤율은 더 높다.

고가의 원료를 다루는 업종에서는 사업의 성공이 구매·판매 기회와 능력에 아주 크게 의존한다. 그리고 가격에 영향을 줄 수 있는 원인들을 정확하게 해석하고, 그것들의 적당한 비중을 제대로 평가하기 위해 필요한 정신적 역량은 흔치 않으며, 높은 수입을 획득할 수 있다. 어떤 업종에서는 이러한 점을 고려하는 것이 너무 중요해서, 아메리카의 일부 학자들은 이윤을 단순히 위험에 대한 보상으로 간주했다. 그리고 총이윤에서 이자와 경영수입을 공제한 나머지를 이윤으로 간주했다. 그러나 이러한 용어사용법은 전체적으로 유익하지 않은 것처럼 보인다. 왜냐하면 그것은 경영업무를 단순히 기계적인 감독으로 분류하는 경향이 있기 때문이다. 사람들은 일반적으로 적정한 보험통계상의 계산법에 따른 기대가능 이득에서 기대가능 손실을 공제한 다음, 다른 업종에서 획득할 것으로 생각되는 이윤보다 더 큰 이윤을 위험한 사업에서 획득할 것으로 기대하지 않는다면, 다른 모든 것이 동일할 때, 위험한 사업에 뛰어들지 않을 것임은 자명하다. 만일 그러한 위험에 실질적인 손실이 없다면 사람들은 보험사에 보험료를 지불하지 않을 것이다. 보험료는 위험의 진정한 보험통계상의 가치를 충분히 상회하는 규모로 계산되어, 보험사의 대규모 광고비와 운영비를 보상하고도 순이윤의 잉여가 남는다는 것을 그들은 알고 있다. 그리고 위험에 대해 보험을 들지 않는다 하더라도, 만일 사업위험에 대한 보험의 실제적 어려움이 극복될 수 있었다면, 보험료 상당분은 적립될 수 있기 때문에 그들은 장기적으로 보험사가 보험료의 형태로 요구하는 정도의 수준으로 손실보상을 스스로 해결해야만 한다. 그러나 어려운 사업을 현명하고 진취적으로 경영하는 데 가장 유능한 사람들 중에서 많은 이들이 중대한 위험으로 인해 축출된다. 왜냐하면 그들의 자기자본은 커다란 손실을 감당할 만큼 충분히 많지 않기 때문이다. 그렇게 위험한 업종은 다소 무모한 사람들, 아니 어쩌면 소수의 강력한 자본가들의 수중에 떨어지기 쉽다. 강력한 자본가들은 그러한 사업을 능란하게 운영하지만, 평균적으로 높은 이윤율을 획득할 수 없을 만큼 시장의 경쟁이 강화되지 못하도록 서로 담합한다.[2]

---

2) 비용요소로서의 위험에 대해서는『경제학 원리』2, 제V편, 제7장, 4를 보라. 다양한 유형의 위험이 다양한 기질을 가진 사람들에게 미치는 흡인력이나 반발력, 결과적으로 위험이 많은 직종에서의 수입과 이윤에 미치는 영향에 대한 분석적이고 귀납적인 신중한 연구에는 이점이 있을 것이다. 그것은 이 주제에 대

투기적 요소가 별로 중요하지 않아서 경영업무가 주로 감독업무인 업종에서는 경영수입이 기업에서 수행된 작업량에 상당히 밀접하게 대응하여 결정될 것이다. 그리고 임금지불총액은 작업량에 대한 아주 개략적이지만 편리한 척도다. 다양한 업종의 이윤율이 균등화되는 일반적 경향이 있다는 것을 드러내주는 포괄적 명제 중에서, 동등한 자본이 사용될 때, 이윤은 총자본에 특정한 연율을 곱한 금액과 임금지불총액에 특정한 비율을 곱한 금액의 합계가 된다는 명제가 가장 정확한 것이라고 말할 수 있다.[3]

한 스미스의 제언에서 출발할 수 있을 것이다.

3) 서로 다른 종류의 사업에 투입된 서로 다른 종류의 자본금액을 근사적으로라도 확인하는 데는 큰 어려움이 따른다. 아메리카 통계청의 귀중한 통계자료도 이러한 특수한 문제와 관련해서는 명백히 부정확하지만, 그것을 주로 참조해서 추정해본다면 시계공장과 면방직공장처럼 생산설비가 아주 비싸고, 원료의 가공과정이 아주 긴 산업에서 연간산출액은 자본금액보다 작은 반면, 장화공장처럼 원료는 고가이지만 생산과정이 짧은 산업과 설탕정제공장, 도살장, 정육가공공장처럼 재료의 형태를 약간만 변화시키는 일부 산업에서 연간산출액은 자본금액의 네 배 이상이라는 결론을 내릴 수 있다.

다음으로 유동자본의 회전을 분석하고 원료비와 임금지불총액을 비교해보면, 재료의 부피가 작은 시계공장과 평범한 재료를 쓰는 석재 · 벽돌 · 타일공장에서는 원료비가 임금지불총액보다 훨씬 작지만, 대부분의 산업에서는 전자가 후자보다 훨씬 크고, 전 산업 평균으로는 전자가 후자보다 3.5배 크다는 것을 발견할 수 있다. 그리고 가공도가 낮은 산업에서는 일반적으로 전자가 후자의 25배에서 50배에 달한다.

사업에서 사용된 원료, 석탄 등의 가치를 공제해 산출을 산정해보면 이러한 차이는 대부분 사라진다. 어떤 나라의 제조업산출을 추정할 때, 조심성 있는 통계학자들은 예컨대 방사(紡絲)와 옷감의 중복 계산을 피하기 위해 통상 이러한 방법을 채용한다. 그리고 비슷한 이유로 한 나라의 농업산출을 추정할 때, 가축과 사료의 중복 계산을 피해야 한다. 그러나 이러한 방법이 아주 만족스러운 것은 아니다. 왜냐하면 논리적으로는 방사뿐만 아니라 직조공장이 구매하는 직기도 공제해야 하기 때문이다. 또 만일 공장 자체를 건설업의 산출로 계산한다면, 공장의 가치도 직조산업 (여러 해에 걸친) 산출에서 공제해야 한다. 농장건물에 대해서도 마찬가지다. 농장의 말도 분명히 계산에 포함되어서는 안 된다. 그리고 어떤 경우에는 영업용으로 사용되는 어떤 말도 계산에 포함되어서는 안 된다. 그러나 원료만을 공제하는 방법은 그것의 부정확성이 분명하게 인식된다면 능력이 비범하고 활력이 있는 제조업자는 경쟁자들에 비해 좀더 나은 방법 그리고 어쩌면 좀더 나은 기계를 사용할 것이다. 그는 기업의 제조부분과 판매부분을 좀더 잘 조직할 것이며, 부문 간의 관계를 잘 조정할 것이다. 이러한 방법으로 그는 사업을 확장할 것이며, 노동뿐만 아니라 장비의 특화로 좀더 큰 우위를 획득할 수 있다.[4] 그렇게 그는 수익이 점증할 뿐만 아니라 이윤도 점증할 것이다. 왜냐하면 그가 많은 생산자들 가운데 한 사람에 불과하다면 그가 산출량을 증가시켜도 재화의 가격은 크게 하락하지 않을 것이며, 그가 도입한 경제의 이익은 거의 모두 그에게 귀속될 것이기 때문이다. 만일 그가 자신의 산업부문을 부분적으로 독점하고 있다면, 그는 독점이윤이 증가하도록 산출량증가를 조절할 것이다.[5]

그러나 이러한 개선이 한두 명의 생산자에 한정되지 않은 경우, 또한 그 개선이 수요의 일반적 증가와 그에 대응하는 공급의 확대에서 기인하거나, 산업 전체가 이용할 수 있는 생산방법 또는 기계의 개선에서 유래하거나, 보조산업의 진보와 전반적인 '외부'경제의 향상에 기인할 경우, 생산물 가격은 그 부류의 산업에 정상이윤율만을 가져다주는 수준에 가깝게 유지될 것이다. 그리고 이 과정에서 해당 산업은 정상이윤율이 높은 부류에서 낮은 부류의 산업으로 이행할 것이다. 왜냐하면 해당 산업에 균질성과 단조로운 요소는 이전보다 증가하고, 정신적 긴장은 줄어들기 때문이다. 거의 같은 의미이지만 다른 말로 표현하면, 그것이 주식회사 형태의 경영에 좀더 적합해지기 때문이다. 따라서 어떤 산업에서 생산물의 양이 노동·자본의 양과 비례해서 전반적으로 증가하면 이윤율이 하락할 것이다. 그것은 어떤 관점에서는 **가치**로 측정된 수익의 체감으로 간주될 수 있을 것이다.[6]

나름대로 유용하다.

4) 『경제학 원리』 1, 제IV편, 제11장, 2~4를 보라.

5) 『경제학 원리』 2, 191, 192쪽을 보라.

6) 『경제학 원리』 1, 408~410쪽을 참조하라.

3 이제 연간이윤에서 회전이윤을 규정하는 원인의 검토로 넘어가자. 연간정상이윤율은 분산의 폭이 좁지만, 회전이윤율은 업종 간에 큰 차이를 보일 수 있다는 것은 자명하다. 왜냐하면 후자는 자본의 1회전에 필요한 기간의 길이와 작업량에 의존하기 때문이다. 따라서 한 번의 거래에서 다량의 생산물을 매매하고, 자본을 아주 빠르게 회전시킬 수 있는 도매업자는 비록 평균회전이윤율이 1퍼센트 미만일지라도 큰 부를 축적할 수 있을 것이다. 그리고 대규모 증권거래의 극단적인 경우에는 그것이 1퍼센트보다 훨씬 작을지라도 큰 부를 축적할 수 있을 것이다. 그러나 조선업자는 선박을 인도하기 전에 장기간 노동과 재료를 선박에 투입해야 하고, 선박에 정박소를 제공해야 하며, 선박과 관련된 모든 세부사항에 주의를 기울여야 하므로, 자신의 노동과 자본의 고정(locking up)을 보상하기 위해 직·간접비에 아주 높은 비율의 이윤을 추가해야만 한다.[7]

또 섬유산업에서 어떤 기업들은 원료를 구매하고 완성품을 판매하는 반면 다른 기업들은 실을 잣거나, 천을 짜거나 또는 마감하는 데 국한한다. 그리고 첫 번째 종류의 기업의 회전이윤율은 다른 세 종류 기업의 각각의 회전이윤율의 합과 반드시 일치해야 한다는 것은 자명하다.[8] 또

---

7) 그러나 조선업자는 자신의 자본 중에서 선박을 건조하는 초기단계에 매몰된 부분에 대해서는 높은 연간이윤율을 부과할 필요가 없을 것이다. 왜냐하면 그 자본은 일단 투입되고 나면 별도의 능력과 근면의 발휘를 더 이상 요구하지 않을 것이며, 자신의 경비를 높은 복리이자율로 '누적가산'하는 것으로 충분할 것이기 때문이다. 그러나 이 경우에 그는 초기에 투입된 자신의 노동의 가치를 경비의 일부로 포함시켜야 한다. 반면에 투입된 모든 자본에 대해 지속적이고 거의 일률적인 수고를 요구하는 업종에서는 '복리'이윤율을 가산해서 초기 투자의 '누적가산' 액을 구하는 것이 온당할 것이다(즉 이자가 기하급수적으로 증가하는 것처럼 이윤도 기하급수적으로 증가한다). 그리고 이론적으로 완전히 정확하지는 않을지라도, 이러한 방법을 문제를 단순화하기 위해 실제로 흔히 채택한다.

8) 엄밀하게 말해서 첫 번째 종류의 기업의 회전이윤율은 두 번째 종류의 세 기업 각각의 이윤율들의 합보다 조금 클 것이다. 왜냐하면 그것은 오랜 기간에 걸친 복리이자를 포함할 것이기 때문이다.

소매업자의 경우, 보편적으로 수요되고 유행의 변화에 쉽게 영향을 받지 않는 상품에 대해 회전이윤율이 5퍼센트 또는 10퍼센트에 불과한 경우가 많다. 이러한 상품은 매출은 크지만 필요한 재고는 많지 않고, 재고에 투자된 자본은 거의 고통 없이 안전하고 빠르게 회전될 수 있다. 그러나 서서히 판매되고, 다양한 재고가 반드시 필요하고, 진열을 위해 넓은 공간이 요구되고, 유행이 변하면 손실을 감수하지 않고는 판매가 불가능한 특정 종류의 기호품을 취급하는 소매업자를 보상하기 위해서는 거의 100퍼센트에 이르는 회전이윤율이 요구된다. 그리고 생선, 과일, 화훼, 채소의 경우에는 종종 그 이상의 높은 이윤율이 요구된다.[9]

4 회전이윤율에는 균등화의 일반적 경향이 존재하지 않는다. 그러나 각 업종별로 그리고 각 업종의 부문별로 '적정' 또는 정상이율로 간주되는 다소 확정된 회전이윤율이 존재할 수 있으며 실제로 존재한다. 물론 그러한 이율은 영업방법이 변함에 따라 항상 변동한다. 이러한 변화의 발단은 일반적으로 개별업자들의 행동에 있다. 개별업자들은 종래의 관행적 수준보다 낮은 회전이윤율에서 판매규모를 증가시킴으로써 자본에 대한 연간이윤율을 상승시키려고 노력한다. 그러나 만일 이러한 종류의 큰 변화가 일어나지 않는다면, 어떤 특정한 종류의 작업에 특정한 회전이윤율을 부과해야 한다는 관행은 해당 업종에 종사하는 사람들에게 실제적으로 커다란 도움이 된다. 이러한 관행은 특정한 회전이윤율이 부과된다면, 그러한 특정 종류의 작업에서 발생하는 모든 비용(주요

---

9) 특히 노동자 거주지역에 있는 생선장수와 청과상은 이윤율이 높은 소규모 장사를 하려고 노력한다. 왜냐하면 각각의 개별적인 구매규모가 너무 작아서, 고객은 멀리 있는 값싼 가게로 가느니 차라리 인근에 있는 비싼 가게에서 구매할 것이기 때문이다. 따라서 소매업자는 0.5페니 미만에 구매한 재화를 1페니에 판매할지라도 아주 잘 살지는 못할 것이다. 그러나 동일한 물건이 어부 또는 농부의 단계에서는 1파딩(0.25페니) 또는 그 이하에 출하되었을 것이다. 그리고 직접운송비와 손실보상비는 이러한 가격차를 제대로 설명하지 못할 것이다. 이러한 업종의 중간상인들은 서로 연합해서 비정상적으로 높은 이윤을 획득하기가 아주 용이하다는 여론에는 어느 정도 정당한 사유가 있는 것으로 보인다.

비용뿐만 아니라 간접비)이 회수되고, 추가적으로 그 종류의 사업에 대한 연간정상이윤율이 확보될 것임을 보여주는 수많은 경험의 산물이다. 만일 그들이 이러한 회전이윤율보다 훨씬 낮은 이윤율을 가져다주는 가격을 부과한다면 그들은 거의 번창할 수 없다. 그리고 만일 그들이 훨씬 높은 가격을 부과한다면 그들은 고객을 잃을 위험에 처하게 된다. 왜냐하면 다른 업자들이 그들보다 낮은 가격에 판매할 수 있기 때문이다. 따라서 그것은, 가격에 대한 사전합의가 전혀 없을 때, 정직한 사람이 주문 제작된 재화를 판매하기 위해 부과할 수 있을 것으로 기대하는 '적정' 회전이윤율이다. 그리고 판매자와 구매자 사이에 분생이 있을 경우에 법정에서 허용하는 이윤율일 것이다.[10]

10) 이러한 경우에 법정에서 이루어진 전문가의 증언은 여러 측면에서 경제학자들에게 매우 유익하다. 특히 업계 관습의 유지를 지지하기 위해 그러한 관습이 생긴 원인을 다소 인식하면서 업계의 관습에 관한 중세적 표현을 사용하는 증언에는 시사점이 풍부하다. 그리고 만일 '관행적인' 회전이윤율이 어떤 종류의 업종에서 다른 종류의 업종에 비해 높다면, 거기에는 거의 언제나 분명한 이유가 있게 마련이다. 예를 들어 전자가 좀더 장기적인 자본의 고정 또는 좀더 많은 고가의 장비(특히 급속하게 감가상각되거나, 항상 가동될 수 없어서 비교적 소수의 작업을 통해 회수되어야 하는 장비)의 사용을 필요로 하거나 (또는 조금 전에 필요했거나), 아니면 좀더 어렵거나 불결한 작업, 또는 사업가의 많은 주의를 필요로 하거나, 아니면 보험을 필요로 하는 특별한 위험요소를 가지고 있기 때문이다. 그리고 증언하는 전문가가 마음속 깊이 숨겨져 있는 이러한 관습에 대한 정당한 사유를 밝힐 준비가 되어 있지 않았다는 사실은, 만일 우리가 중세 사업가를 회생시켜 반대심문할 수 있다면, 역사가들이 제시하는 것보다 이윤율이 반의식적(half-conscious)으로나마 특수한 사정에 적합하게 조정되는 과정을 더 많이 알게 될 것이라는 믿음에 근거를 제공한다. 전문가들 가운데 다수는 자신들이 언급하고 있는 관행적 이윤율이 단순한 회전이윤율인지, 아니면 장기적으로 자본에 대한 일정한 연간이윤율을 제공하는 그런 회전이윤율인지를 명확히 하지 못했다. 물론 중세 시대에는 사업방식이 좀더 획일적이었기 때문에 현대의 기업에서 불가피한 정도만큼 회전이윤율의 큰 편차를 야기하지 않으면서, 자본에 대한 제법 균일한 연간이윤율이 존재할 수 있었다. 그러나 만일 한 종류의 이윤율이 거의 균일하다면 다른 종류의 이윤율은 그렇지 않을 것임은 분명하다. 그리고 중세 경제사에 대한 많은 저작들은, 두 종류의 이윤율 사이의 차이, 그리고 두 종류의 이윤율 각각에 관련된 관습들이 반드시 의존하는 궁극적인 도덕적 근거의 차이를 명확하

5 지금까지의 탐구과정에서는 줄곧 경제적 힘의 궁극적인, 장기적인 또는 진정한 정상적 결과를 주로 염두에 두었다. 자본을 관리하는 경영능력의 공급이 장기적으로 어떻게 수요에 적합하게 조정되는지를 검토했다. 또 경영능력이 어떻게 욕구충족을 위해 충분한 가격을 지불할 수 있는 사람들이 아주 높게 평가하는, 따라서 장기적으로 높은 보수를 가져다주는 서비스를 제공할 수 있는 모든 사업과 각각의 사업을 수행하는 모든 방법을 끊임없이 탐구하는지 검토했다. 원동력은 기업가들의 경쟁이다. 각 기업가는 미래의 가능한 사건들을 예측하고, 그것들의 상대적 중요성을 정확하게 평가하고, 사업의 수입이 필요한 지출을 초과해 얼마만큼의 잉여를 남기는지 검토하면서, 모든 신규사업 기회를 타진한다. 그의 모든 기대수익은 이윤에 포함되며, 그로 하여금 사업에 뛰어들게 하는 동기다. 미래생산을 위한 장비를 제작하고, 영업관계와 같은 '비물질적' 자본을 구축하는 데 투입하는 모든 자본과 활력의 투자가 사전에 수익성이 있을 것으로 판단해야만 그는 사업을 개시한다. 그가 그러한 투자에서 기대하는 이윤 전체는 자신의 사업에서 장기적으로 기대하는 보수에 포함된다. 만일 그가 정상적인 (즉 그러한 종류의 작업을 위해 정상적인) 능력을 가진 사람이고, 그러한 사업에 착수할 것인지 말 것인지 망설이고 있다면, 그의 보수는 문제의 서비스에 대한 (한계)정상생산경비를 진정으로 대표하는 것으로 간주될 수 있다. 그렇게 정상이윤 전체는 진정한 또는 장기공급가격에 포함된다.

어떤 개인 그리고 그의 부친으로 하여금 그를 장인, 전문 직업인 또는 기업가로 양성훈련하기 위해 자본과 노동을 투자하도록 유도하는 동기는 생산시설과 사업조직을 구축하는 데 자본과 노동의 투자를 이끄는 동기와 유사하다. 각 경우에 투자는 (인간의 행동이 의도적인 동기에 의해 규정되는 한) 추가적인 투자로부터 이득, '반효용'에 대한 효용의 초과 또는 잉여를 전혀 획득하지 못할 것으로 보이는 한계까지 계속된다.

게 인식하지 못했다는 사실에 의해 그 가치가 다소 감소되는 것 같다.

따라서 이러한 모든 투자에 대한 보수로서 기대되는 가격은 그러한 투자에 의해 제공되는 서비스의 정상생산경비의 일부분이다.

그러나 이러한 모든 원인들이 완전히 작용을 다하는 데는 예외적인 성공과 예외적인 실패가 서로 상쇄될 정도로 긴 기간이 필요하다. 한편으로는 투기적 사업에서 특별한 사건이 일어났을 때, 또는 기업의 전반적인 발전을 위한 유리한 기회가 있을 때, 탁월한 능력을 보여주고 이례적으로 운이 좋기 때문에 성공하는 사람들이 있다. 그리고 다른 한편으로는 정신적으로나 도덕적으로나 자신의 훈련과 유리한 출발조건을 제대로 활용할 수 없는 사람들 직업에 적합한 자질을 가지지 못한 사람들, 투기적 모험에서 운이 없는 사람들, 또는 경쟁자들의 잠식으로 사업이 곤란에 처하거나, 그들의 사업에서 물러나고 다른 방향으로 흘러가는 수요동향의 변동에 의해 좌초되는 사람들이 있다.

이러한 교란원인은 정상수입과 정상가치를 취급할 때는 무시될 수 있지만, 특정 시점에 특정 개인의 소득과 관련해서는 가장 중요한 역할을 하며, 지배적인 영향력을 행사한다. 그리고 이러한 교란원인이 이윤과 경영수입에 영향을 미치는 방식은 그것이 보통의 수입에 영향을 미치는 방식과 아주 다르기 때문에 일시적인 변동과 개별사건을 논할 때는 과학적 필요에 의해 이윤과 보통의 수입을 구별해서 취급해야 한다. 실제로 시장변동과 관련된 문제는 화폐이론, 신용이론 그리고 무역이론이 설명되기 전까지는 제대로 다룰 수 없다. 그러나 지금 단계에서도 방금 전에 설명했던 교란원인이 이윤에 영향을 미치는 방식과 보통의 수입에 영향을 미치는 방식 사이에 아래와 같은 차이점을 지적할 수는 있을 것이다.

6 우선 사업가의 이윤은 그의 자본(사업조직을 포함한다), 그의 노동 그리고 피고용자들의 노동에 의해 생산되는 재화의 가격이 변동하면 바로 영향을 받는다. 그 결과, 그의 이윤의 변동은 일반적으로 피고용자들의 임금변동을 선행하며, 훨씬 더 광범위하다. 다른 모든 것이 동일할 때 그의 제품을 판매할 수 있는 가격이 비교적 조금만 상승해도 그의 이

윤은 여러 배 증가될 수 있으며, 어쩌면 흑자전환도 가능할 수 있다. 가격이 상승하면 그는 가능한 한 충분히 높은 가격에 수확을 거두어들이기 위해 노력할 것이며, 피고용자들이 자신을 떠나거나 작업을 거부하지 않을까 걱정할 것이다. 따라서 그는 높은 임금을 지불할 수 있으며, 기꺼이 지불하려 할 것이다. 그리고 임금은 상승할 것이다. 그러나 경험에 따르면, (임금이 슬라이드제*에 의해 규정되든 그렇지 않든) 가격상승과 동일한 비율로 임금이 상승하는 경우는 거의 없다. 따라서 임금은 이윤과 거의 같은 비율로 상승하지는 않는다.

동일한 사실을 다른 측면으로 보면, 경기가 나쁠 때 피고용자는 최악의 경우에 자신과 가족을 부양하기 위해 아무것도 벌어들이지 못하는 반면, 특히 차입자본을 많이 이용하고 있다면 고용주의 경우에는 지출이 수입을 초과할 수 있다. 이 경우에는 그의 경영총수입마저도 음(-)이 된다. 즉 그는 자기의 자본을 상실한다. 경기가 아주 나쁠 때는 아주 많은 그리고 어쩌면 대다수의 사업가들에게 이런 일이 일어날 수 있다. 그리고 다른 사업가들보다 불운하거나, 무능하거나 자기 업종에 덜 적합한 사업가들에게는 이런 일이 거의 항상 일어난다.

7 다음으로 사업에서 성공을 거둔 사람들의 수는 전체의 작은 비율에 불과하다. 그리고 그들의 수중에는 스스로 축적했거나, 타인의 축적을 물려받았지만 성공적이지 못한 사업에서 자신의 노력의 성과와 함께 모든 것을 상실한 훨씬 많은 사람들의 부가 집적된다. 따라서 어떤 업종의 평균이윤을 구하기 위해, 우리는 해당 업종의 집계이윤을 이윤을 획득한 사람들의 수로 나누어서도, 실패한 사람들의 수를 더한 합계로 나누어서도 결코 안 된다. 성공한 사람들의 집계이윤에서 실패한 그리고 어쩌면 폐업한 사람들의 집계손실을 공제하고, 그 차액을 성공한 사람들의 수와 실패한 사람들의 수의 합으로 나누어야 한다. 진정한 경영총수입, 즉 이자를 상회하는 이윤의 초과분은 평균적으로 성공한 자들만을

---

* 임금의 전부 또는 일부를 물가지수 등과 결부시켜, 물가변동에 따라서 자동적으로 조정하는 임금지불방식.

관찰해서 해당 업종의 수익성을 추정한 사람들이 생각하는 추계액의 2분의 1에도 미치지 못할 가능성이 크다. 그리고 일부 위험한 업종에서는 10분의 1에도 미치지 못할 것이다. 그러나, 조만간 밝혀지겠지만, 사업위험이 전체적으로 체증하기보다는 체감한다고 생각할 만한 근거가 존재한다.[11]

---

11) 1세기 전에 인도에서 귀국한 잉글랜드 사람들은 거대한 부를 가지고 귀환하는 경우가 많았다. 따라서 인도에서는 평균이윤율이 아주 높다는 믿음이 확산되었다. 그러나 헌터(W. Hunter)가 지적한 것처럼(『벵골 농촌연보』*Annals of Rural Bengal*, 1868, 제6장), 실제로는 실패자가 무수히 많았으며, 오직 "거대한 제비뽑기에서 상금을 획득한 사람들만이 터무니없는 이야기를 하기 위해 귀환했다." 그리고 이런 일이 일어났던 당시에, 잉글랜드에서는 흔히 부자의 가족과 그의 마부의 가족이 아마도 3세대 내에 처지가 뒤바뀔 것이라고들 말하곤 했다. 사실을 말하자면, 그것은 부분적으로 당시 젊은 상속인들 사이에 흔히 있었던 과도한 사치에 기인했으며, 그리고 부분적으로 그들의 자본에 대한 안전한 투자처를 찾는 어려움에 기인했다. 잉글랜드의 부유한 계층의 안정성은 거의 절제와 교육의 보급만큼이나 투자방법의 발달로 촉진되었다. 투자방법의 발달은, 비록 부자의 상속인이 부의 축적을 가능케 했던 부친의 경영능력을 물려받지는 못했을지라도, 상속인이 물려받은 재산에서 안전하고 지속적인 소득을 획득할 수 있게 한다. 그러나 현재까지도 잉글랜드의 일부 지역에서는 제조업자의 대부분이 노동자이거나 그 자식이다. 그리고 아메리카에서는 잉글랜드보다 어리석은 낭비가 흔치 않았지만, 조건의 변화가 훨씬 급격하고 사업을 시대에 뒤떨어지지 않게 유지하기가 더 어렵기 때문에, 3세대 이내에 가족이 "서민층을 지나 다시 서민층으로 돌아간다"라고들 흔히 말한다. 웰스(D. A. Wells, 『최근의 경제변화』*Recent Economic Changes*, 1889, 351쪽)는 "여론을 형성하는 데 유능한 사람들 사이에서는 오래전부터 자력으로만 사업을 시도하는 사람들의 90퍼센트는 성공하지 못한다는 실질적인 합의가 있었다"라고 말하고 있다. 그리고 워커(J. H. Walker, 『경제학 계간』, II권, 448쪽)는 1840년과 1888년 사이에 매사추세츠 주 소재 우스터 시(미국 매사추세츠 주의 중부에 있는 도시—옮긴이)의 대표적인 산업에서 제조업자의 출신 및 경력과 관련된 상세한 통계자료를 제공하고 있다. 그들의 90퍼센트 이상이 직인(journeyman) 출신이었으며 1840년, 1850년 그리고 1860년에 제조업자의 명단에 올라 있던 사람들의 자식들 가운데 10퍼센트 미만이 1888년에 상당한 재산을 가지고 있었거나 상당한 재산을 남기고 죽었다. 그리고 프랑스와 관련해서 르루아볼리외(『부의 분배』, 제11장)는 100개의 신생기업들 중에서 20개의 기업은 즉시 사라지고, 50개 내지 60개의 기업은 흥하지도 망

8 이윤의 변동과 보통의 수입의 변동에 관한 다른 차이점의 검토로 넘어가자. 우리는 장인과 전문직업인의 업무에 필요한 숙련을 습득하기 위해 자유자본과 노동이 투입되기 전에, 그것으로부터 파생될 것으로 기대되는 소득은 이윤의 성질을 갖는다는 것을 알고 있다. 물론 이 경우에 요구되는 이윤율은 두 가지 이유로 종종 높은 것이 사실이다. 첫째, 경비를 투입한 사람들은 그것에서 발생하는 보상의 대부분을 직접 획득하지 못하며 둘째, 그들은 보통 궁핍한 상태에 있기 때문에 커다란 자제력 없이는 먼 미래의 수익을 위해 투자할 수 없다. 그리고 이미 설명했듯이 장인이나 전문직업인이 일단 업무에 필요한 숙련을 습득하고 나면, 이후에 그의 수입의 일부는 본래 그를 업무에 적합하게 만들기 위해 그리고 인생의 유리한 출발조건, 영업관계 그리고 일반적으로 그의 자질을 활용할 수 있는 기회를 획득하기 위해 투입된 자본과 노동에 대한 준지대다. 그리고 소득에서 (준지대를 제외한) 나머지 부분만이 노력에 따른 진정한 수입이다. 그러나 이 나머지가 일반적으로는 소득 전체의 큰 부분을 점한다. 그리고 여기에 이윤과 보통의 수입의 차이가 있다. 왜냐하면 기업가의 이윤에 대해 이와 비슷한 분석을 했을 때 두 부분의 구성비가 다르기 때문이다. 기업가의 경우에 대부분은 준지대다.

대규모 사업가가 사업에 투입된 물질적·비물질적 자본에서 얻는 소득은 너무 크고, 대규모 적자에서 대규모 흑자에 이르기까지 극심하게 변동할 수 있어서 그는 자신의 노동에 대해서는 거의 생각하지 않는 경우가 많다. 수익성 있는 사업기회가 제공된다면 그는 그것에서 발생하는 보수를 거의 순수한 이익으로 간주한다. 그의 사업이 부분적으로만 가동될 때 드는 수고와 그것이 완전 가동될 때 드는 수고 사이에는 차이가 별로 없어서, 일반적으로 자신의 추가노동을 그러한 이익에서 공제해야 할 비용으로 간주하는 일은 거의 발생하지 않는다. 장인이 초과근무로 획득하는 추가수입을 생각하는 것과는 달리, 대규모 사업가는 상

하지도 않으면서 식물처럼 생장하고, 오직 10개 내지 15개의 기업만이 성공적이라고 말하고 있다.

당 정도 그러한 이익을 추가적인 피로로 획득한 수입으로 보지 않는다. 이러한 사실은 일반 대중 그리고 심지어 일부 경제학자들이 정상이윤과 정상임금을 결정하는 원인의 기저에 있는 기본적인 동일성을 완전하게 인식하지 못하는 주된 원인이면서, 그러한 불완전한 인식의 이유를 어느 정도 증명해준다.

상기의 차이점과 아주 밀접한 관련이 있는 차이점이 있다. 장인이나 전문직업인이 인간의 노력으로 획득된 것이 아니고 미래의 이득을 위한 희생의 결과물도 아닌 비범한 천부적 재능을 가지고 있을 때, 그러한 재능은 보통사람들이 교육과 인생의 출발을 위해 비슷하게 노동과 자본을 투자하고 노력함으로써 기대할 수 있는 소득을 초과하는 잉여소득을 획득할 수 있게 해준다. 이러한 잉여는 지대의 성질을 갖는다.

그러나, 제7장의 끝부분에서 언급했던 내용으로 되돌아가서, 사업가 계층에는 고도의 천부적 재능이 있는 사람들이 불균형적으로 많다. 왜냐하면 사업가계층은 같은 등급 내에서 출생한 유능한 사람들뿐만 아니라 좀더 낮은 산업등급에서 출생한 최상의 천부적 재능을 가진 사람들의 대부분을 포함하기 때문이다. 전문직업인을 계층으로 고려할 때 그의 소득에서 교육에 투자된 자본의 이윤이 특히 중요한 성분인 반면, 사업가를 개인으로 고려할 때 사업가의 소득에서 비범한 천부적 재능에 대한 지대를 특히 중요한 성분으로 간주할 수 있다(이미 설명했듯이 정상가치와 관련해서는 비범한 능력의 수입도 본래의 지대라기보다는 준지대로 간주해야 한다).

그러나 이러한 규칙에는 예외가 존재한다. 좋은 기업과 그것을 유지할 만큼의 능력만 물려받은 평범한 사업가도 연간 수천 파운드의 소득을 획득할 수 있지만, 그의 소득은 비범한 천부적 자질에 따른 지대를 거의 포함하지 않는다. 반면 이례적으로 성공적인 법정변호사, 저술가, 화가, 가수 그리고 기수가 획득하는 소득의 많은 부분은 비범한 천부적 재능의 지대로 분류될 수 있다. 적어도 그들을 개인으로 간주하고, 그러한 여러 직종에서 노동의 정상공급이 야심 찬 젊은이들에게 보여주는 찬란한 성공의 전망에 좌우된다는 것을 고려하지 않는 한에서는 그렇다.

특정 기업의 소득은 종종 산업의 환경과 기회 또는 국면의 변화에 아주 크게 영향을 받는다. 그러나 다양한 종류의 노동자의 숙련에서 파생되는 소득도 비슷한 영향을 받는다. 아메리카와 오스트레일리아에서 매장량이 풍부한 구리광산의 발견으로 코니시* 광부들의 숙련의 수익능력은, 그들이 고국에 머물러 있는 한, 감소했다. 그리고 새로운 지역에서 매장량이 풍부한 광산의 발견은 이미 그곳으로 이주한 광부들의 숙련의 수익능력을 향상시켰다. 또 연극에 대한 선호의 증가는 배우들의 정상수입을 상승시키고 그들의 숙련의 공급증가를 촉진하는 한편, 이미 연극 관계 직업에 종사하는 사람들의 숙련의 수익능력을 향상시킨다. 그리고 향상된 수익능력의 많은 부분이 개인의 관점에서는 비범한 천부적 자질에서 유래하는 생산자잉여다.[12]

---

* 잉글랜드 남서부에 있는 콘월 주(Cornwall) 사람들.

12) 워커(F. A. Walker) 장군은 한편으로 임금과 다른 한편으로 경영수입을 규정하는 원인을 설명하는 데 탁월한 기여를 했지만, 이윤이 제조품 가격의 일부를 형성하지 않는다고 주장했다(『정치경제학』, 1883, 311쪽). 그리고 그는 자신의 이론을 단기에 국한시키지 않았다. 이미 설명했듯이 단기에는 예외적인 것이든 아니든, 고용주의 것이든 노동자의 것이든 숙련에서 파생되는 소득을 준지대로 간주할 수 있다. 그는 '이윤'이라는 용어를 자의적 의미로 사용하고 있다. 왜냐하면 이윤에서 이자를 완전히 제외시킴으로써 그는 "이윤이 전혀 없는 고용주도" "최종적으로 또는 장기적으로 다른 사람에게 고용되었다면 임금으로 받을 것으로 기대할 수 있었던 금액을"(『정치경제학의 입문강의』*First Lessons in Political Economy*, 1889, 190쪽) 벌어들인다고 가정하기 때문이다. 다시 말해서 '이윤이 전혀 없는 고용주'는 자본에 대한 이자와 더불어, 자신의 재능이 무엇이든 자신과 동일한 재능을 가진 사람들의 정상경영순수입을 획득한다는 것이다. 따라서 워커가 의미하는 이윤은 잉글랜드에서 보통 이윤으로 분류되는 것의 5분의 4를 제외시킨다(이 비율은 잉글랜드보다 아메리카에서는 좀더 작고, 유럽대륙에서는 좀더 클 것이다). 따라서 그의 이론은 고용주의 소득 중에서 비범한 능력이나 행운에 기인하는 부분은 가격에 포함되지 않는다는 것만을 의미하는 것처럼 보일 것이다. 그러나 고용주의 것이든 아니든, 모든 직종에서 실패에 따른 큰 부담뿐만 아니라 성공에 따른 이례적인 보상도 그러한 직종을 찾는 사람들의 수와 그들이 그러한 일에 바치는 활력을 결정하는 데 공헌하며, 따라서 **정상공급가격**에 포함된다. 워커는 자신의 논증

9 다음으로 동일한 업종에 종사하는 다양한 산업계층의 이해의 상호관계를 검토해보자.

이러한 상호관계는 어떤 상품의 생산에 투입된 여러 생산요소들에 대한 수요가 결합수요라는 일반적 사실의 특수한 경우다. 『경제학 원리』 2, 제V편, 제6장에 제공된 이러한 일반적 사실에 대한 예증을 참조할 수 있다. 우리는 거기서 (예컨대) 미장공의 노동공급 변화가 건설업의 다른 부문의 이해관계에 미치는 영향은 일반 대중에게 미치는 영향과 같은 방향이지만 훨씬 더 강하다는 것을 보았다. 주택, 옥양목 또는 다른 상품의 생산에 종사하는 모든 다양한 산업계층의 특화된 자본과 특화된 숙련에서 파생되는 소득은 해당 업종의 전반적 경기에 크게 의존한다는 것이 사실이다. 그리고 이러한 경우에 한해서, 그러한 소득은 단기적으로 업종 전반의 복합소득(composite income) 또는 결합소득(joint income)의 일정한 몫으로 간주될 수 있다. 각 계층의 몫은 내적인 효율성 향상이나 어떤 외적 요인에 의해 집계소득이 증가할 때 상승하는 경향이 있다. 그러나 집계소득이 정체되어 있고, 어떤 계층이 전보다 많은 몫을 차지한다면, 그것은 반드시 다른 계층들의 희생을 동반한다. 이것은 임의의 업종에 종사하는 사람들 전체에 대해 마찬가지다. 그리고 동일한 기업에서 생애의 대부분을 함께 일하며 보낸 사람들에 대해서도, 특수한 의미에서는, 마찬가지다.

10 기업가의 관점에서 볼 때 성공적인 기업의 수입은 첫째로 자신의 능력, 둘째로 그의 공장 및 기타 물적 자본, 셋째로 그의 영업권, 기업조

을, 장기적으로 가장 높은 이윤을 획득하는 가장 유능한 고용주는 대체로 노동자에게 가장 높은 임금을 지불하고 소비자에게 가장 낮은 가격에 판매하는 사람이라는 중요한 사실에 주로 의거했던 것처럼 보인다. 그리고 그는 이 사실을 분명하게 하는 데 많은 기여를 했다. 그러나 가장 높은 임금을 받는 노동자는 대체로 고용주의 생산설비와 재료를 가장 유효하게 활용하고(『경제학 원리』 2, 제VI편, 제3장, 2를 보라), 고용주로 하여금 최고의 이윤을 획득하고 소비자에게 최저 가격으로 판매할 수 있게 해주는 사람이라는 사실은 위의 사실과 마찬가지로 참이고 훨씬 더 중요하다.

직, 영업관계에 대한 수입의 집계다. 그러나 그것은 실제로 이러한 합계보다도 더 크다. 왜냐하면 그의 효율성은 부분적으로 그가 특정 기업에 몸담고 있다는 것에 의존하기 때문이다. 만일 그가 적정 가격에 기업을 매각하고 다른 기업을 운영한다면, 그의 소득은 아마도 크게 감소할 것이다. 그가 기업을 운영할 때 그의 영업관계의 총가치는 **국면가치**(conjuncture value) 또는 **기회가치**(opportunity value)의 두드러진 사례다. 그것은, 비록 운이 기여하는 바가 있을 수 있지만, 주로 능력과 노동의 산물이다. 타인에게 양도 가능한 부분, 그리고 개인이나 대규모 기업연합체에 의해 구매될 수 있는 부분은 반드시 그들의 비용에 포함되어야 한다. 그리고 그것은 어떤 의미에서 **국면비용** 또는 **기회비용**이다.

그러나 고용주의 관점은 기업의 이득 전체를 포함하지 않는다. 왜냐하면 피고용자들에게 귀속되는 다른 부분이 존재하기 때문이다. 실제로 어떤 경우에는 그리고 어떤 목적을 위해서는 기업의 소득 거의 전부가 준지대, 즉 작업에 종사하는 다양한 사물과 사람을 준비하는 비용과는 거의 무관하게 당분간 제품에 대한 시장의 상태에 따라 결정되는 소득으로 간주될 수 있다. 다시 말해 그것은 기업에 종사하는 다양한 사람들 사이에, 관습과 공정개념을 고려해서, 교섭을 통해 분배될 수 있는 **복합준지대**(composite quasi-rent)[13]다. 이러한 결과는 문명의 초기 형태에서 토지로부터 획득되는 생산잉여가 영속적으로 개인이 아니라 경작집단의 처분에 맡겨지게 되는 원인과 상당히 유사한 원인에 의해 야기된 것이다. 기업에서 간부직원은 사람과 사물에 정통해 있으며, 어떤 경우에는 그러한 지식의 활용법을 경쟁사에 높은 가격으로 매도할 수 있다. 그러나 다른 경우에는 그러한 지식이 그가 이미 몸담고 있는 기업이외에서는 아무런 가치가 없는 것일 수도 있다. 그렇다면 그의 퇴사는 어쩌면 기업에게 그의 봉급가치의 몇 배에 달하는 피해를 줄 것이다. 반면에 그는 필경 다른 곳에서는 이전 봉급의 절반도 받지 못할 것이다.[14]

---

13) 『경제학 원리』 2, 제V편, 제10장, 8을 참조하라.

이러한 피고용자들의 지위가 그 용역이 유사한 업종의 어떤 기업에서 거의 동일한 가치를 갖는 다른 피고용자들의 지위와 어떻게 다른지를 아는 것은 중요하다. 후자와 같은 피고용자의 주간 소득은, 이미 설명했듯이, 부분적으로 주간 작업에서 발생한 피로에 대한 보상으로, 또 부분적으로 그의 특화된 숙련과 능력에 대한 준지대로 구성된다. 그리고 경쟁이 완전히 효율적이라고 가정할 때, 이러한 준지대는 현재의 고용주나 다른 고용주가 그 주 동안의 제품에 대한 시장의 상태를 감안해서 그의 용역에 대해 지불할 용의가 있는 가격에 의해 결정된다. 따라서 어떤 종류의 작업에 지불되어야 하는 가격은 해당 업종의 전반적 조건에 따라 결정되기 때문에, 그러한 가격은 그 시점에 해당 기업의 준지대를 확정하기 위해 기업의 총수입에서 공제되어야 하는 직접비의 일부다. 그리고 피고용자들은 그러한 준지대의 증가나 감소와 아무런 관련이 없다. 그러나 실상 경쟁은 완전하게 효율적이지 못하다. 동일한 기계를 사용하는 동일한 작업에 대해 시장 전반에 걸쳐 동일한 가격이 지불되는 경우에도, 기업의 번영은 피고용자의 승진 가능성, 불황 시의 고용유지 가능성 그리고 호황 시의 높은 초과근무 수당 가능성을 증가시킨다.

따라서 거의 모든 기업과 피고용자 사이에는 사실상 일종의 이윤손실 분배제도(profit-and-loss sharing)가 존재한다. 이 제도가 최고로 발전된 형태에서는, 명확한 협약으로 구체화되지는 않았지만, 동일 기업 내

---

14) 어떤 기업이 독특한 특징이 있는 경우에는, 평범한 노동자들이라도 다수가 회사를 떠남으로써 임금의 상당 부분을 상실하게 되며, 동시에 기업에게 심각한 타격을 줄 것이다. 사무주임이 파트너로 참여할 수도 있으며, 피고용자의 임금의 일부가 기업이윤의 배당으로 지불될 수도 있다. 그러나 이러한 일이 이루어지든 이루어지지 않든, 그들의 수입은 경쟁과 대체원리의 직접적인 작용에 의해서라기보다는 노사 간의 교섭에 의해 결정된다. 그리고 그러한 교섭의 결과는 이론적으로는 자의적이다. 그러나 실제로는 그것이 필시 '적당하게 결정하려는' 쌍방의 의욕, 즉 피고용자 각각이 소유하고 있는 능력, 근면 그리고 특별한 훈련에 대응하는 정상적인 수입을 나타내는 보수에 합의하려는 의욕에 의해 규정될 것이다. 물론 기업의 운이 좋고 나쁨에 따라 약간의 가감이 있을 것이다.

에서 함께 일하는 사람들 간의 이해관계의 연대가 마음에서 우러나는 진정한 형제애의 결과물로 인식되는 경우일 것이다. 그러나 그러한 경우는 아주 흔치 않다. 그리고 대체로 노사관계는 이윤분배제도를 채택함으로써 경제적으로뿐만 아니라 도덕적으로도 좀더 고차원적인 단계로 향상된다. 특히 이 제도가 진정한 협동경영의 좀더 고차원적이고 훨씬 더 어려운 수준을 준비하는 하나의 단계로 간주될 때 더욱 그렇다.

만일 어떤 업종에서 고용주들과 피고용자들이 각기 서로 단결하여 조직적으로 행동한다면 임금문제의 해결은 불확정적이다. 그리고 일정 기간의 경비에 대한 수입의 초과분이 노사 간에 분배되는 정확한 몫은 오직 단체교섭을 통해서만 결정된다. 쇠퇴하고 있는 산업을 제외한다면, 임금의 하락이 영속적으로 고용주의 이해관계에 부합하지는 않는다. 그것은 다수의 숙련노동자들을 다른 기업 심지어 숙련에 대한 특별수입을 포기해야 하는 다른 산업으로 몰아낼 것이다. 그리고 임금은 젊은이들을 해당 업종에 유인할 수 있을 만큼 평균적으로 충분히 높아야만 한다. 이것이 임금의 하한을 정하며, 임금의 상한은 자본과 경영능력의 공급과 관련된 상응하는 필요성에 의해 정해진다. 그러나 특정 시점에 이러한 상한과 하한 사이에서 한 점이 정해지는 것은 오직 흥정과 교섭으로만 결정될 수 있다. 그러한 흥정과 교섭은 윤리적이고 신중한 고려에 의해, 특히 업계 내에 공정한 조정기관이 존재한다면 다소나마 완화될 것이다.

실제로 문제는 훨씬 더 복잡하다. 왜냐하면 각각의 피고용자집단은 독자적인 노동조합을 결성해서 그 집단의 이익을 위해 투쟁할 수 있기 때문이다. 고용주들은 완충장치의 역할을 수행한다. 그러나 어떤 집단이 높은 임금을 얻기 위해 파업하면, 그것은 고용주의 이윤을 고갈시킬 뿐만 아니라 그만큼 다른 집단의 임금도 고갈시킨다.

그런데 이 지점은 상인과 제조업자뿐만 아니라 고용주와 피고용자 사이의 연합조직 및 동맹과 그 대항동맹의 원인과 결과를 검토하기에 적당한 장소가 아니다. 그것들은* 그림처럼 생생한 사건과 소설 같은 전환의 연속을 보여줌으로써, 대중의 이목을 집중시키고, 사회제도의 미래의 변화방향을 예고해준다. 그리고 그것들의 중요성은 분명히 크고, 급속하게 커지고 있다. 그러나 그 의의가 과장되기 쉽다. 왜냐하면 실제로 그것들 중 많은 부분이 진보의 수면에 언제나 요동치는 소용돌이에 불과하기 때문이다. 그리고 비록 그것들의 규모는 과거보다 현대에 좀더 크고 위압적일지라도, 지금도 여느 때와 마찬가지로 운동의 본체는 정상분배·교환의 경향을 보여주는 심오하고 고요하면서도 강력한 흐름에 의해 좌우된다. 이러한 경향은 '보이지는 않지만' '보여지는' 에피소드들의 추이를 통제한다. 공적인 기관의 조정과 중재에서도 핵심적인 어려움은 정상 수준을 발견하는 것이다. 공적인 기관의 판단이 이러한 정상 수준에서 너무 밀어지면 스스로 권위를 상실하게 된다.

---

* 연합조직 및 동맹과 그 대항동맹.

제9장 토지의 지대

1 『경제학 원리』 2, 제Ⅴ편에서 논증했듯이 토지의 지대는 유일무이한 현상이 아니라 그저 경제현상의 광범위한 속(屬)의 주요한 종(種)일 뿐이며, 토지의 지대이론은 다른 부분과 분리된 독립적인 경제이론이 아니라 수요·공급에 대한 일반이론의 특수한 계(corollary)의 주요한 적용에 불과할 따름이다. 그리고 인간에게 배분된 자연의 선물에 대한 진정한 지대로부터, 토양의 영속적인 개량에서 파생되는 소득을 거쳐 농장·공장건물 그리고 증기기관과 기타 덜 내구적인 재화들에 의해 창출되는 지대에 이르기까지 연속적인 단계가 있다. 제9장과 다음 장에서는 토지의 순소득을 집중적으로 연구한다. 이 연구는 두 부분으로 나뉘어 있다. 첫 번째 부분은 토지에서 획득되는 순소득 또는 생산자잉여의 총량과 관련이 있으며, 두 번째 부분은 이러한 소득이 토지에 이해관계를 가지고 있는 사람들 사이에 배분되는 방식과 관련이 있다. 전자는 토지보유의 형태와 무관하게 일반적이다. 우리는 여기서 시작할 것이며, 토지의 경작은 토지소유자에 의해 행해진다고 가정한다.

토지는 열과 햇빛 그리고 공기와 비 같은 '내재적'인 소득과 입지우위를 가지고 있다는 점을 상기할 수 있다. 인간은 이러한 내재적인 소득에 큰 영향을 미칠 수 없다. 그리고 입지우위의 대부분은 완전히 인간의 통제밖에 있으며, 나머지 조금은 개별 소유자가 토지에 자본과 노력을 투입함으로써 생기는 직접적 결과다. 이러한 것들이 토지의 주요한 속성이며, 그 공급은 인간의 노력에 좌우되지 않는다. 따라서 노력에 대한 보수가 증가해도 그 공급이 증가하지 않을 것이다. 그리고 그것들에 대한 세금은 언제나 전적으로 소유자에게 귀착될 것이다.[1]

그 반면에 토지의 비옥도를 크게 좌우하는 토양의 화학적 또는 물리적 속성은 인간의 행동으로 개량될 수 있으며, 극단적인 경우에는 완전히 변경될 수 있다. 그러나 비록 전반적으로 시행될 수는 있지만 보통은 서서히 시행되고 서서히 고갈되는 토지개량에서 파생되는 소득에 대한 과세는 단기적으로는 토지개량의 공급, 따라서 그것에서 유래하는 생산물의 공급에 가시적인 영향을 주지는 않을 것이다. 결과적으로 세금은 주로 소유자에게 귀착될 것이다. 여기서 당분간은 차지권보유자도 토지를 저당 삽히는 소유자로 간주된다. 그러나 장기적으로 세금은 토지개량의 공급을 감소시키고, 농산물의 정상공급가격을 상승시키고, 소비자들에게 귀착될 것이다.

2 이제 『경제학 원리』1, 제IV편에서 논했던 농업에서의 수익체감경향에 대한 연구로 돌아가보자. 여전히 토지의 소유자가 경작한다고 가정한다. 그럼으로써 추론은 일반성을 갖게 되고, 토지보유의 특수한 형태에서 발생하는 부수적인 사건들과 독립적일 수 있다.

이미 설명했듯이, 자본과 노동의 연속적인 투입단위에 대한 수익은 비록 초기 2~3단위에 대해서는 체증할 수 있지만, 토지가 이미 충분히 경작되고 있을 때는 체감하기 시작한다. 경작자는 수익이 자신의 경비를 회수하고 자신의 노동을 정확히 보상하기에 충분한 지점까지 추가적인 단위의 자본과 노동을 계속 투입한다. 그것은, 비옥한 토지에 투입되든 척박한 토지에 투입되든, 경작의 한계에 있는 투입단위일 것이다. 한계투입단위에 대한 수익과 동일한 양의 생산물이 기존의 각 투입단위에 대해 요구되며, 그것은 각 투입단위를 보상하기에 충분할 것이다. 총생산물이 이러한 생산물의 양을 초과하는 부분은 그의 생산자잉여다.

경작자는 가능한 최대한 멀리 내다본다. 그러나 아주 멀리까지 내다

---

1) 입지지대에 관한 규칙의 예외에 대해서는 『경제학 원리』2, 제V편, 제11장, 2를 참조하라.

보는 것은 거의 불가능하다. 그리고 일정 시점에 그는 영속적 개량에 기인하는 토양의 비옥함을 당연한 것으로 받아들인다. 또한 토양의 본원적 특성에서 유래하는 소득과 토지개량에서 파생되는 소득(또는 준지대)이 더해져서 그의 생산자잉여 또는 생산자지대를 구성한다. 그 후로 신규투자에서 파생되는 소득만 수입과 이윤으로 나타난다. 그는 이러한 신규투자를 수익성 한계까지 추진한다. 그리고 그의 생산자잉여 또는 생산자지대는 개량된 토지에서 파생되는 총소득이 그의 연간자본과 노동의 신규투입단위들을 보상하기에 필요한 소득을 초과하는 부분이다.

이러한 잉여는 첫째, 토지의 풍요도 둘째, 판매해야 하는 재화들과 구매할 필요가 있는 재화들 사이의 상대가치에 의해 좌우된다. 토지의 풍요도 또는 비옥도는, 이미 설명했듯이, 절대적으로 측정될 수 없다. 왜냐하면 그것은 재배하는 곡물의 성격과 경작방법 및 경작강도에 따라 변하기 때문이다. 동일한 사람이 두 토지에 자본과 노동을 똑같이 투입할 경우에 보리를 재배하면 수확량이 같을지라도, 밀을 재배하면 수확량이 다를 수 있다. 외연적으로 경작하거나 원시적 방법으로 경작할 때는 밀수확량이 같을지라도, 내포적으로 경작하거나 현대적 방법으로 경작할 때는 밀수확량이 다를 수도 있다. 또 다양한 농업용구의 구매가격과 다양한 농산물의 판매가격은 산업환경에 의존한다. 그리고 환경이 변하면 다양한 작물의 상대가치가 변동하고, 입지가 다른 토지의 상대가치도 변한다.

끝으로 경작자는 그가 기획하는 과업 및 시간적·공간적 상황을 감안할 때 정상적인 능력이 있는 것으로 상정된다. 만일 그의 능력이 모자란다면 그의 실제 총산출량은 토지에서 정상적으로 생산되어야 할 산출량에 미치지 못할 것이고, 그는 진정한 생산자잉여보다 적게 획득할 것이다. 반대로 만일 그가 정상적인 수준보다 더 유능하다면, 그는 토지에서 얻는 생산자잉여 외에 비범한 능력에 기인하는 약간의 생산자잉여를 추가로 획득할 것이다.

3 농산물 가치의 상승이 모든 토지, 그러나 특히 수익체감경향이 아

주 미미하게 작용하는 토지에서 획득되는 생산물 단위로 측정한 생산자 잉여를 어떻게 증가시키는지를 이미 제법 상세하게 검토했다.[2] 이미 설명했듯이, 일반적으로 말해서 농산물가치의 상승은 비옥한 토지보다 열등한 토지의 가치를 상대적으로 상승시킨다. 즉, 어떤 사람이 농산물가치의 상승을 예상한다면, 그는 일정액의 자금을 비옥한 토지를 확보하는 데 투자하기보다는 열등한 토지에 투자함으로써 좀더 큰 미래 소득을 기대할 수 있다.[3]

다음으로 생산자잉여의 실질가치, 즉 일반구매력을 단위로 측정한 생산자잉여의 가치는 생산물 단위로 측정한 생산자잉여의 가치에 비해, 동일한 방법으로 측정한 생산물 가치가 상승하는 것과 같은 비율로 상승할 것이다. 즉 생산물 가치의 상승은 생산자잉여의 가치를 이중으로 상승시킬 것이다.

생산물의 '실질가치'라는 용어는 사실 모호하다. 역사적으로 그것은 대부분 소비자 관점에서의 실질가치를 의미하는 것으로 사용되었다. 그러나 이러한 용법은 상당히 위험하다. 왜냐하면 실질가치를 생산자의 관점에서 고려하는 것이 더 좋은 경우가 있기 때문이다. 이 점을 주의한다면 생산물이 구매하는 특정 종류의 노동량을 표현하기 위해서는 '노동가치'(labor-value)라는 용어를, 그리고 일정량의 생산물이 구매하는

---

2) 『경제학 원리』 1, 제IV편, 제3장, 3. 농산물의 가치가 OH'에서 OH로 상승해서 (〈그림-12〉〈그림-13〉〈그림-14〉) 그 결과 상승 이전에 자본과 노동의 1투입단위를 보상하기 위해 필요한 농산물의 양은 OH인 반면, 상승 이후에는 OH'로 충분하다면, 생산자잉여는 수익체감경향이 강하게 작용하는 〈그림-12〉로 대표되는 유형의 토지의 경우에는 약간 증가할 것이며, (〈그림-13〉의) 두 번째 유형의 토지의 경우에는 훨씬 더 크게 증가할 것이며, (〈그림-14〉의) 세 번째 유형의 토지의 경우에 가장 많이 증가할 것이다.

3) 『경제학 원리』 1, 제IV편, 제3장, 4. 수익체감경향의 작용이 비슷하지만, 첫 번째 토지는 비옥하고 두 번째 토지는 척박한 두 토지를 비교하면서(〈그림-16〉〈그림-17〉), 생산물가격이 OH/OH'의 비율로 상승함에 따라 생산자잉여가 AHC에서 $AH'C'$로 증가할 때, 두 번째 경우에 증가비율이 훨씬 큰 것을 우리는 보았다.

필수재, 편의재 그리고 사치재의 양을 표시하기 위해서는 '실질가치'라는 용어를 사용해도 좋을 것이다. 농산물의 노동가치의 상승은 생계수단에 대한 인구압박의 증가를 의미할 수 있다. 그리고 그러한 원인에 기인한 토지에서의 생산자잉여의 증가는 생활수준 저하와 동반하며, 생활수준 저하에 대한 일종의 척도다. 그러나 반면에 농산물의 실질가치의 상승이 농업 이외의 분야에서 생산기술의 진보로 야기되었다면, 그것은 아마도 임금의 구매력 상승을 동반할 것이다.

 4 이 모든 것을 고려할 때 토지에서의 생산자잉여는 중농주의자들이 주장했고, 좀더 완화된 형태로 스미스가 주장했던 것과는 달리 자연의 은혜의 위대함을 입증하는 것이 아님은 자명하다. 그것은 오히려 자연의 은혜의 한도를 입증한다. 그러나 최선의 시장을 기준으로 할 때 입지조건의 불평등은 절대적 생산성의 불평등만큼이나 생산자잉여의 불평등을 낳는 강력한 원인이라는 것을 반드시 기억해야 한다.[4]

---

4) 잉글랜드는 면적이 협소하고 인구가 조밀해서, 급속하게 출하되어야 하는 우유와 채소뿐만 아니라 부피가 큰 건초도 과도한 경비를 발생시키지 않으면서 국가 전역에 출하될 수 있다. 한편 주요작물, 밀, 가축에 대해 경작자는 잉글랜드 어느 곳에 있든 거의 동일한 순가격을 받을 수 있다. 이러한 이유 때문에 잉글랜드의 경제학자들은 농지의 가치를 결정하는 원인들 중에서 비옥도를 가장 중요한 것으로 생각했으며, 입지조건을 부차적인 중요성을 가진 것으로 취급했다. 따라서 그들은 종종 어떤 토지의 생산자잉여 또는 임대가치를 그 토지에서 산출되는 생산물의 양이 경작의 한계에 있을 만큼 척박한 토지에 동일한 자본과 노동을 (동일한 숙련을 가지고) 투입해서 획득되는 생산물의 양을 초과하는 부분으로 간주했다. 두 토지가 반드시 인근에 있어야 한다거나 출하경비의 차이를 개별적으로 감안해야 한다는 것을 명시적으로 언급하는 수고를 들이지 않은 채 말이다. 그러나 이러한 설명방법을 신생국의 경제학자들은 자연스럽게 이해하지 못했다. 신생국에서는 가장 비옥한 토지라도 시장에 출하하기가 곤란하다면 경작되지 않을 수도 있다. 그들은 토지의 가치를 결정하는 데 입지조건을 적어도 비옥도만큼 중요한 것으로 보았다. 그들의 관점에서 경작의 한계에 있는 토지는 시장에서 멀리 떨어진 토지, 특히 충분히 큰 시장으로 통하는 철도에서 멀리 떨어진 토지였다. 그리고 그들에게 생산자잉여는 동일한 노동, 자본, (그리고 숙련)을 투입했을 때, 입지조건이 좋은 토지에서 획득될 수 있는 생산물이 입지조건이 가장 나쁜 토지에서 획득될 수 있는 생산물을 초과하는 부분으로 나타났다. 물론 필요하다면 비옥도의 차이를 감안해야 한다. 이러한 의미

이러한 진리와 그것의 주된 결과들은 이제 대부분 자명해 보이지만, 최초로 그것들을 명시한 학자는 리카도였다. 리카도는 모든 곳에서 거의 무제한적으로 공급되는 자연의 선물을 보유함으로써 잉여를 전혀 획득할 수 없다는 것을, 특히 비옥도와 접근용이성이 동일한 토지의 공급이 무한하다면, 토지에서 잉여는 존재하지 않을 것이라고 논하기를 좋아했다. 그는 이러한 논의를 더욱 밀고 나가서, 모든 토지에 똑같이 적용될 수 있는 경작기술의 개선은(그것은 토지의 자연적 비옥도의 전반적 향상과 동등하다) 집계곡물잉여를 거의 확실하게, 그리고 일정한 인구에 1차생산물을 공급하는 토지에서 획득되는 집계실질잉여를 확실하게 감소시킬 것임을 보여주었다. 리카도는 이러한 경작기술의 개선이 가장 비옥한 토지에 주로 영향을 미친다면 집계잉여를 증가시킬 것이지만, 열등한 등급의 토지에 주로 영향을 미친다면 집계잉여를 아주 크게 감소시킬 것이라는 점도 지적했다.

잉글랜드의 토지에 대한 경작기술의 개선이 토지에서의 집계잉여를 증가시킬 것이라고 인정하는 것은 위의 명제와 전혀 모순되지 않는다. 왜냐하면 그것은, 잉글랜드가 1차생산물을 수입하는 국가들에서 유사한 개선이 동반되지 않는다면 또는 현재의 맥락에서는 같은 말인데 그러한 국가들과 운송수단의 개선이 동반되지 않는다면, 가격을 별로 하락시키지 않고도 생산물을 증가시킬 것이기 때문이다. 그리고 리카도 자신이 말했던 것처럼, 동일한 시장에 공급하는 모든 토지에 동일하게 적용되는 개선은 "인구를 크게 자극하고, 동시에 좀더 적은 노동으로 좀더 열등한 토지를 경작할 수 있게 해줌에 따라, 궁극적으로는 지주들에게 막대한 이익을 준다."[5]

토지의 가치 중에서 자연의 본원적인 은혜에 기인하는 부분과 인간노

에서 미국은 더 이상 신생국으로 간주될 수 없다. 왜냐하면 모든 최상의 토지가 경작되고 있으며, 그중 거의 모두가 저렴한 철도에 의해 좋은 시장에 접근할 수 있기 때문이다.

5) 리카도, 『정치경제학과 과세의 원리』, 제3장의 주.

동의 성과에 기인하는 부분을 구분하려는 시도는 제법 흥미롭다. 토지의 가치 중에서 일부는 국가 전체를 위해 행해진 것으로서 농업이 특별히 경비를 부담할 이유가 없었던 도로 및 기타 개량에서 유래한다. 그것들을 계산에 넣어 리스트(F. List), 케리, 바스티아 등은 토지를 최초의 상태에서 현재 상태로 개조하는 데는 현재의 토지가치를 상회하는 경비가 소요될 것이라고 역설했으며, 따라서 토지의 모든 가치는 인간의 노동에 기인한다고 주장했다. 그들이 제시한 사실에 대해 반론을 가할 수도 있지만, 그러한 사실이 실제로 그들이 주장하는 결론에 직접 필요한 것은 아니다. 그들의 주장에서 필요한 것은, 토지를 최초의 상태에서 현재 상태처럼 농지로서 비옥하고 일반적으로 유용한 상태로 만드는 데 농업 계정에 본래 계상해야 할 경비만을 취하더라도, 그 필요한 경비가 토지의 현재가치를 하회해서는 안 된다는 것이다. 토지의 개혁은 오래전부터 폐용(廢用)된 농업방식에 적합하도록 이루어진 경우가 많다. 그중 일부는 토지의 가치를 증가시키는 것이 아니라 오히려 감소시킨다. 그리고 더 나아가 변화를 일으키기 위한 경비는 반드시 순경비여야 한다. 즉 점진적으로 투입되는 경비에 이자를 더하고, 최초에서 최후까지 개량에 기인하는 추가생산물의 집계가치를 공제해야 한다. 인구가 많은 지방에서는 토지가치가 일반적으로 이러한 경비보다 훨씬 크며, 종종 여러 배 더 크다.

5 지금까지 제9장의 논의는 어떤 형태든지 토지의 사적 소유를 인정하는 모든 토지보유제도에 적용될 수 있다. 왜냐하면 그것은 생산자잉여와 관련이 있기 때문인데, 생산자잉여는 토지소유자가 직접 경작한다면 소유자에게 귀속되지만, 소유자가 직접 경작하지 않는다면 경작사업에 종사하는 기업으로 간주해 소유자 및 차지농에게 귀속된다. 따라서 관습, 법 또는 계약에 따라 경작비용 및 경작의 과실이 각각 어떻게 배분되든, 이러한 논의는 여전히 타당하다. 이러한 논의의 대부분은 도달해 있는 경제발전 단계와도 독립적이다. 그리고 그러한 논의는 생산물이 거의 또는 전혀 시장에 출하되지 않을지라도 그리고 토지 사용에 대

한 대가로 현물이 징수될지라도, 여전히 타당하다.[6]

오늘날 토지이용에 관한 교섭에서 관습과 감정의 중요성이 아주 작고 자유경쟁과 기업열의 중요성이 아주 큰 잉글랜드의 지역에서는, 서서히 형성되고 서서히 소모되는 토지개량을 지주가 직접 제공하고 어느 정도 보수하는 것이 당연하다. 이러한 경우에 지주는 차지농에게 개량된 토지가 수확 및 가격이 정상적인 해에 산출할 것으로 추정되는 생산자잉여 전액을 요구할 것이다. 여기서 생산자잉여는 차지농의 투하자본과 정상이윤을 회수하기에 충분한 정도를 공제해서 추정된다. 이때 차지농은 수확량이 적은 해에는 손실을 입고, 수확량이 많은 해에는 이익을 본다. 이러한 추정에서 차지농은 그러한 종류의 농지를 관리하는 데 정상적인 능력과 기업열을 가진 사람이라고 암묵적으로 가정된다. 따라서 그가 그러한 기준을 능가한다면 이익을 얻을 것이며, 그러한 기준에 미치지 못한다면 손실을 입고 궁극적으로 농장을 떠날 것이다. 다시 말하면 토지에서 파생되는 소득에서 지주가 획득하는 부분은 어느 정도 긴 기간에는 주로 농산물시장에 의해 좌우되며, 경작에 사용되는 다양한 생산요소를 준비하는 비용과는 거의 관계가 없다. 따라서 그것은 지대의 성질을 갖는다. 그리고 그러한 소득에서 차지농이 보유하는 부분은 단기에 대해서도 농산물의 정상가격에 직접 포함되는 이윤으로 간주되어야 한다. 왜냐하면 이러한 이윤을 획득할 것으로 기대되지 않는다면 농산물을 생산하지 않을 것이기 때문이다.

따라서 토지보유에 관한 잉글랜드식 특징이 발전되면 될수록, 차지농

---

6) 페티의 기억할 만한 지대법칙에 관한 명제(『조세공납론』, 제4장, 13)는 모든 형태의 토지보유와 모든 문명단계에 적용할 수 있도록 표현되었다. "어떤 사람이 손수 일정 범위의 토지에 곡물을 경작할 수 있다고 가정해보자. 즉 파고, 갈고, 고르고, 제초하고, 수확하고, 집으로 운반하고, 탈곡하고, 키질할 수 있다고 가정해보자. 게다가 토지에 뿌릴 종자를 가졌다고 가정해보자. 이 사람이 수확물에서 종자뿐만 아니라 스스로 소비하고 의복 및 기타 필수재를 받는 대가로 제공한 부분을 공제했을 때 나머지 곡물은 해당연도에 대해 토지의 본래의 진정한 지대이며, 7년 또는 풍흉의 일순환을 구성할 만큼의 많은 연수의 중위(medium)가 토지에 대한 보통의 곡물지대를 제공한다."

과 지주의 몫 사이의 경계선은 경제이론에서 가장 심원하고 가장 중요한 분할선과 합치한다는 것이 사실에 더욱 근접한다.[7] 어쩌면 이러한 사실이야말로 다른 무엇보다도 19세기 초 잉글랜드 경제이론이 우세하게 된 원인이었을 것이다. 그것은 잉글랜드 경제학자들이 아주 멀리 앞서 나가도록 도움을 주었다. 다른 나라들에서 잉글랜드만큼 많은 지적 노력이 경제연구에 할애되는 현세대에도, 거의 모든 새로운 건설적 아이디어는 과거 잉글랜드의 연구작업에 잠재되어 있던 다른 아이디어들을 발전시킨 것에 불과한 것으로 밝혀졌다.

사실 그 자체는 우연적인 것처럼 보인다. 그러나 그렇지 않았을 것이다. 왜냐하면 이러한 특수한 분할선은 다른 것에 비해 상호간에 상대방을 규제하는 데 마찰이 더 적고, 시간과 노력의 낭비가 더 적기 때문이다. 이른바 잉글랜드식 제도가 지속될 것인지는 의문의 여지가 있을 수 있다. 그것은 아주 큰 단점을 가지고 있으며, 문명의 미래 단계에서는 최선의 제도로 판명되지 않을 수도 있다. 그러나 다른 제도들과 비교해 보면, 이 제도는 잉글랜드가 자유기업의 발달과 관련해서 세계를 위해 선구적 역할을 하는 데 커다란 이점을 제공했다는 것을 알게 될 것이다. 또 잉글랜드는 자유와 활력, 신축성과 역량을 촉진하는 모든 변화를 일찍이 채택할 수밖에 없었으며, 이 점에서도 그 제도는 유리했다.

---

7) 전문적 용어를 사용하면, 그것은 적당한 기간에 대해 생산물의 정상공급가격에 직접 포함되지 않는 준지대와 직접 포함되는 이윤의 차이다.

제10장 토지보유

1 고대에는 그리고 현대에도 일부 후진국에서는 모든 재산권이 명확한 법과 공문서가 아니라 전반적인 비공식적 합의에 의존한다. 이러한 합의가 명확한 조항으로 환원되고 현대적인 실업계의 용어로 표현될 수 있다면, 그것은 일반적으로 다음과 같은 의미가 될 것이다. 토지소유권은 개인이 아니라 회사조직에 귀속된다. 그 회사의 어떤 구성원 또는 일군의 구성원들은 수면파트너인 반면, 다른 구성원 또는 다른 일군의 구성원들은(그것은 가족 전원일 수도 있다) 운영파트너(working partner)다.[1]

수면파트너는 어떤 때는 국가의 통치자이고, 어떤 때는 특정한 공무를 수행하는 개인으로서 일정 지역의 경작자들로부터 통치자에게 납부되어야 할 공과(公課)를 징수하는 의무를 계승한 자다. 그러한 의무는 조용히 시간이 경과함에 따라 다소 명확하고, 다소 절대적인 소유권이 되었다. 만일, 일반적인 경우에 그렇듯이, 그가 국가의 통치자에게 일정한 공과를 납부해야 하는 의무를 유지하고 있다면, 파트너십은 세 구성

---

1) 수면파트너는 마을공동체일 수도 있다. 그러나 최근의 연구, 특히 시봄(F. Seebohm)의 연구(『잉글랜드의 마을공동체』*The English Village Community*, 1882로 판단된다−옮긴이)는 공동체가 종종 토지의 '자유롭고' 궁극적인 소유자가 아니라는 믿을 만한 근거를 제공했다. 잉글랜드의 역사에서 마을공동체가 수행했던 역할과 관련된 논쟁의 요약으로는 애슐리의 『영국경제사 및 학설 서설』, 제1장을 참조하면 된다. 원시적 형태의 토지의 분할 소유권이 어떻게 진보를 저해했는지에 대해서는 「부록 A」 2에서 언급했다.

원을 포함하는 것으로 간주될 수 있고, 그중 두 구성원은 수면파트너다.[2]

수면파트너 또는 그중 하나는 일반적으로 토지경영자(proprietor), 아니면 토지보유자(landholder) 또는 지주(landlord), 심지어 토지소유자(landowner)로 불렸다. 그러나 그가 경작자에게서 수취하는 공과를 자의적으로 증가시키거나 다른 수단으로 경작자를 보유지에서 추방하는 것이 법 또는 거의 법에 필적하는 강제력을 갖는 관습에 의해서 제약을 받는다면, 그것은 올바른 표현이 아니다. 이 경우에 토지소유권은 그에게만 귀속되는 것이 아니라, 그가 단지 수면파트너에 불과한 회사 전체에 귀속된다. 운영파트너가 행하는 지불은 결코 지대가 아니며, 회사의 구성원리에 따라 그가 지불해야 할 의무가 있는 일정액 또는 경우에 따라서는 총수입의 일정 부분이다. 그리고 이러한 지불을 규제하는 관습 또는 법이 고정되어 있고 변경될 수 없는 한, 지대이론이 직접적으로 적용되는 경우는 거의 없다.

2 그러나 실제로는 관습에 의해 정형화되어야 할 지불과 부과금은 거의 언제나 명확한 정의를 내릴 수 없는 요소들을 포함한다. 한편 전통으로 전해오는 그러한 요소들에 대한 설명은 부정확하고 모호한 느낌 속에 체화되어 있거나, 기껏해야 과학적 정밀성을 전혀 시도하지 않은

---

2) 이 회사는 다수의 경작자들에게서 부과금을 징수한 다음, 일정한 몫을 공제한 후에 회사의 사장에게 넘겨주는 중간적 성원을 도입함으로써 좀더 확장될 수 있다. 그는 보통 잉글랜드에서 쓰이는 의미에서의 청부인은 아니다. 그는 하청계약자, 즉 부과금을 징수하는 계약이 종료되면 해고되는 계약자가 아니다. 그는 비록 대표파트너(head partner)에 비해 권한은 작을지라도 대표파트너만큼 실질적인 권리를 가지고 있는 파트너다. 실상은 이것보다 훨씬 더 복잡할 수도 있다. 실제 경작자들과 국가에게서 직접 토지보유권을 받은 자들 사이에는 중간적인 토지보유권자들이 많이 있을 수 있다. 실제 경작자들도 그들의 이해관계의 특성에 따라 크게 달라진다. 어떤 사람들은 고정지대를 지급하고 안정적으로 경작할 수 있는 권리를 가지고 있으며, 어떤 사람들은 미리 정해진 조건 아래서만 인상될 수 있는 지대를 지급하고 안정적으로 경작할 수 있는 권리를 가지고 있으며, 다른 사람들은 1년 단위로 갱신해야 하는 단순한 소작농에 불과하다.

단어들로 표현되어 있다.[3]

　우리는 현대의 잉글랜드에서도 지주와 차지농 사이의 약정에 이러한 모호성의 영향이 남아 있는 것을 간파할 수 있다. 왜냐하면 계속되는 세대에 새로운 사태가 일어나면, 그러한 약정은 관습의 도움을 받아 해석되기 때문이다. 이러한 관습은 언제나 아주 미세하게 변하며, 어떤 면에서는 확대되기도 하고 또 어떤 면에서는 축소되기도 한다. 현대에는 과거보다 관습이 더 급격하게 변한다. 우리는 그러한 변화를 좀더 잘 의식하고 있으며, 관습을 법제화하고, 일반화하는 데 좀더 적극적이다.[4]

　오늘날 상세한 법률제정과 신중하게 작성된 약정에도 불구하고, 지주가 농장건물과 기타 개량시설을 유지·개선하는 데 수시로 투자해야 할 자본의 규모와 관련해 광범위한 불확실성의 여지가 남아 있다. 차지농과의 직접적인 금전관계 못지않게 바로 이러한 문제들과 관련해서 지주의 관대함과 너그러움이 드러난다. 그리고 이 장의 전반적인 논의를 위해 특별히 중요한 것은, 차지농에게 요구되는 실질 순지대의 변경이 화폐지대의 개정을 통해 이루어지는 만큼 지주와 차지농에 의해 부담되는

---

3) 『정치경제학 사전』(*Dictionary of Political Economy*: 매클라우드H. D. Macleod의 『정치경제학 사전』, 1859을 의미하는 것으로 판단된다—옮긴이)에 실린 논문 「법정기록」(Court Rolls)에서 메이틀런드(F. W. Maitland)는 "이러한 자료들이 검토되기 전까지는 중세 소작농의 차지권이 어느 정도 열악했는지 결코 알지 못할 것이다"라고 말했다.

4) 1848년 하원의 퍼시(Pusey)위원회의 보고에 따르면, "다양한 농작업에 대해 토지를 지주에게 반환하는 소작농에게 청구권을 부여하는 상이한 관행이 상이한 주(county)와 자치구(district)에서 장기간 지배적이었다. 이러한 지방의 관행은 〔……〕 약정에 명시적으로 또는 암묵적으로 그것에 대한 부정적인 조항이 없다면 협약이나 약정에 내포된다. 어떤 지방에서는 토지를 지주에게 반환하는 소작농에게 〔……〕 위에서 언급된 것과는 다른 〔……〕 특정 경비를 상환받을 권리를 부여하는 현대적 관행이 생겨났다. 이러한 관행은 대규모 자본지출을 수반하는 개선되고 활기찬 농장경영 체제로부터 싹튼 것처럼 보인다. 〔……〕 이러한 〔새로운〕 관행은 특정 지역에서 일반적으로 받아들여지게 되었으며 궁극적으로 국가의 관습으로 인식되었다." 이러한 관행의 많은 부분이 이제는 법제화되었다. 『경제학 원리』 2, 제VI편, 제10장, 10을 보라.

농장운영비 몫의 재조정을 통해 이루어진다는 것이다. 토지회사와 다수의 대지주는, 농지의 실질임대가치가 변하는데도, 그에 맞게 화폐지대를 개정하려 하지 않고 차지농에게 해마다 경작을 계속하도록 허용한다. 명백한 차지계약을 체결하지 않고, 1874년에 정점에 달했던 농산물 가격 상승기와 그 후의 불황기에도 지대가 명목적으로 불변하는 농장들이 많이 있었다. 그러나 과거에는 지대를 적게 지불한다는 것을 아는 차지농은 배수시설·건물의 신축, 또는 심지어 건물의 수선에 자본을 투입하도록 지주를 압박할 수 없었으며, 유회 및 다른 문제들과 관련해서 그의 비위를 맞추어야만 했다. 반면 현재는 지주가 차지농을 유시하기 위해 약성에 명기되지 않은 많은 일들을 할 것이다. 따라서 화폐지대는 변하지 않는다 할지라도, 실질지대는 변하게 마련이다.

이 사실은 다음의 일반 명제에 대한 중요한 예증을 제공한다. 즉 때로 리카도 이론이라고 불리는 지대에 관한 경제이론은, 내용뿐만 아니라 형식에서도 많은 수정과 제한을 가하지 않는다면, 현대 잉글랜드의 토지보유제도에 적용되지 못한다. 이러한 교정과 제한을 더욱 확장한다면, 동 이론은 어떤 형태로든 토지의 사유가 인정되었던 중세와 동양의 토지보유제도에도 적용될 수 있을 것이다. 차이는 오직 정도의 문제다.

3 그러나 정도의 차이는 아주 크다. 그것은 부분적으로 원시시대와 후진국에서 관습의 지배가 더욱 확고했기 때문이며, 부분적으로 하루살이 곤충이 자신이 쉬고 있는 식물의 성장을 목격할 방법이 없는 것처럼 수명이 짧은 인간이 과학적 역사의 부재 때문에 관습의 완만한 변화를 확인할 방법이 없었기 때문이다. 그러나 주된 이유는 토지보유에 대한 파트너십의 조건이 엄밀한 정의와 측정이 거의 불가능한 용어들로 표현되었다는 것이다.

회사에서 선임파트너(senior partner) 또는 간단히 말해서 지주의 몫은 일반적으로 (농산물의 일정한 몫을 요구할 권리가 있는 경우도 있고 없는 경우도 있다) 일정한 부역과 부과금, 사용료와 예물에 대한 청구권을 포함했으며, 각 명목으로 획득하는 분량은 때와 장소에 따라 그리고 지주에 따라 달랐다. 경작자가 모든 종류의 지불을 제공하고도 자신과 가족의 생계를 유지하기 위한 필수재, 관습에 의해 확립된 편의재와 사치재를 넘어 여분이 남을 때 지주는 어떤 형태로든 지불을 인상하기 위해 우월한 힘을 사용할 것이다. 만일 주된 지불이 농산물의 일정한 몫이라면 그는 그 몫을 높일 수도 있다. 그러나 그것이 폭력적인 인상을 주지 않으면서 성사되는 경우는 거의 없을 것이므로 그는 부차적인 부과의 종류 및 부담을 늘린다거나, 토지를 좀더 내포적으로 경작하고, 좀더 많은 토지를 노동비용은 크고 가치가 높은 작물에 할애하도록 강요하는 방법을 쓰는 경우가 많았을 것이다. 그렇게 변화는 시계의 시침처럼 대부분 순조롭게, 조용히 그리고 거의 무의식중에 진행되었다. 그러나 장기적으로 변화는 아주 철저했다.[5]

관습이 차지농에게 제공했던 보호는 실제로 이러한 부과금에 대해서

---

5) 일정 일수의 소작농의 부역의 가치는 부분적으로 지주의 목초장에 소집되었을 때 자신의 목초장을 떠나는 속도와 작업에 투입하는 에너지에 좌우될 것이다. 그의 권리는 목재와 잔디를 베는 것처럼 신축적이었다. 그리고 비둘기떼가 소작농의 곡물을 평온하게 탐식하는 것을 방치하도록 강요하고, 그의 곡물을 지주의 제분소에 빻도록 강요하며, 지주의 교량이나 시장에 대해 부과되는 이용료를 지불하도록 강요하는 지주의 권리도 마찬가지로 신축적이었다. 또한 소작농이 지불해야만 하는 상납금이나 예물 또는 인도에서 '압왑스'(abwabs: 정부나 지주가 정규적인 세금 이상으로 부과하는 일시적·상황적 세금이나 부과금—옮긴이)로 불리는 것은 규모뿐만 아니라 부과되는 이유에서도 다소간 탄력적이었다. 무갈인(Moguls: 인도에 제국을 세운 몽골사람—옮긴이)의 사회에서, 직접 소작농(tenant in chief)들은 명목적으로 고정된 농산물의 몫과 더불어 이와 같은 수많은 부과금을 지불하는 경우가 많았다. 그들은 이러한 부과금을 늘리고 자신의 새로운 부과금을 추가시켜 하청 소작농들에게 전가했다. 영국정부는 직접 그러한 부과금을 부과하지는 않았지만, 많은 노력에도 불구하고 하청 소작농들을 그것으로부터 보호할 수 없었다. 예를 들어 헌터 경은 오리사주(인도 동부에 있는 주—옮긴이)의 일부 지역에서 소작농들이 관행적인 지대 이외에도 33종류의 상이한 부과금을 지급했다고 보고했다. 그들은 자녀가 결혼할 때마다 제방을 쌓고, 사탕수수를 심고, 주가나트(Juggernaut, Jugannath: 인도 신화에서 비시누Vishnu 신의 제8화신인 크리슈나Krishna 신상—옮긴이) 축제에 참가하기 위한 허락을 받을 때도 세금을 치러야 했다(『오리사』Orissa, 1872, 제1장, 55~59쪽).

도 제법 중요한 의미가 있었다. 왜냐하면 그는 특정 시점에 어떤 요구를 충족시켜야 할 것인지에 대해 언제나 숙지하고 있었기 때문이다. 상하 귀천의 모든 주변 사람들의 도덕관념은 지주가 통상적인 수준으로 알려져 있는 지불, 부과금, 사용료, 상납금을 급격하게 인상시키려는 시도를 억제했다. 그렇게 관습은 변화의 날을 무디게 만들었다.

그렇지만 지대의 모호하고 가변적인 요소들은 일반적으로 전체의 작은 부분에 불과했다는 것도 사실이다. 그리고 화폐지대가 장기간 불변하는 경우가 아주 드물지는 않았으며, 이러한 경우에 차지농은 토지에 대한 일종의 파트너십을 가지고 있었다는 것도 사실이다. 그것은 부분적으로 토지의 진정한 순가치가 상승했을 때라면 지주의 관용 덕택이겠지만, 부분적으로는 관습과 여론의 구속력 때문이기도 했다. 이러한 구속력은 어느 정도 빗방울을 창틀의 하단에 모아두는 힘과 비슷하다. 안정적인 상태가 유지되었다가 창이 격렬하게 흔들릴 때 빗방울은 한꺼번에 떨어진다. 이와 비슷한 방식으로 장기간 잠재되어 있던 지주의 법적 권리는 거대한 경제적 변화의 시기에 때때로 급작스럽게 발휘되었다.[6]

6) 현대의 인도에서는 아주 다양한 토지보유형태가 어떤 때는 동일한 명칭 아래 또 어떤 때는 다른 명칭 아래 병존한다. 어떤 곳에서는 소작농과 상급 보유자가 정부에 일정 부과금을 납부하는 조건으로 토지의 재산권을 분할 보유하고 있다. 소작농은 축출되는 것으로부터 안전할 뿐만 아니라 생산자잉여의 관습상 엄격하게 결정된 몫 이상을 폭력의 위협에 의해 상급 보유자에게 지급하도록 강요받는 것으로부터도 안전하다. 이 경우에 소작농이 행하는 지불은, 이미 언급했듯이, 단순히 회사의 수입 중에서 파트너십의 불문율에 따라 다른 파트너에게 귀속되는 몫을 양도하는 것에 불과하다. 그것은 결코 지대가 아니다. 그러나 이러한 토지보유형태는 최근 대대적인 주민의 이동이 없고, 상급 보유자가 하급 보유자를 압제하는 것을 금지할 만큼 경찰이 충분히 능동적이고 공정한 벵골지방(인도 북동부에 있는 지역으로서 오늘날에는 인도의 서벵골 주와 방글라데시령으로 나뉘어 있다―옮긴이)의 일부 지역에만 존재한다.

인도의 대부분에서는 경작자가 정부와 직접 차지계약을 맺는다. 계약조건은 때때로 수정될 수 있다. 이런 계약의 기초가 되는 원리는, 특히 새롭게 개발하는 북서부와 북동부에서, 연간지불을 토지의 추정 잉여생산물에 맞게 조정하는 것이다. 잉여생산물의 추정은 경작자가 그 지방에 정상적인 수준의 활력과 숙련을 가지고 경작한다는 가정 아래, 그 지방의 관행적 기준에 따라 경작자의 필수재와 약간의 사치재에 상당하는 부분을 수확고에서 공제함으로써 구해진다. 따라서 동일한 지방의 사람 사이에는 지불이 경제적 지대의 성격을 갖는다. 그러나 비옥도는 동일하지만 지역이 다르면, 지불의 차이가 발생한다. 왜냐하면 한 지역에서는 활기찬 경작자가 경작하고, 다른 지역에서는 무기력한 경작자가 경작하기 때문이다. 이런 차이에 대한 지역 간의 조정방법은 지대라기보다는 오히려 조세의 성격을 갖는다. 조세는 실제로 획득된 순소득에 상응해 징수되는 반면, 지대는 정상적인 능력을 가진 개인에 의해 획득될 순소득에 상응해 결정된다. 성공적인 상인은, 똑같이 유리한 부동산에서 동일한 지대를 지불하면서 생활하는 이웃들에 비해 10배의 소득에 대해 10배의 세금을 납부할 것이다.

전쟁, 기근, 역병이 중단된 이래로 잉글랜드의 농촌지역에 찾아온 평온한 안정을 인도는 전 역사에 걸쳐 거의 경험하지 못했다. 광범위한 변동이 항상 진행 중인 것으로 보이는데, 그 이유는 부분적으로는 기근의 재발 때문이며(인도 통계연감이 보여주듯이, 금세기 동안 심각한 기근이 한 번도 엄습하지 않은 지역은 거의 없다), 부분적으로는 연이은 정복자 무리들이 수동적인 주민들에게 파괴적인 전쟁을 강요하기 때문이며, 그리고 부분적으로는 가장 비옥한 토지가 급속히 울창한 정글로 복귀되기 때문이다. 최대의 인구를 부양하던 토지는 주민이 떠나면 가장 빠른 속도로 야생동물, 독사, 그리고 말라리아의 피난처를 제공한다. 그것들은 주민의 귀향을 방해하며, 주민은 정착하기까지 아주 멀리 떠돌아다녀야 한다. 주민이 감소하면, 정부든 개인이든 토지의 관리권 보유자는 다른 곳에서 경작자들을 유인하기 위해 아주 유리한 조건을 제시한다. 이러한 소작농을 위한 경쟁은 주변의 넓은 지역까지 경작자와 상급 보유자 사이의 관계에 아주 큰 영향을 미친다. 따라서 비록 미세하지만 끊임없이 진행되는 관행적 토지보유의 변화에 더해, 거의 모든 장소에서 이전의 관습의 연속성이 붕괴되고 격렬한 경쟁이 군림하는 시기가 많이 존재한다.

중세 잉글랜드에서는 전쟁, 기근 그리고 역병 같은 교란적 힘이 흔히 있었지만, 그 강도는 약했다. 그리고 인도에서 거의 모든 변화의 진행 속도는 한 세대의 평균 길이가 좀더 차가운 풍토의 잉글랜드만큼 길었을 경우보다 더 빠르다. 따라서 평화와 번영은 인도 사람들이 큰 불행에서 좀더 빠르게 회복하는 것을 가능케 한다. 그리고 각 세대가 부친과 조부의 행위로부터 물려받은 전통은 그 기원이 좀더 짧다. 그런데도 사람들은 상대적으로 최근에 형성된 관행을 오래전부터 인정된 것으로 쉽게 믿는다. 변화는 변화로 인식되지 않은 채 빠르게 진행될 수 있다.

인도와 다른 동양 국가들의 토지보유의 현재 조건에 대해 현대적 분석이 적용될 수도 있다. 우리가 검토하고 비교검토할 수 있는 증거들은 비록 검토는 가능하지만 비교검토는 불가능한 중세의 토지보유에 대한 모호하고 단편적인 기록을 이해하는 데 도움을 준다. 물론 현대적 방법을 초기의 조건에 적용하는 데는 큰 위험이 따른다. 그것을 제대로 적용하기보다는 잘못 적용하기가 더 쉽다. 그

4 토지사용을 위해 경작자가 제공하는 지불이 화폐로 이루어져야 하는지 아니면 생산물로 이루어져야 하는지의 문제는 인도뿐만 아니라 잉글랜드에서도 관심이 커지고 있다. 그러나 이 문제를 당분간 무시하고, '잉글랜드식' 임대차제도와 신세계의 이른바 '생산물분할'(shares) 토지보유제도 그리고 구세계의 '분익'소작제[7]('Metayer' system)를 좀더 근본적으로 구분해보자.

라틴유럽의 대부분 지역에서 토지는 보유지로 분할되어 있는데, 그 보유지를 보통은 소작농이 자신과 가족의 노동으로 경작하고 비록 드물지만 가끔은 소수의 피고용 노동자들의 노동을 사용해 경작하며, 시주는 선물과 가축을 제공하고 때로는 농기구까지도 공급한다. 아메리카에서는 소수의 소작지가 있었지만, 그중 3분의 2는 자본과 노동이 생산물의 분배에 참여하는 방식으로 빈곤층 백인이나 해방된 흑인들에게 임대되는 소규모 보유지였다.[8]

러나 초기의 조건에 현대적 분석방법을 전혀 유용하게 적용할 수 없다고 단언하는 것은—가끔 사람들은 그렇게 단언한다—이 책이나 다른 현대적 저작에서 기도하는 분석의 목적, 방법 그리고 결론과 거의 무관한 분석을 염두에 두고 있는 것으로 보인다. 『이코노믹 저널』, 1982년 9월호에 실린 「비판에 대한 답」(A reply)을 보라.

7) 분익소작농이라는 용어는 본래 생산물에 대한 지주의 몫이 절반인 경우에만 적용되지만, 보통 지주의 몫의 대소와 무관하게 이 같은 종류의 모든 제도에 적용된다. 그것은 가축부차지계약제(Stock lease system)와 구별해야 한다. 이 제도는 지주가 적어도 가축의 일부를 제공하지만, 소작농이 스스로 위험을 감수하면서 농장을 자주적으로 운영하고, 지주에게 토지와 가축에 대한 연간 고정 지불을 지급하는 제도다. 중세 잉글랜드에서는 이러한 제도가 많이 이용되었으나 분익소작제도 알려져 있었던 것으로 보인다(로저스, 『6세기에 걸친 노동과 임금』, 제10장을 보라).

8) 1880년 미국의 농장 74퍼센트가 소유자에 의해서 경작되었으며, 18퍼센트 또는 나머지 농장의 3분의 2 이상이 생산물분할 소작으로 경작되었으며, 겨우 8퍼센트가 잉글랜드식 제도를 따랐다. 소유자 이외의 사람들이 경작하는 농장 비율이 가장 큰 곳은 남부제주(Southern States)였다. 어떤 경우에는 토지소유자—그곳에서는 농장주로 불렸다—가 말과 노새뿐만 아니라 사료까지도 공급했다. 그리고 그 경우에 경작자—프랑스에서는 분익소작농이 아니라 종복 우두

이러한 방식은 자기자본이 거의 없는 사람이 다른 어떤 방법보다 더 낮은 비용으로 자본을 사용하고, 피고용 노동자로 있을 때보다 더 많은 자유와 책임을 누릴 수 있게 해준다. 그리고 그것은 협동조합제도, 이윤분배제도, 개수임금제도라는 세 가지 현대적 제도의 이점들을 많이 가지고 있다.[9] 그런데 분익소작농은 피고용 노동자보다는 자유롭지만, 잉글랜드의 차지농만큼은 자유롭지 못하다. 그의 지주는 소작농을 작업시키기 위해 자신 또는 유급 대리인의 시간과 수고를 많이 투입해야 하며, 그것에 대해 큰 금액의 보상을 받아야 한다. 이러한 보상은 비록 다른 명칭으로 통하지만 실제로는 경영수입이다. 왜냐하면 경작자가 토지에 투입하는 자본과 노동의 각 투입단위에 대한 수익의 절반을 지주에게 지불해야 할 때, 어떤 투입단위에 대한 수익이 자신을 보상하기에 충분한 수준의 두 배 이하인 경우에는 그 투입이 경작자에게 이롭지 않을 것이기 때문이다. 그러므로 만일 자신의 선택에 따라 자유롭게 경작할 수 있다면, 그는 잉글랜드 방식에 비해 훨씬 덜 내포적으로 경작할 것이다. 그는 자신을 보상하기에 충분한 수준의 두 배 이상의 수익을 가져다주는 만큼만 자본과 노동을 투입할 것이다. 따라서 그러한 수익에 대해 지주가 받는 몫은 정액지대 방식보다 더 적을 것이다.[10]

머리(Maître Valet)로 불렸다―가 수확량의 일정 몫을 보수로 받는 고용노동자, 예를 들어 어획고의 일부에 상당하는 금액을 지불받는 고용어부와 거의 비슷한 지위에 있었다. 소작농의 몫은 토지가 비옥해서 노동이 적게 필요한 경우에 3분의 1, 많은 노동이 필요하고 지주가 자본을 적게 제공하는 경우에 5분의 4에 이르렀다. 분할계약이 행해지는 수많은 다양한 형태에 대한 연구를 통해 많은 것을 얻을 수 있다.

9) '수익반분'(half-profits)제 아래의 출판사와 저자의 관계는 여러 가지 점에서 지주와 분익소작농의 관계와 유사하다.

10) 이것은 『경제학 원리』 1, 제IV편, 제3장에서 사용되었던 것과 같은 종류의 도표의 도움으로 아주 명백하게 설명될 수 있다. 소작농분할몫곡선(tenant's-share curve)은 OD 위에 AC의 2분의 1(또는 3분의 1 또는 3분의 2) 높이로 그려질 것이다. 이 곡선 아랫부분의 넓이는 소작농의 몫을, 윗부분은 지주의 몫을 나타낼 것이다. OH는 전과 마찬가지로 소작농의 1투입단위를 보상하기 위해 필요한 수익이라면, 그는 자기 생각대로 하도록 내버려둔다면 소작농분할몫곡선

유럽의 많은 지방에서는 소작농이 실질적으로 고정된 토지보유권을 가지고 있으며, 지주의 몫은 잉글랜드보다 적다. 이 경우 지주는 끝없는 간섭을 통해서만 소작농이 농장에 투입하는 노동량을 유지시킬 수 있으며, 농장의 가축을 농장 이외의 작업에 사용하는 것을 억제할 수 있다. 소작농은 농장 이외의 작업의 결실을 지주와 공유하지 않는다.

그러나 가장 정체된 지방에서도, 관습의 요구에 따라 지주가 제공해야 하는 자본의 규모와 종류는 수요·공급 관계의 변화에 맞게 비록 감지할 수는 없지만 끊임없이 조정된다. 그리고 만일 소작농의 토지보유권이 고정되어 있지 않다면, 지주는 각 경우의 특수한 사정에 맞게 소작농이 제공해야 할 자본과 노동의 규모, 자신이 공급해야 할 자본의 규모를 신중하고 자유롭게 결정할 수 있다.[11]

이 HC를 만나는 점 이상으로 경작을 추진하지 않을 것이다. 따라서 지주의 몫은 잉글랜드 방식에 비해 더 낮은 수준의 경작에 대해 수익의 더 적은 비율일 것이다. 이러한 종류의 도표는 토지에서의 생산자잉여를 규정하는 원인들에 대한 리카도의 분석이 잉글랜드식 토지보유제도 이외의 제도에 어떻게 적용되는지를 예시해준다. 약간의 수정을 가하면, 이 도표는 페르시아에서 보이는 것과 같은 관습에 적용될 것이다. 페르시아에서는 토지 자체의 가치가 낮고, "수확물이 i) 토지, ii) 관개용수 등, iii) 종자, iv) 노동, v) 황소의 다섯 부분으로 똑같이 할당된다. 지주는 일반적으로 앞의 두 항목을 소유하며, 따라서 그는 수확물의 5분의 2를 획득한다."

11) 이러한 조치가 아메리카에서 그리고 프랑스의 많은 지방에서 이미 이루어졌다. 그리고 일부 유능한 전문가들은 이러한 조치를 광범위하게 실시할 수 있으며, 얼마 전까지만 해도 쇠퇴하는 것으로 간주되었던 분익소작제에 새로운 생명력을 불어넣어줄 수 있다고 생각한다. 만일 이 방법을 철저하게 시행한다면, 비옥도와 입지조건 및 농장 지원자의 정상적인 능력과 기업열이 동일한 장소에 동액의 자본을 잉글랜드 방식에 투입하는 경우와 비교할 때, 경작은 동일한 수준까지 수행될 것이며, 지주에게 제공되는 소득도 동일할 것이다.
프랑스에서 분익소작제 형태의 다양성에 대해서는 히그스(H. Higgs)와 램블린(R. Lambelin)이 『이코노믹 저널』, 1984년 3월호에 발표한 논문과 르루아 볼리외의 『부의 분배』, 제4장을 보라.
앞의 각주와 동일한 도표를 사용해서 지주가 공급하는 유동자본이 OD상에서 OK만큼의 거리로 표현된다고 하자. 그렇다면 만일 지주가 OK의 양을 자신의 이해관계에 맞게 자유롭게 조정하고, 소작농이 투입하는 노동량에 대해 소작보유지가 아주 작고, 소작농이 가난하고, 지주가 사소한 일에 많은 수고를 들이는 것을 꺼리지 않는 경우에 분익소작제의 이점이 상당하다는 것은 자명하다. 그러나 보유지가 유능하고 책임감 강한 소작농에게 기업열을 발휘할 수 있는 여지를 제공할 정도로 충분히 큰 경우에는 분익소작제는 적당한 제도가 아니다. 그것은 보통 소농제(peasant proprietorship)와 결부되어 있다. 다음으로 소농제를 검토해보자.

5 영세자작농의 지위는 아주 매력적이다. 그는 원하는 것을 마음대로 할 수 있으며, 지주의 간섭을 걱정하지 않는다. 그는 자신의 노동과 자제의 결실을 지주가 거두어들이지 않을까 심려하지도 않는다. 소유자라는 느낌은 그에게 자긍심과 성격의 안정성을 가져다주며, 그의 행동을 신중하고 온화하게 만든다. 그는 결코 빈둥거리는 법이 없으며, 자신의 일을 좀처럼 고역이라고 생각하지 않는다. 그는 토지를 매우 사랑한다.

"소유의 마법은 모래를 금으로 변화시킨다"라고 영(A. Young)은 말했다. 자작농이 특별한 활력을 가진 사람인 경우에는 대부분 의심할 여지없이 그러했다. 그러나 자작농은 영세자작농의 좁은 소망에 지평이 국한되어 있지 않았더라면 아마도 더 잘했을 것이다. 실제로 그림에는 다른 면도 있다. "토지는 노동자를 위한 가장 좋은 저축은행이다"라고 사람들은 말한다. 가끔 그것은 차선의 은행이다. 그러나 진정 최선의 은행은 자신과 자식들의 활력이다. 그리고 영세자작농들은 토지에 너무 열중한 나머지 다른 것을 생각할 여지가 거의 없는 경우가 많다. 그중 가장 부유한 자들도 대부분 자신이나 가족의 식량을 아낀다. 그들은 남

농과 교섭할 수 있다면, 지주는 소작농이 잉글랜드 제도의 경우와 동일하게 토지를 내포적으로 경작하도록 강제하기 위해 자신이 제공하는 자본량을 조절할 것이며, 지주의 몫은 잉글랜드 제도 아래서의 그것과 동일할 것임을 기하학적으로 논증할 수 있다. 만일 그가 OK의 양을 변경시킬 수는 없지만 여전히 소작농의 노동투입량을 조정할 수 있다면, 생산량곡선의 모양에 따라서는, 경작이 잉글랜드 방식 아래서 좀더 내포적일 것이다. 그러나 지주의 몫은 조금 적을 것이다. 이러한 역설적인 결론은 학문적으로 약간의 흥미는 있으나, 실제적으로는 별로 중요하지 않다.

부럽지 않은 주택과 가구를 자랑하지만, 절약하기 위해 부엌에서 생활한다. 그들은 잉글랜드 소작농의 상위계층에 비해 거주는 실제로 더 열악하고 식생활은 훨씬 더 열악하다. 그리고 그중 가장 빈곤한 자들은 아주 긴 시간 동안 열심히 일하지만, 많은 일을 해내지는 못한다. 왜냐하면 그들은 가장 빈곤한 잉글랜드의 노동자들보다 식생활이 더 열악하기 때문이다. 영세자작농들은 부가 오직 행복이라는 실질소득을 위한 수단으로서만 유용하다는 것을 이해하지 못한다. 그들은 수단에 목적을 희생시킨다.[12]

그리고 잉글랜드의 농업노동자들은 잉글랜드 세도의 성공보다는 오히려 실패를 나타낸다는 것을 반드시 상기해야 한다. 좀더 유능하고 모험적인 이웃들이 고국에서 지도적인 지위로 상승하고 좀더 중요하게는 지구 표면의 대부분에 대한 무조건적인 세습지(fee simple)를 획득한 반면, 잉글랜드의 농업노동자들은 연속적인 여러 세대에 걸쳐 그런 기회를 활용하지 못한 사람들의 자손이다. 잉글랜드 사람들을 신세계의 주된 소유자로 만드는 데 기여했던 원인들 중에서 가장 중요한 것은, 영세자작농이 될 만큼 충분히 부유한 사람들로 하여금 일반적으로 소농민의 단조로운 생활과 불충분한 소득에 만족하지 못하게 하는 대담한 기업열이다. 그리고 이러한 기업열의 함양에 기여했던 원인들 중에서 가장 중요한 것은 보잘것없는 재산의 상속을 기다리고, 개인적 선택의 자유로운 실행보다는 재산을 위해 결혼하려는 유혹이 없었다는 점이다. 소농제가 지배적이었던 지방에서는 종종 이러한 유혹이 젊은이들의 활력을

---

12) '영세자작농'이라는 용어는 아주 모호하다. 그것은 검소한 결혼생활을 통해서 여러 세대에 걸친 중노동과 끈기 있는 저축의 성과를 한 사람의 손에 집중시켰던 많은 사람들을 포함한다. 그리고 프랑스에서 그들 가운데 일부는 독일과의 전쟁 직후 정부에 아낌없이 돈을 빌려줄 수 있었다. 그러나 보통 영세자작농의 저축 규모는 아주 작다. 그리고 그중 4분의 3은 토지에 투입할 자본이 부족해서 심각한 고통을 겪고 있다. 그는 모아둔 또는 투자된 약간의 자금을 가지고 있을 수도 있지만, 자금을 많이 가지고 있다고 믿을 만한 충분한 근거는 보이지 않는다.

무력화시켰다.

부분적으로 이러한 유혹의 부재 때문에 아메리카의 '농장주들'은 비록 스스로 자기소유의 토지를 경작하는 노동계층이었음에도 '영세자작농'과 유사하지 않았다. 그들은 자신과 자식의 활력을 증진시키기 위해 소득을 아낌없이 현명하게 투자했으며, 이러한 활력은 그들의 자본의 주요한 부분을 이루었다. 그리고 토지는 일반적으로 거의 가치가 없었다. 그들의 정신은 언제나 적극적이었고, 비록 다수가 농업에 대한 전문지식이 거의 없었음에도, 그들의 예리함과 융통성은 당면과제에 대한 최선의 해결책을 거의 실수 없이 찾아낼 수 있게 해주었다.

이러한 과제는 일반적으로 사용 가능한 풍부한 토지와 비교해서는 비록 적지만, 투입된 노동과 비교해서는 많은 생산물을 획득하는 것이었다. 그러나 토지가 희소가치를 획득하기 시작하고, 대규모 시장에의 근접성으로 인해 내포적 경작이 유리해짐에 따라, 아메리카의 일부 지역에서는 농법과 토지보유가 잉글랜드 모델에 맞게 전환되었다. 그리고 아메리카 원주민들이 동부의 농장을 이미 넘겨주었고, 오래전에 섬유산업을 넘겨주었던 것처럼, 최근 수년 사이에 서부의 농장을 근래 유럽에서 이주해온 사람들에게 넘겨주는 경향의 조짐이 있다.

6 이제 잉글랜드의 토지보유제도로 화제를 돌려보자. 이 제도는 여러 가지 점에서 결함이 있고 조야하다. 그러나 이 제도는 기업열과 활력에 자극을 주었으며, 그것들이 효율적으로 사용되게 해주었다. 이러한 기업열과 활력에 잉글랜드의 지리적 이점과 파괴적 전쟁으로부터의 자유로움이 더해져서 잉글랜드 사람들은 제조업과 식민의 기법에서 세계 제1인자가 되었으며, 정도는 덜하지만 농업에서도 선구적 역할을 했다. 잉글랜드는 농업을 많은 국가들 특히 저지국에서 배웠지만, 전체적으로 외국에서 배운 것보다 외국에 가르친 것이 더 많았다. 그리고 현재는 저지국을 제외하면, 비옥한 토지 1에이커당 산출량에서 잉글랜드에 필적할 수 있는 국가는 없다. 또 유럽의 어떤 국가도 농작업에 투하된 노동으로부터 잉글랜드만큼 높은 수익을 획득하지 못한다.[13)]

잉글랜드 제도의 주된 장점은 지주가 거의 수고를 들이지 않고도 직접 관리할 수 있고, 차지농에게 거의 피해를 주지 않는 부분의 자산에 대해 그리고 오직 그 부분에 대해서만 책임을 질 수 있다는 점이다. 그리고 그러한 부분의 자산에 대한 투자는 기업열과 판단력을 필요로 하지만 부수적인 세부사항에 대한 끊임없는 감독을 요하지는 않는다. 그가 제공하는 부분은 토지, 건물 그리고 영속적인 개량시설이며, 차지농이 제공하는 부분의 평균 다섯 배에 이른다. 그리고 지주는 자본에 대한 순지대가 자본비용의 3퍼센트 이자에도 미치지 못할지라도, 대규모 자본을 들여 농업경영에 자신의 몫을 기꺼이 투입하려 할 것이다. 어떤 사람이 필요한 자본을 그토록 낮은 이자율에 차입할 수 있는 사업은 존재하지 않는다. 또한 이자율 수준과 무관하게 자기자본의 다섯 배에 달하는 자본을 차입할 수 있는 사업도 존재하지 않는다. 실제로 분익소작농은 훨씬 더 큰 부분을 차입할 수 있다고 말할 수 있지만, 차입 이자율은 훨씬 높다.[14]

잉글랜드 제도의 두 번째 장점은 부분적으로 첫 번째 장점에서 파생

---

13) 비록 약간 의문의 여지가 있긴 하지만, 잉글랜드는 저지국보다 비옥한 토지 1에이커당 더 많은 산출물을 획득한 것 같다. 저지국은 다른 어떤 국가보다도 다양한 부문에서 기업의 방법과 관련해 잉글랜드를 선도했다. 그리고 저지국에서 이러한 기업은 인접해 발달한 도시들로부터 전 국토로 보급되었다. 그러나 저지국이 잉글랜드만큼 조밀한 인구를 부양하면서도 대량의 농산물을 순수출했다는 통상적인 견해는 잘못된 것이다. 벨기에는 다량의 식량을 수입했으며, 네덜란드도 비록 비농업 인구는 적었지만 식량의 수출입은 거의 균형을 이루었다. 프랑스에서는 농작물, 심지어 감자의 무게도 평균적으로 잉글랜드 본토에 비해 대략 절반에 불과했다. 그리고 면적 대비 가축과 양의 무게도 잉글랜드의 절반에 불과했다. 반면에 프랑스의 소규모 경작자는 최고의 기후조건과 잘 맞는 가금류, 과일 그리고 경미한 다른 생산부문에서는 탁월했다.

14) 장기적으로 지주는 사업에서 적극적 파트너(active partner)이자 지배적 파트너(predominant partner)로 간주될 수 있지만, 단기적으로 그의 지위는 오히려 수면파트너다. 그의 기업열에 의해 수행되는 역할에 대해서는 아가일 공작의 『사회의 보이지 않는 기초』(*Unseen Foundations of Society*, 1893), 특히 374쪽을 참조하라.

된 것으로서, 이 제도가 지주에게 유능하고 책임감 있는 차지농을 선택할 수 있는 상당히 큰 자유를 제공한다는 것이다. 토지의 소유와 구별되는 의미에서 토지의 관리에 관한 한, 출생신분은 유럽의 다른 국가에 비해 잉글랜드에서 덜 중요하다. 그러나 이미 설명했듯이, 현대 잉글랜드에서도 탄생의 우연은 모든 종류의 사업에서 지도적인 지위, 학문적 직업, 심지어 숙련수공업에 대한 접근 가능성에서 상당히 중요하다. 그리고 잉글랜드의 농업에서는 탄생의 우연이 좀더 중요하다. 왜냐하면 지주의 장단점이 결합해 차지농을 엄밀하게 상업적 원칙에 의거해서 선택하는 것을 억제하기 때문이다. 그리고 지주가 새로운 차지농을 구하기 위해 멀리까지 가는 경우는 흔치 않다.[15]

7 농업기술을 일보 전진시킬 수 있는 기회를 가진 사람들은 아주 많다. 그리고 농업의 상이한 부문 간에 일반적 성격이 서로 다른 정도는 제조업의 경우보다 크지 않기 때문에 농업에서 새로운 아이디어는 빠른 속도로 모방되고, 급속히 보급될 것이라고 기대할 수도 있을 것이다. 그러나 반대로 진보는 더디다. 왜냐하면 가장 진취적인 농부들은 도시로 빠져나가고, 농촌에 잔류한 사람들은 다소 고립된 생활을 영위하기 때문이다. 그리고 자연선택과 교육의 결과로, 그들은 언제나 도회지 사람들에 비해 현실에 안주하려 하고, 새로운 행로를 제시하거나 심지어 좇으려고 하지 않는다. 게다가 제조업자는 동종업종에 종사하는 이웃제조업자에게 성공적이었던 방법을 모방하는 것이 대부분의 경우 안전하지만, 농부는 그렇지 못하다. 왜냐하면 모든 농장은 약간의 고유한 특성을 가지고 있어서, 가까운 곳에서 성공적이었던 방법을 무작정 채택하는 것은 실패할 가능성이 있기 때문이다. 그리고 그러한 실패사례는 다

---

15) 현행의 토지보유제도와 지주의 성향이 결합해 새로운 소규모 보유지의 형성을 저해하는 정도에 대해서는 여전히(1907년) 상당한 견해 차이가 있다. 소규모 보유지는, 장인들이 금속제품 등에 대해서 소매상점과 수선업을 시작하는 것만큼 수월하게, 총명한 노동자에게 자신의 독립적인 사업을 시작할 수 있는 기회를 제공해줄 것이다.

른 농부들에게 전적으로 신용할 수 있는 방식이 최선이라는 믿음을 조장한다.

또 농업은 세부적으로 아주 다양하기 때문에 농업부기를 정확하게 하는 것이 극히 어렵다. 결합생산물과 부산물이 너무 많고 각각의 농작물과 사육방법 사이에 복잡하고 유동적인 채권자·채무자의 관계가 너무 많아서 보통의 농부는, 비록 그가 실제로 부기를 싫어하는 만큼이나 부기를 좋아한다 할지라도, 거의 본능적인 추측이 아니라면 추가농산물의 일정량 증가를 정확히 보상해주는 가격이 얼마인지 확인하기란 극히 어려울 것이다. 그는 그것의 주요비용을 제법 확실하게 알 수도 있지만, 진정한 총비용을 좀처럼 알지 못한다. 이러한 사실은 경험의 가르침을 재빨리 이해하고, 그것을 활용해 진보하는 데서의 어려움을 가중시킨다.[16]

그리고 농업과 제조업은 경쟁의 작용방식에도 차이가 있다. 만일 어떤 제조업자의 기업열이 결여되어 있다면, 그가 비워둔 사업기회를 다른 제조업자들이 차지할 수 있을 것이다. 그러나 어떤 토지소유자가 토

---

16) 이러한 어려움은 소규모 보유지의 경우에 훨씬 더 크다. 왜냐하면 자본제적 차지농은 여하튼 간에 주요비용을 화폐로 측정하기 때문이다. 그러나 직접 자기 손으로 작업을 하는 경작자는, 산출물 대비 노동의 화폐가치를 주의 깊게 평가하지 않은 채, 종종 가능하다고 느끼는 만큼 토지에 자신의 노동을 투입한다.

비록 영세자작농은 더 낮은 보수에도 불구하고 고용된 노동자보다 기꺼이 더 열심히 일한다는 점에서 소기업의 업주와 비슷하지만, 충분한 이익이 있을 때도 종종 추가노동을 고용하지 않는다는 점에서 제조업의 소규모 업주와 다르다. 만일 그와 가족의 노동력이 토지를 경작하기에 충분하지 않다면, 토지는 일반적으로 과소경작될 것이다. 만일 그 반대의 경우라면, 토지는 종종 수지가 맞는 한계 이상으로 경작된다. 일반적으로 말하자면, 주업에서 남는 여유시간을 다른 산업에 제공하는 사람들은 후자에서 얻는 수입을, 그것이 아무리 낮을지라도, 추가적인 이득으로 종종 간주하며, 가끔은 그 산업에 생계를 의존하는 사람들에게 기아임금(starvation wage)에 해당하는 수준 이하에서도 노동한다. 부업이 작은 토지를 불완전한 장비를 가지고 경작하는 것일 때는, 부분적으로는 그것에서 오는 즐거움 때문에, 특히 더 그렇다.

지의 자원을 십분 활용하지 못할 때, 다른 토지소유자들이 공급부족분을 메운다면 수익체감경향이 작동할 수밖에 없다. 따라서 지주의 지혜와 기업열이 결여되어 있다면, 그렇지 않았을 경우보다 (한계)공급가격은 조금 상승할 것이다.[17] 그러나 두 산업의 차이는 단지 정도문제라는 것을 인정해야 한다. 왜냐하면 어떤 제조업 부문의 성장은 그 부문의 지도적인 기업의 능력과 기업열의 감퇴로 현저하게 지체될 수 있기 때문이다. 농업에서 주요한 개량은 스스로 도시민이거나 적어도 도시민들과 교제가 많은 지주 그리고 농업의 보조적 산업에 종사하는 제조업자들에 의해 시행되었다.[18]

8　자연은 일반적으로 일정한 효율성을 가진 노동의 투입이 증가할 때 그 증가율 이하로 수익을 증가시키지만, 인간의 몫은 제조업뿐만 아니라 농업에서도 일반적으로 수익체증의 법칙에 따른다(즉 노동자 수의 증가율 이상으로 집계효율성이 향상된다).[19] 그러나 대규모 생산의 경제는 제조업과 농업의 경우에 아주 유사하지는 않다.

첫째, 농업은 반드시 광범위한 토지 위에 펼쳐져야만 한다. 원료는 제조업자가 작업할 수 있도록 운반될 수 있지만, 농부는 반드시 일터를 찾아가야만 한다. 또 농부는 반드시 작업을 계절에 맞게 조절해야 하며, 좀처럼 한 종류의 작업에 전념할 수 없다. 그 결과 농업은 잉글랜드의 제도 아래서도 제조업 방식과 같은 방향으로 빠르게 움직일 수 없다.

그러나 농업을 그러한 방향으로 밀고 가는 상당한 힘이 존재한다. 발명의 진전은 유용한 그러나 값비싼 기계의 수를 끊임없이 증가시키지만, 그 기계의 대부분에 대해 소규모 농장주는 아주 짧은 기간만 가동시킬 수 있다. 그는 그중 일부를 임대할 수 있지만, 이웃과 공동으로 사용

---

17)『경제학 원리』2, 제VI편, 제2장, 5 그리고 거기에 제공된「참고문헌」을 보라.

18) 프로테로(R. E. Prothero)의『잉글랜드의 농법』(*English Farming*, 1912), 제6장은 변화에 대항하는 장기간의 저항에 대한 몇 가지 사례를 제공하고 있으며, 잉글랜드에서 늦어도 1634년까지는 '쟁기사용을 금하는' 법안이 통과되었어야 했다고 덧붙이고 있다.

19)『경제학 원리』1, 제IV편, 제3장, 5, 6을 보라.

할 수밖에 없는 기계들이 많이 있다. 그러나 기상조건의 불확실성 때문에 공동이용 방법은 아주 원활하게 실시되지 못한다.[20]

또한 농장주는 시대의 흐름에 뒤떨어지지 않기 위해 반드시 자신과 부친의 경험의 결과를 넘어서야만 한다. 그는 농업 관련 과학과 그 응용의 추이를 잘 파악해서 자신의 농장에 실제로 적용할 수 있어야 한다. 이 모든 것을 제대로 수행하기 위해서는 훈련된 정신과 융통성이 필요하다. 그리고 이러한 자질이 있는 농장주는 수백 심지어 수천 에이커의 경영관리에 대한 전체적인 흐름을 지휘할 수 있을 것이다. 세부적인 사항에서 피고용자들의 작업을 단순히 감독하는 일은 그에게 적합한 과업이 아니다. 그가 해야 할 일은 대규모 제조업자의 그것만큼 어렵다. 대규모 제조업자는 직원을 고용해 쉽게 처리할 수 있는 사소한 감독에 기력을 낭비하지 않는다. 이러한 고차원적인 일을 수행할 수 있는 농장주도, 책임감 있는 십장이 통솔하는 노동자집단을 다수 고용하지 않는다면, 자신에게 걸맞지 않는 일에 기력을 낭비할 수밖에 없다. 그러나 이러한 여지를 제공하는 농장은 많지 않으며, 따라서 정말 유능한 사람들이 농업경영에 뛰어들 유인은 아주 적다. 한 국가의 가장 진취적이고 유능한 사람들은 일반적으로 농업을 회피하고 다른 업종으로 향한다. 제1급의 재능을 가진 사람들은 고차원적인 업무에 전념하고, 그러한 업무의 대부분을 수행하면서 높은 경영수입을 획득할 여지가 있는 업종으로 향한다.[21]

---

20) 거의 모든 다른 나라들에 비해 잉글랜드에서는 마력이 증기력뿐만 아니라 근력에 비해서도 상대적으로 비싸다. 잉글랜드는 농업증기기계의 개선과 관련해서 선구적 역할을 했다. 마력이 저렴하다는 것은 일반적으로 소규모 농장에 비해 중규모 농장이 유리하다는 것을 말해준다. 그러나 증기력과 석유 등에 의해 얻어지는 '내연'동력이 저렴하다는 것은, 증기력을 사용하는 농업증기기계가 경제적으로 그리고 편리한 시간에 저렴하게 임대될 수 있는 경우를 제외하면, 대규모 농장이 유리하다는 것을 말해준다.

21) 대규모 농장의 경영실험은 어렵고 경비가 많이 든다. 왜냐하면 그것은 특별히 그것에 적합한 농장건물과 운송통신수단을 필요로 하며, 관습과 정서—이러한 관습과 정서가 전적으로 불건전한 것은 아니다—에서 오는 수많은 저항을

현대적인 방식처럼 농장주가 항상 피고용자들과 함께 작업하지 않으며 직접 출석해서 그들을 격려하지 않는다고 가정한다면, 고도로 특화된 기계의 사용과 농장주의 탁월한 능력발휘를 위한 여지가 제공되도록 농장은 현행의 토지보유제도 아래서 가능한 대형화되는 것이 생산의 경제를 위해 최선인 것처럼 보인다. 그러나 만일 농장이 아주 크지 않다면, 그리고 농장주가 종종 그렇듯이 제조업에 종사하는 높은 등급의 현장 십장에게서 흔히 볼 수 있는 수준 이상의 능력과 정신적 활력이 없다면, 농장주가 그의 피고용자들과 섞여서 작업하는 과거의 방식으로 복귀하는 것이 타인을 위해 그리고 장기적으로는 자신을 위해서도 최선일 것이다. 어쩌면 그의 부인도 전통에 따라 부여된 가벼운 과업을 농장건물 내외에서 행하는 과거의 방식을 따를 것이다. 이러한 과업은 사려와 판단력을 필요로 하며, 교육 및 교양과 모순되지 않는다. 그리고 이와 결합해서 그러한 과업은 그녀의 삶의 격조와 만족스러운 사회적 지위에 대한 그녀의 요구를 저하시키는 것이 아니라 향상시킬 것이다. 난해한 정신노동을 할 능력도 없으면서 육체노동을 꺼리는 농장주들이 자연선택 원리의 엄격한 작용에 의해 구축되고 있다고 생각할 만한 상당한 근거가 있다. 그들의 자리는 현대교육에 힘입어 노동자 등급에서 승진하고 있는, 평균 이상의 천부적 재능을 가진 사람들에 의해 대체되고 있다. 이러한 새로운 사람들은 표준형 농장의 일상적인 작업을 아주 잘 관

극복해야 할 것이기 때문이다. 위험도 아주 클 것이다. 왜냐하면 이러한 경우에 개척자는 종종 실패하기 때문이다. 물론 그들에 의해 잘 닦인 길은 가장 쉬운 최선의 것으로 밝혀질지도 모른다.

개인, 주식회사 또는 협동조합이 이른바 '공장형 농장'(factory farms)에 대해 2~3회의 신중한 실험을 할 때, 많은 쟁점에 대한 우리의 지식은 훨씬 심화되고 미래에 귀중한 지침이 될 것이다. '공장형 농장'에는 도로 심지어 시가철도가 사방으로 뻗어나오는 중심적인 건물들의 집합(이러한 건물집합은 하나 이상일 수도 있다)이 있을 것이다. 이러한 건물들에는 공장경영의 확립된 원리가 적용될 것이다. 기계는 특화되고 합리화될 것이며, 재료의 낭비는 예방될 것이고, 부산물은 활용될 것이다. 그리고 무엇보다도 최선의 숙련과 경영능력이 적소에 배치될 것이다.

리할 수 있으며, 피고용자들에게 농장으로 나가서 일하라고 명령하는 대신 자신이 나가서 일하라고 불러들임으로써 그러한 작업에 새로운 생기와 영감을 불어넣는다. 초대형 농장은 제외하고, 잉글랜드 농업의 미래는 이러한 원리로 운영되는 소규모 농장에 달려 있다. 개별작물에 대해 너무 많은 배려가 필요해서 기계사용이 적당하지 않은 곳에서는 언제나 소규모 토지보유가 크게 유리하다. 그러나 과학적 농법의 현대적 응용이 진전됨에 따라 고급 화훼·과일을 재배하는 대형 농원에서는 소수의 높은 보수를 받는 보조자를 사용함으로써 도달할 수 있는 전문적 숙련의 경제의 중요성이 커진다.

9 다음으로 지주들이 자신의 이해를 위해 보유지의 크기를 어느 정도까지 사람들의 실질적인 필요에 맞게 조절할 것인지 고려해보자. 소규모 보유지는 대규모 보유지에 비해 지주에게 종종 단위 면적당 더 많은 건물, 도로 그리고 울타리 비용을 필요로 하며, 관리하는 데 더 많은 수고와 부수적인 운영비를 수반한다. 어느 정도 비옥한 토지를 가지고 있는 대규모 농장주는 척박한 토지를 잘 활용할 수 있는 반면, 소규모 보유지는 일반적으로 비옥한 토지[22]를 제외하고는 번창하지 못할 것이다. 따라서 소규모 보유지는 대규모 농장에 비해 1에이커당 총지대가 항상 높다. 그러나 특히 토지에 과중한 정지(整地)경비가 소요될 때, 지주는 소규모 보유지에서 경비에 대한 높은 이윤과 보유지들을 다시 결합할 가능성에 대비한 막대한 준비금을 적립할 수 있을 만큼 높은 지대를 기대할 수 없다면, 농장을 세분하는 경비를 투입하지 않으려 할 것이

---

22) 이 용어에 대한 해석은 지역의 조건과 개인의 필요에 따라 달라진다. 도시나 산업지대 근교에 있는 영구 목초지에서는 소규모 보유지의 장점은 극대화되고 단점은 극소화될 것이다. 왜냐하면 소규모의 경작지에 대해서는 토지가 부슬부슬해서는 안 되고 단단해야 하며, 비옥하면 비옥할수록 좋기 때문이다. 삽을 많이 사용해야 하는 좁은 보유지의 경우에 특히 그렇다. 소규모 경작자는 종종 토지가 경사지고 고르지 못한 곳에서 지대를 가장 쉽게 지불할 수 있다. 왜냐하면 그런 곳에서는 기계를 잘 다루지 못하는 데서 오는 손실이 거의 없기 때문이다.

라는 주장이 있다. 따라서 소규모 보유지, 특히 단지 몇 에이커에 불과한 보유지에 대한 지대는 도처에서 엄청나게 높다는 주장이 있다. 가끔은 사회적·정치적 또는 종교적 문제와 관련해서 의견이 일치하지 않은 사람들에게, 지주는 자신의 선입관과 절대적인 권위에 대한 욕망 때문에 토지를 팔거나 임대하는 것을 거절한다. 이러한 종류의 폐해는 언제나 소수의 특별한 지방에 국한되어 있으며, 급격하게 감소하고 있는 것이 확실하다. 그러나 그것은 정당하게 많은 주의를 끈다. 왜냐하면 모든 지방에서 대규모 보유지뿐만 아니라 소규모 보유지, 그리고 대규모 농원뿐만 아니라 소규모 경작 대부지(allotments)에 대한 공중의 수요가 있으며, 일반적으로 다른 직업을 가진 사람들만 경작할 수 있을 만큼 규모가 작은 보유지도 필요하기 때문이다.[23]

그리고 끝으로 소농제는 제도로서 잉글랜드의 경제적 조건, 토양, 기후 그리고 국민의 기질에 적합하지 않다. 그러나 잉글랜드에서도 이러

---

23) 소규모 보유지는 머리와 손을 사용해 야외에서 노동하는 사람들의 수를 증가시킨다. 또한 소규모 보유지는 농업노동자에게 위로 올라갈 수 있는 발판을 제공해주고, 야망을 실현할 수 있는 기회를 찾기 위해 농업을 떠나도록 강요되는 것을 방지해주며, 따라서 가장 유능하고 모험적인 농촌의 청소년들이 도시로 끊임없이 흘러드는 커다란 폐해를 억제해준다. 그것은 생활의 단조로움을 깨뜨리고, 실내생활에서 벗어나는 건전한 변화를 제공해주며, 개인의 생활 속에 성격의 다양성과 공상·상상의 유희를 위한 여지를 제공해준다. 그것은 야비하고 저급한 쾌락에 대한 대항인력을 제공한다. 종종 그것은 상황이 달랐다면 분리되었을 가족이 한데 생활할 수 있게 해준다. 조건이 유리하다면, 그것은 노동자의 물적 조건을 크게 개선시켜준다. 그리고 그것은 노동자의 일상 업무의 불가피한 중단으로 야기되는 초조함뿐만 아니라 실제의 손실을 줄여준다.

『소규모 보유지 위원회에 제시된 증언』(The evidence before the Committee on small holdings, 1906[Cd. 3278])에는 소규모 보유지의 소유에 관한 장·단점이 자세히 논의되고 있지만, 소규모 보유지의 소유에 대한 부정적 견해가 아주 뚜렷하다.

1904년 영국에는 1~5에이커의 보유지가 11만 개 있었고, 5~50에이커의 보유지가 23만 개 있었으며, 50~300에이커의 보유지가 15만 개 있었고, 300에이커 이상의 보유지가 18만 개 있었다. 같은 책, 「부록 II」를 보라.

한 조건에 완전히 만족하는 소수의 영세자작농이 존재한다. 그리고 만일 원하는 장소에서 원하는 만큼만 획득할 수 있다면 작은 농지를 구매해서 그 토지를 자작하는 데 만족하는 사람들도 다소 존재한다. 그들은, 어느 누구도 주인이라고 부를 필요가 없다면, 격렬하게 노동하고 궁하게 사는 것을 개의치 않는 기질이 있다. 그들은 한적한 생활을 좋아하고, 들뜬 삶을 싫어한다. 그들은 토지를 유효하게 활용할 수 있는 큰 능력이 있다. 그러한 사람들에게는 자신의 저축을 소규모 구획된 토지에 투입하고, 자기 손으로 적합한 작물을 경작할 수 있도록 적당한 기회를 제공해야 한다. 그리고 최소한 소규모 구획된 토지의 매매에 대한 현새의 가혹한 세금이 인하되어야 한다.

협동경제는 주로 농업에서 번창하고, 대규모 생산경제와 소규모 자산 소유의 많은 즐거움 및 사회적 이득을 결합할 수 있을 것으로 보일지도 모른다. 그것은 상호신뢰와 신용의 습관을 필요로 한다. 그런데 불행하게도 농촌주민 중에서 가장 용감하고 대담한 따라서 가장 신뢰할 만한 사람들은 언제나 도시로 이주했으며, 남아 있는 농업종사자들은 의심스러운 집단이다. 그러나 덴마크, 이탈리아, 독일 그리고 끝으로 아일랜드는 낙농제품을 처리하고, 버터와 치즈를 만들고, 농업용품을 구매하고 농산물을 판매하는 데 협동조직의 미래에 대해 유망해 보이는 운동을 개시했다. 그리고 영국은 그들의 선례를 따르고 있다. 그러나 이러한 운동은 범위가 제한되어 있으며, 농장에서의 작업에는 거의 이르지 못한다.

협동경영이 모든 토지보유제의 많은 이점들을 결합할 수 있는 것처럼, 아일랜드의 입찰소작농제도(cottier system)는 모든 토지보유제의 단점들을 결합하는 경우가 많았다. 그러나 이 제도의 최악의 폐해와 그 원인은 거의 소멸되었으며, 문제의 경제적 요인은 바로 지금 정치적 요인에 의해 무색해지고 있다. 따라서 우리는 그것을 지나칠 수밖에 없다.[24]

---

24) 잉글랜드의 입법자들이 금세기 전반부 인도와 아일랜드에 잉글랜드식 토지보

10 잉글랜드에서 잉글랜드식 토지보유제도는 국민의 사업방식 및 성격과 합치했기 때문에 제도의 내재적인 어려움이 표면화되지 않았지만, 아일랜드에서 이 제도의 실패는 그러한 어려움을 극명하게 부각시켜주었다. 이러한 어려움 중에서 가장 주요한 것은 제도가 본질적으로 경쟁적인 반면, 농업의 조건이 잉글랜드에서마저도 자유경쟁의 완전한 작용에 강력하게 반발하는 측면이 있다는 사실에서 비롯된다. 우선 첫째로 그러한 작용의 기초가 되는 사실들을 확인하는 데 특수한 어려움이 있다. 이미 지적했듯이, 농업부기를 정확히 유지하는 것은 어려운 일이다. 여기에 반드시 추가되어야 할 것은, 농장주가 지불을 감당할 만한 가치가 있다고 생각되는 지대를 산정할 때, 그 계산이 정상적인 수확과 정상적인 가격수준을 결정하는 데서의 어려움 때문에 더욱 방해를 받는다는 것이다. 풍작과 흉작이 자주 순환적으로 발생하기 때문에 그것들에 대한 신뢰할 만한 평균을 구하기 위해서는 여러 해를 고려할 필요가 있다.[25] 그리고 그동안 산업환경은 크게 변할 수 있다. 지방에서의 수요, 농산물을 원격지 시장에 판매하기 위한 시설, 그리고 경쟁상대들이 원격지로부터 지방의 시장에 농산물을 출하하는 데 도움이 되는 시설 등

유제도를 강제적으로 적용하려고 하면서 범했던 실수와 관련해서, 흔히 사람들은 그 책임의 대부분을 리카도의 지대론 탓으로 돌렸으나, 그러한 견해는 옳지 않다. 이 이론이 취급하는 것은 어느 때든 토지에서 기인하는 **생산잉여**의 크기를 결정하는 원인을 해명하는 것이다. 잉글랜드에서 잉글랜드 사람들을 위해 쓰어진 저서에서, 이러한 잉여를 지주의 몫으로 간주할 때, 그것이 큰 해가 되는 것은 아니다. 잉글랜드의 입법자로 하여금 벵골 지방의 세금 징수원과 아일랜드의 지주에게 경작회사의 전 자산을 스스로 취하는 제도를 제공하게 한 원인은 법제상의 오류이지 경제학상의 오류가 아니었다. 아일랜드의 경우 경작회사는 지주와 소작농의 합작이었고, 벵골의 경우 경작회사는 정부와 다양한 등급의 소작농의 합작이었으며, 세금 징수인은 대부분의 경우에 경작회사의 진정한 구성원이 아니라 공무원에 불과했다. 그러나 현재는 인도 정부뿐만 아니라 아일랜드 정부에서도 좀더 현명하고 공정한 견해가 힘을 얻고 있다.

25) 투크와 뉴마치(W. Newmarch)의 『물가의 역사』, 1857, VI권, 「부록 III」을 참조하라.

이 모두 변할지도 모른다.

지주는 어느 정도의 지대를 수용할 것인지를 결정할 때 이러한 어려움뿐만 아니라 상이한 지방에 따른 차지농의 표준적인 능력 수준의 분산에서 비롯되는 새로운 어려움에도 직면한다. 농장의 생산자잉여 또는 잉글랜드식 지대는 농장의 생산물이 차지농의 정상이윤을 포함해서 농장의 경작경비를 초과하는 부분이다. 이때 차지농의 능력과 기업열은 그 지역에서 그러한 종류의 농장에 대해 정상적이라는 것이 가정된다. 어려움은 이러한 표현들을 광의로 해석해야 하는지 아니면 협의로 해석해야 하는지를 결정하는 것이다.

어떤 차지농이 자기지역의 능력의 기준에 미치지 못하고, 그의 유일한 특기는 그저 지대와 임금을 깎는 것뿐이며, 그의 총생산물은 적고 그의 순생산은 훨씬 더 적다고 해보자. 이러한 경우에 지주는 농장을 유능한 소작농에게 대부함으로써 모든 사람들의 이익을 위해 행동하는 것임은 자명하다. 유능한 소작농이란 좀더 많은 임금을 지불하고, 훨씬 많은 순생산을 획득해서 다소 높은 지대를 지불하는 사람이다. 그 반면, 그 지방의 정상적 능력과 기업열의 기준이 낮은 경우, 그러한 기준에 도달한 차지농이 지불할 수 있는 수준 이상의 지대를 획득하려고 노력하는 것은 윤리적 관점에서 반드시 옳은 것은 아니며, 지주 자신의 사업에 장기적으로 반드시 이익이 되는 것도 아니다. 비록 기준이 좀더 높은 타지역에서 차지농을 수입함으로써 좀더 많은 지대를 획득할 수 있을지라도 말이다.[26]

---

26) 이러한 종류의 어려움은 경험에 의해 정당화되고 '정상적'이라는 용어에 대한 과학적 해석과 합치하는 타협을 통해서 실질적으로 해결된다. 만일 어떤 지방의 소작농이 비범한 능력을 보여준다면, 지주는 외지인을 들여올 것이라고 협박해서, 정상적인 지방차지농이 토지로부터 지불할 수 있는 수준보다 더 높은 지대를 탈취하려고 하는 사람으로 비난받을 수 있을 것이다. 다른 한편 농장에 소작농이 없는 경우, 지역에 좋은 귀감이 되고, 비록 엄밀히 말해서 비범하지는 않을지라도 그 지역의 기준을 뛰어넘는 능력과 숙련에 기인하는 여분의 순잉여를 지주와 동등하게 공유하는 외지인을 들여온다면, 지주는 합리적으로

이 문제와 밀접하게 관련된 것으로서, 성공한다면 사업에 대한 단순한 정상이윤 이상을 유보할 수 있다는 조건으로 차지농이 직접 위험을 부담하고 지력을 개발하는 자유와 관련된 문제가 있다. 미세한 개량에 관한 한, 이러한 어려움은 상당 부분 장기차지계약에 의해 해소된다. 스코틀랜드에서는 장기차지계약이 많이 이루어졌다. 그러나 그것은 나름대로의 단점이 있다. 그리고 사람들이 종종 말하는 것처럼, "잉글랜드의 차지농은 차지계약이 없어도 언제나 계약에 상당하는 무언가를 가지고 있다." 또한 "심지어 철저한 잉글랜드식 토지보유제도에서도 분익소작제의 흔적이 있다." 작황과 시황이 유리할 때, 차지농은 지대를 지불하고 지주가 지대를 인상해야 하지 않을까 생각하게 하는 요구를 삼간다. 반대로 상황이 좋지 않을 때 지주는 동정심이나 사업상의 이유로 일시적으로 지대를 면해주고, 보통은 차지농에게 맡겨두었을 수선 및 기타경비를 부담한다. 그렇게 명목지대의 변화 없이도 지주와 소작농 사이에는 주고받기가 많이 있을 수 있다.[27]

관습에 의해 잉글랜드의 차지농은 언제나 자신이 시행한 개량에 대한 보상을 부분적으로 보장받는다. 그리고 최근에는 법률이 관습을 따라잡았으며, 심지어 그것을 추월했다. 현재 차지농은 자신이 시행한 적절한 토지개량에서 유래하는 산출증가에 대한 지대인상으로부터도 실질적으로 안전하다. 그리고 토지를 지주에게 반환할 때 차지농은 개량의 잔존가치에 대해 보상을 청구할 수 있으며, 그 보상액은 중재재판소에서 결정된다.[28]

행동하는 것으로 이해될 것이다. 『경제학 원리』 2, 368~370쪽의 각주에서 지적했듯이, 활기 있는 종족과 무기력한 종족에 의해 경작되는 동일한 비옥도의 토지와 관련한 인도의 식민관(Settlement Officer)의 취급을 참조하라.

27) 니콜슨, 『소작농의 이익은 지주의 손실이 아니다』(*Tenants' Gain not Landlords' Loss*), 1883, 제10장을 참조하라.

28) 1883년 농지보유법은 퍼시위원회가 적극 지지했지만 법제화를 제안하지는 않았던 관습들을 법제화했다. 지주는 자재를 제공하고 소작농은 노동을 공급해, 쌍방이 경비를 투입해서 실시된 개량사업의 사례가 많이 있다. 다른 경우에는

끝으로 도시에서 공터와 관련된 개인적 · 공공적 이해관계에 대해 약간 언급해도 좋을 것이다. 웨이크필드와 아메리카의 경제학자들은 인구가 적은 새로운 지역이 새로운 이주자가 도래함에 따라 풍요로워진다는 것을 가르쳐주었다. 역으로 인구가 조밀한 지역은 새로운 건물을 추가로 건설하고, 기존의 건물을 증축하는 사람에 의해 빈곤화된다는 것도 사실이다. 공기와 햇빛의 부족, 모든 연령층의 사람들을 위한 평안한 야외휴식과 어린이들의 건강한 놀이 부족은 끊임없이 대도시로 이주하는 잉글랜드 최고 혈통의 활력을 소모시켰다. 공터가 무모하게 개발되는 것을 허용함으로써 우리는 실업적 관점에서 큰 실수를 범하고 있다. 약간의 물적 부를 위해, 우리는 모든 부의 생산요소인 활력을 낭비하고 있다. 단순히 수단에 불과한 물적 부를 위해 목적을 희생하고 있는 것이다.[29]

지주가 개량사업의 유일한 시행자로서 모든 경비와 위험을 부담하고 모든 이익을 획득하는 방법이 최선이다. 1900년의 법률은 이 점을 인정했으며, 부분적으로 운용을 단순하게 하기 위해 소작농이 행한 일부 개량에 대한 보상은 지주의 승인 아래 이루어졌을 때 한해서 청구될 수 있도록 규정했다. 배수시설의 경우에는 지주가 위험을 스스로 부담하고 발생하는 편익의 일정 몫을 획득할 수 있는 기회를 가질 수 있도록, 소작농의 요청이 반드시 지주에게 고지되어야 한다. 비료를 주거나, 어떤 종류의 수선사업 등과 관련해서는, 조정관이 소작농의 경비를 보상 대상으로 간주하지 않을 것이라는 위험을 감수하기만 한다면 소작농이 지주와 상담하지 않고 실시할 수도 있다.

1900년의 법률에서 조정관은 "새로운 소작농에게 개량의 가치를 공정하게 보여줄 수 있게" 그러한 보상을 지주에게 할당하도록 규정했다. 이 경우 잠재적인 '토양의 내재적인 힘'을 일깨우는 데서 기인하는 부분을 공제하고 보상액을 결정했다. 그러나 이러한 공제조항은 1906년의 법에서는 개정되었다. 개정의 이유는, 어떤 잠재적인 지력이 일깨워질 수 있는 경우들 중 일부에 대해서는 지주의 승인을 필요로 하는 조항에 의해, 그리고 나머지 부분에 대해서는 스스로 위험을 감수할 기회를 제공함으로써 지주의 이해관계가 충분히 보장되는 것으로 간주되었기 때문이다.

29) 이 문제는 「부록 G」에서 추가로 논의된다.

제11장 분배에 대한 개관

1 이제 전술한 10개 장의 논의를 요약해볼 수 있다. 그것은 당면한 문제에 대한 완전한 해답이 되기에는 크게 부족하다. 왜냐하면 이 문제는 해외무역, 신용과 고용의 변동 그리고 여러 형태의 협동적·집단적 영향과 관련된 문제들을 포함하고 있기 때문이다. 그러나 그것은 분배와 교환을 규정하는 가장 기본적이고 영속적인 영향력의 광범위한 작용에까지 미치고 있다. 제V편 말미의 요약에서는 생산비가 가치에 직접적인 영향을 주지 못할 만큼 짧은 기간부터, 생산장비의 공급이 그것에 의해 생산되는 상품의 직접수요에서 파생되는 그 장비에 대한 간접적인 수요에 적합하게 조정될 수 있을 만큼 긴 기간에 이르기까지, 다양한 기간과 관련된 수요와 공급의 균형의 일반이론의 적용을 관통하고 서로 연결해주는 연속적인 맥락을 추적했다. 제VI편은 다양한 기간들을 연결해주는 맥락에 대해 횡으로 펼쳐져 있는 또 다른 연속적인 맥락과 관련이 있다. 그것은 다양한 물적·인적 생산요소와 장비를 서로 연결해주며, 외적 현상의 중요한 차이에도 불구하고 그것들 사이에 기본적인 통일성을 정립해준다.

첫째, 임금과 기타 노동의 수입은 자본에 대한 이자와 공통점이 많다. 왜냐하면 물적 자본과 인적 자본의 공급가격을 규정하는 원인은 일반적인 대응관계가 있기 때문이다. 어떤 사람이 자식의 교육 속에 인적 자본을 축적하도록 유인하는 동기는 자식을 위한 물적 자본의 축적을 통제하는 동기와 유사하다. 자식에게 건실하고 확고히 자리 잡은 제조업체나 유통업체를 물려주기 위해 노동하고 기다리는 부친으로부터 자식이 서서히 철저하게 의학교육을 습득하는 동안 자식을 양육하고, 궁극적으로 자식을 위해 벌이가 잘되는 개업장소를 사주기 위해 노동하고 기다리는 부친에 이르기까지 연속적인 스펙트럼이 존재한다. 또한 후자로부터 자식이 장기간 학교교육을 받고, 졸업 후 미래에 대한 전망이 없기 때문에 젊은이에게는 상대적으로 높은 임금을 제공하는 사환과 같은 직업을 얻어 일찍이 스스로를 부양하도록 강요하는 대신 직업적 숙련을 습득하는 데 일정 기간 거의 무급으로 일할 수 있도록 하기 위해 노동하고 기다리는 부친에 이르기까지 마찬가지로 연속적인 스펙트럼이 존재한다.

현재의 사회구성 상태에서 젊은이의 재능 같은 인적 자본을 개발하는 데 많은 자본을 투자할 가능성이 큰 사람은 오직 부모밖에 없다는 것은 사실이다. 또한 그러한 재능을 개발할 수 있는 지위에 있는 부모가 그것의 개발에 특별한 관심을 가지고 있지 않기 때문에 수많은 제1급의 재능이 영영 개발되지 않는다는 것도 사실이다. 이러한 사실은 실제로 아주 중요한데, 그 효과가 누적적이기 때문이다. 그러나 그것은 물적 생산요소와 인적 생산요소 사이에 근본적 차이를 낳지는 않는다. 그것은 많은 좋은 토지가 그것을 제대로 경작할 수 있는 사람들이 접근하지 못해서 제대로 경작되지 않는다는 사실과 유사하다.

또한 인간은 서서히 성장해서 서서히 노쇠하고, 부모는 자식들을 위해 직업을 선택할 때 대체로 한 세대 전체를 내다보아야 하기 때문에 인적 요소의 경우에는 대다수의 생산의 물적 장비에 비해 수요의 변화가 공급에 완전하게 영향을 미치는 데는 더 긴 시간이 필요하다. 그리고 노동의 경우에는 수요와 공급의 정상적 조정을 야기하는 경제적 힘이 완전하게 작용하기 위해서는 특별히 긴 시간이 필요하다. 그러나 장기에는, 전체적으로 볼 때, 어떤 종류의 노동의 고용주에 대한 **화폐**비용이 그 노동을 생산하는 **실질비용**과 상당히 잘 일치한다.[1]

---

1) 『경제학 원리』 1, 제IV편, 제5장, 제6장, 제7장, 제12장; 『경제학 원리』 2, 제VI편, 제4장, 제5장, 제7장을 참조하라.

2 인적 생산요소와 물적 생산요소의 효율성은 서로 비교평가되며, 그것들의 화폐비용과 대비된다. 그리고 각 요소는 화폐비용 대비 다른 요소보다 더 효율적인 한 계속 사용된다. 기업체의 주된 기능은 이렇게 위대한 대체원리의 자유로운 작용을 용이하게 하는 것이다. 일반적으로 공익을 위해서, 그러나 가끔은 그것에 반해서, 기업가는 끊임없이 기계의 용역, 노동의 용역, 비숙련노동과 숙련노동의 용역, 그리고 추가적인 십장과 경영자의 용역을 비교한다. 기업가는 상이한 생산요소의 사용을 포함하는 새로운 배합을 끊임없이 고안하고 실험하며, 가장 수익성 있는 배합을 선별한다.[2]

따라서 비용과 대비해서 거의 모든 종류의 노동의 효율성은 계속적으로 생산의 한 부문 또는 여러 부문에서 다른 종류의 노동과 비교평가되며, 후자의 각 종류의 노동은 다시 다른 종류의 노동과 비교평가된다. 이러한 경쟁은 주로 '수직적'이다. 그것은 상이한 등급에 속하지만 동일한 생산부문에 종사하는 노동, 말하자면 동일한 수직벽 사이에 둘러싸인 노동집단 사이의 고용의 장을 위한 생존경쟁이다. 그러나 동시에 '수평적' 경쟁이 좀더 단순한 방식으로 항상 작동하고 있다. 왜냐하면 첫째, 동일 업종 내부에서 성인노동의 기업 간 이동의 자유가 크게 존재하며 둘째, 부모는 일반적으로 자신이 속한 업종과 등급이 거의 비슷한 인근의 거의 모든 업종으로 자식들을 소개할 수 있기 때문이다. 이러한 수직적 경쟁과 수평적 경쟁의 결합을 통해, 어떤 등급의 노동자는 현재까지도 대부분 동일한 등급의 노동자의 자식들로 충원된다는 사실에도 불구하고, 상이한 등급의 노동의 용역에 대한 효과적이고도 밀접하게 조정된 급여의 대응관계가 존재한다.[3]

그렇게 대체원리의 작동은 주로 간접적이다. 유체(fluid)를 담고 있는 두 탱크를 관으로 연결할 때, 수위가 높은 탱크에서 관 부근에 있는 유체는 약간의 점성이 있을지라도 다른 탱크로 흘러 들어갈 것이다. 그렇

---

2) 『경제학 원리』 2, 제V편, 제3장, 3; 제VI편, 제7장, 2를 참조하라.
3) 『경제학 원리』 1, 제IV편, 제6장, 7; 『경제학 원리』 2, 제VI편, 제5장, 2를 참조.

게 더 이상의 유체흐름이 없을지라도, 두 탱크의 평균 수위는 같아지는 경향이 있을 것이다. 그리고 만일 여러 개의 탱크가 관들로 연결된다면, 비록 어떤 탱크는 다른 탱크와 직접 연결되지는 않을지라도, 모든 탱크의 수위는 동일한 수준에 이르는 경향이 있을 것이다. 그리고 이와 비슷하게 대체원리는 끊임없이 간접적 경로를 통해서 서로 직접적인 접촉이 없고 일견에는 서로 경쟁할 방법이 없을 것으로 보이는 업종 간 그리고 심지어 등급 간에 수입을 효율성에 비례하도록 할당하는 경향이 있다.

3 비숙련노동자로부터 숙련노동자, 십장, 부서장, 부분적으로 이윤의 일부로 보수를 받는 대기업의 전무, 대규모 개인기업의 보조파트너 (junior partner) 그리고 끝으로 대표파트너로 상승할 때 연속성의 단절은 없다. 그리고 주식회사에서는 이사로부터 기업의 주요한 궁극적인 위험을 부담하는 보통 주주로 이동할 때는 심지어 점강적(漸降的, anti-climax) 요소마저도 있다. 그럼에도 기업가들은 어느 정도 특별한 계층이다.

왜냐하면 하나의 생산요소와 다른 생산요소를 비교평가할 때 대체원리는 기업가들의 의식적인 매개를 통해 주로 작용하지만, 기업가들 자신과 관련해서 대체원리는 그들 간의 경쟁의 간접적인 영향 이외에는 다른 매개를 갖지 못하기 때문이다. 그래서 그것은 맹목적으로, 더 정확하게 말하자면 소모적으로 작동한다. 그것은 초기에 혜택을 받았더라면 탁월한 성과를 낼지도 모르는 많은 기업가들을 탈락시킨다. 그리고 수익체증경향과 결합할 때, 그것은 강자를 더욱 강하게 하고, 부분적인 독점의 지위를 획득한 자들에게 약자의 기업을 병합시킨다.

그러나 다른 한편 기존의 독점을 해체하고, 또 자기자본이 거의 없는 사람들에게 새로운 사업을 일으키고, 대규모 주식회사나 개인회사의 지휘직으로 승진할 수 있는 가능성을 열어주는 힘의 지속적인 확대도 존재한다. 그리고 이러한 힘은 경영능력이 있는 자들에게 그 능력을 발휘하는 데 필요한 자본을 이용할 수 있는 길을 열어준다.

전체적으로 기업경영업무는 능률적으로 수행된다. 그러나 인간들의 집단적 본능, 의무감, 공공정신이 좀더 충분히 발전되고, 사회가 하위계층 출신 사람들의 잠재적 자질을 개발하고 사업비밀을 줄이기 위해 힘쓰고, 좀더 소모적인 투기와 경쟁의 형태가 억제된다면, 미래에는 그 효율성이 실제로 더욱 향상될 것이다. 그러나 현재에도 기업경영업무는 그것에 대한 보수 이상으로 생산을 증가시킬 만큼 충분히 효율적으로 수행된다. 왜냐하면 사업가는 숙련장인과 마찬가지로 사회가 필요로 하는 용역을 제공하는데, 만일 그가 그러한 용역을 제공하기 위해 거기에 없었더라면, 그러한 용역은 좀더 높은 비용으로 수행되었을 것이기 때문이다.

한편으로 보통 능력의 정상적 보수를 결정하는 원인과 자본을 이용하는 경영능력의 정상적 보수를 결정하는 원인에는 유사성이 있지만, 실제 수입의 변동은 유사하지 않다. 왜냐하면 고용주는 재화 구매자와 재화를 제작하는 데 사용되는 각종 노동 사이에 완충장치 역할을 하기 때문이다. 고용주는 재화의 가격을 수취하고, 각종 노동의 대가를 지불한다. 그의 이윤의 변동은 판매하는 재화들의 가격변동과 동행하지만, 변동폭은 더 크다. 반면에 피고용자들의 임금의 변동은 후행(後行)하고, 변동폭은 더 작다. 특정 시점에 그의 자본과 경영능력의 수입은 어떤 때는 아주 크고, 어떤 때는 부(-)다. 반면에 피고용자들의 능력에 대한 수입은 결코 아주 크지 않으며, 부(-)가 아니다. 임금수령자는 실직하면 크게 고통을 받을 것이다. 그러나 그것은 그가 임금수령자이기 때문이 아니라 예비금이 없기 때문이다.[4]

어떤 사람의 소득에서 비범한 천부적 재능에 유래하는 부분은 그에게 무상의 혜택이며, 추상적 관점에서는 토지의 내재적 속성 같은 자연의 선물에 대한 지대와 어느 정도 유사하다. 그러나 정상가격과 관련해서 그것은 오히려 어떤 이주민이 무상으로 확보한 새로운 토지의 경작으로 획득하는 이윤이나 진주조개를 채취하는 잠수부의 채취물 같은 종류의

---

4) 『경제학 원리』 2, 제V편, 제2장, 3; 제VI편, 제4장, 6과 제8장 7~9를 참조하라.

것으로 분류되어야 한다. 어떤 이주민의 구획된 토지는 기대 이상의 수확을 가져다주는 반면, 다른 이주민의 구획된 토지는 기대 이하의 수확을 가져다준다. 진주조개를 채취하는 잠수부가 한 차례 잠수로 많은 진주조개를 발견하는 것은 결실이 없는 여러 차례의 잠수를 보상한다. 그리고 어떤 법정변호사, 기술자 또는 상인이 천부적인 자질로 획득한 높은 소득은 많은 다른 사람들의 상대적 실패와 더불어 고려되어야 한다. 그들도 젊었을 때 그에 못지않게 유망했고, 비용이 드는 교육을 받았으며, 좋은 조건에서 사회생활을 시작했지만, 그들의 생산에 대한 공헌은 비용을 감안할 때 그의 공헌에 미치지 못하는 것이다. 가장 유능한 기업가들은 일반적으로 가장 높은 이윤을 획득하며, 동시에 가장 저렴하게 과업을 완수하는 사람들이다. 그리고 만일 사회가 그들의 과업을 좀더 저렴하게 수행하려는 열등한 사람들에게 맡긴다면 그것은 낭비일 것이다. 그것은 고가의 다이아몬드를 저임금의 비숙련 금속세공사에게 맡기는 것과 마찬가지다.

4 제VI편, 제2장의 관점으로 되돌아가서, 다양한 생산요소들의 이중적 관계를 상기해보자. 한편으로 그것들은 종종 고용을 위한 경쟁상대다. 어떤 생산요소가 다른 생산요소보다 비용대비 더 효율적이라면 전자는 후자를 대체하는 경향이 있으며, 그렇게 후자의 수요가격을 제한한다. 그리고 다른 한편으로 그것들은 모두 서로를 위한 고용의 장을 형성한다. 다른 생산요소들에 의해 제공되지 않는다면, 임의의 생산요소에 대한 고용의 장은 존재하지 않는다. 국민배당은 모든 생산요소들의 결합생산물이며, 각 요소의 공급과 함께 증가한다. 국민배당은 각 요소의 수요의 유일한 원천이기도 하다.

그러므로 물적 자본의 증가는 새로운 용도로 물적 자본의 투입을 조장하는 원인이다. 그렇게 함으로써 그것은 때때로 몇몇 업종에서 육체노동에 대한 고용의 장을 축소시키지만, 전체적으로는 육체노동 및 기타 모든 생산요소들에 대한 수요를 크게 증가시킬 것이다. 왜냐하면 그것은 모든 생산요소에 대한 공통적인 수요의 원천인 국민배당을 크게 증가시킬 것이기 때문이다. 그리고 고용을 위한 물적 자본의 경쟁이 심화되기 때문에 그것은 이자율을 떨어뜨릴 것이다. 따라서 자본과 노동의 1투입단위의 결합생산물은 이제 과거보다 노동에 더 유리하게 분배될 것이다.

이러한 신규 노동수요는 부분적으로 지금까지는 수지를 맞출 수 없었던 새로운 사업의 개척이라는 형태를 띤다. 한편 좀더 비용이 많이 드는 새로운 기계가 제작되기 시작하면, 신규노동수요가 발생할 것이다. 왜냐하면 기계가 노동을 대체한다고 말할 때, 그것은 좀더 긴 기다림과 결합된 어떤 유형의 노동이 좀더 짧은 기다림과 결합된 다른 유형의 노동을 대체한다는 것을 의미하기 때문이다. 그리고 이러한 이유만으로도 실제 국지적으로 다른 장소로부터 자본을 끌어들이는 경우를 제외하면, 자본이 노동 전반을 대체하는 것은 불가능할 것이다.

그러나 자본의 증가가 노동에 제공하는 주요한 혜택은 새로운 고용 창출에 의한 것이 아니라 토지, 노동, 자본(또는 토지, 노동, 기다림)의 결합생산물의 증가와 일정량의 자본(또는 기다림)이 보수로 청구할 수 있는 결합생산물의 몫의 감소에 따른 것이다.

5 어떤 산업집단의 작업량의 공급변화가 다른 종류의 노동에 대한 고용의 장에 미치는 영향을 논의할 때, 작업량의 증가가 그 집단에 속한 노동자 수의 증가에서 기인하는지 아니면 효율성 향상에서 기인하는지의 문제가 제기될 필요는 없다. 왜냐하면 이러한 구분은 다른 노동자와 직접적인 관계가 없기 때문이다. 어떤 경우든 국민배당은 동일하게 증가한다. 어떤 경우든 경쟁은 동일한 정도로 그 집단의 노동용역을 한계효용이 더 낮은 용도로 몰아갈 것이며, 동일한 정도로 특정 종류의 일정한 작업량에 대한 보수로 청구할 수 있는 결합생산물의 몫을 축소시킬 것이다.

그러나 이러한 구분은 그 집단의 구성원에게는 아주 중요하다. 왜냐하면 평균효율성이 10분의 1 향상되면, 효율성 변화 없이 인원수가 10분의 1 증가하는 경우에 비해 11명분의 소득을 10명의 구성원이 획득

할 것이기 때문이다.[5]

각 노동자집단의 임금이 다른 노동자집단의 수나 효율성에 의해 좌우되는 이러한 의존관계는 경쟁의 영향 하에 어떤 개인의 임금이 끊임없이 수렴하게 되는 순생산을 규정하는 데서 환경(또는 국면)이 적어도 그 자신의 활력과 능력만큼의 역할을 수행한다는 일반적인 법칙의 특수한 경우다.

어떤 노동자집단의 정상임금이 수렴하게 되는 순생산은, 반드시 산출물이 오직 정상이윤만을 획득할 수 있는 가격으로 출하되는 한계까지 생산이 진행된다는 가정 아래서 추정되어야 한다. 그리고 그것은 반드시 정상적인 효율성을 가진 노동자를 근거로 추정되어야 한다. 여기서 그의 추가생산물은 정상적인 능력, 행운, 자원을 가진 고용주에게 오직 정상적인 이윤만을 보상해준다(정상적인 수준 이상 또는 이하의 효율성을 가진 노동자의 정상임금을 구하기 위해서는 반드시 이러한 순생산에 얼마간 추가하거나 공제해야 한다). 선택된 시기는 반드시 경기가 정상적이고, 다양한 종류의 노동공급의 비율이 적정한 시기라야 한다. 예를 들어 만일 건설업이 이례적으로 불황이거나 이례적으로 호황이라면 또는 다른 종류의 건설관계 직공들의 공급은 과잉인 데 반해 벽돌공이나 목수의 공급부족으로 건설업무의 발전이 제약받는다면, 이러한 시기는 벽돌공이나 목수의 정상임금과 순생산의 관계를 추정하기 위한 적절한 기회를 제공하지 못한다.[6]

---

5) 예를 들어 그 집단의 작업량 공급이 10분의 1 증가하면 그들은 한계효용이 낮은 작업을 강요받을 것이며, 일정한 작업량에 대해 그들의 임금은 30분의 1 감소할 것이다. 따라서 만일 이러한 변화가 그들의 수의 증가에서 기인한 것이라면 그들의 평균임금은 30분의 1 감소할 것이다. 그러나 그러한 변화가 그들의 효율성 향상에서 유래한 것이라면 그들의 임금은 대략 16분의 1 상승할 것이다 (좀더 정확하게 그들의 임금은 과거 수준의 $\frac{11}{10} \times \frac{29}{30} = 1\frac{19}{300}$ 일 것이다).

6) 임금과 노동의 한계순생산액과의 관계에 대해서는 『경제학 원리』 2, 제Ⅵ편, 제1장과 제2장, 특히 『경제학 원리』 2, 228~230쪽과 252~255쪽을 참조하라. 이 문제는 제Ⅵ편, 제13장, 특히 439쪽 주 12)에서 좀더 논의된다. 진실로 대표적인 한계를 구할 필요에 대해서는 『경제학 원리』 2, 제Ⅴ편, 제8장, 4, 5를 참조하

라. 거기서 설명한 바에 따르면(『경제학 원리』 2, 109쪽 주 9)), 그러한 한계에 도달했을 때 임의의 노동자집단의 공급이 다른 노동자들의 임금에 미치는 영향은 이미 고려된 것이다. 또한 임의의 개별노동자가 한 나라의 산업의 전반적인 경제환경에 미치는 영향은 극미하며, 그러한 영향은 그의 임금과 관련해서 그의 순생산을 추정하는 데 적합하지 않다는 것을 설명했다. 『경제학 원리』 2, 제 V편, 제12장과 「부록 H」에서는 생산증가가 이론적으로 커다란 생산의 경제를 가져다주는 경우에도 생산의 급격한 증가에는 제약이 있으며, 그러한 생산 증가에 '한계'라는 용어를 사용할 때는 특별히 주의할 필요가 있다는 것을 약간 언급하고 있다.

제12장 경제적 진보의 일반적 영향

1 어떤 장소가 노동과 자본에 제공하는 고용의 장은 첫째, 천연자원 둘째, 지식과 사회·산업조직의 진보에서 유래하는 천연자원의 활용능력 그리고 셋째, 그 장소에서 여분으로 가지고 있는 재화를 판매할 수 있는 시장에 대한 접근성에 의존한다. 마지막 조건의 중요성은 종종 과소평가된다. 그러나 그 중요성은 신생국의 역사를 지켜볼 때 명백해진다.

무상으로 이용할 수 있는 좋은 토지가 풍부하고 생활하기에 기후가 나쁘지 않은 곳에서는 노동의 실질수입과 자본에 대한 이자가 모두 높을 수밖에 없다고 사람들은 흔히 말한다. 그러나 그것은 부분적으로만 사실이다. 아메리카의 초기 식민지 개척자들은 아주 힘든 삶을 영위했다. 자연은 목재와 고기를 거의 무상으로 제공했지만, 그들은 편의재와 사치재를 거의 확보하지 못했다. 그리고 현재까지도 특히 남아메리카와 아프리카에서는 자연조건이 아주 풍요로움에도 외부 세계와의 운송통신 수단이 미비하기 때문에 노동과 자본에 의해 기피되고 있는 장소가 많다. 다른 한편 일단 외부 세계와의 운송통신 수단이 갖추어지면, 알칼리성 사막 한가운데 있는 광산지대에서도 불모의 해안지대에 있는 교역중심지에서도 자본과 노동에 대해 높은 보수가 제공될 것이다. 물론 주어진 자원으로 자급해야 한다면 그러한 곳들은 아주 소수의 주민을, 그것도 극빈상태로 지탱할 수 있을 것이다. 그리고 증기기관운송의 발달이래로 구세계가 신세계의 산물에 대해 거대한 시장을 제공함에 따라 북아메리카와 오스트레일리아 그리고 아프리카와 남아메리카의 일부지역은 자본과 노동에 대한 미증유의 대규모 고용의 장이 되었다.

　그러나 결국 신생국들의 현대적 번영의 주된 원인은 즉시 인도되는 재화가 아니라 미래의 재화인도계약에 대해 구세계가 제공하는 시장에 있었다. 대규모의 풍요로운 토지에 대한 영속적 재산권을 획득한 소수의 식민지 개척자들은 자기 생전에 미래의 결실을 확보하기를 갈망했다. 그들은 그것을 직접적인 방법으로 실현할 수는 없었으므로, 구세계의 현물을 받는 대가로 그의 토지에서 미래세대에 생산될 훨씬 많은 분량을 양도하겠다는 약정을 판매함으로써 간접적인 방법으로 실현했다. 어떤 형태로든 그들은 새로운 자산을 아주 높은 이자율로 구세계에 저당 잡혔다. 잉글랜드 및 다른 국가에서 현재의 향유수단을 축적한 사람들은 그것을 국내에서 얻을 수 있는 것보다 더 많은 양의 재화에 대한 약속과 서둘러 교환했다. 대규모 자본이 신생국으로 유입되었으며, 자본의 유입은 임금을 크게 인상시켰다. 그러나 새로운 자본이 변경지대로 스며드는 속도는 아주 완만했다. 변경지대에서는 자본이 너무 부족하고 자본차입을 열망하는 사람들이 너무 많아서 오랫동안 월 2퍼센트의 높은 이자율이 요구되었다. 그 후 서서히 연 6퍼센트 또는 심지어 연 5퍼센트까지 낮아졌다. 정착민들은 기업열로 충만했고, 조만간 높은 가치를 갖게 될 토지권리증서를 획득할 전망이 있었기에 자영사업자 그리고 가능하다면 남을 고용하는 고용주가 되기를 열망했다. 따라서 임금노동자를 유인하기 위해서는 높은 임금을 지불해야만 했다. 그러한 임금의 대부분은 구세계에 토지를 저당 잡히거나 다른 방법으로 차입한 상품으로 지불되었다.

　그러나 신생국의 변경지대에서 실질임금률을 정확히 추정하는 것은 어렵다. 노동자들은 천부적으로 모험적 성향이 있는 정선된 자들로서 건강하고, 단호하고, 진취적인 사람들이다. 그들은 질병을 모르는 장년의 사람들이다. 그리고 그들이 겪는 각종 격무는 평균적인 잉글랜드 노동자가 견딜 수 있는 것보다 더 강하고, 평균적인 유럽 노동자가 견딜 수 있는 것보다 훨씬 더 강하다. 허약하지 않기에, 그들 가운데 가난한 자는 없다. 만일 누군가 병이 든다면 벌이는 적지만 좀더 한적하고 편안한 생활이 가능한 인구 조밀 지역으로 은퇴할 수밖에 없다. 화폐로 계산하면 그들의 수입은 아주 높다. 그러나 그들은 좀더 번화한 지방에 살았다면 무상으로 또는 낮은 가격으로 획득할 수 있었을 수많은 편의재와 사치재를 아주 높은 가격을 지불하고 구매하거나 전혀 구매하지 않는다. 그런데 이러한 재화 중에서 많은 부분은 인위적인 욕구를 충족시켜줄 뿐이다. 따라서 어느 누구도 그것을 소유하지 않고 기대하지 않는 곳에서는, 그것은 쉽게 잊힐 수 있다.

인구가 증가함에 따라 가장 조건이 좋은 토지는 이미 점유되고, 일반적으로 경작자들의 한계노력에 대해 자연이 제공하는 1차생산물의 수익은 체감한다. 따라서 임금도 다소 감소한다. 그러나 농업에서도 수익체증의 법칙은 끊임없이 수익체감의 법칙과 경합하고 있다. 최초에 무시되었던 토지도 대부분 신중하게 경작하면 좋은 결실을 가져다준다. 그리고 그사이에 도로와 철도의 개설 및 다양한 시장과 산업의 발달은 무수한 생산의 경제를 가능하게 해준다. 그렇게 어떤 때는 수익체증경향이, 다른 때는 수익체감경향이 더 강력하지만 두 경향은 거의 균형을 이룬다.

만일 노동과 자본이 같은 비율로 증가하고, 각각에 대해 생산이 수익불변의 법칙을 따른다면 자본의 1투입단위와 노동의 1투입단위, 즉 전과 동일한 구성비로 협력하는 자본과 노동 사이에 배분되는 보수는 변하지 않는다. 따라서 임금이나 이자는 변하지 않는다.

그러나 만일 자본이 노동보다 훨씬 빠른 속도로 증가한다면 이자율은 하락할 것이다. 그리고 임금률은 상승하고 일정량의 자본이 획득하는 몫은 감소할 것이다. 그러나 자본의 전체 몫은 노동의 전체 몫보다 빠른 속도로 증가할 수도 있다.[1]

---

1) 예를 들어 자본량 c가 노동량 l과 협력해서 $4p$의 생산물을 산출한다고 가정하자. 여기서 p는 자본에 대한 이자이고, 나머지 $3p$는 노동에 분배된다고 가정하자(노동은 경영을 포함해서 수많은 등급이 있다. 그러나 노동은 모두 효율성이

상품의 생산이 수익불변의 법칙을 따르든 따르지 않든, 신규 토지권리증서를 획득하려는 노력은 급격한 수익체감의 법칙을 따른다. 외국자본의 유입은, 비록 절대액으로는 어느 때보다도 클지라도, 인구대비로는 감소한다. 더 이상 임금은 주로 구세계에서 차입한 상품으로 지불되지 않으며, 그것이 일정한 효율성 수준의 노동에 의해 획득될 수 있는 필수재, 편의재, 사치재가 지속적으로 감소하는 주된 원인이다. 그러나 화폐로 측정한 일일 평균임금의 감소에는 다른 두 가지 원인이 있다. 첫째, 문명의 편의재와 사치재가 증가함에 따라 노동의 평균효율성은 초기 정착민보다 허약한 이주민의 유입에 의해 일반적으로 낮아진다. 둘째, 이러한 새로운 편의재와 사치재 가운데 많은 것들은 화폐임금에 직접 포함되는 것이 아니라 단순히 추가되는 것이다.[2]

2 현재 잉글랜드의 경제조건은 대규모 생산 경향과 재화 및 노동의

일정한 비숙련노동의 공통기준에 준한다. 『경제학 원리』 1, 제IV편, 제3장, 8을 보라). 각 요소의 절대적 생산 효율성은 변하지 않은 상태에서 노동량은 두 배로, 자본량은 네 배로 늘어났다고 가정하자. 이러한 조건에서는 $4c$와 $2l$이 협력해 $2 \times 3p + 4p = 10p$를 생산한다고 기대할 수 있을 것이다. 이제 이자율, 즉 어떤 자본량에 대한 보수가(경영업무 등에 대한 보수는 제외된다) 최초 수준의 3분의 2로 하락한다고 가정하자. 이제 $4c$는 $4p$가 아니라 $\frac{3}{8}p$의 이자를 받게 된다. 그렇다면 모든 종류의 노동에 대해 $6p$가 아니라 $7\frac{1}{3}p$가 남을 것이다. 자본 1단위에 돌아가는 생산물은 감소하고 노동 1단위에 돌아가는 생산물은 증가할 것이다. 그러나 자본에 분배되는 총량은 3 대 8의 비율로 상승하는 반면, 노동에 분배되는 총량은 9 대 22의 좀더 낮은 비율로 상승할 것이다.

이러한 문제에서 이자를 별도로 분리하는 것이 최상이지만, 물론 이자 대신 이윤을 언급하고, (자본의 몫이 아니라) 자본가의 몫과 고용노동의 몫을 대비하는 것도 좋을 것이다.

2) 수익체증경향이 수익체감경향을 상쇄한다는 결론에 이를 때 우리는 편의재와 사치재를 고려한다. 그리고 실질임금의 변화를 추적할 때 그것들을 총가치로 고려해야 한다. 역사가들은 상이한 시대의 임금을 비교할 때 공통적으로 소비되는 재화들만을 근거로 하는 경우가 많다. 그러나 문제의 성격상 그것들 모두 수익체감의 법칙이 적용되는 것들이며, 인구가 증가함에 따라 희소해지는 것들이다. 따라서 이렇게 얻어진 견해는 그 전반적 효과 측면에서 일면적이고 오해의 소지가 있다.

도매거래의 직접적인 결과다. 그것은 장기간 서서히 발달했지만, 18세기에 기계적 발명과 비슷한 유형의 재화들을 대량으로 수입하는 해외 소비자의 증가로부터 이중의 자극을 받았다. 이 시기에 교체 가능한 부품으로 만들어진 기계가 최초로 도입되었으며, 모든 생산부문에 사용되는 단일기능 기계의 제작에 기계가 처음으로 사용되었다. 이 시기에 국지화된 산업과 대규모 자본을 겸비한 제조업 지역에서, 특히 대규모의 자본이 다수 결집해서 주식회사를 형성하거나 현대적 트러스트로 결합되었을 때, 수익체증의 법칙의 강력한 힘이 처음으로 목격되었다. 그리고 원격지 시장에 판매하기 위해 재화의 세심한 '등급 매기기'가 시작되었는데, 이미 상품거래소와 증권거래소에서 전국적 심지어 국제적 투기업자의 연합조직이 형성되었다. 그리고 그러한 조직의 미래는 사업가든 노동자든 좀더 영속적인 생산자조직의 미래 못지않게 다음 세대가 해결해야 할 가장 중대한 실제 문제의 원천이다.

현대적 동향의 기본방향은 다수의 작업을 하나의 패턴으로 환원하고, 강력한 행위주체들의 결합과 광범위한 영향력 발휘를 저해하는 모든 종류의 마찰을 축소시키고, 새로운 방법과 힘을 이용해서 운송수단을 발달시킨다. 18세기에 머캐덤 도로*와 개선된 선박은 지방적 연합조직과 독점을 타파하면서 동시에 광범위한 지역에 걸친 연합조직과 독점의 발달에 편의를 제공했다. 그리고 현대에도 육로와 해로를 통한 교통 그리고 신문, 전신, 전화에 의한 운송통신의 확대 및 저렴화에서 위와 동일한 이중적 경향이 기인한다.

3 그런데 18세기에도 현대와 마찬가지로 잉글랜드의 실질 국민배당이 수출과 관련한 수익체증의 법칙에 크게 의존했지만, 그 의존방식은 아주 많이 변했다. 당시 잉글랜드는 새로운 제조방식에 대해 거의 독점적 지위에 근접해 있었으며, 소량의 잉글랜드 재화는——어쨌든 공급이 인위적으로 제한될 때——대량의 외국 생산물과 교환되곤 했다. 그러나

---

* 포장할 때 쇄석을 깔아서 만든 도로.

부분적으로 부피가 큰 재화들을 장거리 수송하기에는 아직 시기상조였기 때문에 극동 및 극서 국가들에서의 수입은 주로 부유층을 위한 편의재나 사치재로 이루어져 있었다. 그러한 재화들은 직접적으로는 잉글랜드 노동자의 필수재의 노동비용을 저하시키는 데 거의 영향을 주지 못했다. 그러나 간접적으로는 새로운 무역이 잉글랜드 노동자가 소비하는 철물, 의류, 기타 다른 잉글랜드 제조품의 비용을 저하시켰다. 왜냐하면 해외의 소비자들을 위해 대규모 생산이 이루어지면서 그러한 재화들은 잉글랜드 노동자에게도 저렴해졌기 때문이다. 그러나 무역은 식료품비에는 영향을 거의 주지 못했다. 그리고 협소한 촌락생활의 오랜 관습적 제약이 존재하지 않았던 새로운 제조업 지대에서는 인구의 급격한 증가와 함께 수익체감경향이 작동함에 따라 식료품비는 상승할 수밖에 없었다. 얼마 후에 프랑스와의 대규모 전쟁과 일련의 흉작으로 식료품비는 큰 폭으로 상승했으며, 유럽 역사상 정점에 이르렀다.

그러나 점차적으로 해외 무역은 잉글랜드의 주요 식료품의 생산비에 영향을 미치기 시작했다. 아메리카의 인구가 대서양 연안에서 서부로 확산됨에 따라 점점 더 비옥한 토지에서 밀이 경작되었다. 그리고 운송의 경제가 특히 최근에 대폭 향상됨에 따라, 경작의 외연지대로부터 1쿼터의 밀을 수입하는 총비용은 운송거리가 길어지는데도 급격하게 감소했다. 그렇게 잉글랜드는 점점 더 내포적인 경작의 필요에서 벗어나게 되었다. 리카도 시대에는 한랭한 구릉지까지도 힘겹게 밀밭으로 전환되었지만, 그것은 다시 목초지가 되었다. 그리고 농부는 이제 노동에 대해 충분한 수익을 가져다주는 토지만을 경작하게 되었다. 반면에 만일 잉글랜드가 국내자원만으로 자급해야 했다면, 농부는 점점 더 척박한 토지를 힘겹게 경작할 수밖에 없었을 것이며, 힘들여 노동함으로써 1에이커당 산출량을 1부셸 또는 2부셸 늘리려는 희망으로 이미 충분히 갈아진 토지를 끊임없이 다시 갈 수밖에 없었을 것이다. 오늘날 평년 기준으로 오직 경비만을 회수하는 경작, 즉 '경작의 한계'에서의 경작은 리카도 시대에 비해 두 배, 그리고 잉글랜드 인구가 현재 수준일 때 모든 식량을 자급할 수밖에 없을 경우에 비해 최소 다섯 배의 산출량을 생산할 것이다.

4 제조기술의 개선은 후진국의 다양한 욕구를 충족시킬 수 있는 잉글랜드의 힘을 배가시켜주었으며, 그것은 자국 내 사용을 위해 수작업으로 재화를 만드는 것에서 잉글랜드로부터 제조품을 구매하기 위해 원료를 증산하는 쪽으로 활력을 전환하려는 후진국의 목적에 부응했다. 이런 식으로 발명이 진전됨에 따라 잉글랜드가 제조품을 판매할 수 있는 영역은 확대되었으며, 수익체감의 법칙이 크게 작용하지 않는 한도 내에서 식량을 생산하는 것이 가능해졌다. 그러나 이러한 행운은 일시적인 것이었다. 아메리카, 독일 그리고 다른 국가들이 잉글랜드의 개선을 뒤쫓았으며, 최근에는 종종 앞질렀다. 그리고 잉글랜드의 제조품은 거의 모든 독점적 가치를 상실했다. 1톤의 강철로 아메리카에서 구매할 수 있는 식량 및 기타 원료의 양은 아메리카가 새로운 제조공정으로 1톤의 강철을 생산하는 데 필요한 자본과 노동을 농업에 투입할 경우 생산되는 식량과 원료의 양을 능가할 수 없었다. 따라서 그 양은 강철제작에서 잉글랜드와 아메리카의 노동효율성이 향상됨에 따라 감소했다. 바로 이러한 이유로 그리고 많은 나라들이 잉글랜드의 제품에 높은 관세를 부과했기 때문에 잉글랜드의 대규모 무역에도 불구하고, 제조기술에서 발명의 진전은 잉글랜드의 실질적인 국민배당을 기대했던 만큼 증가시키지 못했다.

잉글랜드가 내수용으로 의류, 가구 및 기타 상품들을 저렴하게 생산할 수 있다는 것은 적잖은 이득이다. 그러나 제조기술의 개선은 다른 국가들에서도 동일하게 진행되었기 때문에 잉글랜드가 일정량의 자본과 노동의 산물을 가지고 다른 국가들에서 획득할 수 있는 1차생산물의 양을 직접적으로 증가시키지는 못했다. 잉글랜드가 19세기 동안 제조업의 진보에서 획득한 총편익의 4분의 3 이상이 아마 인간과 재화의 운송, 수도와 조명, 전기와 뉴스의 비용을 감소시키는 간접적 영향에서 비롯되었을 것이다. 현대의 지배적인 경제현실은 제조업이 아니라 운송업의 발전이다. 운송업이야말로 집계적 규모에서뿐만 아니라 개별적인 세력에서도 가장 빠르게 성장하는 산업이며, 경제적 자유의 힘을 사용해서 그 자유를 파괴하는 대규모 자본의 경향과 관련해 가장 중대한 문제를 제기하는 산업이기도 하다. 그러나 다른 한편으로 잉글랜드의 부를 증가시키는 데 가장 큰 기여를 한 산업 또한 운송업이다.

5 그렇게 새로운 경제적 시대는 노동과 생존을 위한 주요 필수재의 상대가치에 큰 변화를 초래했다. 그리고 이러한 변화의 대부분은 19세기 초에는 예견될 수 없는 성질의 것이었다. 당시 아메리카는 밀을 재배하기에 적합하지 않은 것으로 알려져 있었으며, 밀을 육로로 원거리 수송하는 비용은 엄두를 내지 못할 만큼 높았다. 밀의 노동가치——즉 밀 1펙을 구매하는 데 필요한 노동량——는 당시에 가장 높은 수준이었으며, 현재는 가장 낮은 수준이다. 일일 농업임금은 일반적으로 밀 1펙 미만이었으나 18세기 전반부에는 대략 1펙, 15세기에는 1.5펙이나 1.5펙을 조금 상회했던 것으로 보인다. 반면에 현재 그것은 2펙이나 3펙이다. 로저스는 중세시대에 더 높았던 것으로 추정했지만, 좀더 혜택을 받은 집단의 임금을 전체의 대표임금으로 잡았던 것처럼 보인다. 중세시대에는 상당한 풍작에도 불구하고 밀의 품질이 오늘날의 보통 밀보다 떨어졌다. 한편 흉작일 때는, 대부분 밀의 품질이 너무 나빠서 오늘날에는 전혀 식용으로 소비되지 않았을 것이다. 또한 장원영주 소유의 방앗간에 높은 독점적 요금을 지불하지 않고는 밀을 빵으로 만들 수 없었다.

사실을 말하자면, 인구가 아주 적은 곳에서는 자연이 초목을 제공하기 때문에 동물의 사료는 거의 무상이다. 실제로 남아메리카에서는 거지들이 말을 타고 구걸한다. 그러나 중세시대 잉글랜드의 인구는 충분히 조밀해서, 비록 고기의 품질은 나빴지만 그 노동가치는 상당히 높았다. 소들은 체중이 현재의 5분의 1 정도에 불과했지만 체격이 아주 컸으며, 식용고기는 주로 가장 거친 관절이 나오는 부분에 있었다. 그리고 소들은 동절기에는 아사 직전에 이르렀다가 하절기에는 풀밭에서 배를 아주 급하게 물리도록 채웠기 때문에 그 고기는 수분을 많이 함유하고 있었으며, 요리할 때 무게가 크게 줄었다. 여름이 끝날 무렵 소들은 도살되고 소금에 절여졌는데, 소금은 값이 아주 비쌌다. 심지어 부유층도 겨울 동안에는 신선한 고기를 거의 맛보지 못했다. 1세기 전에 노동계층은 고기를 거의 먹지 못했다. 반면에 현재에는 가격이 당시보다 조금 높지만, 노동계층은 필경 잉글랜드 역사의 어느 시기보다도 평균적으로 고기를 더 많이 소비할 것이다.

다음 거주공간에 대한 지대로 방향을 바꾸어보자. 도시의 부지지대는 내포적으로나 외연적으로나 상승하고 있다. 왜냐하면 도시의 부지지대를 지불해야 하는 주택에 거주하는 사람들이 증가하고 있으며, 그 요율도 상승하고 있기 때문이다. 그러나 본래의 주택지대, 즉 지대에서 부지지대를 공제하고 남은 부분이 과거의 비슷한 거주시설에 대해 지불해야 하는 요금에 비해 비록 높다 할지라도 그 차이는 미미할 것이다. 왜냐하면 현재 건설에 투입된 자본의 회전이윤율은 낮고, 건설자재의 노동비용은 크게 변하지 않았기 때문이다. 그리고 도시에서 높은 지대를 지불하는 사람들은 그 대가로 현대적 도시생활의 즐거움 및 기타 이점을 얻는다는 것을 반드시 기억해야 한다. 그들 가운데 다수가 총지대보다 훨씬 큰 이득을 얻기 위해 그러한 이점들을 포기하려 하지 않을 것이다.

목재의 노동가치는 19세기 초보다는 낮지만 중세시대보다는 높다. 그러나 흙벽, 벽돌벽 또는 석벽의 노동가치는 크게 변하지 않았다. 반면에 철——유리는 말할 나위도 없이——의 노동가치는 크게 감소했다.

그리고 본래의 주택지대가 상승했다는 세간의 일반적인 믿음은 조상의 실제 거주형태에 대한 불충분한 지식에 기인하는 것처럼 보인다. 현대 교외에 거주하는 장인의 작은 주택은 중세시대 젠틀맨계층*의 주택보다 훨씬 고급의 수면시설을 갖추고 있다. 그리고 당시 노동계층은 축축한 진흙 바닥 위에 짚을 깔아 만든, 그것도 해충이 들끓는 침대말고는

---

* 영국에서 중세 후기에 생긴 중산적 토지 소유자층으로서, 본래는 '가문이 좋은 사람들'이라는 뜻이며, 넓은 의미로는 귀족을 포함한 좋은 가문의 사람들을 지칭해서 쓰나, 보통은 신분적으로 귀족 다음가는 계층의 사람들.

다른 잠자리가 없었다. 그러나 이마저도 체면을 유지하기 위해 거의 항상 장기간 누적된 폐물로 지저분해진 골풀을 씌우려는 경우보다는 아무것도 씌우지 않은 상태에서 사람과 가축이 공유하는 경우에 아마도 덜 유해했을 것이다. 물론 현대의 도회지 극빈계층의 주거시설도 심신에 파괴적이라는 것은 부정할 수 없다. 현재와 같은 지식과 자원을 가지고도 그것이 계속되도록 방치하는 것은 명분도 이유도 없다.[3]

연료는 풀과 마찬가지로 인구가 희박할 때는 자연의 선물인 경우가 많다. 그리고 중세시대에 소농민은, 비록 항상 그런 것은 아니지만, 일반적으로 굴뚝이 없는 오두막에 한데 모여, 몸을 따뜻하게 유지하기 위해 필요한 자그마한 난롯불을 나뭇가지로 지필 수 있었다. 굴뚝이 없으면 열이 낭비되지 않기 때문에 경제적이었다. 그러나 인구가 증가함에 따라 연료부족은 노동계층을 혹독하게 압박했다. 석탄이 제철용 연료뿐만 아니라 가정용 연료로 목재를 대체할 준비가 되어 있지 않았더라면, 잉글랜드의 진보는 완전히 정지되었을 것이다. 오늘날 석탄은 매우 저렴해서 상대적으로 가난한 계층도 실내 공기를 불건전하고 유해하게 하지 않고도 난방을 할 수 있다.

그것은 석탄이 현대문명에 제공한 위대한 공헌 가운데 하나다. 다른 공헌은 저렴한 내의를 제공하는 것인데, 내의를 저렴하게 확보할 수 없다면 차가운 기후에서 대중들이 청결을 유지하는 것은 불가능할 것이다. 이것은 아마도 잉글랜드가 내수용 소비재의 제작에 기계를 직접 사용함으로써 얻은 주요한 편익이었을 것이다. 그러나 그것들 못지않게 중요한 공헌은 대도시까지도 풍부한 물을 공급하는 것이다.[4] 그리고 다

---

3) 그러나 과거의 폐해는 일반적으로 생각하는 것보다 더 심각했다. 예를 들어 1885년의 주택위원회에서 샤프츠버리 경(Lord Shaftesbury)과 힐(Miss. O. Hill) 양의 인상적인 증언을 보라. 런던의 대기는 연기로 가득하다. 그러나 비록 인구가 적었을지라도, 과학적 위생시설이 설치되기 전에는 런던의 대기가 지금보다 더 유해했을 것이다.

4) 초기의 시설은 높은 지대에서 몇몇 공적인 수원으로 물을 이동시킬 것이다. 그러나 상하수도의 청결과 위생에 결정적인 기여를 하는 전반적인 급수시설은 석

른 하나는 석유의 도움을 받아 인간의 노동뿐만 아니라 좀더 중요하게는 그의 저녁 여가의 유익한 활용에 필요한 저렴하고 인공적인 조명을 제공하는 것이다. 석탄과 현대적 운송수단에서 비롯된 이러한 종류의 문명생활의 요건에, 방금 언급했듯이, 증기기관을 사용한 신문, 우편, 여행에 의한 뉴스와 사상의 저렴하고 체계적인 통신수단을 추가해야만 한다. 이러한 운송통신수단에 전기가 부가되면서 주민을 무기력하게 만들 정도로 무덥지 않은 기후의 국가에서는 대중문명이 가능하게 되었다. 단순히 아테네, 플로렌스* 또는 브뤼주** 같은 도시뿐만 아니라 큰 나라, 그리고 심지어 어떤 의미에서는 문명세계 전역에서 진정한 민주정치와 전 주민의 통일적 행동을 위한 기반이 마련되었다.[5]

  6 이미 설명했듯이, 국민배당은 국내의 모든 생산요소들의 순생산의 집계이자 그것들에 대한 유일한 지불원천이고, 국민배당이 크면 클수록 다른 모든 것이 동일하다면 각 생산요소의 몫도 증가할 것이다. 또 어떤 생산요소의 공급증가는 일반적으로 그 요소의 가격을 저하시키며, 다른 요소들에게는 유리할 것이다.

  이러한 일반 원리는 특히 토지의 경우에 적용될 수 있다. 임의의 시장에 생산물을 공급하는 토지의 생산성이 향상되면, 우선적으로 그 시장에 공급되는 다른 생산요소를 소유하고 있는 자본가와 노동자가 유리해진다. 그리고 현대에 새로운 운송수단이 가치에 미치는 영향은 토지의 역사에서 가장 현저하다. 어떤 토지의 가치는 그 토지의 생산물을 판매할 수 있는 시장과의 운송통신이 개선되면 상승하며, 그 시장으로 원격지에서의 출하가 가능해지면 하락한다. 런던 주변의 여러 주에서 도로망의 개선으로 인해, 런던에 식량을 공급하는 데 잉글랜드의 좀더 먼 지

탄을 동력원으로 하는 증기펌프와 석탄을 이용해 제작된 철파이프가 없었다면 불가능할 것이다.
* 이탈리아 중부 토스카나 주의 주도.
** 벨기에 북서부에 있는 서플랑드르 주의 주도.
5)「부록 A」, 특히 6을 보라.

역과의 경쟁이 심화될 것이라는 두려움이 팽배해 있었던 것은 그리 오래전의 일이 아니다. 그리고 현재 인도와 아메리카에서 철도로 운반되고, 증기터빈을 장착한 강철선으로 수송되는 식량수입이 늘어나면서 잉글랜드 농장의 차별적 우위는 줄어들고 있다.

그러나 맬서스가 주장하고 리카도가 인정했던 것처럼, 주민의 번영을 촉진하는 요인은 장기적으로 지주의 번영을 촉진한다. 사실을 말하자면, 19세기 초 일련의 흉작이 식량을 수입할 수 없었던 주민에게 타격을 주었을 때 잉글랜드의 지대는 급속하게 상승했다. 그러나 그러한 원인에 의한 상승은 문제의 성격상 오래 지속될 수는 없었다. 그리고 19세기 중반 곡물무역의 자유화, 그것에 수반된 아메리카의 밀밭 확장은 농촌뿐만 아니라 도시에서도 토지의 실질가치를 급격하게 상승시켰다. 즉 그것은 농촌과 도시의 모든 지주들의 지대의 집계로 구매될 수 있는 필수재, 편의재 그리고 사치재의 양을 증가시켰다.[6]

7 산업환경의 발달이 전반적으로 토지의 가치를 상승시키지만 기계와 기타 고정자본의 가치는 그 가치가 부지의 가치와 분리될 수 있는 한, 감소하는 경우가 많다. 급작스럽게 경기가 상승하면 현존하는 장비는 실제로 일정 기간 아주 높은 소득을 획득할 수 있다. 그러나 무제한 증식시킬 수 있는 것들은 장기간 희소가치를 유지할 수 없다. 그리고 예

---

6) 스터지(W. Sturge, 1872년 12월 측량연구소에 발표한 시사적인 논문에서)의 추정에 따르면, 잉글랜드의 농업(화폐)지대는 1795년과 1815년 사이에 두 배가 되었으며, 1815년부터 82년까지 3분의 1이 감소했다. 그 이후로 상승과 하락을 반복하고 있으며, 농업지대가 정점에 달했던 1873년에는 5,000만 내지 5,500만이었던 것에 비해, 현재는 약 4,500만 내지 5,000만 파운드다. 1810년에는 대략 3,000만, 1770년에는 1,600만 그리고 1600년에는 600만 파운드였다(기펜, 『자본의 성장』, 제5장; 포터G. R. Porter, 『국가의 진보』*Progress of the Nation*, 1843, 제II편, 제1장을 참조하라). 그러나 현재 잉글랜드 도시지역 토지의 지대는 농지의 지대보다 훨씬 크다. 그리고 인구팽창과 전반적 진보로부터 지주가 획득한 총이득을 추정하기 위해 철도, 광산, 부두 등이 설치된 토지의 가치를 반드시 계산에 넣어야 한다. 모든 것을 고려할 때 잉글랜드 토지의 화폐지대와 실질지대는 곡물법이 폐지되었을 당시보다 아마도 각각 두 배 이상, 네 배가 될 것이다.

컨대 선박, 용광로, 섬유기계처럼 내구성이 상당히 큰 경우, 그것들은 급격한 개선으로 대폭적인 감가를 경험할 수 있다.

철도나 부두의 가치는 장기적으로 주로 입지에 의존한다. 입지조건이 좋다면 산업환경의 진보는 시설을 시대에 뒤떨어지지 않게 유지·개선하는 비용을 고려하더라도 그것들의 순가치를 상승시킬 것이다.[7]

8 정치산술*은 17세기 잉글랜드에서 시작되었다고 말할 수 있다. 그 이후로 인구 1인당 축적된 부의 크기는 부단하게 그리고 거의 일정 비율로 상승하고 있다.[8]

인간은 여전히 성급하지만 미래의 안락이나 기타 향유를 얻기 위해 현재의 그것을 희생하려는 성향이 서서히 커지고 있다. 인간은 좀더 강한 '전망적'(telescopic) 자질을 획득했다. 즉 그는 미래를 명확하게 파악하고 마음의 눈에 선명하게 그릴 수 있는 큰 힘을 획득한 것이다. 그는 좀더 신중하고, 좀더 큰 자제력이 있으며, 따라서 미래의 고통과 편익을——여기서 이 용어들은 인간 정신의 가장 고차원적인 영역에서 가장 저차원적인 영역까지를 모두 포함하는 포괄적 의미로 쓰이고 있다——높게 평가하려고 한다. 그는 좀더 이타적이며, 따라서 가족의 미래를 준비하기 위해 더욱 열심히 일하고 저축하려 한다. 그리고 공공의 부와 고상한 생활을 영위하기 위한 공적 기회의 확대를 위해 노동하고 저축하려는 보편적 의지가 존재하는 좀더 밝은 시대가 도래할 것이라는 어렴풋한 징후가 이미 존재한다.

그러나 비록 인간이 과거보다는 기꺼이 미래의 편익을 위해 현재의 고통을 감수하려고 할지라도, 인간이 현재든 미래든 적극적 쾌락을 획득하기 위해 기꺼이 감수하려는 노력의 크기가 지속적으로 증가한다고

---

7) 물론 예외가 있다. 경제진보는 기존 철도의 교통량을 대거 흡수하는 신규철도를 건설하는 형태를 띨 수도 있으며, 입항로의 수위가 얕은 부두에 더 이상 진입할 수 없을 만큼 선박의 규모가 증가하는 형태를 띨 수도 있다.

＊17세기 영국 시민혁명 때 정치·경제·인구 문제들을 해명하기 위해 고안된 연구방법.

8) 『경제학 원리』1, 제IV편, 제7장을 보라.

확인할 수 있을지는 의문이다. 많은 세대 동안 서구세계의 산업은 지속적으로 근면성이 강화되었다. 휴일은 줄어들었고, 노동시간은 증가했으며, 사람들은 선택에 의해서든 필요에 의해서든 일 이외에서 쾌락을 점점 더 적게 추구하는 것에 만족하게 되었다. 그러나 이러한 경향은 정점에 도달했고, 이제 쇠퇴하고 있는 듯하다. 최상의 작업을 제외한 모든 등급의 작업에서 사람들은 이전보다 휴식을 높게 평가하게 되었고, 과중한 작업에 기인하는 피로를 점점 더 참지 못하게 되었다. 그리고 그들은 전체적으로 현재의 사치재를 획득하기 위한 장시간 노동의 체증하는 '반효용'을 감수할 용의가 이전보다 감소했을 것이다. 미래를 명확하게 파악하는 능력의 급격한 증가, 그리고——비록 이 점은 더욱 의문스럽지만——축적된 부의 보유로 얻게 되는 사회적 차별성에 대한 욕망의 급격한 증가가 동시에 일어나지 않는다면, 이러한 원인들은 그들이 먼 미래의 필요에 대비하기 위해 열심히 일할 의욕을 과거보다 감소시킬 것이다.

1인당 자본증가는 자본의 한계효용을 감소시킨다. 따라서 신규투자에 대한 이자율은 일률적이지는 않지만 하락한다. 이자율은 중세시대에 대부분 10퍼센트를 기록했지만, 18세기 전반에는 3퍼센트로 하락했다. 그 이후로 자본에 대한 광범위한 산업적·정치적 수요는 그것을 다시 상승시켰다. 그리고 프랑스와 전쟁 중에 이자율은 비교적 높았다. 정치적 소모가 중단되었을 때, 당시에 금의 공급은 아주 작았기 때문에, 이자율은 하락했다. 그러나 19세기 3사분기에는 금이 새로 발견되어 풍부해지고, 철도와 신생국 개발을 위해 자본수요가 증가하면서 이자율은 상승했다. 1873년 이후에 평화의 시기와 금의 공급축소가 결합해서 이자율은 하락했다. 그러나 현재 부분적으로 금의 공급이 증가함에 따라 이자율은 다시 상승하고 있다.[9]

9 전반적인 지식 수준과 젊은이들에 대한 책임감의 향상은 점증하는

9) 『경제학 원리』 2, 제VI편, 제6장, 7을 보라.

국부의 많은 부분을 물적 자본에 대한 투자에서 인적 자본에 대한 투자로 전환시켰다. 그 결과 훈련된 능력의 공급이 크게 증가했다. 그것은 국민배당을 큰 폭으로 증가시켰으며, 전 국민의 평균소득 또한 상승했다. 그 반면 훈련된 능력의 희소가치는 과거에 비해 크게 줄어들었으며, 그것에 대한 임금도 절대적 수준에서는 아니지만 전반적 향상과 비교할 때 상대적으로 감소했다. 그리고 그로 인해 얼마 전까지만 해도 숙련직종으로 평가되었던, 그리고 여전히 명목상으로는 그렇게 불리는 많은 직종들이 임금과 관련해서 비숙련노동과 동격이 되었다.

두드러진 사례는 글씨를 쓰는 재능이다. 많은 종류의 사무노동은 수준 높은 정신적·도덕적 자질의 보기 드문 결합을 요한다는 것은 사실이다. 그러나 거의 누구나 서기업무를 쉽게 배울 수 있으며, 아마도 조만간 잉글랜드에서는 글씨를 어느 정도 쓸 줄 모르는 남성이나 여성이 거의 없을 것이다. 모든 사람들이 글씨를 쓸 수 있다면, 과거에 거의 모든 종류의 육체노동보다 높은 임금을 받았던 서기업무는 비숙련직종으로 분류될 것이다. 사실 고급 장인노동은 판단력도 책임감도 요하지 않는 서기업무보다 더 교육적이고, 보수도 더 나을 것이다. 그리고 일반적으로 장인이 자식을 위해 할 수 있는 최선은 자신의 정통한 업무를 자식이 완전히 습득하도록 가르침으로써 자식이 업무와 관련된 기계적·화학적 또는 기타 과학적 원리를 이해하고, 업무 속에서 새로운 개선에 착수할 수 있게 하는 것이다. 만일 그의 자식이 천부적 재능을 가진 것으로 판명된다면, 그는 서기의 책상보다는 장인의 작업대로부터 미래에 좀더 높은 지위로 승진할 가능성이 훨씬 클 것이다.

산업의 새로운 부문은 그것이 익숙하지 않다는 이유만으로 종종 힘들고, 작업을 수행하기 위해 강한 체력과 숙련을 가진 남성들이 요구된다. 그러나 이러한 작업은 일단 길이 잘 닦이고 나면 보통의 능력을 가진 남성 또는 심지어 여성과 아이들에 의해서도 수행될 수 있다. 최초에는 임금이 높지만 점차 익숙해짐에 따라 임금은 저하한다. 그리고 그 때문에 평균임금의 상승은 과소평가되었다. 왜냐하면 임금의 전반적인 동향을 대표하는 것처럼 보이는 통계의 많은 부분을 1세대 또는 2세대 전에는 비교적 새로운 업종이었지만, 현재는 그것을 개척했던 사람들보다 실질적인 능력이 크게 떨어지는 사람들이 접근할 수 있는 업종에서 취했기 때문이다.[10)]

이와 같은 변화의 결과는 숙련직종——이 용어가 적당하게 적용되었는지 여부와 무관하게——으로 불리는 직종에 고용된 사람의 수를 증가시킨다. 그리고 높은 등급의 업종에 종사하는 노동자 수가 계속적으로 증가함에 따라 전 노동자의 평균임금이 업종별 대표임금의 단순한 평균보다 훨씬 빠르게 상승한다.[11)]

중세시대에 능력이 뛰어난 일부 사람들이 평생을 장인으로 살면서 예술가가 되었을지라도, 계층으로서 장인들은 현재와는 달리 비숙련노동자에 더 근접한 지위를 점했다. 18세기 중반 새로운 산업시대의 여명기

---

10) 『경제학 원리』 1, 제IV편, 제6장, 1, 2 그리고 제9장, 6을 참조하라. 해당 업종이 진보함에 따라 기계의 개선은 틀림없이 어떤 단위작업을 수행하는 데 필요한 노동의 강도를 경감시켜주며, 따라서 단위작업당 임금도 급속하게 저하시킨다. 그 반면에 각 노동자가 담당하는 기계의 속도와 양은 크게 증가해서 1일 총노동강도는 이전보다 커질 수도 있다. 이 주제에 대해 고용주와 피고용자는 흔히 의견을 달리한다. 예를 들어 섬유산업에서 시간임금이 상승했던 것은 분명하다. 그러나 고용주들과는 반대로, 피고용자들은 노동강도가 급여증가율 이상으로 대폭 상승했다고 주장한다. 이러한 논쟁에서 임금은 화폐로 추정된다. 그러나 화폐의 구매력 상승을 감안할 때 실질적인 효율임금이 상승했다는 것은 의심의 여지가 없다. 즉 체력, 숙련 그리고 활력의 일정량의 행사는 이전보다 더 큰 상품에 대한 지배력으로 보상을 받았다.

11) 이러한 사실은 예를 들어 설명하면 좀더 분명해질 수 있다. 만일 주급 12실링을 받는 A등급에 500명, 25실링을 받는 B등급에 400명 그리고 40실링을 받는 C등급에 100명이 있다면, 1,000명의 평균임금은 20실링이다. 만일 일정 기간이 흐른 뒤에 A등급에서 300명이 B등급으로 이동하고, B등급에서 300명이 C등급으로 이동한다면, 각 등급의 평균임금은 그대로이지만 전체 1,000명의 평균임금은 대략 28실링 6펜스일 것이다. 그리고 심지어 그사이에 각 등급에서 임금률이 10퍼센트 감소할지라도, 전체의 평균임금은 대략 25실링 6펜스, 즉 25퍼센트 이상 상승할 것이다. 이러한 사실을 무시하면, 기펜이 지적했듯이 큰 오류를 초래하기 쉽다.

에 장인들은 과거의 예술적 전통을 크게 상실했으며, 현대의 숙련장인이 가지고 있는 도구에 대한 전문지식과 고난도의 정밀작업을 정확하고 신속하게 수행하는 능력을 아직 획득하지 못했다. 19세기 초에 변화가 시작되었으며, 관찰자들은 숙련노동과 비숙련노동 사이에 벌어지는 사회적 격차와 보통 노동자의 두 배에 달하는 장인의 임금상승에 충격을 받았다. 실제로 특히 금속업종에서 고도의 숙련노동에 대한 수요의 급증은 노동자와 그 자식 중에 가장 뛰어난 자들이 급속하게 장인계층으로 흡수되도록 자극했다. 바로 그 시기에 장인계층의 기존의 배타적 특권이 붕괴되면서 그 특권이 세습되는 경우는 전보다 줄어들었고, 능력에 따라 그것을 획득하는 경우는 전보다 늘어났다. 그리고 이러한 자질 향상 덕분에 장인들은 보통 노동보다 훨씬 높은 임금률을 장기간 유지할 수 있었다. 그러나 일부 단순한 형태의 숙련직종들은 그 참신성이 사라짐에 따라 점차적으로 희소가치를 상실하기 시작했다. 동시에 전통적으로 비숙련직종으로 분류되었던 일부 직종에서는 노동자들의 능력에 대한 수요가 지속적으로 증가했다. 종래 숙련직종에서만 사용되는 것으로 생각되었던 점점 더 많은 고가의 복잡한 기계가 예를 들어 토역꾼 그리고 농업노동자에게 맡겨졌으며, 이러한 대표적인 두 직종의 실질임금은 빠르게 상승했다. 농업지대에 대한 현대적 관념의 확산으로 그곳에서 태어난 가장 유능한 아이들이 철도나 공장을 향해, 도시에서 경찰이 되기 위해, 또는 짐마차꾼이나 짐꾼 일을 하기 위해 농장을 떠나지 않았더라면, 농업노동자들의 임금상승은 실제보다 더 현저했을 것이다. 농촌에 잔류한 아이들은 과거보다 더 나은 교육을 받았으며, 비록 타고난 능력은 국민의 평균에 미치지 못했을지라도 부친보다 훨씬 높은 실질임금을 획득했다.

제철소에서 히터와 롤러를 담당하는 일처럼 강한 체력을 필요로 하고, 커다란 고통을 수반하는 숙련과 책임을 요하는 직종도 있다. 그리고 그러한 직종에서 임금은 아주 높다. 왜냐하면 그 시대의 풍조에 따라, 높은 등급의 작업을 수행할 수 있고 많은 임금을 쉽게 벌 수 있는

사람들이 아주 높은 보수를 받지 않고는 힘든 일을 하지 않으려 했기 때문이다.[12]

10 다음으로 젊은이와 노인 그리고 여성과 아이들의 상대적 임금의 변화를 검토해보자.

산업의 조건이 너무 급속하게 변해서 일부 업종에서는 오랜 경험이 오히려 약점이 된다. 많은 업종에서 오랜 경험은 새로운 아이디어를 포착하고 새로운 조건에 습관을 적응시키는 데서의 민첩성보다 훨씬 유용성이 떨어진다. 사람은 30세 이전보다 50세 이후에 벌이가 적을 가능성이 많다. 그것을 알기 때문에 장인들은 비숙련노동자를 본받으려는 유혹을 받는다. 비숙련노동자의 조기결혼 경향은 임금이 감소하기 전에 가계비가 줄어들기를 바라기 때문에 촉진된다.

이와 동일한 훨씬 더 부정적인 두 번째 경향은 어린 노동자들의 임금이 부모들의 임금에 비해 상대적으로 상승하는 것이다. 기계는 많은 성인노동자들을 구축했지만 많은 소년들을 구축하진 않았다. 어떤 업종에서는 관습상 그들이 배제되었는데, 그러한 제약은 사라지고 있다. 그리고 이러한 변화는 교육의 보급과 함께 거의 모든 다른 측면에서는 좋은 효과가 있지만, 소년들 그리고 심지어 소녀들이 부모들을 무시하고, 자립적으로 사회생활을 시작할 수 있게 해준다는 점에서 유해하다.

여성의 임금은 비슷한 이유로 남성의 임금에 비해 상대적으로 빠르게 상승하고 있다. 그리고 그것이 여성의 자질을 신장시키는 한, 그것은 큰 이득이다. 그러나 그것이 여성으로 하여금 진정한 가정을 세우고, 자식들의 성격과 능력의 인적 자본에 노력을 투입하는 의무를 소홀히 하도록 부추긴다면 그것은 손실이다.

---

12) 임금의 추이에 대해 위에서 간략하게 언급한 내용은 슈몰러의 『국민경제학』 (*Grundriss der allgemeinen Volkswirtschaftslehre*, 1900~1904), 제III편, 제7장(II권, 259~316쪽)의 조사에서 충분히 보완될 수 있다. 그의 폭넓은 시야 그리고 진보의 물적·심리적 요소들의 세심한 조정이 특히 주목할 만하다. 같은 책, 제II편의 후반부도 보라.

11 아무리 세심하게 훈련을 받았다 할지라도 평범한 능력을 가진 사람들이 획득하는 소득의 상대적 감소는 비범한 능력을 가진 많은 사람들이 획득하는 소득의 상승으로 두드러져 보였다. 적당히 잘 그려진 유화가 지금보다 저렴하게 판매된 적은 없었으며, 제1급의 유화가 이렇게 비싸게 판매된 적도 없었다. 평균적인 능력과 평균적인 운을 가진 기업가의 자기자본에 대한 이윤율은 현재 과거 어느 때보다 낮다. 반면에 비범한 재능과 행운의 혜택을 입은 사람들이 손댈 수 있는 사업은 아주 광범위해서, 그들은 미증유의 빠른 속도로 막대한 재산을 축적할 수 있게 되었다.

이러한 변화의 원인은 크게 두 가지다. 첫 번째 원인은 부의 전반적 성장이고, 두 번째 원인은 새로운 운송통신시설의 발달이다. 특히 일단 지배적 지위에 도달한 사람은 운송통신시설을 수단으로 자신의 건설적 또는 투기적 재기를 과거 어느 때보다 더 광범위한 영역에 걸친 대규모 사업에 활용할 수 있게 된다.

일부 법정변호사가 아주 높은 수임료를 요구할 수 있는 것은 거의 전적으로 첫 번째 원인 때문이다. 명성이나 자산 또는 둘 다 걸려 있는 부유한 고객은 자신이 얻을 수 있는 초일류 변호사의 변호를 확보하기 위해 어떤 가격도 불사할 것이다. 그리고 비범한 능력을 가진 기수, 화가 그리고 음악가가 아주 높은 보수를 획득할 수 있는 것도 첫 번째 원인 때문이다. 이러한 직종에서 현세대에 벌어들이는 최고의 소득은 역사상 유례없이 높은 수준이다. 그러나 인간의 육성이 미칠 수 있는 범위 안에 있는 사람들의 수가 엄격하게 제한되어 있는 한, 어떤 가수가 19세기 초 빌링턴(E. Billington) 부인이 시즌 중에 벌었다고 말하는 1만 파운드의 계약금을 받을 가능성은 아주 크지 않다. 그런데 현세대의 기업가에게 1만 파운드의 계약금은 큰 금액이 아니다.

위에서 언급한 두 가지 원인들이 함께 작용해, 아메리카 등지에서 특별히 유능하고 운 좋은 현세대의 기업가들 수중에 거대한 힘과 부가 집적되었다. 사실을 말하자면, 이러한 이득의 큰 부분이 어떤 경우에는 경쟁에서 패배한 경쟁적 투기자들의 파산에서 비롯된다. 그러나 다른 경우에 그것은 새로운 대사업에 자유롭게 착수하는 위대한 건설적 천재의 최상의 경제성(economizing force)에 의해 주로 획득된 것이다. 예를 들어 혼돈에서 뉴욕중앙철도시스템을 끌어낸 밴더빌트 가의 창립자는 아마도 미국 국민들에게 자신이 스스로 축적한 것 이상을 절약해주었을 것이다.[13]

12 그러나 이러한 거대한 부는 예외에 속한다. 교육의 보급, 국민 대중의 신중한 성향 그리고 새로운 사업방식이 제공하는 소규모 자본의 안전한 투자기회는 중위소득을 형성한다. 소득세와 주택세의 보고, 상품소비통계, 공무원과 주식회사 종업원 급여의 등급별 통계, 이 모든 것들은 중간계층의 소득이 부유층의 소득보다 빠르게 증가하고, 장인계층의 수입이 전문직계층의 수입보다 빠르게 증가하고, 건강하고 활기 있는 비숙련노동자들의 임금이 평균적인 장인의 임금보다도 빠르게 증가하고 있음을 보여준다. 현재 잉글랜드에서 아주 부유한 계층의 집계소득이 국민소득에서 차지하는 비중은 과거보다 크지 않을 것이다. 그러나 아메리카에서는 토지의 집계가치가 빠르게 상승하고 있다. 상급 혈

---

13) 그러나 이러한 이득의 일부는 제조업의 많은 부문 또는 광범위한 지역의 운송 교통을 자신의 이익을 위해 개발하려는 소수의 유능하고, 부유하고, 대담한 사람들에 의해 설계되는 기업연합체 형성기회에서 그 원인을 찾을 수 있다는 점을 지적할 필요가 있다. 이러한 세력에서 정치적 조건, 특히 **보호관세**에 의존하는 부분은 쇠퇴할 것이다. 그러나 아메리카의 영역은 너무 방대하고, 그 조건이 너무 가변적이어서 잉글랜드 방식에 따른 대형 주식회사의 완만하고 견실한 경영은 소수의 거대한 자본가의 정력적이고 독창적인 기획, 신속하고 단호한 힘과의 경쟁에서 불리하다. 그들은 잉글랜드의 경우보다 훨씬 광범위하게 대규모 사업에 자기자본을 투입할 용의와 능력이 있다. 아메리카에서는 실업생활의 조건이 끊임없이 변하기 때문에 광범위한 대중에게서 사업에 가장 적합한 사람들을 정면에 등장하도록 자연선택 메커니즘이 작용할 수 있다. 그리고 그들 중 거의 모두가 사업에 뛰어들어, 생전에 부자가 되기로 결심한다. 기업의 현대적 발전은 잉글랜드 사람들에게 아주 흥미롭고 시사적이다. 그러나 그 교훈은, 근본적으로 다른 구세계와 신세계의 실업생활 조건의 기본적 차이를 항시 염두에 두지 않는다면, 오해의 소지가 다분할 것이다.

통의 근로 대중에 비해 하급 혈통의 이주민이 많아지고 있으며, 대규모 금융업자의 힘은 막강해지고 있다. 그리고 근로소득 집계보다 재산소득 집계가 더 빠르게 상승하고 있으며, 아주 부유한 계층의 집계소득이 가장 빠르게 상승하고 있다는 것이 사실일 수도 있다.

임금상승이 강제된 실업상태로 허비된 시간의 증가를 수반한다면 그 혜택이 반감된다는 것을 인정해야만 한다. 고용의 단속성은 심각한 폐해이며, 당연히 대중의 주의를 끈다. 그러나 여러 요인들은 그러한 폐해를 실제보다 과장되어 보이게 한다.

어떤 대규모 공장이 반일제로 가동될 경우, 인근 전반에 소문이 퍼진다. 그리고 아마도 신문은 그것을 나라 전체에 퍼뜨릴 것이다. 그러나 자영수공업자나 심지어 소규모 고용주가 월 2~3일만 일을 할 경우, 그것을 아는 사람은 거의 없다. 그 결과, 현대에 산업의 중단은 상대적으로 과거보다 더 심각한 것으로 보이기 쉽다. 과거에 일부 노동자들은 1년 단위로 고용되었다. 그러나 그들은 자유롭지 않았으며, 체벌을 통해 노동을 강요당했다. 중세 장인이 항상 고용상태에 있었다고 생각할 만한 정당한 근거는 존재하지 않는다. 그리고 현재 유럽에서 가장 고질적으로 단속적인 고용은 중세적 방식에 가장 근접한 서유럽의 비농업부문, 그리고 중세적 전통이 가장 강력한 동부와 남부 유럽의 산업부문에서 발견된다.[14]

여러 분야에서 실질적으로 1년 단위로 고용되는 피고용자들의 비율이 지속적으로 증가하고 있다. 예를 들어 가장 빠르게 성장하는 운송관

---

14) 여기서 필자의 관찰에 따른 사례를 언급해도 좋을 것이다. 팔레르모(이탈리아 시칠리아 주의 주도—옮긴이)에는 장인과 후원자 사이에 준봉건적 관계가 존재한다. 각각의 목수나 재단사에게는 일감을 제공해주는 하나 이상의 후원 가문이 있다. 그리고 제대로 처신하기만 한다면 그는 실질적으로 경쟁에서 안전하다. 대규모의 불경기 파동은 없으며, 신문은 실직자의 고통에 대한 기사로 도배되는 법이 결코 없다. 왜냐하면 그들의 영업사정은 거의 변하지 않기 때문이다. 그러나 경기가 가장 좋을 때 팔레르모에서 실직상태에 있는 장인의 비율은 최근 최악의 불경기에 잉글랜드에서보다 더 높다. 『경제학 원리』 2, 제 VI편, 제13장, 10에서 고용의 단속성에 대해 추가 언급한다.

런 업종에서는 일반적인 원칙이 1년 단위 고용인 경우가 많다. 그리고 이러한 업종은 제조업이 19세기 전반을 대표하는 산업이었던 것처럼 어떤 의미에서는 19세기 후반을 대표하는 산업이다. 그리고 비록 초고속 발명, 유행의 변덕 그리고 무엇보다도 신용의 불안정성이 현대 산업에 교란요인을 개입시켰음이 틀림없을지라도, 이후에 설명하겠지만 다른 영향이 반대 방향으로 강력하게 작용하고 있다. 따라서 고용의 단속성이 전체적으로 증가하고 있다고 생각할 만한 정당한 근거는 존재하지 않는다.

제13장 진보와 생활수준

1 제III편에서 활동과 관련해 욕구를 검토할 때 밟았던 사고의 노선을 좀더 따라가보자. 우리는 거기서 경제진보의 진정한 기조는 새로운 욕구보다는 새로운 활동의 발전이라고 생각할 만한 근거를 보았다. 이제 우리 세대에 특별히 긴급한 문제를 검토해보자. 생활방식의 변화와 수입률의 변화 사이에는 어떤 관계가 있으며, 어느 하나를 어느 정도까지 다른 하나의 원인으로서 그리고 결과로서 간주해야 하는가?

생활수준이라는 용어는 욕구에 맞게 조정된 활동의 수준을 의미하는 것으로 받아들인다. 따라서 생활수준의 향상은 지성, 활력 그리고 자주성의 향상을 함축한다. 그것은 좀더 세심하고 신중한 지출을 인도하고, 식욕을 채워주지만 건강에 도움이 되지 않는 음식과 음료, 그리고 육체적으로나 도덕적으로나 불건전한 생활방식을 피하도록 인도한다. 전 국민의 생활수준 향상은 국민배당을 대폭 증가시키고, 각 계층이나 각 업종에 돌아가는 몫을 크게 증가시킬 것이다. 특정 업종이나 계층의 생활수준 향상은 그들의 효율성, 따라서 실질임금을 상승시킬 것이다. 그것은 국민배당을 소폭 증가시킬 것이며, 다른 업종이나 계층은 그들의 용역을 효율성에 비해 다소 저렴한 비용으로 확보할 수 있을 것이다.

그러나 많은 학자들은 생활수준이 아니라 편의수준의 향상이 임금에 미치는 영향을 강조한다. 편의수준의 향상은 인위적 욕구의 단순한 증가를 의미할 것이며, 어쩌면 인위적 욕구에서 우세한 위치를 점하는 것은 저급한 욕구일지도 모른다. 물론 편의수준이 폭넓게 개선되면, 생활

양식이 개선되고 새로운 고차원적인 활동의 길이 열릴 수 있다는 것은
사실이다. 지금까지 필수재도 생활의 품위도 누리지 못했던 사람들은,
편의수준에 대해 아무리 저급하고 물질 중심적인 견해를 가지고 있을지
라도, 편의수준의 향상으로 약간이나마 활력과 활기의 상승을 얻게 마
련이다. 그렇게 편의수준의 향상은 생활수준의 향상을 수반할 것이다.
그리고 그런 경우에 한해서 그것은 국민배당을 증가시키고, 주민의 생
활조건을 개선하는 경향이 있다.

그런데 현대와 과거의 일부 학자들은 이상의 설명을 넘어서, 욕구의
단순한 증가가 임금을 상승시키는 경향이 있다는 것을 암시했다. 그러
나 욕구증가의 유일한 직접효과는 사람들을 과거보다 더 비참하게 만드
는 것이다. 그리고 만일 욕구의 증가가 활동을 확대하거나 생활수준을
향상시키는 데 미치는 가능한 간접효과를 무시한다면, 그것은 노동공급
의 감소를 통해서만 임금을 상승시킬 수 있다. 이 문제를 좀더 긴밀하게
검토해보자.

2 이미 지적했듯이, 만일 식량을 쉽게 수입할 수 없는 국가에서 인구
가 여러 세대에 걸쳐 기하급수적으로 증가한다면, 천연자원에 투입된
노동과 자본의 총생산물은 각 세대의 양육훈련 경비를 겨우 보전할 것
이다. 국민배당의 거의 전부가 노동에 귀속되고, 자본가나 지주에게 배
분되는 몫이 거의 없다고 가정할지라도 여전히 마찬가지일 것이다.[1] 만
일 노동에 대한 배분이 위에서 언급한 수준에 미치지 못한다면, 실제로
양육훈련 경비가 축소되지 않는 한, 인구증가율은 감소할 수밖에 없다.
그렇지만 양육훈련 경비가 축소되면 그 결과로 효율성이 떨어지고, 국
민배당이나 수입도 감소할 것이다.

실제로는 인구의 고속성장이 좀더 빠르게 억제될 것이다. 왜냐하면
사람들은 일반적으로 소비를 단순한 필수재에 국한시키려 하지 않을 것
이기 때문이다. 가계소득의 일부는 생계와 효율성 유지에 거의 기여하

---

1) 『경제학 원리』 2, 제VI편, 제2장, 2, 3; 『경제학 원리』 1, 제IV편, 제4장, 제5장;
『경제학 원리』 2, 제VI편, 제4장을 보라.

지 않는 만족을 위해 지출될 것이 거의 확실하다. 다시 말하면 생계와 효율성의 유지를 위해 필요한 수준을 다소 상회하는 편의수준의 유지는, 가계지출이 말이나 노예의 양육훈련에 지출되는 것과 동일한 원리를 따른다고 상정하는 경우에 비해 좀더 이른 단계에서 인구증가를 억제할 수밖에 없다. 이러한 유추를 좀더 진전시켜보자.

노예는 최대한의 효율성을 위한 세 가지 필수재——희망, 자유 그리고 변화[2]——를 쉽게 수중에 넣을 수 없다. 그러나 약삭빠른 노예주들은 약품을 제공하는 것과 같은 원리로 조야하나마 음악과 기타 오락을 장려하기 위해 약간의 수고와 비용을 감수하는 것이 보통이다. 왜냐하면 노예에게 우울함은 질병이나 보일러의 노(爐)를 막히게 하는 재처럼 파괴적이라는 것을 경험이 보여주기 때문이다. 이제 만일 노예의 편의수준이 상승해서 고가의 편의재와 심지어 사치재를 제공해주지 않는 한 체벌과 생명의 위협도 노예에게 노동을 강요하지 못할 정도가 된다면, 노예는 그러한 편의재와 사치재를 얻게 될 것이다. 그렇지 않다면 사료를 구하지 못하는 말 품종이 사라지는 것처럼 노예는 사라질 것이다. 그리고 만일 노동의 실질임금이 실제로 100년 전 잉글랜드에서 그랬던 것처럼 주로 식량을 확보하기 어려워서 억제되었던 것이 사실이라면, 노동계층은 스스로 수를 줄여 수익체감의 압박에서 벗어났을 것이다.

그러나 현재 그러한 압박은 존재하지 않기 때문에 그들은 그렇게 할 수 없다. 1846년 곡물법 폐지는 북아메리카, 남아메리카 그리고 오스트레일리아의 방대한 농업지대와 바다를 연결시켜주는 철도 개설의 여러 원인들 가운데 하나였다. 가장 유리한 환경에서 재배된 밀이 가족을 부양하기에 충분한 양만큼 잉글랜드의 노동자에게 공급되었고, 그 총비용이 임금에서 차지하는 비중은 작았다. 인구증가는 좀더 효율적인 노동과 자본이 협력해 인간의 욕구를 충족시킬 수 있는 새로운 기회를 많이 제공한다. 따라서 새로운 개발을 위해 필요한 자본스톡이 충분히 빠르

---

2) 『경제학 원리』 1, 제IV편, 제5장, 4를 보라.

게 증가한다는 조건 아래서, 인구증가는 다른 측면에서 임금을 하락시키는 만큼 어떤 측면에서는 임금을 상승시킬 것이다. 물론 잉글랜드 사람들이 수익체감의 법칙에 영향을 받지 않는 것은 아니다. 그들은 광활한 처녀 목초지 인근에 있었을 때만큼 적은 노동으로 식량을 확보할 수는 없다. 그러나 이제 식량비용은 신생국에서의 곡물공급에 따라 주로 규정되기 때문에 자국 인구의 증감에 의해 크게 영향을 받지 않을 것이다. 만일 그들이 수입식량과 교환될 수 있는 재화를 좀더 효율적으로 생산한다면 잉글랜드 인구가 빠르게 증가하든 그렇지 않든, 낮은 실질비용으로 식량을 획득할 것이다.

전 세계의 밀밭이 완전경작될 때(또는 잉글랜드 항으로의 식량의 자유수입이 차단된다면, 그 이전에) 인구증가는 실제로 임금을 하락시키거나, 계속적인 생산기술의 개선으로 상승했을 임금의 상승을 억제할 것이다. 그리고 이러한 경우에 편의수준의 향상은 단지 인구증가를 저지함으로써 임금을 상승시킬 수도 있다.

그러나 현재처럼 다행스럽게도 풍부한 수입식량이 잉글랜드 사람들에게 제공되는 동안, 그들의 편의수준 향상은 인구 수에 대한 작용만으로는 임금을 상승시킬 수 없다. 그리고 더 나아가 잉글랜드보다 자본 흡수력이 더 큰 국가에서 획득할 수 있는 수준 이하로 자본에 대한 이윤율을 억제하는 조치에 따라 임금이 상승한다면, 그것은 잉글랜드의 자본축적을 억제할 뿐만 아니라 외국으로의 자본도피를 촉진할 것이다. 이 경우 잉글랜드의 임금은 외국에 비해 절대적으로나 상대적으로나 감소할 것이다. 그러나 편의수준의 향상이 큰 폭의 효율성 향상을 초래한다면 이 경우에는——인구증가를 동반하든 하지 않든——국민배당이 인구에 비해 상대적으로 증가하고, 지속적으로 실질임금이 상승할 것이다. 노동자 수가 10분의 1 감소할 때 각 노동자가 이전과 동일한 작업량을 수행한다면, 임금은 현저하게 상승하지 않을 것이다. 반면에 각 노동자가 수행하는 작업량이 10분의 1 감소할 때, 노동자 수가 일정하다면, 임금은 일반적으로 10분의 1 줄어들 것이다.

이러한 논의는 물론 단단한 소규모 노동자집단이 노동공급을 제한함으로써 공동체의 다른 구성원을 희생시켜 일시적으로 임금을 인상시킬 수 있다는 믿음과 모순되지는 않는다. 그러나 그러한 전략이 장기간 성공하는 경우는 거의 없다. 그들이 이득을 공유하려는 사람들에 대항해서 세운 반사회적 장애물이 아무리 강력할지라도, 침입자들은 장애물 위로 또는 장애물 아래로 또는 장애물을 돌파해서 끼어들 방법을 찾게 마련이다. 다른 한편 단단한 소규모집단이 생산에서 부분적 독점력을 가지고 있다고 생각했던 재화들을 다른 방법으로 또는 다른 장소로부터 획득하기 위해 발명하기 시작한다. 그리고 그들에게 훨씬 더 위협적인 것은, 거의 동일한 욕구를 만족시켜주면서 그들의 노동을 전혀 사용하지 않는 새로운 재화들이 발명되고, 일반적으로 보급되는 것이다. 그렇게 독점력을 약삭빠르게 활용하려고 분투했던 사람들은 조만간 동종의 노동공급이 축소되는 것이 아니라 역으로 확대되는 것을 발견하게 될 것이다. 반면에 그들의 노동에 대한 총수요는 축소된다. 이 경우에 그들의 임금은 폭락한다.

3 산업효율성과 노동시간의 관계는 복잡하다. 만일 노동강도가 아주 크다면 사람은 장시간의 노동에 너무 지쳐 최선의 상태에 있는 경우가 드물고, 최선의 상태에 크게 미치지 못하는 경우가 많으며, 심지어 빈둥거리기 쉽다. 비록 보편적이지는 않지만 일반적으로 그의 노동강도는 시간급을 받을 때보다 성과급을 받을 때 더 크다. 그리고 이것이 사실이라면, 개수임금이 지배적인 부문에서는 노동시간을 단축하는 것이 적합하다.[3]

---

3) 이러한 사실은 의문의 여지가 많은데, 그 이유는 부분적으로 개수임금이 산업별로 편차가 크고, 그것에 대한 가장 상세한 지식을 가진 사람들이 편견을 갖게 되기 쉽기 때문이다. 개수임금이 노동조합에 의한 단체교섭에 포함될 때 설비개선의 1차 효과는 실질임금을 상승시키는 것이다. 그리고 다른 직종에서 동일한 난이도와 책임을 요하는 노동에 의해 획득되는 임금과 일치시키기 위해 개수임금의 임금률 재조정을 요청하는 부담은 고용주에게 넘겨진다. 이러한 경우에 개수임금은 일반적으로 피고용자에게 유리하다. 그리고 광업의 어떤 종류의

노동시간, 작업의 성격, 작업이 행해지는 물리적 조건 그리고 노동에 대한 보상방식이 육체나 정신 또는 양자 모두의 심각한 소모를 야기하고 생활수준을 떨어뜨릴 때, 그리고 효율성을 위한 필수재에 속하는 여가, 휴식 그리고 안정이 부족할 때 노동은 사회 전반의 관점에서 지나치게 낭비된다. 그것은 마치 말과 노예를 지나치게 부리거나 그들에게 음식을 충분히 제공하지 않는 것이 개별자본가의 관점에서 지나치게 낭비를 유발하는 것과 마찬가지다. 이러한 경우에 적당한 노동시간 단축은 국민배당을 감소시키겠지만, 그것은 일시적이다. 왜냐하면 향상된 생활수준이 노동자들의 효율성에 충분한 효과를 미칠 만큼의 시간이 경과하면, 활력·지성·성격의 힘이 향상되어 단축된 시간 내에 이전과 동일한 작업량을 소화할 수 있을 것이기 때문이다. 따라서 적당한 노동시간 단축은, 체력을 회복시키기 위해 병든 노동자를 입원시키는 것과 마찬가지로, 물적 생산의 관점에서도 궁극적으로 손실이 아닐 것이다. 다가오는 세대는, 적어도 충분한 규모의 물적 부를 후손에게 물려주는 것만큼이나, 남성들 특히 여성들을 과도한 노동에서 구하는 것에 관심이 있을 것이다.

이러한 논의는 새로운 휴식과 여가가 생활수준을 향상시킨다고 상정한다. 그리고 우리가 지금 고려하고 있는 과도한 노동의 극단적 경우에 그러한 결과가 뒤따를 것이 거의 확실하다. 왜냐하면 이 경우에는 단순한 긴장완화가 향상의 일보를 내딛기 위한 필요조건이기 때문이다. 가

작업에서처럼 피고용자들의 조직이 튼튼하다면, 그들은 일정치 않은 작업과 관련해서도 개수임금에 찬성한다. 그러나 많은 다른 경우에 개수임금은 노동자들에게 불리하다는 의혹을 불러일으킨다. 제13장, 8을 보라. 슈몰러에 따르면, 노동자의 종류, 산업의 성격 그리고 기술에 따라 달라지긴 하지만, 개수임금은 산출량을 20퍼센트에서 100퍼센트까지 증가시키는 것으로 추정된다. 그의『국민경제학』, 208쪽을 보라. 어떤 산업에서는 노동자들이 성과급을 환영하고, 다른 산업에서는 일반적으로 반대하도록 이끄는 원인들에 대한 시사적이고 상세한 설명은 콜(G. D. H. Cole)의 『임금의 지불』(*The payment of wages*, 1918), 제2장에서 제공된다.

장 낮은 등급의 성실한 노동자들이 격렬하게 노동하는 경우는 흔치 않다. 그러나 그들은 체력이 아주 약하다. 그리고 그들 중 다수가 너무 무리하고 있어서, 지금처럼 노동시간이 긴 상황에서 그들이 하룻동안 수행한 작업량은 가까운 미래에 좀더 짧은 시간 내에 가능해질 것이다.[4]

어떤 산업부문에서는 고가의 설비를 현재 1일 9시간 내지 10시간 가동하고 있는데, 8시간 또는 그 이하의 2교대제를 점차적으로 도입하는 것이 유리할 수 있다. 이러한 변화는 점진적으로 도입될 필요가 있다. 왜냐하면 교대제가 적합한 모든 작업장과 공장에서 그 방법을 일시에 채택할 수 있을 만큼 현존하는 숙련노동이 충분하지 않기 때문이다. 그러나 어떤 종류의 기계는 마모되거나 진부해지면 소규모로 교체될 수도 있다. 반면에 1일 10시간 가동을 위해서는 수익성 있게 도입할 수 없는 많은 새로운 기계들을 1일 16시간 가동을 위해서는 도입할 것이다. 그리고 일단 도입되면, 그것들은 개선될 것이다. 그렇게 생산기술은 좀더 빠르게 진보할 것이며, 국민배당은 증가할 것이다. 노동자는 자본의 성장을 저해하지 않고, 임금이 좀더 낮은 국가로의 자본도피를 촉진하지 않으면서도 좀더 높은 임금을 받을 수 있을 것이다. 그리고 사회의 모든 계층은 이러한 변화로 혜택을 입을 것이다.

이러한 고려의 중요성은 해마다 더 분명해진다. 기계의 경비가 상승하고, 기계가 진부화되는 속도가 증가함에 따라, 지치지 않는 철과 강철을 24시간 중에서 16시간 동안 놀리는 데 따른 낭비는 지속적으로 체증한다. 어느 나라에서나 교대제의 도입은 순생산을 증가시키고, 따라서 각 노동자의 임금을 상승시킬 것이다. 왜냐하면 그의 총산출에서 기계, 설비, 공장지대 등에 대한 제반비용 명목으로 공제해야 할 부분이 전보

---

4) 잉글랜드의 산업사는 노동시간의 변화가 산출량에 미치는 영향과 관련해서 가장 다양하고, 가장 명확하고, 일반적으로 가장 시사적인 실험의 예를 제공한다. 그러나 이 주제에 대한 국제적인 연구는 독일에서 주로 실시된 것처럼 보인다. 예를 들어 베르나르트(Bernard)의 『노동시간 단축에 따른 노동강도의 상승』 (*Höhere Arbeitsintensität bei Kurzeren Arbeitszeit*, 1909)을 보라.

다 훨씬 적기 때문이다. 특히 작업의 정밀도에서 당할 자가 없고, 지속적인 활력에서 모두를 능가하는 앵글로색슨 장인들은 1일 8시간만 근무하더라도 기계를 1일 16시간 동안 완전 가동한다면 어떤 국가의 노동자보다도 순생산을 더 크게 증가시킬 것이다.[5)]

그러나 노동시간 단축에 대한 이러한 특수한 제안은 고가의 설비를 사용하거나 사용할 수 있는 업종에만 적용되며, 그리고 많은 경우에, 예를 들어 일부 광산과 일부 철도부문에서는 설비를 거의 영구적으로 가동시키기 위해 교대제를 이미 실시하고 있다는 것을 반드시 기억해야 한다.

따라서 노동시간 단축이 즉각적으로 산출량을 감소시키고, 1인당 평

---

5) 이 주제에 관한 전반적인 설명은 『이코노믹 저널』, 제19권에 발표된 채프먼(S. J. Chapman)의 영국학술협회에서의 1909년 강연을 보라.

2교대제는 잉글랜드보다는 유럽대륙에서 더 많이 사용된다. 그러나 유럽대륙에서 2교대제는 의미 있는 실험이 아니다. 왜냐하면 노동시간이 너무 길어서 2교대제는 거의 밤샘작업을 수반하기 때문이다. 그리고 부분적으로 야간에 작업한 사람들은 주간에 완전히 휴식하지 못하기 때문에, 야간작업은 주간작업보다 훨씬 열악하다. 의심할 여지없이 2교대제에 대해 어떤 실행상의 난점을 제기할 수 있다. 예를 들어 기계가 고장나지 않도록 정비하는 책임을 두 사람이 공유하는 경우는, 한 사람이 기계를 전체적으로 관리하는 경우에 비해 기계가 잘 관리되지 않는다. 또 수행된 작업의 결함에 대한 책임을 결정하는 데는 때때로 어려움이 따른다. 그러나 이러한 어려움은 기계와 작업을 두 파트너에게 책임 지움으로써 대부분 극복될 수 있다. 또 1일 16시간 노동에 맞게 관리태세를 재조정하는 데 다소 어려움이 있을 것이다. 그러나 고용주와 십장은 이러한 어려움을 극복 불가능한 것으로 생각하지는 않는다. 그리고 처음에는 노동자들이 2교대하는 것에 반감을 느끼지만 곧 극복한다는 것을 경험이 말해준다. 한 교대조가 정오에 작업을 마치면, 다른 교대조가 작업을 시작할 수 있을 것이다. 어쩌면 좀 더 나은 방법으로는 첫 번째 교대조가 예컨대 오전 5시에서 오전 10시까지 그리고 오후 1시 30분에서 오후 4시 30분까지 작업하고, 두 번째 교대조가 오전 10시 15분에서 오후 1시 15분까지 그리고 오후 4시 45분에서 오후 9시 45분까지 작업할 수도 있을 것이다. 그리고 두 교대조는 주말마다 또는 월말마다 자리를 바꿀 수도 있을 것이다. 만일 값비싼 기계의 막강한 힘이 모든 육체노동 부문으로 확대되어 노동시간을 8시간 이하로 크게 단축할 수 있도록 그 영향력을 완전히 발휘한다면, 전반적으로 2교대제를 채택할 필요가 있을 것이다.

균작업량을 과거 수준으로 상승시킬 정도의 효율성향상을 조속히 가져다주지 못할 것이 확실한 업종들이 많이 남아 있다. 이러한 경우에 노동시간단축은 국민배당을 감소시킬 것이다. 그리고 그에 따른 물적 손실은 대부분 노동시간이 단축된 노동자들에게 귀착될 것이다. 어떤 업종에서는 노동력 부족이 사회의 다른 부문의 희생으로 장기간 임금을 상승시킬 것이다. 그러나 대체로 노동의 실질가격이 상승하면 부분적으로 대체재 사용의 증가를 통해서 그 제품에 대한 수요는 감소할 것이며, 조건이 열악한 업종에서 신규노동이 급격하게 유입될 것이다.

4 임금은 단순히 노동공급을 제한함으로써 인상될 수 있다는 통상적인 믿음이 생명력을 갖게 되는 근거를 검토해보자. 우선 첫째로 변화의 즉각적 효과와 영속적 효과가 아주 다르고, 심지어 종종 대립된다는 것을 이해하기란 쉽지 않다. 시가철도 회사의 예를 들어보자. 회사의 사무실 밖에서 일자리를 찾는 유능한 사람들이 있을 때 이미 일자리를 가지고 있는 사람들은 임금인상을 위한 투쟁보다는 직장 유지에 더 골몰한다. 반면에 그들이 떠나고 나면, 고용주들은 임금인상 요구에 저항할 수 없다. 만일 시가철도 직원의 노동시간이 단축되고 현행 노선에서 전차의 운행거리가 감소하지 않는다면, 아마도 더 높은 시간급에 그리고 어쩌면 더 높은 일급에 좀더 많은 사람들을 반드시 고용해야 할 것이다. 사업을 중단하면 얻을 게 아무것도 없으며, 어떤 사람이 수행한 작업량이 많으면 많을수록 다른 사람에게 남겨진 작업량은 줄어들기 때문에 어떤 사업, 예를 들어 주택이나 선박의 건설이 일단 착수되면 어떤 비용을 치르더라도 반드시 완료되어야 한다. 사람들은 이러한 단기적인 결과를 익히 알고 있다.

그러나 눈에는 덜 띄지만 고려할 필요가 있는 좀더 중요한 다른 결과들이 있다. 예를 들어 시가철도 종업원들과 건설직공들이 노동을 인위적으로 제한한다면 시가철도 확장은 억제될 것이며, 시가철도를 건설하고 운영하는 데 좀더 적은 사람들이 고용될 것이며, 시가전차를 이용했을 많은 노동자들과 일반인들이 시내에 걸어 들어올 것이며, 교외에서 정원과 신선한 공기를 누렸을 많은 사람들이 시가지에 **빽빽**하게 몰려 살 것이며, 특히 노동계층은 그렇지 않았더라면 확보했을 좋은 거주시설에 대한 임대료를 지불할 수 없을 것이며, 건설물량도 줄어들 것이다.

요컨대 노동을 제한함으로써 임금을 영속적으로 인상할 수 있다는 주장은 영속적으로 고정된 **작업기금**(work-fund), 즉 노동의 가격과 무관하게 수행되어야 할 일정한 작업량이 존재한다는 가정에 기초한다. 그러나 이러한 가정은 근거가 없다. 반대로 작업에 대한 수요는 국민배당에서, 그리고 국민배당은 작업에서 유래한다. 어떤 종류의 작업이 감소하면 다른 종류의 작업에 대한 수요도 감소한다. 그리고 만일 노동이 부족하다면 착수되는 사업도 줄어들 것이다.

또한 고용의 지속성은 산업·영업 조직에 의존하며, 공급자가 수요와 가격의 미래 움직임을 예측해서 적절하게 공급을 조절하는 것의 성공여부에 의존한다. 그러나 고용의 지속성은 1일 노동시간이 짧은 경우보다 긴 경우에 더 향상될 것이다. 그리고 실제로 2교대제가 동반되지 않은 상태에서 노동시간을 단축하면 값비싼 설비의 사용이 저해될 것이다. 고가의 설비가 존재할 때 고용주들은 공장을 폐쇄하는 데 크게 주저할 것이다. 거의 모든 인위적인 노동공급 제한은 갈등을 불러일으키며, 따라서 고용의 단속성을 완화하는 것이 아니라 강화하는 경향이 있다.

만일 외부의 경쟁을 배제할 수 있다면, 미장이나 제화공은 노동시간을 단축하든지 아니면 다른 방법으로 단순히 각자 수행하는 작업량을 줄임으로써 임금을 상승시킬 수 있는 좋은 기회를 갖게 될 것이 자명하다. 그러나 이러한 이득은 더 큰 비용을 대가로 치러야만 획득할 수 있다. 결국 한 나라의 모든 산업의 임금과 이윤의 원천인 국민배당에서 다른 사람들 몫의 집계손실이 그 이득보다 더 크다. 이러한 결론은 경험으로 입증되고 분석을 통해 논증되는 다음과 같은 사실에 의해 강화된다. 즉 노동조합 전략을 통해 임금인상을 획득한 가장 현저한 사례는, 노동에 대한 수요가 직접적이 아니라 많은 다른 산업부문과의 협력을 통해 생산되는 생산물에 대한 수요로부터 '파생되는' 산업부문에서 발견된다. 왜냐하면 어떤 부문이든 노동조합 전략에 능하다면 다른 부문으로 배분되어야 할 최종생산물 가격의 일정 몫을 흡수할 수 있기 때문이다.[6]

5　임금은 노동공급을 제한함으로써 일반적으로 그리고 영속적으로 인상될 수 있다는 믿음이 생명력을 갖게 되는 두 번째 원인을 검토해보자. 이 원인은 이러한 변화가 자본공급에 미치는 영향을 과소평가하는 것이다.

(예컨대) 미장이나 제화공의 산출량 제한으로 발생하는 손실의 일정 몫이 노동계층에 속하지 않는 사람들에게 전가된다는 것은 하나의 사실——그 일에 관한 한 중요한 사실——이다. 손실의 일부는 의심할 여지 없이 인적·물적 자본이 건설이나 구두제작에 매몰되어 있는 고용주와 자본가에게 전가된다. 그리고 다른 일부는 주택이나 구두의 부유한 사용자 또는 소비자에게 전가될 것이다. 그리고 만일 모든 노동계층이 노동의 유효공급을 제한함으로써 높은 임금을 획득하려고 시도한다면, 국민배당의 축소에서 기인하는 부담의 상당 부분이 의심할 여지없이 다른 계층, 특히 자본가들에게 전가될 것이다. 그러나 그것은 일시적일 뿐이다. 왜냐하면 자본투자에 대한 순수익의 현저한 감소는 자본의 신규 공급을 빠르게 해외로 몰아낼 것이기 때문이다. 이러한 위험과 관련해 사람들은 실제로 한 국가의 철도와 공장이 수출될 수는 없다고 반론을 제기하기도 한다. 그러나 해마다 거의 모든 재료와 상당 부분의 생산장비는 소비되거나, 마모되거나, 진부화되며 결국 대체되어야 한다. 그리고 이러한 대체 규모의 감소는, 그렇게 자유로워진 일부 자본의 수출과 결합해, 아마 2~3년 안에 그 국가의 노동에 대한 유효수요를 감소시킬 것이며, 그에 대한 반작용으로 임금은 일반적으로 현재 수준보다 크게 하락할 것이다.[7]

---

6)『경제학 원리』2, 제V편, 제6장, 2를 보라.

7) 예를 들어 설명해보자. 제화공과 모자를 만드는 사람이 노동시간의 전반적인 단축 전과 후에 동일한 시간을 일하고, 동일한 임금을 받으며, 동일한 등급에 속한다고 가정해보자. 그렇다면 변화가 있기 이전이나 이후에도, 모자를 만드

그러나 어떤 경우든 자본도피에 많은 어려움이 따르지 않을지라도 자본소유자는 국내투자를 선호하는데, 여기에는 감정적 선호뿐만 아니라 충분한 사업적 근거도 있다. 따라서 생활수준의 향상은 어떤 나라를 생활하기에 더욱 매력적인 곳으로 만들어주며 투자에 대한 순수익 감소가 자본수출을 야기하는 경향을 어느 정도 억제할 것이 분명하다. 그 반면 산출량 제한을 목적으로 하는 반사회적 수단을 통해 임금을 인상시키려는 시도는 부유층 일반, 특히 자본가계층을 외국으로 몰아낼 것이 분명하다. 그러나 자본가계층의 기업열과 난국을 극복하는 데서 느끼는 희열이야말로 노동계층에게 가장 중요하다. 왜냐하면 그들의 부단한 진취성은 국민적 리더십을 형성하며, 생산장비——생산장비는 효율성을 높여주고 국민배당의 성장을 유지해준다——의 공급증가를 촉진하면서 인간노동에 대한 실질임금 상승을 가능케 하기 때문이다.

어떤 방법으로 획득했든 임금의 전반적 상승은, 만일 전 세계에 걸쳐 이루어진다면, 한 국가에서 다른 국가로의 자본도피를 야기할 수 없다는 것도 사실이다. 그리고 주로 생산증가를 통해서, 그러나 부분적으로는 이자율의 전반적 하락과 가장 고차원적이고 가장 포괄적인 의미로 해석하더라도 노동·문화의 효율적인 수단을 공급하기 위해 필요한 수준을 넘는 소득의 상대적——절대적은 아닐지라도——감소의 결과로, 육체노동의 임금이 장래에 전 세계적으로 상승할 것으로 기대된다. 그러나 효율성을 증진시키기보다는 오히려 저하시키는 수단으로 편의수

는 사람은 1개월 임금으로 제화공의 1개월 작업의 순생산에 상당하는 구두를 구매할 수 있다(『경제학 원리』2, 제Ⅵ편, 제2장, 7을 보라). 제화공의 작업시간이 과거보다 줄어들고, 따라서 작업량이 감소한다고 해보자. 이 경우 고용주와 그의 자본이 2교대제를 통해 두 노동자 집단에 대해 이윤을 획득하거나 그의 이윤이 산출량 감소분만큼 삭감될 수 없는 한, 제화공의 1개월 노동의 순생산은 축소될 것이다. 그러나 마지막 가정(고용주의 이윤이 산출량 감소분만큼 삭감될 수 있다는 가정─옮긴이)은 자본과 경영자원의 공급을 규정하는 원인에 대한 우리의 지식과 모순된다. 따라서 모자 만드는 사람의 임금은 과거만큼 구두를 구매하지 못할 것이다. 다른 업종들도 모두 마찬가지다.

준을 높이는 임금인상 방법은 너무 반사회적이고 근시안적이어서 즉시 반동을 불러일으킨다. 이러한 방법이 세계의 상당히 넓은 지역에 걸쳐 채택될 가능성은 거의 없을 것이다. 만일 몇몇 국가들이 그러한 방법을 채택한다면, 다른 국가들은 생활수준과 효율성을 향상시키는 쪽으로 정진해서 저급한 제한적 정책을 추구하는 국가들로부터 자본과 가장 유능한 인력을 대대적으로 신속하게 유인할 것이다.

6 이러한 논의에서는 일반적 추론에 충실할 필요가 있다. 왜냐하면 직접적으로 경험에 호소하는 것이 어려울 뿐만 아니라 경솔하게 처신한다면 오해만 불러일으킬 수 있기 때문이다. 우리가 임금과 생산통계를 변화 직후에 관찰하든 변화 후 긴 기간에 관찰하든, 두드러진 사실은 많은 경우에 검토하려는 원인과는 다른 원인에서 유래할 가능성이 크다.

만일 노동시간단축이 성공적인 파업의 결과라면, 아마 파업을 선택한 시점은 노동자들의 전략적 지위가 우세한 때, 그리고 일반 경기조건이 좋아서 노동시간의 변화가 없었더라면 노동자들이 좀더 높은 임금을 획득할 수 있었던 때, 따라서 변화가 임금에 미치는 직접적 효과가 실제보다 더 유리해 보일 수 있는 때일 것이다. 또 준수해야 할 노동시간 단축 협약을 맺은 다수의 고용주들은 당분간 노동시간이 단축되었음에도 좀더 높은 임금을 제공할 것이다. 그러나 그것은 급작스러운 변화의 결과이며, 일시적인 성공에 불과하다. 그리고 방금 전에 언급했던 것처럼, 그러한 변화의 즉각적인 결과는 그 후에 일어나는 그리고 좀더 지속적인 변화와 정반대 방향일 것이다.

반면에 만일 노동자들이 과도한 노동을 하고 있었다면 노동시간단축이 그들의 건강을 즉시 회복해주지는 않을 것이다. 노동자들의 조건의 육체적·도덕적 개선, 그와 더불어 그에 따른 효율성 향상 및 임금상승은 한순간에 이루어지지 않을 것이다.

더 나아가 노동시간단축 이후 수년에 걸친 생산 및 임금통계는 국민경제 전반, 특히 해당 업종의 경기변화, 생산방식의 변화 그리고 화폐구매력의 변동을 반영한다. 그리고 노동시간단축의 효과를 분리하는 것

은 돌 하나를 던져 격렬한 바다의 파도에 미치는 효과를 분리하는 것처럼 어렵다.[8]

어떤 원인이 특정한 결과를 낳는 경향이 있는지의 문제와 그 원인이 그러한 결과를 반드시 수반하는지의 문제를 혼동하지 않도록 주의해야 한다. 저수지의 수문을 열면 저수지의 수위가 낮아지는 경향이 있다. 그러나 그동안 다른 쪽 끝에서 좀더 많은 물이 유입된다면, 수문을 개방해도 저수지의 수위는 상승할 수도 있다. 따라서 과도하게 노동하지 않고 2교대제의 여지가 없는 업종에서 노동시간단축은 산출량을 감소시키는 경향이 있을지라도, 부와 지식이 전반적으로 진보하면 노동시간단축이 생산증가를 수반할 가능성이 아주 클 것이다. 그러나 이러한 경우에 임금은 노동시간단축 결과로서가 아니라 노동시간단축에도 불구하고 상승할 것이다.

7 현대 잉글랜드에서 앞에서 논의했던 유형의 거의 모든 운동은 노동조합의 지도 아래 이루어졌다. 노동조합의 목표와 성과에 대한 완전한 평가는 이 책의 범위를 넘어선다. 그러한 평가는 반드시 연합조합 전반,

---

8) 예를 들어 오스트레일리아에서 1일 8시간 노동이 도입되는 역사를 지켜보면, 우리는 광산경기와 금의 공급, 목양업의 경기와 양모의 가격, 철도 등을 건설할 목적으로 오스트레일리아의 노동을 고용하기 위한 오래된 국가들로부터의 자본차입, 이민, 그리고 상업신용에서 커다란 변동이 있었음을 발견한다. 그리고 이 모든 것들은 오스트레일리아의 노동조건을 변화시키는 아주 강력한 원인이었기 때문에 총 10시간(식사시간을 제하고 순 $8\frac{3}{4}$시간)에서 순 8시간으로의 노동시간단축 효과를 완전히 압도하고, 가려서 보이지 않게 만들었다. 노동시간단축 이전에 비해 오스트레일리아에서 화폐임금은 대폭 감소했다. 그리고 비록 화폐의 구매력은 상승하고, 따라서 실질임금이 하락하지 않았다는 것이 사실일지라도, 오스트레일리아의 노동의 실질임금이 노동시간단축 이전만큼 잉글랜드의 그것보다 높지 않다는 점은 의심의 여지가 없는 것으로 보인다. 그리고 오스트레일리아의 실질임금이 그러한 변화가 발생하지 않았을 경우보다 더 낮지 않다는 증거도 없다. 변화 직후 오스트레일리아가 겪은 경기후퇴는 주로 무모한 신용팽창에 뒤이어 발생한 일련의 가뭄에서 유래했던 것은 의심의 여지가 없다. 그러나 노동시간단축의 경제적 효율성을 지나치게 낙관적으로 평가하는 부차적 요인도 있었던 것처럼 보인다. 이러한 낙관적 견해 때문에 아직 여건이 성숙되지 않은 산업에서도 노동시간단축이 조급하게 이루어졌다.

경기변동 그리고 해외무역에 대한 연구에 기초해야 한다. 그러나 여기서 생활수준, 노동조건, 임금수준과 가장 밀접하게 관련된 노조의 정책에 대해서는 약간 언급하는 것도 좋을 것이다.[9]

산업의 가변성 및 유동성 증가는 특정 세대의 어떤 노동자집단의 수입 및 산업정책이 다음 세대 동일집단의 효율성과 수익능력에 미치는 선악 양면의 영향을 파악하기 어렵게 만든다.[10] 요즘에는 젊은 가족 구성원의 양육훈련 경비의 지출원인 가계소득이 단일 업종에서 나오는 경우는 드물다. 자식들이 부친과 동일한 직종을 택하는 경우는 이전에 비해 감소했다. 특정 직종의 수입으로 양육된 자식들 중에서, 강하고 근면한 자식들은 다른 직종에서 좀더 많은 수입을 구하려 할 것이다. 반면에 나약하고 방종한 자식들은 조건이 더 열악한 직종으로 하향 이동할 것이다. 따라서 특정 노동조합이 구성원의 임금을 인상시키기 위해 들인 노력이 그러한 높은 임금으로 양육한 세대의 생활수준과 노동조건을 개선하는 데 좋은 성과를 가져다 주었는가 하는 문제에 경험의 시금석을 집중하는 것은 더욱더 어려워지고 있다. 그러나 대체적인 진상이 분명히 드러난다.

잉글랜드 노동조합의 본래 목표는 임금률에 대해서만큼 생활수준과도 밀접한 관련이 있었다. 노동조합은 최초의 거대한 추진력을 다음과 같은 사실, 즉 가상의 이익을 목적으로 임금을 규제하기 위한 고용주들 간의 연합이 법률에 의해 일부는 직접적으로 일부는 간접적으로 지지되었던 반면, 피고용자들 간의 유사한 연합은 가혹한 형벌로 법률에 의해 금지되었다는 사실에서 끄집어냈다. 이러한 법률은 임금을 어느 정도

---

9) 노동조합에 대한 간략한 잠정적 서술은 필자의 『경제학요론』(*Elements of Economics*, 1892)의 I권에 첨부되어 있다. 『경제학요론』은 노동조합에 대한 서술을 제외하면 이 책의 요약본에 해당한다. 그리고 노동조합의 목표와 방법에 대한 설명은 1983년 노동위원회 최종보고서에 제시되어 있으며, 이러한 설명은 비범한 능력과 경험을 가진 고용주와 노조 지도자의 협력의 산물로서 비길 데 없는 권위를 가지고 있다.

10) 『경제학 원리』2, 제VI편, 제3장, 7; 제5장, 2를 참조하라.

억눌렀지만, 무엇보다도 노동자의 역량과 성격의 풍부함을 훨씬 더 크게 억눌렀다. 그의 시야는 일반적으로 너무 한정되어 있었으며, 국가적 문제에 대한 예리하고 이성적인 관심으로 자신의 문제에서 충분히 벗어날 수 없었다. 따라서 그는 자신, 가족 그리고 이웃과의 직접적 관계를 제외하면 세상사에 거의 무관심했으며, 거의 생각조차 하지 않았다. 자신의 직장에서 다른 사람들과 연합할 수 있는 자유는 그의 시야를 넓혀주고, 생각해야 할 좀더 큰 문제들을 제공해줄 것이다. 그것은 사회적 책임의 기준을 향상시켜줄 것이다. 물론 이러한 책임은 상당 부분 계급 이기주의에 물들어 있었다. 그렇게 고용주들이 자유롭게 연합해 행할 수 있는 모든 것에 대항해서 노동자들도 자유롭게 연합해 대응할 수 있어야 한다는 원칙을 위한 초기의 투쟁은 임금인상을 위한 투쟁만큼이나 실제로 진정한 자주성 및 광범위한 사회적 관심과 부합하는 생활의 조건을 획득하려는 노력이었다.

투쟁의 이러한 분야에서 승리는 완전했다. 노동조합의 힘을 통해 숙련장인들 그리고 심지어 많은 비숙련노동자계층도 대형국가의 외교에서 목격되는 것과 동일한 침착함, 자제력, 위엄 그리고 선견을 가지고서 고용주들과 교섭할 수 있게 되었다. 그들은 단순히 공격적인 정책은 어리석은 정책이며, 물리적 수단의 주요한 역할은 이로운 평화를 유지하는 것임을 일반적으로 깨닫게 되었다.

사소한 일에 활력을 낭비하지 않으려는 강한 바람이 있기 때문에, 영국의 여러 산업에서 임금조정을 위한 노사협의제는 견실하면서도 원활하게 작동하고 있다. 어떤 피고용자가 자신의 노동과 그 보수에 대해 고용주 또는 십장이 내린 판단에 이의를 제기할 때, 고용주는 우선적으로 노동조합의 서기를 중재자로 불러들인다. 보통 고용주는 그의 판결을 받아들인다. 물론 그것은 피고용자에 의해서 반드시 수용되어야 한다. 이러한 개인적 분쟁 이면에 노사협의회가 분명한 합의에 도달하지 못하는 원칙의 문제가 존재할 경우, 문제는 고용주단체 및 노동조합 서기들의 회의를 통해 협의될 수 있다. 만일 그들이 합의에 도달할 수 없다면 문제는 노사협의회로 넘겨질 수도 있다. 끝으로 쟁점이 되는 문제가 너무 중요해서 어느 쪽도 양보하지 않는다면, 파업이나 공장폐쇄를 통해 힘에 의해 최종적으로 결정된다. 그러나 심지어 이 경우에도, 조직화된 노동조합의 수세대에 걸친 바람직한 기여가 쟁의행위에서 보여진다. 이 경우 쟁의는 일반적으로 1세기 전의 고용주와 피고용자 사이의 투쟁과 방법상 차이가 있으며, 마치 현대문명 국민들 간의 명예로운 전쟁이 야만인들 간의 잔혹한 게릴라전과 다른 것과 같다. 국제노동회의에서 영국의 대표단을 구별짓는 것은 무엇보다도 단호한 의지를 포장하는 자제력과 절제된 태도다.

그러나 노동조합의 역할이 아주 중요하다는 바로 그 사실이 노동조합에 대해 그에 상응하는 의무를 부과한다. 노블레스 오블리주.* 어떤 사람들이 특수한 수단을 통해 임금을 인상시킬 수 있는 힘을 과장할 때, 특히 그러한 수단이 반사회적 요소를 포함하고 있을 때 노동조합은 당연히 그들에게 의혹의 눈초리를 보내야만 한다. 실제로 비난을 받지 않는 운동은 거의 없다. 거의 모든 위대한 선의의 노력에는 다소 파괴적인 힘이 매복하고 있다. 그러나 우리는 악에서 모든 광택을 제거해야 하며, 그것을 면밀하게 검토해야만 한다. 그렇게 함으로써 악을 억압할 수 있을 것이다.

8 노동조합이 평등한 조건으로 고용주들과 교섭할 수 있는 힘을 획득하는 주된 수단은 특정 종류의 1시간 노동 또는 특정 종류의 작업량에 지불되어야 할 표준임금과 관련된 '공통규약'(common rule)이다. 관습 그리고 다소 효과가 적지만 치안판사에 의한 임금산정은 노동자가 임금을 인상하는 것을 억제했지만, 동시에 노동자가 극단적으로 압박받는 것을 막아주었다. 그러나 경쟁이 자유로워졌을 때 고립된 노동자는 고용주와의 교섭에서 불리한 입장에 놓였다. 스미스 시대에도 고용주들 사이에는 노동을 고용할 때 서로 가격경쟁을 하지 않는다는 데에 공식적이든 비공

---

* 높은 사회적 신분에 상응하는 도덕적 의무.

식적이든 일반적인 합의가 있었다. 그리고 시간이 흐르면서 단일기업이 종종 수천 명의 노동자를 고용할 때, 그러한 기업은 단독으로 소규모 노동조합보다 더 막강하고 응집된 교섭력을 갖게 되었다.

사실을 말하자면 서로 가격경쟁을 하지 말자는 고용주들의 합의와 양해가 보편적이지는 않았으며, 종종 무시되거나 파기되었다. 또 추가적인 노동자의 노동에서 유래하는 순생산이 지불해야 할 임금을 크게 상회할 경우, 배짱 좋은 고용주는 동료들의 분개를 무시하고 좀더 높은 임금을 제안해서 노동자들을 유인했던 것도 사실이다. 그리고 성장하는 산업지대에서 고용주들 간의 이러한 경쟁은 일정 규모 이상의 노동자들이 장기간 그들의 순생산보다 훨씬 낮은 임금수준에 머물러 있지 않도록 보장하기에 충분했던 것도 사실이다. 여기서 정상적인 효율성을 가진 노동자의 임금이 수렴하는 이러한 순생산은 정상적인 효율성을 가진 노동자의 순생산이라는 사실을 거듭 언명할 필요가 있다. 왜냐하면 **공통규약**의 극단적 시행을 주장했던 일부 사람들에 의해서 경쟁의 결과 효율적인 노동자의 임금이, 고용주가 고용할 유인을 거의 갖지 못할 만큼 비효율적인 노동자의 순생산과 균등화되는 경향이 있다는 의견이 실제로 제시되었기 때문이다.[11]

---

11) 노동조합의 지도자들이 여러 측면에서 사회복지에 미친 건전한 영향은 이 문제에 대한 오해 때문에 훼손될 수 있다. 그들은 보통 웹 부부(Mr. and Mrs. S. Webb)의 비중 있고 탁월한 저서 『산업민주주의』(*Industrial Democracy*, 1897)를 권위 있는 문서로 제시한다. 이 저서는 이러한 오해를 불러일으킬 만한 소지가 있다. 그들은 "우리가 '경제학자들의 평결'이라는 장에서 설명했듯이, '완전경쟁' 그리고 직업 간 완전 이동성 아래서, 임금의 공통수준이 전혀 고용되지 않기 직전에 있는 '한계노동자의 노동에서 유래하는 순생산'과 일치하는 경향이 있다는 것은 이제 이론적으로 증명되었다!"(710쪽)라고 말한다. 그리고 787쪽 이하에서 그들은 이러한 한계노동자를 산업상의 병자나 부랑자로 취급하면서 다음과 같이 말한다. "만일 완전경쟁 아래서 노동의 모든 유형의 임금이 전혀 고용되지 않기 직전에 있는 그 유형의 한계노동자의 추가노동에서 유래하는 순생산에 일치하는 경향이 있다면, 반드시 노동력 자체로부터는 아니더라도 경쟁적인 노동시장으로부터 부랑자를 제거하는 것은 한계적인 임금노동자의 능력을 향상시킴으로써 노동계층 전체의 임금을 상승시킬 것으

그러나 실상 경쟁은 이런 식으로 작용하지 않는다. 경쟁은 유사한 직종의 주간임금을 균등화시키는 것이 아니라 노동자의 효율성에 맞게 조절하는 경향이 있다. 만일 A가 B의 두 배에 해당하는 일을 한다면, 고용주가 추가적인 노동자를 고용할 가치가 있는지 망설이는 경우, A를 4실링에 고용하든 B를 2실링에 고용하든 마찬가지일 것이다. 그리고 임금을 규정하는 원인은 한계에서 4실링으로 A를 고용하는 경우를 주시하든 2실링으로 B를 고용하는 경우를 주시하든 마찬가지로 분명하게 드러난다.[12]

9 개략적으로 말해서 노동조합은 작업과 임금의 표준화에 기여하도록 공통규약을 활용함으로써, 특히 국가의 자원을 최대한 잘 활용해서 국민배당의 성장을 촉진하려는 허심탄회한 노력과 결합될 때, 국가뿐만 아니라 자신들에게도 이익이 된다고 말해도 좋을 것이다. 그들이 이러한 합리적인 방법으로 획득할 수만 있다면, 임금상승이나 생활 및 고용조건의 개선은 언제나 사회복지에 기여할 것이다. 그것은 기업활동을 실망시키거나 위축시키지 않을 것이며, 국민적 리더십에 가장 크게 기

로 보인다."

12) 이러한 조건에서 경쟁의 결과, 고용주는 A에게 B의 두 배에 달하는 임금을 기꺼이 지불하게 될 것이라고 말하는 것은 실제로는 자제된 표현이다. 왜냐하면 효율적인 노동자는 동일한 공장공간, 동일한 설비, 동일한 감독 아래서 비효율적인 노동자의 두 배를 생산하므로 고용주에게는 비효율적인 노동자의 임금의 두 배 이상의 가치가 있기 때문이다. 그는 실제로 세 배의 가치가 있을지도 모른다(『경제학 원리』 2, 제VI편, 제3장, 2를 보라). 물론 고용주는, 노조의 지지를 받는 비효율적인 노동자들이 그의 이윤율을 과대평가해 임금상승을 요구하거나 않을까 걱정되어, 효율적인 노동자에게 그의 순생산에 비례하는 임금을 지불하기를 꺼릴 수도 있다. 그러나 이 경우에, 좀더 효율적인 노동자에게 얼마나 더 지불할 만한 가치가 있는지 고려할 때, 고용주로 하여금 비효율적인 노동자의 순생산에 주목하게 하는 원인은 자유경쟁이 아니라 공통규약의 오용으로 생기는 자유경쟁에 대한 저항이다. 몇 가지 현대적 '이득분배' 계획안은 효율적인 노동자들의 임금을 그들의 진정한 순생산과 거의 균등하게, 즉 단순한 '개수'임금률 이상으로 인상시키는 것을 목표로 한다. 그러나 노동조합이 이런 계획안에 항상 우호적인 것은 아니다.

여하는 사람들을 실족시키지 않을 것이며, 대량의 자본을 해외로 몰아내지도 않을 것이다.

이 경우는 **공통규약**을 적용해 무분별한 표준화를 도입하는 경우와 다르다. 무분별한 표준화란 상대적으로 비효율적인 노동자들과 좀더 효율적인 노동자들에게 동일한 임금을 지불하도록 고용주들을 강요하거나, 어떤 작업을 할 수 있는 능력을 가진 사람에게 그 작업이 기술적으로 그의 업무가 아니라는 이유로 못하도록 금지하는 표준화를 의미한다. **공통규약**의 이러한 사용은 언뜻 보기에도 반사회적이다. 노동조합이 이러한 행동을 하는 데는 실제로 표면에 드러나는 것보다 강력한 내부의 이유가 있을 수 있다. 그러나 조직의 기술적 개선을 위한 노동조합 임원들의 직업적 열정으로 그러한 이유의 중요성이 과장되기 쉽다. 물론 그들은 조직의 기술적 개선을 책임지고 있다. 따라서 그러한 조직상의 이유에 대한 외부의 비판은, 일견에는 너무 동떨어진 것처럼 보이지만, 실제로 유용한 비판일 수 있다. 상대적으로 의견차이가 거의 없는 극단적인 사례로부터 시작하는 것이 좋을 것이다.

노동조합이 충분히 자주성을 습득하지 못했던 시기에는 무분별한 표준화 형태가 일반적이었다. 개선된 생산방식과 기계의 사용을 강하게 반대했으며, 단위작업에 대한 표준임금을 아주 진부한 방법으로 그것을 수행하는 데 필요한 노동량에 근거해서 결정하려는 시도가 있었다. 이러한 시도는 특정 산업부문의 임금을 유지시키는 경향이 있었지만, 생산은 크게 억제될 수밖에 없었다. 만일 그러한 정책이 일반적으로 성공을 거둔다면 국민배당은 대폭 감소하고, 충분한 임금을 받는 고용은 국가 전반적으로 축소될 것이다. 선도적인 노동조합지도자들이 이러한 반사회적 행동을 비판함으로써 국가에 기여한 바를 결코 잊어서는 안 된다. 그리고 비록 계몽된 노조 측에서 고차원적 원칙으로부터 다소 일탈이 있었고, 그로 인해 기계공업에서 1897년의 대규모 쟁의가 발생했지만, 이러한 오류에서 적어도 가장 유해한 특성들은 조속히 제거되었다.[13]

또한 무분별한 표준화에는 더 이상 1일 표준작업량을 수행할 수 없는 중장년 노동자가 표준임금보다 적게 받는 것을 거부하는 방책도 포함된다. 이러한 방책은 해당 업종에서 노동공급을 다소 제한하며, 그것을 강행하는 사람들에게 유리한 것처럼 보인다. 그러나 그것은 노동공급을 영속적으로 제한할 수는 없다. 그것은 종종 노조의 적립기금에 심각한 부담이 되고, 순수하게 이기적인 관점에서도 일반적으로 근시안적이다. 이러한 방책은 국민배당을 크게 감소시키며, 중장년 노동자들로 하여금 강제된 실업과 감당할 수 없을 정도의 고된 작업을 위한 고통스러운 투쟁 사이에서 선택하도록 강요한다. 그것은 가혹하고 반사회적이다.

좀더 불확실한 경우로 넘어가보자. **공통규약**의 운영에는 각 산업집단의 직무를 다소 명확하게 한정하는 것이 필요하다. 그리고 모든 도시 장인이 어떤 작업부문에 고도로 숙달되기 위해 노력하는 것은 분명 산업진보에 도움이 된다. 그러나 좋은 원칙도 극단으로 치달으면 나쁜 결과를 낳을 수 있다. 어떤 사람이 종사하고 있는 작업의 특정 부분을, 그에게 아주 쉬운 일인데도 기술적으로 다른 직종에 속하는 작업이라는 구실로, 수행하지 못하도록 금지하는 경우가 그렇다. 이러한 금지조치는 유사한 재화를 대량으로 만드는 사업체에서는 상대적으로 그 피해가 적다. 왜냐하면 이 경우에, 수많은 각 유형에서 정수의 직공들에게 거의 일정한 업무가 할당되도록 작업을 배열하는 것이 가능하기 때문이다. 여기서 정수(integral number)라는 말은 생계비의 일부를 다른 곳에서 벌어들이는 주변적인 노동자들이 없는 상태를 말한다. 그러나 이러한

---

13) 기계에 대한 저항과 관련된 유용한 역사가 『산업민주주의』의 제II편, 제8장에 제공되어 있다. 그것은 기계의 도입에 일반적으로 저항할 것이 아니라, 기계와의 경쟁에 맞서기 위해 구식방법으로 노동하는 데 따른 저임금을 수용하지 말라는 충고와 결합되어 있다. 이것은 젊은이들에게는 좋은 충고다. 그러나 이미 장년기에 이른 노동자들이 항상 따를 수 있는 충고는 아니다. 그리고 만일 정부의 행정력이 민간 기업에게서 넘겨받은 새로운 과업보다 더 빠른 속도로 향상된다면, 정부는 중년 또는 노년 노동자들의 숙련이 개선된 생산방식으로 거의 무가치해질 때 발생하는 사회적 무질서와 맞섬으로써 크게 기여할 수 있다.

금지조치가 소규모 고용주, 특히 당대에는 아니더라도 다음 세대에는 국가발전에 기여할 위대한 업적을 남길지도 모르는 하층 고용주들에게 강요되는 경우는 거의 없다. 이러한 금지조치 때문에 대규모 업체에서도 특정 시점에 업무를 찾기 어려운 노동자는 다른 곳에서 일자리를 찾도록 내몰릴 가능성이 커진다. 따라서 그러한 금지조치는 실업자를 일시적으로 증가시킬 것이다. 결국 직무를 한정하는 것은 온건하게 그리고 분별력을 가지고 적용될 때는 사회적 선이지만, 그것이 제공하는 소소한 전술적 이점을 위해 극단적으로 확대되는 경우에는 악이 된다.[14]

10 다음으로 우리는 좀더 미묘하고 어려운 문제로 넘어갈 수 있다. 그것은 **공통규약**이 제대로 작동하지 않는 것처럼 보이는 경우다. 그 원인은 그것이 무자비하게 적용되기 때문이 아니라 그것이 현상태 또는 어쩌면 가능한 상태보다 기술적으로 더 완전하도록 업무상 요구되기 때문이다. 이 문제의 핵심은 임금의 표준이 화폐형태로 표현된다는 것이다. 그리고 화폐의 실질가치는 10년 단위로 변하며, 해마다 빠르게 변동하기 때문에 경직적인 화폐표준은 제대로 작동할 수 없다. 화폐표준에 적절한 탄력성을 주는 것은 불가능하지는 않을지라도 어렵다. 그리고 이것이 그토록 경직적이고 불완전한 도구를 억지로 이용할 수밖에 없는 **공통규약**을 극단적으로 적용하는 것에 대한 반대근거다.

이러한 고려는, 당분간 가격이 상승하고 화폐의 구매력이 감소하는 신용 팽창기에 화폐표준임금 상승을 요구하는 노동조합의 자연적 경향 때문에 더욱 긴요하다. 이러한 시기에 고용주는 정상적인 효율성 기준에 다소 못 미치는 노동에 대해서도 실질 구매력으로 평가할 때 높은 임금을, 그리고 화폐기준으로는 좀더 높은 임금을 기꺼이 지불할 용의가 있을 것이다. 따라서 효율성이 평균 수준 이하인 노동자는 높은 화폐표준임금을 받게 되며, 노동조합의 일원으로 인정받을 권리를 주장할 만한 정당한 근거를 갖는다. 그러나 조만간 신용팽창은 퇴조하고, 불황이

---

14) 대규모 합동기계공조합이 직무 한정의 경직적인 윤곽을 완화시킨 관련 업종 간의 단체행동을 이끌었다는 것을 지적할 수 있다.

뒤따른다. 가격은 하락하고, 화폐의 구매력은 상승한다. 노동의 실질가치는 감소하고, 그것의 화폐가치는 더 빨리 감소한다. 팽창기에 도달했던 화폐임금의 높은 표준은 이제 너무 높아서 충분히 효율적인 노동자의 작업에 대해서도 적절한 이윤마진이 남지 않는다. 그리고 표준적인 효율성에 못 미치는 노동자는 표준임금의 가치에 미치지 못한다. 이러한 무분별한 표준화가 그 업종의 효율적인 노동자들에게 전적으로 해로운 것은 아니다. 왜냐하면 중장년 노동자들의 강제적 실업과는 달리, 그것은 효율적인 노동자들의 노동에 대한 수요를 증가시키는 경향이 있기 때문이다. 그러나 그것은 생산을 억제함으로써 따라서 다른 산업부문의 노동수요를 억제함으로써만 그들의 노동에 대한 수요를 증가시킨다. 노동조합이 일반적으로 그러한 정책을 고수하면 할수록 국민배당에 미치는 폐해는 더 심각하고 더 오래 지속된다. 그리고 국가 전체적으로 충분한 임금을 받는 고용총량은 줄어든다.

만일 각 산업부문이 적정한 노동효율성 표준과 그에 대응하는 임금표준을 설정하기 위해 좀더 열심히 노력한다면, 그리고 높은 가격의 물마루가 누그러졌을 때 높은 가격의 물마루에 맞게 조절되었던 화폐임금의 높은 표준의 완화에 대한 합의가 좀더 빠르게 이루어진다면, 장기적으로 각 부문은 좀더 번창할 것이다. 이러한 조정은 아주 어렵다. 그러나 그러한 방향으로의 진전은, 특정 산업부문의 생산을 저해하는 방법을 통해 획득된 높은 임금이 반드시 다른 부문의 실업을 증가시킨다는 사실에 대한 보편적이고 분명한 인식이 존재한다면 빨라질 수 있을 것이다. 왜냐하면 실업에 대한 효과적이고 유일한 대책은 신용이 상당히 정확한 예측의 견고한 토대에 기초할 수 있도록, 그리고 무모한 신용팽창──모든 경제적 병폐의 주된 원인──이 좀더 좁은 범위 내에 유지될 수 있도록 목적에 맞게 수단을 계속적으로 조정하는 것이기 때문이다.

이 문제는 여기서 논의될 수 없지만, 추가적인 설명 속에 약간 언급될 것이다. 밀은 다음과 같이 정확하게 말했다. "상품의 지불수단을 구성하는 것은 결국 상품이다. 다른 사람들의 생산물에 대한 각 개인의 지불수단은 자신이 보유하고 있는 것들로 이루어져 있다. 모든 판매자는 불가피하게 그리고 정의상 구매자다. 우리가 일국의 생산능력을 갑자기 두 배로 늘릴 수 있으려면 모든 시장에서 상품공급을 두 배로 늘려야 할 것이며, 구매력도 동시에 두 배로 늘려야 할 것이다. 모든 사람들이 공급뿐만 아니라 수요도 두 배로 제시할 수 있을 것이다. 모든 사람들이 교환의 대가로 두 배를 제공할 수 있기 때문에 모든 사람들이 두 배를 구매할 수 있을 것이다."

그러나 비록 사람들이 구매력이 있을지라도 그것을 사용하지 않기로 선택할 수도 있다. 왜냐하면 실패로 인해 신뢰가 흔들릴 때 자본은 새로운 회사를 창업하거나 기존의 회사를 확장하는 데 사용될 수 없기 때문이다. 새로운 철도건설 계획은 호응을 얻지 못하며, 선박은 유휴상태에 있고, 새로운 선박에 대한 수주도 없다. 토목공사에 대한 수요는 거의 없으며, 건설공사 및 엔진제조에 대한 수요도 그리 많지 않다. 한마디로 말해서 고정자본을 만드는 업종에 일자리는 거의 없다. 숙련과 자본이 이러한 업종에 특화되어 있는 사람들은 거의 수입이 없으며, 따라서 다른 업종의 생산물을 거의 구매하지 못한다. 다른 업종도 그 제품에 대한 시장이 위축됨에 따라 생산을 축소하고, 수입은 감소하며, 따라서 구매도 줄어든다. 그 제품에 대한 수요감소는 다른 업종에 대한 수요를 위축시킨다. 그렇게 경기는 붕괴된다. 특정 업종의 불황은 다른 업종에 악영향을 미치며, 후자는 전자에 충격을 주고, 불황은 심화된다.

이러한 사태악화의 주된 원인은 신뢰의 상실이다. 신뢰가 회복되고, 요술 지팡이로 모든 산업들을 건드리고, 생산과 다른 산업들의 제품에 대한 수요를 계속 유지해줄 수 있다면, 이러한 악화된 사태는 대부분 거의 눈 깜짝할 사이에 제거될 수 있다. 만일 직접소비재를 생산하는 모든 업종들이 평상시처럼 조업하고, 각 상대방의 재화를 구매하는 데 합의한다면, 그것들은 서로에게 적당한 이윤율과 임금률을 획득할 수 있는 수단을 제공할 것이다. 고정자본을 생산하는 업종들은 좀더 오래 기다려야 할지도 모른다. 그러나 투자할 자본을 가진 사람들이 자본투자 방법을 결심할 정도로 신뢰가 회복된다면, 그러한 업종들에 종사하는 사람들도 일자리를 얻게 될 것이다. 신뢰의 회복은 스스로 증폭된다. 신용은 좀더 많은 구매수단을 제공하고, 가격은 회복될 것이다. 이미 조업하고 있는 기업은 충분한 이윤을 획득할 것이다. 새로운 기업들이 출현할 것이며, 기존 기업들은 확장될 것이다. 그리고 조만간 고정자본을 만드는 사람들의 작업에 대한 수요도 증가할 것이다. 물론 상이한 업종들 간에 완전조업을 재개하고, 서로 상대방의 제품에 대한 판로를 제공하자는 공식적인 합의는 존재하지 않는다. 그러나 산업활동의 회복은 다양한 업종들 간에 점진적이고 종종 동시적인 신뢰의 강화를 통해 일어난다. 가격은 더 이상 하락하지 않을 것이라고 업자들이 생각하자마자 산업활동이 회복되기 시작하며, 산업활동이 회복하면 가격은 상승한다.[15]

11 분배에 대한 연구의 요지는 다음과 같은 사실들을 시사한다. 이미 작동하고 있는 사회적·경제적 힘은 부의 분배를 개선하는 방향으로 변화시키고 있다. 이러한 힘은 지속적이고 좀더 강력해지고 있으며, 그 영향은 대부분 누적적이다. 사회경제적 유기체는 일견에 보이는 것보다 더 미묘하고 복잡하다. 그리고 부적당한 대규모 변화는 심각한 재앙으로 귀결될 수 있다. 특히 그것은 정부에 의한 모든 생산수단의 장악과

---

15) 밀에게서 따온 인용구와 뒤이은 두 단락은 1879년 필자와 필자의 부인이 간행한 『산업경제학』, 제III편, 제1장, 4에서 재인용한 것이다. 그것은 고전파 경제학자의 전통을 추종하는 사람들의 대부분이 소비와 생산의 관계에 대해 가지고 있는 태도를 보여준다. 사실을 말하자면, 불황기에 소비의 붕괴는 신용과 생산의 붕괴를 지속시키는 부차적인 원인이다. 그러나 그 대책은 몇몇 성급한 저자들이 단언했던 것과는 달리 소비에 대한 연구를 통해 도출되는 것이 아니다. 변덕스러운 유행의 변화가 고용에 미치는 영향에 대한 연구를 통해 수행되어야 할 바람직한 작업이 존재한다는 것은 의심의 여지가 없다. 그러나 가장 필요한 연구는 생산과 신용조직에 대한 연구다. 그리고 비록 경제학자들이 그러한 연구에서 성공적인 결과를 낳는 데 실패했지만 실패의 원인은 문제가 극도로 모호하며, 문제의 형태가 끊임없이 변한다는 데 있다. 그것이 문제의 최고의 중요성에 대한 경제학자들의 무관심에 있는 것은 아니다. 경제학은 처음부터 끝까지 소비와 생산의 상호조절에 대한 연구다. 그중 하나가 논의되고 있을 때 다른 하나는 결코 마음에서 떠나는 법이 없다.

점유는, 비록 좀더 신뢰할 수 있는 '집산주의자'(collectivist)*가 제안하는 것처럼 점진적으로 서서히 실시된다 할지라도, 일견에 보이는 것보다 훨씬 심각하게 사회적 번영의 근간을 훼손할 수 있을 것이라는 점을 시사한다.

국민배당의 성장은 지속적인 발명의 진전과 고가의 생산장비의 축적에 의존한다는 사실에서 출발할 때, 현재에 이르기까지 자연에 대한 지배력을 제공해준 수많은 발명의 대부분이 독립적인 민간 연구자들에 의해 이루어졌으며, 전 세계적으로 공무원의 기여는 비교적 적었다는 점을 반드시 숙고해야 한다. 또한 현재 중앙정부나 지방정부가 공유하고 있는 거의 모든 고가의 생산장비는 주로 기업가와 기타 민간인의 저축에서 차입한 재원으로 구매한 것이다. 때로는 과두정부가 집단적 부를 축적하기 위해 많은 노력을 들인다. 그리고 장차 선견과 인내가 노동계층 전반의 공유재산이 될 것으로 기대해도 좋을 것이다. 그러나 현재 상태로는 자연에 대한 지배력을 추가로 획득하기 위해 필요한 자원의 축적을 순수민주주의에 맡기는 것은 위험천만이다.

따라서 생산수단의 집단소유는, 만일 그것이 도입되기 전에 전 국민이 공공선에 이타적으로 헌신할 수 있는 능력——이러한 능력은 오늘날 상대적으로 드물다——을 획득하지 않는다면, 인류의 활력을 약화시키고 경제진보를 저지시킬 것이라고 우려할 만한 아주 분명한 근거가 있다. 또한 여기서 이 문제를 자세히 다룰 수는 없지만, 집단소유는 아마도 개인적·가정적 생활관계에서 가장 아름답고 즐거운 것들을 대부분 파괴할 것이다. 바로 이러한 까닭 때문에 경제학을 끈기 있게 연구하는 사람들은 일반적으로 생활의 경제·사회·정치적 조건의 급격하고 격렬한 재조직 기획에서 이익을 기대하지 못하고, 엄청난 폐해를 예견하는 것이다.

더 나아가 국민배당의 분배가 비록 잘못된 것일지라도 결코 일반적으

---

*토지, 공장, 철도, 광산 등 주요 생산수단을 국유화해서 정부의 관리 아래 집중·통제할 것을 주장하는 사람들.

로 상정하는 것만큼 잘못된 것은 아니라는 점을 반드시 숙고해야 한다. 실제로 국민소득을 균등분배하면 소득이 감소하는 장인 가계가 잉글랜드에서는 다수이며, 거대한 부가 존재하는 미국에서는 잉글랜드보다 훨씬 더 많을 것이다. 따라서 국민 대중의 상태는, 비록 모든 불평등의 제거를 통해서 **당분간** 크게 개선될 것이 분명할지라도, 사회주의자들이 **황금시대**에 도달할 것이라고 기대했던 수준에 일시적으로라도 결코 가깝게 상승하지는 않을 것이다.[16]

그러나 이러한 신중한 태도가 현재의 부의 불평등에 대해 묵인하는 것을 의미하지는 않는다. 많은 세대 동안 경제학의 동향은 극단적인 빈곤과 거대한 부가 병존할 수밖에 없는 실질적 필연성도 그에 대한 도덕적 정당성도 존재하지 않는다는 믿음을 강력하게 지지하는 방향으로 향하고 있다. 부의 불평등이 흔히 생각하는 것보다 심각하지 않을지라도, 현대의 경제조직에서는 하나의 중대한 결함이다. 자유로운 창의와 강력한 성격의 원천을 고갈시키지 않는 방법으로 도달될 수 있고, 따라서 국민배당의 성장을 현저하게 억제하지 않는다면, 불평등의 완화는 명백한 사회적 이득일 것이다. 산술적으로는 모든 수입을 아주 부유한 장인 가족이 이미 도달한 수준 이상으로 끌어올리는 것이 명백하게 불가능하지만, 그 수준에 미치지 못하는 사람들의 수입이 상승하는 것은 그 수준을 넘어서는 사람들의 약간의 수입 감소라는 비용을 동반하더라도 분명 바

---

16) 수년 전에 영국의 4,900만 주민의 연간소득은 20억 파운드 이상에 달하는 것으로 나타났다. 많은 일류 장인들은 연간 200파운드를 벌어들였다. 그리고 4명 내지 5명의 구성원이 각각 주당 18실링에서 40실링에 이르는 소득을 획득하는 장인 가계들이 아주 많았다. 이러한 가계의 지출은 1인당 연간 40파운드가 되도록 총소득이 균등하게 배분되었다면 가능했을 수준보다 크지는 않더라도 그 수준만큼은 되었다. 이하 1920년 가필. 이 문제에 대한 최근의 통계는 확보할 수 없다. 그러나 노동계층의 소득은 일반적으로 다른 계층의 소득만큼 빠르게 증가하고 있다는 것은 분명해 보인다. 제13장에서 이루어진 몇 가지 제안들은 『이코노믹 저널』, 1907년 3월호에 실린 논문 「경제적 기사도의 사회적 가능성」(The social possibilities of economic chivalry)에서 좀더 발전되었다.

람직하다.

12 충분한 일당을 받을 만큼 충분히 1일 노동을 육체적·정신적 또는 도덕적으로 수행할 능력이 없는 수많은, 다행히도 현재 지속적으로 감소하는, '최하층민'에 대해서는 즉각적인 대책이 필요하다. 아마도 이 계층은 전혀 '고용 불가능한' 사람들 이외에 다른 사람들을 포함할 것이다. 그러나 이 계층은 예외적인 대우를 필요로 한다. 정신도 육체도 건전한 사람들에 대해서는 아마도 도덕적 관점에서뿐만 아니라 물질적 관점에서도 경제적 자유 체계가 최선일 것이다. 그러나 '최하층민'은 경제적 자유를 제대로 활용할 수 없다. 그리고 만일 그들에게 자기 방식내로 자식들을 양육하도록 허용한다면, 앵글로색슨의 자유는 그들을 통해서 미래 세대에 반드시 나쁘게 작용할 것이다. 독일에서 보편화되어 있는 것처럼 그들을 온정주의적 규율 아래 두는 것이 그들을 위해서 좀더 바람직할 것이고, 국가를 위해서는 훨씬 더 바람직할 것이다.[17]

처치해야 할 해악이 너무 긴급해서 그에 대한 강력한 대책이 간절히

---

17) 의지할 데 없는 사람들에 대한 공공부조를 좀더 포괄적이고, 교육적이며 관대하게 관리하는 것에서부터 시작할 수 있을 것이다. 차별적 조치를 취하는 어려움에 정면으로 맞설 필요가 있을 것이다. 그것에 맞서는 과정에서 지방·중앙 당국은 약자들 특히 그 약점이 다가오는 세대에 대한 심각한 위험의 원천이 되는 사람들을 지도하고, 극단적인 경우에는 통제하는 데 필요한 정보를 많이 획득할 것이다. 중장년층은 주로 경제사정과 개인적 특성을 고려해서 보조를 받을 수 있을 것이다. 그러나 어린아이들을 양육하는 사람들의 경우는 공적 기금의 좀더 많은 지출을 요하며, 개인적 자유를 공적 필요에 좀더 엄격하게 종속시킬 것을 요한다. 지구상에서 최하층민을 사라지게 하기 위한 첫 번째 조치들 중에서 가장 긴급한 것은 단정한 복장으로, 청결하고 제법 잘 양육된 육체로 규칙적으로 통학하도록 강요하는 것이다. 이것이 제대로 이루어지지 않는 경우에는 부모에 대한 경고와 권고가 필요하다. 그리고 최후의 수단으로, 가정을 분해하거나 부모의 자유를 어느 정도 제한함으로써 규제를 가할 수도 있다. 재정상의 부담이 아주 클 것이다. 그러나 이만큼 대담한 경비지출이 절박한 부분은 없다. 그것은 전 국민을 감염시키는 거대한 암적 요소(canker)를 제거할 것이다. 그리고 작업이 완료되고 나면, 그것에 의해 흡수되었던 자원이 좀더 유쾌한 그러나 덜 긴급한 사회적 의무를 위해 남겨질 것이다.

요구된다. 그리고 그 이하에서는 노동할 수 없는 남성에 대한 최저임금과 여성에 대한 최저임금을 제정해야 한다는 정부 당국의 제안은 오랫동안 연구자들의 주의를 끌었다. 만일 이러한 제도가 시행될 수 있다면, 꾀병 부리기와 기타 악용을 초래할 수도 있고, 경직적인 자의적 임금표준에 대한 특별한 논거가 없음에도 그러한 임금표준을 강요하는 수단으로 악용될 것이라는 우려에도 불구하고, 그 제도는 기꺼이 수용될 수 있을 정도로 편익이 클 것이다. 그러나 이 제안의 세부사항이 최근, 특히 지난 2~3년 사이에 크게 개선되었는데도 핵심적인 어려움이 충분히 해결된 것처럼 보이지는 않는다. 모든 거주자가 광범위한 토지자산의 공동소유자이며, 체력 좋고 아주 건강한 남녀들이 최근 정착한 오스트랄라시아의 경험을 제외하면, 우리를 안내해줄 경험은 거의 존재하지 않는다. 그리고 그러한 경험은 **구구빈법**과 **구곡물법**, 그리고 그 위험이 아직 이해되지 않은 상태에서 **공장제도**의 오용으로 활기를 상실한 사람들에게 거의 무용지물이다. 실제로 시행될 것을 주장하는 이상, 이 제안은 그들의 작업이 최저임금을 받을 만한 가치가 없기 때문에 그러한 제도 아래서 정부의 보조를 구할 수밖에 없는 사람들의 수에 대한 통계적 추정에 반드시 기초해야 한다. 특히 만일 그들이 농업에 종사하는 것이 가능하고, 많은 경우에 최저임금을 개인단위가 아니라 가족단위에 맞게 조정할 수 있다면 그들 가운데 얼마나 많은 사람들이 생계를 잘 영위할 수 있을 것인지 고려해야 한다.[18]

13 이제 상당히 좋은 도덕적·육체적 끈기를 가진 노동자들로 방향

---

18) 이 마지막 고려사항은 '가계를 보조하는' 노동의 성격과 그것이 임금에 미치는 영향에 대한 그릇된 분석의 영향 아래 대부분 도외시되었던 것처럼 보인다. 지리적 이동과 관련해서는 대체로 가족이 단위가 된다. 따라서 철강 또는 기타 중공업이 지배적인 지역에서는 남성의 임금이 상대적으로 높고, 여성과 아이들의 임금은 비교적 낮다. 반면에 다른 지역에서는 부친의 수입은 가계소득의 절반 이하이며, 남성의 임금은 비교적 낮다. 이러한 자연적인 조정은 사회적으로 유익하다. 그리고 이것을 무시하거나 이것에 반하는, 남성과 여성의 최저임금에 대한 전국적인 경직적 규제는 비난받아 마땅하다.

을 돌려서, 다소 비숙련작업만을 수행할 수 있는 자들이 전체의 4분의 1을 점한다고 개략적으로 추정할 수 있을 것이다. 그리고 비록 저차원적인 숙련작업에는 적합하지만, 고차원적인 숙련작업에는 적합하지 않을 뿐만 아니라 책임 있는 지위에서 현명하고 기민하게 업무를 수행할 수 없는 자들이 전체의 또 다른 4분의 1을 점한다. 만일 1세기 전에 잉글랜드에서 이와 비슷한 추정을 했더라면 구성비는 매우 달랐을 것이다. 절반 이상이 농업의 정형화된 작업을 넘어서는 어떤 숙련작업에도 적합하지 않은 것으로 밝혀졌을 것이다. 그리고 아마도 6분의 1 미만이 고차원적인 숙련작업이나 책임 있는 작업에 적합했을 것이다. 왜냐하면 당시에는 국민에 대한 교육이 국가적 의무이자 국가적인 경제문제로 인식되지 않았기 때문이다. 만일 이러한 노동력 구성의 변화가 유일한 변화였다면, 비숙련노동에 대한 긴급한 수요는 고용주들로 하여금 숙련노동과 거의 비슷한 수준의 임금을 지급하도록 강제했을 것이다. 숙련노동과 비숙련노동의 임금이 거의 일치할 때까지 숙련노동의 임금은 다소 감소하고, 비숙련노동의 임금은 상승했을 것이다.

실제로 이와 비슷한 일이 일어났는데, 비숙련노동의 임금은 어떤 계층의 임금보다도 심지어 숙련노동의 임금보다도 빠르게 상승했다. 그리고 그사이에 자동기계 및 기타 기계들이 숙련노동의 작업보다 더 빠르게 순수한 비숙련노동의 작업에 부가되지 않았더라면, 따라서 완전한 비숙련작업이 이전보다 줄어들지 않았더라면, 이러한 수입균등화 경향은 더 빠르게 진행되었을 것이다. 어떤 종류의 작업은 전통적으로는 숙련장인의 일이었지만 이제는 전보다 숙련을 덜 필요로 한다. 그러나 반면에 오늘날 이른바 '비숙련'노동자들은 1세기 전 잉글랜드의 보통 노동자나 현재 일부 후진국에서 어느 누구에게도 안심하고 맡길 수 없을 정도로 섬세한 고가의 장비를 종종 다루어야만 한다.

따라서 다양한 종류의 노동의 수입 사이에 여전히 존재하는 커다란 격차의 주된 원인은 기계화의 진전이다. 그리고 이것은 언뜻 보기에 가혹한 고발처럼 보일지도 모르지만, 그렇지 않다. 만일 기계화의 진전이 훨씬 더뎠더라면, 비숙련노동의 실질임금은 지금보다 높은 게 아니라 낮았을 것이다. 왜냐하면 국민배당의 성장이 심하게 억제되어 숙련노동 자마저도 일반적으로 런던의 벽돌 쌓는 직공이 시간당 받는 6실링보다 더 작은 실질구매력에 만족해야만 했을 것이기 때문이다. 그리고 비숙련노동자의 임금은 물론 더욱 낮았을 것이다. 우리의 가정에 따르면 생활의 행복은, 그것이 물적 조건에 의존하는 한, 소득이 **최저한**의 생존을 위한 필수재를 획득하기에 충분할 때 비로소 시작된다고 말할 수 있으며, 거기에 도달한 이후에는 소득수준과 무관하게 소득이 일정 비율씩 증가하면 행복은 대략 동일한 크기로 증가할 것이다. 이러한 대략적인 가설은 성실한 노동자 중에서 빈곤층의 임금이 (예컨대) 4분의 1만큼 증가하면 다른 계층에 속하는 같은 수의 사람들의 소득이 4분의 1만큼 증가하는 경우보다 행복의 총합이 더 크게 증가한다는 결론에 이르게 한다. 그리고 이러한 결론은 이치에 맞는 것 같다. 왜냐하면 빈곤층의 소득증가는 실제적인 고통과 타락의 적극적인 원인을 저지하고, 희망의 길을 열어주는 데서 어떤 다른 계층의 비례적 소득증가보다도 더 효과적이기 때문이다. 이러한 관점에서 빈곤층은 기계화 및 다른 측면의 경제적 진보로부터 임금통계가 시사하는 것보다 더 큰 실질적 혜택을 입는다고 주장할 수 있다. 그러나 무엇보다도 그렇게 낮은 비용으로 획득되는 사회적 복지증진을 더욱 강화하려고 노력하는 것은 사회의 책임이다.[19]

그러므로 우리는 한창 진행 중인 기계화의 진전을 유지하고, 비숙련 작업을 제외하면 아무 일도 할 수 없는 노동의 공급을 줄이기 위해 노력해야 한다. 이 경우 국민의 평균소득은 과거보다 훨씬 빠르게 증가하고, 각각의 비숙련노동자가 획득하는 소득의 몫은 더욱 빠르게 증가할 것이다. 이러한 목표를 향해 최근과 같은 방향으로 더욱 맹렬하게 나아갈 필

---

19) 『경제학 원리』 1, 제III편, 제6장, 6; 「수학부록」 주 III을 보라. 또 『경제학 계간』, 1908년호에 실린 카버의 논문 「기계와 노동자」(Machinery and the Laborers)를 참조하라.

요가 있다. 교육은 반드시 좀더 철저하게 이루어져야 한다. 교사는 자신의 주된 임무가 단순히 지식을 전달해주는 것이 아니라는 것을 반드시 알아야 한다. 왜냐하면 단지 2~3실링만으로도 인간의 두뇌가 수용할 수 있는 것보다 더 많은 문서화된 지식을 구매하게 될 것이기 때문이다. 교사는 성격·자질·활동을 육성해야 하며, 그럼으로써 사려가 깊지 않은 부모의 자식도 다음 세대의 사려 깊은 부모로 양성될 가능성이 커질 것이다. 이러한 목적을 위해 반드시 공적 자금이 대량으로 투입되어야 한다. 또한 모든 노동자 거주지역에서 아이들을 위해 신선한 공기와 건전한 놀이공간이 제공되도록 반드시 공적 자금을 대량으로 투입해야 한다.[20]

따라서 국가는 빈곤한 노동계층이 스스로 쉽게 마련할 수 없는 복지를 관대하게 심지어 아주 후하게 지원할 필요가 있다. 동시에 국가는 집안을 청결하게 유지하고 미래의 건강하고 책임감 있는 시민으로 행동해야 할 아이들에게 쾌적함을 제공하도록 강하게 요구할 필요가 있을 것이다. 주민 1인당 소요공간에 관한 강제적 표준은 너무 급격하게 높여서는 안 되겠지만 지속적으로 높일 필요가 있다. 그것은 전후에 충분한 개방공간을 확보하지 않은 상태에서 집단적인 고층건물 설립을 금지하는 규제와 결합될 때, 대도시의 중심부로부터 좀더 자유로운 놀이공간이 있는 주변부로 이미 진행 중인 노동계층의 이동을 가속화시킬 것이다. 한편 의료 및 보건문제에 대한 공공부조 및 규제조치는 지금까지 빈곤층의 아이들을 압박했던 무거운 짐을 다른 방향에서 덜어주는 작용을 할 것이다.

비숙련노동자의 자식들은 숙련을 요하는 작업의 임금을 벌 수 있도록 양성될 필요가 있으며, 비슷한 방법을 통해 숙련노동자의 자식들은 좀더 책임을 요하는 작업을 수행할 수 있도록 양성될 필요가 있다. 그들은

---

20) 「부록 G」 8, 9에서 인구집중으로 야기된 도회지 토지의 특별가치에 부과된 지방세에 대해 노동계층, 특히 그 자식들의 건강을 위한 사업이 우선적으로 예산을 청구할 수 있다는 것을 역설하고 있다.

스스로 하위 중간계층 대열에 합류함으로써 별로 이득을 보지 못할 것이며, 실제로 손해를 볼 가능성이 더 크다. 왜냐하면 이미 언급했던 것처럼 글씨를 쓰고 장부를 기록하는 단순한 능력은 사실상 숙련육체노동보다 더 낮은 등급에 속하기 때문이다. 과거에는 단지 국민교육이 등한시되었기 때문에 전자가 후자보다 더 높게 평가되었다. 어떤 등급의 아이들이 더 높은 등급으로 진입할 때 종종 사회적 이득과 동시에 사회적 손실이 있게 마련이다. 그러나 오늘날 최하위계층의 존재 자체는 거의 순수한 악이다. 최하위계층의 수적 증가를 조장하는 일은 결코 있어서는 안 된다. 그리고 일단 최하위계층에서 탄생한 아이들은 거기서 탈출할 수 있도록 도움을 받아야 한다.

장인의 상위 등급에는 여유공간이 넉넉하며, 중간계층의 상위 등급에도 신인을 위한 공간이 풍부하다. 오늘날의 노동자들은 2~3세대 전에 가장 부유한 사람들에게도 흔치 않거나 알려지지 않았던 편의재와 사치재를 확보할 수 있게 되었는데, 그것이 가능할 수 있었던 것은 다양한 발명과 개선 때문이다. 그리고 그 대부분은 중간계층 지도자들의 활동과 창의에 기인한다. 실제로 그러한 발명과 개선이 없었더라면, 잉글랜드는 현재의 인구에 일상적인 식량마저도 충분히 공급할 수 없었을 것이다. 그리고 임의의 계층의 자식들이 새로운 아이디어를 창조하고, 그것을 실제 형태로 구체화하는 비교적 소수의 매력적인 집단 속으로 진입하는 것은 아무런 부작용이 없는 거대한 이득이 된다. 때때로 그러한 사람들의 이윤은 규모가 크다. 그러나 전체적으로 그들이 세계에 기여하는 바는 아마도 그들이 직접 벌어들인 것의 100배 또는 그 이상일 것이다.

사실을 말하자면, 엄청난 규모의 부는 많은 경우에 진정으로 건설적인 노동에 의해서가 아니라 투기로 획득된다. 그리고 이러한 투기는 대부분 반사회적 전략, 심지어 일반 투자자들의 길잡이가 되는 정보원의 악의적인 조작과 관련되어 있다. 이를 해결하기란 쉽지 않으며, 결코 완벽할 수도 없다. 단순한 입법조치로 투기를 억제하려는 성급한 시도는 언제나 아무런 효과가 없거나 해로운 것으로 판명되었다. 그러나 여러 가지 문제를 해결하는 데 경제연구의 급팽창하는 힘이 금세기 중에 세상에 크게 기여할 것으로 기대되는데, 투기문제도 그중 하나다.

경제적 기사도의 사회적 가능성에 대한 좀더 광범위한 이해를 통해 여러 방법으로 이러한 폐해가 완화될 수도 있을 것이다. 부유층의 공공복지에 대한 헌신은 계몽이 확산됨에 따라, 세금징수원이 부유층의 자원을 빈곤층을 위해 잘 활용하는 데 큰 도움을 줄 수 있을 것이며, 지구상에서 빈곤의 가장 심각한 폐해를 제거해줄 수 있을 것이다.

14 부의 불평등과 특히 극빈층의 아주 낮은 수입은 욕구의 충족을 축소시키고 활동을 위축시키는 데 미치는 영향과 관련지어 방금 논의되었다. 그러나 다른 문제와 관련해서도 마찬가지이지만 이 문제와 관련해, 경제학자는 가족이 획득하는 소득과 기회를 바르게 사용하는 능력이야말로 그 자체로서 가장 고차원적인 부이며, 모든 계층을 통틀어서 아주 드문 종류의 부라는 사실에 주목한다. 아마도 잉글랜드의 노동계층에 의해서도 연간 1억 파운드가, 그리고 나머지 인구에 의해서 4억 파운드가 생활을 좀더 고귀하게 또는 좀더 행복하게 만드는 데 거의 또는 아무런 기여를 하지 못하는 방식으로 지출될 것이다. 그리고 비록 노동시간 단축은 많은 경우에 국민배당을 감소시키고 임금을 저하시키는 것이 사실일지라도, 대부분의 사람들이 좀더 적게 일하는 것은 다행스러운 일일 것이다. 다만 그에 따른 물적 소득의 손실이 모든 계층에서 가장 바람직하지 않은 소비방법을 포기함으로써 전적으로 만회될 수 있고, 모든 계층이 여가를 잘 활용하는 방법을 배울 수 있다는 것을 전제로 한다.

그러나 불행하게도 인간의 본성은 서서히 개선된다. 그리고 어떤 것도 여가를 잘 활용하는 힘든 과업만큼 서서히 개선되는 것은 없다. 모든 시대, 모든 국가 그리고 사회의 모든 계층에서 일을 잘하는 방법을 아는 사람이 여가를 잘 활용하는 방법을 아는 사람보다 훨씬 다수였다. 그러나 다른 한편으로 여가를 자신이 원하는 대로 활용할 수 있는 자유를 통해서만, 사람들은 여가를 잘 활용하는 방법을 배울 수 있다. 어떤 육체노동자집단도 여가가 없다면 스스로를 충분히 존중할 수 없으며, 완전한 시민이 될 수 없다. 교육적 효과 없이 사람을 지치게 하는 작업의 피로로부터 자유로운 어느 정도의 시간은 높은 생활수준의 필수조건이다.

이 경우에, 모든 유사한 경우들처럼, 윤리학자와 경제학자 모두에게 가장 중요한 것은 젊은이들의 능력과 활동이다. 현세대의 가장 긴급한 의무는 젊은이들의 고차원적인 성질을 함양시켜줄 뿐만 아니라 그들을 효율적인 생산자로 만들어줄 기회를 제공하는 것이다. 그리고 이러한 목적을 위해 반드시 필요한 조건은 기계적인 노역에서 해방된 자유로운 시간을 증가시키고, 학교 그리고 성격을 강화하고 개발해주는 놀이를 위한 여가를 충분히 제공하는 것이다.

부친과 모친이 즐거움 없는 삶을 영위하는 가정에서 생활하는 것이 젊은이들에게 주는 피해만을 고려할지라도, 부모에게 약간의 휴식을 제공하는 것이 사회에 득이 될 것이다. 유능한 노동자와 훌륭한 시민은 모친이 하루 중 대부분 집을 비우는 가정뿐만 아니라 부친이 아이들이 잠들 때까지 거의 귀가하지 않는 가정에서도 나오지 않을 것이다. 따라서 지나치게 긴 근무시간을, 심지어 업무 자체가 별로 힘들지 않은 광물 수송 기차 차장에게도, 삭감해주는 것은 사회 전체의 이해관계와 부합한다.

15 다양한 산업적 숙련의 공급을 수요에 맞게 조정하는 데서의 어려움을 논할 때 이러한 조정이 결코 정확할 수 없다는 사실에 주의해야 한다. 그 이유는 산업의 생산방식이 급속하게 변하고, 노동자의 숙련은 그가 그것을 습득하기 시작한 지 40년 또는 심지어 50년 동안 사용되어야 하기 때문이다.[21] 우리가 방금 언급했던 어려움은 대부분 물려받은 습관과 사고 및 감정의 경향이 오래 지속되는 데서 기인한다. 만일 주식회사, 철도 또는 운하의 조직이 잘못 되어 있다면, 10년이나 20년에 걸쳐서 그것을 바로잡을 수 있다. 그러나 수세기에 걸쳐 전쟁과 폭력 그리고 저급하고 조잡한 쾌락을 통해서 형성된 인간본성의 요소들은 한 세대만

---

21) 『경제학 원리』 2, 제VI편, 제5장, 1, 2를 보라.

에 크게 변화될 수는 없다.

언제나 그랬듯이 오늘날에도 사회의 재조직을 계획하는 고매하고 열성적인 사람들은, 마치 그들의 상상에 의해 쉽게 구성된 제도 아래 있는 것처럼, 삶을 아름답게 묘사하고 있다. 그러나 그것은 무책임한 상상이다. 왜냐하면 유리한 조건에서도 1세기 내에 합리적으로 기대할 수 없는 인간본성의 변화가, 새로운 제도 아래서는 급격하게 이루어질 것이라고 암묵적으로 가정하고 있기 때문이다. 만일 인간의 본성이 그렇게 이상적으로 변모될 수 있다면, 경제적 기사도는 현존하는 사유재산제도 아래서도 삶을 지배할 것이다. 그리고 사유재산——그 필요성은 의심할 여지없이 인간본성의 성질보다 더 심오하지 않다——은 불필요해지는 것과 동시에 무해한 것이 될 것이다.

따라서 현대의 경제적 해악을 과대평가하고, 과거 시대의 유사한 그리고 좀더 심각한 해악을 무시하고 싶은 유혹을 경계할 필요가 있다. 물론 어느 정도의 과장은 당분간 우리 자신뿐만 아니라 다른 사람들에게도 현존하는 해악이 더 이상 존속하도록 허용되어서는 안 된다는 강력한 결단을 촉구할 수 있을 것이다. 그러나 좋은 명분을 위해 진실을 얼버무리는 것은 이기적인 명분을 위해 진실을 얼버무리는 것 못지않게 그릇된 것이다. 그리고 일반적으로 전자는 후자보다 훨씬 더 어리석은 짓이다. 현 시대에 대한 비관적 서술은 과거 시대의 행복에 대한 낭만적 과장과 결합할 때 서서히 그러나 견고히 작동하는 진보의 길을 제쳐두고, 좀더 큰 희망을 약속하지만 돌팔이 의사의 강력한 약처럼 다소 좋은 효과가 즉시 나타날지라도 광범위하고 영속적인 쇠퇴의 씨앗을 뿌리는 길을 성급하게 채택하도록 이끌 수밖에 없다. 이러한 성급한 무성의보다 더 심각한 해악은 현대의 방대한 자원과 지식을 가지고도 수많은 인간들에게 가치 있는 모든 것들이 계속 파괴되는 것을 편안하게 수수방관하고, 어쨌든 현대의 해악은 과거의 그것보다 심각하지 않다는 생각으로 자위하는 것을 용인할 수 있는 도덕적 무기력만이 있을 뿐이다.

이제 연구를 끝맺어야 한다. 우리는 실제적인 결론을 거의 도출하지 못했다. 왜냐하면 실제적인 문제를 다루기 전에, 일반적으로 그 문제의 도덕적 측면과 기타 다른 측면은 말할 것도 없이, 경제적 측면 전체를 먼저 고찰할 필요가 있기 때문이다. 그리고 실제 생활에서 거의 모든 경제문제는 다소 직접적으로 신용, 해외무역 그리고 연합조직과 독점의 현대적 전개의 상당히 복잡한 작용·반작용에 의존한다. 그러나 우리가 제V편과 제VI편에서 상세히 논의했던 영역은, 어떤 의미에서는, 경제학 전 영역에서 가장 어려운 영역이다. 그리고 그것은 나머지 영역을 지배할 뿐만 아니라 그것에 접근하는 것을 가능케 한다.

부록

"경제적 자유가 급작스럽게 확대되어
생겨나는 모든 해악을 파악하는 것은
우리 세대에 맡겨졌다."

자유로운 산업과 기업의 성장

1 제I편 제1장 마지막 절(5)은 「부록 A, B」의 의도를 설명하고 있으며, 그러한 설명은 두 부록의 서론으로 취할 수 있다.

비록 역사에서 주요한 사건들의 근인(近因)은 개인들의 행동에서 찾아야 하지만, 이러한 사건들을 가능하게 만든 거의 모든 조건들은 전승된 제도와 종족의 특질 그리고 물리적 자연의 영향에서 찾을 수 있다. 그러나 종족의 특질 자체는 주로 개인들의 행동 및 다소 먼 과거의 자연적 원인에 기인한다. 강한 종족은 실질적으로뿐만 아니라 명목적으로도 종종 육체와 인성의 특이한 강점을 가진 몇몇 선조에서 출현했다. 종종 어떤 종족을 평화 시와 전시에 강하게 만드는 습성은 형식적 계명을 통해 또는 비형식적이고 거의 눈에 띄지 않는 영향력을 통해 그 인종의 관습과 규칙을 해석하고 발전시킨 소수의 위대한 사상가의 지혜 덕이다. 그러나 만일 기후가 종족의 활력에 불리하게 작용한다면, 이러한 습성의 어느 것도 항구적 유용성을 갖지 못한다. 자연의 선물, 즉 토지와 물과 하늘은 어떤 종족의 작업의 특성을 결정하고 따라서 사회적 · 정치적 제도에 어떤 기풍을 부여한다.

이러한 차이는 인간이 아직 미개한 동안은 명확하게 드러나지 않는다. 야만적인 부족의 관습에 대한 우리의 정보는 빈약하고 신뢰할 수 없음에도, 우리는 그것들이 세부적인 큰 편차 속에서도 일반적 특성의 놀라운 균일성을 보여준다는 것을 확신할 수 있을 만큼 그것들에 대해서 충분히 안다. 기후가 어떻든 조상이 어떻든, 우리는 야만인들이 관습과 충동의 지배 아래 살고 있으며, 스스로를 위한 새로운 길을 개척하는 일이 거의 없으며, 먼 미래를 결코 예측하지 않고 가까운 미래도 거의 대비하지 않으며, 관습에의 예속에도 불구하고 변덕스러우며, 일시적 기분에 지배되며, 때로는 가장 험난한 일에 준비가 되어 있으나 지속적인 일을 오래 버티지 못한다는 것을 발견한다. 힘들고 지루한 과업은 최대한 회피되고, 불가피한 과업은 여성들의 강제노동으로 수행된다.

물리적 주변환경의 영향이 우리의 주의를 가장 많이 끄는 때가 바로 야만적인 삶에서 문명의 초기 단계로 이행할 때다. 그것은 부분적으로 초기의 역사가 빈약해서 국가발진의 과정을 이끌고 통제했던, 앞으로 전진시키거나 뒤로 되돌렸던 특수한 사건과 강력한 개인의 영향에 대해 거의 아무것도 말해주지 못하기 때문이다. 그러나 그 주된 이유는 이러한 진보의 단계에서는 자연에 대항하는 인간의 힘이 미약했고, 자연의 관대한 도움 없이는 인간은 아무것도 할 수 없었기 때문이다. 자연은 지구표면의 몇몇 장소를 야만적인 상태에서 스스로 발돋움하려는 인간의 최초의 시도에 특히 유리하도록 제공했다. 그리고 문명과 산업기술의 최초의 생장은 이러한 유리한 장소의 물리적 조건에 의해 지시되고 통제되었다.[1]

인간의 노력이 생필품을 제공하기에 충분하지 않다면 가장 단순한 문명도 불가능하다. 진보의 근원으로서 정신적 노력을 지탱하기 위해서는 생필품 이상의 약간의 잉여가 필요했다. 따라서 거의 모든 초기 문명은 생필품이 적고, 조잡한 경작에도 자연이 풍부한 수익을 가져다주는 온난한 기후에 자리 잡았다. 그리고 초기문명은 토양에 수분을 공급해주

---

1) 물리적 주변환경이 지배적인 직업을 결정함으로써 직 · 간접적으로 종족의 특성에 영향을 미치는 것에 관한 일반적인 문제에 대해서는 크니스(K. G. A. Knies)의 『역사적 관점에서의 정치경제학』(Politische Œkonomie vom geschichtlichen Standpunkte, 1853), 헤겔의 『역사철학』 그리고 버클(H. T. Buckle)의 『문명의 역사』(History of Civilization, 1913)를 보라. 또 아리스토텔레스의 『정치학』과 몽테스키외의 『법의 정신』(Esprit des Lois, 1748)을 참조하라.

고 용이한 교통수단을 제공해주는 큰 강 주변에 집중되었다. 통치자들은 일반적으로 먼 지역 또는 인근 산악지역의 좀더 추운 기후에서 이주해온 종족 출신이었다. 왜냐하면 온난한 기후는 활력을 파괴하기 때문이다. 그리고 그들이 통치할 수 있었던 힘은 거의 모든 경우에 기존 거주지의 좀더 추운 기후의 산물이었다. 실제로 그들은 새로운 거주지에서 여러 세대 동안 활력의 많은 부분을 유지했고, 그동안 피지배종족의 노동의 잉여생산물을 사치스럽게 향유했다. 그리고 그들은 자신들의 능력의 배출구를 통치자, 전사 그리고 사제의 일에서 찾았다. 최초에는 몰랐지만 그들은 피지배자들에게 반드시 가르쳐야 할 모든 것을 빠르게 터득했으며, 그 범위를 넘어섰다. 그러나 이러한 문명의 단계에서는 진취적인 지식인은 거의 항상 소수의 지배자들로 한정되었으며, 생산의 대부분을 담당하는 사람들 속에는 거의 없었다.

그 이유는 초기문명을 가능케 했던 기후가 또한 그 문명을 허약하게 운명지었기 때문이다.[2] 추운 기후에서 자연은 기운을 나게 하는 대기를 제공한다. 그리고 처음에 인간은 악전고투하지만, 그의 지식과 부가 증가함에 따라 그는 풍부한 식량과 따뜻한 의복을 얻을 수 있게 된다. 그리고 마지막 단계에서 혹독한 날씨 때문에 사회적 교제를 위한 거의 모든 가내 서비스와 모임이 지붕의 보호를 받는 것이 불가피한 곳에서는 그는 문화적 삶을 위한 가장 값비싼 필요조건인 크고 견고한 건물을 스스로 마련하게 된다. 그러나 삶의 충만함을 위해 필수적인 기운 나게 하는 신선한 공기는 자연이 무상으로 제공하지 않을 때는 전혀 얻을 수 없다.[3] 실제로 육체노동자가 열대의 태양 아래서 열심히 일할 수 있으며,

---

2) 몽테스키외(앞의 책, 제XIV편, 제2장)는 추운 기후에 기인한 힘의 우위는 여러 가지 효과 중에서 특히 "좀더 큰 우월 의식——즉 좀더 적은 복수에 대한 욕망——그리고 좀더 큰 안전에 대한 소신——즉 좀더 큰 솔직함, 좀더 적은 의심, 현명함, 재치"를 가져다주었다. 이러한 덕목들은 경제적 진보에 분명히 유익한 것이었다.
3) 만일 골턴이 더운 나라에서 소수의 지배종족이 인위적인 얼음이나 압축공기의 강제적인 팽창의 냉각 효과를 충분하게 사용해 자신의 체질적 활력을 여러 세

수공업자는 예술적 본능을 가질 수 있으며, 그리고 현자·정치가·은행가는 예리하고 섬세할 수 있다. 그리고 높은 기온은 힘들고 지속적인 육체적 노동과 활발한 지적 활동을 서로 모순되게 한다. 기후와 사치의 결합된 영향 아래 지배계층은 점차적으로 그 강점을 상실하게 된다. 그들 중 위대한 일을 할 수 있는 사람의 수는 점차 줄어든다. 그리고 마침내 그들은 필경 추운 기후에서 온 좀더 강한 종족에 의해 전복된다. 때로 그들은 지금까지 지배했던 사람들과 그들의 새로운 지배자들 사이에서 중간계급을 형성하지만, 의식 없는 대중 속으로 함몰되는 경우가 더 많다.

이리한 문명에는 종종 철학적 역사가들이 흥미로워 하는 것들이 많다. 그것의 총체적 삶 속에는 거의 무의식적으로 몇 가지 단순한 관념들이 배어 있다. 그러한 관념들은 동양산 융단에 매력을 선사하는 유쾌한 조화 속에 녹아들어 있다. 물리적 환경, 종교·철학·시, 전쟁과 강력한 개인이 지배적 영향을 미친 사건 등의 결합된 영향 속에서 그러한 관념들의 기원을 추적함으로써 배울 점이 많으며, 이러한 모든 것들이 경제학자에게는 여러 면에서 유익하다. 그러나 그것들이 경제학자의 고유한 연구영역인 동기에 대해 아주 직접적인 광명을 던져주지는 않는다. 왜냐하면 그러한 문명에서는 가장 유능한 사람들이 노동을 경멸했으며, 대담하고 자유로운 진취적인 노동자들도 모험적인 자본가들도 존재하지 않았으며, 멸시받는 산업은 관습에 의해 규제되고 심지어 관습을 자의적인 횡포에 대한 유일한 보호자로 간주했기 때문이다.

관습의 많은 부분은 의심할 여지없이 탄압과 억압의 결정체에 불과했다. 그러나 약자를 억압하기만 하는 관습은 오래 지속될 수 없었다. 왜냐하면 강자는 약자의 뒷받침에 의존하고, 강자의 힘은 그러한 뒷받침 없이는 자신을 지탱할 수 없기 때문이다. 그리고 만일 강자가 약자에게

대 동안 손상되지 않은 상태로 유지할 수 있을 것이라는 생각이 옳다고 입증한다면, 그것은 조금은 그러나 약간만 수정되어야 할 것이다. 골턴의 인류학연구소 회장보고(1887)를 보라.

무자비하고 터무니없이 짐을 지우는 사회제도를 조직한다면, 강자는 스스로 파멸하게 된다. 결국 장기간 지속되는 관습은 권리침해의 가장 무모한 형태로부터 약자를 보호하는 조항을 포함한다.[4]

사실 모험적인 기획이 거의 없고 실질적 경쟁의 여지가 전혀 없을 때 관습은 좀더 강력한 타인들뿐만 아니라 심지어 동일한 등급의 이웃들로부터 사람들을 방어하는 불가피한 보호장치다. 만일 마을의 대장장이가 쟁기의 날을 마을 주민들에게만 팔 수 있고, 마을 주민들은 쟁기의 날을 오직 그에게서만 구매할 수 있다면, 가격이 관습에 따라 적당한 수준에 고정되어 있는 것이 모든 사람들에게 이익이다. 그럼으로써 관습은 신성함을 획득한다. 그리고 진보의 최초의 단계에서는 혁신자를 불경스럽게 그리고 적으로 간주하는 원시적 습성을 파괴하는 경향을 가진 요소는 전혀 없다. 그렇게 경제적 원인의 영향은 표면 아래서 확실히 그리고 서서히 작용함으로써 압박을 가한다. 경제적 원인은 그 결과를 낳는 데 수년이 걸리는 것이 아니라 수세대가 걸린다. 그 작용은 너무 미묘해서 관찰로는 전혀 포착되지 않기 쉽다. 그리고 현대에 유사한 원인의 좀더 현저하고 신속한 작용을 주시함으로써 어디서 그러한 원인을 찾을 것인지를 터득한 사람들을 제외하고는 실제로 경제적 원인을 추적한다는 것은 거의 불가능하다.[5]

2 초기문명에서 이러한 관습의 힘은 부분적으로는 개인 재산권의 제

---

4) 배젓의 『물리학과 정치학』(*Physics and Politics*, 1872), 그리고 스펜서와 메인 (H. J. S. Maine)의 저작들도 참조하라.

5) 따라서 관습이 정한 보습의 날의 가격의 '적당한 수준'은 비슷하게 어려운 작업을 수행한 이웃들의 보수, 바꾸어 말하면 자유기업, 수월한 의사소통 그리고 효과적인 경쟁 체제 아래서 우리가 정상적인 보상률이라고 부르는 보수와 장기적으로 (모든 그의 특혜와 특권을 감안하고) 대략 동등한 보수를 대장장이에게 제공하는 평균을 분석했을 때 발견될 것이다. 만일 환경이 변화해 대장장이의 보수가 모든 간접적인 수당을 포함해서 적당한 수준보다 더 커지거나 적어지면, 종종 거의 인식되지 않은 상태에서 그리고 형태상의 변화 없이 거의 항상 관습의 실체에 변화가 일어난다. 그리고 그러한 변화는 대장장이의 보수를 적당한 수준으로 되돌린다.

한의 원인이면서 부분적으로는 결과이기도 하다. 다소간은 모든 재산에 대해서, 특히 토지에 대해서 개인의 권리는 가계 그리고 협의의 가족의 권리에서 파생되고, 그것에 의해 제한되고, 모든 면에서 그것에 종속된다. 가계의 권리는 마찬가지로 마을의 권리에 종속된다. 사실이 아니라면 전통적 허구에 따르면 마을은 종종 확장발전된 가족에 불과하다.

문명의 초기단계에서는 주변에 널리 퍼져 있는 관행으로부터 크게 벗어나고 싶은 강한 욕망을 가진 사람은 거의 없었을 것이다. 자신의 재산에 대한 개인의 권리가 아무리 완전하고 뚜렷하게 정의되어 있을지라도, 개인은 모든 혁신에 대해 이웃들이 갖게 될 분노와 조상들보다 더 현명해지려고 노력하는 사람들에게 퍼부어질 조롱에 직면하고 싶어하지 않았을 것이다. 그러나 많은 작은 변화들이 좀더 대담한 사람들에게 일어날 것이다. 그리고 만일 그들이 독립적으로 실험을 자유롭게 할 수 있었다면, 관행의 충분한 변형이 확립되어 관습적 규제의 뚜렷한 경계를 흐리고 개인의 선택에 상당한 자유를 부여할 때까지 작고 거의 감지할 수는 없지만 차츰 변화가 일어났을 것이다. 그러나 모든 가계의 가장이 가족 재산에 대한 손위의 협력자이자 수탁자로서만 간주될 때는, 조상 전례의 관례로부터의 최소한의 일탈도 모든 세부적인 일에 대해서 상담 받을 권리를 가지고 있는 사람들의 반대에 부딪힌다.

그리고 개인에 대한 가족의 강압적인 저항의 배경에는 마을의 강압적인 저항이 있었다. 왜냐하면 비록 각 가족이 일정 시간 동안은 가족 고유의 경작지만을 경작할지라도, 각 가족이 다른 가족들과 동시에 같은 일을 하도록 많은 공사가 일반적으로 공동으로 수행되었기 때문이다. 휴경에 들어가는 모든 경작지는 공동목초지의 일부가 되었다. 그리고 마을의 모든 토지는 때때로 재분배의 대상이 되었다.[6] 따라서 마을사람들

---

6) 실제로 튜튼 족의 마르크(옛 게르만 및 중세의 부락공동체의 공유지—옮긴이) 제도는 일부 역사가들이 가정했던 것보다 훨씬 덜 보편적이었음이 알려졌다. 그러나 그것이 충분히 발전된 곳에서는, 가계마르크(home mark)라는 작은 부분을 항구적으로 생계를 위해 따로 떼어놓았다. 그리고 각각의 가족은 영구적

은 모든 혁신의 금지를 요구할 명백한 권리를 가지고 있었다. 왜냐하면 혁신은 마을의 집단경작 계획을 방해할 수 있기 때문이었다. 그리고 그것은 궁극적으로 토지의 가치를 손상시키고 따라서 다음 재분배의 시점에서 마을사람들에게 피해를 줄 수 있었다. 그렇기 때문에 종종 규칙의 복잡한 네트워크가 형성되었으며, 모든 경작자는 그러한 규칙의 네트워크에 의해 아주 엄격하게 구속을 받았기 때문에 아주 사소한 세부적인 일에 대해서도 그는 자신의 판단과 재량을 활용할 수 없었다.[7] 어쩌면 이것이 인류의 자유기업 정신의 발전을 지연시킨 가장 중요한 원인일 수도 있다. 집단소유제도는 많은 동양 종교에 널리 퍼져 있는 정적주의 정신과 조화를 이루었다는 것을 지적할 수 있다. 그리고 힌두교 신자들 사이에 집단소유제도가 오랫동안 살아남은 것은 부분적으로 그들의 종교적 저술에서 되풀이해 교육되었던 마음의 평온에 기인한 것이었다.

가격, 임금 그리고 지대에 대한 관습의 영향은 과대 평가되고, 생산 형태나 사회의 일반적인 경제제도에 대한 관습의 영향은 과소 평가될 수 있다. 전자의 경우에 그 효과는 명백하지만 누적되지 않는 반면, 후자의 경우에 그 효과는 명백하지는 않지만 누적된다. 어떤 원인의 효과가 비록 미세하지만 항상 같은 방향으로 작용할 때, 그 영향은 일견에 가능해 보이는 것보다 훨씬 크다는 것이 거의 보편적인 규칙이다.

으로 가계마르크에 대한 각자의 몫을 보유했다. 두 번째 부분, 즉 경작마르크 (arable mark)는 세 개의 커다란 사용지로 분할되어 있었으며, 일반적으로 각각의 가족은 각 사용지에서 산재해 있는 여러 줄무늬 모양의 경지를 가지고 있었다. 세 개의 사용지 중에서 둘은 매년 경작되었으며, 하나는 휴경상태로 두었다. 경작마르크의 휴경지와 마찬가지로, 세 번째 그리고 가장 넓은 부분은 부락 전체가 방목지로 공동 사용했다. 어떤 경우에는 경작마르크가 때때로 목초지로 방치되었다. 그리고 새로운 경작마르크가 되는 토지는 공동마르크(common mark)에서 잘라졌다. 따라서 각 가족이 토지를 어떻게 다루는지에 따라 가부간에 부락의 모든 구성원에게 영향을 미쳤다.

7) 가일 공작은 『사회의 보이지 않는 기초』, 제9장에서 런리그 경작(Runrig cultivation : 경작 영역에서 개별소작농이 넓게 흩어져 있기 때문에 영역을 소작농들에게 소규모로 분할해서 이루어지는 경작방법—옮긴이)에 대해 설명하고 있다.

그러나 초기문명에서 관습의 영향이 아무리 컸다 하더라도, 그리스와 로마의 정신은 아주 진취적이었다. 그리고 왜 그들은——우리의 큰 관심거리인——경제문제의 사회적 측면을 알았으면서도 거기에 거의 관심을 두지 않았는지에 대한 연구가 더욱 흥미를 끈다.

　　3 초기문명의 발상지는 대부분 큰 강의 유역이었는데, 이곳에서 물이 풍부한 평지는 거의 기근이 들지 않았다. 왜냐하면 온기가 결코 부족하지 않은 기후에서는 토양의 비옥도가 거의 직접적으로 수분에 따라 달라지기 때문이다. 강은 또한 용이한 교통수단을 제공했다. 그것은 단순한 형태의 거래와 노동분업에 유리했고, 중앙징부의 전세적 힘을 유지해주는 대규모 군대의 이동을 방해하지 않았다. 페니키아인들이 바다에서 살았다는 것은 사실이다. 이 위대한 셈족은 많은 민족들 사이의 자유로운 왕래의 길을 마련함으로써 그리고 문자·산술 그리고 도량형에 대한 지식을 보급함으로써 많은 기여를 했다. 그러나 그들은 상업과 제조에 심혈을 기울였다.

　　해양에서의 자유를 마음껏 누리고 **구대륙**의 최상의 사상과 최고의 예술을 자신들의 자유로운 삶 속에 동화시키는 일은 그리스인들의 온화한 공감과 새로운 정신을 위해 남겨졌다. 소아시아,* 마그나그레키아,** 그리고 헬라스*** 본토에서 그리스인들의 무수한 식민은 자신들에게 갑자기 쏟아진 새로운 사상의 영향 아래 과거의 지식에 대한 열쇠를 쥐고 있는 사람들뿐만 아니라 서로간에도 끊임없이 왕래하면서 자신들의 이상을 자유롭게 펼쳤다. 그러나 어떤 권위에도 구속되지 않았다. 정열과 진취성은 전통적 관례의 무게에 의해 억압받는 대신 새로운 식민지를 건설하고 제약 없이 새로운 이상을 실현하도록 장려되었다.

　　사회적 풍토는 그들에게 소모적인 노동을 면제해주었다. 반드시 해야

---

* 흑해, 마르마라 해, 에게 해, 지중해 등에 둘러싸인 반도.

** 고대 남이탈리아 동해안 연안에 건설된 그리스 식민도시를 통틀어서 일컫는 명칭.

***그리스의 그리스어 이름.

만 하는 모든 단조로운 고역은 노예들에게 맡기고, 그들은 자유로운 공상에 탐닉했다. 주거, 의복 그리고 연료는 비용이 조금밖에 들지 않았다. 쾌적한 기후는 그들을 야외 생활로 초대했으며, 사회적 · 정치적 목적을 위한 교제는 쉽고 저렴하게 이루어졌다. 그러나 지중해의 시원한 바람은 여전히 그들의 활력을 새롭게 했으며, 그들은 많은 세대 동안 북쪽의 고향에서 가지고 왔던 기질의 탄력성과 융통성을 잃지 않았다. 이러한 조건에서 모든 형태의 미적 감각, 섬세한 착상과 사유의 독창성, 정치적 삶에 대한 정열, 그리고 개인을 국가에 예속시키는 기쁨이 성숙되었다. 그것은 미증유의 것이었다.[8]

그리스인은 많은 측면에서 중세 유럽보다 더 현대적이었으며, 어떤 측면에서는 우리 시대보다도 더 앞서 있었다. 그러나 그들은 인간으로서 인간의 존엄성 개념에는 이르지 못했다. 그들은 노예제도를 자연의 섭리로 간주했다. 그들은 농업은 허용했지만, 다른 모든 산업을 타락을 수반하는 것으로 생각했다. 그리고 그들은 우리 시대의 관심을 빼앗는 그러한 경제문제에 대해 거의 또는 전혀 알지 못했다.[9]

그들은 결코 극단적인 빈곤의 압박을 느끼지 못했다. 땅과 바다, 그리고 태양과 하늘은 결합해서 그들이 완전한 삶을 위한 물적 필요물을 쉽게 얻을 수 있게 해주었다. 그들의 노예들마저도 상당한 문화의 기회를

---

8) 노이만과 파르취(J. Partsch)의 『그리스의 지리』(*Physikalische Geographie von Griechenland*, 1885), 제1장; 그로트(G. Grote)의 『그리스의 역사』 (*History of Greece*, 1826), 제II부, 제1장을 참조하라.

9) 그로트의 같은 책, 4쪽을 보라. 심지어 플라톤도 다음과 같이 말한다. "구두직공도 대장장이도 자연이 만든 것이 아니다. 그러한 직업은 그것에 종사하는 사람들을 타락시킨다. 비참한 용병은 바로 그러한 지위 때문에 정치적 권리에서 제외된다"(『법』, 제12장). 그리고 아리스토텔레스는 계속해서 다음과 같이 말한다. "최상의 상태로 통치되는 국가에서 시민들은 절대로 〔……〕 기술자 또는 상인의 삶을 영위해서는 안 된다. 왜냐하면 그러한 삶은 천하고 덕에 해롭기 때문이다"(『정치학』, 제7장, 9; 제3장, 5). 이러한 표현들은 사업과 관련해서 그리스인들의 생각의 기조를 제공한다. 그러나 고대 그리스에서 독자적인 재산가들이 거의 없었으므로, 그리스의 가장 탁월한 사상가들의 다수가 사업에 일정한 지분을 가질 수밖에 없었다.

향유했다. 만약 그렇지 않았더라면, 그리스인의 기질과 세계가 그때까지 배웠던 교훈에는 그들을 진지하게 고려할 만한 것이 전혀 없었을 것이다. 그 이후 시대의 많은 지도적 사상가들은 그리스 사상의 탁월함을 모든 새로운 탐구의 시금석으로 삼았다. 그리고 학자들이 종종 경제학 연구를 성급한 것으로 간주했던 것은 그리스인들이 사업을 지나치게 걱정하고 지루한 작업을 성급한 것으로 느낀 데 기인한 것이었다.

그럼에도 그리스의 쇠퇴에서 하나의 교훈을 얻을 수 있을 것이다. 그리스의 쇠퇴는 목적의 견고한 진지함의 결핍으로 초래되었다. 그리고 지속적인 근면의 규율 없이는 어떤 종족도 많은 세대 동인 그러한 진지함을 결코 유지하지 못했다. 사회적으로 그리고 지적으로 그리스인들은 자유로웠다. 그러나 그들은 자유를 잘 활용하는 것을 배우지 못했다. 그들에게는 자제력도 확고하고 지속적인 결단력도 전혀 없었다. 그들은 사업기획의 요소인 지각의 기민함과 새로운 제안에 신속한 대응을 모두 가지고 있었다. 그러나 그들에게는 목적의 영속성과 인내심이 결여되어 있었다. 온화한 기후는 점차적으로 그들의 육체적 에너지를 이완시켰고, 그들에게는 힘든 작업을 할 때 단호하고 확고한 지속성에서 오는 성격의 강인함이라는 안전장치가 없었다. 그리고 끝내 그들은 경박함에 함몰되었다.

4 문명은 여전히 서쪽으로 이동했으며, 로마가 그다음 중심이 되었다. 로마는 대국이라기보다는 대군이었다. 로마인들은 사업을 가능한 한 노예들에게 방치했다는 점에서 그리스인들과 유사했다. 그러나 다른 많은 측면에서 그들은 그리스인들과 대조적이었다. 아테네인들의 삶의 신선한 충만함 그리고 자신들의 능력을 마음껏 발휘하게 하고 자신들의 특이성을 발전시켰던 젊음의 환희와는 반대로 로마인들은 굳은 의지, 강철 같은 결단력, 명확하고 진지한 목표에 대한 성인들의 전념을 보여 주었다.[10)]

---

10) 그리스인의 기질과 로마인의 기질 사이의 근본적인 대립점에 대해 헤겔은 『역사철학』에서 분명하게 지적했다. "최초로 자유의 진정한 형태를 누렸던 그리

특이하게도 관습의 제약에서 자유로운 그들은 과거에는 결코 볼 수 없었을 신중한 선택으로 스스로 자신의 삶을 실현했다. 그들은 강인하고 대담했으며, 목적이 지속적이었으며, 자원이 풍부했고, 습관이 정연했으며, 판단력이 뛰어났다. 그리고 전쟁과 정치를 선호했음에도, 그들은 사업기획을 위해 필요한 모든 능력을 부단히 활용했다.

결사의 원리도 결코 소극적이지 않았다. 동업조합은 자유로운 장인이 소수였는데도 상당한 활력이 있었다. 사업 목적을 위한 결합행동방식 그리고 공장에서 노예노동에 의한 대규모 생산방식은——이 점에서 그리스는 동양의 제자에 불과했지만——로마로 수입되었을 때는 새로운 힘을 획득했다. 능력과 기질 면에서 로마인들은 공동출자 회사의 경영에 특히 적합했다. 그리고 상대적으로 소수의 아주 부유한 사람들이, 중간계층의 도움 없이, 훈련된 노예와 해방노예의 도움만으로 육로와 해로로 본국과 해외에서 대규모 사업계약에 착수할 수 있었다. 그들은 자본을 가증스러운 것으로 만들었지만, 또한 강력하고 효율적으로 만들었다. 그들은 또한 아주 정력적으로 대부 장치를 개발했다. 그리고 부분적으로는 제국권력의 통일성과 광범위하게 로마어를 보급한 결과로, 몇 가지 중요한 측면에서 지금보다도 로마제국 시대에 문명세계의 도처에 상업과 이동이 더 자유로웠다.

로마가 얼마나 거대한 부의 중심지였는지, 로마인들의 개인적 부가 얼마나 엄청났는지(그리고 최근에야 비로소 로마인들의 개인적 부를

스인들에 대해서 우리는 그들이 전혀 자각하지 못했다고 단언할 수 있다. 더 이상의 분석과 반성 없이 국가를 위해 살아가는 습관은 그들에게 지배적인 원리였다. 〔……〕 주관성은 그리스 세계를 파멸시켰다." 그리고 그리스인들의 조화로운 운문은 주관성과 "어떤 의지적 목표에 대한 무미건조한 묵상으로 가득 찬" "로마인들의 산문체 삶"에 길을 비켜주었다. 로셔(『독일 경제학사』, 188쪽)는 헤겔이 역사경제학(Historical Economics)에 간접적으로 기여한 바에 대해 비록 차별적이지만 관대한 찬사를 보냈다. 헤겔에게 큰 영향을 받은 것처럼 보이는 몸젠(T. Mommsen)의 『로마사』(History of Rome, 1859)의 종교에 대한 장들과 카우츠(J. Kautz)의 『경제학의 발달』(Entwickelung der National-Œkonomie, 1857), 제1편을 참조하라.

능가하게 되었다), 로마의 군사(military affaires)와 민사(civil affaires)의 규모, 그것들을 위해 필요한 저장품의 규모 그리고 교통수단의 규모가 얼마나 방대했는지를 생각해볼 때, 많은 저술가들이 우리의 경제문제와 그들의 경제문제 사이에 많은 유사점을 발견했다고 생각하는 것이 놀랄 일은 아니다. 그러나 그러한 유사성은 피상적이고 가공적이다. 그것은 형태에만 미칠 뿐 국민적 삶의 생활정신에는 미치지 않는다. 그것은 우리 시대 경제학이 최고로 관심을 두는 서민들의 삶의 가치에 대한 인식에는 미치지 못한다.[11]

고대 로마에서 공업과 상업은 좀더 최근에 도달한 정도의 활력은 결여되어 있었다. 수입품은 무력으로 획득한 것이며, 베니스, 피렌체 그리고 브뤼주에서처럼 시민들이 자랑할 만한 가치가 있는 숙련된 작업의 산물로 구매된 것이 아니었다. 교통과 산업을 막론하고 거의 거기에서 파생되는 화폐이득만을 목표로 추구되었다. 그리고 사업가의 삶의 품격은 토지와 관계된 사업을 제외한 모든 형태의 사업으로부터 원로원 의원들을 "법적으로 그리고 실질적으로 제한한"[12] 것에서 보여지는 공적

---

11) 로셔의 앞의 책, 제1장, 2를 보라. 이러한 오해는 일반적으로 예리하고 균형 잡힌 로셔의 영향에 다소간 기인한다. 그는 고대 문제와 현대 문제의 유사점을 지적하는 것을 특히 즐겨했다. 그러나 그의 저작의 대체적인 영향은 오해를 불러일으키는 경향이 있었다(크니스는 『역사적 관점에서의 정치경제학』, 특히 제2판의 391쪽에서 그의 입장을 잘 비판했다).

12) 프리트랜더(L. H. Friedländer)의 『로마 풍속사』(*Sittengeschichte Roms*, 1888~90), 225쪽. 몸젠은 심지어 다음과 같이 말하고 있다(『로마사』, 제IV편, 제11장). "상공업에 대해서는, 이탈리아 국민이 야만족에 가까운 미개발 상태에 있었다는 점 말고는 별로 얘깃거리가 없다. 로마의 민간 경제의 유일하게 뛰어난 측면은 화폐거래와 상업이었다." 케언즈의 『노예왕국』(*The Slave Power: Its Character, Career, and Probable Designs*, 1874)의 많은 구절들이 몸젠의 『로마사』의 현대판처럼 해석된다. 도시에서마저 로마의 빈곤한 자유인의 운명은 남부 노예주의 '빈민백인'의 운명과 유사했다. 대농장이 이탈리아를 파괴한다(Latifundia perdidere Italiam). 그것은 잉글랜드가 아니라 남부 노예주의 농장과 비슷했다. 로마의 자유노동의 취약성은 리브남(W. Liebenam)의 『로마 사회사』(*Geschichte und Organisation des römischen Vereinswesens*, 1890)에 잘 설명되어 있다.

인 경멸에 의해 쇠퇴했다. 기사계급은 세금을 징수하는 데서, 속주를 약탈하는 데서 그리고 좀더 뒤에는 황제의 개인적인 총애에서 최대의 이득을 찾았으며, 거대한 국내 산업의 형성을 위해 필요한 성실성과 철저한 작업을 소중히 여기지 않았다. 그리고 오랫동안 사기업은 영구 팽창하는 국가의 그늘에 의해 질식했다.[13]

그러나 비록 로마인들이 경제학의 진보에 직접적으로 기여한 바는 거의 없지만, 간접적으로 그들은 현대적 법률체계의 기초를 확립함으로써 좋든 나쁘든 경제학에 심대한 영향력을 행사했다. 로마의 철학사상은 주로 스토아철학이었다. 그리고 대부분의 위대한 로마 스토아철학자들은 동양의 혈통이었다. 그들의 철학은 로마에 이식되었을 때 감정의 강도를 잃지 않은 채 거대한 실질적 힘을 발휘했다. 스토아철학의 엄격함에도 불구하고, 그것은 현대 사회과학의 착상과 유사한 점이 많았다. 제국의 대부분의 위대한 법률학자들은 스토아철학의 지지자였으며, 따라서 스토아철학은 로마법의 경향을 규정했으며 그것을 통해 모든 현대 대륙법을 규정했다. 또한 로마국가의 힘은 초기 단계에 그리스에서보다

---

13) 그것에 대한 한 단면은 고대의 무역회사에 대한 짧지만 탁월한 설명에서 슈몰러에 의해 기술되었다. 어떻게 모든 구성원이 하나의 가족에 속하는 무역회사 집단이 원시인들 사이에서도 번성할 수 있는지를 보여준 다음에, 그는 현대적 유형의 어떤 기업연합 형태도 수세청부조합(Societates Publicanorum)처럼 어느 정도 예외적인 특혜나 이점을 가지고 있지 않았다면 고대 로마와 같은 조건에서는 번창할 수 없었다고 주장한다(『법률연보』*Jahrbuch für Gesetzgebung*, XVI권, 740~742쪽). 현대인들이 많은 사람들을 '한 지붕 아래서' 함께 일하도록 이끌고 유지하는 데——고대인들은 실패했지만——성공한 이유는 "좀더 높은 수준의 지적·도덕적 힘과 그때보다 현재에 사회적 동감이라는 결속을 통해 인간들의 이기적인 영리를 추구하는 에너지를 묶을 수 있는 더 큰 가능성에서 전적으로 찾아야만 한다." 들룸(A. Deloume)의 『로마의 금융업자』(*Les Manieurs d'Argent Rome*, 1892); 『정치학 계간』, 1887, II권에 실린 브라운(W. A. Brown)의 논문 「4세기의 산업에 대한 국가의 통제」(State control of Industry in the fourth century); 블랑키(J. A. Blanqui)의 『정치경제학의 역사』(*History of Political Economy*, 1837~38), 제5장과 제6장, 그리고 잉그럼(J. K. Ingram)의 『정치경제학의 역사』(*History of Political Economy*, 1888), 제2장도 보라.

로마에서 국권이 씨족과 부족의 권리를 소멸시키는 원인이 되었다. 그러나 재산에 관한 아리아족의 원시적 사고방식의 많은 부분이 로마에서도 오랫동안 좀처럼 사라지지 않았다. 가족구성원에 대한 가장의 권력이 막강하였으므로 그가 통제했던 재산은 오랫동안 개인으로서보다는 가족의 대표로서 그에게 귀속된 것으로 간주되었다. 그러나 로마가 제국이 되었을 때, 법률가들은 많은 나라들의 법적 권리에 대한 최종 해석자가 되었다. 그리고 스토아철학의 영향 아래 그들은 모든 특수한 규범의 기초에 숨어 있다고 믿었던 근본적인 자연법을 발견하기 위해 노력했다. 정의의 우연적 요소와 반대되는 이러한 보편성에 내한 탐구는 국지적 관습 이외에 어떤 근거도 주어질 수 없는 공동 소유의 권리에 대한 강력한 용해제로 작용했다. 따라서 후기 로마법은 점차적으로 그러나 지속적으로 계약의 영역을 확장했으며, 계약에 좀더 큰 정확성, 유연성 그리고 힘을 부여했다. 마침내 거의 모든 사회적 합의는 계약의 지배권 아래 들어갔다. 개인의 재산은 명확하게 구획되었고, 그는 원하는 대로 재산을 취급할 수 있었다. 스토아철학자의 관용과 고결함으로부터 현대 법학자들은 의무에 대한 고매한 규범을 물려받았으며, 금욕적인 자결주의로부터 재산에 대한 개인의 권리를 엄격하게 규정하는 경향을 끌어냈다. 그리고 우리는 현재의 경제체계의 선과 악의 많은 부분, 즉 한편으로는 자신의 업무를 경영하는 데 개인의 구속받지 않은 활력의 큰 부분 그리고 다른 한편으로는 그 주된 원리가 현명하고 정의롭기 때문에 기반을 튼튼하게 유지했던 법체제에 의해 확립된 권리의 미명 아래 행해진 매우 가혹한 죄악을 로마 특히 스토아철학의 영향까지 거슬러 올라갈 수 있다.

스토아철학이 동양의 발상지에서 가지고 온 강력한 의무감은 그 안에 일종의 동방의 정적주의도 내포하고 있었다. 스토아철학자는 비록 선행에서는 적극적이었지만 세상의 고뇌를 초월함을 자부했다. 그는 삶의 혼란에 관여했으며 그것은 그의 의무였다. 그러나 그는 결코 그것에 체념하지 않았다. 그의 삶은 자신의 실패에 대한 의식으로 압박을 받았으며 슬프고 엄격했다. 이러한 내적 모순은 헤겔이 말했던 것처럼 내적 완성이 무사무욕을 통해서만 달성될 수 있는 대상으로서 인정되기 전까지는 사라질 수 없었다. 따라서 그것에 대한 추구는 모든 사회적 작업에 불가피하게 수반되는 그러한 실패와 화해되었다. 이러한 거대한 변화에 대해서는 유대인들의 격렬한 종교적 감성이 그 길을 준비했다. 그러나 세계는 게르만족의 심원한 인간적 애정에 의해 새로운 경향이 가미되기 전까지는 기독교 정신의 충만함에 들어갈 준비가 되어 있지 않았다. 게르만족 중에서도 진정한 기독교는 서서히 진전되었다. 그리고 로마의 붕괴 이후 오랫동안 서유럽은 혼돈상태였다.

5 강하고 단호했던 튜튼 족은 관습과 무지의 굴레에서 쉽게 벗어나지 못했다. 튜튼 족에게 힘을 부여했던 원기왕성함과 충실함[14]은 그들에게 가족과 부족의 제도 및 관습을 지나치게 소중히 여기는 경향이 생기게 하였다. 어떤 위대한 정복민족도 자신이 정복한, 비록 약하지만 좀 더 세련된 사람들에게서 새로운 사상을 받아들이는 데 튜튼 족처럼 무능함을 노정하지는 않았다. 그들은 자신들의 조야한 힘과 에너지를 자랑했으며, 지식과 예술에 대해서는 거의 무관심했다. 지식과 예술은 남쪽에서 온 다른 정복민족이 그것에 새로운 생명력과 활력을 부여하기 전까지 지중해의 동부 해안에 임시 피난처를 마련했다.

사라센인들은 피정복자가 가르쳐준 최선의 교훈을 열심히 배웠다. 그들은 예술과 과학을 발전시켰으며, 기독교인들이 학문의 불꽃이 꺼지든 꺼지지 않든 거의 무관심했을 당시에 그들은 그것을 꺼지지 않도록 유지했다. 그리고 이 점에 대해 우리는 그들에게 감사하는 마음을 반드시 가져야 한다. 그러나 그들의 도덕성은 튜튼 족만큼 충만하지 않았다. 온난한 기후와 그들의 종교의 관능성은 그들의 활력이 빠르게 쇠퇴하는

---

14) 헤겔(『역사철학』, 제IV부)은 그들의 에너지, 그들의 자유정신, 그들의 절대적인 자결(Eigensinn), 그들의 왕성함(Gemüth)에 대해 말하고 "자유가 그들의 제1의 감시인이었고, 충실함은 제2의 감시인이다"라고 덧붙였을 때 사물의 근저에 이르렀다.

원인이 되었다. 그리고 그들은 현대문명의 문제에 직접적인 영향력을 거의 행사하지 못했다.[15]

튜튼 족의 교육은 좀더 완만하게 그러나 좀더 확실하게 향상되었다. 그들은 북쪽을 향해 지속적인 힘든 노동이 건전한 형태의 문화의 완만한 발전과 동반했던 기후로 문명을 운반했다. 그리고 그들은 문명을 서대서양 연안으로 운반했다. 오래전에 강기슭에서 내해의 기슭으로 이동했던 문명은 종국에는 광활한 대양을 넘어갔다.

그러나 이러한 변화는 서서히 진행되었다. 새 시대에 우리의 흥미를 끄는 첫 번째 요점은 로마의 전반적인 지배로 잠시 정지되어 있던 도시와 국가 사이의 과거 갈등의 재개다. 로마는 실제로 도시에 사령부를 둔 하나의 군대였지만, 그 힘을 광범위한 영토에서 끌어냈다.

6 몇 년 전까지는 국민이 완전하고 직접적으로 자치하는 것이 큰 나라에서는 불가능했다. 그것은 단지 도시 또는 아주 작은 영토에서만 존재할 수 있었다. 정부는 필연적으로 스스로 특혜 받은 상류계층으로 간주하고 노동자들을 하위계층으로 대우했던 소수의 수중에 있었다. 결과적으로 노동자들은 자신의 지역 일을 경영하는 것이 허용되었을 때 사업 경영의 기초로서 요구되는 용기, 자기의존 그리고 정신활동에 대한 습관이 종종 부족했다. 그리고 사실상 중앙정부와 지방의 거물은 이주를 금지하고 아주 무겁고 성가신 세금과 요금을 부과하면서 산업의 자유를 저해했다. 명목상 자유로운 하위계층 사람들마저도 각종의 구실로 부과되는 자의적인 벌금과 부과금에 의해, 편파적인 법 집행에 의해 그리고 종종 직접적인 폭력과 공공연한 약탈에 의해 수탈을 당했다. 이러한 부담은 주로 이웃보다 근면하고 검소한 사람들, 즉 만일 나라가 자유로웠다면 대담한 모험정신이 점차적으로 전통과 관습의 굴레를 뒤흔들었을 사람들에게 떨어졌다.

---

15) 그들의 작업에 대한 뛰어난 찬사는 드레이퍼(J. W. Draper)의 『유럽의 지적 발전의 역사』(*History of the Intellectual Development of Europe*, 1863), 제 13장에 기록되어 있다.

도시민들의 상태는 크게 달랐다. 도시에서 근로계층은 수적으로 우세했으며, 심지어 우세를 점할 수 없을 때도, 그들은 농촌의 동업자들과는 달리 지배자와는 차원이 다른 존재로 취급받지는 않았다. 고대 아테네에서처럼 플로렌스와 브뤼주에서 모든 사람들이 공공정책의 지도자들에게서 그들의 계획과 그 근거에 대한 발표를 들을 수 있었으며 때로는 실제로 들었다. 그리고 다음 조치를 취하기 전에 그에 대한 찬반을 표명할 수 있었다. 모든 사람들은 수시로 서로서로 상대방의 조언을 알고, 서로서로 상대방의 경험을 빌리고, 공동으로 명확한 해답을 찾아내고 스스로 행동함으로써 그것을 수행하면서 당시의 사회문제와 산업문제를 함께 토론할 수 있었다. 그러나 그것은 전신, 철도 그리고 저렴한 인쇄술의 발명 전까지는 넓은 지역에서는 이루어질 수 없었다.

그것들의 도움으로 이제 국민은 지도자들이 전날 밤에 말했던 것을 아침에 읽을 수 있고, 그날이 지나기 전에 그것에 대한 국민의 판단이 제법 잘 알려지게 된다. 또한 그것들의 도움으로 대형노조의 위원회는 적은 비용으로 어려운 문제를 전국의 노조원들의 판단에 맡길 수 있고 며칠 이내에 그들의 결정을 얻을 수 있다. 아주 큰 나라도 이제 국민이 통치할 수 있다. 그러나 지금까지는 이른바 '민중정부'(popular government)라는 것이 물리적 필연성에 의해 다소 폭넓은 과두정부에 불과했다. 정부의 중심에 자주 갈 수 있었던 아니면 적어도 정부로부터 끊임없이 정보를 얻을 수 있었던 소수만이 정부에 직접 참여할 수 있었다. 그리고 좀더 많은 국민이 대표의 선택을 통해 자신의 의지를 널리 유효하게 만들 수 있을 만큼 무슨 일이 일어나고 있는지에 대해서 충분히 알지라도, 그들마저도 몇 년 전까지는 국민의 소수에 불과했다. 그리고 대의제 자체가 최근의 것이다.

7 중세시대에는 도시의 흥망의 역사가 곧 진보물결의 흥망의 역사였다. 대체로 중세의 도시는 무역과 산업에 기원을 두고 있었으며, 그것들을 경시하지 않았다. 그리고 비록 부유한 시민들은 가끔 노동자들과는 전혀 무관한 폐쇄적인 정부를 세울 수 있었지만, 그들은 거의 권력을 오

래 유지하지는 못했다. 다수의 주민들은 종종 완전한 시민권을 보유했으며, 스스로 도시의 대내외 정책을 결정했고, 동시에 직접 일을 하고 자신의 작업을 자랑스럽게 여겼다. 그들은 동업조합을 조직했으며, 그럼으로써 결속을 강화했고, 자치 속에서 스스로를 직접 교육했다. 비록 동업조합은 종종 배타적이었고, 동업자 규제는 궁극적으로 발전을 지연시켰지만, 이러한 악영향이 명백해지기 전까지는 탁월하게 일을 해냈다.[16]

시민들은 활력을 잃지 않으면서 교양을 획득했다. 그들은 자신의 일을 무시하지 않으면서 자신의 일 이외에도 많은 것들에 대해 지적 관심을 갖는 방법을 배웠다. 그들은 예술에서 앞서 나갔으며, 전쟁기술에서도 뒤처지지 않았다. 그들은 공공의 목적을 위한 방대한 지출을 자랑스럽게 여겼고, 마찬가지로 공공자원에 대한 검소함, 투명하고 깔끔한 국가재정 그리고 공평하게 부과되고 건전한 사업원칙에 기초한 조세제도를 자랑스럽게 여겼다. 그렇게 그들은 현대 산업문명을 향한 길을 선도했다. 만일 그들이 방해받지 않고 자신의 진로를 계속해서 나아갔다면, 그리고 자유와 사회적 평등에 대한 최초의 사랑을 유지했더라면, 그들은 아마도 오늘날 우리가 봉착한 많은 사회적·경제적 문제들을 오래전에 해결했을 것이다. 그러나 소요와 전쟁으로 오랫동안 고통을 받은 후에 그들은 마침내 그들을 둘러싸고 있는 농촌의 점증하는 힘에 굴복하게 되었다. 그리고 실제로 그들이 주변인에 대한 지배력을 손에 넣었을 때 그들의 지배는 종종 가혹하고 억압적이었다. 결국 그들이 농촌에 의해 전복된 것은 어느 정도는 정당한 보복의 결과였다. 그들은 자신의 비행으로 벌을 받게 되었다. 그러나 그들의 훌륭한 작업 성과는 남아 있

---

16) 실질적으로 자치권을 가지고 있던 대규모 자유도시에서 적용되는 것은 정도가 떨어지긴 하지만 잉글랜드의 이른바 자치도시(borough: 국왕의 칙허에 의하여 특권을 가진 옛 자치도시—옮긴이)에서도 적용된다. 그것들의 조직은 자유의 기원보다 훨씬 다양했다. 그러나 이제 그것들은 일반적으로 한때 가정했던 것보다는 더 민주적이고 덜 과두적이었던 것으로 보인다. 특히 그로스(C. Gross)의 『길드 상인』(*The Gild Merchant*, 1890), 제7장을 보라.

고, 우리 시대가 조상에게서 물려받은 최선의 사회적·경제적 전통의 많은 부분의 원천이다.

8 봉건제도는 튜튼 족의 발전에서 불가피한 단계였을 것이다. 그것은 지배계층의 정치적 능력을 발휘할 수 있게 해주었고, 서민들에게 규율과 질서의 습관을 길러주었다. 그러나 그것은 어떤 외연적 미의 형식 아래 엄청난 육체적·도덕적 잔혹함과 불결함을 은폐하고 있었다. 기사들의 관행에는 여성들에 대한 공개적인 장소에서의 극단적인 존중과 가내에서의 횡포가 결합되어 있었다. 그리고 기사계급에 속해 있는 적군에 대한 정교한 예우규칙은 하위계층을 대하는 데서의 학대와 강탈을 동반했다. 지배계층들은 서로에게 솔직하고 관대하게 의무를 다하는 것을 당연하게 받아들였다.[17] 그들은 고결함이 결여되지 않은 삶의 이상을 가지고 있었다. 따라서 그들의 인성은 사려 깊은 역사가들뿐만 아니라 장엄한 광경과 낭만적 사건의 전쟁에 대한 연대기 작가에게도 항상 상당히 매력적일 것이다. 그러나 그들의 양심은 그들이 속한 계급이 요구하는 의무의 규범에 걸맞게 행동했을 때 충족되었다. 그리고 그러한 규범의 한 조항은 하위계층을 분수에 맞게 유지하는 것이었다. 비록 실제로는 그들이 매일 접촉하며 살아가는 가신들에게 친절하고 심지어 애정을 가지고 대했음에도 말이다.

개인적 고통의 경우에 관한 한, 교회는 약자를 보호하고 빈민의 고충을 덜어주려고 노력했다. 교회의 공헌에 이끌린 좀더 훌륭한 성품을 지

---

17) 그러나 반역은 이탈리아 도시에서는 흔한 일이었으며, 북방의 성역에서도 아주 드문 일은 아니었다. 사람들은 암살과 독물로 친지의 죽음을 획책했다. 종종 주인이 손님에게 내놓은 음식과 술을 시식하기를 바랐다. 화가가 정당하게 배경에는 비천한 것들을 최대한 억제하면서 캔버스를 자신이 발견할 수 있는 가장 고귀한 사람들의 얼굴로 채우는 것처럼, 대중적인 역사가는 주변의 수많은 악행을 덮어 가리면서 고결한 사람들의 삶이 두드러지게 눈에 띄는 역사적 묘사를 통해 젊은이들의 경쟁심을 자극하는 것이 정당화될 수 있다. 그러나 세계의 진보를 촉진하고자 할 때 우리는 반드시 과거의 악을 있는 그대로 보아야 한다. 우리의 조상보다 조금 더 나아가는 것이 비록 민족의 최선의 희망에는 미치지 못하겠지만 그 차이는 작을 것이다.

닌 사람들이 독신주의의 맹세로부터 자유로워 세속과 섞일 수 있었다면 종종 좀더 광범위하고 좀더 나은 영향력을 행사했을 것이다. 그러나 그것이 성직자들, 특히 수도사들이 빈곤층에게 베풀었던 혜택을 가볍게 평가하는 근거가 되지는 못한다. 수도원은 산업의 본거지였으며, 특히 농업의 과학적 처리의 본거지였다. 수도원은 식자들을 위한 안전한 학교였고, 고통받는 자들을 위한 병원이자 구빈원이었다. 교회는 대소사의 중재자 역을 했다. 그리고 교회의 권위 아래 개최되었던 축제와 시장은 상업에 자유와 안전을 제공해주었다.[18]

또한 교회는 특권계급의 배타성에 대힝한 불변의 항의였다. 그것은 고대로마의 군대처럼 민주적 조직이었으며, 항상 출생의 등급과 무관하게 유능한 인재를 최고의 직위에 기꺼이 승진시켰다. 성직자와 수도사는 서민의 물질적·도덕적 복지에 많은 기여를 했다. 그리고 교회는 가끔 서민들을 지배자들의 학정에 대해 공공연한 저항으로 이끌었다.[19]

---

18) 어쩌면 우리는 '고리' 와 다른 종류의 거래에 대한 교회의 비난을 지나치게 강조하는 경향이 있는지도 모른다. 당시에는 사업에 쓸 자본을 대부할 수 있는 여지가 거의 없었다. 그리고 그러한 기회가 있었을 때는, 여러 방법으로 금지를 피할 수 있었다. 물론 그러한 방법 중 일부는 실제로 교회 스스로 인가했다. 비록 성 크리소스토무스가 "어떤 물건을 온전히 원상태로 처분함으로써 이득을 얻기 위해 그것을 획득하는 사람은 신의 사원에서 추방된다"라고 말했지만, 교회는 상인들이 정기시나 다른 곳에서 재화를 원상태로 매매하도록 장려했다. 교회와 국가의 권위 그리고 사람들의 편견이 결합해서 이익을 붙여 소매로 판매하기 위해 재화를 대량으로 구매하는 사람들에게 장애가 되었다. 그러나 이러한 사람들의 사업 가운데 많은 부분이 정당한 거래였다. 물론 그중 일부는 현대 농산물시장의 '매석'(rings), '매점'(corners)과 분명 비슷했다. 애슐리의 『영국경제사 및 학설 서설』에서 교회법 교리(Canonist Doctrine)에 관한 탁월한 장과 『이코노믹 리뷰』(*Economic Review*), IV권에서 휴인스(W. Hewins)의 서평을 보라.

19) 간접적으로 그것은 십자군전쟁을 촉진함으로써 진보를 도왔다. 십자군전쟁에 대해 잉그럼은 다음과 같이 잘 표현했다. 십자군전쟁은 "많은 경우에 중세 지배자들의 부를 산업계층으로 이전시킴으로써 강력한 경제적 효과를 야기했다. 서로 다른 국가와 민족을 접촉시킴으로써, 거주민의 지평을 확대하고 거주민 개념을 넓힘으로써, 또한 항해를 특별히 자극함으로써 그것은 국제 교역에 새

그러나 다른 한편으로 그것은 서민들이 자존과 자결능력을 개발하도록 그리고 진정한 내적 자유에 도달하도록 돕기 위해 노력하지 않았다. 예외적인 천부적 재능을 가진 개인들이 교회 내의 직책을 거쳐 최고의 지위에 오르는 것을 개의치 않았지만, 반면에 그것은 노동계층을 무지하고, 진취성이 결여된 그리고 모든 면에서 높은 신분계층에 의존하는 무리로 유지하기 위해 노력하는 봉건제도의 세력을 억제하기보다는 오히려 거들었다. 튜튼 족의 봉건제도는 고대로마의 군사적 지배보다는 본질적으로 더 온화했다. 그리고 속인들뿐만 아니라 성직자들도 불완전하게 이해되긴 했지만 인간으로서의 존엄성에 대한 기독교의 가르침에 영향을 받았다. 그럼에도 초기 중세시대에 농촌지역의 지배자들은 신정주의적 특권계층의 동양적 불가사의와 규율과 결단의 로마적 힘에서 가장 강력한 것들을 모두 통합했다. 그리고 그들은 그렇게 결합된 힘을 전체적으로 하위계층에서 강하고 독립적인 인성의 발전을 지연시키는 방식으로 사용했다.

그러나 봉건제도의 군사력은 지역적 시샘으로 오랫동안 약화되었다. 그것은 샤를마뉴 대제의 비범한 재능 아래 방대한 지역의 통치를 하나의 생명력 있는 총체로 통합되도록 훌륭하게 조절되었다. 그러나 그것은 동등하게 지도적인 천재가 사라지자마자 구성요소로 흩어지기 일쑤였다. 이탈리아는 오랫동안 도시들이 지배했다. 그중 하나는 로마의 혈통으로서 로마의 야심과 목적의 견고한 영속성을 가지고 현대에 이르기까지 모든 공격에 대항해서 수로를 유지했다. 그리고 저지국과 대륙의 다른 나라에서 자유로운 도시들은 오랫동안 주위의 왕이나 호족의 적의를 좌절시킬 수 있었다. 그러나 마침내 안정적인 군주국이 오스트리아에서 확립되었다. 소수의 유능한 인재들이 봉사하는 전제군주국은 무지하지만 불굴의 수많은 농촌서민으로 군대를 조직하고 훈련시켰다. 그리고 자유로운 도시들의 기업열, 산업과 문화의 고귀한 결합은 그러한 도

로운 활력을 불어넣는 경향이 있었다"(『정치경제학의 역사』, 제2장).

시들이 과거의 실수를 벗어버리기 전에 갑자기 중단되었다.

만일 바로 그때 새로운 세력이 등장해 속박의 굴레를 해체하고 넓은 지역에 자유를 파급하지 않았다면 세계는 퇴보했을 것이다. 단기간 내에 인쇄술의 발명, **문예부흥**, 종교개혁, 신대륙과 인도 항로의 발견이 일어났다. 이러한 사건들 중 어느 하나만으로도 역사에서 하나의 신기원을 이루기에 충분했으나, 동시에 발생하고 같은 방향으로 작용함으로써 그것들은 완전한 혁명을 이루었다.

사상은 상대적으로 자유로워졌으며, 지식은 더 이상 일반인들에게 접근 불가능한 것이 아니었다. 그리스인들의 자유로운 기질이 부활되었다. 강력한 자결정신을 가진 사람들이 새로운 힘을 획득했으며, 다른 사람들에 대한 그들의 영향력을 확장할 수 있었다. 그리고 신대륙은 사려 깊은 사람들에게 새로운 문제를 제기했으며, 동시에 그것은 대담한 모험가들에게 새로운 사업기회를 제공했다.

9 새로운 해상모험을 선도했던 나라들은 이베리아 반도의 나라들이었다. 당분간은 세계의 지도력이 최초에는 지중해의 동쪽 반도에 자리 잡았다가, 중앙의 반도로 옮겨졌다가, 다시 지중해와 동시에 대서양에 속하는 서쪽 반도에 자리 잡을 것처럼 보였다. 그러나 산업의 힘은 이때쯤에는 북쪽의 기후에서도 부와 문명을 유지하기에 충분해졌다. 에스파냐와 포르투갈은 북쪽 사람들의 한결같은 에너지와 좀더 관대한 정신에 대항해서 오래 견딜 수는 없었다.

저지국 사람들의 초기 역사는 실제로 멋진 소설과도 같다. 어업과 방직을 근거로 그들은 미술과 문학, 과학과 통치의 뛰어난 체제를 구축했다. 그러나 에스파냐는 페르시아가 과거에 그랬던 것처럼 떠오르는 자유의 정신을 분쇄하려고 노력했다. 그리고 페르시아가 이오니아를 교살했지만, 그리스 본토의 정신을 좀더 높게 일으켰던 것처럼, 오스트리아-에스파냐 제국은 벨기에 지역을 정복했지만, 네덜란드와 잉글랜드의 애국심과 에너지를 강화시켰을 뿐이다.

네덜란드는 상업에 대한 영국의 시샘으로 해를 입었지만, 프랑스의 끊임없는 군사적 야심 때문에 더욱 크게 피해를 입었다. 네덜란드는 프랑스의 침략으로부터 유럽의 자유를 지키고 있다는 것이 곧 명백해졌다. 그러나 네덜란드 역사의 결정적인 시기에 네덜란드는 신교의 잉글랜드로부터 마땅히 기대할 수 있었던 도움을 받지 못했다. 그리고 비록 1686년 이후로 그러한 도움이 전폭적으로 주어졌지만, 네덜란드의 가장 용감하고 가장 관대한 건아들은 이미 전쟁터에서 사라진 후였다. 그리고 네덜란드는 과도한 채무를 짊어지게 되었으며, 무대의 뒤편으로 떨어졌다. 그러나 다른 누구보다도 잉글랜드 사람들은 자유와 기업정신을 위해 무엇을 했고 무엇을 더 할 수 있었는지를 깨닫게 되었다.

그렇게 프랑스와 잉글랜드는 대양제국을 놓고 서로 다투게 되었다. 프랑스는 어떤 북쪽 국가보다도 천연자원이 풍부했고, 어떤 남쪽 국가보다도 새로운 시대정신이 충만했으며, 한동안 세계 최고의 강국이었다. 그러나 프랑스는 끝없는 전쟁 속에서 부와 종교적 박해를 통해 아직 없애지 못한 가장 뛰어난 시민의 피를 탕진했다. 계몽의 진보는 그와 함께 지배계층의 피지배계층에 대한 관대함도, 지출에서의 현명함도 가져오지 못했다.

미국의 혁명으로부터 지배자들에 대항한 억압된 프랑스 민중의 봉기를 향한 주요한 충격이 가해졌다. 그러나 프랑스 민중은 미국의 식민지 개척자에게 두드러졌던 자제력이 동반된 자유가 현저하게 부족했다. 그들의 에너지와 용기는 다시 한 번 위대한 나폴레옹전쟁으로 표출되었다. 그러나 그들의 야심은 너무 지나쳐 실패했으며, 종국에는 대양에서의 진취적 기상의 지도력을 잉글랜드에게 넘겨주었다. 그렇게 신대륙의 산업문제는 잉글랜드적 성격의 직접적 영향력 아래 그리고 어느 정도는 구대륙의 산업문제도 잉글랜드적 성격의 간접적 영향 아래 해결되었다. 그렇다면 우리는 이제 잉글랜드에서 자유기업의 발전을 좀더 자세하게 추적하는 것으로 돌아갈 수 있다.

10 잉글랜드에는 지리적 위치 때문에 북유럽의 가장 강력한 종족 중에서도 가장 강력한 구성원들이 거주하게 되었다. 자연선택의 과정은

잉글랜드의 해안에 각각의 연속적인 이주물결에서 가장 대담하고 자기 의존적인 구성원들을 데려다주었다. 잉글랜드의 기후는 북반구의 어디보다도 에너지를 유지하기에 적합했다. 잉글랜드를 분할하는 고지대는 전혀 없고, 영토의 어떤 부분도 항해 가능한 바다에서 20마일 이상 떨어져 있지 않다. 그렇게 서로 다른 지역 사이의 자유로운 왕래에 대한 중요한 장애물은 없었다. 노르만 왕조와 플랜태저넷 왕조의 힘과 현명한 정책은 현지 귀족에 의한 인위적 장벽의 발생을 억제했다.

역사에서 로마가 수행했던 역할은 대제국의 군사력 그리고 하나의 도시에 거주하는 소수 지배자의 진취성과 목적의 일관성을 결합한 데 주로 기인하는 것처럼, 잉글랜드의 위대함은 네덜란드가 이전에 소규모로 했던 것처럼 중세도시의 자유로운 기질 그리고 민족의 힘과 폭넓은 기반을 결합한 데 기인한다. 잉글랜드의 도시들은 다른 나라들의 도시들보다 덜 유명했다. 그러나 잉글랜드는 도시들을 다른 어떤 나라보다도 쉽게 융화시켰고 장기적으로 그것들로부터 가장 많은 이득을 얻었다.

장자상속 관습은 귀족집안의 어린 아들들이 스스로 성공의 길을 찾도록 만들었다. 그리고 아무런 특별한 신분적 특권이 없었기 때문에 그들은 쉽게 서민들과 융화되었다. 상이한 계층들의 이러한 융합은 정치를 사무적으로 만들었으며, 동시에 그것은 사업적 모험의 기질에 귀족혈통의 풍부한 모험적 기상과 낭만적인 야망으로 온기를 불어넣었다. 한편으로 전제정치에 대한 저항에서, 다른 한편으로 이성에 의해 정당화된 권위에 대한 순종에서 단호한 잉글랜드 사람들은 많은 혁명을 이루었지만 명확한 목적 없는 혁명은 전혀 없었다. 법률적으로 준수해야 하는 헌정을 개혁하면서도, 오직 그들만이 네덜란드 사람들을 제외한다면 질서와 자유를 어떻게 결합해야 하는지를 알고 있었다. 오직 그들만이 과거에 대한 철저한 경의와 과거 속에서가 아니라 미래를 위해 살아가는 힘을 통합시켰다. 그러나 후에 잉글랜드를 제조업 발전의 리더로 만들었던 인성의 힘은 처음에는 주로 정치, 전쟁 그리고 농업에서 나타났다.

잉글랜드의 궁수는 잉글랜드 장인의 선구자였다. 잉글랜드의 궁수는 대륙의 경쟁상대에 대한 양식과 체격에서의 우월성에 대해 잉글랜드의 장인과 동일한 긍지를 가지고 있었다. 그는 손을 자유자재로 사용하는 완전한 능력을 획득하는 데 대한 동일한 불굴의 인내력과 동일한 자유로운 자립정신 그리고 동일한 자제력과 위기 대처능력이 있었다. 그리고 기회가 적당할 때는 자신의 기분에 탐닉하지만 위기가 발생할 때는 곤란과 역경에 대항해 규율을 준수하는 동일한 습관을 가지고 있었다.[20]

그러나 잉글랜드 사람들의 산업적 능력은 오랫동안 잠재상태에 있었다. 그들은 문명의 편의재와 사치재에 대해 친숙함과 관심을 크게 물려받지 않았다. 모든 종류의 제조업에서 그들은 북유럽의 자유도시들처럼 이탈리아, 프랑스 그리고 에스파냐 같은 라틴 국가들에 뒤처져 있었다. 점차적으로 부유한 계층들은 수입 사치재에 대한 약간의 기호를 갖게 되었으며, 잉글랜드의 무역은 서서히 증가하게 되었다.

그러나 오랫동안 잉글랜드의 미래의 상업에 대한 징후는 표면 위에 나타나지 않았다. 그것은 실제로 잉글랜드 사람들의 어떤 선천적 성향의 산물이라기보다는 오히려 잉글랜드의 특수한 상황의 산물이었다. 그들은 처음에도 지금도 유대인, 이탈리아인, 그리스인, 미국인 사이에서 발견되는 매매와 교섭 그리고 금융사업의 좀더 난해한 측면에 대한 특별한 선호를 가지고 있지 않았다. 잉글랜드 사람들과의 교역은 책략과 투기적 결합이기보다는 오히려 실행의 형태를 띠었다. 지금도 런던증권거래소에서 가장 정교한 투기는 매매할 때 잉글랜드 사람들이 실행하는 데 가지고 있는 만큼의 수완을 물려받은 종족들이 행하고 있다.

잉글랜드로 하여금 최근에 상이한 상황 아래서 세계를 탐험하고, 재화를 만들어서 다른 나라로 운반하게 하는 원인이 되었던 자질들이 중

---

20) 통계적 비교 목적을 위해서는 부유한 자영농민(yeoman)을 오늘날 장인계층이 아니라 중산계층으로 분류해야 한다. 왜냐하면 그보다 더 부유했던 사람들은 극소수였으며, 국민 대다수는 그에게 훨씬 못 미쳤으며, 거의 모든 측면에서 오늘날보다 가난했기 때문이다.

세시대에도 잉글랜드로 하여금 농업의 현대적 조직을 개척하고 대부분의 다른 현대적 사업의 전범이 되는 모델을 세우게 하는 원인이 되었다. 잉글랜드는 부역지대의 화폐지대로의 전환을 선도했으며, 이러한 변화에 따라 모든 사람들이 자신의 자유선택에 따라 삶의 진로를 조종할 수 있는 능력이 신장되었다. 좋든 나쁘든 사람들은 토지에 대한 자신의 권리와 의무를 자유롭게 양도할 수 있게 되었다. 관습의 굴레의 이완은 14세기의 페스트에 뒤이은 실질임금의 폭등에 의해, 16세기 은의 가치하락, 주화의 가치저하, 왕실의 사치 목적에 의한 수도원 수입의 전유에서 유래하는 실질임금 폭락에 의해, 그리고 끝으로 많은 노동자들을 본고장에서 몰아냈던 그리고 잔류 노동자들의 실질소득을 떨어뜨리고 생활방식을 일변시킨 양목장 경영에 의해 재촉되었다. 이러한 움직임은 사적인 전쟁을 종식시키고 호족과 지주가 한데 모았던 가신들을 무용지물로 만든 튜더왕조의 수중에서의 왕권의 강화에 의해 확대되었다. 장자에게 부동산을 물려주고 가족의 모든 구성원에게 동산을 분배하는 관습은 한편으로 토지의 규모를 확장시키고 다른 한편 토지보유자가 토지 경작을 위해 지배하는 자본을 축소시켰다.[21]

이러한 원인들이 잉글랜드에서 지주와 소작농 사이의 관계를 수립하는 데 기여했다. 잉글랜드 재화에 대한 해외수요와 외국의 사치재에 대한 잉글랜드의 수요는 특히 16세기에 자본제적 차지농에 의해 경영되는 광활한 목양장으로 많은 소작지의 집중을 초래했다. 즉 자기자본을 투입하고, 연간 확정지대로 토지를 차용하고, 임금을 주고 노동을 고용함으로써 농업의 관리와 위험을 담당한 차지농의 수가 엄청나게 증가했다. 마찬가지로 나중에 잉글랜드의 새로운 기업가계층은 약간의 자기

---

21) 로저스는 13세기에 경작지의 가치가 경작에 필요한 자본의 3분의 1에 불과했다고 말한다. 그리고 그는 토지의 소유자가 그것을 습관적으로 직접 경작하는한, 장자는 종종 동생들의 자본을 받는 대가로 자기 토지의 일부를 동생들에게 양도하기 위해서 여러 방법을 사용했다고 믿는다. 『6세기에 걸친 노동과임금』, 51, 52쪽.

자본을 투입하고, 나머지는 이자를 주고 차입하고, 임금을 주고 노동을 고용함으로써 공장제수공업의 관리와 위험을 담당했다. 자유기업은 빠르고 맹렬하게 성장했으며, 그것은 그 작용에서 한쪽으로 치우쳐 있었고 빈곤층에게 무자비했다. 그러나 잉글랜드의 대형 농장은 경작용이든 목축용이든 차입한 자본으로 경영되었으며, 잉글랜드 궁수가 잉글랜드 장인의 숙련의 전조였던 것처럼, 잉글랜드 공장의 전조였다.[22]

11 그동안에 잉글랜드의 특성은 심화되었다. 잉글랜드 해안에 정착한 강인한 종족들의 천성적인 진지함과 용맹함은 종교개혁의 교리를 받아들이도록 이끌었다. 그리고 그것은 그들의 생활습관에 영향을 미쳤으며, 그들의 산업 성격을 규정했다. 인간은 말하자면 인간적 매개체 없이 조물주의 존재 속으로 직접 인도되었으며, 이제 최초로 야만적이고 교양 없는 수많은 일반 대중이 절대적인 영적 자유의 신비를 동경하게 되었다. 각 개인의 종교적 책임이 동료들의 그것으로부터 고립된 것은 올바르게 이해된다면 최고의 영적 진보를 위한 필수 조건이었다.[23] 그러나 그러한 관념은 세인들에게는 생소한 것이었고, 있는 그대로 적나라한 것이었으며, 아직은 쾌락적 본능을 압도하지 못했다. 그리고 온화한 성품에서마저도 개인성은 아주 날카로운 경계를 나타냈으며, 거친 성품에서 그것은 자의식이 강하고 자기중심적인 것이 되었다. 특히 청교도들 사이에서, 자신들의 종교적 신조에 논리적 명확성과 정확성을 부여하려는 열망은 모든 경박한 사상과 경박한 즐거움에 적대적인 열광적 정념이었다. 필요할 때 그들은 결합된 행동을 취할 수 있었으며, 그러한

---

22) 이러한 비교는 『경제학 원리』 2, 제VI편에서 더욱 발전된다. 특히 제9장, 5를 보라.

23) 종교개혁은 "개성(Individuality)의 〔……〕 긍정이었다. 〔……〕 개성은 생활의 전부가 아니라 인간의 본성과 작업의 모든 분야에서 생활의 불가결한 부분이다. 인간은 반드시, 오직 신과 함께, 홀로 살아가고 홀로 죽는다는 것은 비록 완전한 진리는 아니지만 진리다." 웨스트컷(B. F. Westcott)의 『기독교의 사회적 측면』(*Social Aspects of Christianity*, 1887), 121쪽; 헤겔의 『역사철학』, 제IV부, 제3편, 제2장을 참조하라.

행동은 그들의 단호한 의지에 따라 불가항력적인 것이 되었다. 그러나 그들은 사회 속에서 아무런 기쁨을 취할 수 없었다. 그들은 공적인 즐거움을 멀리했으며, 가정생활의 평온한 휴식을 선호했다. 그리고 반드시 시인해야겠지만 그들 가운데 일부는 예술에 대해 적대적인 태도를 취했다.[24]

힘의 최초의 성장은 그 속에 거칠고 무례한 어떤 것을 가지고 있었다. 그러나 그러한 힘은 다음 상승단계를 위해 요구되었다. 그것은 수많은 시련을 통해 정화되고 완화될 필요가 있었으며, 과거의 집단적 성향에서 가장 아름답고 가장 견고했던 것들을 좀더 고차원적인 형태로 부활시킬 수 있도록 새로운 본능이 사라나기 전에, 약화되지 않으면서도 자기주장적 특성이 완화될 필요가 있었다. 그것은 속세의 감정 중에서 가장 값지고 가장 완전한 가족애를 강화시켰다. 아마 사회적 삶의 숭고한 구조물을 구축할 수 있는, 그토록 강하면서도 그토록 고결한 바탕재료는 결코 없었을 것이다.

네덜란드와 다른 국가들은 중세시대를 마감했던 영적 대변동으로 열린 중대한 시련을 잉글랜드와 공유했다. 그러나 많은 관점에서 그리고 특히 경제학자의 관점에서 잉글랜드의 경험은 가장 교훈적이고 가장 철저한 것이었으며, 모든 다른 나라들의 경험을 대표하는 것이었다. 잉글랜드는 자유롭고 자결적인 에너지와 의지를 통해 산업과 자유의 현대적 변화를 선도했다.

---

24) 어떤 예술의 형태의 방종은 진지하지만 편협한 사람들에게 모든 예술에 대한 편견을 낳았다. 그리고 그에 대한 보복으로, 사회주의자들은 이제 인간의 사회적·예술적 본능을 손상시켰다고 종교개혁을 맹렬히 비난하고 있다. 그러나 종교개혁에 의해 발생된 감정의 엄숙함이 예술을 손상시킨 것 이상으로 그러한 감정의 격렬함이 예술을 풍부하게 하지는 않았는지 의문을 제기할 수 있다. 그러한 감정은 고유한 문학과 음악을 발전시켰다. 그리고 만일 그것이 인간으로 하여금 자기 자신의 작품의 아름다움을 얕보도록 이끌었다면, 그것은 확실히 자연의 아름다움에 대한 인간의 감상능력을 향상시켰다. 개혁종교가 우세한 나라에서 풍경화가 가장 발달했다는 것은 우연이 아니다.

12 잉글랜드의 산업적·상업적 특질은 다른 나라들에서 새로운 교리를 받아들인 많은 사람들이 잉글랜드 해안에서 종교적 박해에 대한 피난처를 찾았다는 사실에 의해 강화되었다. 일종의 자연선택에 의해 잉글랜드 사람들과 인성이 가장 유사했던 그리고 그러한 인성을 통해 제조기술에서 작업의 철저함을 연구하도록 인도되었던 프랑스, 플랑드르 그리고 기타 지역의 사람들은 잉글랜드 사람들과 섞이게 되었고, 잉글랜드 사람들에게 성격상 줄곧 적합했던 기술을 가르쳐주었다.[25] 17세기와 18세기 동안에 왕실과 상위계층은 여전히 다소 천박하고 방종한 상태로 있었다. 그러나 중간계층과 일부 노동계층은 삶에 대한 엄격한 시각을 받아들였다. 그들은 작업을 중단시키는 오락을 거의 즐기지 않았으며, 부단한 힘겨운 노동으로만 획득할 수 있는 물적 편안함에 관해 높은 기준을 가지고 있었다. 그들은 축제와 과시의 목적에만 맞는 재화들보다는 견실하고 영속적인 효용성이 있는 재화를 생산하기 위해 애썼다. 일단 퍼지기 시작하자 이러한 경향은 사회적 분위기에 의해 촉진되었다. 왜냐하면 비록 아주 엄격하지는 않더라도, 그것은 특히 경박한 오락과는 맞지 않기 때문이다. 그리고 의복, 주거 그리고 안락한 거주를 위한 필요물은 아주 값비싼 것이다.

잉글랜드의 현대적 산업생활은 이러한 조건 아래서 발전되었다. 물적 안락에 대한 욕망은 매일매일 최대한의 노동량을 끌어내기 위해 부단히 노력하게 하는 경향이 있으며, 모든 행위를 이성의 의도적인 판단에 맡기려는 굳은 결의는 모든 사람에게 끊임없이 업무 또는 업무를 수행하는 방법을 바꿈으로써 자신의 지위를 개선할 수 없는지 끊임없이 자문하게 하는 경향이 있다. 그리고 끝으로 완전한 정치적 자유와 안전은 모든 사람들에게 자신의 이해에 맞게 결정한 대로 행동을 조정하고 새로운 미래의 사업에 자신과 자신의 재산을 두려움 없이 맡길 수 있게 해준다.

---

25) 역사가들은 잉글랜드가 이러한 이주민들에게 진 빚을 항상 높게 평가했지만, 스마일스는 그것이 역사가들이 상정하는 것보다 크다는 것을 보여주었다.

한마디로 말하면 잉글랜드와 그 식민지가 현대 정치의 경향을 규정할 수 있게 해주었던 바로 그 원인들이 또한 그들로 하여금 현대 기업의 경향을 규정하도록 만들었다. 그들에게 정치적 자유를 제공했던 바로 그 자질들이 또한 산업과 상업에서의 자유로운 기업열을 제공해주었다.

13 산업과 기업의 자유는 그 작용이 미치는 범위 안에서 누구나 자본과 노동을 가장 잘 이용할 수 있는 고용을 찾게 하는 원인이 된다. 그리고 그것은 또한 그에게 특정한 과업에 대한 특수한 숙련과 재능을 획득하기 위해 노력하도록 이끈다. 그럼으로써 그는 스스로 원하는 것을 구매할 수 있는 수입을 벌어들일 수 있다. 그 결과 정교한 노동분업을 수반하는 복잡한 산업조직이 탄생한다.

아무리 그 형태가 원시적이더라도 오랫동안 단결을 유지하는 모든 문명에서 어떤 종류의 노동분업이 발생하게 마련이다. 아주 미개한 나라에서도 우리는 고도로 특화된 업종을 발견한다. 그러나 우리는 각각의 업종 내에서 사업의 계획과 배열, 사업의 관리와 위험은 어떤 집단이 담당하는 반면, 사업에 필요한 육체적 노동은 고용된 노동자가 수행하는 작업의 분할을 발견하지는 못한다. 이러한 형태의 노동분업은 일반적으로 현대세계의, 동시에 특히 잉글랜드 종족의 특성이기도 하다. 그것은 인류발전의 단순히 지나가는 단계일 수도 있다. 그것은 그것을 낳게 했던 자유기업이 한층 발전하면 사라질 수도 있다. 그러나 현재로서 그것은 좋든 나쁘든 현대문명의 형태에서 주요한 사실이며 그리고 현대 경제문제의 정수다.

지금까지 산업생활에 도입된 가장 중대한 변화는 **사업가**[26]를 중심으로 전개된다. 우리는 이미 사업가가 잉글랜드 농업의 초기단계에서 어떻게 출현했는지를 보았다. 차지농은 지주에게서 토지를 빌리고, 필요한 노동을 고용했다. 그는 기업의 경영과 위험을 책임졌다. 차지농의 선택은 실제로 완전한 자유경쟁에 의해 좌우되지는 않았지만, 어느 정도

---

26) 스미스와 대륙에서 습관적으로 사용된 이 용어는 조직화된 산업의 작동에서 기업의 위험과 경영을 담당하는 사람들을 가리키는 최선의 용어로 보인다.

상속과 다른 영향에 의해 제한되었다. 그래서 그것은 종종 농업의 지휘가 그것에 대한 특수한 재능이 없는 사람들의 수중에 떨어지는 원인이 되었다. 그러나 잉글랜드는 자연선택이 상당한 역할을 했던 유일한 나라였다. 대륙의 농업체제는 태생적 우연이 농지를 경작하고 농지의 경작을 통제하는 데서의 역할을 결정하는 것을 허용했다. 잉글랜드에서 비록 제한적이나마 이러한 자연선택의 역할로 획득된 좀더 큰 활력과 유연성은 잉글랜드의 농업이 다른 모든 나라의 농업보다 앞서게 하기에 충분했으며, 유럽의 다른 나라에서 유사한 토양으로부터 동일한 노동으로 얻어지는 것보다 훨씬 큰 생산물을 얻을 수 있게 해주었다.[27]

그러나 착수하고, 조직하고, 관리하는 데서의 적자에 대한 자연선택은 공장제수공업에서 훨씬 더 큰 기회를 제공했다. 공장제수공업에서 사업가의 증가경향은 잉글랜드의 해외무역의 큰 발전 이전에 시작되었다. 사실 그 흔적은 15세기에 양모 공장제수공업에서 발견할 수 있다. 그러나 신생국에서 시장의 개방은 직접적으로 그리고 산업국지화, 즉 생산이 특정 분야의 일정한 장소로 집중하는 것을 통해서 그러한 움직임에 자극을 주었다.

중세시대의 정기시와 이동상인에 대한 기록은 한두 지역에서만 생산되고 동서남북 유럽 전체로 분배되는 재화들이 많았다는 것을 보여준다. 그러나 생산이 국지화되고 멀리까지 이동되는 제품들은 거의 언제나 고가에 소량이다. 좀더 저렴하고 무거운 재화들은 각 지역마다 자체

---

27) 특히 18세기 후반에 농업의 개량이 아주 빠르게 진행되었다. 모든 유형의 도구들이 개선되었으며, 배수공사는 과학적 원리에 의해 시행되었으며, 농장가축의 사육은 베이크웰(R. Bakewell: 산업혁명기 영국의 가축육종가―옮긴이)의 비범한 재능을 통해 엄청난 변화를 겪었다. 순무, 클로버, 독보리(ryegrass) 등이 보편적으로 사용되었으며, 휴경을 통해 토지의 지력을 회복하는 방법이 '교호작'(alternating husbandry)에 의해 대체될 수 있었다. 이와 같은 변화는 토지경작에 필요한 자본을 지속적으로 증가시켰다. 농업에서 이룬 부가 증가함에 따라 대규모 토지구매를 통해 농촌사회에서 생업을 영위하고, 그럴 용의가 있는 사람들의 수는 증가했다. 그렇게 모든 점에서 현대의 상업정신이 농업에서 전파되었다.

공급되었다. 그러나 신대륙의 식민지에서는 사람들이 제조품을 스스로 공급할 시간적 여유가 항상 있었던 것은 아니다. 그리고 그들은 스스로 만들 수 있는 재화마저도 만드는 것이 허용되지 않았다. 왜냐하면 비록 잉글랜드의 식민지에 대한 대우는 다른 어떤 나라보다도 관대했지만, 잉글랜드는 식민지들을 위해 치르는 비용이 식민지들로 하여금 잉글랜드에서 거의 모든 종류의 제조품을 구매하도록 강요하는 것을 정당화한다고 생각했기 때문이다. 또 인도에서 그리고 야만족들에게 판매되는 단순한 재화에 대한 수요도 많았다.

이러한 요인들은 많은 중제조업의 국지화를 낳았다. 고도로 훈련된 숙련과 섬세한 상상력을 필요로 하는 작업에서 조직은 가끔 별로 중요하지 않다. 그러나 많은 사람들을 조직하는 능력은 몇 가지 간단한 양식의 재화의 선적화물 전체에 대한 수요가 있을 때 크게 유리하다. 그래서 국지화와 자본주의적 사업가 체제의 성장은 동일한 보편적 원인에 기인하는 두 가지 평행운동이다. 그리고 각각은 서로의 발전을 촉진한다.

공장제도와 공장제수공업에서의 값비싼 설비의 사용은 나중 단계에 나타났다. 그것들은 사업가들이 잉글랜드 산업을 지배했던 힘의 기원이었던 것으로 상정된다. 그리고 의심할 여지없이 그것들은 그러한 힘을 증가시켰다. 그러나 그러한 지배력은 그것들의 영향이 느껴지기 전에 뚜렷하게 나타났다. **프랑스혁명** 당시에 수력 또는 증기력으로 운전되는 기계장치에 투자된 자본이 아주 많지는 않았다. 공장은 크지 않았으며, 많지도 않았다. 그러나 당시에 거의 모든 지방의 섬유업은 도급제도에 기초해서 이루어졌다. 섬유산업은 무엇을, 어디서, 언제 구매하고 판매하는 것이 가장 유리한지 그리고 무엇을 만드는 것이 가장 수익성이 높은지를 찾으려고 애쓰는 상대적으로 소수의 사업가에 의해 통제되었다. 그리고 그들은 이러한 재화들을 만들기 위해 전 지역에 산재해 있는 수많은 사람들에게 도급을 주었다. 사업가는 일반적으로 원료와 가끔은 사용되는 단순한 도구도 공급했다. 도급을 받은 사람들은 자신과 가족의 노동으로 그리고 항상은 아니지만 가끔은 몇몇 보조의 노동으로 일을 수행했다.

시간이 지남에 따라 기계적 발명의 진보 때문에 노동자들은 수력이 있는 주변의 작은 공장에 점점 더 몰려들었고, 증기력이 수력을 대체하게 되었을 때는 대도시의 대형 공장으로 몰려들었다. 그렇게 직접 관리하거나 감독하지 않으면서 제조업의 주요위험을 부담하는 큰 사업가는 대규모로 제조기업 전체를 지휘하는 부유한 고용주에게 양보하기 시작했다. 새로운 공장들은 가장 부주의한 관찰자에게도 관심을 불러일으켰다. 그리고 이러한 움직임을 이전의 움직임과 마찬가지로 실제로 해당 업종에 종사하지 않았던 사람들도 간과하지 않았다.[28]

오랫동안 진행되었던 산업조직의 거대한 변화는 일반의 주의를 환기시켰다. 그리고 노동자들에 의해 통제되었던 소기업 체제는 자본주의적 사업가들의 특화된 능력으로 통제되는 대기업 체제로 대체되었다. 이러한 변화는 공장이 없었더라도 그만큼 이루어졌을 것이다. 그리고 전기

28) 1760년부터 시작되는 4반세기 동안 농업보다 제조업에서 훨씬 빠르게 개선이 뒤를 이었다. 이 기간에 브린들리(T. Brindley: 영국 산업혁명 초기의 운하기술자—옮긴이)의 운하, 와트의 증기기관에 의한 동력생산, 코트(H. Cort: 산업혁명기 영국의 제철업자·발명가—옮긴이)의 교련(puddling) 및 압연공정과 당시 부족했던 목탄 대신 석탄을 사용한 로벅(J. Roebuck: 산업혁명기 영국의 화학기술자—옮긴이)의 제련법에 의한 철 생산은 무거운 재화들의 운송비용을 저렴하게 해주었다. 하그리브스(J. Hargreaves: 산업혁명기 영국의 발명가—옮긴이), 크럼프턴(S. Crompton: 산업혁명기 영국의 발명가로서 방적기계 뮬을 발명—옮긴이), 아크라이트(R. Arkwright: 산업혁명기 영국의 방적기계 발명가—옮긴이), 카트라이트(E. Cartwright: 산업혁명기 영국의 동력 방직기 발명가—옮긴이) 등은 제니방적기, 뮬(mule), 소면기(carding machine), 역직기(power-loom)를 발명했거나 적어도 경제적으로 유용하게 만들었다. 웨지우드는 이미 빠르게 성장하고 있던 도기 제조업에 커다란 박차를 가했다. 그리고 윤전기에 의한 인쇄, 화학약품을 통한 표백 및 기타 공정에서 중요한 발명이 이루어졌다. 이 시기 마지막 해인 1785년 면직공장이 처음으로 증기력에 의해 직접 가동되었다. 19세기 초반에는 증기선, 증기인쇄기, 도시 조명을 위한 가스의 사용을 보게 되었다. 철도기관차, 전신 그리고 사진기가 조금 후에 나타났다. 좀더 자세한 내용은 『케임브리지 현대사』(*Cambridge Modern History*, 1909), X권에 실린 클래펌(J. H. Clapham)의 탁월한 장을 보라.

나 다른 매개체에 의한 동력의 소매분배 때문에 현재 공장에서 이루어지는 작업의 일부가 노동자들의 집에서 이루어지게 될지라도, 그러한 변화는 계속 진행될 것이다.[29]

14 새로운 움직임은 초기의 형태에서나 최근의 형태에서나 거의 모든 사람들을 태어난 교구에서 살도록 강요했던 굴레를 끊임없이 완화시키는 경향이 있었다. 그리고 그것은 사람들이 와서 일자리를 찾을 기회를 잡도록 이끄는 자유로운 노동시장을 발전시켰다. 그리고 이러한 변화의 결과로 노동의 가치를 결정하는 요인들은 새로운 성격을 갖게 되었다. 비록 18세기 이전에는 도매로 고용될 수 있었던 대규모의 유동적인 노동계층이 대륙과 잉글랜드의 특정한 지역의 역사에서 중요한 역할을 했지만, 18세기에 이르러 제조업노동은 대체로 소매로 고용되었다. 그리고 노동가격은 관습 또는 소규모 시장에서의 교섭에 의해 지배받지 않게 되었다. 최근 100년 동안 노동가격은 점점 더 광범위한 지역——도시, 국가 또는 세계 전체——에서의 수요와 공급의 상황에 의해 결정되었다.

산업의 새로운 조직은 생산효율성을 크게 증가시켰다. 왜냐하면 그것은 각 개인의 노동이 그가 잘 수행할 수 있는 최상의 작업에만 고용되도록, 그리고 그의 작업이 유능하게 지도되고, 당시의 부와 지식이 제공할 수 있는 최선의 기계적 그리고 다른 보조가 제공되도록 보장하는 데 크게 도움이 되었기 때문이다. 그러나 그것은 커다란 해악을 동반했다. 이러한 해악들 중 어떤 것들이 불가피한 것인지 우리는 알 수 없다. 왜냐하면 변화가 아주 빠르게 진행되었던 바로 그때, 잉글랜드는 역사상 미증유의 큰 재앙들의 결합으로 타격을 받았기 때문이다. 그러한 재앙들은 흔히 무절제한 경쟁의 갑작스러운 폭발 탓으로 돌려지는 고통의 많은 부분——그 부분이 얼마나 큰지를 말하는 것은 불가능하다——의 원인이었다. 잉글랜드의 거대한 식민지의 손실에 곧바로 프랑스와의 전쟁

---

29) 헬드(A. Held)의 『잉글랜드 사회사』(*Sociale Geschichte Englands*, 1881), 제II편, 제3장을 보라.

이 뒤를 이었다. 이 전쟁에서 잉글랜드는 시작부터 지금까지 축적했던 부의 총가치를 능가하는 비용을 치렀다. 계속되는 초유의 흉작으로 빵 가격은 폭등했다. 그리고 설상가상으로 채택된 구빈법 운영방법은 사람들의 독립성과 활력을 손상시키는 것이었다.

따라서 지난 세기 초반부는 잉글랜드에서 호의적인 상황 아래 자유기업이 자리 잡고, 그 해악이 심화되고, 그 유익한 영향이 외적 불행으로 저지되는 것을 경험했다.

15 과거에 약자들을 보호해주었던 무역관세와 동업조합 규제는 새로운 산업에는 적당하지 않았다. 그것들은 어떤 곳에서는 공동의 합의로 포기되었으며, 다른 곳에서는 한동안 성공적으로 유지되었다. 그러나 그것은 치명적인 성공이었다. 왜냐하면 새로운 산업은 과거의 굴레에서 번창하지 못하고 좀더 자유로운 곳을 찾아 떠났기 때문이다.[30] 그러자 노동자들은 무역관행을 규정했던 의회의 기존 법의 집행과 심지어 치안판사에 의한 가격과 임금에 대한 규제의 부활을 정부에 호소했다.

이러한 노력은 실패할 수밖에 없었다. 과거의 규제는 당시의 사회적 · 도덕적 · 경제적 이상의 표현이었다. 그것들은 숙고되었던 것이 아니라 감지되었던 것이다. 그것들은 거의 불변의 경제적 조건에서 명멸했던 수세대에 걸친 경험의 거의 무의식적인 결과였다. 새로운 시대에 변화는 너무도 빠르게 일어났기 때문에 수세대에 걸친 경험을 위한 시간적 여유가 없었다. 각 개인은 과거의 경험의 안내를 거의 받지 못한 채 자신이 판단하기에 옳은 것을 행했다. 오랜 전통을 고수하려고 노력하는 사람들은 빠르게 대체되었다.

새로운 사업가집단은 주로 자수성가한 사람들로서 강하고, 민활하고, 진취적이었다. 그들은 자신의 힘으로 획득한 성공을 바라보면서 빈자와 약자는 그들의 불행에 대해 동정을 받을 것이 아니라 비난받아야 마땅

---

30) 동업조합에 의해 과다한 규제를 받았던 곳으로부터 산업이 이탈하는 경향은 오래전부터 있었으며, 비록 상대적으로 미약했지만 13세기에도 모습을 나타냈다. 그로스의 『길드 상인』, 제I권, 43, 52쪽을 보라.

하다고 생각하는 경향이 있었다. 진보의 물결에 의해 손상되었던 경제 제도를 다시 보강하려고 힘쓰는 사람들의 어리석음에 깊은 인상을 받고, 그들은 경쟁을 완전히 자유롭게 만들고 최강자가 마음대로 하게 하는 것 이외에는 아무것도 필요하지 않다고 생각하는 경향이 있었다. 그들은 개인성을 찬미했으며, 과거에 사람들을 단결시켰던 사회적·산업적 결속에 대한 현대적 대체물을 발견하기 위해 서두르지 않았다.

그러는 동안 불운은 잉글랜드 국민의 총순소득을 감소시켰다. 1820년 총순소득의 10분의 1이 국채에 대한 이자를 지급하는 데 지출되었다. 발명으로 값이 저렴해진 재화들은 주로 제조품으로서, 노동자는 그저 작은 부분만을 소비할 뿐이었다. 당시 잉글랜드는 제조품을 거의 독점하고 있었으므로 제조업자들이 제품을 자유롭게 외국의 곡물과 교환하는 것이 허용되었다면 잉글랜드는 식량을 저렴하게 확보할 수 있었을 것이다. 그러나 그것은 의회를 지배하고 있던 지주들에 의해 금지되었다. 노동자들의 임금은, 일상적인 식량에 지출되는 한, 비옥한 토지에서 거둬들인 식량의 불충분한 공급을 보충하기 위해 경작될 수밖에 없는 아주 척박한 토지에서 그의 노동이 생산하는 것과 등가물이었다. 그는 비록 자유롭게 노동했을지라도 공급과 수요의 힘이 그에게 보잘것없는 수입을 가져다주는 시장에서 노동을 판매해야만 했다. 그러나 그는 경제적 자유의 이점을 충분히 누리지 못했고, 동료들과 효율적인 노조를 구성하지도 못했고, 시장을 전혀 알지도 못했으며 제품의 판매자가 가지고 있는 최저경매가격을 끝까지 요구할 능력도 없었다. 그리고 그는 계속 노동할 수밖에 없었고, 가족을 장시간 비위생적인 조건 아래서 노동하도록 방치할 수밖에 없었다. 그것은 노동인구의 효율성에 영향을 주었고, 그들의 노동의 순가치에 영향을 주었으며, 따라서 그들의 임금을 억압했다. 아주 어린아이들의 장시간 고용은 새로운 일이 아니다. 그것은 17세기에도 노리치 시나 다른 곳에서 흔히 있는 일이었다. 그러나 열악한 조건에서 과도한 노동으로 야기된 도덕적·육체적 고통과 질병은 현 세기의 초반 25년 동안(1800~25) 공장노동자들 사이에 최고점에 도달했다가, 그 후 25년 동안 서서히 그리고 그 이후에는 좀더 빠르게 줄어들었다.

노동자들이 산업을 규제하는 과거 규칙을 부활시키려는 시도의 어리석음을 깨달은 뒤 기업의 자유를 축소하고자 하는 희망은 완전히 사라졌다. 최악의 상태에서 잉글랜드 사람들의 고통은 혁명 이전에 프랑스에서 자유의 결핍에서 비롯되었던 그것과는 결코 비교할 수 없다. 잉글랜드가 새로운 산업에서 끌어낸 힘이 없었더라면, 잉글랜드는 과거에 자유도시들이 그랬던 것처럼 필경 해외의 군사적 전제국에 굴복했을 것이라고 사람들은 주장했다. 인구수가 적은 잉글랜드는 간혹 대륙의 거의 모든 자원을 통제하고 있는 정복자에게 대항한 전쟁을 거의 단독으로 부담해야 했다. 그리고 때로는 정복자에게 대항한 투쟁에서 좀더 크지만 좀더 빈곤한 국가들을 거의 단독으로 보조해야만 했다. 옳건 그르건 당시에는 만일 잉글랜드 산업의 자유로운 에너지가 공통의 적에 대항한 군자금을 제공하지 않았다면, 유럽이 과거에 영구적으로 로마의 지배 아래 떨어졌던 것처럼 프랑스의 지배 아래 떨어질 수 있을 것이라고 생각했다. 따라서 자유기업의 과다에 대한 불만의 소리는 거의 없었고, 잉글랜드 사람들이 아주 수월하게 생산할 수 있는 제조품의 대가로 해외에서 식량을 획득하는 것을 방해하는 자유기업의 제한에 대한 불만의 소리는 아주 많았다.

그리고 비록 질곡이 많았지만 선명한 이력——잉글랜드 역사에서 거의 다른 어떤 것보다도 더 흥미롭고 교훈적이었다——을 시작했던 노조들마저도 간섭하지 않는 것 이외에는 당국에 거의 아무것도 요구하지 않는 단계로 들어갔다. 그들은 쓰라린 경험으로 정부가 산업의 진로를 지휘했던 과거의 규칙을 시행하려는 시도의 어리석음을 배웠다. 그리고 그들은 아직까지도 스스로의 활동에 의한 동업의 규제에 대해 원대한 계획을 가지고 있지 못했다. 그들의 주된 염원은 노동자들의 결사에 반하는 법률을 제거함으로써 자신의 경제적 자유를 확대하는 것이었다.

16 이러한 경제적 자유가 급작스럽게 확대되어 생겨나는 모든 해악

을 파악하는 것은 우리 세대에 맡겨졌다. 이제 처음으로 우리는 자신의 새로운 의무에 미숙한 자본주의적 고용주가 피고용자의 복지를 자신의 이익에 대한 욕망에 종속시키려는 정도를 이해하게 된다. 이제 우리는 처음으로 부자들은 개인적 그리고 집단적 능력에서 권리뿐만 아니라 의무도 가지고 있음을 강조하는 것의 중요성을 배우게 된다. 그리고 이제 처음으로 새로운 시대의 경제문제는 우리에게 있는 그대로 나타나게 된다. 그것은 부분적으로는 좀더 광범위한 지식과 점증하는 진지함에 기인한다. 그러나 우리의 조상들이 아무리 현명하고 고결할지라도, 그들은 우리처럼 사태를 파악할 수 없었다. 왜냐하면 그들은 설박한 필수재와 가혹한 재난으로 촉박했기 때문이다.[31]

우리는 반드시 스스로를 좀더 엄격한 기준으로 평가해야만 한다. 왜냐하면 비록 잉글랜드가 최근에 다시 한 번 국가적 생존을 위한 투쟁을 요청받았는데도 잉글랜드의 생산능력은 엄청나게 증가했기 때문이다. 자유무역과 증기력을 이용한 교통수단의 발전 덕분에 크게 증가한 인구가 좋은 조건으로 식량을 충분히 공급받을 수 있었다. 국민들의 평균화폐소득은 2배 이상 증가했다. 반면에 동물질 식품과 주택을 제외한 거의 모든 중요한 상품들의 가격은 50퍼센트 또는 그 이상 하락했다. 지금도 부가 균등하게 분배된다면 잉글랜드의 총생산은 국민들을 위한 필수재와 아주 긴급한 편의재를 공급하기에 충분한 정도에 불과하며, 많은 사람들이 겨우 생필품만을 가지고 있는 상태라는 것은 사실이다. 그러나 국민의 부, 건강, 교육 그리고 덕성은 성장했다. 그리고 우리는 더 이상 거의 모든 다른 고려사항을 산업의 총생산물을 증가시킬 필요에 종

---

31) 평화로울 때는 어느 누구도 공공연하게 화폐가 인간의 생명에 버금가게 중요하다고 감히 평가하지 않는다. 그러나 비용이 많이 드는 전쟁의 중대국면에서는 언제나 화폐가 인간의 생명을 구하는 데 사용될 수 있다. 비록 평화 시에는 어느 누구도 약간의 군수품을 절약하기 위해 병사의 생명을 희생하는 것을 변호하지 않을지라도, 물자손실이 많은 인명손실을 초래하는 중대한 시기에 물자를 보호하기 위해 생명을 희생시키는 장군은 정당하게 행동한 것으로 평가된다.

속시키도록 강요받지 않는다.

특히 이러한 번영은 자유기업에 새로운 제약들을 부과할 만큼 우리를 충분히 부유하고 강하게 만들었다. 즉 약간의 일시적인 물적 손실은 좀 더 높고 궁극적으로 좀더 큰 이득을 위해서 감수되었다. 그러나 이러한 새로운 제약들은 과거의 것들과 다르다. 그것들은 계급지배의 수단으로서가 아니라 스스로를 방어하기 위해 경쟁의 힘을 이용할 수 없는 상황에서 약자들 특히 아이들과 아이들의 모친을 보호할 목적으로 강제되었다. 목표는 계획적으로 그리고 신속하게 현대산업의 빠르게 변화하는 환경에 적합한 보호수단을 고안하고, 그럼으로써 약자 보호——다른 시대에는 관습에 의해 점차적으로 진화되었다——체계의 나쁜 점은 버리고 좋은 점만을 얻는 것이다.

많은 세대 동안 산업의 성격이 거의 변하지 않는 상태로 유지될 때도, 관습은 발달에서 너무 더디고, 압박이 진정으로 유익할 때만 압박을 행사하기에는 너무 맹목적이었다. 그리고 이후의 단계에서 관습은 거의 도움이 되지 않았으며 큰 해가 되었다. 그러나 전신과 인쇄술, 대의 정체와 동업자 협회의 덕으로, 사람들이 자신의 문제들에 대한 해결책을 스스로 고안해내는 것이 가능하게 되었다. 지식과 자존의 발전은 그들에게 스스로 통제하는 진정한 자유를 주었다. 이러한 자유는 그들에게 자신의 행동에 자신의 자유의지에 따른 제약을 강제할 수 있게 해주었다. 그리고 집단생산, 집단소유, 집단소비의 문제도 새로운 단계에 들어서고 있다.

오늘날 거대하고 급작스러운 변화를 위한 기획은 늘 그렇듯이 실패하고 반작용을 야기할 수밖에 없게 운명지어져 있다. 만일 삶에 대한 새로운 계획이 우리의 본능을 과도하게 앞설 만큼 우리가 빠르게 움직인다면 우리는 안전하게 움직일 수 없다. 인간의 본성은 수정될 수 있다. 새로운 이상, 새로운 기회 그리고 새로운 행동방식은 역사가 보여주듯이 단 몇 세대 만에 인간의 본성을 아주 크게 바꿀 수 있다. 그리고 인간본성의 이러한 변화는 결코 현 세대만큼 광범위한 영역에 미치고 빠르게 진행된 적은 없었을 것이다. 그러나 그것은 여전히 하나의 성장이고 따라서 점진적이다. 사회조직의 변화는 반드시 인간본성의 변화에 봉사해야 하며, 따라서 역시 점진적일 수밖에 없다.

그러나 비록 사회조직의 변화가 인간본성에 봉사한다 할지라도, 전자는 후자에 좀더 고귀한 새로운 과업과 지향해야 할 어떤 실천적 이상을 부여함으로써 우리의 고귀한 사회적 본성의 발전을 촉진시키면서 항상 후자보다 앞서갈 수 있다. 그렇게 점차적으로 우리는 개인주의의 지배가 시작되기 전에 그랬던 것보다 더 공동선이 개인의 변덕을 압도하는 사회적 삶의 질서에 도달할 수 있다. 그러나 이제 이타심은 숙고된 의지의 소산일 것이다. 그리고 본능에 의해 도움을 받지만 개인의 자유는 이제 집단적 자유 속에서 발전할 것이다. 그것은 관습에 대한 개인의 예속이 집단적 예속과 정체를 야기했던 그리고 전제정치의 변덕과 혁명의 변덕에 의해서만 붕괴되었던 과거의 삶의 질서와는 행복한 대조를 이룬다.

17 우리는 이러한 움직임을 영국의 관점에서 보았다. 그러나 다른 나라들도 같은 방향으로 서둘러 나가고 있다. 미국은 일부 경제적인 사안에서 이미 지도력을 획득했던 것과 마찬가지로 대담하고 직접적으로 새로운 현실적 어려움과 맞서고 있다. 미국은 투기의 발전과 모든 형태의 동업자단체 같은 우리 시대의 최신의 경제적 경향에 대한 가장 교육적인 사례들을 풍부하게 제공하고 있다. 그리고 미국은 아마 머지않아 다른 나라들을 위한 나아갈 길을 개척하는 데 주역이 될 것이다.

오스트레일리아도 활력의 징후를 보여주며, 실제로 미국에 비해 국민의 동질성 측면에서 약간의 이점을 가지고 있다. 왜냐하면 비록 오스트레일리아 사람들은——그리고 캐나다 사람들에 대해서도 거의 비슷한 얘기를 할 수 있다——여러 나라 출신이고, 경험의 다양성과 사고방식의 다양성으로 사고와 진취성을 서로 자극하지만, 거의 모두 하나의 인종에 속하기 때문이다. 그리고 이 경우에는 사회제도의 발전이 서로에 유사성이 거의 없는 사람들의 역량, 기질, 취향, 욕구에 적응해야 하는 경우보다 어떤 측면에서는 좀더 쉽고 좀더 빠르게 진행될 수 있다.

유럽대륙에서 자유로운 연합을 통해 중요한 결과를 얻을 수 있는 능력은 영어권 국가들보다 못하다. 그 결과 산업문제를 다루는 데서 자원과 철저함도 부족하다. 그러나 산업문제를 다루는 방법은 나라마다 다르고, 각 나라가 채택한 방법에는 특히 정부의 활동영역과 관련된 나름대로 독특하고 교육적인 요소가 있다. 이 점에서 독일은 선두에 있다. 독일의 제조업이 잉글랜드의 그것보다 뒤늦게 발전했다는 것은 독일에게 큰 도움이 되었다. 독일은 잉글랜드의 경험에서 도움을 받을 수 있었고, 잉글랜드의 실수의 많은 부분을 피할 수 있었다.[32]

독일에서는 국민 중에서 예외적으로 많은 최고의 지식인들이 정부에서 일자리를 찾는다. 그리고 다른 어떤 정부도 그토록 많은 최상급의 재능을 포함하고 있지 않을 것이다. 다른 한편 독일 사람들은 순종할 수 있는 능력이 아주 큰 반면, 잉글랜드와 미국에서 최상의 사업가를 탄생시킨 에너지, 독창성 그리고 대담성은 독일에서는 최근에서야 충분히 발전되었다. 따라서 독일 사람들은 잉글랜드 사람들과 다르다. 잉글랜드 사람들은 강한 의지력이 있으며, 그것은 그들로 하여금 힘겨운 상황에서는 철저한 규율을 지킬 수 있게 해준다. 그러나 그들은 당연히 온순하지 않다. 독일은 정부에 의한 산업의 통제에서 최상의 그리고 가장 매력적인 형태를 보여준다. 그리고 동시에 민간산업에 특수한 덕목, 민간산업의 활력과 유연성 그리고 자원이 충분한 발전을 보여주기 시작했다. 그 결과 정부의 경제적 기능에 관한 문제는 독일에서 아주 조심스럽게 연구되었으며, 영어권 사람들에게 아주 교훈적일 수 있는 연구결과를 낳았다. 물론 그들이 독일의 특성에 가장 부합하는 제도가 자신들에

---

32) 리스트는 후진국이 좀더 발전된 국가들의 현재 행동에서 배울 것이 아니라 그러한 나라들이 자국의 현재 상태와 동일한 상태에 있었을 때의 행동에서 배워야 한다는 생각을 매우 시사적으로 잘 설명했다. 그러나 크니스(『역사적 관점에서의 정치경제학』, 제2장, 5)가 잘 보여준 것처럼, 교역의 증대와 통신수단의 개선은 상이한 국가들의 발전을 동조시키는 경향이 있다.

게 최선이 아닐 수 있음을 염두에 둔다는 조건으로 말이다. 왜냐하면 그들은 불변의 온순함에서 그리고 별로 비싸지 않은 의식주와 오락에 쉽게 만족하는 데서 독일 사람들과 겨루고 싶어도 겨룰 수 없을 것이기 때문이다.

그리고 독일은 종교적 감성의 강도와 사업적 투기의 섬세함에서 세계를 선도했던 뛰어난 민족의 가장 탁월한 구성원을 다른 어떤 나라보다 많이 포함하고 있다. 그러나 특히 독일에서는 경제적 실천과 사고에 관해 가장 뛰어나고 시사적인 것들은 대부분 유대계에서 기원한 것이다. 그리고 우리는 개인과 사회 사이의 이해관계의 갈등, 그러한 갈등의 최종석인 경제적 원인 그리고 그러한 갈등의 사회주의적 치유 가능성에 관한 많은 혁신적인 사색을 독일의 유대인들에게 빚지고 있다.

그러나 우리는 「부록 B」의 주제를 침범하고 있다. 여기서 우리는 경제적 자유의 성장이 얼마나 최근의 일이며, 현재 경제학이 다루는 문제의 내용이 얼마나 새로운 것인지를 보았다. 다음에 우리는 이러한 문제의 형태가 사건의 진행과 위대한 사상가들의 개인적 특성에 의해 어떻게 형성되었는지를 고찰해야 한다.

경제학의 발전[1]

1 우리는 경제적 자유가 과거에 뿌리를 두고 있지만 대체로 아주 최근의 산물이라는 것을 보았다. 우리는 다음으로 경제적 자유와 궤를 같이하는 경제학의 발전을 규명해야 한다. 오늘날의 사회적 조건은 그리스 사상과 로마법의 도움을 받아 초기 아리아 족·셈 족의 제도에서 발전되었다. 그러나 현대의 경제적 사색은 고대인의 이론에서 직접적인 영향을 거의 받지 않았다.

사실을 말하자면, 현대경제학은 다른 과학들과 마찬가지로 고전적 저술가들에 대한 연구가 부활되는 시기에 공통된 기원을 가지고 있었다. 그러나 노예제도에 기초했던 산업체계와 제조업과 상업을 경멸했던 철학은 국가의 통치에 참여하는 것만큼 자신의 수공품과 직업에 대해 자랑스럽게 여겼던 대담한 시민들(burghers)에게 전혀 어울리지 않았다. 이러한 강건하지만 교양이 없는 사람들은 과거의 위대한 사상가들의 철학적 기질과 폭넓은 관심에서 많은 것을 얻을 수 있었을지도 모른다. 그러나 실제로 그들은 스스로 자신의 문제들을 해결해나가기 시작했다. 그리고 현대경제학은 그 기원에 시야의 야만성과 한계를 가지고 있었으며, 부를 인간의 삶의 수단이기보다는 목표로 간주하는 편향을 가지고 있었다. 그것의 당면관심사는 일반적으로 국고세입과 세금의 효과 및 액수와 관계된 것이었다. 그리고 여기서 자유도시, 대제국을 막론하고

---

1) 『경제학 원리』 1, 제I편, 제1장, 5를 보라.

정치가들은 교역이 좀더 방대해지고 전쟁비용이 더욱 커짐에 따라 자신의 경제적 문제가 더욱 위급해지고 곤란해지는 것을 알게 되었다.

모든 시대에 특히 중세 초기에 정치가들과 상인들은 교역을 규제함으로써 국가를 부유하게 하기 위해 바빴다. 그들의 관심사 중 하나는 귀금속의 공급이었다. 그들은 귀금속을 개인에 대해서든 국가에 대해서든 물적 번영의 주된 원인은 아니더라도 최선의 지표라고 생각했다. 그러나 바스코다가마(Vasco da Gama)와 콜럼버스의 항해는 서유럽 국가들 사이에서 통상문제를 부수적인 지위에서 지배적인 지위로 승격시켰다. 귀금속의 중요성에 대한 이론과 귀금속의 공급을 확보할 수 있는 최상의 수단은 다소간 국가들의 성쇠로 종결되는 전쟁과 평화를 명령하고 동맹관계를 결정하는 공공정책의 결정요인이 되었다. 그리고 그것들은 때때로 지구상의 민족의 이동에 큰 영향을 미쳤다.

귀금속 관련 교역규제는 상세한 정도나 엄격한 정도가 다양하지만 각 개인에게 그가 무엇을 생산해야 하고, 그것을 어떻게 생산해야 하는지, 그리고 그가 무엇을 벌어들여야 하고, 수입을 어떻게 지출해야 하는지를 조정하는 방대한 법령체계의 일부분에 불과하다. 튜튼 족의 선천적인 점착성(adhesiveness)은 중세 초기에 그들의 관습을 예외적으로 견고하게 만들었다. 이러한 견고함은 **신대륙**과의 교역에서 직·간접적으로 기원한 부단한 변화의 경향에 그들이 대처하고자 했을 때 동업조합, 지방당국, 국민정부에서 표출되었다. 프랑스에서 이러한 **튜튼 족 고유의** 편향은 체계에 대한 로마인들의 비범한 재능에 의해 감독을 받았으며, 온정주의적 정부는 절정에 달했다. 콜베르(J. B. Colbert)의 교역 규제는 금언이 되었다. 경제이론이 처음으로 형태를 갖춘 것은 바로 이 시기였으며, 이른바 **중상주의**가 두드러졌다. 그리고 규제는 전례없이 엄밀하게 추진되었다.

해가 거듭되면서 경제적 자유의 경향이 퍼지기 시작했다. 그리고 새로운 아이디어에 반대했던 사람들은 지난 세대의 **중상주의자들**의 권위를 끌어댔다. 그러나 중상주의체계에 포함되어 있던 규제와 제한의 정신은 시대의 산물이었다. 중상주의자들이 실현하려고 노력했던 수많은 변화들은 기업의 자유를 촉진했다. 특히 그들은 귀금속 수출을 완전히 금지하기를 원했던 사람들과는 반대로, 교역을 통해 국가로 유입되는 금·은이 장기적으로 유출되는 금·은보다 더 많은 모든 경우에 교역을 허용해야 한다고 주장했다. 특정한 경우에 무역업자가 원하는 대로 사업을 운영하도록 허용함으로써 국가가 이익을 얻을지도 모른다는 문제를 제기함으로써 새로운 사상의 경향이 시작되었다. 그리고 이러한 경향은 부지불식간에 경제적 자유의 방향으로 전진했다. 그 과정에서 그러한 움직임은 서유럽 사람들의 정신적 기풍 못지않게 시대상황의 도움을 받았다. 이러한 확장운동은, 18세기 후반에, 각 개인이 자신의 일을 원하는 대로 처리하는 '자연적' 자유에 대항해서 국가가 인위적인 규제를 강제하려고 시도할 때는 거의 언제나 공동체의 복지가 감소한다는 학설이 일반에 보급될 때까지 계속 진행되었다.[2]

2 광범위한 기초 위에 경제학을 구성하려는 최초의 체계적인 시도는 18세기 중엽 프랑스에서 루이 15세의, 도량이 넓은 시의였던 케네의 지도 아래 일군의 정치가와 철학자들에 의해 이루어졌다.[3] 그들의 정책 기초는 **자연에 순종**하는 것이었다.[4]

---

2) '관방학파적'(Cameralistic: 관방학은 17~18세기 독일·오스트리아에서 발달한 행정지식·행정기술 등을 집대성한 학문체계—옮긴이) 연구는 초기단계에서는 재정부문에서만, 그러나 1755년 이후부터는 국부의 인간적 조건과는 구분된 물적 조건에 대해 점점 더 중점을 두고 과학적 분석을 전개했다.

3) 캉티용이 1755년에 집필한, 광범위한 주제를 다룬 저서 『상업론』은 실질적인 의미에서 다소 체계적 연구라고 불릴 만한 자격이 있다. 오늘날 그의 연구의 주요 논점들을 60년 전에 책을 집필했던 바르봉(N. Barbon)이 이미 예견했던 것으로 보이지만, 그의 연구는 예리했고 어떤 면에서는 시대를 앞질렀다. 캉티용의 연구의 중요성을 처음으로 인지했던 사람은 카우츠였다. 그리고 제번스는 캉티용이 정치경제학의 진정한 창립자라고 선언했다. 경제학에서 캉티용이 차지하는 위치에 대한 균형 잡힌 평가에 대해서는 『경제학 계간』, VI권에 실린 히그스의 논문을 보라.

4) 지난 2세기 동안 경제문제에 대한 논자들은 계속 **자연**에 호소했다. 각각의 논객은 자신의 안이 다른 사람들의 안보다 더 자연적이라고 주장했다. 그리고 18세

그들은 행동의 일반원리로서 자유무역 교리를 최초로 제창한 사람들이었다. 이 점에서 그들은 심지어 선진적인 잉글랜드의 학자 노스(D. North) 경을 뛰어넘었다. 그리고 정치적·사회적 문제들을 다루는 그들의 기풍에는 미래 시대를 예견하는 선구적 요소들이 많이 있었다. 그러나 그들은 당시의 과학자들 사이에서도 흔했던 사상의 혼동에 빠졌다. 이러한 혼동을 극복하기 위해서는 자연과학의 오랜 투쟁이 필요했다. 그들은 **자연순응**의 윤리적 원리와 인과법칙을 혼동했는데 전자는 명령법으로 표현되고, 특정한 행동규범을 규정하는 반면, 후자는 **자연**을 심문함으로써 과학에 의해 발견되며, 직접법으로 표현된다. 이런저런 이유로 그들의 작업은 식접적인 가치가 별로 없었다.

그러나 그들의 작업이 경제학의 현황에 미친 간접적인 영향은 매우 컸다. 첫째, 논의의 명확성과 이론적 정합성 때문에 그들은 후대의 사고에 큰 영향을 미치게 되었다. 둘째, 그들 연구의 주된 동기는 대부분의

기의 철학자들은—그중 일부는 경제학에 지대한 영향력을 행사했다—옳고 그름의 판단기준을 습관적으로 **자연**에의 순응에서 찾았다. 특히 로크(J. Locke)는 **자연**에 호소하는 일반적인 논조와 그의 이론의 몇몇 중요한 세부 사항에서 프랑스 경제학자들의 연구의 많은 부분을 예견했다. 그러나 케네 그리고 그와 함께 연구를 했던 다른 프랑스 경제학자들은 잉글랜드에서 작용하고 있는 요인들과는 다른 몇 가지 요인을 추가해서 사회생활의 자연법칙을 탐구했다.

프랑스를 파국으로 이끌었던 궁정의 사치와 상류사회의 특권은 인위적 문명의 최악의 측면을 보여주었으며, 좀더 사려 깊은 사람들이 좀더 자연적인 사회상태로의 복귀를 열망하게 만들었다. 프랑스에서 최상의 정신적·도덕적 역량을 가진 사람들을 대부분 포함했던 법률가들은 후기 로마제국의 스토아학파 법률가들이 전개했던 **자연법**을 깊이 신봉했다. 그리고 세기가 경과하면서, 루소(J. J. Rousseau)에 의해 점화되었던, 미국 인디언들의 '자연적' 삶에 대한 동경심은 경제학자들에게 영향을 미치기 시작했다. 오래지 않아 그들은 **중농주의자** 또는 **자연규칙**의 신봉자로 불렸다. 이러한 명칭은 1786년에 발표되었던 뒤퐁 드 네무르(P. S. Dupont de Nemours)의 『중농주의, 인류에게 가장 유리한 정부의 자연적인 구조』(*Physiocratie ou Constitution Naturelle du Gouvernement le plus avantageux au Genre Humain*, 1767)라는 제목에서 유래했다. 그리고 농업, 농촌생활의 자연스러움과 소박함에 대한 그들의 열의는 부분적으로 스토아학파의 거장에서 받은 것이라는 점을 지적해도 좋을 것이다.

이전 학자들과는 달리, 상인의 부를 증대하고 왕실의 재정을 채우는 것이 아니라 극도의 빈곤에서 야기되는 고통과 타락을 경감시키는 것이었다. 그렇게 그들은 경제학에 인간생활의 질적 향상을 도울 수 있는 지식을 탐구하는 현대적 목표를 제공했다.[5]

3 다음 단계의 커다란 진전, 경제학 역사상 최대의 진전은 어떤 학파의 과업이 아니라 한 개인의 과업이었다. 실제로 스미스는 당시에 유일한 위대한 잉글랜드의 경제학자는 아니었다. 그가 저술하기 직전에 흄과 스튜어트가 경제이론에 대해 중요한 공헌을 했으며, 경제적 사실에 관한 탁월한 연구가 앤더슨(J. Anderson)과 영(A. Young)에 의해 발표되었다. 그러나 스미스의 폭은 프랑스와 잉글랜드 동시대인의 최선의 연구를 모두 포괄하기에 충분했다. 그리고 비록 그가 의심할 여지없이 다른 학자들에게서 많은 것을 차용했음에도, 우리가 스미스 이전의 학자나 이후의 학자들과 비교하면 할수록 그의 천재성은 더욱 정묘하고, 그의 지식은 더욱 광범위하고, 그의 판단은 더욱 균형감이 있는 것으로 나타난다.

그는 **중농주의자**들과 직접 의견을 교환하면서 프랑스에서 오랫동안 체류했다. 그는 당시 프랑스와 잉글랜드의 철학을 주의 깊게 연구했으

---

5) 심지어 관대한 보방(S. de Vauban)마저도, 인민을 부유하게 하는 것이 왕을 부유하게 하는 유일한 방법이라고 주장하면서—농민이 빈곤해지면 왕국도 빈곤해지고, 왕국이 빈곤해지면 왕도 빈곤해진다—인민의 복지에 대한 자신의 관심을 변명해야만 했다. 다른 한편 스미스에게 큰 영향을 주었던 로크는 중농주의자들의 독특한 경제적 견해를 예견했던 것처럼, 그들의 강렬한 인류애의 선구자였다. 그들이 애용했던 표어 **자유방임 자유통행**은 오늘날 흔히 오용되고 있다. **자유방임**은 누구나 자기가 원하는 것을 자기가 원하는 방식대로 만드는 것이 허용되어야 하며, 모든 업종이 모든 사람에게 개방되어야 하며, **콜베르주의자**(Colbertist)들이 주장했던 것처럼 정부가 제조업자들에게 의복의 양식을 지시해서는 안 된다는 것을 의미한다. **자유통행**은 사람과 재화가 한 장소에서 다른 장소로 특히 프랑스 국내의 한 지방에서 다른 지방으로 통행세, 조세 그리고 성가신 규제에 구속받지 않고 자유롭게 이동하는 것이 허용되어야 한다는 것을 의미한다. **자유통행**은 중세시대에 경기에서 격투자들에게 족쇄를 풀고 경기를 시작하라고 사령관이 사용했던 신호였음을 지적할 수 있다.

며, 광범위한 여행과 스코틀랜드 실업가와의 친밀한 교제를 통해 현실 세계의 사정에 대해서도 정통해 있었다. 그는 이러한 이점에다 비길 데 없는 관찰·판단·추론 능력을 가미했다. 그 결과, 그가 선행자들과 의견을 달리한 부분에 대해서 그는 거의 언제나 그들보다 진리에 더 근접했다. 한편 오늘날 알려진 경제학상의 거의 모든 진리에 대해서 그는 어느 정도 간파하고 있었다. 그리고 그는 모든 주요한 사회적 측면에서 부에 대해 최초로 저술한 학자이므로, 이러한 근거만으로도 그는 현대 경제학의 창시자로 간주될 자격이 있을 것이다.[6]

그러나 그가 개척한 영역은 한 개인이 완벽하게 조사할 수 없을 만큼 방대했다. 그뿐만 아니라 어떤 때는 그가 간파했던 많은 진리들이 다른 때는 그의 시야를 벗어났다. 따라서 검토해보면 그가 언제나 진리를 향해 나아가고 있음이 밝혀지는데도 그의 권위를 인용해 많은 오류를 옹호하는 것이 가능하다.[7]

---

6) 바그너의 『원론』(3판, 6쪽 이하)에서 스미스의 우월성을 주장하는 간결하지만 설득력 있는 서술을 참조하라. 그리고 하스바흐(W. Hasbach)의 『스미스 연구』 (*Untersuchungen über Adam Smith*, 1891, 잉글랜드인과 프랑스인에 대한 네덜란드 사상의 영향에 대한 논의는 매우 흥미롭다) 및 『이코노믹 저널』 (*Economic Journal*, 1893, III권)에 실린 프라이스의 논문 「스미스와 최근의 경제학에 대한 그의 관계」(Adam Smith and his relations to Recent Economics)도 참조하라. 커닝엄(W. Cunningham)은 『역사』(*History*), 306쪽에서 "그의 위대한 업적은, 기존의 학자들이 국부를 의식적으로 국력에 종속시켰던 것에 반해, 국부라는 개념을 독립시킨 것에 있다"라고 강력하게 주장했다. 그러나 이러한 대조는 지나치게 과장된 감이 있다. 캐넌은 『스미스의 강의』 (*Lectures of Adam Smith*, 1896)의 서론에서 그에 대한 허치슨(F. Hutcheson)의 영향의 중요성을 보여주었다.

7) 예를 들어 그는 당시에 보편화되어 있던 경제학의 법칙과 자연순응의 윤리적 계율 사이의 혼동을 온전히 제거하지는 못했다. 그에게 '자연적'이라는 용어는 때로는 현존하는 힘들이 실제로 생산하거나 생산하는 경향이 있는 것을 의미하며, 때로는 자신의 인간본성에 의해서 그러한 힘들이 생산하기를 바라는 것을 의미한다. 마찬가지로 그는 때로는 이론을 자세히 설명하는 것을, 다른 때는 정부 정책의 일부를 밝히는 것을 경제학자의 본분으로 간주했다. 그러나 그의 표현이 종종 부정확하긴 하지만, 면밀히 검토해보면 그가 다루는 문제에 대해서 제법 잘 자각하고 있었다는 것을 우리는 알게 된다. 인과적 법칙, 즉 현대적 의

그는 **자유무역**에 대한 **중상주의** 학설을 풍부한 실제적 지혜와 경제의 현실적 조건에 대한 지식을 가지고서 발전시켰으며, 따라서 그것은 실생활에서 큰 힘을 발휘하게 되었다. 그리고 그는 정부가 무역에 간섭함으로써 일반적으로 폐해를 낳는다는 주장으로 국내외에서 아주 널리 알려졌다. 그는 사익 때문에 개별상인이 공동체에 해를 끼치는 풍부한 사례들을 제공했다. 그러나 개별상인의 기업열은——그가 아무리 이기적일지라도——거의 언제나 정부보다——정부가 아무리 선의로 행동할지라도——사회에 더 크게 기여한다고 그는 주장했다. 이 학설을 변호함으로써 그는 세간에 강한 인상을 주었으며, 대부분의 독일 학자들은 스미스주의(Smithianismus)[8]라고 말할 때 주로 이 학설을 염두에 두고 있었다.

하지만 이것이 그의 주된 작업은 아니었다. 그의 주된 작업은 가치와 관련해서 프랑스와 잉글랜드의 동시대 및 선대 학자들의 사상을 결합하고 발전시키는 것이었다. 그가 사상사에서 하나의 신기원을 이루었다고 주장할 수 있는 최대의 근거는, 한편으로 부를 획득하기 위한 구매자의 욕구를 측정하고 다른 한편으로 생산자의 노력과 희생(또는 '실질생산비')을 측정함으로써 가치가 인간의 동기를 측정하는 방식에 대해서 철

미에서의 자연법칙을 탐구할 때 그는 과학적 방법을 사용했다. 그리고 실제적인 계율에 대해서 언급할 때, 비록 그것에 대한 자연의 권위를 주장하는 것처럼 보일지라도, 그는 일반적으로 단지 당위성에 대한 자신의 개인적 견해를 표명할 뿐이라는 것을 알고 있었다.

8) 독일에서 이 용어의 대중적인 사용은 스미스가 개인의 이해관계의 자유로운 활동이 정부 개입보다 공공복리에 더 크게 기여할 뿐만 아니라 더 나아가 그것은 거의 항상 이상적인 방향으로 작용한다고 생각했다는 것을 의미한다. 그러나 지도적인 독일 경제학자들은 스미스가 사적 이해관계와 공공선 사이에 흔히 존재하는 대립을 끊임없이 강조했으며, 스미스주의라는 용어의 구식 용법은 신뢰를 잃고 있다는 것을 잘 알고 있었다. 예를 들어 크니스가 그의 『역사적 관점에서의 정치경제학』, 제3장, 3에서 『국부론』에서 인용한 그러한 불일치에 대한 긴 목록을 보라. 또 파일보겐(S. Feilbogen)의 『스미스와 튀르고』(*Smith und Turgot*, 1892), 자이스(R. Zeyss)의 『스미스와 이기심』(*Smith und der Eigennutz*, 1889)을 보라.

저한 과학적 탐구를 최초로 기도했다는 점이다.[9]

스미스가 수행했던 작업의 완전한 의미는 다분히 본인도 이해하지 못했을 뿐만 아니라 그의 계승자들 가운데 많은 사람들이 그것을 파악하지 못했다. 그럼에도 한편으로 재화를 소유하려는 욕망과 다른 한편으로 그것을 생산하는 데 직·간접적으로 기여한 다양한 노력과 자기희생을 화폐를 수단으로 비교평가 하는 데서의 좀더 분명한 통찰에 의해『국부론』이후에 나온 최상의 경제학 저서는 그 이전에 나온 최상의 경제학 저서와 구별된다. 이러한 방향으로 다른 학자들이 기여한 바를 경시할수는 없지만, 스미스야말로 이러한 관점을 실제로 개척했으며, 하나의 신기원을 이루었다. 그만큼 그가 이룬 진전은 중요했다. 이 점과 관련해서 스미스도, 이전의 경제학자들도 그리고 이후의 경제학자들도 새로운 학술적 관념을 창조하지는 않았다. 그들은 단순히 일상생활에서 친숙한 관념들을 명확하게 규정했을 뿐이다. 사실 분석적 사고에 익숙하지 않은 일반인은 화폐가 동기와 행복을 실제보다 더 밀접하고 정밀하게 측정하는 것으로 간주하는 경향이 있다. 그 이유는 부분적으로 일반인은 측정이 실행되는 방식을 깊이 생각하지 않기 때문이다. 경제학 용어는 일상생활 용어에 비해 좀더 전문적이고, 덜 구체적인 것으로 보인다. 그러나 그것은 좀더 신중하고, 차이와 곤란을 많이 고려하기 때문에 실제로는 좀더 구체적이다.[10]

---

9) 가치와 생산비의 관계는 중농주의자들과 많은 초기 학자들이 지적했는데 그중에서 해리스, 캉티용, 로크, 바르봉, 페티 등을 언급할 수 있다. 그리고 홉스(T. Hobbes)도 막연하나마 풍요는 토지와 바다라는 자연의 선물을 가공하고 축적하는 데 인간에 의해 투입되는 노동과 절욕에 의존한다는 것을 시사했다. ─ 토지와 바다의 성과(proventus terroe et aquoe), 노동(labor) 그리고 검약(parsimonia).

10) 스미스는 비록 경제학이 반드시 사실들에 대한 연구에 기초를 두어야 하지만, 사실들은 너무 복잡해서 일반적으로 아무것도 직접 가르쳐주지 않는다는 것을 분명하게 알고 있었다. 그것들은 반드시 주의 깊은 분석과 추론을 통해 해석해야만 한다. 그리고 흄이 말했던 것처럼『국부론』은 "너무 많은 것을 호기심을 끄는 사실들로 설명하고 있기 때문에 그것은 일반인의 주의를 요한다." 스

4 스미스와 동시대 또는 직후의 학자들 중에서 어느 누구도 시야가 넓고 균형이 잡힌 지성을 가지지 못했다. 그러나 그들은 각각 스미스가 천부적인 재능에 의해서 또는 저술활동을 했던 당시의 특수한 사건에 의해 흥미를 느꼈던 과제들에 몰두함으로써 탁월한 업적을 이루었다. 18세기 남은 기간에 발표되었던 경제학 저작들은 역사적 · 서술적 저술이었으며 노동계층, 특히 농촌지방의 노동계층의 상황과 관계가 있었다. 영(A. Young)은 계속 자신의 여행에 대해 독특한 기록을 했으며, 이든은 후대의 모든 산업사가들에게 토대와 모범을 제공했던 빈곤층의 역사를 서술했다. 한편 맬서스는 역사에 대한 면밀한 연구를 통해서 상이한 국가와 상이한 시대에 인구증가를 사실상 통제하는 여러 가지 힘들을 보여주었다.

그러나 전체적으로 볼 때 스미스 직후의 학자들 중에서 가장 유력한 학자는 벤담이었다. 그는 경제학에 대해 거의 글을 쓰지 않았지만 19세기 초반에 등장했던 일단의 잉글랜드 경제학자들의 기조를 형성하는 데 크게 기여했다. 그는 타협을 모르는 논리주의자였으며, 명확한 이유를 제시할 수 없는 모든 제한과 규제를 반대했다. 그리고 그러한 제한과 규제는 그 존재의 정당한 이유를 보여주어야만 한다는 그의 가차없는 요구는 시대적 상황에서 사람들의 지지를 받았다. 중부 유럽국가들은 낡은 구습을 고수함으로써 방대한 천연자원을 활용하지 못했던 반면, 잉글랜드는 모든 새로운 경제적 변화에 신속하게 적응함으로써 세계에서 독보적인 지위를 획득했다. 따라서 잉글랜드의 사업가들은 경제문제와

미스는 정확히 그렇게 했다. 그는 아주 종종 상세한 귀납을 통해서 결론을 증명하지 않았다. 그의 증명에 쓰인 자료는 주로 모든 사람들이 알 수 있는 사실들, 즉 물리적 · 정신적 · 도덕적 사실들이었다. 그는 그의 증명을 호기심을 유발하고 교훈적인 사실들로 설명했다. 그럼으로써 그는 그의 증명에 생명력과 설득력을 부여했으며, 독자들이 추상이 아니라 실세계를 다루고 있는 것으로 느끼게 만들었다. 그리고 그의 저서는, 비록 잘 정리되지는 않았지만, 방법론의 모범이다. 각자 나름의 방식으로, 스미스와 리카도의 우월성에 대해서는 니콜슨이 『케임브리지 현대사』, 제10권, 제24장에서 잘 설명했다.

관련된 관습과 정서의 영향이 유해한 것이며, 적어도 잉글랜드에서는 그러한 유해한 영향이 감소했고, 현재도 감소하고 있으며, 조만간 소멸될 것이라고 생각하는 경향이 있었다. 그리고 벤담의 제자들은 관습에 대해 많은 관심을 가질 필요가 없다고 서둘러 결론을 내렸다. 그들에게는 모든 개인이 언제나 자신의 이익을 최대로 증진시킬 수 있는 방법을 찾기 위해 주의를 기울이고 있으며, 그것을 자유롭고 신속하게 따를 것이라는 가정 아래서 인간행동의 경향을 논하는 것으로 충분했다.[11]

19세기 초반에 잉글랜드 경제학자들에 종종 가해졌던 비난, 즉 그들은 사회적·경제적 문제와 관련해서 개인적 행동에 상반되는 집단적 행동에 더 광범위한 여지가 주어질 수 있는 것은 아닌지 충분히 검토하는 것을 게을리했으며, 그들이 경쟁의 힘과 그 작용의 속도를 과장했다는 비난은 어느 정도 정당하다. 그리고 그들의 작업은 구조의 경직성과 기풍의 조잡함에 의해 품위가 손상되었다는 비난에 대해서도 아주 미미하지만 다소 근거가 있다. 이러한 결함은 부분적으로 벤담의 직접적인 영향에서 유래했으며, 또 부분적으로 시대정신——벤담은 그것의 대변자였다——에서 유래했다. 그러나 그러한 결함은 또 부분적으로 경제적 연구의 많은 부분이 다시 철학적 사고보다는 과감한 행동에 강점을 가진 사람들에 의해 수행되었다는 사실에 기인했다.

5 이 시기에 정치가들과 상인들은 중세 말엽 경제적 격동기 초반에 최초로 논의되었던 화폐와 해외무역에 관한 문제들을 훨씬 더 정력적으

---

11) 그가 주변의 젊은 경제학자들에게 영향을 주었던 다른 경로는 안전에 대한 그의 열정을 통해서였다. 그는 실제로 열렬한 개혁자였다. 그는 상이한 계층 간의 인위적 구분에 대한 적이었다. 그는 한 인간의 행복은 다른 인간의 행복만큼 중요하며, 모든 행동의 목표는 행복의 총합을 증진시켜야만 한다고 역설했다. 그는 다른 모든 것이 동일하다면 부가 균등하게 분배되면 될수록 이러한 총합은 더욱 증가한다는 것을 인정했다. 그럼에도 그는 프랑스혁명에 대해 엄청난 공포감을 가지고 있었고, 안전에 대한 최소한의 침해의 폐해를 너무 크게 생각했기에, 그는 대담한 분석가였음에도 현존하는 사유재산제도에 대해 거의 미신에 가까운 경외감이 있었으며, 그의 제자들에게도 그러한 경외감을 조성했다.

로 재론했다. 일견에는 그들이 실생활과의 접촉, 좀더 광범위한 경험 그리고 사실에 관한 풍부한 지식으로 인간본성에 대해 폭넓게 조사하고, 논의를 좀더 광범위한 기초 위에 세울 수 있을 것이라고 생각할 수도 있다. 그러나 실제 생활에 대한 훈련은 종종 개인적 경험으로부터 성급한 일반화에 이르게 한다.

그들이 본래의 영역 안에 머물러 있는 한에서 그들의 작업은 탁월했다. 화폐이론은 부에 대한 욕망을 제외한 다른 인간적 욕망에 대해서 심도 있게 고려하지 않아도 거의 폐해가 없는 경제학 분야다. 그리고 이 분야에서 리카도를 중심으로 했던 뛰어난 연역적 추론학파는 안전지대에 있었다.[12]

---

12) 그는 종종 대표적인 잉글랜드 사람이라고 말해지곤 했다. 그러나 실상은 그렇지 않았다. 그의 강력한 건설적 독창성은 모든 나라에서 최상의 비범한 재능의 표준이었다. 그러나 그의 귀납에 대한 혐오와 추상적 추론에 대한 애호는 잉글랜드의 교육에 기인했던 것이 아니라, 배젓이 지적했듯이, 그가 유대 혈통이었다는 데 기인했다. 유대인종의 거의 모든 분파는 추상적 개념을 다루는 데 특별한 재능을 가지고 있었고, 그중 몇몇 분파는 금융업 및 그 현대적 발전과 관련된 추상적 계산에 대한 편향을 가지고 있었다. 그리고 착오 없이 새롭고 예기치 않은 결과로 이르는 난해한 경로를 요리조리 헤쳐나가는 리카도의 능력은 타의 추종을 불허했다. 그러나 잉글랜드 학자에게도 그의 궤적을 좇는 것은 어려운 일이다. 그리고 그에 대한 외국 비판가들도 대체로 그의 작업의 실질적인 취지와 의도를 간파하지 못했다. 왜냐하면 그는 결코 자기의 말뜻을 알아듣게 설명하지 않았기 때문이다. 그는 우선 어떤 가설 아래서 다음에 다른 가설 아래서 작업하는 의도가 무엇인지, 그의 상이한 가설의 결과들을 적절하게 결합함으로써 아주 다양한 실질적인 문제들을 어떻게 다룰 수 있는지를 결코 보여주지 않았다. 그는 원래 출판을 위해서가 아니라 특별히 어려운 문제들에 대해서 스스로 또는 몇몇 친구들의 의문을 제거하기 위해 저서를 집필했다. 그들은, 그와 마찬가지로, 실생활의 사실에 대해서 폭넓은 지식을 가진 실무가였다. 그리고 그것은 그가 선별된 사실집단에서 특수한 귀납적 결론을 끌어내는 것보다 일반적 경험과 일치하는 폭넓은 원리를 선호하는 한 가지 이유다. 그러나 그의 지식은 일면적이었다. 그는 상인들을 이해했지만, 노동자들을 이해하지는 못했다. 그러나 그는 노동자들을 동정했으며, 고용주들이 상호부조를 위해 결합할 수 있던 것처럼 노동자들의 그런 권리를 변호하는 데 친구인 흄을 지원했다. 아래 「부록 I」를 참조하라.

경제학자들은 다음으로 해외무역이론을 다루었으며, 스미스가 남겨두었던 많은 결함들을 제거했다. 화폐이론을 제외하면 무역이론만큼 순수 연역적 추론의 영역에 속하는 경제학 분야는 존재하지 않는다. 사실을 말하자면, 자유무역정책에 대한 완전한 논의는 엄밀한 의미에서 경제학에 속하지 않는 많은 고려사항들을 감안해야만 한다. 그러나 그중 대부분이, 비록 농업국 특히 신생국에서는 아주 중요할지라도, 잉글랜드의 경우에는 거의 아무런 관계가 없었다.

이 시기 내내 잉글랜드에서는 경제적 사실에 대한 연구가 소홀히 이루어지지는 않았다. 페티, 영, 이든 등의 통계적 연구는 투크, 매컬럭 그리고 포터가 훌륭하게 계승했다. 그리고 비록 그들의 저작에서 상인 및 자본가에게 직접적으로 관심이 있는 사실들이 불필요하게 강조되었지만, 경제학자들의 영향으로 실시된 노동계층에 대한 일련의 훌륭한 의회조사에 대해서는 똑같은 말을 할 수 없다. 사실 18세기 말과 19세기 초에 잉글랜드에서 이루어진 공적·사적 통계수집과 경제사료는 경제학에서 체계적인 역사적·통계적 연구의 발단으로 정당하게 간주될 수 있을 것이다.

그럼에도 그들의 작업에는 일정한 시야의 협소함이 존재했다. 그것은 진실로 역사적이었지만, 대부분 '비교사적'인 것은 아니었다. 흄, 스미스, 영 등은 생래적인 천부적 재능과 몽테스키외의 선례에 의해 인도되어 간헐적으로 상이한 시대와 상이한 국가들의 사회사정을 비교했으며, 그러한 비교를 통해 교훈을 얻었다. 그러나 어느 누구도 체계적인 계획 아래서 역사의 비교연구에 대한 개념을 포착하지는 못했다. 결과적으로 당시의 학자들은 생활의 실정에 대한 탐구에서 유능하고 진지했지만, 그들의 작업은 체계적이지 못했다. 그들은 오늘날 우리가 보기에 극히 중요한 사실들을 간과했으며, 종종 자신들이 수집한 자료들을 십분 활용하지 못했다. 그리고 사실의 수집에서 그것들에 대한 일반적 추론으로 넘어갈 때 그들의 시야의 협소함은 좀더 심각해졌다.

6 논의를 단순화하기 위해서 리카도와 그의 추종자들은 종종 인간을

불변의 것으로 간주하는 것처럼 발언했으며, 인간의 다양한 양상에 대한 연구에 결코 충분한 노력을 기울이지 않았다. 그들이 가장 친숙하게 알았던 사람들은 실업가들이었으며, 그들의 표현은 너무 부주의해서 다른 잉글랜드 사람들도 재계 출신들과 아주 유사한 것으로 표현되었다.

그들은 다른 국가들의 주민들도 연구할 만한 가치가 있는 나름의 특성을 가지고 있다는 것을 알고 있었다. 그러나 그들은 그러한 차이를 피상적이며, ——잉글랜드가 즉시 가르쳐줄 수 있는 좀더 나은 생활방식을 다른 나라들이 습득한다면——분명히 소멸될 것으로 간주했던 것 같다. 법률가들이 인도 사람들에게 잉글랜드의 민법을 강요하도록 이끌었던 것과 동일한 지적 편향이 경제학자들로 하여금 세계가 실업가들로 구성된 것으로 상정하고 이론을 전개하도록 이끌었다. 그리고 비록 그들이 화폐와 해외무역을 논하는 동안에는 그것이 거의 아무런 폐해를 낳지 않았지만, 다양한 산업계층 사이의 관계를 취급할 때는 그들을 잘못 인도했다. 그로 인해 그들은 노동자의 관점을 고려하지 않은 채 그리고 노동자의 인간적 감정, 본능과 습성, 동감과 반감, 계급적 반발과 단결, 지식의 부족, 자유롭고 활발한 행동기회의 부족에 대해서 충분히 고려하지 않은 채 노동을 상품으로 다루게 되었다. 따라서 그들은 수요와 공급의 힘이 실생활에서 발견되는 것보다 더 기계적이고 일률적으로 작용한다고 생각했다. 그리고 그들이 내세운 이윤과 임금에 대한 법칙들은 실제로 당시 잉글랜드에서도 적용되지 못했다.[13]

---

13) 임금과 관련해서, 그들이 자신들의 전제에서 끌어낸 결론에는 심지어 약간의 논리적 오류도 있었다. 이러한 오류는, 그 기원까지 거슬러 올라가면, 부주의한 표현방식에 불과했다. 그러나 이러한 오류는 경제학에 대한 과학적 연구에는 거의 관심이 없고, 오직 노동계층의 분수를 지키게 할 목적으로 학설을 인용하려는 사람들에 의해서 열렬하게 채택되었다. 그리고 다른 어떤 거대한 사상가들의 학파도 (독일에서 흔히 사용되었던 용어를 사용하면) 그 '기생자들'에 의해 리카도학파만큼 큰 피해를 보지는 않았을 것이다. 이런 기생자들은 경제학설의 단순화를 공언하면서, 실제로 그 학설의 진실을 보장하기 위해 필요한 조건들과는 무관하게 학설을 발표했다. 마르티노(H. Martineau) 양은 **공장법**에 대항한 격렬한 저술로 이러한 진술에 대해 어느 정도 진실성을 부여

그러나 그들의 최대결함은 산업의 습관과 제도가 얼마나 변하기 쉬운지를 보지 못했다는 점이다. 특히 그들은 빈곤층의 빈곤의 원인은 나약함과 비효율성이고, 빈곤층의 빈곤이 나약함과 비효율성의 주된 원인이라는 점을 보지 못했다. 그들은 현대 경제학자들이 노동계층의 상태를 대폭 개선할 수 있는 가능성을 가지고 있다는 데 확신이 없었다.

실제로 사회주의자들은 인간완성의 가능성을 주장했다. 그러나 그들의 견해는 역사적 · 과학적 연구의 기초가 거의 없었으며, 당시 기업가적 경제학자들의 경멸을 부추기도록 과장되게 표현되었다. 사회주의자들은 자신들이 공격했던 학설을 연구하지 않았다. 그리고 그들이 현존하는 사회의 경제조직의 성질과 효율성을 이해하지 못했다는 점을 보여주는 것은 별로 어렵지 않았다. 따라서 경제학자들은 사회주의자들의 학설을 상세하게 검토하는 수고를 들이지 않았으며, 인간본성에 대한 그들의 사색에 대해서는 전혀 염두에 두지 않았다.[14]

그러나 사회주의자들은 경제학자들이 전혀 고려하지 않았던 숨겨진 인간행동의 원동력을 절감하고 있었으며, 그것에 대해 어느 정도 인지

했다. 시니어도 동일한 측면에서 저술활동을 했다. 그러나 마르티노 양은 엄밀한 의미에서 경제학자가 아니었다. 그녀는 경제원리를 설명하는 글을 서술하기 전에, 자신의 마음속의 압박이 너무 클 것이 두려워서 단번에 경제학 저서 한 장 이상을 결코 읽어보지 않았다고 고백했다. 그리고 사망 전에 그녀는 (그녀가 이해했던) 경제원리가 어떤 타당성이 있었는지 의문을 표현했다. 시니어는 경제학을 막 연구하기 시작했을 때 공장법에 대항한 저술활동을 했다. 몇 년 후에 그는 자신의 견해를 공식적으로 부인했다. 사람들은 종종 매컬럭이 공장법에 반대했다고 말했다. 그러나 사실 그는 충심으로 공장법을 지지했다. 투크는 광업에서 여성과 아이들의 고용에 대한 보고서가 공장법에 대항한 단호한 행동을 요한다는 여론을 분발시켰던 분과위원회의 주요한 위원이었다.

14) 맬서스에 대해서는, 그의 인구에 대한 연구가 고드윈의 논문에서 암시를 받았으므로, 부분적으로 예외를 인정해야만 한다. 그러나 그는 정확하게 리카도학파에 소속되지는 않았으며, 실업가도 아니었다. 반세기 이후에 바스티아―그는 명석한 저술가였지만 심오한 사상가는 아니었다―는 경쟁의 영향으로 사회의 자연적 조직은 실제적으로 달성될 수 있을 뿐만 아니라 이론적으로 생각할 수 있는 최선의 것이라는 황당한 학설을 계속 주장했다.

하고 있었다. 그들의 열광적인 광시곡 속에는 철학자들과 경제학자들이 많은 것을 배울 수 있는 날카로운 관찰과 시사점이 풍부한 제언이 묻혀 있었다. 점차적으로 그들의 영향이 나타나기 시작했다. 콩트(A. Comte)는 그들에게 큰 부채를 지고 있었다. 그리고 밀의 정신적 위기는, 자신이 자서전에서 언급했듯이, 그들의 저작을 접한 것에서 시작되었다.

7 부의 분배에 대한 핵심문제에 관련된 현대의 견해와 19세기 초에 보편화되어 있던 견해를 비교할 때, 우리는 모든 세부적인 변화와 추론의 과학적 엄밀성의 향상에 더해 문제를 다루는 방법에서 근본적인 변화가 있음을 발견한다. 왜냐하면 과거의 경제학자들이 인간의 성격과 효율성을 불변의 것으로 간주해야 하는 것처럼 논의를 전개했던 데 반해서, 현대 경제학자들은 그것이 생활환경의 산물이라는 사실을 항상 염두에 두었기 때문이다. 경제학에서 이러한 시각변화는 부분적으로 최근 50년 동안 경제학자들의 이목을 강요할 정도로 인간본성의 변화가 빠르게 진행된 것에서 기인하며, 부분적으로 사회주의자 및 기타 개별 사상가들의 직접적인 영향에 기인하며, 또 부분적으로 자연과학의 일부 부문에서 일어났던 유사한 변화의 간접적인 영향에 기인한다.

19세기 초 일단의 수학적·물리적 과학분야가 우세한 지위를 점하게 되었다. 이러한 과학 분야들은 서로 크게 달랐지만, 그 대상이 모든 국가와 모든 시대에 일정하고 변하지 않는다는 공통점이 있었다. 과학의 진보는 인간에게 익숙한 것이었지만, 그 대상의 진화는 낯선 것이었다. 19세기가 지나면서 일단의 생물학적 과학분야가 서서히 대두되었으며, 사람들은 유기적 성장의 성질에 대한 명백한 관념을 획득하게 되었다. 그들은 만일 과학의 대상이 상이한 발전단계를 경유한다면, 하나의 단계에서 적용되는 법칙은 수정을 가하지 않고는 다른 단계에 좀처럼 적용될 수 없다는 것을 배우게 되었다. 과학의 법칙은 그것이 다루는 사물의 진화에 대응해서 발전되어야만 한다. 이러한 새로운 이념의 영향은 점차적으로 인간과 관련된 과학으로 확산되었으며 괴테(J. W. von

Goethe), 헤겔, 콩트 등의 작업에서 발현되었다.

마침내 생물학 연구는 장족의 진보를 했다. 생물학의 발견은 과거에 물리학의 발견이 그랬던 것처럼 세인의 주의를 끌었다. 그리고 도덕적·역사적 과학의 기조에 현저한 변화가 있었다. 경제학은 이러한 일반적 흐름에서 예외는 아니었으며, 해마다 인간본성의 유연성 및 인간의 성격과 현행의 부의 생산, 분배, 소비방법이 서로 영향을 주고받는 방식에 대해 점점 많은 관심을 가지게 되었다. 이러한 새로운 경향에 대한 최초의 중요한 지적은 밀의 감탄할 만한 『정치경제학 원리』에서 보인다.[15]

밀의 계승자들은 리카도 직후의 계승자들이 취했던 견해에서 멀어지는 밀의 경향을 계속 진전시켰다. 그리고 물리적 요소와 구별되는 인간적 요소는 경제학에서 점점 더 주요한 지위를 차지하고 있다. 현재 활동하지 않는 학자들은 논외로 하더라도, 새로운 풍조는 레슬리의 역사적 연구, 배젓·케언즈·토인비 등의 다방면에 걸친 연구, 그러나 무엇보다도 제번스의 연구에서 보인다. 특히 제번스의 연구는 수많은 다채로

15) 밀(J. Mill)은 그의 아들을 아주 철저하게 벤담과 리카도의 교의를 따라 교육시켰으며, 그의 정신 속에 명료함과 정확성에 대한 열의를 주입시켰다. 그리고 1830년 밀은 과학적 추상에 한층 제고된 윤리의 선명함을 제공하는 경제적 연구방법에 대한 소론을 저술했다. 그는 경제학자가 부에 대한 욕망 이외의 어떠한 행동 동기도 크게 고려할 필요가 없다는 리카도의 암묵적 전제를 직시했으며, 그것이 명백하게 언급되지 않는 한, 더 이상 그렇지 않지만, 위험하다고 주장했다. 그리고 그는 의도적·공개적으로 그것에 기초한 논문을 반쯤 약속했다. 그러나 그는 약속을 이행하지 않았다. 1848년 그의 위대한 경제학 저서를 발표하기 전에 그의 사상과 감정의 기조에는 변화가 일어났다. 그는 그것을 『정치경제학 원리, 사회철학에 대한 약간의 적용』(Principles of Political Economy, with some of their Applications to Social Philosophy)이라고 명명했다. 〔그가 『…… 사회철학의 다른 분야에 대한 ……』(to other branches of Social Philosophy)이라고 말하지 않은 것은 의미심장하다. 잉그럼의 『정치경제학의 역사』, 154쪽을 참조하라.〕 그리고 그는 부의 추구를 인간의 유일한 동기로 상정하는 추론과 그렇지 않은 추론을 엄격하게 구분하려는 시도를 하지 않았다. 그의 이러한 태도변화는 그 주변세계에서 진행되는 거대한 변화의 일부였다. 그러나 그는 그 영향력을 온전히 인식하지는 못했다.

운 성질들에 대한 진기한 최상급의 결합을 통해서 경제학 역사에서 부동의 두드러진 지위를 확보하고 있다.

고차원적인 사회적 의무에 대한 관념이 모든 곳에서 확산되고 있다. 의회, 신문, 법정에서 인본주의 정신이 좀더 명백하고 좀더 진지하게 표명된다. 밀과 그를 추종하는 경제학자들은 이러한 일반적인 풍조를 촉진하는 데 기여했으며, 역으로 그러한 풍조의 도움을 받았다. 부분적으로 이러한 이유 때문에, 또 부분적으로 최근의 역사학 발전의 결과로, 그들의 사실에 대한 연구는 좀더 시야가 넓어지고, 철학적 요소가 심화되었다. 몇몇 과거 경제학자들의 통계적·역사적 연구가 새로운 연구에 의해 능가되는 일이 극히 드물었던 것은 사실이다. 그러나 그들이 입수할 수 없었던 많은 정보들을 오늘날 누구나 용이하게 접할 수 있게 되었다. 그리고 매컬럭만큼 현실 경제에 대한 정통함도 방대한 역사적 지식도 갖지 못한 경제학자들이 경제학설과 실생활의 사실간 관계에 대해서 그보다 더 포괄적이고 명료하게 파악할 수 있었다. 이 점에서 그들은 역사학을 포함한 모든 과학에서 방법상의 일반적 개선으로 도움을 받았다.

그렇게 모든 의미에서 오늘날 경제적 추론은 과거보다 더 정밀하다. 모든 연구에서 상정되는 전제는 이전보다 엄밀하고 정확하게 기술되었다. 그러나 좀더 제고된 사고의 엄밀성은 그 작용에서 다소 파괴적인 면이 있었다. 그것은 일반적 추론의 많은 구식 적용 사례들이 암묵적으로 상정되어 있는 모든 가정들을 음미하고, 당면한 특수한 경우에 성립될 수 있는지를 검토하는 데 주의를 기울이지 않았기 때문에 타당하지 않다는 것을 보여주고 있다. 그 결과, 단지 표현이 엄밀하지 않아서 일견 단순해 보였던, 그러나 바로 단순하다는 이유로 당파적 논쟁자들(주로 자본가계층)이 논쟁을 위해 무기로 활용했던 많은 독단적 학설들이 타파되었다. 이러한 파괴적 작업은 일견에는 경제학에서 일반적 추론과정의 가치를 축소시킨 것처럼 보일 수도 있지만, 실제로 그 결과는 반대였다. 그것은 좀더 새롭고 견고한 이론적 장치를 위해 바닥을 정리해주었으며, 이러한 새로운 이론적 장치는 견실하고 끈기 있게 구축되었다. 그 덕분에 우리는 최초로 경제문제의 어려움에 정면으로 맞섰던 정직하고 위대한 학자들——우리가 좀더 용이하게 연구를 진행할 수 있었던 것은 그들의 선구적 업적 덕택이다——보다 삶에 대해 더 폭넓은 시각을 가질 수 있었고, 비록 그들보다는 더디지만 더욱 견실하게 나아갈 수 있었으며, 그들보다 더 과학적일 수 있었으며, 독단의 함정에 빠질 위험을 훨씬 더 줄일 수 있었다.

이러한 변화는 어쩌면 과학적 방법발전의 초기단계에서 고차원적인 단계로 진전했다고 간주될 수 있을 것이다. 전자의 단계에서는 자연의 작동이 간결하고 평이한 문장으로 서술될 수 있도록 편의상 단순화되었다. 반면에 후자의 단계에서는 단순함과 명확함, 심지어 명료함을 다소 희생하더라도, 그것은 좀더 면밀하게 연구되었으며, 실상에 좀더 근접하게 표현되었다. 결국 경제학의 대중성이 정점에 달하고 그 권위가 거의 도전받지 않았던 때에 비해서, 모든 단계에서 적의 있는 비판을 받을 수밖에 없는 우리 세대에 경제학에서 일반적 추론은 급속하게 진보했으며, 좀더 견고한 지위를 확립하게 되었다.

지금까지 우리는 최근의 진보를 오직 잉글랜드의 관점에서만 바라보았다. 그러나 잉글랜드에서의 진보는 서구세계 전반에 걸친 광범위한 흐름의 한 측면에 불과하다.

8 잉글랜드 경제학자들은 외국에 많은 추종자와 비판자들이 있었다. 프랑스학파는 18세기 자국의 위대한 사상가에게서 중단 없는 발전을 지속했으며 특히 임금과 관련해 잉글랜드의 2급 경제학자들에게 공통적으로 있던 많은 오류와 혼동을 피했다. 세(J. B. Say) 시대부터 프랑스학파는 많은 유용한 업적을 이뤘다. 쿠르노는 최상의 천부적 재능을 가진 건설적인 사상가였다. 반면 푸리에(F. Fourier), 생시몽(St. Simon), 프루동(P. J. Proudhon) 그리고 블랑(L. Blanc)은 사회주의와 관련한 많은 극단적인 제언뿐만 아니라 최고로 귀중한 많은 학설들을 제시했다.

어쩌면 최근 들어 상대적으로 가장 큰 진전은 미국에서 이루어졌을 것이다. 한 세대 전에 경제학자들의 '아메리카학파'는 케리의 본을 딴 보호주의자 집단으로 구성된 것으로 여겨졌다. 그러나 최근 원기왕성한 사상가로 이루어진 새로운 학파가 성장하고 있으며, 미국은 실제 경제 활동에서 이미 차지했던 것과 동일한 선도적인 지위를 경제사상에서도 점해가고 있는 징후가 보인다.

경제학은 본고장이었던 두 나라, 즉 네덜란드와 이탈리아에서도 활기를 되찾고 있는 징후가 보인다. 그리고 무엇보다도 오스트리아 경제학자들의 활기찬 분석적 작업이 모든 나라에서 강렬하게 이목을 집중시키고 있다.

그러나 전체적으로 보았을 때 최근 들어 대륙에서 이루어진 가장 중요한 경제연구는 독일학자들의 연구다. 스미스의 주도적인 지위를 인정하면서도, 독일 경제학자들은 특히 리카도학파의 편협함과 과잉확신을 못마땅하게 생각했다. 특히 그들은 잉글랜드의 자유무역 주창자들이 잉글랜드 같은 제조업 국가와 관련해서 확립된 명제가 수정 없이 그대로 농업국가들에도 적용될 수 있다고 암묵적으로 가정한 점에 대해 강하게 반발했다. 리스트의 탁월한 재능과 민족적 열의는 이런 억측을 뒤엎었으며, 리카도주의자들이 자유무역의 간접효과를 거의 고려하지 않았다는 점을 보여주었다. 잉글랜드에 관한 한, 이런 간접효과를 무시함으로써 큰 폐해가 없었을 것이다. 왜냐하면 잉글랜드에서 그것은 주로 이로운 것이었으며, 직접효과를 강화시켜주었기 때문이다. 그러나 그는 간접효과의 많은 부분이 독일 그리고 미국에서는 더욱더 해로운 것임을 보여주었으며, 이런 폐해가 직접적인 이익을 능가한다고 주장했다. 그의 주장에서 많은 부분이 타당하지 않았지만, 일부는 그렇지 않았다. 그리고 잉글랜드 경제학자들은 그의 주장에 대해 차분히 논의하기를 경멸적으로 거부했지만, 건전한 주장의 호소력에 감명을 받은 유능하고 공공심이 있는 사람들은 비과학적이지만 노동계층에게 강한 호소력을 가진 다른 주장들을 대중적 선동 목적으로 사용하는 것을 묵인했다.

미국의 제조업자들은 리스트를 대변자로 삼았다. 그들은 리스트가 그들을 위해 저술한 대중적 저서를 광범위하게 보급시켰으며, 그렇게 미국에서 리스트의 명성과 보호주의 학설의 체계적 지지는 시작되었다.[16]

독일 학자들은 **중농주의자들**과 스미스학파가 국민적 삶의 중요성을 과소평가했으며, 그것을 한편으로 이기적 개인주의에 그리고 다른 한편으로 어설픈 박애주의적 세계주의를 위해 희생시키는 경향이 있다고 즐겨 말했다. 그들은 리스트가 개인주의 감정보다 관대하고, 세계주의 감정보다 강하고 명확한 애국심을 자극하는 데 크게 기여했다고 역설했다. 중농주의자들과 잉글랜드 경제학자들의 사회동포주의적 동정이 독일 학자들이 생각하는 만큼 강력한 것이었는지는 의문의 여지가 있을 수 있다. 그러나 독일의 최근 정치사가 독일 경제학자들의 경향을 민족주의 방향으로 영향을 준 것은 분명하다. 강력하고 호전적인 군대에 의해 포위되어 있었기 때문에 독일은 열렬한 민족감정에 기대서만 존속할 수 있었다. 그리고 독일의 학자들은 이타적 감정이 개인 간 경제관계보다 국가 간 경제관계에서 더 제한되어 있다고 강하게, 어쩌면 너무 강하게 주장했다.

그러나 독일의 학자들은 비록 동정에서는 민족주의적이었지만, 연구

---

16) 우리는 리스트가 현대의 상호간 통신수단(inter-communication)이 상이한 국가들의 발전을 동시에 일어나게 하는 경향을 간과했다는 것을 이미 언급했다. 그의 애국적 열정은 많은 점에서 그의 과학적 판단을 그르쳤다. 그러나 독일 사람들은 모든 나라가 동일한 발전단계를 거칠 수밖에 없으며, 독일은 농업단계에서 제조업단계로 이행할 때 자국의 제조업을 보호해야만 한다는 리스트의 주장을 경청했다. 그는 진실을 진정으로 갈망했다. 그의 방법은 독일에서 모든 부류의 연구자들, 특히 역사가들과 법률가들이 정력적으로 추구했던 비교연구방법과 조화를 이루었다. 그리고 그의 사상의 직·간접적 영향은 매우 컸다. 1827년 필라델피아에서 그의 『정치경제학의 신체계 요강』(*Outlines of a New System of Political Economy*)이 발표되었으며, 1840년에는 『정치경제학의 국민적 체계』(*Das nationale System der Politischen OEkonomie*)가 발표되었다. 케리가 리스트에게 많은 신세를 지고 있는지에 대해서는 논쟁의 대상이 되었다. 허스트 양의 『리스트의 생애』(*Life of List*, 1909), 제4장을 보라. 그들의 학설들 사이의 관계에 대해서는 크니스의 『역사적 관점에서의 정치경제학』, 제2판, 440쪽 이하를 보라.

에서는 당당히 국제적이었다. 그들은 일반 역사에 대해서뿐만 경제학에 대해서도 '비교'연구를 선도했다. 그들은 상이한 국가와 상이한 시대의 사회적 · 산업적 현상들을 나란히 제시했으며, 그것들을 상호 빛을 던져주고 상호 설명되도록 배열했으며, 그것들을 모두 시사적인 법률학 역사와 연결시켜서 연구했다.[17] 그런데 이 학파의 몇몇 구성원의 작업은 과장으로, 그리고 심지어는 리카도학파의 추론에 대한 편협한 경멸로 오염되어 있었다. 사실 그들은 리카도학파의 취지와 목적을 이해하지 못했으며, 그 때문에 지나치게 가혹하고 지루한 논쟁에 빠져들었다. 그러나 이 학파의 리더들은, 거의 예외 없이, 이러한 편협함에서 자유로웠다. 그들과 다른 나라의 동료 연구자들이 경제적 습관과 제도의 역사를 추적하고 설명하기 위해 수행한 작업의 가치를 과대평가하기란 어려운 일일 것이다. 그것은 우리 시대의 위대한 성과이며, 우리의 실질적 부를 크게 늘려주었다. 그것은 다른 무엇보다도 우리의 관념의 폭을 넓혀주었으며, 우리 자신에 대한 지식을 심화시켰으며, 인간의 도덕적 · 사회적 삶의 진화와 그러한 진화에 의해 구현되는 **신성한 원리**를 이해하는 데 기여했다.

그들은 주로 과학에 대한 역사적 연구 그리고 독일의 사회적 · 정치적 삶에 대한 그러한 연구의 적용, 특히 독일 관료사회의 경제적 책무에 주의를 기울였다. 그뿐만 아니라 헤르만의 탁월한 천재성에 인도되어 그들은 우리의 지식을 크게 확대해주는 면밀하고 심오한 분석을 수행했으며, 경제이론의 경계를 크게 확장시켰다.[18]

---

17) 이러한 연구의 우수성은 아마도 부분적으로 독일과 대륙의 다른 국가들에서 다양한 경로로 다채로운 경력을 가진 사람들의 법학 연구와 경제학 연구의 결합에서 기인할 것이다. 눈에 띄는 사례는 바그너의 경제학에 대한 공헌에서 발견된다.

18) 이 문제들과 관련해서 잉글랜드인, 독일인, 오스트리아인 그리고 실제로 모든 나라의 사람들은 다른 나라 사람들이 그들에게 기꺼이 인정하는 것 이상을 주장했다. 그것은 부분적으로 각 나라의 사람들이 고유의 지적 장점을 가지고 있으며, 외국인들의 저작에는 그러한 장점이 결여되어 있기 때문이다. 한편

또한 독일의 사상은 사회주의와 국가의 기능에 대한 연구를 촉진했다. 소유권의 현존하는 상태와는 거의 무관하게 세상의 자산을 공동체의 이익을 위해 사용하자는 가장 철저한 최근의 제안들의 대부분이 독일 학자들——그중 일부는 유대계였다——에게서 유래했다. 좀더 면밀히 조사해보면 그들의 작업은 일견에 보이는 것만큼 심오하지도 독창적이지도 않다는 것이 사실이다. 그러나 그것은 변증법적 정교함, 화려한 문체, 그리고 어떤 경우에는 비록 왜곡된 것이지만 다방면에 걸친 역사적 지식으로부터 강력한 힘을 끌어냈다.

혁명적 사회주의자들 외에도, 독일에는 현재 형태의 사유재산제도가 역사에서 끌어낼 수 있는 정당성의 결핍에 대해 역설하고, 폭넓은 과학적 · 철학적 근거에 기초해서 개인에 대항한 사회의 권리를 재고할 것을 촉구하는 사상가들이 있었다. 독일의 정치적 · 군사적 제도에는 최근 들어 잉글랜드의 그것에 비해서 개인의 사업보다는 정부의 사업에 더 의존하는 독일인의 타고난 경향이 강화되었다. 그리고 사회개혁에 관한 모든 문제에서 독일과 잉글랜드는 서로에게 배울 점이 많다.

그러나 이 시대의 모든 역사에서 교훈을 얻으려는 열망과 개혁 열망의 와중에서, 경제학 연구의 난해하지만 중요한 부분이 소홀히 다루어질 수 있는 위험이 있다. 경제학의 대중성은 다소간 면밀하고 엄밀한 추론을 소홀히 하는 쪽으로 향한다. 이른바 과학에 대한 생물학적 관점의 대두는 경제법칙과 측정에 대한 관념을, 마치 그러한 관념이 살아 숨쉬는 그리고 끝없이 변화하는 경제적 유기체에는 적용될 수 없을 만큼 엄격하고 경직적인 것처럼, 배후로 밀어내는 경향이 있다. 그러나 바로 그

각 나라의 사람들은 다른 나라 사람들이 그들의 단점에 대해서 불평하는 것을 전혀 이해하지 못한다. 그러나 주된 이유는, 새로운 관념은 대개 점진적으로 성장하고, 종종 동시에 여러 나라 사람들에 의해서 완성되므로, 각 나라 사람들은 그것을 자기 것이라고 주장하기 때문이다. 따라서 각 나라 사람들은 다른 나라 사람들의 독창성을 과소평가하기 쉽다.

생물학이 고도로 조직된 유기체야말로 가장 발전된 유기체라는 것을 가르쳐준다. 현대의 경제적 유기체는 고도로 조직화되어 있으며, 그것을 다루는 과학도 고도로 조직화될 수밖에 없다. 그러한 과학은 세계의 실제 현상에 밀접하게 적응할 수 있도록 필요한 섬세함과 예민함을 갖추어야 할 것이다. 그럼에도 그것은 면밀한 추론과 분석이라는 견고한 등뼈를 반드시 가져야만 한다.

경제학의 영역과 방법

1 어떤 학자들은, 콩트와 함께, 사회에서 인간의 행동에 대한 모든 유익한 연구의 범위는 반드시 사회과학 전체와 공외연적이어야 한다고 생각한다. 그들은 사회적 삶의 모든 단면들은 아주 밀접하게 연결되어 있어서 그중 임의의 한 면에 대한 특별한 연구는 공허할 수밖에 없다고 주장한다. 그리고 그들은 경제학자들이 자신들의 특수한 역할을 포기하고, 모든 것을 포괄하는 통일된 사회과학의 전반적인 발전에 헌신해야 한다고 역설한다. 그러나 사회에서 인간행동의 전 범위는 너무 넓고 너무 다양해서 한 사람의 지적 노력으로 분석되고 설명될 수 없다. 콩트 자신과 스펜서는 비길 데 없는 지식과 엄청난 재능을 이 과업에 쏟았다. 그들은 광범위한 조사와 시사적인 힌트로 사상의 신기원을 이루었다. 그러나 우리는 결코 그들이 통일된 사회과학 건설의 단초를 제공했다고 말할 수 없다.

뛰어난 그러나 성급한 그리스의 천재들이 모든 자연현상을 설명하기 위해 단일한 기초를 탐구하기를 고집했던 동안 자연과학은 더디게 발전했다. 그리고 현대에 자연과학의 급격한 발전은 광범위한 문제를 구성 요소들로 분해한 데서 기인한다. 분명 자연의 모든 힘의 기저에 흐르는 통일성이 존재한다. 그러나 그것을 발견하는 방향으로 이루어진 모든 진전은 자연의 전 분야에 대한 간헐적인 포괄적 조사보다는 지속적인

---

1) 『경제학 원리』 1, 제I편, 제2장을 보라.

전문적 연구로 획득된 지식에 의존한다. 그리고 우리보다는 미래 세대가 사회적 유기체의 발전을 규정하는 힘들을 더 잘 이해할 수 있도록 해주는 자료들을 제공하기 위해서는 동류의 끈질긴 세부작업이 요구된다.

그러나 다른 한편 자연과학에서도 제한된 분야를 전공하는 사람들이 가까운 분야에 종사하는 사람들과 긴밀하고 계속적인 접촉을 유지할 필요가 있다는 점에서는 콩트를 인정해야만 한다. 자기 영역 이외의 것에 전혀 눈을 돌리지 않는 전문가들은 균형 잡힌 시각으로 사물을 보지 못할 것이다. 그들이 한데 모은 지식의 대부분은 상대적으로 거의 쓸모가 없다. 그들은 의미를 상실하고, 새로운 관점에서 제기된 새로운 문제들로 대체된, 과거 문제들의 지엽적인 부분에 대해 부지런히 계속 연구한다. 그리고 그들은 자신의 문제와 관련해서 모든 과학의 발전이 비교와 유추를 통해서 제공하는 많은 도움을 얻는 데 실패한다. 따라서 사회현상이 유기적으로 연결되어 있기 때문에 폐쇄적인 전문가들의 연구작업은 자연과학보다 사회과학에서 더욱 공허하다는 것을 역설함으로써 콩트는 큰 기여를 했다. 밀은 이 점을 인정하면서 말을 잇는다. "경제학자일 뿐인 사람은 좋은 경제학자가 아닐 수 있다. 사회현상들은 서로 작용하고 반작용하기 때문에 그것들은 개별적으로는 제대로 이해될 수 없다. 그러나 이것은 사회의 물리적·산업적 현상들에 대해서 유용한 일반화의 여지가 없다는 것을 결코 입증하지는 못하며, 다만 이러한 일반화가 반드시 주어진 문명형태, 주어진 사회적 발전의 단계와 관련되어 있다는 것을 입증해줄 뿐이다."[2]

---

2) 밀, 『콩트론』(*On Comte*: 『콩트와 실증주의』*August Comte and Positivism*, 1865를 의미하는 것으로 판단된다—옮긴이), 82쪽. 콩트의 밀에 대한 비난은 방법과 범위에 대한 논의에서 사람이 자신의 절차의 유용성을 주장할 때는 거의 확실히 옳지만, 다른 사람들의 그것을 부정할 때는 거의 확실히 틀리다는 일반적인 규칙을 예시해준다. 미국, 잉글랜드 그리고 다른 나라들에서 요즈음 사회학운동은 경제학과 사회과학의 타 분야들에 대한 집중적인 연구의 필요성을 인식하고 있다. 그러나 사회학이라는 용어의 사용은 시기상조인 듯하다. 왜냐하면 사회과학의 통합이 이미 임박해 있다고 주장하는 것 같기 때문이다. 비록 약

2 사실을 말하자면 경제학에서 다루어지는 힘들은, 밀이 말했던 것처럼, 그 결합방식이 화학적이기보다는 역학적이라는 점에서 연역적 접근방법에 더 적합한 측면이 있다. 즉 우리가 두 가지 경제적 힘의 작용을 개별적으로——예를 들어 특정 업종에서 임금의 상승과 작업난이도의 감소가 해당 업종의 노동공급에 개별적으로 미치는 영향——알고 있을 때 우리는 그것들의 결합 작용을, 그에 대한 구체적인 경험을 기다리지 않고도, 제법 잘 예측할 수 있다.[3]

그러나 역학에서도 연역적 추론의 긴 연쇄는 실험실에서 일어나는 사건들에 대해서만 직접적으로 적용될 수 있다. 그것은 그 자체만으로는 이질적인 소재 및 현실세계에서 작용하는 힘들의 복잡하고 불확실한 결합을 다루는 데 충분한 지침이 되는 경우는 거의 없다. 이러한 목적을 위해서 그것은 구체적인 경험에 의해 보완될 필요가 있으며, 새로운 사실에 대한 끊임없는 연구, 끊임없는 새로운 귀납적 결과의 추구와 병행해서 그리고 종종 그것에 종속해서 적용될 필요가 있다. 예를 들어 공학자는 장갑함이 잔잔한 물 속에서 안정성을 상실하는 각도를 상당히 정확하게 계산할 수 있다. 그러나 장갑함이 폭풍우 속에서 어떻게 움직일 것인지 예측하기 전에, 그는 일상적인 바다에서 그것의 움직임을 목격한 경험 많은 선원들의 경험적 지식을 이용할 것이다. 그리고 경제학이 고려해야 할 힘들은 역학이 고려해야 할 힘들에 비해서 좀더 많고, 덜 명확하고, 덜 알려져 있으며, 종류도 더 다양하다. 반면에 그것들이 작

간의 탁월한 집중연구가 사회학이라는 이름 아래 발표되었지만, 지금까지 이루어진 그러한 통합의 노력이 후세대를 안내하기 위한 길을 닦고, 위험지점에 위험 표지판 세우는 것을 뛰어넘는 큰 성공을 이루었는지는 미지수다. 후세대가 가지게 될 자산은 우리의 자산보다는 거대한 과업에 좀더 적합할 것이다.

3) 밀은 그렇게 예측할 수 있는 정도를 과장했다. 그 때문에 그는 경제학에서 연역적 방법에 대한 권리를 지나치게 주장하게 되었다. 밀의 『정치경제학의 미해결 문제에 관한 시론집』의 최종 논문; 『논리학체계』, 제VI편 특히 제9장, 그리고 『자서전』(*Autobiography*, 1873), 157~161쪽을 보라. 그의 실천은, 경제적 방법에 대한 많은 다른 저술가들의 그것처럼, 그의 직업보다 덜 극단적이었다.

용하는 소재는 좀더 불확실하고 이질적이다. 또 경제적 힘들의 결합이 순수역학의 단순한 규칙성보다는 화학의 명백한 임의성과 더 가까운 경우는 드문 것도 중요하지 않은 것도 아니다. 예를 들어 어떤 사람의 소득이 조금 증가하면, 일반적으로 모든 방향에서 구매가 조금씩 증가할 것이다. 그러나 큰 폭의 소득증가는 그의 습관을 바꿀 수도 있으며, 아마도 그의 자존심을 고취시킬 것이며, 어떤 재화들에 대한 구매를 완전히 중단시킬 것이다. 상류 사회계층의 어떤 유행이 하위계층으로 확산되면 상류계층에서 그 유행은 사라질지도 모른다. 또 빈곤층에 대한 진지한 관심의 고취는 자선행위를 좀더 관대하게 만들 수도 있으며, 특정 형태의 자선행위를 전혀 불필요하게 만들 수도 있다.

끝으로 화학자들이 다루는 소재는 항상 똑같다. 그러나 경제학은, 생물학처럼, 외적 형태뿐만 아니라 내적인 성질과 구성이 끊임없이 변하는 대상을 다룬다. 화학자의 예측은 전적으로 다음과 같은 암묵적 가정, 즉 작업대상이 되는 표본은 그럴 것이라고 생각한 대로이거나, 적어도 그 안에 있는 불순한 요소들이 무시해도 될 만큼만 존재할 것이라는 가정에 의존한다. 그러나 그마저도 생명체를 다룰 때는 구체적 경험이라는 견고한 육지에서 크게 벗어나서는 좀처럼 안전하게 항해할 수 없다. 신약이 건강한 사람에게 어떤 영향을 줄 것이며, 또 그것이 특정 질병을 가지고 있는 사람에게 어떤 영향을 줄 것인지를 파악하기 위해서 그는 반드시 구체적 경험에 주로 의존할 수밖에 없다. 그리고 얼마간의 일반적 경험을 거친 후에도 그는 상이한 체질을 가진 사람들에 대해서, 또는 다른 약품들과 결합해서 사용할 때 신약의 작용에서 예기치 못한 결과를 발견할 수도 있다.

그러나 만일 기업신용, 금융업, 노동조합, 협동조합의 관계 같은 엄격하게 경제적인 관계의 역사를 들여다보면, 우리는 특정 시기 특정 장소에서 일반적으로 성공적이었던 작동양식이 다른 시기 다른 장소에서는 한결같이 실패한다는 것을 알게 된다. 이러한 차이는 때때로 전반적인 계몽 또는 인성의 도덕적 역량과 상호신뢰의 습관에서의 편차의 결과로서 완전히 설명될 수도 있다. 그러나 종종 설명은 좀더 어렵다. 어떤 시기나 장소에서, 사람들은 서로를 신뢰하고, 공통의 복지를 위해 자신을 희생하는 데서 특정 방향에서만 크게 성공을 거둘 것이다. 그리고 다른 시기나 장소에서도 이와 유사한 한계가 있을 것이지만, 그 방향은 다를 것이다. 그리고 이와 같은 모든 편차는 경제학에서 연역의 적용범위를 제한한다.

우리의 현재 목적을 위해서는 인종의 유연성이 개인의 유연성보다 중요하다. 사실을 말하자면 개인의 성격은 부분적으로는 명백하게 임의적으로 그리고 부분적으로는 잘 알려진 규칙에 따라 변한다. 예를 들어 노동쟁의에 가담한 노동자들의 평균연령은 그것의 진행경로를 예측하는 데 중요한 요소라는 것은 사실이다. 그러나 일반적으로 말해서 청년층과 노년층 그리고 자신감 있는 기질의 사람들과 의기소침한 기질의 사람들은 모든 장소와 모든 시기에 대략 비슷한 비율로 존재하기 때문에, 인성의 개별적 특수성과 인성의 변화는 연역적 방법의 보편적 적용에서 언뜻 보기보다는 별로 장애가 되지 않는다. 그렇게 자연에 대한 끈기 있는 질문과 분석의 발전을 통해 법칙의 지배가 치료학뿐만 아니라 경제학에서도 새로운 분야로 확산되고 있다. 그리고 끊임없이 다양화되는 작인들의 개별작용 및 결합작용에 대한 어느 정도의 예측이, 구체적인 경험과는 무관하게, 가능해지고 있다.

3 그러므로 경제학에서 분석과 연역의 기능은 몇 가지 추론의 긴 연쇄를 만들어내는 것이 아니라 다수의 짧은 연쇄와 단순한 연결고리를 제대로 만들어내는 것이다. 그러나 이것은 결코 하찮은 과업이 아니다. 만일 경제학자가 가벼운 마음으로 신속히 추론한다면 그는 작업의 모든 전환점에서 연결고리를 잘못 구성하기 쉽다. 그는 분석과 연역을 신중하게 이용할 필요가 있다. 왜냐하면 그는 그것들의 도움을 받아야만 적절한 사실들을 선별할 수 있고, 그것들을 바르게 분류할 수 있으며, 그것들을 실제 문제에 사고와 지침에 대한 제안으로서 유용하게 만들 수 있기 때문이다. 그리고 또한 모든 연역이 반드시 귀납의 기초 위에 근거

해야 하는 것만큼 확실하게, 모든 귀납적 과정도 분석과 연역을 수반하고 포함하기 때문이다. 또한 같은 것을 달리 표현하면, 과거에 대한 설명과 미래에 대한 예측은 상이한 작업이 아니라 역방향으로——전자는 결과에서 원인으로 후자는 원인에서 결과로——수행되는 동일한 작업이다. 슈몰러가 잘 표현한 것처럼, '개별 원인에 대한 지식'을 획득하기 위해서 우리에게 필요한 것은 "귀납, 즉 연역에서 사용된 삼단논법의 단순한 도치에 불과한 최종결론이다. 〔……〕 귀납과 연역은 우리 이성의 동일한 경향, 동일한 믿음, 동일한 요구에 기초한다."

어떤 사건에 대한 완벽한 설명은 무엇보다도 그 사건에 영향을 미칠 수 있는 모든 사건들을 찾아내고, 그것들이 개별적으로 영향을 미칠 수 있는 모든 방식들을 찾아냄으로써 비로소 가능하다. 이러한 사실들 또는 관계들 중 어느 것에 대해서도 우리의 분석이 완전치 못한 한, 우리의 설명은 그만큼 오류의 여지가 있다. 그리고 그 속에 잠재된 추론은, 아마도 그럴 듯하긴 하겠지만, 잘못된 귀납적 결론을 이미 형성하는 과정에 있다. 반면에 우리의 지식과 분석이 완전하다면 우리는 단순히 우리의 정신적 과정을 도치시킴으로써 연역할 수 있으며, 지식의 유사한 기초 위에서 과거를 설명할 수 있었던 것만큼 거의 확실하게 미래를 예측할 수 있다. 우리가 첫 번째 단계를 넘어설 때 비로소 예측의 확실성과 설명의 확실성 사이에 큰 격차가 발생한다. 왜냐하면 예측의 첫 번째 단계에서 저지른 오류는 두 번째 단계에서 축적되고 증대되는 반면, 관찰 또는 기록된 역사가 각 단계에서 신선한 감독을 제공할 것이므로 과거를 해석하는 데서는 오류가 축적되지 않을 것이기 때문이다. 동일한 귀납 및 연역과정이 거의 동일한 방식으로 조수(tides)의 역사에서 알려진 사실을 설명할 때와 알려지지 않은 사실을 예측할 때 사용된다.[4]

그러나 비록 관찰이나 역사가 우리에게 어떤 사건이 다른 사건과 동시에 또는 그 후에 발생했다는 것을 말해줄 수는 있지만, 전자가 후자의

---

4) 밀, 『논리학체계』, 제Ⅵ편, 제3장을 참조하라.

원인이었는지를 알려줄 수는 없다는 것을 항상 기억해야 한다. 그것은 오직 사실들에 작용하는 이성에 의해서만 가능하다. 역사에서 특정 사건이 이것저것을 가르쳐준다고 사람들이 말할 때 결코 사건 발생 당시의 모든 조건들을 정식으로 고려하지는 못한다. 어떤 조건들은, 비록 무의식적으로는 아니지만, 암묵적으로 무관한 것으로 가정된다. 이러한 가정은 특수한 경우에서 정당화될 수도 있지만, 그렇지 않을 수도 있다. 좀더 폭넓은 경험과 좀더 세심한 조사는——그 사건을 유발한 것으로 돌려졌던——원인들이 다른 원인들의 도움 없이는 그 사건을 야기할 수 없었다는 것을 밝혀줄 수 있으며, 심지어 이러한 원인들은 사건을 억제했으며, 그러한 원인들이 있었음에도 미처 파악하지 못했던 다른 원인들에 의해서 사건이 발생했다는 것을 밝혀줄 수도 있다.

이러한 어려움은 우리나라에서 현대적 사건들에 대한 최근의 논쟁에서 분명하게 부각되었다. 반론에 직면하는 결론이 그것들로부터 도출될 때마다 그러한 결론은 일종의 심판을 받게 된다. 경쟁적인 설명이 제시되고, 새로운 사실들이 폭로된다. 기존의 사실들은 검증받고 재배열되며, 어떤 경우에는 비록 처음에는 위의 결론을 위해서 제시되었는데도 정반대의 결론을 지지하는 것으로 밝혀질 수 있다.

분석의 어려움이나 필요는 임의의 두 가지 경제적 사건들이 모든 면에서 정확히 일치하는 경우는 없다는 사실로 강화된다. 물론 두 가지 단순한 사건 사이에 긴밀한 유사점이 있을 수 있다. 두 농장의 임차 조건은 거의 동일한 원인들로 규정될 수도 있다. 임금문제를 중재위원회에 두 번 위임하면 실질적으로 동일한 문제가 제기될 수도 있다. 그러나 소규모라 할지라도 정확하게 되풀이되는 경우는 없다. 두 경우가 아무리 긴밀하게 상응한다 할지라도, 우리는 양자간의 차이가 무시할 수 있을 만큼 실질적으로 사소한 것인지를 결정해야만 한다. 그리고 비록 두 경우가 동일한 시간 동일한 장소와 관련된 것일지라도, 그것이 그리 쉽지 않을 수 있다.

그리고 먼 과거의 사실들을 취급할 때 우리는 반드시 그사이에 경제

생활 전반에 걸쳐 일어난 변화를 참작해야만 한다. 오늘의 문제가 역사에 기록된 다른 문제와 외형적 부대 조건들에서 아무리 유사할지라도, 면밀한 검토를 통해서 그것들의 실질적인 특성 사이에 근본적 차이가 간파될 수도 있다. 이러한 작업이 이루어지기 전까지는, 하나의 경우에서 다른 경우에 대해 어떠한 타당한 논의도 이끌어낼 수 없다.

4 이것은 우리가 경제학과 먼 과거 사실 사이의 관계를 고려하도록 이끈다. 일반 역사의 한 분야로 간주할 때 경제학은 "시기마다 사회의 제도적 틀, 다양한 사회계층과 계층 간 관계의 구조를" 이해하는 데 도움을 주는 것을 지향할 수 있다. 그것은 "사회적 실존의 물적 기초는 무엇이었으며, 생활의 필수재와 편의재는 어떻게 생산되었으며, 어떤 조직에 의해 노동이 제공되고 지도되었으며, 그렇게 생산된 생산물은 어떻게 분배되었으며, 이러한 노동의 지도와 생산물의 분배에 기초한 제도는 무엇이었는지 등을 질문할"[5] 수 있다.

그리고 이러한 작업을 위해서는, 비록 그것이 자체적으로 흥미롭고 중요할지라도, 아주 많은 분석이 필요하지는 않다. 그리고 대부분의 필요한 것은 적극적이고 탐구적인 사람이 직접 제공할 수 있다. 종교적·윤리적 환경, 지적·미적 환경, 정치적·사회적 환경에 대한 지식을 아주 많이 가지고 있는 경제 사학자는, 비록 겉으로 드러나는 친화성과 인과관계를 관찰하는 데 만족할지라도, 우리 지식의 경계를 넓혀줄 수 있으며, 새롭고 유익한 아이디어를 제시해줄 수 있다.

그러나 자신도 모르게 그의 목표는 틀림없이 이러한 한계를 벗어날 것이다. 그리고 그것은 경제적 역사의 내적 의미를 발견하고, 관습의 성쇄의 신비를 밝혀내고, 우리가 더 이상 자연에 의해 주어진 최종적이고 해결 불가능한 사실로 간주하는 데 만족할 수 없는 다른 현상들의 베일을 벗겨내려는 시도를 포함할 것이다. 또한 그는 미래의 지침을 위해서 과거의 사건들로부터 추론을 제시하는 것을 보류하려 하지 않을 것이

---

5) 애슐리, 「경제사 연구에 대해」(On the Study of Economic History), 1893.

다. 실제로 인간의 정신은 생생하게 제시된 사건들 사이의 인과관계 개념에서 진공상태를 몹시 싫어한다. 단순히 사건들을 특정한 순서로 배열하고, 의식적이든 무의식적이든 전후관계를 인과관계로(post hoc ergo propter hoc) 제시함으로써 역사학자는 안내자로서 일정한 책임을 진다.

예를 들어보자. 북영(North Britain)*에서 장기차지계약을 고정화폐 지대로 도입한 것은 농업 및 그곳 주민의 전반적 조건을 크게 개선했다. 그러나 그것이 개선의 유일한 또는 주된 원인이었다고 추론하기 전에, 우리는 같은 시점에 어떤 변화들이 일어났으며, 각각의 변화가 개선에 얼마나 많이 기여했는지를 반드시 조사해야만 한다. 예를 들어 우리는 농산물 가격 변화와 국경지방에서 시민사회 질서확립의 영향을 반드시 참작해야 한다. 이를 위해서는 주의와 과학적 방법이 요구된다. 그리고 그러한 작업이 완료되기 전까지는, 장기차지제도의 일반적 경향에 대해서 어떠한 신뢰할 만한 추론도 도출해낼 수 없다. 그리고 그러한 작업이 이루어졌을 때도 다양한 종류의 농산물에 대한 지역 및 세계 시장의 특성의 차이, 금과 은의 생산 및 소비에서의 가능한 변화 등을 고려하지 않고는, 우리는 이러한 경험에 근거해서 예컨대 오늘날 아일랜드에서 장기차지제도를 도입하자고 주장할 수는 없다. 토지제도의 역사는 골동품 수집가의 흥미를 끌 만한 일로 가득 차 있다. 그러나 경제이론의 도움을 받아 면밀하게 분석되고 해석되기 전까지, 그것은 현재 특정 국가에서 채택되어야 할 최선의 농지제도 형태는 무엇인가 하는 질문에 아무런 신뢰할 만한 단서도 던져주지 못한다. 어떤 사람들은 원시사회가 통상적으로 토지를 공유했기 때문에 토지에 대한 사유재산권은 자연법칙에 어긋난, 과도기적인 제도라고 주장한다. 다른 사람들은 똑같은 확신을 가지고 토지에 대한 사유재산권이 문명의 발전과 함께 확장되었기 때문에 그것은 추가적인 발전의 필수적인 조건이라고 주장한다. 그러나

---

* 스코틀랜드.

역사에서 이 주제에 대한 진정한 교훈을 끌어내기 위해서는 과거의 토지공유의 효과들을 분석해서, 각 효과가 어느 정도까지 항상 동일한 방식으로 작용할 것이며, 각 효과가 인류의 습관, 지식, 부, 사회조직의 변화에 의해 어느 정도까지 수정될 것인지를 알아낼 필요가 있다.

훨씬 더 흥미롭고 시사적인 것은 산업, 국내교역, 해외무역에서 **동업조합 및 기타 법인이나 조합**에 의해 만들어진 직업의 역사로서, 그것들은 대체로 특권을 대중들의 편익을 위해 사용했다. 그러나 이 문제에 대해 완전한 평결을 내리기 위해서는, 그리고 특히 그것으로부터 우리 시대에 대한 건전한 지침을 도출하기 위해서는, 숙련된 역사학자의 폭넓은 전반적 지식과 민감한 직관뿐만이 아니라 독점, 해외무역, 조세의 귀착 등과 관련된 수많은 난해한 분석과 논의에 대한 이해를 필요로 한다.

만일 경제사학자가 세계 경제질서의 숨겨진 근원을 발견하고, 현재의 지침을 위해서 과거에서 빛을 얻고자 한다면, 그는 명칭 또는 외형의 유사성에 의해 가려진 실질적 차이와 외견상의 차이에 의해 가려진 실질적 유사성을 간파하는 데 도움을 줄 수 있는 모든 자료를 이용해야 할 것이다. 그는 각 사건의 진정한 원인들을 선별하고, 각각의 원인에 대해 적절한 비중을 부여하기 위해 노력해야 한다. 그리고 무엇보다도 변화의 원인(遠因)을 찾기 위해 노력해야 한다.

해군의 역사에서 비유를 들 수 있다. 사라진 장비를 동원한 전투에 대한 상세한 설명은 당시의 일반 역사를 연구하는 학생에게는 아주 흥미로울 것이다. 그러나 그것은 전혀 다른 전쟁도구를 다루어야 하는 오늘날의 함장에게는 유용한 지침을 거의 제공해주지 못할 것이다. 따라서 매헌(A. T. Mahan)* 대령이 탁월하게 보여주었던 것처럼, 오늘날의 함장은 과거의 전술보다는 전략에 주의를 더 기울여야 할 것이다. 그는 특수한 전투의 사건들에 관심을 갖기보다는 그가 모든 병력을 장악하면서도 각 부분에게 적절한 주도권을 부여하고, 연락을 계속 유지하면서도

---

* 미국의 유명한 해군제독 · 역사가.

신속하게 집중하고, 압도적인 병력을 동원할 수 있는 공격 포인트를 선별할 수 있게 해주는 주된 행동원리들의 실례에 관심을 가질 것이다.

비슷하게 어떤 시기의 일반 역사에 대해 아주 잘 아는 사람은 전투의 전술에 대해 아주 생생하게 묘사할 수 있을 것이다. 그러한 생생한 묘사는 대체로 맞을 것이며, 이따금 틀린다 해도 거의 해가 되지 않을 것이다. 왜냐하면 그러한 전술에 쓰이는 장비들이 이미 사라진 연유로, 어느 누구도 그것을 그대로 모방하지 않을 것이기 때문이다. 그러나 작전의 전략을 이해하고, 과거의 위대한 장군의 외견상의 동기와 실질적인 동기를 분리해내기 위해서는 그 스스로도 반드시 전략가이어야만 한다. 그리고 만일 그가 자신이 기록하는 역사로부터 오늘날의 전략가들이 배워야 할 교훈을 제시하는 데——아무리 조심스럽게 제시하더라도——따른 책임을 져야 한다면, 그는 기록의 대상이 되는 시대의 해군의 조건뿐만 아니라 오늘날의 그것에 대해서 철저하게 분석해야만 한다. 그리고 그러한 목적을 위해서, 그는 많은 나라에서 전략의 어려운 문제를 연구했던 많은 사람들의 작업에서 얻어지는 어떠한 도움도 무시해서는 안 된다. 경제사도 해군의 역사와 마찬가지다.

최근에 비로소 그리고 상당부분 역사학파의 비판의 유익한 영향을 통해, 전쟁에서 전략과 전술의 구별과 대응되는 구별이 경제학에서도 두드러지게 되었다. 전술에 대응되는 것은 경제조직의 외적 형태와 부수적인 성질이다. 그것은 일시적·국지적 습성, 관습 그리고 계층관계, 또는 개인들의 영향, 또는 생산설비 및 생산에 대한 필요의 변화에 의존한다. 한편 전략에 대응되는 것은 경제조직의 좀더 근본적인 내용이다. 그것은 어디서든 사람에게서 발견되는 욕구와 활동, 선호와 혐오에 주로 의존한다. 사실 그것들은 형태가 항상 동일하지 않으며, 내용도 결코 동일하지 않다. 그러나 그것들은 영구적이고 보편적인 요소를 충분히 가지고 있어서 어느 정도 일반 명제로 표현될 수 있다. 그리고 그러한 명제에 의해 특정 시기와 특정 시대의 경험이 다른 시기와 다른 시대의 어려운 문제에 빛을 던져줄 수 있다.

이러한 구별은 경제학에서 역학적 유추의 사용과 생물학적 유추의 사용의 구별과 유사하다. 지난 세기 초에 경제학자들은 그것을 충분히 인식하지 못하고 있었다. 그것은 리카도의 저작에서는 뚜렷하게 결여되어 있었다. 그리고 그의 작업방법에 구현되어 있는 원리가 아니라 그가 도달한 특수한 결론에 주의가 집중될 때, 그리고 이런 결론이 도그마로 변환되어 다른 시대·장소의 조건에 전혀 가공하지 않고 그대로 적용될 때 그것은 거의 순수한 해가 될 것임이 틀림없다. 그의 사고는 다루기 거북한 손잡이가 달린 날카로운 조각칼 같아서 손을 베기 십상이다.

그러나 현대 경제학자들은 그의 정제되지 않은 표현에서 불순물을 세거하고, 본질을 추출하고, 살을 붙이고, 도그마를 버리지만 분석과 추론의 원리를 전개하면서 하나에서 여럿(many in the one)을, 그리고 여럿에서 하나(one in the many)를 찾고 있다. 예를 들어 그들은 리카도의 지대에 대한 분석의 원리가 중세 시대의 역사가들에 의해서 흔히 그러나 부적절하게 지대로 묘사되었던 것들의 많은 부분에 대해서뿐만 아니라 오늘날 지대라는 이름으로 흔히 통용되는 많은 것들에 적용될 수 없다는 것을 배운다. 그러나 그러한 원리의 적용은 축소되는 것이 아니라 확대되고 있다. 왜냐하면 경제학자들은 문명의 모든 단계에서 언뜻 보기에 지대의 성질을 전혀 가지고 있지 않은 매우 다양한 것들에 대해 아주 조심스럽게 적용될 수 있다는 것도 또한 배우기 때문이다.

물론 전략을 연구하는 학생이라면 누구나 전술을 무시할 수 없다. 그리고 비록 한 사람의 인생이 경제적 어려움을 극복하기 위한 인간의 모든 투쟁의 세부전술에 대한 연구에 미칠 만큼 길지는 않을지라도, 경제적 전략의 광범위한 문제에 대한 어떤 연구도, 그것이 특정 시대 특정 국가에서 어려움에 대항한 인간의 투쟁의 전략뿐만 아니라 전술에 대한 상세한 지식과 결합되지 않는다면, 별로 가치가 없을 것이다. 더 나아가 모든 학생은, 꼭 발표를 위해서가 아니라 자신의 훈련을 위해서, 개인적 관찰을 통해 특정한 세부사항을 면밀하게 연구해야 한다. 그것은 현재에 대해서든 과거에 대해서든 인쇄물이나 기록에서 획득한 증거를 해석하고 평가하는 데 큰 도움을 줄 것이다. 물론 사려 깊고 주의 깊은 사람은 모두 항상 대화와 현재 유통되는 문서에서 자기 시대, 특히 자기 주변의 경제적 사실에 대한 지식을 획득한다. 그리고 그가 그렇게 부지불식간에 획득한 사실들은 가끔 멀리 떨어진 곳과 먼 과거에 대한 특정 종류의 사실과 관련된 현존하는 모든 기록에서 추출한 것보다 특정 측면에서는 더 완전하고 더 빈틈없다. 그러나 이와는 독립적으로, 진지한 경제학자라면 누구나 단순한 분석과 '이론'에 대한 연구보다 사실, 어쩌면 주로 자기 시대의 사실에 대한 직접적인 정식연구에 훨씬 더 많은 시간을 할애할 것이다. 비록 그가 사실에 비해 개념의 중요성을 가장 높게 평가하는 사람들 중 하나일지라도, 그리고 비록 그가 현재 가장 절박하게 필요한 것, 또는 어려움에 대항한 인간의 투쟁전략과 전술을 개선시키는 데 가장 유용한 것은 새로운 사실들의 수집이 아니라 이미 수집된 사실들에 대한 좀더 나은 연구라고 생각할지라도 그렇다.

5　이러한 작업의 많은 부분이 정교한 과학적 방법보다는 예리한 상식, 건전한 균형감각 그리고 폭넓은 삶의 경험을 더 필요로 한다는 것은 의심할 여지가 없는 사실이다. 그러나 다른 한편 그러한 정교한 과학적 방법 없이는 쉽게 수행될 수 없는 작업들이 많이 있다. 천부적인 직관을 통해서 연구 중인 쟁점과 관련된 고려사항들이 신속하게 선별되고, 바르게 결합될 것이다. 그러나 그것을 통해서 선별되는 것은 주로 익숙한 것들이다. 사람은 직관의 도움으로 표면 아래 깊숙한 곳에 이르는 경우는 거의 없으며, 그의 개인적 경험의 한계를 크게 넘는 경우도 거의 없을 것이다.

마침 경제학에서 일반적으로 가장 중요한 것은 알려진 원인의 결과도 아니고, 가장 명백하게 알려진 결과의 원인도 아니다. '드러나지 않은 것'이 종종 '드러난 것'보다 연구할 가치가 더 있다. 우리가 단순히 국지적으로만 또는 일시적으로만 중요한 문제를 다루는 것이 아니라, 멀리까지 영향이 미치는 공공선을 위한 정책의 설계에 대한 지침을 찾는 경우나, 어떤 다른 이유 때문에 직접적인 원인보다는 원인의 원인(causae causantes)에 더 관심이 많은 경우에 특히 그렇다. 왜냐하면 예상할 수 있었던 것처럼 상식과 직관은 이러한 작업에 적합하지 않다는 것을 경험이 보여주기 때문이다. 또한, 경험에 따르면, 기업 훈련마저도 사람이 자신의 직접적인 경험을 넘어서는 원인의 원인을 멀리 탐구하도록 항상 이끌지는 못하며, 그가 그러한 시도를 할 경우에도 그러한 탐구를 제대로 인도하지 못한다. 그러한 작업을 할 때 도움을 받기 위해서는 누구나 필연적으로 과거 세대들이 점진적으로 구축한 사고와 지식의 강력한 장치에 의존할 수밖에 없다. 실제로 체계적인 과학적 추론이 지식의 생산에서 수행하는 역할은 재화의 생산에서 기계가 수행하는 역할과 유사하다.

동일한 공정을 동일한 방식으로 계속해서 반복 수행해야 할 때는 기계로 작업을 수행하는 것이 일반적으로 유리하다. 반면에 세부적인 변화가 너무 많아서 기계를 사용하는 것이 불리할 때는 재화를 반드시 수작업으로 만들어야 한다. 비슷하게 지식에서도, 동일한 유형의 작업이 동일한 유형의 방식으로 계속해서 반복되어야 하는 조사과정이나 추론과정이 있을 때는, 그러한 과정들을 체계화하고, 추론방법을 조직화하고, 사실들을 조작하기 위한 기계처럼, 그리고 그것들을 작업 위치에 견고하게 고정시키기 위한 바이스처럼 사용되는 일반 명제를 정식화할 만한 가치가 있다. 그리고 비록 경제적 원인들이 다른 원인들과 너무도 다양한 방식으로 섞여 있어서, 정밀한 과학적 추론이 우리가 추구하는 결론으로 나가는 길에 아주 멀리까지 우리를 데려다주는 경우는 거의 없을지라도, 그것이 미치는 한에서조차 그것의 도움받기를 거부하는 것은 과학만으로 모든 일을 할 수 있으며, 실제적인 직관과 훈련된 상식에 의해 수행될 일이 전혀 남지 않을 것이라고 가정하는 정반대의 극단만큼 어리석은 일일 것이다. 실용적 지혜와 미적 직관이 부족한 건축가는 아무리 역학에 능통하다 할지라도 좋은 집을 짓지 못할 것이다. 그러나 역학을 모르는 건축가는 위태롭고 비경제적으로 집을 지을 것이다. 학문적 교육을 받지 못한 브랜들리 같은 사람이 훈련을 잘 받았지만, 타고난 지혜가 떨어지는 사람보다 어떤 토목공사를 더 잘 해낼 수 있다. 본능적인 동감으로 환자를 파악하는 현명한 간호사는 박식한 의사보다 어떤 점에 대해서는 더 나은 조언을 해줄 수 있다. 그러나 엔지니어가 분석역학에 대한 연구를 경시해서도, 의료인이 생리학 연구를 경시해서도 안 된다.

정신적 재능은, 손재간과 마찬가지로, 그것을 가진 사람과 함께 사라진다. 그러나 각 세대의 공헌을 통한 제조기계 또는 과학의 연구방법에서의 진전은 다음 세대로 넘겨진다. 파르테논신전을 조각한 사람들보다 더 유능한 조각가나, 아리스토텔레스만큼 타고난 지혜를 가진 사상가는 이제 없을지도 모른다. 그러나 사고의 장치는 물적 생산처럼 누적적으로 발전한다.

아이디어는, 그것이 예술과 과학에 대한 것이든 아니면 실제적 설비에 구현된 것이든, 각 세대가 이전 세대에게서 물려받은 선물 중에서 가장 '현실적'인 것이다. 세상의 물적 부는 파괴되면 신속하게 대체되지만, 그것을 만들 때 의거했던 아이디어는 존속된다. 그러나 만일 아이디어가 상실되고, 물적 부만 존속한다면 물적 부는 점차 줄어들고, 세상은 빈곤 상태로 되돌아갈 것이다. 그리고 단순한 사실에 대한 우리의 지식이 상실되면 대부분 신속하게 회복될 수 있지만, 우리 사고의 구성적 아이디어는 유지된다. 반면에 아이디어가 소실되면, 세상은 다시 암흑기(Dark Age)로 들어갈 것이다. 따라서 아이디어의 추구는 가장 고차원적인 의미에서 사실들의 수집만큼 '현실적'인 작업이다. 비록 후자는 어떤 경우에는 독일어로 **실증연구**(Realstudium), 즉 **실증학파**(Realschulen)에 특히 적합한 연구라고 마땅히 불릴 수 있지만 말이다. 경제학의 광범위한 영역 중 특정 분야에 대한 연구는 사실들의 수집, 사실들을 연결해주는 아이디어의 분석 및 구성이 그 분야에서 지식을 확대하고 발전을 촉진하려는 의도에 가장 적합한 명제들로 결합될 때 가장 고차원적인 의미에서 가장 '현실적'이다. 그리고 그것이 무엇인지는 즉석에서 결정될 수 없으며, 철저한 연구와 구체적 경험을 통해서만 가능하다.

6 경제학은 사회과학의 어떤 다른 분야보다 더 크게 발전했는데, 그 이유는 그것이 어떤 다른 분야보다 더 명확하고 정밀하기 때문이다. 그러나 경제학 범위의 확장은 어느 정도 과학적 정확성의 상실을 수반할 수밖에 없다. 그리고 이러한 손실이 시야의 확장에서 오는 이득보다 큰지 작은지의 문제는 엄격한 규칙에 의해 결정될 사안이 아니다.

경제적 고찰이 상당히 중요하긴 하지만 지배적으로 중요하지는 않은 광범위한 논쟁의 영역이 존재한다. 그리고 각 경제학자는 자신의 노동을 이러한 영역으로 어느 정도까지 넓힐 것인지 스스로 합리적으로 결정할 것이다. 그가 자신의 중심 거점에서 밀어지면 멀어질수록, 그리고 그가 과학적 방법의 적용범위 안으로 전혀 들어올 수 없는 조건 및 동기들과 관련되면 관련될수록, 그는 점점 더 적은 확신을 가지고 말할 수 있을 것이다. 그가——그 발현이 어떠한 명확한 기준으로도 환원될 수 없는——조건과 동기에 전념할 때마다 그는 국내외 그리고 우리 세대와 과거 세대의 다른 사람들의 관찰과 사고로부터 거의 아무런 도움도 지원도 받지 못한다. 그는 주로 자신의 직관과 추측에 의존할 수밖에 없으며, 그가 하는 말은 개인적 판단에 따른 차이에서 자유롭지 못한다. 그러나 만일 사회 연구에서 덜 알려진 그리고 덜 인식 가능한 영역으로 멀리 들어가면서, 그가 주의 깊게 그리고 그 한계를 충분히 인식하면서 작업을 수행한다면, 그는 탁월한 기여를 할 것이다.[6]

---

6) 미켈란젤로(Michaelangelo)의 모방자들이 그의 단점만을 모방했던 것처럼 오늘날 칼라일, 러스킨 그리고 모리스를 모방하려는 자들은 그들의 섬세한 영감과 직관을 결여하고 있다.

1 귀납은, 분석과 연역의 도움을 받아, 적절한 사실집단을 한데 모으고, 그것들을 정리하고, 그것들을 분석하고 그것들에서 일반 명제 또는 법칙을 끌어낸다. 그다음에는 당분간 연역이 주된 **역할**을 수행한다. 그것은 이러한 귀납적 결과들을 서로 관련시키고, 그것들로부터 시험적으로 새롭고 좀더 포괄적인 일반화 또는 법칙을 만들어낸다. 그다음 새로운 '법칙'을 검증하고 '증명하기' 위해 다시 이러한 사실들을 수집하고, 선별하고, 정리하는 작업의 주된 몫을 수행하도록 귀납이 요청된다.

경제학에서는 연역적 추론의 긴 연속을 위한 여지가 없다는 것은 자명하다. 어떤 경제학자도, 심지어 리카도도 그것을 시도하지 않았다. 실제로 일견에는 경제적 연구에서 수학적 공식의 잦은 활용이 정반대를 암시하는 것처럼 보일 수 있다. 그러나 조사해보면 이러한 암시는 근거 없는 것으로 밝혀질 것이다. 어쩌면 전문 수학자가 수학적 유희를 목적으로 경제적 가설을 사용하는 경우는 제외해야 할 것이다. 왜냐하면 이 경우 그의 관심은 수학적 방법을 사용하기 위한 적절한 소재가 경제적 연구에 의해 제공된다는 가정 위에서 수학적 방법의 가능성을 보여주기 위한 것이기 때문이다. 그는 소재에 대해 엄밀한 의미에서 책임을 지지 않으며, 그러한 소재가 그의 강력한 기계의 부하를 감당하는 데 아주 부적절하다는 것을 종종 알지 못한다. 그러나 수학적 훈련은 어떤 보편적

[1] 『경제학 원리』1, 제I편, 제3장을 보라.

관계와 경제적 추론의 간결한 절차를 명확하게 표현하기 위한 놀라울 정도로 간명하고 정밀한 언어를 통제할 수 있도록 도와준다. 물론 그것들은 실제로 일상적인 언어로 표현될 수 있지만, 그만큼 윤곽을 뚜렷하게 해주지는 못한다. 그리고 훨씬 더 중요한 것은, 수학적 방법을 통해서 물리적 문제를 다루는 경험은 경제적 변화의 상호작용과 관련해 다른 어떤 방법으로도 얻을 수 없는 통찰력을 제공해준다. 정통한 수학자들이 경제적 진실을 발견하기 위해 수학적 추론을 직접 적용한 것은 최근 통계적 평균과 확률에 대한 연구에서 그리고 상호 관련된 통계표들 사이의 상관도(degree of consilience)를 측정하는 데 크게 기여했다.

2 만일 우리가 현실을 외면한다면 우리는 현실 문제에 빛을 던져주는 투명한 수정체를 건설할 수도 있을 것이며, 그것은 우리와 같은 경제 문제가 전혀 없는 존재에게는 관념적으로 흥미로울지도 모른다. 이러한 즐거운 탈선은 종종 예기치 못한 방식으로 시사적이다. 그것은 훌륭한 지적 훈련을 제공한다. 그리고 그 목적이 분명하게 이해되는 한에서 좋은 결과를 낳는다.

예를 들어 경제학에서 화폐가 차지하는 지배적 지위는 노력의 목적이 아니라 동기의 척도라는 데서 기인한다는 명제는 동기의 척도로서 거의 배타적으로 화폐를 사용하는 것이 말하자면 하나의 우연이며, 어쩌면 우리의 세계와 다른 세계에서는 일어나지 않는 우연일 것이라는 숙고에 의해 예증될 수도 있다. 우리가 어떤 사람이 우리를 위해 무엇을 행하도록 유인하기를 원할 때 우리는 일반적으로 그에게 화폐를 제공한다. 사실을 말하자면, 우리는 그의 관대함이나 의무감에 호소할 수도 있을 것이다. 그러나 이것은 새로운 동기를 부여하기보다는 이미 존재하는 잠재적인 동기를 작동시키는 일일 것이다. 만일 우리가 새로운 동기를 부여해야 한다면, 우리는 일반적으로 그가 기꺼이 그 일을 할 만한 가치가 있게 하는 데 얼마나 많은 화폐가 필요한지 생각한다. 정말로 가끔은 행동을 유발시키는 것으로 제공되는 감사, 존경 또는 명예가 새로운 동기로 나타날 수도 있다. 특히 예를 들어 C.B.*라는 문자를 사용하거나, 성형 훈장 또는 가터 훈장을 착용할 수 있는 권리 같은 어떤 명확한 외형적 표명으로 구체화될 수 있다면 더 그렇다. 이러한 특별한 경우는 상대적으로 드물고, 극소수의 거래와 관련되어 있다. 그리고 그것은 일상생활의 행동에서 사람들을 지배하는 통상적인 동기의 척도 역할을 하지 못할 것이다. 그러나 정치적 공헌은 다른 어떤 방식보다 자주 그러한 명예에 의해 보상을 받는다. 따라서 우리는 정치적 공헌을 화폐가 아니라 명예로 측정하는 버릇이 생겼다. 예를 들어 우리는 당이나 국가를 위한 A의 노력이, 경우에 따라서, 기사작위(knighthood)에 의해 정당한 보상을 받았다고 말한다. 반면에 기사작위는 이미 준남작의 지위(baronetcy)를 획득한 B에게는 보잘것없는 보상에 불과하다.

어느 누구도 물적 재화 또는 일반적 의미에서의 부에 대한 사유재산권에 대해 전혀 들어보지 못한 반면, 공적인 훈장이 타인의 선을 위해 행해진 모든 행동에 대한 보상으로서 등급이 정해진 목록에 따라 배당되는 세계가 있을 수 있다는 것은 충분히 가능하다. 이러한 훈장들이 어떤 외부적인 권위의 개입 없이도 사람에게서 사람으로 이전될 수 있다면, 그것들은 우리에게 화폐가 그런 것처럼 편리하고 정확하게 동기의 강도를 측정하는 데 쓰일 수 있을지도 모른다. 이러한 세계에서는, 물적 재화에 대한 언급이 거의 없고, 화폐에 대한 언급이 전혀 없을지라도, 우리의 것과 아주 유사한 경제이론에 대한 논문이 있을지도 모른다.

이 점을 강조하는 것이 하찮은 것으로 보일 수도 있지만 그렇지 않다. 왜냐하면 경제학에서 두드러진 이러한 동기의 측정과 다른 좀더 고차원적인 욕망의 대상을 무시한 채 물적 부에 대한 배타적인 고려 사이에 잘못된 연상이 사람들의 마음속에 생겨나기 때문이다. 경제적 목적에 대한 척도에서 필요한 유일한 조건은 그것이 명확하고 이전 가능한 것이어야 한다는 점이다. 그것이 물적인 형태를 취하는 것은 실용적으로 편리하지만, 필수적인 것은 아니다.

3 추상적 개념을 추구하는 것은, 적절한 경우에 국한되는 한, 좋은 일이다. 그러나 경제학과 관련된 인간특성의 폭이 잉글랜드와 다른 나라들에서 경제학에 대한 일부 저술가들에 의해 과소평가되었다. 그리고 독일 경제학자들은 이 점을 강조함으로써 크게 기여했다. 그러나 그들은 영국 경제학의 창립자들이 그것을 간과했다고 가정함으로써 오류를 범했던 것처럼 보인다. 많은 부분을 독자의 상식으로 채우도록 남겨두는 것이 영국의 관례다. 이 경우에 설명이 너무 적어서 외국에서뿐만 아니라 고국에서도 잦은 오해를 불러일으켰다. 그로 인해 사람들은 경제학의 기초가 실제보다 더 협소하고, 삶의 현실조건에서 더 거리가 먼 것으로 가정하게 되었다.

"정치경제학은 부를 획득하고, 소비하는 데 전념하는 인간을 고려한다"(『정치경제학의 미해결 문제에 관한 시론집』, 138쪽; 『논리학체계』, 제VI편, 제9장, 3)는 밀의 진술이 두드러지게 되었다. 그러나 거기서 그는 한때 실제로 계획했지만 '정치경제학, 사회철학에서의 적용'에 대해 저술하는 것을 선호해 결코 실행에 옮기지 못했던 경제문제의 추상적 취급에 대해 언급하고 있다는 것이 간과되고 있다. 또 "부에 대한 욕망 외에 어떠한 충동에 의해서도 즉각적으로나 장기적으로나 영향을 받지 않는 인간의 행동은 존재하지 않을 것이다"라고 계속 말한다는 것이 간과되고 있다. 그리고 그가 경제문제를 다룰 때 부에 대한 욕망 외에 많은 동기들을 항상 고려하고 있다는 것도 간과되고 있다(이 책, 부록 B, 7을 보라). 그러나 경제적 동기에 대한 그의 논의는 내용에서도 방법에서도 독일의 동시대 학자들, 특히 헤르만의 그것보다 못하다. 크니스의 『역사적 관점에서의 정치경제학』, 제III편, 제3장은 구매할 수 없고 측정할 수 없는 쾌락이 시대에 따라 변하고, 문명의 발전과 함께 증가한다는 유익한 논의를 제공한다. 잉글랜드 독자들은 사임(D. Syme)의 『산업학의 개요』(Outlines of an Industrial Science, 1876)를 참조할 수 있다.

여기서 바그너의 기념비적인 저서 3판에 있는 경제적 동기의 분석에 대한 주요 항목들을 제시하는 것도 좋을 것이다. 그는 그것을 이기적 동기와 **이타적** 동기로 나눈다. 전자는 네 종류가 있다. 첫 번째 그리고 그 작용이 가장 지속적인 것은 자신의 경제적 이익을 위한 노력과 자신의 경제적 궁핍에 대한 두려움이다. 다음에 오는 것은 처벌에 대한 두려움과 보상에 대한 바람이다. 세 번째 집단은 명예감과 인정을 받으려는 노력이다. 여기에는 타인들에 의한 도덕적 승인과 불명예와 경멸에 대한 두려움을 포함한다. 그리고 마지막 이타적 동기들은 직업에 대한 갈망, 활동의 쾌락 그리고 '추구의 쾌락'을 포함한 노동 자체와 주변 환경에 대한 쾌락이다. 이타적 동기는 "도덕적 행동에 대한 내적 명령의 추진력, 의무감에서 오는 압박 그리고 자기 내면의 비난, 즉 양심의 가책에 대한 두려움이다. 순수한 형태에서, 이러한 동기는 '정언명령'으로 나타난다. 사람은 마음속 깊이 이런 식으로 또는 저런 식으로 행하라는 명령을 느끼고, 그 명령이 옳다고 느끼기 때문에 그것을 따른다. 〔……〕 분명 명령을 따르는 것은 규칙적으로 쾌감과 연결되고, 명령을 따르지 않는 것은 고통감과 연결된다. 이제 이러한 느낌은 어떤 일을 행하도록 또는 행하지 않고 내버려두도록 우리를 몰아가거나, 몰아가는 데 기여함에서 **정언명령**처럼 강력하게 그리고 종종 그 이상으로 강력하게 작용할 수 있으며, 종종 실제로 그렇다. 그리고 그런 경우에 한해서 이러한 동기도 역시 그 안에 어떤 이기주의적 요소를 가지고 있으며, 그렇지 않다면 적어도 어떤 이기주의적 요소와 융합된다."

1 일상적인 경제활동에서 자본, 즉 영업자본이라는 용어의 사용과 관련해서 경제학자들은 정착된 관습을 따를 뿐 다른 방법이 없다는 것을 제II편, 제4장에서 언급했다. 그러나 이러한 용법은 명백하게 많은 단점이 있다. 예를 들어 이러한 용법에 따르면, 요트제작자가 요트와 객차를 가지고 있을 때 요트는 자본으로 그러나 객차는 자본이 아닌 것으로 간주될 수밖에 없다. 따라서 만일 요트제작자가 1년 단위로 객차를 임대하고 있었는데, 계속 그렇게 하는 대신에 요트를 임대하고 있는 객차제작자에게 요트를 판매하고 직접 사용하기 위해 객차를 구매한다면, 그 결과 국가의 총자본량은 요트 1단위 객차 1단위 감소할 것이다. 아무 것도 파괴되지 않았으며, 저축의 동일한 산출물——이러한 산출물은 관련 개인들과 공동체에 대해 전과 동일한 크기의 편익을 그리고 어쩌면 전보다 더 큰 편익을 창출한다——이 그대로 남아 있음에도 그렇다.

여기서 우리는 자본이 노동을 고용하는 큰 힘을 가지고 있다는 점에서 다른 형태의 부와 구별된다는 개념을 이용할 수도 없다. 사실 일정시간 동안의 요트항해 또는 객차운행에 따른 노동의 고용은 요트와 객차가 개인의 수중에 있어서 자본으로 간주되지 않을 때보다 그것들이 딜러의 수중에 있어서 자본으로 간주될 때 더 작다. 개인적인 주방들이 (여기서는 아무것도 자본으로 간주되지 않는다) 전문적인 식당과 빵집

---

1) 『경제학 원리』 1, 132쪽을 보라.

으로(여기서 모든 설비들은 자본으로 간주된다) 대체되면, 노동의 고용은 증가하는 것이 아니라 감소할 것이다. 전문적인 고용주 아래서 노동자들은 어쩌면 개인적 자유를 더 많이 가지고 있을 것이다. 그러나 개인 고용주의 느슨한 체제 아래서 일하는 것에 비해 그들의 물적 안락과 임금은 줄어들 것이 거의 확실하다.

그러나 이러한 단점들은 일반적으로 간과되었으며, 여러 가지 원인들이 용어의 이러한 사용법을 유행시켰다. 그중 한 가지 원인은 개인 고용주와 피고용자의 관계가 고용주와 피고용자 간 또는 흔히 말하듯이 자본과 노동 사이 갈등의 전략적·전술적 운동에 거의 빠지지 않았다는 점이다. 이 점은 마르크스와 그의 추종자들이 강조했다. 그들은 자본의 정의를 공공연하게 이 점에 집중시켰다. 그들은 한 사람(또는 집단)이 소유하고 일반적으로 제3자의 고용노동을 수단으로 해서, 다른 사람들을 약탈하거나 착취할 정도로 교묘하게, 다른 사람의 편익을 위해 재화들을 생산하는 데 사용되는 생산수단만이 자본이라고 주장했다.

두 번째로 자본이라는 용어의 이러한 사용법은 노동시장에서뿐만 아니라 화폐시장에서도 편리하다. 영업자본은 관례적으로 대부자금과 연결되어 있다. 영업자본을 활용할 수 있는 좋은 기회를 발견할 때 누구도 자신의 통제할 수 있는 영업자본을 늘리기 위해 차입하는 것을 주저하지 않는다. 그리고 그렇게 하기 위해서 그는 일상적인 거래과정에서 영업자본을 자신의 가구나 개인적인 객차보다 더 쉽고 더 규칙적으로 저당 잡을 수 있다. 끝으로 그는 자신의 영업자본을 좀더 세심하게 회계처리한다. 그는 당연히 감가상각을 참작하며, 따라서 영업자본을 일정하게 유지한다. 물론 1년 단위로 객차를 임대하는 사람은 임대료로 지불하는 것보다 훨씬 낮은 이자를 창출하는 철로의 판매대금으로 객차를 구매할 수 있다. 만일 그가 객차가 마모될 때까지 연간소득을 축적한다면 새로운 객차를 구매하는 데 충분하고도 남을 것이다. 그리고 그의 총자본량은 그만큼 증가될 것이다. 그러나 그가 그렇게 하지 않을 가능성도 있다. 반면에 객차가 딜러의 수중에 있는 한, 그는 그의 일상적인 사업과정에서 그것을 대체할 준비를 한다.

2 이제 사회적 관점에서 자본의 정의로 넘어가보자. 경제학의 수학적 변형에 대한 대부분의 저자들이 채택하고, '사회적 자본'과 '사회적부'를 공외연적인 것으로 간주하는 것이 엄격하게 논리적인 유일한 입장이라는 점은 이미 지적되었다. 물론 이러한 방침이 그들로 하여금 유용한 용어를 허용치 않을지라도 말이다. 그러나 저자가 처음에 어떤 정의를 택하든, 그는 그 속에 포함시킨 다양한 요소들이 다루어야 할 일련의 연속적인 문제들 속에 상이한 방식으로 개입된다는 것을 발견하게 된다. 따라서 만일 그의 정의가 정확성을 노린다면, 그는 자본의 각 요소와 계쟁점의 관계에 대한 설명을 보충할 수밖에 없다. 그리고 이러한 설명은 다른 저자들의 설명들과 내용상 아주 흡사하다. 그렇게 궁극적으로는 일반적으로 수렴이 이루어진다. 그리고 독자들은 어떤 경로를 따라 나아가든 똑같은 결론으로 이끌어진다. 물론 형태와 표현상의 차이를 뒷받침하는 내용상의 통일성을 식별하기 위해서는 약간의 노력이 필요할 것이다. 출발점에서의 차이는 보이는 것보다 덜 해로운 것으로 판명된다.

또한, 이러한 표현상의 차이에도 불구하고, 여러 세대를 거쳐 많은 나라에서 경제학자들에 의한 자본의 정의에는 경향적인 연속성이 존재한다. 사실을 말하자면 혹자는 자본의 '생산성'을, 혹자는 자본의 '전망성'을 특히 강조했는데, 그중 어느 것도 완벽하게 정확하지 않으며, 엄격한 구분선을 가리키지 않는다. 그러나 비록 이러한 결함이 정확한 분류에는 치명적이지만, 이 문제의 중요성은 부차적인 것이다. 인간의 행동과 관계가 있는 것들은 어떤 과학적 원리에 입각해서도 결코 정확하게 분류될 수 없다. 경찰관이나 수입관세 징수자의 지침을 위해 어떤 부류에 포함되어야 할 사물들의 정확한 목록을 만들 수 있을 것이다. 그러나 이러한 목록은 솔직히 말해서 자의적이다. 우리가 보존하기 위해 가장 주의해야 할 것은 경제학 전통의 형식이 아니라 전통이다. 그리고 제 II편, 제4장의 말미에서 제시했던 것처럼 이성적인 저자는 미래지향성 측면과 생산성 측면 어느 것도 무시하지 않았다. 그러나 어떤 측면에서도 결정적인 구분선을 그리는 데는 어려움이 있음에도 어떤 이들은 전자를, 다른 이들은 후자를 좀더 확장했다.

이제 인간의 노력과 희생의 결과물이면서, 현재보다는 미래에 편익을 보장하기 위해 주로 할애되는 다량의 재화들로서 자본개념을 고찰해보자. 길이라는 개념은 명확하지만, 자의적인 규칙에 따르지 않고는 긴 벽과 짧은 벽을 구분할 수 없는 것처럼 이러한 자본개념은 자체로서 명확하지만, 명확한 분류에 이르지는 못한다. 야만인은 밤사이에 자신을 보호하기 위해 나뭇가지를 모아둘 때 어떤 전망성을 보여준다. 그는 막대기와 동물가죽으로 천막을 칠 때 더 큰 전망성을 보여주며, 오두막을 지을 때 더욱더 큰 전망성을 보여준다. 문명인은 판잣집을 벽돌이나 석재로 지은 견고한 집으로 대체할 때 좀더 큰 전망성을 보여준다. 어떤 재화들의 생산은 현재보다는 미래의 만족에 대한 좀더 큰 욕망을 보여준다. 그러한 재화들을 구획하기 위해서 어딘가에 선을 그릴 수 있다. 그러나 그 선은 자의적이고 불안정하다. 그것을 추구하는 사람들은 자신이 경사면에 있다는 것을 발견하게 된다. 그들은 모든 축적된 부를 자본으로 포함시킬 때까지 안정적인 휴식처에 이르지 못한다.

중농주의자들에 의해 구축된 노선을 따라 프랑스 경제학자들은 모든 축적된 부(valeurs accumulées), 즉 생산이 소비를 초과하는 모든 부분을 포함하기 위해 자본이라는 용어를, 스미스와 그의 가까운 추종자들이 사용했던 스톡이라는 용어의 의미와 아주 유사하게 사용했는데, 그들은 위에서 언급했던 결과에 직면하게 되었다. 그리고 최근에 프랑스 경제학자들이 그 용어를 잉글랜드식의 좁은 의미로 사용하려는 뚜렷한 경향을 보여주고 있는데도, 독일과 잉글랜드의 가장 심오한 사상가들의 일각에서는 좀더 오래된 광의의 프랑스식 정의를 따르려는 상당히 강한 움직임이 동시에 존재한다. 특히 그것은 튀르고처럼 수학적 사고방식에 경도된 저자들 사이에서 두드러진다. 그들 가운데 헤르만, 제번스, 발라 그리고 파레토와 피셔는 대표적이다. 피셔의 저작들은 용어의 포괄적인 사용법을 옹호하고 있으며, 시사점이 풍부한 탁월한 논의를 포함하고 있다. 추상적이고 수학적인 관점에서 볼 때 그의 입장은 난공불락이다. 그러나 그는 실제 시장의 표현과 닿아 있는 현실적인 논의를 유지할 필요성을 너무 간과했으며, "복잡한 사물의 다양한 의미를 용법이 고착된 빈약한 용어로 표현하려는" 시도에 대한 배젓의 경고를 무시했던 것으로 보인다.[2]

3 자본을 경직적으로 정의하려는 대부분의 시도는, 잉글랜드에서든 다른 나라에서든, 그것의 전망성을 상대적으로 무시한 채 그것의 생산성에 주로 집중되어 있다. 그것은 사회적인 자본을 경영자본(Erwerbs-kapital) 또는 생산수단 스톡(Productions-mittel Vorrat)으로 간주했다. 그러나 이러한 일반적 개념을 상이한 방식으로 다뤘다.

과거의 잉글랜드 전통을 따르면 자본은 생산에서 노동을 **돕거나 지원**하는 것들로 구성된다. 또는 좀더 최근의 표현을 빌리면 자본을 구성하는 것들은, 그것들의 도움 없이는 생산이 똑같이 효율적으로 수행될 수 없지만, 자연의 선물이 아니다. 이미 지적했던 소비자본과 보조자본의 구분은 이러한 관점에서 이루어진 것이다.

자본에 대한 이러한 관점은 노동시장의 사정으로 연상된 것이지만, 결코 완벽하게 일관적이지는 않다. 왜냐하면 그러한 관점에 따르면 고

---

2) 『경제학 원리』 1, 98쪽 주 3)을 보라.
  헤르만은 자본이 "교환가치를 가지고 있는 만족의 내구적인 원천"(『국민경제적 연구』, 제3장과 제5장)인 재화들로 구성된다고 말한다. 벤담은 자본을 "집, 가구처럼 한 번의 사용으로 소멸되지 않는, 한마디로 말해서 한 번 이상 사용될 수 있는 양적으로 제한된 모든 종류의 효용, 전혀 소비되지 않거나 완만하게 소비되는 모든 종류의 사회적 부"(『순수정치경제학 요론』, 197쪽)라고 정의한다. 크니스는 자본을 "미래에 수요의 충족에 적용될 준비가 되어 있는" 현존하는 재화들의 스톡으로 정의한다. 그리고 니콜슨의 말에 따르면 "애덤 스미스가 제의하고 크니스가 발전시킨 사고의 방향은 다음과 같은 결과에 이르게 된다. 즉 자본은 미래의 필요의——직·간접적——만족을 위해 따로 떼어둔 부다." 그러나 전체 문장, 특히 '따로 떼어둔다'라는 표현은 명확성을 결여하고, 문제의 어려움을 극복하기보다는 회피하는 것처럼 보인다.

용주들이 피고용자들의 작업에 대한 대가로 지불할 때 직·간접적으로 제공하는 모든 것——이른바 **임금자본**(wage capital) 또는 **보수자본** (remuneratory capital)——을 자본으로 포함하는 반면 자기 자신, 건축가, 기술자 및 기타 전문 직업인의 부양을 위해 필요한 것들은 전혀 포함되지 않기 때문이다. 그러나 일관성을 유지하기 위해서 그것은 모든 노동계층의 효율성을 위한 필수재를 포함해야 하며, 육체노동자 및 다른 노동자들의 사치재는 제외해야 한다. 그러나 이러한 논리적 결론까지 밀고 나간다면 그것은 고용주와 피고용자의 관계에 대한 논의에서 별로 중요한 역할을 수행하지 못할 것이다.[3)]

그러나 어떤 나라들, 특히 독일과 오스트리아에서는 자본을 (사회적 관점에서) 보조자본 또는 도구자본에 국한시키려는 경향이 있었다. 생산과 소비 사이의 분명한 대조를 유지하기 위해서는 소비에 직접 포함되는 어떤 것도 생산수단으로 간주되어서는 안 된다고 주장되었다. 그러나 어떤 재화가 이중적인 능력을 가진 것으로 간주할 수 없는 정당한

---

3) 다음은 잉글랜드에서 스미스의 추종자들의 자본에 대한 정의들이다. 리카도에 따르면 "자본은 생산에 사용되며, 노동을 실행하는 데 필요한 식량, 의복, 도구, 원료, 기계 등으로 구성되는 국부의 부분이다." 맬서스에 따르면 "자본은 국가의 자재 중에서 부의 생산과 분배에 기여하도록 유지되고 고용되는 부분이다." 시니어에 따르면 "자본은 부의 생산 또는 분배에서 고용된 인간 노력의 결실로서 부의 한 품목이다." 밀에 따르면 "생산에서 자본이 하는 일은 노동을 실행하는 데 필요한 작업장, 보호수단, 도구, 소재를 제공하고, 노동과정에서 노동자들을 부양하거나 유지하는 것이다. 이러한 용도에 사용될 예정인 모든 것들이 자본이다." 우리는 이른바 **임금기금설**과 관련해서 밀의 자본개념으로 되돌아올 것이다.

헬드가 지적했던 것처럼, 지난 세기 초에 두드러졌던 실천적 문제는 이와 같은 자본개념을 암시했다. 사람들은 노동계층의 복지가 사전에 이루어진 고용 및 생계유지 수단의 준비에 의존한다고 강하게 주장했으며, 그들을 무절제한 **보호무역제도**와 **구구빈법** 아래 인위적으로 고용하려는 시도의 위험성을 강조했다. 헬드의 관점은 캐넌의 시사적이고 흥미로운 저작『생산과 분배에 관한 이론의 역사 1776~1848』에서 아주 예리하게 발전되었다. 물론 과거 경제학자들의 언급들 중에서 일부는 캐넌이 내린 해석과는 다른 그리고 그보다 더 합리적인 해석이 가능한 것처럼 보인다.

근거는 없는 것 같다.[4]

　더 나아가 인간에게 직접적으로 서비스를 제공하지 않고, 그의 소비를 위해 다른 재화들을 준비하는 데 기여하는 부분을 통해서 서비스를 제공하는 것들은, 그 가치가 그것들의 도움으로 생산되는 재화들의 가치에서 파생되기 때문에 명확한 집단을 구성한다고 주장되었다. 이러한 집단에 이름을 부여하기 위해서는 많은 것을 언급해야 한다. 그러나 자본이 그것에 대한 적절한 명칭인지, 그리고 이 집단이 언뜻 보이는 것처럼 명확한 집단인지에 대해서는 의문의 여지가 있다.

　우리는 사람들에게 제공하는 서비스로부터 그 가치가 파생되는 전차 및 기타 재화들이 포함되도록 도구자본을 정의할 수도 있다. 또한 우리는 생산적 노동이라는 표현의 구식용법의 예를 좇아, 그 작용이 물적 생산물에 직접적으로 체화되는 재화들만을 도구적 재화로 간주해야 한다고 고집할 수도 있다. 첫 번째 정의는 자본이라는 용어의 용법을 앞 절에서 논의된 것과 상당히 근접하게 만든다. 따라서 애매하다는 단점을 그것과 공유한다. 후자는 좀더 분명하다. 그러나 그것은 자연적으로는 구분되지 않는 것을 인위적으로 구분하는 것처럼 보인다. 따라서 생산적 노동의 구식 정의와 마찬가지로 과학적 목적에 적합하지 않은 것처럼 보인다.

　결론적으로 말하자면 피셔 및 다른 학자들이 옹호하는 프랑스식 정의가, 추상적 관점에서는, 압도적으로 유리한 지위를 점하고 있다. 어떤 사람의 코트와 공장은, 두 가지 모두 날씨에 대한 직접적인 은신처를 제공하는 한, 똑같이 미래만족을 제공하는 수단으로 예정된 과거의 노력·희생의 축적된 산물이다. 그리고 만일 우리가 실제 시장과 괴리가 없는 현실적인 경제학을 유지해주는 정의를 추구한다면 실제 시장에서 자본으로 간주되고, '중간'산출물의 범위에 국한되지 않는 것들의 총량을 신중하게 고려할 필요가 있다. 의문의 여지가 있는 경우에는 전통과

---

4) 이러한 취지의 논의와 전체 주제의 어려움에 대한 탁월한 검토를 위해서는 바그녀(『원론』, 제3판, 315, 316쪽)를 보라.

가장 부합하는 이러한 방침을 선호해야 한다. 이러한 고려사항은 위에서 제공된 자본의 이중적——기업의 관점과 사회적 관점——정의를 채택하도록 이끈다.[5]

---

5) 『경제학 원리』 1, 제II편, 제4장, 1, 5를 보라. 자본의 생산성과 자본수요, 자본의 선방성과 자본공급의 연결은, 비록 그것이 오늘날 대부분 잘못된 생각에 기초한 것으로 나타난 다른 고려사항들에 의해 크게 압도되었지만, 인간의 마음속에 오랫동안 잠재되어 있었다. 어떤 저자들은 공급 측면을 좀더 강조했고, 다른 저자들은 수요 측면을 좀더 강조했다. 그러나 그들 간의 차이는 종종 강조점의 차이에 불과했다. 자본의 생산성을 강조했던 저자들도 인간이 미래를 위해 현재를 절약하고 희생하고 싶어하지 않는다는 사실을 알고 있었다. 그리고 다른 한편 이러한 연기에 수반되는 희생의 성격과 정도를 주로 생각했던 사람들도 다량의 생산 도구가 인류에게 욕구를 충족시킬 수 있는 능력의 큰 증가를 제공한다는 사실을 자명한 것으로 간주했다. 요컨대 자본과 이자의 '소박한 생산성이론', '사용이론'(use theory) 등에 대한 뵘바베르크의 평가를 과거의 저자들이 각자의 견해를 제대로 완전하게 설명한 것으로 받아들였을 것이라고 믿을 만한 근거는 없다. 그뿐만 아니라 그는 분명하고 일관적인 정의를 발견하는 데 성공하지 못한 것처럼 보인다. "사회적 자본은 추가적인 생산에 기여하도록 예정된 생산물집단 또는 간략하게 **중간 생산물집단**"이라고 그는 말한다. 그는 "주택과 향유, 교육 또는 문화적 용도에 직접적으로 기여하는 다른 종류의 건물들"(『자본의 적극이론』, 제I편, 제6장)을 정식으로 제외시킨다. 일관성을 유지하기 위해서 그는 반드시 호텔, 시가철도, 여객선, 기차 등을 제외시켜야만 한다. 그러나 그것은 자본이라는 개념에서 모든 실질적으로 중요한 것들을 제외시키는 것처럼 보일 것이다. 시가전차는 포함하지만, 공공극장은 제외시킬 수 있는 정당한 근거가 없는 것처럼 보인다. 수직물 제작에 사용되는 기계는 포함하지만 레이스 제작에 사용되는 기계는 제외시키는 것 또한 정당화될 수 없을 것이다. 그는, 이러한 반론에 답해, 모든 경제적 분류는 임의의 두 집단 사이에 있는 경계선이 두 집단에 모두 속하는 것들을 포함하도록 허용할 수밖에 없다고 역설한다. 그의 주장은 전적으로 옳다. 그러나 그의 정의에 대해 제기된 반론은 그 경계선이 그것에 의해 둘러싸인 영역에 비해 상대적으로 너무 광범위하고, 실제 시장에서의 용법과 너무 괴리가 크며, 프랑스식 정의와는 달리 아주 일관적이고 논리 정연한 추상적 개념들을 구현하지 못하고 있다고 주장한다.

두 개인이 물물교환을 하는 경우를 생각해보자. 예컨대 A는 사과 한 바구니를 가지고 있으며, B는 호두 한 바구니를 가지고 있다. A는 약간의 호두를 원하며, B는 약간의 사과를 원한다. B가 사과 한 개에서 얻게 될 만족은 호두 12개를 포기함으로써 상실하게 될 만족보다 더 큰 반면, A가 호두 3개에서 얻게 될 만족은 사과 1개를 포기함으로써 상실하게 될 만족보다 더 크다고 하자. 교환은 이 두 비율 사이의 어디에선가 시작될 것이다. 그러나 교환이 진행됨에 따라 A가 상실하는 각각의 사과는 그에게 사과의 한계효용을 상승시킬 것이며, 그로 하여금 점점 더 사과를 포기하고 싶지 않게 만들 것이다. 한편 그가 획득하는 각각의 추가적인 호두는 그에게 호두의 한계효용을 감소시킬 것이며, 더 이상의 호두에 대한 그의 열망을 약화시킬 것이다. B의 경우는 반대다. 마침내 A의 사과 대비 호두에 대한 열망은 더 이상 B의 그것보다 크지 않을 것이다. 그리고 한쪽이 제안할 용의가 있는 어떤 교환조건도 다른 쪽에게 불리할 것이기 때문에 교환은 중단된다. 이 점까지는 교환이 양쪽 모두의 만족을 증가시켰지만, 더 이상 그럴 수 없다. 균형에 이르렀지만, 실제로 그것은 유일한 균형이 아니라 하나의 우연한 균형이다.

그러나 일종의 진정한 교환비율이라고 불릴 만한 자격이 있는 하나의 균형 교환비율이 존재한다. 왜냐하면 일단 거기에 이르면, 그것은 줄곧

---

1) 『경제학 원리』 2, 28, 29쪽을 보라.

유지될 것이기 때문이다. 만일 사과 1개를 위해서 아주 많은 호두를 포기해야 한다면 B는 아주 조금밖에 거래를 하지 않으려 할 것이다. 반면에 사과 1개에 대해서 극소수의 호두가 제공된다면, A는 아주 조금밖에 거래를 하지 않으려 할 것이다. 그들이 같은 정도로 거래를 할 용의가 있는 중간적인 비율은 반드시 존재한다. 이 비율이 사과 1개당 호두 6개라고 가정해보자. 그리고 A는 호두 48개를 위해서 사과 8개를 줄 용의가 있으며, B는 그 비율에 사과 8개를 받을 용의가 있다고 가정해보자. 그러나 A는 추가적인 호두 6개를 위해서 아홉 번째 사과를 줄 용의가 없으며, B는 아홉 번째 사과를 위해서 추가적인 호두 6개를 줄 용의가 없다고 가정해보자. 그렇다면 이것이 진정한 균형점이다. 그러나 그러한 균형점에 실제로 도달할 것이라고 가정할 만한 근거는 없다.

예를 들어 A의 바구니에는 최초에 20개의 사과가 있었고, B의 바구니에는 100개의 호두가 있었다고 가정해보자. 그리고 A는 거래를 시작하면서 B로 하여금 자신이 호두를 별로 갖고 싶지 않다고 믿도록 유도해서 4개의 사과를 40개의 호두와, 다음에 2개의 사과를 17개의 호두와, 다음에 1개의 사과를 8개의 호두와 교환할 수 있었다고 가정해보자. 이제 균형에 도달해서 양측 모두에게 이익이 되는 교환이 더 이상 이루어지지 않을 수 있다. A는 65개의 호두를 가지고 있으며, 8개의 호두를 받는다 해도 추가적인 사과를 제공하고 싶어하지 않는다. 한편 B는 호두를 35개밖에 가지고 있지 않기 때문에 호두에 높은 가치를 두고, 추가적인 1개의 사과에 대해서 8개의 호두를 제공하지 않을 것이다.

다른 한편 만일 B가 흥정에서 좀더 능숙했더라면, 그는 아마도 A로 하여금 15개의 호두에 대해 4개의 사과를, 그다음에 7개의 호두에 대해 2개의 사과를 제공하도록 유도했을 것이다. 이제 A는 8개의 사과를 포기하고, 22개의 호두를 얻는다. 만일 처음에 교환조건이 사과 1개당 호두 6개였고, A가 8개의 사과를 주고 48개의 호두를 획득했다면, 그는 7개의 호두를 받는다 할지라도 사과를 추가로 포기하지 않았을 것이다. 그러나 호두를 너무 적게 가지고 있기 때문에 그는 호두를 추가로 얻으려고 애쓸 것이며, 8개의 호두를 받고 추가로 2개의 사과를, 그다음에 9개의 호두에 대해 추가로 2개의 사과를, 그다음에 5개의 호두에 대해 추가로 1개의 사과를 기꺼이 제공한다. 그리고 다시 균형에 도달할 수 있다. 왜냐하면 B는 56개의 호두에 대해 13개의 사과를 가지고 있기 때문에, 사과 1개에 대해 5개 이상의 호두를 제공하고 싶어하지 않으며, A는 6개 미만의 호두에 대해 남은 사과를 포기할 용의가 없을 것이기 때문이다.

두 경우 모두 교환이 계속되는 한 양자 모두의 만족을 증가시킬 것이다. 그리고 그것이 중단되었을 때 적어도 한쪽의 만족을 감소시키지 않는 추가적인 교환은 불가능할 것이다. 각 경우에, 균형비율에 도달할 것이지만, 그것은 단지 하나의 임의적인 균형에 불과할 뿐이다.

다음으로 각각 약 20개의 사과를 가지고 있으며, 호두에 대해 A와 동일한 욕망을 가지고 있는, A와 비슷한 처지에 있는 사람들이 100명 있다고 가정해보자. 그리고 다른 쪽에는 최초의 B와 비슷한 처지에 있는 사람들이 100명 있다고 가정해보자. 그러면 시장에서 가장 예리한 흥정꾼들 중에서 일부는 A 쪽에 있고, 일부는 B 쪽에 있을 것이다. 시장 전체에 걸쳐 정보교환이 자유롭게 이루어지든 이루어지지 않든, 평균적인 교환조건은 두 사람 사이의 물물교환에서처럼 사과 1개당 호두 6개의 비율에서 크게 벗어나지 않을 수 있다. 그러나 밀시장 사례에서 보았듯이, 평균적인 교환조건이 그러한 비율에 아주 근접할 확률이 크지는 않을 것이다. 얼마 후에 6,500개의 호두가 700개의 사과와 교환될 수 있을 정도로, A 쪽에 있는 사람들이 흥정에서 다양한 정도로 B 쪽에 있는 사람들을 압도할 가능성도 클 수 있다. 그리고 A 쪽의 사람들은 아주 많은 호두를 가지고 있기 때문에 사과 1개당 적어도 호두 8개의 비율이 아니라면 더 이상 거래를 원하지 않을지도 모른다. 반면에 B 쪽의 사람들은 각자 평균적으로 35개의 호두만이 남아 있기 때문에 십중팔구 그 비율에 호두를 더 이상 내놓으려 하지 않을 것이다. 다른 한편 B 쪽이 흥정에서 다양한 정도로 A 쪽에 있는 사람들을 압도할지도 모른다. 그 결과 얼마 후에는 1,300개의 사과가 겨우 400개의 호두와 교환될 수 있다. 1,300개의 사과와 5,600개의 호두를 가지고 있는 B 쪽은 사과 1개당 5개 이상의 호두를 내놓으려 하지 않을 것이다. 한편 A 쪽은 각자 겨우 7개의 사과만이 남아 있기 때문에 그러한 비율을 거절할 것이다. 전자의 경우에 균형은 사과 1개당 호두 8개의 비율에서 찾아질 것이며, 후자의 경우에 균형은 사과 1개당 호두 5개의 비율에서 찾아질 것이다. 각경우에 하나의 균형에 도달하지만, 유일한 균형은 아니다.

균형에 이르는 비율에 대한 이러한 **불확실성**은 간접적으로 하나의 상품이 화폐를 받고 판매되는 것이 아니라 다른 상품과 **물물교환**된다는 사실에 의존한다. 왜냐하면 화폐는 일반 구매수단이므로 손쉽게 다량의 상품을 흡수하거나 배포하는 많은 딜러들이 있을 것이며, 그것은 시장을 안정적으로 유지하는 경향이 있기 때문이다. 그러나 물물교환이 지배적일 때는 사과가 경우에 따라 호두, 생선, 화살 등과 교환된다. 따라서 가치가 화폐형태로 정해지는 시장을 결집시켜주는 지속적인 영향력이 존재하지 않는다. 그리고 우리는 모든 상품들의 한계효용이 시시각각 변하는 것으로 간주할 수밖에 없다. 그러나 만일 호두재배가 물물교환 지역의 주된 산업이었고, 양쪽의 모든 거래자들이 다량의 호두를 가지고 있었던 반면 A 쪽만이 사과를 가지고 있었다면, 호두 몇 움큼의 교환은 그들의 호두재고에 별 영향을 미치지 않았을 것이며, 다시 말해서 호두의 한계효용을 거의 변화시키지 않았을 것이라는 점은 사실이다. 이 경우에 흥정은 일상적인 밀시장의 매매와 근본적으로 유사했을 것이다.

예를 들어 20개의 사과를 가진 A가 B와 흥정한다고 해보자. A가 5개의 사과를 15개의 호두를 받고, 6번째 사과를 4개의 호두를 받고, 7번째 사과를 5개의 호두를 받고, 8번째 사과를 6개의 호두를 받고, 9번째 사과를 7개의 호두를 받고…… 판매할 용의가 있다고 해보자. 그에게 호두의 한계효용은 언제나 일정하기 때문에, 거래 초반에 B와의 흥정을 압도했든 압도하지 못했든, 8번째 사과를 오직 6개의 호두를 받고……

판매할 용의가 있을 것이다. 한편 B는 처음 5개의 사과에 대해서는 50개의 호두를, 6번째 사과에 대해서는 9개의 호두를, 7번째 사과에 대해서는 7개의 호두를, 8번째 사과에 대해서는 6개의 호두를, 그리고 9번째 사과에 대해서는 5개의 호두를 지불할 용의가 있다고 해보자. 그에게 호두의 한계효용은 일정하기 때문에 거래 초반에 사과를 저렴하게 구매했든 그렇지 못했든, 8번째 사과에 대해서는 오직 6개의 호두를 제공할 것이다. 이 경우에 흥정은 반드시 8개의 사과를 이전하는 것으로 끝난다. 이때 8번째 사과는 6개의 호두와 교환된다. 그러나 물론 A가 거래 초반에 흥정을 압도했다면, 그는 처음 7개의 사과를 주고 50개 내지 60개의 호두를 획득했을지도 모른다. 다른 한편 B가 거래 초반에 흥정을 압도했다면, 그는 처음 7개의 사과를 30~40개의 호두를 주고 획득했을지도 모른다. 이것은 본문에서 설명했던 밀시장에서 대략 700쿼터가 최종적으로 36실링에 판매될 것이라는 사실과 부합한다. 그러나 만일 판매자들이 초반에 흥정을 압도했다면, 지불된 총가격은 36실링의 700배보다 훨씬 작았을 것이다. 그러므로 판매·구매이론과 물물교환이론의 실질적 차이는 시장에서 다른 재화와 교환될 준비가 되어 있는 한 재화의 총량이 아주 크고, 많은 사람들의 수중에 있다고 가정하는 것이 전자의 경우에는 일반적으로 정당한 반면 후자의 경우에는 그렇지 않다는 점이다. 「수학부록」 주 XII-2를 보라.

| 부록 G | [1)]
지방세의 귀착, 정책에 대한 약간의 시사

1 우리는 인쇄물에 대한 새로운 지방세의 귀착은 주로 지방세의 적용범위를 넘어서 쉽게 이주할 수 있는 인쇄업 분야들의 이주를 야기한다는 점에서 국세의 귀착과는 다른 것임을 보았다.[2)] 자신의 인쇄물에 대한 인쇄작업을 지방에서 할 필요가 있는 고객들은 그것에 대해 좀더 높은 가격을 지불할 것이다. 식자공은 지방에서 전과 거의 동일한 임금에서 일자리를 찾기에 충분할 만큼까지만 이주할 것이다. 그리고 일부 인쇄소는 업종을 바꿀 것이다. 부동산에 대한 일반 지방세는 어떤 면에서는 상이한 경로를 따른다. 이 경우에 인쇄물에 대한 지방세와 마찬가지로 세금 적용범위 밖으로 이주할 수 있는 능력은 아주 중요한 요소다. 그러나 아마도 지방세의 많은 부분이 거주자들과 노동자들의 편의에 직접 이바지하는 방식으로 지출된다는 사실이 훨씬 더 중요할 것이다. 특히 이들은 지방세가 그런 방식으로 지출되지 않았다면 지역에서 떠났을지도 모른다. 여기서 두 가지 전문용어가 필요하다. **비보상세**(onerous rates)는 납세자에게 보상 혜택을 제공하지 않는 세금이다. 극단적인 사례로는 실패해서 폐기된 사업 때문에 지방자치단체가 진 공채의 이자를 지불하는 데 쓰이는 세금을 들 수 있다. 좀더 대표적인 사례는 주로 부유층에게 부과되는 구빈세. 물론 비보상세는 그것을 부담하는 사람들

---

1) 『경제학 원리』 2, 158, 159, 388쪽을 보라.
2) 『경제학 원리』 2, 제V편, 제9장, 1. 이 부록은 거기서 언급했던 내용에 크게 의존하고 있다.

을 내모는 경향이 있다.

다른 한편 **편익세**(beneficial rates) 또는 **보상세**(remunerative rates)는 납세자에게 다른 어떤 방법보다도 지방 당국에 의해 저렴하게 제공될 수 있는 특정한 필수재, 편의재, 사치재를 공급하기 위해 조명, 배수 및 다른 용도로 지출되는 세금이다. 이러한 세금은 유능하고 공정하게 관리된다면 납세자에게 순편익을 제공할 수 있으며, 세금증가는 사람과 산업을 내모는 것이 아니라 끌어들일 것이다. 물론 세금은 어떤 인구집단에게는 비보상적이지만 다른 인구집단에게는 편익을 제공한다. 양호한 초·중등학교를 제공하기 위해 부과되는 고율의 세금은 장인 거주자를 유인하는 반면, 부유층을 쫓아낼 것이다. "전국적인(national) 성격이 우세한 서비스"는 "일반적으로 비보상적인" 반면, "지역적인(local) 성격이 우세한 서비스는 일반적으로 납세자에게 납세 부담과 다소 균형이 잡힌 직접적이고 고유한 편익을 제공한다."[3]

그러나 '납세자'라는 용어는 상이한 종류의 지방 지출과 관련해 상이하게 해석될 필요가 있다. 거리에 물을 대는 데 지출된 지방세는 거주자에게 이득이 된다. 그러나 영구적인 개량에 지출된 지방세는 그에 따른 수익의 일부만을 거주자에게 제공하며, 좀더 많은 부분이 장기적으로 집주인에게 돌아간다.

거주자는 일반적으로 자신에게 징수되는 지방세를 지대와 단일 총액을 구성하는 것으로 간주한다. 그러나 그는 보상적 지방세의 지출로 보장되는 생활의 쾌적함도 고려에 넣는다. 즉 그는 다른 모든 것이 동일하다면 지대와 비보상세의 총합이 낮은 지역을 선택하는 경향이 있다. 그러나 이주가 실제로 이러한 고려사항에 의해 결정되는 정도를 추정하는 데는 큰 어려움이 있다. 그것은 아마 통상적으로 가정되는 것보다는 무지와 무관심에 의해 방해를 적게 받을 것이다. 그러나 그것은 각 개인의 특수한 요구사항에 의해 훨씬 크게 방해를 받는다. 데번셔 주의 낮은 지

---

3) 『지방세위원회최종보고』(*Final Report of Royal Commission on Local Taxation*), 1901, 12쪽.

방세는 런던생활을 선호하는 사람들을 유인하지는 않을 것이다. 그리고 특정 제조업자계층은 거주지에 관해서 실제로 선택의 여지가 거의 없다. 인적·업무적 관계는 말할 것도 없고, 차용자는 이주에 따른 비용과 불편으로 더욱 방해를 받는다. 그리고 만일 그것이 2년분의 지대와 동등하다면 세금으로 보장받는 이익이 30년 동안 1파운드당 2실링에 해당되지 않는 한, 그는 이주 때문에 손실을 입을 것이다. 그러나 이유야 어떻든 어떤 사람이 거주지를 바꿀 때 그는 자신의 목적에 적합한 다양한 지역에서 현재 및 장래에 기대되는 지방세와 관련된 모든 고려사항들을 충분히 참작할 것이다.

어떤 점에서는 노동계층의 이동성이 부유층의 그것보다 더 크다. 그러나 지방세가 과중해질 때, 때로는 마찰이 차용자 측에서 작용해, 새로운 과세부담에서 차용자의 몫이 자신에게 이전되는 것을 지연시킨다. 제조업자는 종종 자신의 부동산에 대한 지방세만큼이나 노동자의 거주에 대한 지방세의 영향을 받는다. 그리고 비록 높은 지방세가 일부 제조업자들을 대도시에서 내모는 원인들 가운데 하나일지라도, 지방세가 경제적으로 관리될 때 그것이 그러한 방향으로 큰 영향을 미칠지는 의문이다. 왜냐하면 지방세에서 나오는 대부분의 새로운 지출은, 유능하고 공정하게 운영된다면, 제조업자의 관점에서는 아닐지라도 노동자의 관점에서는 지역의 쾌적함을 실질적으로 향상시키거나 지역의 불편함을 실질적으로 감소시킬 것이기 때문이다. 게다가 차지인들이 현재 그리고 아마도 가까운 미래의 지방세를 주의 깊게 고려한다는 것을 보여주는 쪽으로 증거가 더 많을지라도, 그들은 먼 미래를 예견할 수 없으며, 그런 시도조차 거의 하지 않는다.[4]

조세의 귀착과 관련된 분석은 반드시 실제 사실보다는 일반적 경향에 의거해야만 한다. 이러한 경향이 미래를 예측하는 데 적용되는 것을 저해하는 원인은 수학적 추론이 역풍랑 속에서 좌우로 앞뒤로 흔들거리는

---

4) 이 점에 대한 많은 증거들을 방금 언급했던 위원회가 확인했다(앞의 책, 794쪽, 각주 3).

배의 갑판 위에 있는 공의 움직임을 예측하는 데 적용되는 것을 저해하는 원인과 유사하다. 만일 배가 계속해서 한쪽으로 경사져 있다면, 공의 움직임은 계산될 수 있을 것이다. 그러나 어떤 하나의 경향이 충분한 결과를 낳을 시간이 채 지나기도 전에 그러한 경향은 중단될 것이며, 뒤이은 경향은 예측할 수 없다. 이와 마찬가지로, 비록 경제학자들이 거의 한 세기 전에 조세전가에 대한 일반적 경향을 확정했음에도, 어떤 경향이 거의 진전을 보이기도 전에 예측 불가능한 변화에 의해 중단되거나 심지어 역전될 정도로, 상이한 장소에서 비보상세의 상대적 비중은 빠르게 변할 수 있다.

2 우리는 건축업자가 임의의 부지에 대해 지불할 용의가 있는 부지지대는 그 부지가 건설되는 건물에 제공하게 될 추가가치에 대한 추정에 의해 결정된다는 것을 이미 보았다. 차지계약을 체결하기 전에 자기자본과 차입할 자본은 '자유롭고', 화폐로 표시된다. 그의 투자에 대한 기대소득도 역시 화폐로 표현된다. 그는 한편에 건물에 대한 자신의 지출을 두고, 다른 한편에 자신이 책임져야 할 부지지대를 초과하는 부지 딸린 건물의 임대가치를 둔다. 그는 아마도——명확한 산술적 계산보다는 개략적이고 직관적으로——(예컨대) 99년 동안의 차지계약에 대한 이러한 초과분의 현재(할인)가치를 산정할 것이다. 끝으로 충분한 이윤 마진이 있을 것으로 전망되고, 더 나은 사업기회가 없다면 그는 계약을 체결할 것이다.[5]

그는 부지와 그 위에 짓는 주택(또는 다른 건물)이 영구히 서로 부합하도록 최선을 다한다. 그가 성공한다면, 미래에 부동산의 지대는 그것의 연간부지가치와 건물의 연간가치의 합이다. 그리고 그는 이러한 지

---

5) 『경제학 원리』 2, 제V편, 제11장, 3, 8을 보라. 건축업자는 일반적으로 차지계약기한이 만료되기 훨씬 전에 차지권을 매각하려고 한다. 그러나 그가 받을 것으로 기대하는 가격은 그 자산의 임대가치에서 잔여기간의 부지지대를 공제한 (할인된) 초과분이다. 따라서 그의 계산은 자산을 직접 보유하는 경우와 실질적으로 거의 동일하다.

대가 다소 모험적인 사업의 위험에 대한 보험을 참작하고도, 자신의 지출에 대한 충분한 이윤을 가져다줄 것으로 기대한다. 지대의 두 번째 부분은, 아주 정확한 것은 아닐지라도, 흔히 (연간)건물가치 또는 주택의 건물지대(building rent)라고 불린다.

시간이 흐르면서 화폐의 구매력은 변할 수 있다. 그리고 부지와 어울리는 주택의 종류도 변할 것이며, 건축기술은 분명 향상될 것이다. 결과적으로 훗날 부동산의 연간총가치는 연간부지가치와 미래의 그 시점에 기존 주택과 똑같이 바람직한 거주시설을 제공하는 주택을 건설하는 비용에 대한 이윤으로 구성된다. 그러나 이 모든 것은 주택의 전반적인 성격이 여전히 부지와 적합해야 한다는 중대한 조건을 필요로 한다. 만일 그렇지 않다면 총가치, 부지가치, 건물가치 사이의 관계에 대한 명확한 진술은 불가능하다. 예를 들어 부지의 총자원을 개발하는데 전혀 성격이 다른 창고 또는 주택이 필요하다면 부동산의 총가치가 부지가치보다 작을 수 있다. 왜냐하면 그러한 건물을 헐고 새로운 건물을 짓기 전에는 부지가치를 개발할 수 없기 때문이다. 그리고 그러한 건물에 포함되어 있는 기존 재료의 가치는 장애와 시간 손실을 추가로 감안할 때 건물을 허무는 비용보다 작을 수 있다.

3 다른 측면에서는 똑같이 적합한 두 건물이 있다면 세입자는 입지조건이 좀더 나은 건물에 대해서 그 건물의 특별한 이점과 동등한 금액을 추가로 지불할 것이다. 그러나 그는 그 금액 가운데 지대가 얼마이고, 세금이 얼마인지에 대해서는 관심이 없다. 따라서 부지가치에 대한 **비보상세**는 소유자 또는 차지인이 받는 지대에서 공제되는 경향이 있다. 그리고 그것은, 예측될 수 있는 한, 건축업자 또는 다른 누구든 차지에 대해 지불할 용의가 있는 부지지대에서 공제된다. 보상세는 장기적으로 세입자에 의해 납부되지만, 그에게 아무런 실질적인 부담이 되지는 않는다. '장기'라는 조건이 핵심적이다. 예를 들어 향후 수년간 통행을 방해하고, 그에 따른 충분한 결실을 낳지도 못하는 도시개선작업에 매몰된 자금과 이자 때문에 부과되는 지방세는, 만일 세입자가 납부해야 한

다면, 비보상세일 것이다. 엄격하게는 그것이 그의 지대에서 공제되어야 할 것이다. 왜냐하면 개선이 완전한 궤도에 오르고, 특히 부채가 정리되어 문제의 지방세가 폐지되었을 때 부동산소유자는 개선작업을 위해 세입자에게 부과된 비보상세의 편익을 획득할 것이기 때문이다.[6]

4 건물가치에 대한 세금은 부지가치에 대한 세금과는 상이한 기초 위에 있다. 세금이 국가 전체에 걸쳐 균등하다면 그것은 유리한 부지의 차별적 우위를 바꾸지 않는다. 따라서 그것은——적어도 직접적으로는——건축업자 또는 어느 누구에게도 좋은 부지에 대해 높은 부지지대를 지불하려는 8의를 약화시키지는 않을 것이나. 만일 건물가치에 대한 세금이 건축부지를 크게 축소시킬 만큼 과중하다면 그것은 실제로 모든 건축부지의 가치를 감소시킬 것이며, 특별부지가치도 나머지와 함께 동반 감소할 것이다. 그러나 건물가치에 대한 세금이 이러한 방향으로 미치는 영향은 너무 작기 때문에 건물가치에 대한 균등한 세금이 건축부지의 소유자에게 떨어지지 않을 것이라고 말함으로써 큰 오류를 범하는 것은 아니다. 건축업자는 이러한 세금을 예상하는 한, 계획을 세금에 맞게 조절한다. 그는 차용자가 지방세를 납부하는데도 차용자에 대한 지대가 정상이윤을 가져다줄 수 있을 만큼 비용이 적게 드는 건물을 지으려 한다. 물론 그는 계산착오를 할 수도 있다. 그러나 계층으로서 건축업자는, 다른 모든 유능한 기업가들처럼, 장기적으로 거의 정확한 계산을 할 것이다. 그리고 장기적으로, 건물가치에 대한 균등한 세금은 세입자에게 떨어진다. 또는 만일 그가 건물을 장사 목적으로 사용한다

---

6) 이것은 토지 사용방법과 무관하게 토지에 동일한 세금이 부과된다는 것을 가정한다. 특별한 사용에 대한 추가적인 세금의 경우는 『경제학 원리』 2, 제V편, 제10장, 6처럼 다루어질 수 있다. 만일 농업용 토지가 세금에서 면제된다면, 농촌에서 주택이나 공장의 차용자는 건설용 토지가치가 농업용 가치를 초과하는 부분에 부과되는 부지세(site tax)를 면제받을 것이다. 이것은 도시에서 인구집중을 약간 증가시켜, 도시에서 부지 소유자의 부담을 조금 덜어줄지도 모른다. 그러나 그것은 도시중심의 부지가치에 큰 영향을 미치지는 못할 것이다. 이 부록 6을 보라.

면, 그리고 그의 경쟁자들도 비슷한 지방세에 직면한다면 궁극적으로 세금은 그의 고객들에게 떨어진다.

그러나 건물가치에 대한 높은 특별 비보상세와 관련해서는 상황이 전혀 다르다. 그리고 부동산에 대한 국세의 귀착과 부동산에 대한 지방세의 귀착 사이의 주된 차이점이 여기에 나타난다. 지방세의 보상적 지출은 그 비용의 등가물보다 큰 생활의 편의를 제공하며, 당연히 세입자를 몰아내지 않는다. 부지가치에 대한 보상세의 경우에서 우리가 보았듯이, 건물가치에 부과된 지방세 중에서 보상적 지출에 해당하는 부분은 세입자가 납부하지만, 세입자에게 실질적인 부담은 아니다.

그러나 건물가치에 대한 지방세 중에서 비보상적이고, 다른 지방의 상응하는 세금보다 더 높은 부분은 주로 세입자에게 떨어지지는 않을 것이다. 예외적인 지방세 압박은, 이러한 과도한 세금이 차지인이나 소유자에게 떨어질 때까지, 그 지역의 주택이나 다른 건물들에 대한 수요를 감소시킬 만큼 충분히 많은 세입자들을 세금이 미치는 영역 밖으로 이주시키는 원인이 된다. 따라서 건축업자들은 미래를 예측할 수 있는한, 자신들이 지불할 용의가 있는 부지지대에서 부지가치에 대한 모든 세금과 함께 건물가치에 대한 예외적인 비보상세의 상당하는 부분을 공제한다.

그러나 이와 같이 큰 폭으로 공제되는 경우는 많지 않으며, 중요하지도 않다. 왜냐하면 비보상세의 영속적인 불균등은, 비록 상당할지라도, 흔히 생각하는 것보다는 작기 때문이다. 그리고 그중 많은 경우는 특정한 지방관리자 집단의 실수처럼 쉽게 예측할 수 없는 사건에 기인한다. 실제로는 광범위하고 어쩌면 영구적인 하나의 원인, 즉 부유층이 혼잡지역에서 넓고 상류층이 모이는 교외로 이동하는 경향이 존재한다. 이 경우 노동계층은 극빈층에 대한 국가적 부담 가운데 과도한 몫을 떠안게 된다. 그러나 이러한 폐해가 눈에 띄자마자, 빈곤지역과 부유한 지역을 동일한 예산에 포함시키도록 지방세 부과지역을 확대하거나 다른 방법을 통해 그러한 폐해를 교정하도록 법안이 시행된다.

건물가치에 대한 예외적인 비보상세는, 그것이 적용되는 지역의 부지 지대를 감소시키고, 신규 차지(借地)의 부지지대를 감소시키는 경향이 있지만, 소유자 전체에 대해 첫눈에 보이는 것만큼 큰 부담이 되지는 않는다는 것을 기억하는 것은 아주 중요하다. 왜냐하면 이러한 지방세에 의해 억제되는 건설사업의 대부분은 파괴되는 것이 아니라 다른 지역으로 돌려지고, 그곳에서 신규 차지에 대한 경쟁을 강화시키기 때문이다.

5 오래전에 확립된 지방세의 귀착은, 비록 부지가치와 건물가치 각각에 세금이 부과되는 비율에 따라 결정적으로 영향을 받을지라도, 소유자가 아니라 차용자에게 부과된다는 사실에 의해서는 거의 영향을 받지 않는다. 다른 한편 초기 몇 년 동안 비보상세 증가의 귀착은 징수 방식에 의해 크게 영향을 받는다. 세입자는 지방세의 일부가 소유자에게서 징수되거나, 그의 지대에서 지방세의 일부를 공제하도록 허용되는 경우보다 신규 세금부담을 더 많이 떠안는다. 이것은 성장하는 지역에만 적용된다. 인구가 감소하고, 건설이 중단되는 곳에서는 비보상세가 소유자를 압박하는 경향이 있다. 그러나 이러한 곳에서는 일반적으로 경제적 마찰이 강하다.

투기적 건축업자 및 다른 중간 소유자들의 사업에 미치는 비보상세의 전체적인 압박은 아주 크지는 않으며, 그들이 불평하는 많은 지방세들이 실제로는 그들을 부유하게 한 것으로 보인다. 그러나 지방세의 잦은 변화는 건설업의 큰 위험을 조금은 확대시켰으며, 공동체는 그러한 위험에 대해 그것의 보험료 상당액 이상을 지불할 수밖에 없다. 이 모든 것들은 큰 폭의 갑작스러운 지방세 증가에서 기인하는 심각한 해악을 가리킨다. 과세대상 가치가 세입자의 소득에 비해 상대적으로 높은 부동산과 관련해서 특히 그렇다.

상인은——특히 소매업자일 경우——만일 그가 먼 곳에서 쉽게 구할 수 없는 재화들을 취급한다면 지방세 부담의 일부를 고객에게 떠넘길 수 있다. 그러나 소매업자가 납부해야 할 지방세는 자신의 소득에 비해서 상대적으로 아주 클 뿐만 아니라 지방세의 지출 가운데 일부는 부유층의 관점에서는 보상적일지라도 그에게는 비보상적인 것처럼 보인다. 그의 생업은 경제적 발전을 통해 수요보다는 상대적으로 공급이 더 증가하는 종류에 속한다. 얼마 전에는 그의 보수가 과도하게 높았지만, 지금은 그것이 좀더 낮은 수준 그리고 좀더 공평한 수준으로 낮아지고 있으며, 그는 좀처럼 새로운 조건을 인식하지 못한다. 그러나 급작스러운 과도한 지방세 상승을 겪을 때 그는 실질적인 불공평에 대해 강하게 집착한다. 그리고 그는 실제로 좀더 심원한 원인에 기인하는 자신에 대한 압박을 부분적으로 이러한 불공평의 탓으로 돌린다. 이렇게 불공평한 대우를 받는다는 느낌은 그가 항상 지주와 동등한 조건에서 교섭하지 못한다는 사실에 의해 첨예해진다. 왜냐하면 정착물의 비용과 용도변경에 따른 일반지출은 말할 나위도 없고, 그는 조금 떨어진 똑같이 좋은 조건의 점포로 이동을 하더라도 대부분의 고객을 잃을 수도 있기 때문이다. 그러나 소매업자는 때때로 점포를 이전하며, 경계를 늦추지 않으며, 지방세를 충분히 참작하며, 그렇게 몇 년이 지나면 그는 비보상세의 부담을 어떤 다른 계층에 속하는 사람보다 더 완전하게 소유자나 고객에게 전가한다는 점을 반드시 기억해야만 한다(여기서 호텔과 하숙집 경영자도 소매업자로 분류할 수 있다).

6 성장하는 도시 인근의 토지는, 여전히 농업에 쓰이고 있을 때, 순지대는 거의 창출하지 못하지만, 부동산으로서 가치가 있을 수 있다. 왜냐하면 그것의 미래 부지지대는 그것의 자본가치 속에 예상되고 있기 때문이다. 더 나아가 그것에 대한 소유권은 그것에 대한 대가로 받는 화폐지대 이외에도 만족이라는 소득을 창출할 것이다. 이 경우에 그것은 총임대가치로 과세를 목적으로 사정될 때도 과소평가되기 쉽다. 그리고 그것이 지대에 대한 백분율이 아니라 자본가치에 대한 백분율로 평가되어야 하는 것은 아닌가 하는 문제가 제기된다.

이러한 방법은 건설을 재촉할 것이며, 건설시장의 과잉공급을 가져오는 경향이 있다. 따라서 지대는 감소하는 경향이 있을 것이며, 건축업자는 높은 부지지대로 임차계약을 맺을 수 없을 것이다. 이러한 변화는 현재로서는 토지——개발 중이거나 조만간 개발될——의 소유자들에게 돌아가는 토지의 '공적 가치'의 일부를 일반 사람들에게 이전시킬 것이다. 그러나 도시의 팽창방향에 대한 계획을 수립하기 위해 도시 당국의 효과적인 조치가 동반되지 않는다면, 그것은 성급하고 부적절한 건설로 귀결될 것이다. 그리고 이러한 실수에 대해 다가오는 세대는 미관 그리고 어쩌면 건강의 상실이라는 값비싼 대가를 치러야 할 것이다.

이러한 사업계획의 밑바닥에 깔린 원리는 좀더 광범위하게 적용될 수 있다. 그리고 미래에 지방세가, 건물의 가치를 거의 또는 전혀 무시한 상태에서, 심지어 전적으로 부지가치에 대해 부과되어야 한다는 취지의 극단적인 제안과 관련해서 약간 언급할 거리가 있다. 그것의 즉각적인 효과는 다른 부동산을 희생시키면서 어떤 부동산의 가치를 증식시키는 것이다. 특히 그것은 지방세가 낮은 지역에 있는 건물보다 지방세가 과중한 지역에 있는 값비싼 고층건물의 가치를 더 상승시킬 것이다. 왜냐하면 그것은 과중한 부담을 경감시켜줄 것이기 때문이다. 그러나 그것은 지방세가 과중한 지역에서 대규모 부지에 있는 낡은 저층건물의 가치를 감소시킬 것이다. 시간이 지나면서 어떤 부지 위에 건설된 건물의 양은, 현재처럼 부분적으로는 입지우위에 비례해서 그리고 부분적으로는 지방세에 반비례해서 변하는 대신에, 일반적으로 지방자치단체의 세칙의 영향을 받아 입지우위에 따라 변할 것이다. 이것은 유리한 지역에서 집중을 강화시킬 것이며, 총부지가치를 상승시킬 것이다. 그러나 그것은 또한 지방세 지출총합도 증가시킬 것이다. 그리고 지방세는 부지가치에 부과될 것이므로 순부지가치는 아주 작을 수도 있다. 전체적으로 인구집중이 강화될 것인지 여부는 말하기 어렵다. 왜냐하면 가장 활기찬 건물은 아마도 교외에 있을 것이며, 교외에서는 무거운 과세평가에서 제외된 공터가 더 이상 존재하지 않기 때문이다. 건물관련 세칙에 많은 것이 좌우될 것이다. 고층건물의 정면뿐만 아니라 뒷면에도 넓은 자유공간이 있어야 한다는 엄격한 규칙에 의해서 집중은 크게 완화될 수도 있다.[7]

7 영국 농업에서 일반적으로 소작농과 지주의 잠재적 파트너십에 대해서는 이미 언급했다.[8] 경쟁은 도시 지역에서보다 농촌 지역에서 덜 효과적이다. 그러나 다른 한편으로 실질적인 자본에 대한 지주의 기여는 탄력적이며, 상황의 압력에 따라 변하게 마련이다. 이러한 조정은, 마치 주택에 불어닥치는 회오리바람이 중력의 경향을 무효화하지는 않을지라도 압도하면서 종종 눈송이를 위로 날리는 것처럼, 농업관련 지방세의 귀착을 불명확하게 만든다. 이로부터 사람들이 흔히 말하기를 농장에 대한 경쟁이 치열하다면 차지농이 신규지방세에 대한 자신의 몫뿐만 아니라 지주의 몫까지 치를 것이며, 반면에 농장을 내팽개칠 것이라고 우려할 만한 근거가 있다면 지주가 모든 것을 치를 것이다.

그러나 농촌 주민들은 흔히 상정하는 것보다 비보상세를 적게 부담한다. 그들은 개선된 치안서비스와 통행세 받는 문의 폐지를 통해 이득을 보며, 인근의 도시에서 지방세로 구매한 편익을 점점 더 많이 누릴 수 있게 된다. 이러한 편익에 대해서 그들이 기여한 바는 거의 없으며, 그것은 일반적으로 그들의 지방세보다 훨씬 더 크다. 지방세가 당장 현재 보상적인 한, 세입자가 지방세를 납부하지만, 지방세는 세입자에게 순부담이 아니다. 그러나 지방세는 차지농의 순소득에서 상당한 비율을 차지하며, 농촌의 비보상세가 크게 증가하는 아주 드문 경우에는 차지

---

7) 예를 들어 100만 평방피트의 넓이가 여러 줄로 평행하게 늘어선 지상 40피트 지하 40피트의 건물들로 덮여 있다고 가정해보자. 하늘이 반드시 전면뿐만 아니라 후면으로도 똑바로 보았을 때 지면에 45도 각도로 대해야 한다는 조례는 줄간 간격이 40피트가 되게 할 것이다. 그리고 건물의 총부피는 총면적의 절반에 40피트를 곱해서 2,000만 입방피트가 될 것이다. 이제 건물의 높이가 세 배가 된다고 가정해보자. 동일한 조례에 따르면, 줄간 간격은 반드시 120피트가 되어야 하며, 주택 지하 깊이를 40피트 이상으로 늘리는 것은 곤란하다는 가정 아래서, 건물의 총부피는 총면적의 4분의 1에 120피트를 곱해서 3,000만 입방피트가 될 것이다. 따라서 총거주시설은 줄간 간격이 기존의 40피트로 유지되는 경우처럼 세 배가 되는 것이 아니라 2분의 1만 증가할 것이다.

8) 『경제학 원리』 2, 제VI편, 제10장, 10을 보라.

농의 세금부담이 과중할 수 있다. 이미 지적한 대로 어느 한 지역에 국한된 비보상세는 국가 전체에 대한 국세보다 지역의 지주와 차지농을 더 심하게 압박할 것이다.[9]

8 이 책은 주로 과학적 탐구에 집중되어 있지만, 경제적 연구에 동기를 부여하는 실제적인 사안에 대한 언급이 전혀 없지는 않다.[10] 그리고 여기서 지방세에 관련해 정책에 대한 약간의 고려는 바람직한 것처럼 보인다. 모든 경제학자들은 오래된 국가의 토지는 다른 형태의 부와 많은 점에서 유사하지만, 다른 점에서는 상이하다는 데 동의한다. 그리고 최근의 몇몇 논쟁적인 저작들에서 상이점들은 부차적인 지위로 격하하고, 유사점들을 거의 전적으로 상소하는 경향이 나타나고 있다. 만일 긴급한 실제적인 사안에서 유사점들만 아주 중요하다면, 이러한 방향으로의 절제된 경향은 적절할지도 모른다. 그러나 실은 그 반대다. 따라서 대체로 다른 형태의 부와 공통점이 없는 토지의 속성들이 중요하게 작용하는 행정금융(administrative finance)의 몇 가지 중요한 사안들을 고려하는 것도 좋을 것이다. 그러나 우선 공평성에 대한 약간의 언급이 필요하다.

──예를 들어 토지 배수를 위한 수로체계가 만들어질 때처럼──특정한 목적을 위해 특별세가 부과될 때 그리고 공적 당국에 의해 존재하는 소유권의 침해가 없는 경우에, 혜택을 보는 부동산의 소유자들은 공동사업에 대한 이해관계에 비례해서 주주들에게 주금불입청구가 이루어지는 '공동출자원리'(joint stock principle)에 입각해서 적절하게 세금을 부담할 수 있다. 이러한 모든 부담금의 공평성은 반드시 따로따로 떼어서 판단해야 한다. 그러나 다른 한편 모든 비보상적 세금과 지방세에 대해서는 공평성이 반드시 전체적으로 평가되어야 한다. 거의 모든 비보상세는 자체로서 그 부담이 계층에 따라 균등하지 않다. 그러나 각각의 세금에 따른 불평등이 다른 세금에 따른 불평등에 의해 상쇄되고, 각 부

---

9) 『경제학 원리』 2, 142쪽을 보라.
10) 『경제학 원리』 1, 제I편, 제4장, 2～4를 보라.

분에서 편차가 동시에 발생하는 한, 그것은 그다지 중요하지 않다. 이러한 어려운 조건이 충족된다면 세제는 전체적으로 공평할 수 있다. 비록 어떤 부분을 단독으로 간주할 때는 불공평할 수 있지만 말이다.

둘째, 조세제도는 다소 가파른 단계적 변화를 거쳐 사람들의 소득에 맞게 조정되어야 한다는 보편적인 합의가 존재한다. 왜냐하면 한 개인의 소득에서 저축되는 부분은 그것이 지출을 통해 소비되기 전까지는 재무부(Exchequer)에 기여하기 때문이다. 결과적으로 우리의 현행 (국세 및 지방세) 조세제도가 주택에 과중한 압박을 가한다는 사실을 고려할 때, 대규모 지출은 일반적으로 대규모 거주공간을 필요로 한다는 사실을 기억할 필요가 있다. 그리고 세금, 특히 지출 일반에 대한 누진세는 세금징수원에게 커다란 기술적 어려움을 겪게 하고, 또한 그것이 소득을 가져다주는 것보다는 소비자에게 훨씬 큰 비용을 발생시키는 반면, 주택에 대한 세금은 기술적으로 간단하고, 징수하는 데 비용이 적게 들며, 탈세하기가 쉽지 않고, 누진과세가 용이하다는 사실도 기억해야 한다.[11]

그러나 셋째, 이러한 논의는 주택을 제외한 건물에는 적용되지 않는다. 그리고 그러한 이유 때문에, 신규지방세와 관련해서는 가게, 창고, 공장 등에 대해서는 주택보다 낮은 규모로 과세하는 것이 공평할 것이다. 기존의 지방세 부담은 점포의 세입자로부터 일부는 지주에게 그리고 일부는 고객에게 전가되었다. 이러한 전가과정은 계속된다. 따라서

11) 과거에는 주택의 창문이 주택을 대표하는 것으로 간주되었으며, 무거운 세금이 부과되었다. 그러나 이러한 세금은 단지 창문의 소유자와 사용자를 대상으로 하는 것이 아니었으며, 그럴 의도가 있는 것도 아니었다. 그것은 주택의 소유자와 사용자를 대상으로 할 의도였으며, 실제로 그랬다. 그리고 창문이 다소간 주택을 대표하는 것처럼 주택은 가계지출 일반의 규모와 양식을 대표하는 것이며, 아마도 좀더 잘 대표하는 것일 것이다. 그리고 주택이 과세될 때, 세금은 편안함과 사회적 지위의 어떤 일반적 조건에서 생활하는 수단에 대한 소유권과 사용에 대한 세금이며, 그러한 의도를 가진 세금이다. 만일 주택에 부과되는 세금의 일부가 폐지되고, 부족액이 가구와 가내 하인들에게 부과된 세금으로 보전된다면, 세금의 진정한 귀착은 지금과 거의 같을 것이다.

만일 도시지역의 상인계층이 신규지방세 1페니당 1파딩을 즉시 부담하고, 나머지 3파딩의 일부 또는 전부가 매년 조금씩 점진적으로 그들의 부담에 추가되도록 허용된다면, 도시지역의 상인계층은 큰 곤란을 겪지 않을 것이다. 만일 도시지역 지방정부의 지출이 계속적으로 빠르게 증가한다면, 이와 같은 방법이 필요할지도 모른다.

이러한 고려는 우리로 하여금 다음의 사실, 즉 신생국에서든 오래된 국가에서든 선견지명이 있는 정치가는 다른 형태의 부보다도 토지에 대해 법률을 제정할 때 미래 세대에 대한 좀더 큰 책임감을 느낄 것이며, 경제적 관점에서뿐만 아니라 윤리적 관점에서도 토지는 언제나 그리고 어느 곳에서나 반드시 별개의 것으로 분류되어야 한다는 것을 반복하도록 이끈다. 만일 처음부터 국가가 진정한 지대를 직접 계속 보유했더라면, 비록 아주 드문 경우에 신생국에의 정착이 다소 지연될 수도 있었지만, 산업의 활력과 축적이 손상될 필요는 없었을 것이다. 인간에 의해 만들어진 자산에서 파생된 소득과 관련해서는 이 같은 말을 전혀 할 수 없다. 그러나 이와 관련된 공공의 이해가 너무도 중대하므로, 토지의 공적 가치의 공평성을 논할 때 국가에 의해 일단 사적 소유가 인정된 자산에서 파생된 임의의 소득을 국가가 갑자기 전유하는 것은 안전을 파괴하고 사회의 기초를 뒤흔드는 것임을 특별히 염두에 둘 필요가 있다. 갑작스럽고 극단적인 조치는 불공평하다. 그리고 비록 전부는 아닐지라도 부분적으로 그러한 이유 때문에 그러한 조치는 비능률적이고 심지어 어리석은 것이다.

언제나 주의할 필요가 있다. 그러나 높은 임대가치의 원인은 성장하는 세대의 활력과 기쁨을 약화시킬 만큼 중대하게 신선한 공기와 햇빛과 놀이공간의 희소성을 위협하는 인구의 집중이다. 그렇게 풍부한 사적 이득은 성격상 사적이기보다는 공적인 원인에 의해서 발생할 뿐만 아니라 공적 부의 주된 형태의 하나를 희생시키면서도 발생한다. 공기와 햇빛과 놀이공간을 확보하기 위해서는 막대한 지출이 요구된다. 그리고 이러한 비용을 지출할 수 있는 가장 적합한 원천은, 국가의 대표자인 왕이 유일한 토지보유자였던 때부터 부지불식간에 서서히 성숙된, 토지에 대한 극단적인 사유재산권인 것처럼 보인다. 사적 개인들은 공공의 복지를 위해 일할 의무가 있는 토지보유자에 불과했다. 그들에게는 과잉건설을 통해 공공의 복지를 훼손할 정당한 권리가 없다.

9 그러므로 다음과 같은 실제적인 제안을 제시할 수 있다. 기존의 오래된 지방세와 관련해서 징수대상자를 급격하게 바꾸는 것은 바람직하지 못한 것 같다. 그러나 추가되는 지방세는, 큰 불편이 없는 한, A표의 소득세처럼 그것이 차용자의 지대에서 공제된다는 조건 아래서 차용자에게서 징수되지 않는다면, 최종적으로 부담하는 사람으로부터 징수되어야 할 것이다.

그 이유는 기존의 오래된 지방세 중에서 토지의 공적 가치 또는 부지 가치에 부과되는 부분의 거의 전체를 이미 소유자(이러한 지방세가 비록 오래된 것이지만, 차지를 계약할 때 차지인이 예상하지 않았다면, 차지인도 포함한다)가 부담하고 있으며, 나머지 거의 모든 부분을 차용자 또는 그의 고객이 부담하고 있기 때문이다. 이러한 결과는 차용자에게 그의 세금의 절반 심지어 전액을 지대에서 공제하도록 허용함으로써 아주 크게 교란받지는 않을 것이다. 물론 이러한 법안 때문에 소유자의 부동산의 일부가 차지를 계약할 때 기존의 오래된 지방세를 납부할 책임을 지는 차지인에게 양도될 위험이 있다. 다른 한편 새로운, 즉 추가되는 지방세를 분할시키는 조항은 큰 장점을 가지고 있다. 농장에 대해서든, 상가점포에 대해서든, 아니면 주택에 대해서든 세입자는 새로운 지방세의 절반을 지대에서 공제받을 것이다. 그의 1차적인 토지보유자는 그에 비례해 다음 상위 보유자에 대한 지급액에서 공제 받을 것이며, 다음 단계도 마찬가지일 것이다. 게다가 모든 유형의 상가점포에 대한 새로운 지방세는, 바로 앞에서 시사했던 것처럼, 처음에는 세금 전액이 부과되지 않고, 점차 확대될 수도 있다. 이러한 조항들을 통해서 차지농, 가게주인 그리고 기타 상인들은 우발적인 불공평, 그리고 특정 계층에 떨어지는 공적 부담의 급작스럽고 불균형적인 추가와 관련된 불공평에 대한 항구적인 두려움을 덜 것이다.

부지가치에 관해서는, 법적으로 도지지역이든 아니든 모든 토지는 건물을 철거했을 때 상당히 높은 가격에, 이를테면 1에이커당 200파운드에 팔릴 수 있다면 특별 부지가치를 가지고 있는 것으로 간주해야 한다고 규정하는 것이 좋을 것으로 보인다. 그렇다면 그러한 토지에는 자본가치에 부과되는 일반세와 더불어, 위에서 지적했던 목적을 위해 완전한 중앙통제 아래 지방당국에 의해 지출되는 '공기정화세'(fresh air rate)가 적용될 것이다. 이러한 공기정화세는 소유자에게 큰 부담은 아닐 것이다. 왜냐하면 그것의 상당히 큰 부분이 나머지 건물부지의 가치 상승이라는 형태로 되돌아올 것이기 때문이다. 실제로는 메트로폴리탄 공원협회와 같은 민간 협회들의 지출과 공공 개량사업을 위해 건물가치에 부과된 지방세는 이미 부유한 소유자들에게 부를 공짜로 선사하는 것이다.

왜냐하면 농촌지역과 도시지역을 막론하고 토지에 대한 기본적인 지방세를 마련한 다음, 필요한 자금의 나머지는 아마도 부동산에 대한 지방세를 통해 획득하는 것이 최선일 것이며, 여기에 지방당국의 자유재량에 따른 부차적인 지방세가 보충될 것이다. 노인연금 같은 대규모의 신규지출이 필요하지 않다면 주거세(inhabited house duty)는 폐지해도 좋을 것이다. 그리고 마치 현행 주거세가 적당한 규모의 주택에 대해서는 좀더 관대하고, 초대형 주택에 대해서는 좀더 엄한 것처럼, 주요 지방세는 누진적이어야 할 것이다. 그러나 어느 누구도 완전히 면제되지는 않을 것이다. 왜냐하면 어떤 사람이 지방세의 부과 및 지출에 대한 투표권을 유지하는 한, 그가 세금압박에서 완전히 벗어나기는 힘들기 때문이다. 그러나 그가 납부한 금액의 등가물이 자신 또는 그의 자식에게 육체적·정신적 건강과 활력을 향상시키고, 정치적 부패에 이르지 않는 편익의 형태로 돌아가는 것은 확실하고 정당할 것이다.[12]

---

12) 최근의 지방세위원회는 부지가치를 사정하는 데서의 어려움과 장기적으로 최

종적인 토지보유자가 납부하도록 고안된 지방세의 (크든 작든) 공평한 몫이 세입자로부터 차지인에게 이전될 수 있도록 중간(ad interim) 조정하는 데서의 큰 어려움에 몰두하고 있다(특히 『지방세위원회최종보고서』, 153~176쪽을 보라). 사정의 어려움은 의심할 여지없이 아주 크지만 경험을 통해서 급격하게 줄어들 수 있는 성질의 것이다. 이러한 사정의 최초 1,000건은 아마도 다음의 2,000건보다 더 많은 수고가 필요할 뿐만 아니라 더 부정확할 것이다.

수익체증이 일어나는 경우 정태적 가정의 용도제한

1 우리는 수익체증의 법칙을 따르는 상품들과 관련된 균형이론에 붙어 다니는 어려움에 대해서 이미 약간의 힌트를 제공했다. 이러한 힌트들을 이제 좀더 발전시킬 필요가 있다.

요점은 '생산의 한계'라는 용어가 점차적인 산출증가와 함께 생산비가 감소하는 상품들과 관련해서 장기적으로는 아무런 의미가 없다는 점이다. 그리고 수익체증경향은 일반적으로 단기에는 존재하지 않는다. 따라서 수익체증경향을 따르는 상품들의 가치에 대한 특수한 조건들을 논할 때 '한계'라는 용어는 피해야만 한다. 물론 이 용어는 수요의 단기적 변동 또는 신속한 변동과 관련해서 다른 모든 상품들과 마찬가지로 이러한 상품들에 대해서도 사용될 수 있다. 왜냐하면 그러한 변동과 관련해서 이러한 상품들의 생산은 다른 상품들의 생산처럼 수익체증의 법칙이 아니라 수익체감의 법칙을 따르기 때문이다. 그러나 수익체증경향이 실제로 유효한 문제에서, 명확히 정의된 한계생산물은 존재하지 않는다. 이러한 문제들에서 우리의 단위는 좀더 클 필요가 있으며, 우리는 주어진 개별기업이 아니라 대표기업의 조건들을 고려해야만 한다. 그리고 무엇보다도 우리는 단일 소총이나 천 1야드처럼 단일 상품의 비용을 분리하려는 어떠한 시도도 해서는 안 되며, 전체 생산과정의 비용을 고려해야만 한다. 사실을 말하자면, 어떤 산업부문의 거의 전체가 몇몇 거

---

1) 『경제학 원리』 2, 167쪽을 보라.

대 기업의 수중에 있을 때, 그중 어느 기업도 '대표적인' 것으로 정당하게 묘사될 수 없다. 만일 이러한 기업들이 하나의 트러스트로 연합된다면 또는 심지어 서로 밀접하게 결합된다면, '생산의 정상비용'이라는 용어는 더 이상 정확한 의미를 갖지 못하게 된다. 그리고, 다른 책에서 충분히 논의되겠지만, 그것은 명백히 독점으로 간주해야만 한다. 그리고 그것의 절차에 대해서는 반드시 제V편, 제14장의 방침에 따라 분석해야 한다. 비록 19세기 말과 20세기 초는 이러한 경우에도 사전적으로 가능해 보이는 것보다 경쟁은 훨씬 강력하고, '정상적'이라는 용어의 사용이 덜 부적당하다는 것을 보여주고 있다.

2 유행의 변화로 인해 아네로이드기압계 수요가 증가하는 사례로 돌아가보자. 그러한 변화는 잠시 후에 개선된 조직과 공급가격 저하를 가져다준다.[2] 마침내 유행의 힘이 약해지고, 아네로이드기압계에 대한 수요가 다시 전적으로 그것의 실질적인 효용에 기초할 때, 공급가격은 상응하는 생산규모에 대한 정상수요가격보다 클 수도 작을 수도 있다. 전자의 경우에 자본과 노동은 그 업종을 피할 것이다. 이미 사업을 시작한 기업들 중에서 일부는, 비록 기대했던 것보다 순이득이 더 작더라도, 영업을 계속할 것이다. 그러나 다른 기업들은 좀더 번창하는 긴밀한 관련 생산부문으로 서서히 나아가려고 노력할 것이다. 그리고 기존의 기업들이 점점 줄어들면서 그 자리를 메우는 신규 기업은 거의 없을 것이다. 생산규모는 다시 점점 줄어들 것이다. 그리고 과거의 균형 위치는 충격에 대해서 상당히 안정적인 것으로 드러날 것이다.

그러나 이제 증가된 산출물에 대한 장기공급가격이 수요가격보다 낮게 유지될 정도로 감소하는 다른 경우를 보자. 이 경우에 사업가들은 해당 업종에서 출발한 기업의 생애를 내다보고, 기업의 성장 및 쇠퇴가능성을 고려하고, 그것의 미래의 지출 및 수입을 할인해서 수입이 지출보다 크다고 결론지을지도 모른다. 이 경우 자본과 노동은 빠르게 해당 업

---

2) 『경제학 원리』 2, 제V편, 제12장, 1을 보라.

종으로 유입될 것이다. 그리고 수요가격의 감소가 장기공급가격만큼 크게 감소해서 안정적 균형점에 이르기 전까지 생산은 10배까지 증가할지도 모른다.

한편, 제3장에서 제시했던 것처럼, 안정적 균형점 주변에서 수요와 공급의 진동을 설명할 때 흔히 그렇듯이 시장에는 안정적 균형점이 오직 하나밖에 없다는 것을 암묵적으로 가정했지만, 실제로 드물기는 하지만 특정 조건에서는 수요와 공급의 실질 균형이 둘 또는 그 이상 존재할 수 있다. 여기서 각 균형점은 시장의 전반적 상황에 동등하게 부합하며, 각 균형점은 일단 거기에 도달하면 어떤 커다란 교란이 발생하지 않는 한 안정적일 것이다.[3]

---

3) 안정적 균형점들 이외에 적어도 이론적으로는 불안정적 균형점들도 존재한다. 불안정적 균형점은 두 개의 안정적 균형점들을 분할하는 경계선, 말하자면 두 개의 강 유역을 가르는 분수계(watershed)다. 가격은 양 방향으로 불안정적 균형점에서 멀어지는 경향이 있다.

수요와 공급이 불안정적 균형상태에 있을 때, 만일 생산규모가 균형위치에서 조금이라도 교란을 받는다면, 마치 한쪽 끝으로 세워져 있는 계란이 아주 작은 충격에도 넘어져서 옆으로 눕는 것과 마찬가지로, 그것은 안정적 균형점들 가운데 하나로 빠르게 이동할 것이다. 계란을 한쪽 끝으로 세우는 것이 이론적으로는 가능하지만 현실적으로는 불가능한 것처럼, 생산규모가 불안정적 균형에 머물러 있는 것은 이론적으로는 가능하지만 현실적으로는 불가능하다.

〈그림-38〉에서 두 곡선은 여러 점에서 만난다. Ox상의 화살표는 상황에 따라서 R이 Ox상에서 움직이는 방향을 보여준다. 그것은 만일 R이 점 H 또는 점 L에 있고, 양 방향으로 약간 이탈한다면 교란요인이 소진되자마자 원래의 균형점으로 되돌아가지만,

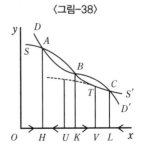

〈그림-38〉

만일 그것이 점 K에 있고, 오른쪽으로 이탈한다면, 교란요인이 중지된 이후에도 점 L에 이를 때까지 계속 오른쪽으로 이동하며, 왼쪽으로 이탈한다면 점 H에 이를 때까지 계속 왼쪽으로 이동한다는 것을 보여준다. 다시 말해서 점 H와 점 L은 안정적 균형점들이고, 점 K는 불안정적 균형점이다. 따라서 우리는 다음과 같은 결과에 도달한다.

수요곡선과 공급곡선의 교점에 대응되는 수요와 공급의 균형은 그점의 바로 왼

3 그러나 만일 어떤 상품의 정상적인 생산이 증가했다가 나중에 다시 기존 수준으로 감소한다면 수요가격과 공급가격도 기존의 생산수준에 맞게 기존의 위치로 되돌아갈 것이라고 가정하는 한, 이 이론은 실제의 삶의 조건에 맞지 않는다는 것을 인정해야만 한다.[4]

어떤 상품이 수익체감의 법칙을 따르든 수익체증의 법칙을 따르든, 가격감소에서 기인하는 소비증가는 점진적이며,[5] 또 어떤 상품의 가격이 저렴할 때 그 상품의 사용과 관련해 일단 형성된 습관은 가격이 다시

쪽에서 수요곡선이 공급곡선보다 위에 있느냐 아니면 아래에 있느냐에 따라, 또는 마찬가지이지만 그점의 바로 오른쪽에서 수요곡선이 공급곡선보다 아래에 있느냐 아니면 위에 있느냐에 따라 안정적이거나 불안정적이다.

우리는 수요곡선이 전 영역에 걸쳐 우하향한다는 것을 보았다. 여기서 만일 임의의 교점의 바로 오른쪽에서 공급곡선이 수요곡선보다 위에 있다면, 우리가 공급곡선을 따라 오른쪽으로 이동하면, 다음 교점에 이를 때까지 수요곡선보다 계속 위에 있을 수밖에 없다는 것이 당연하다. 다시 말해서 안정적 균형점 우측에 있는 다음 균형점은 반드시 불안정적 균형점이다. 그리고 비슷한 방식으로 안정적 균형점 좌측에 있는 인접한 균형점도 불안정적 균형점일 수밖에 없다는 것을 입증할 수 있다. 즉, 두 곡선이 한 번 이상 만나는 경우에는 안정적 균형점과 불안정적 균형점이 번갈아 있게 된다.

또 우리가 오른쪽으로 이동하면서 마지막으로 도달한 교점은 반드시 안정적 균형점이다. 왜냐하면 생산량이 무한대로 증가한다면 그것이 판매될 수 있는 가격은 거의 0으로 떨어질 수밖에 없을 것이나, 생산비를 보전하기 위해 요구되는 가격은 그 정도로 떨어질 수 없기 때문이다. 따라서 공급곡선이 우측으로 충분히 멀리까지 그려진다면 그것은 결국 수요곡선보다 위에 있을 수밖에 없다.

우리가 왼쪽에서 오른쪽으로 이동하면서 도달한 첫 번째 교점은 안정적 균형점일 수도 있고 불안정적 균형점일 수도 있다. 만일 그것이 불안정적 균형점이라면, 그 사실은 문제의 상품에 대한 소규모 생산은 생산자를 보상해주지 못할 것임을 나타낼 것이다. 따라서 그 상품에 대한 생산은, 어떤 사건이 일시적으로 그 상품에 대한 절박한 수요를 야기하거나, 일시적으로 생산비를 감소시키지 않는 한, 또는 어떤 모험적인 기업이 생산의 초기 어려움을 극복하고, 대규모 판매를 보장해줄 만큼 낮은 가격에 상품을 공급하는 데 많은 자본을 매몰시킬 각오가 없다면, 전혀 시작될 수 없다.

4) 『경제학 원리』 2, 제V편, 제3장, 6을 보라.
5) 『경제학 원리』 1, 제III편, 제4장, 6을 보라.

상승하더라도 쉽게 버려지지 않는다. 따라서 만일 공급이 점진적으로 증가한 이후에 일부 공급원천이 폐쇄되거나 다른 원인이 발생하여 상품이 희소해진다 하더라도, 많은 소비자들은 자신들의 평소 습관에서 벗어나는 것을 주저할 것이다. 예를 들어 기존의 가격이 낮았기 때문에 면화는 여러 가지 욕구——이러한 욕구의 많은 부분이 낮은 가격으로 인해 생겨났다——를 충족시키는 데 사용되었는데, 만일 그렇지 않았더라면 미국 전쟁기간에 면화가격은 그렇게 높지 않았을 것이다. 그러므로 어떤 상품의 생산이 증가할 때 적용되었던 수요가격목록은 상품생산이 과거 수준으로 복귀할 때는 거의 적용되지 않을 것이며, 일반적으로 상향조정이 요구될 것이다.[6]

또 공급가격목록은 공급이 증가하고 있을 때 발생하는 재화의 공급가격의 실제 감소를 제법 잘 나타낼 수 있다. 그러나 만일 수요가 감소하거나, 어떤 다른 이유로 공급이 감소해야 한다면 공급가격은 그것이 감소할 때 지녔던 경로를 그대로 되밟아가며 증가하지는 않을 것이며, 좀더 낮은 경로를 따라 증가할 것이다. 공급이 증가할 때 적용되었던 공급가격목록은 공급이 감소할 때는 적용되지 않을 것이며, 좀더 낮은 스케줄로 대체되어야 할 것이다. 상품생산이 수익체감의 법칙을 따르든 수익체증의 법칙을 따르든 그것은 참이다. 그러나 생산이 수익체증의 법칙을 따른다는 사실은 생산의 증가가 조직을 크게 개선시킨다는 것을 입증해주므로 후자의 경우에는 특히 중요하다.

왜냐하면 어떤 우연적인 교란이 어떤 상품의 대규모 생산증가를 야기하고, 따라서 광범위한 경제적 효과를 가져다준다면 그러한 경제적 효과는 즉각적으로 상실되지는 않기 때문이다. 기계적 도구, 노동분업, 운송수단의 발전과 모든 종류의 조직의 개선은 일단 획득되고 나면 즉시 버려지지 않는다. 일단 임의의 특정한 산업에 투입되고 나면 자본과 노동은 그것들이 생산하는 제품의 수요가 감소할 때 실제로 그 가치가 저

---

6) 즉 판매물량이 줄어들 때, 수요곡선이 새로운 수요조건을 나타내기 위해서는 수요곡선의 좌측 끝부분이 위로 상승할 필요가 있을 것이다.

하될 수 있다. 그러나 그것들은 빠르게 다른 업종으로 전환될 수 없다. 그리고 그들의 경쟁은 당분간 수요감소에 기인하는 제품가격의 상승을 방해할 것이다.[7]

부분적으로 이러한 이유 때문에 시장의 모든 상황이 관련 딜러들에 의해 확인될지라도, 두 개의 안정적 균형점들이 동일한 시점에 가능한 대안으로 드러나는 경우는 많지 않다. 그러나 만일 어떤 제조업부문에서 생산규모가 큰 폭으로 증가할 때 공급가격이 아주 빠르게 하락한다면, 상품에 대한 수요를 증가시키는 현재의 교란은 앞으로 과거보다 훨

---

7) 예를 들어 〈그림-38〉에서 공급곡선의 모양은 문제의 제품이 연간 OV의 규모로 생산된다면, 제품이 TV 가격에 판매될 수 있을 정도로 그에 따른 생산의 경제가 광범위하다는 것을 의미한다. 이러한 경제적 효과가 일단 달성된다면, 곡선 SS'의 모양은 아마도 더 이상 공급의 상황을 정확하게 나타내지 못할 것이다. 예를 들어 OU 생산량에 대한 생산비는 더 이상 OV 생산량에 대한 생산비보다 비례 이상으로 아주 크지는 않을 것이다. 따라서 곡선이 공급의 상황을 다시 반영할 수 있기 위해서는 그림에서 점선으로 나타낸 곡선처럼 좀더 낮은 위치에 그릴 필요가 있을 것이다. 블럭은 『경제학 계간』, 1902년 8월호에 실린 논문 508쪽에서, 이 점선으로 나타낸 곡선이 점 T로부터 아무리 완만하더라도 좌상향해서는 안 되며, '가장 취약한 생산자들을 강제 파산시킴으로써' 미래의 한계비용이 과거보다 더 유능한 생산자들의 한계비용이 되도록 생산감소가 한계비용을 감소시킨다는 것을 나타내기 위해서 좌하향해야 한다고 주장한다. 이러한 결과는 가능하다. 그러나 가장 취약한 생산자의 한계비용은 가치를 규정하지 않으며, 그것을 규정하는 원인의 힘을 나타낼 뿐이라는 것을 반드시 기억해야 한다. 대규모 생산의 경제가 '내부적'인 한, 즉 개별 기업들의 내부조직에 귀속되는 한, 좀더 취약한 기업들은 반드시 좀더 강력한 기업들에 의해 빠르게 퇴출당할 수밖에 없다. 취약한 기업들이 계속 존재하는 것은 부분적으로 시장확대의 어려움 때문에, 그리고 부분적으로 어떤 기업의 우세가 영구적이지 못하기 때문에 강력한 기업이 생산물을 무한대로 증가시킬 수 없다는 증거다. 오늘의 강력한 기업은 얼마 전에는 미숙하기 때문에 약했으며, 얼마 후에는 노후화되기 때문에 약해질 것이다. 한계에는 여전히 소규모 생산을 유지하는 취약한 기업들이 존재할 것이다. 그리고 그러한 기업들은 아마도 시간이 지나면서 총생산의 규모가 유지되는 경우보다 더 취약해질 것이다. 외부경제도 약화될 것이다. 다시 말하면 대표기업은 좀더 규모가 작고, 좀더 취약하고, 외부경제의 혜택을 덜 받게 될 것이다. 『경제학 계간』, 1904년 2월호에 실린 플럭스의 논문을 보라.

씬 많은 양이 훨씬 낮은 가격에 판매되기 위해 생산될 것이므로 안정적 균형가격의 큰 하락을 야기할 수도 있다. 만일 수요가격과 공급가격의 목록을 아주 멀리까지 추적할 수 있으며, 그것들이 서로 아주 가깝게 유지된다면[8] 그것은 언제나 가능하다. 왜냐하면 만일 큰 폭으로 증가한 생산량에 대한 공급가격이 대응되는 수요곡선보다 아주 조금 위에 있다면, 적당한 규모의 수요증가나 상대적으로 경미한 새로운 발명 또는 기타 생산비의 절감은 수요와 공급을 일치시킬 것이며, 새로운 균형을 가져올 것이기 때문이다. 이러한 변화는 어떤 점에서는 하나의 대안적인 안정적 균형점에서 다른 안정적 균형점으로의 이동과 유사하다. 그러나 그것은 정상수요와 정상공급 조건의 변화가 없는 한 일어날 수 없다는 점에서 후자의 경우와 다르다.

이러한 결과들의 만족스럽지 못한 특성들은 부분적으로 분석방법의 불완전성에서 기인하며, 생각건대 이후에 과학적 장치들의 점진적인 발전으로 크게 개선될 것이다. 만일 우리가 정상수요가격과 정상공급가격을 정상생산량뿐만 아니라 그러한 생산량이 정상이 되는 시간의 함수로 표현할 수 있다면 우리는 큰 진전을 이루게 될 것이다.[9]

---

8) 즉 균형점의 우측으로 상당히 멀리 있을 때 공급곡선은 수요곡선보다 조금 위에 있을 것이다.

9) 한 가지 어려움은 한 번의 생산규모 증가에 귀속되는 경제적 효과의 도입을 가능케 하는 데 적합한 시간이 다른 좀더 큰 생산규모 증가에 대해서는 충분치 않다는 사실에서 기인한다. 따라서 우리는 반드시 다루고 있는 특수한 문제에 의해 지시될 수 있는 상당히 긴 시간을 미리 정해야 하며, 공급가격 시리즈 전체를 그것에 맞게 조절해야만 한다.

우리가 좀더 복잡한 사례를 염두에 둔다면 본질에 훨씬 더 접근할 수 있을 것이다. 우리는 일련의 곡선들을 생각할 수도 있다. 여기서 첫 번째 곡선, 두 번째 곡선, 세 번째 곡선 등은 각각 1년, 2년, 3년 동안 모든 생산규모 증가의 결과로서 도입될 수 있는 경제적 효과를 반영한다. 그것들을 판지에서 잘라내고 나란히 세우면 우리는 곡면(surface)을 얻게 되는데, 여기서 세 가지 차원은 각각 생산량, 가격, 시간을 나타낼 것이다. 만일 우리가 각 곡선에서, 예측할 수 있는 한, 그 곡선과 관계된 해의 정상생산량일 것으로 보이는 생산량과 대응되는 점을 찍는다면 이러한 점들은 곡면상에 곡선을 형성할 것이며, 그 곡선은 수익체

4 다음으로 평균가치와 정상가치의 차이로 되돌아가보자.[10] 정상상태에서 생산의 각 요소에 돌아가는 소득은 사전에 정확하게 예상되며, 그것을 존재하게 하는 데 필요한 노력과 희생의 정상적인 측정값을 나타낼 것이다.

그렇다면 집계생산경비는 이러한 한계경비에 상품의 수를 곱하거나, 상품의 각 부분에 대한 모든 실제 생산경비를 합하고, 생산의 차별적 우위에서 획득되는 모든 지대를 더함으로써 구할 수 있을 것이다. 집계생산경비는 이중 한 방법을 통해 결정되고, 평균경비는 그것을 상품량으로 나누어서 구할 수 있다. 그리고 그 결과는 장기에 대해서나 단기에 대해서나 정상공급가격이 될 것이다.

그러나 우리가 살고 있는 이 세상에서 생산의 '평균'경비라는 용어는 다소 오해의 소지가 있다. 왜냐하면 상품을 생산하는 데 필요한 대부분의 물적·인적 생산요소들은 오래전부터 존재하기 때문이다. 따라서 그것들의 가치는 생산자들이 그것들에 대해 최초에 기대했던 것과 정확하게 일치하지 않을 수 있으며, 그중 일부는 더 크고, 다른 일부는 더 작을 것이다. 그러므로 그것들에 의해 획득되는 현재소득은 생산물에 대한 소비와 생산물의 공급 사이의 일반적인 관계에 의해 규정될 것이다. 그리고 그것들의 가치는 이러한 소득을 자본화함으로써 얻어질 것이다. 따라서 정상수요가격의 목록과 결합해 정상가치의 균형점을 결정하게 될 정상공급가격의 목록을 작성할 때 우리는 순환논법에 빠지지 않고는 이러한 생산요소들의 가치를 당연한 것으로 생각할 수 없다.

이러한 주의사항은 수익체감경향이 있는 산업과 관련해서 특별히 중요한데, 정상상태에서 그리고 바로 그러한 상태에서만 가능한 수요와 공급의 관계에 대한 도식적 표현으로 강조할 수 있다. 각각의 특수한 재화는 간접비에 대한 각각의 몫을 부담하고 있으며, 생산자는 총비용——

감의 법칙을 따르는 상품에 대한 진정한 장기정상공급곡선일 것이다. 『이코노믹 저널』, 1892년호에 실린 커닝엄(H. Cunynghame)의 논문을 참조하라.
10) 『경제학 원리』 2, 제V편, 제3장, 6; 제5장, 4; 제9장, 6을 보라.

여기에는 사업망과 외부조직을 구축하는 과업에 드는 대표기업의 비용
도 포함되어야 한다——보다 낮은 가격에 특정한 주문을 받아들일 만한
가치가 전혀 없다. 이러한 예시는 적극적인 가치가 전혀 없으며, 단지
추상적 추론에서 있을 수 있는 오류를 예방할 뿐이다.[11]

---

11) 다음 그림에서 SS'는 우리가 살고 있는 세상의 조건에 맞게 조정된 진정한 공
   급곡선이 아니다. 그러나 그것은 종종 진정한 공급곡선의 것이라고 잘못 귀착
   되는 속성들을 가지고 있다. 우리는 그것을 **특수경비곡선**(particular expenses
   curve)이라고 부를 것이다. 여느 때처럼 상품의 양은 Ox를 따라, 그 가격은
   Oy를 따라 측정된다. OH는 연간 생산되는 상품량이다. AH는 상품 1단위의
   균형가격이다. OH번째 단위의 생산자는 차별적 우위를 가지고 있지 못하지
   만, OM번째 단위의 생산자는 차별적 우위를 가지고 있다. 그러한 차별적 우
   위 덕분에 그는 PM을 지출해서 OM번째 단위를 생산할 수 있다. 만일 그가
   그러한 차별적 우위를 가지지 못했다면 OM번째 단위를 생산하는 데 AH를
   지출해야 했을 것이다. 점 P의 궤적은 특수경비곡선이다. 그리고 특수경비곡
   선상의 임의의 한 점 P를 잡아서 Ox와 수직이 되게 PM을 그리면 PM은 OM
   번째 단위를 생산하는 데 발생하는 특수생산경비를 나타낸다. AH가 PM을 초
   과하는 부분, 즉 QP는 생산자잉여 또는 생산자지대. 편의상 차별적 우위의
   소유자들은 좌에서 우로 내림순으로 배열될 수 있다. 그러면 SS'는 우상향하
   는 곡선이 된다.
   소비자잉여 또는 소비자지대의 경우처럼(제III편, 제6장, 3) 말을 이으면, 우
   리는 MQ를 얇은 평행사변형이나 굵은 직선으로 간주할 수 있다. 그리고 점
   M이 OH를 따라 연속적으로 움직이면,
   우리는 곡선 SA에 의해 두 부분으로 나뉘
   는 무수히 많은 굵은 직선들을 얻게 된다.
   각각의 굵은 직선의 아랫부분은 상품 1단
   위의 생산경비를 나타내고, 윗부분은 상
   품 1단위가 지대에 제공하는 기여분이다.
   모든 굵은 직선의 아랫부분으로 이루어진
   집합은 $SOHA$ 영역을 가득 채우며, 그것
   은 OH 양의 집계생산경비를 나타낸다.
   모든 굵은 직선의 윗부분으로 이루어진
   집합은 FSA 영역을 가득 채우며, 통상적
   의미에서 생산자잉여 또는 생산자지대를

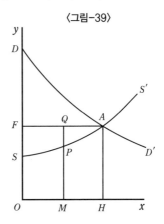

〈그림-39〉

나타낸다. 앞에서 언급했던 수정을 조건으로(제III편, 제6장, 3), DFA는 소비자들이 OH 양으로부터 얻는 잉여만족을 나타낸다. 여기서 OH 양의 가치는 소비자들에게 $OH \times HA$와 동등한 금액으로 표현된다.

그런데 특수경비곡선과 정상공급곡선의 차이점은 전자의 경우에는 전반적인 생산의 경제가 고정되어 있고 줄곧 일정한 것으로 간주하며, 후자의 경우에는 그렇지 않다는 데 있다. 특수경비곡선은 줄곧 총생산이 OH이며, 모든 생산자들이 이러한 생산규모에 속하는 내부경제 및 외부경제에 접근할 수 있다는 가정에 기초한다. 그리고 이러한 가정을 주의 깊게 염두에 둔다면, 곡선은 농업이든 제조업이든 임의의 산업의 특수한 단계를 나타내는 것으로 사용될 수 있다. 그러나 그것은 생산의 전반적 조건을 나타내는 것으로 간주될 수 없다.

그것은 오직 정상공급곡선에 의해서만 가능하다. 정상공급곡선에서 PM은, (OH처럼 다른 양이 아니라) OM 단위가 생산되었다는 가정 아래서, 그리고 가용한 생산의 내부경제 및 외부경제는 생산의 총규모가 OM일 때 대표기업이 향유하는 생산의 내부경제 및 외부경제라는 가정 아래서, OM번째 단위의 정상생산경비를 나타낸다. 이러한 경제는 생산의 총규모가 큰 OH일 경우보다 더 작다. 따라서 점 M은 점 H의 왼쪽에 있으므로 점 M에서 공급곡선에 대한 세로좌표는 총생산 OH에 대해 그려진 특수경비곡선보다 더 클 것이다.

우리의 그림에서 총지대를 나타내는 영역 SAF는, 심지어 농업의 경우에도 만일 SS'가 정상공급곡선을 나타낸다면 (DD가 정상수요곡선일 때), 감소할 것이다. 왜냐하면 농업에서도 전반적인 생산의 경제는 생산의 총규모가 증가함에 따라 커지기 때문이다.

그러나 만일 우리가 특정한 논의를 위해 이러한 사실을 무시하기로 한다면, 즉 OM 단위가 생산될 때 (아무런 지대도 지불하지 않을 만큼) 가장 어려운 상황에서 재배된 생산물 단위의 생산경비를 MP라고 가정한다면, 그것은 OH가 생산될 때도 여전히 M번째 단위의 (지대와는 다른) 생산경비다. 또는 환언해서, 만일 OM에서 OH로의 생산증가가 OM번째 단위의 생산경비를 변화시키지 않는다고 가정한다면, 우리는 SS'가 정상공급곡선일 때도 SAF를 총지대를 나타내는 것으로 간주할 수 있을 것이다. 이렇게 하는 것이 때로는 편리할 수 있다. 물론 이때 이루어진 특수한 가정의 성격을 언제나 주의해야만 한다.

그러나 수익체증의 법칙을 따르는 상품의 공급곡선에 관해서는 이러한 가정을 할 수 없다. 그러한 가정을 하는 것은 논리적으로 모순일 것이다. 상품의 생산이 수익체증의 법칙을 따른다는 사실은, 산업에서 사용되는 원료의 생산증가에 대한 자연의 점증적인 저항을 무력화시킬 만큼, 생산의 총규모가 클 때 가용한 전반적인 경제가 생산의 총규모가 작을 때 가용한 그것보다 크다는 것을 의미한다. 특수경비곡선의 경우에는, 상품이 수익체증의 법칙을 따르든 수익체감의 법칙을 따르든, (점 M이 점 H보다 왼쪽에 있을 때) MP는 언제나 AH보다 작을 것이다. 그러나 다른 한편 공급곡선의 경우에는, 수익체증의 법칙을 따르는 상품에 대해서는, 일반적으로 MP가 AH보다 클 것이다.

한 가지 더 언급할 것이 남아 있다. 인간에 의해 만들어진 생산요소임에도 그 중 일부는 당분간 양적으로 고정된 것으로 간주해야 하는 경우가 있는데, 이 경우 그 수입은 준지대의 성격을 갖게 된다. 만일 우리가 이러한 문제를 다룬다면, 우리가 그리는 특수경비곡선에서 MP는 준지대를 제외하는 좁은 의미에서의 생산경비를 나타낼 것이다. 그리고 영역 SAF는 순수지대 및 준지대의 총합을 나타낼 것이다. 단기정상가치에 대한 문제를 다루는 이러한 방법은 매력이 있으며, 아마도 궁극적으로 유용할지도 모른다. 그러나 그것은 주의 깊게 취급할 필요가 있다. 왜냐하면 그것이 기초하고 있는 가정을 놓치기 십상이기 때문이다.

리카도의 가치론

1 리카도가 일반 청중에게 연설할 때 그는 대체로 일상의 사실들에 대한 자신의 폭넓고 정통한 지식에 의존했다. 그는 그것들을 '예시, 입증 또는 논의의 전제'로 활용했다. 그러나 『정치경제학 원리』에서는 "동일한 문제들이 자기 주변의 현실 세계에 대한 일체의 언급을 거의 전적으로 배제한 채 다루어졌다."[2] 그리고 그는 1820년(맬서스가 『정치경제학 원리』를 출간했던 해) 5월 맬서스에게 다음과 같은 편지를 보냈다. "우리의 차이는 어떤 점에서는 당신이 나의 책을 내가 의도했던 것보다 더 실제적인 것으로 고려한 탓이라고 생각합니다. 나의 목표는 원리를 밝히는 것이었으며, 이를 위해 나는 그러한 원리의 작동을 보여줄 수 있도록 이상적인 경우를 가정했습니다." 그의 책은 체계적이지 못했다. 그는 그 책을 마지못해 출간했다. 그리고 만일 책을 저술하면서 그가 어떤 독자들이든 염두에 두고 있었다면, 그들은 주로 그와 관련되어 있는 정치가들과 기업가들이었을 것이다. 따라서 그는 논의의 논리적 완결성을 위해서는 필요했던, 그러나 그들이 자명한 것으로 간주했을 많은 것들을 일부러 생략했다. 게다가 그가 1820년 10월에 맬서스에게 말했듯이 그는 "글재주가 없었다." 그의 사상이 심오한 만큼이나 그의 서술은 혼란스러웠다. 그는 단어들을 인위적 의미로 사용했는데 그러한 의미에

---

1) 제V편의 결어, 그리고 「부록 B」 5를 참조하라.
2) 하버드대학의 『경제학 계간』, 1886, I권에 실린 던바 교수(C. F. Dunbar)의 탁월한 논문 「리카도의 사실 이용」(Ricardo's Use of Facts)을 보라.

대한 설명도 하지 않았고, 그러한 의미를 고수하지도 않았다. 그리고 그는 고시하지도 않은 채 가설을 바꾸었다.

만일 그를 제대로 이해하고자 한다면 우리는 반드시 그를 관대하게, 그가 스미스를 해석했던 것보다 더 관대하게 해석해야 한다. 그의 단어가 모호할 경우에는, 저서의 다른 문장에 비추어서 그가 의미하고자 했던 바대로 해석해야만 한다. 만일 우리가 그가 진정으로 의미했던 것을 확인하기 위해 그렇게 노력한다면, 그의 학설은 비록 결코 완전하지는 않지만 보통 그의 학설에 부여되었던 오류의 대부분으로부터 자유롭게 된다.

예를 들어 (『정치경제학 원리』, 제1장, 1), "양적으로 한정되어 있는" 재화의 가치는 "그것을 소유하려는 사람들의 부와 성향에 따라 달라지는 반면", 가치의 측정과 관련해서는 아닐지라도, (정상)가치와 관련해서는 효용이 "절대적으로 필요하다"라고 그는 생각한다. 그리고 다른 곳에서(같은 책, 제4장), 그는 가격의 시장변동이 한편으로 판매 가능한 양과 다른 한편으로 "인류의 욕구와 소망"에 의해 결정되는 방식을 역설한다.

또 '가치와 부(Riches)'의 차이에 대한 아주 완전하지는 않지만 심오한 논의에서 그는 한계효용과 총효용 사이의 차이를 감지한 것처럼 보인다. 왜냐하면 그에게 부는 총효용을 의미하며, 그는 언제나 가치는 마지막으로 구매할 만한 가치가 있는 상품에서 기인하는 부의 증분에 상응한다고 말하려고 했던 것처럼 보이기 때문이다. 또한 그는 언제나 공급이 모자랄 때 그것이 지나가는 사건의 결과로 일시적이든, 아니면 생산비 증가의 결과로 영구적이든, 가치로 측정된 부의 한계증분은 상승하고, 동시에 상품에서 파생되는 총부, 즉 총효용은 감소한다고 말하려고 했던 것처럼 보이기 때문이다. 논의 전체에 걸쳐서, 비록 (미분의 간명한 표현을 몰랐기 때문에) 간결한 설명에 필요한 정확한 단어들을 사용하지는 못했지만, 그는 공급이 제약을 받으면 한계효용은 증가하고 총효용은 감소한다고 말하려 했다.

2 그러나 효용의 주제와 관련해서 아주 중요한 사항들을 더 많이 설

명해야 한다고 생각하지는 않았지만, 생산비와 가치의 관계가 제대로 이해되지 못하고 있으며, 이 주제에 대한 잘못된 견해는 조세와 재정에 관한 실천적인 문제에서 국가를 잘못 인도할 것이라고 그는 믿었다. 따라서 그는 특별히 이 주제에 대해 언급했다. 그러나 여기서도 그는 손쉬운 방법을 택했다.

왜냐하면, 비록 상품이 수익체감의 법칙을 따르느냐, 수익불변의 법칙을 따르느냐 아니면 수익체증의 법칙을 따르느냐에 따라 세 가지로 분류된다는 것을 알고 있었지만, 그는 모든 종류의 상품에 적용될 수 있는 가치론에서 이러한 구분은 무시하는 것이 최선이라고 생각했기 때문이다. 무작위로 선택된 하나의 상품은 수익체감의 법칙을 따를 수도 있고 마찬가지로 수익체증의 법칙을 따를 수도 있다. 따라서 그는 잠정적으로 모든 종류의 상품들이 수익불변의 법칙을 따른다고 가정하는 것이 정당화된다고 생각했다. 이 점에서 그는 어쩌면 옳을 수도 있다. 그러나 그는 자기가 무엇을 하고 있는지를 명시적으로 언급하지 않음으로써 실수를 범했다.

그는 제1장, 제1절에서 자본을 거의 사용하지 않았고, 모든 사람의 노동의 가격이 거의 일치했던 "사회의 초기 단계에서는", 대체로 말해서 "어떤 상품의 가치 또는 그것과 교환되는 다른 상품의 양은 생산에 필요한 상대적 노동량에 의존한다"는 것이 사실이라고 주장했다. 다시 말해서 만일 두 재화가 각각 연간 12명, 4명의 노동으로 생산된다면, 모든 노동자들이 같은 등급일 때 전자의 정상가치는 후자의 그것의 세 배일 것이다. 왜냐하면 만일 전자의 경우에 투자된 자본에 대한 이윤을 위해 10퍼센트를 추가해야 한다면, 후자의 경우에도 10퍼센트를 추가해야 할 것이기 때문이다. 〔만일 w가 이러한 등급의 노동자의 연간임금이라면, 생산비는 각각 $4w \cdot \frac{110}{100}$과 $12w \cdot \frac{110}{100}$이고, 그 비율은 4 대 12 또는 1 대 3일 것이다.〕

그러나 그는 이어서 이러한 가정들이 문명의 차후 단계에서는 적절할 수 없으며, 가치와 생산비의 관계가 자신이 출발했던 단계에서보다 더 복잡하다는 것을 보여주었다. 그리고 다음으로 그는 제2절에서 "질적으로 상이한 노동은 상이한 보수를 받는다"는 고려사항을 도입했다. 만일 보석세공인의 임금이 일반노동자의 두 배라면, 전자의 1시간 노동은 반드시 후자의 2시간 노동으로 간주되어야 한다. 그들의 상대임금이 변한다면 물론 그에 상응해서 그들이 만든 재화들의 상대가치도 변할 것이다. 그러나 우리 세대의 경제학자들이 그렇듯이, (예컨대) 보석세공인의 임금을 보통노동자의 임금과 비교해 세대마다 변화시키는 원인을 분석하는 대신, 그러한 변화가 큰 폭으로 일어날 수 없다고 진술하는 것에 스스로 만족했다.

다음 제3절에서 그는 어떤 상품의 생산비를 계산할 때, 그것에 직접적으로 투입된 노동뿐만 아니라 그러한 노동을 보조하는 장비, 도구, 건물에 투하된 노동도 반드시 고려해야만 한다. 그리고 여기서 시작할 때 표면화시키지 않았던 시간이라는 요소가 개입될 수밖에 없다.

그러므로 제4절에서, 그는 '상품집합'의 가치에 미치는 상이한 영향들을 좀더 자세히 설명한다. [그는 가끔 주요비용과 총비용을 구분하는 어려움을 피하기 위해 이러한 단순한 방법을 사용한다.] 그리고 그는 단 한 번의 사용으로 소모되는 유동자본과 고정자본의 투입의 상이한 효과와 상품을 만드는 기계를 제작하기 위해 반드시 투자되어야만 하는 시간을 다시 특별히 고려한다. 만일 그 시간이 길다면 상품은 생산비가 증가할 것이며, "상품이 시장에서 구매되기 전에 반드시 경과되는 좀더 긴 시간을 보상하도록 가치가 증가할" 것이다.

그리고 끝으로 제5절에서 그는 투자기간의 변화가, 직접적이든 간접적이든, 상대 가치에 미치는 영향을 요약해서 설명한다. 동시에 이러한 변화는, 모든 임금이 동시에 상승하거나 하락한다면, 서로 다른 상품들의 상대가치에 영속적인 영향을 주지는 않는다고 정당하게 주장한다. 그러나 만일 이윤율이 하락한다면, 그러한 변화는 시장에 출하될 수 있기까지 생산과정에서 장기간의 자본투자를 요하는 상품들의 상대가치를 떨어뜨릴 것이라고 주장한다. 왜냐하면 만일 어떤 경우에는 평균투자기간이 1년이고, 이윤의 몫으로 임금총액에 10퍼센트가 추가되어야 하는 반면, 다른 경우에는 각각 2년이고, 20퍼센트가 추가되어야 한다면, 이윤이 5분의 1 감소할 때 후자의 경우에 추가분이 20에서 16으로 감소하는 반면, 전자의 경우에는 10에서 8로 감소하기 때문이다. 〔만일 양자의 직접 노동비용이 동일하다면, 그것들의 가치의 비율이 변화가 있기 전에는 110분의 120 또는 1.091일 것이고, 변화가 있은 다음에는 108분의 116 또는 1.074일 것이다. 즉 거의 2퍼센트 감소한다.〕 그의 논의는 분명 잠정적인 논의에 불과하다. 다음 장들에서 그는 투자기간 말고 서로 다른 산업에서 이윤의 차이를 가져다주는 다른 원인들을 고려한다. 그런데 그가 노동뿐만 아니라 시간이나 기다림도 생산비의 한 요소라는 사실을 가장 강하게 강조할 수 있는 방법은 제1장에서부터 그것을 설명하는 데 전념하는 것 말고는 다른 방법을 생각하기가 쉽지 않다. 그러나 불행하게도 그는 간략한 표현을 좋아했으며, 자신이 제공한 힌트에 대한 설명을 언제나 독자들 스스로 채울 것이라고 생각했다.

실제로 제1장 제6절 말미의 주석에서 그는 다음과 같이 말하고 있다. "맬서스는 어떤 재화의 비용과 가치가 일치해야만 한다는 것이 내 이론의 일부라고 생각하는 것 같다. 만일 그에게 비용의 의미가 이윤을 포함하는 '생산비'라면, 사실이다. 위의 문장에서 그는 비용을 그런 의미로 쓰지 않았다. 따라서 그는 나를 제대로 이해하지 못했다." 그러나 로드베르투스와 마르크스는 리카도의 권위에 기대어 재화의 자연가치가 전적으로 그것에 투하된 노동으로 구성된다고 말한다. 그리고 이러한 저자들의 결론에 가장 격렬하게 반대한 독일의 경제학자들마저도 그들이 리카도를 정확하게 해석했으며, 그들의 결론은 그로부터 논리적으로 도출된다는 것을 종종 인정했다.

이런저런 비슷한 유형의 사실들은 리카도가 말을 아꼈던 것이 판단 착오였음을 보여준다. 만일 그가 두 상품의 가치는, 다른 모든 것들이 동일하다는 조건——즉 두 경우에 고용된 노동은 숙련도가 동일하며, 임금도 동일하게 받고, 또 그것은 투자기간을 감안할 때 상응하는 자본량에 의해 보조를 받고, 이윤율은 동일하다는 조건——아래서만, 장기적으로 그것들을 생산하는 데 필요한 노동량에 비례하는 것으로 간주되어야 한다는 진술을 가끔씩 되풀이했더라면, 상황은 더 나았을 것이다. 정상가치의 문제와 관련해서, 그는 인과관계의 긴 사슬 속에서 어떻게 다양한 요인들이 순차적이지는 않지만 서로 규정하는지를 분명하게 설명하지 않았다. 그리고 어떤 경우에는 그 자신도 어쩌면 그것을 완전하게 그리고 분명하게 자각하지 못했을 것이다. 그리고 그는 방대한 경제이론을 간략한 문장으로 표현하려고 애쓰는 나쁜 습관 때문에 어느 누구보다도 더 큰 죄를 범했다.[3]

  3 최근에 제번스만큼 리카도의 탁월한 독창성에 근접한 학자는 극히 소수다. 그러나 제번스는 리카도와 밀을 가혹하게 평가했으며, 그들의 이론이 실제보다 더 편협하고 덜 과학적인 것이라고 생각했다. 그리고 그들이 충분히 부각시키지 못했던 가치의 측면을 강조하려는 그의 욕망

---

3) 애슐리는 그의 「리카도의 재평가」(Rehabilitation of Ricardo, 『이코노믹 저널』, 1891, I권) 시도의 일환인 이 주석에 대한 시사적인 비판에서 단지 '경미한 수정'을 거친다는 조건 아래서, 생산비를 구성하고, 가치를 규정하는 것은 사실상 단순한 노동량이라고 리카도가 생각했다고 주장한다. 또 리카도에 대한 이러한 해석은 그의 저술 전체와 가장 잘 부합한다고 주장한다. 이러한 해석을 많은 유능한 저술가들이 받아들이고 있다는 점은 이론의 여지가 없다. 그렇지 않다면 그의 다소 지나치게 벌거벗은 이론을 복권할, 즉 좀더 완전하게 차려 입힐 필요는 거의 없을 것이다. 그러나 자신의 책 제1장에 내포되어 있는 해석절을 계속해서 반복하지 않았다는 이유만으로, 리카도가 제I장에 아무런 의미도 부여하지 않았을 것이라는 문제는, 각각의 독자가 자신의 기질에 따라 스스로 결정할 수밖에 없는 문제다. 그것은 논증으로 해결될 성질의 것이 아니다. 여기서 그의 학설이 완전한 가치이론을 포함하고 있다는 것을 주장하지는 않는다. 단지 그의 학설은 그점에 대해서 대체로 참이라는 것이다. 로드베르투스와 마르크스는 가치를 규정하는(그보다는 규정하는 데 공헌하는) 생산비에 이자가 포함되지 않는다는 것을 의미하는 것으로 리카도의 학설을 해석했다. 그리고 이 점에 대해서 애슐리는 리카도가 "이자, 즉 자본의 단순한 대체 이상의 어떤 것의 지급을 당연한 것으로 간주했다"는 사실을 의심의 여지가 없는 것으로 받아들였을 때(같은 논문, 480쪽), 그는 여기서 주장하는 모든 것을 인정하는 것처럼 보인다.

은 다음과 같은 표현을 어느 정도는 해명해줄 수 있을 것이다. "거듭된 숙고와 탐구를 거쳐 나는 가치가 전적으로 효용에 의존한다는 자못 새로운 견해에 이르게 되었다"(『정치경제학 이론』, 1쪽). 이러한 진술은 가치의 생산비 의존과 관련해서 리카도가 너무 간결한 나머지 주의를 기울이지 못해서 빠졌던 진술 못지않게 일면적·단편적이며, 오해의 소지가 훨씬 더 크다. 특히 리카도는 가치가 생산비에 의존한다는 사실을 좀더 포괄적인 이론의 일부분에 불과한 것으로 간주했으며, 그 나머지에 대해서도 설명하려고 애썼다.

제번스는 계속 말한다. "우리가 만족할 만한 교환이론에 도달하기 위해서는 우리 수중에 있는 상품의 양에 따른 효용변화의 자연법칙을 주의 깊게 추적하기만 하면 된다. 그리고 통상적인 수요공급의 법칙은 교환이론의 불가피한 결과다. 〔……〕 노동은 종종 가치를 결정하지만, 그것은 공급의 증가 또는 제한을 통해서 상품의 효용 정도가 변함에 따라 간접적으로만 작용할 뿐이다." 조만간 알게 되겠지만, 이 두 가지 명제 중에서 후자는 비록 느슨하고 부정확하지만 리카도와 밀에 의해서 이미 거의 같은 형태로 제시되었다. 그러나 그들은 전자의 명제를 받아들이지 않았을 것이다. 왜냐하면 비록 그들이 효용변화의 자연법칙을 자세한 설명이 필요 없을 정도로 너무 자명한 것으로 간주했으며, 생산비는 생산자가 판매목적으로 시장에 공급하는 양에 아무런 영향을 미치지 않는다면 교환가치에 아무런 영향을 줄 수 없다는 것을 인정했지만, 그들의 이론은 공급에 대해서 참인 것이 필요한 변경을 가해 수요에 대해서도 참이라는 것을 의미하기 때문이다. 즉 상품의 효용은 구매자가 시장에서 가져가는 양에 아무런 영향을 줄 수 없다면, 그것의 교환가치에 아무런 영향을 줄 수 없다는 것을 의미하기 때문이다. 이제 제2판에서 공식화된 제번스의 중심적인 견해에서 인과관계의 사슬을 고찰해보자. 그리고 그것을 리카도와 밀의 생각과 비교해보자. 제번스는 말한다(같은 책, 179쪽).

생산비는 공급을 결정한다.

공급은 효용의 최종정도를 결정한다.

효용의 최종정도는 가치를 결정한다.

　이제 이러한 인과관계의 연속이 실제로 존재한다면 중간단계를 생략하고 생산비가 가치를 결정한다고 말함으로써 큰 문제가 있을 수 없다. 왜냐하면 만일 A가 B의 원인이고, B가 C의 원인이고, C가 D의 원인이라면 A는 D의 원인이기 때문이다. 그러나 실제로는 그러한 연속이 존재하지 않는다.

　첫 번째 반론은 '생산비'와 '공급'이라는 용어의 모호성에 집중될 것이다. 제번스는 리카도에게는 가용하지 않았지만 자신에게는 가용했던 준수학적 표현이라는 기술적 장치의 도움을 받아서 이러한 모호성을 피해야만 했다. 좀더 심각한 반론은 그의 세 번째 명제를 겨냥하고 있다. 왜냐하면 다양한 구매자들이 시장에서 어떤 재화에 대해 지불하려는 가격은 단지 그것의 효용의 최종정도에 의해서만 결정되는 것이 아니라, 각자 처분할 수 있는 구매력의 양과 결합해서 효용의 최종정도에 따라 결정되기 때문이다. 어떤 재화의 교환가치는 시장 전반에 걸쳐 동일하지만, 그것에 상응하는 효용의 최종정도는 교환 당사자들간에 일치하지 않는다. 제번스는 교환가치를 결정하는 원인에 대한 설명에서 "소비자들이 가까스로 지불할 용의가 있는 가격"——이 표현은 우리의 저작에서 '한계수요가격'으로 압축된다——을 "효용의 최종정도"라는 문구로 대체했을 때 교환이론의 기초에 좀더 가깝게 다가섰다고 생각했다. 예를 들어 "곡물만 가지고 있는 한 교환집단과 쇠고기만 가지고 있는 다른 교환집단" 사이의 교환결정을 설명할 때(제2판, 105쪽), 그의 그림은 한쪽 직선으로 측정할 때는 '효용'을 획득하고, 다른 쪽 직선으로 측정할 때는 '효용'을 상실하는 '한 개인'을 나타낸다. 그러나 실제로 그런 일이 발생하지는 않는다. 교환집단은 '한 개인'이 아니며, 그것은 모든 구성원에게 동일한 구매력을 그러나 아주 상이한 효용을 나타내는 재화들을 포기한다. 사실을 말하자면 제번스는 이것을 알고 있었으며, 그의 설명은 실제로 '효용'과 '반효용'을 각각 '수요가격'과 '공급가격'으로 대체하는 일련의 해석을 통해서 삶의 현실에 부합되게 할 수 있다. 그러나 그렇게 교정되었을 때 그것들은 기존의 이론에 대항한 공격적인 힘을 크게 상실한다. 그리고 양자 모두 엄격하게 글자 그대로의 해석을 받아들인다면 과거의 표현방법이, 비록 완벽하게 정확하지는 않지만, 제번스와 몇몇 그의 추종자들이 그것을 대체하려고 노력했던 방법보다 진실에 더 가까운 것처럼 보인다.

그러나 그의 핵심이론의 형식적인 명제에 대한 가장 중대한 반론은 그것이 공급가격, 수요가격, 생산량을 (어떤 다른 조건을 가정해서) 상호 결정하는 것으로 나타내는 것이 아니라, 연쇄적으로 하나씩 결정하는 것으로 나타낸다는 점이다. 그것은 마치 A, B, C 세 개의 공이 사발 안에 서로 기대어 있을 때, 세 공의 위치가 중력의 작용으로 상호 결정한다고 말하는 대신, A가 B를 결정하고, B가 C를 결정한다고 말하는 것과 같다. 그러나 어떤 사람은 똑같이 정당하게 C가 B를 결정하고, B가 A를 결정한다고 말할 수 있을 것이다. 그리고 제번스에 답해, 순서를 바꾸어서 그의 연쇄와 똑같이 진실이 아닌 다른 연쇄를 만들어서 다음과 같이 말할 수 있다.

효용은 공급되어야 할 상품량을 결정하고,
공급되어야 할 상품량은 생산비를 결정하고,
생산비는 가치를 결정한다.

왜냐하면 그것은 생산자들이 작업을 유지하게 하는 데 필요한 공급가격을 결정하기 때문이다.

이제 비록 조직적이지 못하고 쉽게 많은 비판을 받을 수 있지만, 원칙적으로 좀더 철학적이고, 삶의 실제상황에 좀더 근접해 보이는 리카도의 이론으로 돌아가자. 그는 이미 인용된 맬서스에게 보내는 편지에서 다음과 같이 말한다. "세(J. B. Say)가 상품은 그것의 효용에 비례해 가치가 있다고 주장했을 때, 가치의 의미에 대한 정확한 개념을 가지지 못했다. 이것은 만일 구매자들만이 상품의 가치를 조절한다면 참일 것이다. 실제로 우리는 모든 사람들이 재화들에 대해서 자신들의 평가에 비례해 가격을 지불할 것이라고 기대할 수 있을지도 모른다. 그러나 사실 나에게는 가격을 조절하는 데서 구매자들이 아무것도 하지 못하는 것처럼 보인다. 그것은 전적으로 판매자들의 경쟁으로 이루어진다. 실제로 구매자들이 철이나 금에 대해 아무리 더 줄 용의가 있다 할지라도, 그들은 그럴 수 없다. 왜냐하면 공급은 생산비에 따라 조절되기 때문이다. 〔……〕 당신은 수요와 공급이 가치를 조절한다고 말한다〔원문대로〕. 내 생각에 그것은 아무것도 말해주지 못한다. 그리고 내가 이 편지의 서두에서 제시했던 이유 때문에 가치를 조절하는 것은 공급이다. 공급은 생산의 상대적 비용으로 통제된다. 생산비는, 화폐로 표현할 때 노동뿐만 아니라 이윤의 가치를 의미한다"(이 편지들에 대한 보나르의 탁월한 판본, 173~176쪽을 보라). 그리고 그의 다음 편지에서 "나는 수요의 곡물가격에 대한 영향이나 수요의 다른 모든 재화들의 가격에 대한 영향에 대해서도 이론을 제기하지 않는다. 그러나 공급은 그 뒤를 바짝 쫓아서, 조만간 자신의〔원문대로〕 손으로 가격을 조절하는 힘을 획득하며, 가격을 조절하는 데서 공급은 생산비에 따라 결정된다."

실제로 이러한 편지들은 제번스가 책을 저술하던 당시에는 발표되지 않았지만, 리카도의 『정치경제학과 과세의 원리』에는 이와 아주 유사한 언급들이 있었다. 또한 밀도 화폐의 가치를 논하면서(『정치경제학 원리』, 제III편, 제9장, 3), "모든 상품들에 적용될 수 있는 것으로 인정되는, 그리고 화폐의 경우에도 거의 모든 다른 재화들처럼 생산비의 법칙에 따라 통제되지만, 생산비가 공급에 아무런 영향을 주지 못한다면 가치에도 아무런 영향을 주지 못할 것이므로 생산비의 법칙에 의해 무효화되지 않는 수요공급의 법칙"에 대해 말하고 있다. 그리고 자신의 가치론을 요약하면서(『정치경제학 원리』, 제III편, 제16장, 1), 밀은 다음과 같이 말한다. "이로부터 수요와 공급은 모든 경우에 가격의 변동 그리고 모든 재화들——그 공급이 자유경쟁 이외의 다른 작인에 의해 결정될 때——의 영구적 가치를 규정하는 것처럼 보인다. 그러나 자유경쟁체제 아래서 재화들은 평균적으로 모든 생산계층들에게 동일한 기대이익을 제공하는 가치로 서로 교환되며, 그러한 가격에 판매되는 것처럼 보인다. 그것은 재화들이 서로 생산비 비율로 교환될 때만 가능하다." 그리고 다음 쪽에서, 결합생산비를 가지는 상품들에 대해 언급하면서, 그는 "이 경우 생산비를 모르기 때문에 우리는 생산비에 앞선 가치법칙 (anterior law of value) 그리고 좀더 근본적으로 수요공급의 법칙에 의존할 수밖에 없다"라고 말한다.

제번스는(『정치경제학 이론』, 215쪽) 이 문장을 참조하면서 "생산비 원리를 도입하면서도 결코 수요공급의 법칙을 떠나지 못했다는 사실, 즉 **앞선 가치법칙**, 수요공급의 법칙으로 복귀하는 밀의 생각에 수반되는 오류"에 대해 말한다. "생산비는 가치를 규정하는 한 가지 상황에 불과하며, 따라서 가치에 간접적으로 영향을 줄 뿐이다."

비록 마지막 부분의 표현은 반론을 면할 수 없지만, 이러한 비판은 중요한 진실을 포함하는 것처럼 보인다. 만일 밀의 시대에 이렇게 비판했다면 밀은 아마도 그것을 받아들였을 것이며, 자신의 실질적인 의미를 표현하지 않는 것으로서 '앞선'이라는 단어를 뺐을 것이다. '생산비원리'와 '최종효용원리'는 의심할 여지없이 모든 것을 지배하는 단일한 수요공급의 법칙의 구성 성분이다. 각각은 가위의 양날에 비유될 수 있을 것이다. 한 날은 정지해두고, 다른 날을 움직여서 절단할 때 우리는 간결하게 그리고 성급하게 절단이 두 번째 날에 의해 이루어졌다고 말할 수도 있다. 그러나 이러한 진술은 정식화되어서는 안 되며, 고의로 옹호되어서도 안 된다.[4]

어쩌면 리카도와 밀에 대한 제번스의 반대는, 자신이 수요가격과 가

---

4) 『경제학 원리』 2, 제V편, 제3장, 7을 보라.

치 사이에 실제 존재하는 관계를 그것이 효용과 가치 사이에 존재하는 관계인 것처럼 말하는 습관에 빠지지 않았더라면, 그리고 만일 그가 쿠르노가 그랬던 것처럼, 그리고 수학적 표현의 사용이 그를 이끌어주었을 것으로 기대되는 것처럼, 수요·공급과 가치의 일반적 관계의 근본적 대칭성과 그러한 관계의 세부사항에서 두드러진 차이와 공존하는 근본적 대칭성을 강조했더라면, 덜 심했을 것이다. 우리는 그가 저술했던 시대에 가치이론의 수요측면이 크게 무시되고 있었으며, 그가 그것에 대한 주의를 환기시키고 그것을 발전시킴으로써 탁월하게 기여했다는 사실을 결코 잊어서는 안 된다. 제번스만큼 우리가 높고 다양한 경의를 표해야 하는 사상가는 극히 소수다. 그러나 그것이 위대한 선배에 대한 그의 비판을 성급하게 인정하는 것으로 이끌어서는 결코 안 된다.[5]

답변을 위해 제번스의 공격을 택하는 것은 정당한 것처럼 보인다. 왜냐하면 여하튼 잉글랜드에서 그것이 다른 어떤 것보다도 많은 주의를 끌었기 때문이다. 그러나 리카도의 가치이론에 대해 많은 다른 저술가들이 다소 유사한 공격을 했다. 그중 특히 매클라우드를 언급할 수 있을

---

[5] 『아카데미』(Academy), 1872년 4월 1일호에 실린 필자의 논문 「제번스의 정치경제학 이론」(Jevons' Theory)을 보라. 그의 아들이 1911년에 간행한 『정치경제학 이론』의 판본은 앞의 논문에 대한 특별한 언급과 함께 제번스의 이자론에 대한 부록을 포함하고 있다(『경제학 원리』2, 제VI편, 제1장, 8을 보라). 그는 그의 부친이 비록 "특정 개념들을 다루기 위해 추상하고, 독자들이 그것들의 관계에 익숙하다고 가정하고, 자신의 관점을 견지하면서, 불행하게도 리카도학파의 방법을 답습했지만" 그의 이론은 "그것이 논하는 바에 있어 옳다"고 주장한다. 아들은 부친의 진정한 해석자로 받아들일 수 있다. 그리고 경제학이 그의 부친에게 진 빚은 분명 리카도에 대한 한없는 부채와 비교할 수 있을 만큼 막대한 것이다. 그러나 제번스의 『정치경제학 이론』은 건설적 측면뿐만 아니라 투쟁적 측면이 있다. 많은 부분에서 그것은 서문에서 "경제학이라는 차를 잘못된 길로 몰고 간" "유능한 그러나 생각이 잘못된 사람, 데이비드 리카도"라고 칭했던 사람에 대한 공격이었다. 리카도에 대한 그의 비판은, 리카도가 가치를 수요와는 관계없이 생산비에 의해 규정되는 것으로 생각했다고 가정함으로써, 약간의 명백하게 불공정한 변증법적 성공을 거두었다. 리카도에 대한 이러한 잘못된 생각은 1872년에 큰 해를 미치고 있다. 그리고 제번스의 **이자론**은, 만일 그가 리카도를 해석한 것처럼 해석된다면, 유지될 수 없는 것임을 보여줄 필요가 있다.

것이다. 1870년 이전의 그의 저작들은 제번스와 동시대 사람들인 발라와 멩거, 그리고 좀더 뒤에 뵘바베르크와 비저에 의한 비용과 관련된 고전파의 가치이론에 대한 최근의 비판 형태뿐만 아니라 내용 면에서도 많은 것을 예고했다.

리카도의 시간요소에 대한 부주의를 그의 비판가들이 모방했으며, 그렇게 이중적 오해의 근원이 되었다. 왜냐하면 그들은 생산비-가치 관계의 궁극적인 경향, 원인의 원인에 대한 이론을, 가치의 일시적 변화와 단기 변동의 원인에 기초한 논의를 수단으로, 논박하려고 시도했기 때문이다. 분명, 자신의 의견을 표현하면서, 그들이 말한 거의 모든 것들이 그들이 의도하는 의미에서는 진실임이 틀림없다. 그중 일부는 새로운 것이며, 그중 많은 부분이 형태 면에서 진전된 것이다. 그러나 그들은 과거의 이론과 크게 대비되는, 또는 과거 이론의 발전·확장과 구별되는 것으로서 상당한 파괴를 가져오는 새로운 가치이론을 발견했다는 그들의 주장을 입증하는 데는 큰 진전을 이루지 못한 것처럼 보인다.

여기서 리카도의 제1장은 전적으로 상이한 재화들의 상대적 교환가치를 규정하는 원인들과 관련지어서 논의되었다. 왜냐하면 이어지는 생각에서 제1장의 영향은 주로 이 방향에서 이루어지고 있기 때문이다. 그러나 그것은 원래 노동가격이 화폐의 일반적 구매력 측정의 좋은 기준을 제공하는 정도와 관련된 논쟁과 관련되어 있었다. 이 점에 대해서 그것의 중요성은 주로 역사적인 것이다. 그러나 이에 대해서는 『경제학계간』, 1904년호에 실린 홀랜더(J. H. Hollander)의 시사적인 논문을 참조해도 좋을 것이다.

임금기금설[1]

1 지난 세기 초에 잉글랜드 국민의 빈곤이 심각했는데, 유럽대륙 사람들은 그보다 더욱 빈곤했다. 유럽대륙의 대부분에서 인구는 희박했기에 식량은 저렴했다. 그러나 모든 경우에 그들은 식량을 제대로 섭취하지 못했으며, 군자금을 스스로 충당하지 못했다. 프랑스는 처음으로 승리한 이후에 다른 나라들에 대한 강제적인 군세 덕택에 버텨나갔다. 그러나 중앙유럽 국가들은 잉글랜드의 도움 없이는 자체적으로 군대를 지탱할 수 없었다. 심지어 미국도, 거대한 활력과 천연자원에도 불구하고, 부유하지 못했다. 미국은 대륙군대에 자금을 지원할 수 없었다. 경제학자들은 그것을 설명하려고 노력했으며, 그것은 주로 잉글랜드의 축적된 자본에 있었다는 것을 알아냈다. 물론 잉글랜드의 축적된 자본은 오늘날의 기준으로 판단할 때 미미한 것이었지만, 어떤 다른 나라의 그것보다 훨씬 큰 규모였다. 다른 나라들은 잉글랜드를 부러워했으며, 잉글랜드를 따라하고 싶었지만, 그렇게 할 수 없었다. 실제로 부분적으로는 다른 이유 때문이었지만, 주로 그들이 충분한 자본을 가지지 못했기 때문이었다. 그들의 연간소득은 즉각적인 소비를 위해 필요했다. 이러한 나라들에서는, 즉각적으로 소비할 필요가 없고, 기계와 다른 물건들——이것들은 노동을 보조하고, 미래의 소비를 위해 방대한 재화들을 생산할 수 있다——을 제작하는 데 할애될 수 있는, 따로 떼어둔 큰 규모의

---

1)『경제학 원리』2, 259, 260쪽을 보라.

부를 가지고 있는 거대한 집단이 없었다. 그들의 논조의 특징은 모든 곳에서 심지어 잉글랜드에서도 자본의 부족, 기계의 도움에 대한 노동의 의존도 심화 그리고 끝으로 노동계층에게 자본이 전혀 없다면 더 풍족할 것이라고 설파했던 일부 루소의 추종자들의 어리석음을 지적하는 것이었다.

결과적으로 경제학자들은 다음과 같은 사실들을 극단적으로 강조했다. 첫째로 노동은 이미 생산된 적절한 옷 등과 같은 자본의 지원을 필요로 하며, 둘째로 노동은 공장, 원료 등의 형태로 자본의 도움을 필요로 한다. 물론 노동자는 자기자본을 직접 공급할 수도 있었지만, 실세로 그가 약간의 옷과 가구, 그리고 어쩌면 몇 개의 단순한 도구 이상을 가지고 있는 경우는 거의 없었으며, 나머지 모든 것을 다른 사람들의 저축에 의존하고 있었다. 노동자는 즉시 입을 수 있는 옷과 즉시 먹을 수 있는 빵, 아니면 그것들을 구매할 수 있는 화폐를 받았다. 자본가는 양모를 자아 털실을 뽑는 일, 털실로 천을 짜는 일, 또는 쟁기질 그리고 소수의 경우에 국한되지만 즉시 사용할 수 있는 상품, 즉시 입을 수 있는 옷, 즉시 먹을 수 있는 빵을 받았다. 분명 중대한 예외가 있지만, 고용주와 피고용자 사이의 일상적인 교섭은 후자가 즉각적으로 사용할 수 있는 재화들을 받고, 전자가 장래에 사용될 수 있는 재화들을 만드는 데 도움을 받는 것이다. 이러한 사실들을 표현하기 위해 경제학자들은 다음과 같이 말했다. 노동은 자본 ——자신이 소유한 것이든 아니면 어떤 다른 사람이 소유한 것이든—— 의 지원을 필요로 하며, 누구든 고용되어 일할 때, 그의 임금은 일반적으로 고용주의 자본에서 그에게 선불된 것이다. 여기서 선불된다는 것은 피고용자가 어떤 재화들을 만드는 데 종사할 때 그러한 재화들이 완성될 때까지 기다리지 않고 임금이 선불된다는 의미다. 이러한 단순한 진술은 많은 비판을 받았다. 그러나 그것이 의미하는 바대로 해석했던 어느 누구에 의해서도 그것은 결코 부인되지 않았다.

그러나 과거의 경제학자들은 임금의 규모가 자본의 규모에 의해 제한된다고 말을 계속했다. 이러한 진술은 변호될 수 없다. 기껏해야 그것은 부주의한 표현방법이다. 그것은 어떤 사람들에게는 한 나라에서 연간 지불될 수 있는 임금총량이 고정되어 있다는 생각을 암시했다. 만일 파업의 위협이나 다른 방법으로 일단의 노동자들이 임금인상을 획득한다면, 결과적으로 다른 노동자집단들이 전자가 획득했던 것과 총량으로 정확히 일치하는 금액을 상실할 것이라고 그들은 이해했을 것이다. 이러한 진술을 했던 사람들은 아마도 연간에 단 한 차례만 수확되는 농산물을 생각했을 것이다. 만일 수확기에 거두어들인 모든 밀이 다음 수확기 이전에 소비될 것이 확실하고, 밀을 전혀 수입할 수 없다면 밀에 대한 누군가의 몫이 커지면, 다른 사람들이 가질 수 있는 몫은 정확히 그만큼 줄어들 것이 자명하다. 그러나 이것은 한 나라에서 지불될 수 있는 임금의 총량이 그 나라에 있는 자본에 의해 고정된다는 진술, 이른바 '임금기금이론의 통속적 형태'라고 불렸던 학설을 정당화하지 못한다.[2]

2 밀은 후기에 콩트, 사회주의자들 그리고 국민 정서의 일반적 경향의 결합된 영향을 받아 경제학에서 기계적 요소와 대비되는 인간적 요소를 강조하게 되었다는 점을 이미 지적했다(『경제학 원리』 1, 제I편, 제4장, 7). 그는 관습과 관행, 끊임없이 바뀌는 사회제도, 인간본성의 부단한 변화가 인간행동에 미치는 영향에 주의를 기울이고 싶어했다. 그는 과거의 경제학자들이 과소평가했던 인간적 요소에 대한 사고의 유연성에서 콩트와 의견이 일치했다. 이러한 바람이야말로 그의 후기 경제학 연구가 『정치경제학의 미해결 문제에 관한 시론집』을 저술했던 시기와 구별되도록 주요한 자극을 주었다. 그리고 그것은 분배를 교환과 분리하도록 그를 유인했고, 분배의 법칙은 '특수한 인간의 제도'에 의존하며, 인간의 정서, 사고, 행동습관이 한 단계에서 다른 단계로 넘어감에 따라 끊임없이 수정될 수밖에 없다고 주장하도록 그를 유인했다. 그렇게 그

---

2) 이 세 단락은 『조합연보』(*Co-operative Annual*)에 발표되고, 『산업근로자 보수에 대한 회의보고서』, 1885년호에 재록된 논문에서 재인용한 것이며, 『경제학 원리』 2, 제VI편의 제1장, 제2장의 중심적인 논의에 대한 개요를 포함하고 있다.

는 분배의 법칙과 생산의 법칙——그는 이것을 물리적 자연의 불변하는 기초에 서 있는 것으로 간주했다——을 대조시켰다. 또한, 그는 분배의 법칙을 교환의 법칙——그는 이것에 수학의 보편성과 아주 유사한 어떤 속성을 부여했다——과도 대조시켰다. 사실을 말하자면 그는 때때로 경제학이 주로 부의 생산과 분배에 대한 논의로 구성되어 있다고 말했으며, 그렇게 교환이론을 분배이론의 한 부분으로 간주했음을 암시하는 것처럼 보였다. 그럼에도 그는 두 가지를 서로 분리시켰다. 그는 제II편과 제IV편에서 분배를 다루었으며, 제III편을 '교환의 기구'(machinery of exchange)에 할애했다(『정치경제학 원리』, 제II편, 제1장, 1; 제16장, 6을 참조하라).

이런 작업을 하면서 그는 경제학에 좀더 인간적인 색조를 부여함으로써 자신의 열정이 자신의 판단을 이기고, 불완전한 분석을 가지고 작업을 서두르도록 방치했다. 왜냐하면 공급과 수요에 대한 설명보다도 그의 주된 임금이론에 우선 순위를 둠으로써 그는 임금이론을 만족스럽게 다룰 수 있는 모든 기회를 스스로 차단했기 때문이다. 그리고 사실상 그는 "임금은 주로 〔……〕 인구와 자본 사이의 비율", 더 정확히 말하자면, 그가 나중에 설명했듯이, "고용되어 일하는 〔……〕 노동계층의 수"와 "노동의 직접적인 고용에 지출되는 〔……〕 유동자본 부분으로 이루어진 임금기금이라 불릴 수 있는 총량 사이의 비율에 의존한다"(『정치경제학 원리』, 제II편, 제11장, 1)라고 말하게 되었다.

사실인즉 분배이론과 교환이론은 동일한 문제의 두 측면에 다름 아닐 정도로 밀접하게 연결되어 있으며, 각각에 대해 '기계적' 정확성과 보편성의 요소가 존재하며, 각각에 대해 장소마다 시대마다 달랐고, 아마도 달라질 '특수한 인간의 제도'에 의존하는 요소도 존재한다. 그리고 만일 밀이 이러한 위대한 진리를 인식했더라면, 그는 제II편에서 그랬던 것처럼, 임금문제에 대한 해결책을 임금문제에 대한 진술로 대체하지는 않게 되었을 것이며, 오히려 제II편에 있는 기술과 분석을 제IV편에서 제공된 국민배당의 분배를 규정하는 원인들에 대한 간결하고 심오한 연구와 결합시켰을 것이다. 그리고 경제학의 발전은 훨씬 빨라졌을 것이다.

실상은 롱지(F. D. Longe), 레슬리, 제번스 등을 본따서 그의 친구 손턴(W. T. Thornton)이 제II편에 있는 표현들이 이치에 맞지 않다고 밀을 납득시켰을 때 그는 너무 지나치게 굴복했으며, 자신의 과거 실수와 그의 공격자들에 대한 불가피한 양보의 범위를 지나치게 과장했다. "그(고용주)가 자신의 사업을 운영하기 위해서 할애하려고 의도했던 기금뿐만 아니라 그가 필수재 이외의 재화에 지출하기 위해 남겨둔 전부를 흡수할 정도까지 임금이 상승하는 것을 본래부터 불가능하게 만드는 자연의 법칙은 존재하지 않는다. 임금상승의 실질적인 한계는 그에게 얼마나 큰 피해를 주고, 그가 사업을 포기하도록 내모는 실천적 고려의 문제이지 **임금기금의 냉혹한 한계가 아니다**"(『논문집』*Dissertations and discussions*, 1859, IV권, 46쪽)라고 그는 말했다. 그는 이 진술이 즉각적인 결과에 관한 것인지 아니면 궁극적인 결과에 관한 것인지, 단기에 관한 것인지 장기에 관한 것인지를 분명하게 하지 않았다. 그러나 어느 경우든 이 진술은 지탱될 수 없는 것으로 보인다.

장기와 관련해서는 그 한계가 너무 높게 책정되었다. 왜냐하면 임금은 국민배당에서 위에서 지적된 것만큼이나 큰 몫을 흡수할 정도로 영구적으로 상승할 수 없기 때문이다. 그리고 단기에 대해서는 그 한계가 충분히 높게 책정되지 못했다. 왜냐하면 결정적인 시기에 잘 조직된 파업은 고용주에게서 짧은 기간이나마 그 기간에 필요한 원료대금 지급을 감안할 때 그의 산출물의 총가치 이상을 끌어낼 수 있으며, 그의 총이윤을 당분간 음(-)으로 만들 수 있기 때문이다. 그리고 실제로 임금이론은, 기존의 형태든 새로운 형태든, 경쟁 상대방의 상대적 세력에 의존하는 노동시장에서의 특별한 투쟁의 결과와는 직접적인 관계가 없다. 그러나 임금이론은 자본-노동관계와 관련된 전반적인 정책과는 밀접한 관련이 있다. 왜냐하면 그것은 어떤 정책이 그 자체로 궁극적인 실패의 씨앗을 지니고 있으며, 어떤 정책이 그렇지 않은지, 적절한 조직의 도움을 받는다면 어떤 정책이 유지될 수 있는지, 그리고 어떤 정책이 궁극적으로 양당사자 중 어느 한쪽을——아무리 잘 조직되었다 할지라도——약화시킬 것인지를 가르쳐주기 때문이다.

얼마 후에 케언즈는 그의 『새로이 해석된 정치경제학의 지도원리』에서 임금기금이론을 부활시키기 위해 노력했다. 그는 자신의 설명방식에 따르면 그 이론에 가해졌던 공격을 피할 수 있을 것이라고 생각했다. 그러나 비록 그가 대부분 자신의 서술에서 과거와 같은 함정을 성공적으로 피했다 할지라도, 그것이 가능했던 것은 오직 그의 서술에서 교묘한 설명을 통해 그 이론의 특징을 벗어날 수 있었기 때문인데, 그 정도가 너무 심해서 그의 서술에는 그러한 제목을 정당화할 만한 것이 거의 남아 있지 않게 되었다. 그러나 그는 "임금은, 다른 모든 것이 동일하다면, 노동공급과 반대로 변한다"(같은 책, 203쪽)라고 말하고 있다. 그의 주장은 노동공급의 급격한 대규모 증가에 대한 즉각적인 결과와 관련해서는 유효하다. 그러나 인구증가의 일상적인 진행과정에서는 얼마간의 자본공급 증가뿐만 아니라 노동세분화와 효율성 향상이 동시에 일어난다. '반대로 변한다'는 표현의 사용은 오해를 불러일으킨다. 그는 "적어도 당분간은 반대 방향으로 변한다"라고 말해야 했을 것이다. 계속해서 그는 다음과 같은 '뜻밖의 결과', 즉 노동공급이 증가함에 따라, 그것이 고정자본·원료와 결합되어 사용되어야 하는 종류의 노동일 때 임금기금은 '그것을 공유해야 할 노동자 수가 증가함에 따라 감소'할 것이라는 결과를 도출한다. 그러나 이러한 결과는 임금 총합이 집계생산에 의해 영향을 받지 않을 때만 일어날 것이다. 그런데 실제로는 이러한 마지막 원인(집계생산)이 임금에 영향을 주는 모든 원인들 중에서 가장 강력한 것이다.

3 비록 수요는 전적으로 자본스톡에 의존하는 것으로 그려지고 있지만, 임금기금이론의 극단적인 형태는 임금을 전적으로 수요에 의해 결정되는 것으로 나타내고 있다는 점을 지적할 수 있을 것이다. 그러나 일부 대중적인 경제학 해설자들은 이 이론과 임금이 노동자를 양육하는 비용

에 의해 엄격하게 결정된다는 임금의 철의 법칙을 동시에 견지하는 것처럼 보인다. 그들은 물론, 후에 케언즈가 그랬던 것처럼, 두 이론을 모두 완화시켜서 그것들을 다소 조화로운 전체로 가공했을지도 모른다.

"산업활동은 자본에 의해 제약된다"라는 명제는 종종 임금기금이론과 뜻이 거의 같게 해석되었는데, 그것이 참이 되도록 설명할 수 있다. 그러나 비슷한 설명을 통해 "자본은 산업에 의해 제한된다"라는 진술도 마찬가지로 참이 될 것이다. 그런데 그 명제는, 보호관세 또는 다른 방법을 통해 사람들이 욕구를 원하는 방식대로 충족시키는 것을 억제함으로써 노동의 총고용은 일반적으로 증가될 수 없다는 논증과 주로 관련해서 밀이 사용했다. 보호관세의 효과는 아주 복잡하고, 여기서 논의할 수 없다. 그러나 이러한 관세에 의해 창출된 임의의 신규산업에서 노동을 지원하고 보조하는 데 투입된 자본은 일반적으로 "그것이 새로운 산업에서 고용하는 노동과 아마도 거의 같은 규모의 고용을 제공했을 어떤 다른 산업에서 전용된 또는 유보된 것일 수밖에 없다." 또는, 논의를 좀 더 현대적 형태로 표현하자면, 이러한 법안은 국민배당도 노동에 돌아가는 국민배당의 몫도 증가시키지 못한다는 것은 자명하다. 왜냐하면 그것은 자본의 공급을 증가시키지 못하며, 어떤 다른 방법으로도 자본의 한계효율성에 비해 상대적으로 노동의 한계효율성을 향상시키지 못하기 때문이다. 따라서 자본에 대한 사용료는 감소하지 않으며, 국민배당은 증가하지 않는다(사실 그것은 거의 확실하게 감소한다). 그리고 노동도 자본도 국민배당의 분배를 위한 교섭에서 상대방에 대한 새로운 우위를 획득하지 못하기 때문에 노동도 자본도 그러한 법안으로부터 혜택을 보지 못한다.

이러한 이론은 전도될 수도 있다. 즉 보호관세에 의해 창출된 임의의 신규산업에서 자본을 실제로 사용하기 위해 필요한 노동은, 그것이 새로운 산업에서 실제로 사용하는 자본과 거의 같은 규모의 자본을 실제로 사용했거나 사용했을 다른 산업에서 전용된 또는 보류된 것일 수밖에 없다고 주장할 수 있다는 것이다. 그러나 이러한 진술은 똑같이 타당한 것일지라도, 일반인의 마음에는 똑같은 호소력을 갖지 못할 것이다. 왜냐하면 비록 실제로는 구매자와 판매자가 서로에게 제공하는 서비스는 장기적으로 동등해지는데도 재화의 구매자는 통상적으로 판매자에게 특별한 편익을 제공하는 것으로 간주되는 것처럼, 비록 고용주와 피고용자가 서로에게 제공하는 서비스는 장기적으로 동등해지는데도 고용주는 통상적으로 노동자——고용주는 노동자의 고용을 구매한다——에게 특별한 편익을 제공하는 것으로 간주되기 때문이다. 우리는 연구의 추후 단계에서 이러한 쌍을 이루는 두 가지 현상의 원인과 결과에 대해 많은 노력을 들일 것이다.

일부 독일 경제학자들은 고용주가 임금을 지불하기 위해 사용하는 재원은 소비자에게서 온다고 주장했다. 그러나 그것은 오해를 수반하는 것으로 보인다. 그것은, 만일 소비자가 고용주의 생산물에 대해 선불한다면, 개별고용주에 대해서는 참일 수도 있다. 그러나 사실상 방향이 반대인 경우가 정상이다. 소비자는 대개 후에 지불하며, 준비된 상품에 대한 대가로 준비된 상품에 대한 미래의 지배력을 제공할 뿐이다. 만일 생산자가 자신의 재화를 판매할 수 없다면 당분간 노동을 고용하지 못할 것이라는 점은 인정할 수 있다. 그러나 그것은 단지 생산의 조직이 부분적으로 고장났다는 것만을 의미할 것이다. 기계는 여러 연접봉 (connecting rod)들 중에서 하나가 고장나면 멈출 것이다. 그러나 그것은 기계의 추진력이 연접봉에 있다는 것을 의미하지는 않는다.

또한, 임의의 시점에 고용주가 임금으로 지불하는 금액은, 비록 소비자가 지불할 가격에 대한 고용주의 기대에 의해 일반적으로 크게 영향을 받을지라도, 소비자가 그의 제품에 대해 실제 지불하는 가격에 의해 규정되는 것도 아니다. 진실을 말하자면, 장기적으로 그리고 정상적인 조건 하에서, 소비자가 그에게 실제 지불하는 가격과 소비자가 그에게 지불할 가격은 사실상 일치한다. 그러나 우리가 개별고용주의 특수한 지급에서 고용주 일반의 정상적인 지급으로 넘어갈 때——그리고 이제 우리는 오직 후자에 대해서만 관련이 있다——, 더 이상 소비자는 별도의 독립된 계층을 형성하지 않는다. 왜냐하면 누구나 다 소비자이기 때문이다. 국민배당은 광의의 소비자들에게 전적으로 돌아간다. 이 경우 양모나 인쇄기는 그것이 묵혀 있던 창고나 공장으로부터 양모제조업자나 인쇄업자에게 이전될 때 소비과정에 들어간다고 말해진다. 그리고 이러한 소비자들은 동시에 생산자들, 즉 노동, 자본, 토지 같은 생산요소들의 소유자들이다. 아이들과 그들에 의해 부양되는 다른 사람들, 그리고 그들에게 세금을 징수하는 정부는 그들의 소득의 일부를 지출하는 것에 불과하다.[3] 따라서 고용주 일반의 자원은 궁극적으로 소비자 일반에게서 끌어낸 것이라고 말하는 것은 의심할 여지없는 진실이다. 그러나 그것은 모든 자원이 국민배당 중에서 즉각적인 사용 대신에 연기된 사용에 적합한 형태로 전환된 부분이라는 것을 달리 표현한 것에 불과하다. 그리고 국민배당의 어떤 부분이 이제 즉각적인 소비 이외의 다른 목적에 투입된다면, 그 자리가 (증식 또는 이윤과 함께) 국민배당의 유입에 의해 채워질 것이라는 기대 아래서 이루어진다.[4]

밀의 첫 번째 기본명제는 그의 네 번째 기본명제——즉 상품에 대한 수요는 노동에 대한 수요가 아니다——와 밀접하게 연결되어 있다. 이 명제도 역시 자신의 취지를 잘못 표현하고 있다. 임의의 특수한 상품을 구매한 사람들은 일반적으로 그것을 생산하는 노동을 보조하고 지원하기 위해 필요한 자본을 공급하지는 않는다. 어떤 생산물에 대한 수요를 늘림으로써 그들은 단지 다른 업종들로부터 그러한 생산물을 생산하는 업종

---

3) 실제로 국민소득의 별도 항목으로서 정부가 제공하는 안전과 기타 편익을 계산에 넣지 않는다면 그렇다.

4) 워커(F. A. Walker)의 저작들 및 그와 관련된 논쟁은 임금기금 주제에 대해 상당히 밝은 빛을 던져주고 있다. 임금을 지급받기 전에 먼저 서비스를 제공하는 피고용자들에 대해서 그가 수집한 사례들은 실제로 약간 논쟁의 여지가 있지만, 주된 논거에 대해서는 그렇지 않다. 캐넌의 『생산과 분배에 관한 이론의 역사 1776~1848』는 과거 임금이론에 대해, 가끔 너무 지나치지만, 아주 예리한 비판을 담고 있다. 타우시그의 육중한 『자본과 임금』은 좀더 보수적인 생각이 견지되었다. 본문에서 언급되었던 독일 이론에 대한 좀더 충분한 설명과 비판을 위해서 잉글랜드 독자들은 특히 위의 책을 참조할 수 있다.

으로 자본과 고용을 돌릴 뿐이다. 그러나 밀은 이 사실을 입증하는 데 만족하지 않고, 화폐를 노동의 직접 고용에 지출하는 것이 상품을 구매하는 데 지출하는 것보다 노동자에게 더 이롭다는 것을 암시하는 것처럼 보인다. 그것은 어느 정도 진실을 내포하고 있다. 왜냐하면 상품의 가격은 제조업자와 중간상인의 이윤을 포함하고 있기 때문이다. 그리고 만일 구매자가 고용주 역할을 한다면, 그는 고용계층의 서비스에 대한 수요를 약간 감소시키며, 예컨대 기계로 만든 레이스 대신에 수제 레이스를 구매하는 경우에 그렇듯이, 노동에 대한 수요를 증가시킨다. 그러나 이러한 논의는 노동의 임금이, 실제로 흔히 그렇듯이, 작업이 진행되는 동안에 지불될 것이며, 상품의 가격이, 실제로 흔히 그렇듯이, 상품이 만들어진 다음에 지불될 것이라고 가정한다. 그리고 밀이 이론을 예증하기 위해 선택한 모든 사례에서, 그의 논의는, 비록 그가 그 사실을 인식하고 있는 것 같지는 않지만, 소비자가 상품을 구매하는 대신에 노동을 고용할 때 노동의 과실에 대한 자신의 소비를 연기한다는 것을 의미하고 있음이 밝혀질 것이다. 그리고 만일 구매자가 그의 지출방식을 전혀 바꾸지 않는다면 동일한 연기는 노동에게 동일한 편익으로 귀결되었을 것이다.[5]

4 국민배당에 대한 논의에서 줄곧 호텔의 주방기구와 요리사의 고용 사이의 관계는 가정집의 주방기구와 요리사의 고용 간 관계와 암묵적으로 비슷하게 취급되었다. 다시 말하면 자본은 넓은 의미로 간주된다. 그것은 단순히 '영업자본'에 국한되지 않는다. 그러나 이 주제에 대해서는 좀더 설명할 필요가 있다.

사람들은 실제로 종종 다음과 같이 생각했다. 즉 비록 축적된 부를 스스로 거의 또는 전혀 가지지 못한 노동자들은 협의의 자본——노동과정에서 노동자들을 지원하고 돕는 영업자본과 거의 같은 의미——이 증가하면 많은 이득을 볼지라도, 그들은 자신의 수중에 있지 않은 다른 형태

---

5) 뉴컴(S. Newcomb)의 『정치경제학 원리』(*Principles of Political Economy*, 1885), 제IV편의 「부록」을 보라.

의 자본증가에서 거의 이득을 보지 못한다는 것이다. 분명 어떤 종류의 부는 그 존재가 노동계층에게 거의 영향을 주지 못한다. 반면에 노동계층은 (사업)자본이 증가하면 거의 언제나 직접적으로 영향을 받는다. 왜냐하면 영업자본의 많은 부분은 그들의 수중에서 노동의 도구나 재료로 사용되며, 한편 그중 상당부분은 그들에 의해 직접 사용되거나 심지어 소비되기 때문이다.[6] 따라서 노동계층은 다른 형태의 부가 영업자본이 될 때 반드시 이득을 볼 수밖에 없으며, 그 반대의 경우도 마찬가지인 것처럼 보인다. 그러나 그렇지 않다. 만일 개인들이 전반적으로 차량과 요트를 보유하는 것을 포기하고, 그것들을 자본가적 사업가에게서 임대한다면, 그 결과 고용노동에 대한 수요는 줄어들 것이다. 왜냐하면 임금으로 지불되었던 것 중에서 일부분이 중간상인의 이윤으로 돌아갈 것이기 때문이다.[7]

만일 다른 형태의 부가 대규모로 영업자본을 대체한다면, 노동과정에서 노동을 돕기 위해 필요한 것들과 심지어 노동을 지원하기 위해 필요한 것들이 부족할 수 있다는 반론을 제기할 수도 있다. 그것은 일부 동양 국가들에서는 실질적인 위험이 될 수도 있다. 그러나 서구 세계에서, 특히 잉글랜드에서는 자본총량이 여러 해 동안 노동계층에 의해 소비되는 상품총합과 가치가 동등하다. 노동의 필요를 직접적으로 만족시키는 형태의 자본에 대한 수요가 다른 형태의 자본에 비해 아주 미세하게 증

---

6) 어쨌든 대부분의 정의에 따르면 그렇다. 실제로 자본을 '중간재'로 국한하는 사람들도 있다. 이 경우에 호텔, 하숙집, 노동자의 작은 집은 여하튼 사용되는 순간부터 제외되어야 한다. 그러나 이러한 정의를 선택하는 것에 대한 심각한 반론은 이미 「부록 E」 4에서 지적되었다.

7) 「부록」, 549쪽을 보라. 또 많은 청소를 필요로 하는 놋쇠가구의 사용증가 그리고 일반적으로 많은 실내외 하인들의 보조가 필요한 생활방식의 확대는 값비싼 기계와 기타 고정자본에 의해 제조된 재화 대신 손으로 만든 재화들을 사용하는 것과 같은 방향으로 노동수요에 영향을 미친다. 진실을 말하자면, 수많은 하인들을 고용하는 것은 아주 많은 소득을 저급하고 낭비적으로 사용하는 방법일 것이다. 그러나 동일하게 이기적인 소득지출 방법 중에서 노동계층에 돌아가는 국민배당의 몫을 그만큼 직접적으로 증가시키는 방법은 없다.

가하면 다른 나라로부터의 수입에 의해서든, 아니면 특별히 신규 수요를 충족시키기 위한 생산에 의해서든, 그것에 대한 공급은 빠르게 증가할 것이다. 따라서 이 점에 대해서는 크게 고민할 필요가 없다. 만일 노동의 한계효율성이 높게 유지된다면 그것의 순생산은 높을 것이며, 그것의 수입도 높을 것이다. 그리고 국민배당의 지속적인 흐름은 언제나 노동자들의 즉각적인 소비를 위한 상품을 적절하게 공급해주고, 그러한 상품들의 생산을 위해 도구들을 적절하게 할당하면서 상응하는 비율로 분할될 것이다. 수요와 공급의 전반적 조건이 다른 계층들이 국민배당의 얼마나 많은 부분을 지유롭게 원하는 바대로 지출할 것인지를 결정할 때, 그리고 다른 계층들의 선호가 그들의 현재 만족과 미래 만족간 지출분배 방식을 결정할 때 노동계층에게는 난초가 개인의 온실에서 나온 것이든, 전문 화초재배자가 소유한 따라서 영업자본인 온실에서 나온 것이든 문제가 되지 않는다.

1　다음으로 우리는 잉여의 서로 다른 유형들의 상호관계 및 국민소득과의 관계에 대해 약간 연구할 필요가 있다. 이 연구는 난해하며, 실제적인 의미는 거의 없다. 그러나 그것은 학문적 관점에서는 제법 관심의 대상이 된다.

국민소득 또는 국민배당은 각 생산요소의 소유자에게 한계가격으로 보상하면 완전히 소진되지만, 일반적으로 그것은 각 생산요소의 소유자에게 잉여를 가져다준다. 여기서 잉여는 무관하진 않지만 별개의 두 가지 측면을 가지고 있다. 그것은, 소비자로서 그에게, 상품의 총효용이 상품에 대해 지불한 실질가격을 초과하는 부분으로 이루어진 잉여를 가져다준다. 그의 한계구매——그가 이제 막 구매하도록 유인되는 구매부분——에 대해서는 양자*가 동일하다. 그러나 그가 구매를 포기하기보다는 기꺼이 더 높은 가격을 지불했던 구매부분은 그에게 잉여만족을 가져다준다. 이런 잉여만족이야말로 그가 소비자로서 자신이 처한 주변환경이나 국면에서 얻게 되는 진정한 순편익이다. 만일 주변환경이 변해서 그가 그 상품을 전혀 구하지 못하게 되거나, 그 상품에 지출한 재원을 다른 상품들(여가확대도 여기에 포함될 수 있다)로——각각의 가격수준에서 현재로선 그러한 상품들을 더 이상 구매할 의사가 없지만——전환할 수밖에 없게 된다면, 그는 이러한 잉여를 상실할 것이다.

---

* 상품의 총효용과 상품에 대해 지불한 실질가격.

어떤 사람이 주변환경에서 얻게 되는 잉여의 다른 측면은 직접 노동을 통해서든 아니면 자신이 소유하고 있는 축적된, 즉 획득되고 저축된 물적 자원을 통해서든 그를 생산자로 간주할 때 더 잘 보인다. 노동자로서 노동의 많은 부분이 그에게 정(+)의 쾌락을 제공하는데도 보수에 대한 대가로 겨우 제공할 용의가 있는 마지막 부분과 동일한 비율로 모든 노동에 대해 보상을 받기 때문에 그는 **노동자잉여**(worker's surplus)를 얻게 된다. 자본가로서 (또는 일반적으로 어떤 형태로든 축적된 부의 소유자로서), 보수에 대한 대가로 겨우 인내하도록 유인되는 저축의 부분과 동일한 비율로 그의 모든 저축, 즉 기다림에 내해 보상을 받기 때문에 그는 **저축자잉여**(saver's surplus)를 얻게 된다. 그리고 비록 저축을 안전하게 보관해주는 대가를 지불할 수밖에 없어서 저축에 대한 이자율이 부(-)이었을지라도, 그는 여전히 일정한 규모를 저축했을 것인데, 이 경우에도 그는 일반적으로 위와 동일한 비율로 보상을 받는다.[1]

이러한 두 종류의 잉여가 서로 무관하지는 않다. 그리고 그것들을 합산할 때 자칫하면 중복 계산하기 쉬울 것이다. 왜냐하면 생산자가 자신의 노동이나 저축에서 얻게 되는 일반구매력의 가치로 생산자잉여를 계산할 때 우리는 그의 특성과 주변환경이 주어져 있을 때 암묵적으로 그의 소비자잉여도 계산에 넣기 때문이다. 분석적으로는 이러한 어려움을 피할 수 있을 것이다. 그러나 어떤 경우에도 두 계열을 추정하고 합산하는 것은 실질적으로 가능하지 않다. 어떤 사람이 주변환경에서 획득할 수 있는 소비자잉여, 노동자잉여 그리고 저축자잉여는 그의 개인적 특성에 의존한다. 그것들은 일부분 소비, 노동 그리고 기다림 각각에서 오는 만족과 불만족에 대한 그의 전반적인 감수성에 의존하고, 또 일부분 그의 감수성의 탄력성, 즉 소비, 노동, 기다림 각각의 증가에 대해 감수성이 변하는 정도에 의존한다. 소비자잉여는 우선적으로 개별상품과 관계가 있다. 그리고 소비자잉여의 각 성분은 상품의 획득 조건에 영향을

---

1) 이 점을 고센과 제번스가 강조했다. 또한 클라크의 『노동의 잉여수입』(*Surplus Gains of Labor*)을 보라.

미치는 국면의 변화에 직접적으로 반응한다. 반면에 두 종류의 생산자잉여*는 언제나 국면이 일정량의 구매력에 부여하는 전반적인 수익으로 환산되어 나타난다. 두 종류의 생산자잉여는 독립적이고 누적적이며, 노동하고 자가 용도로 저축하는 사람의 경우에는 서로 분명하게 구분된다. 두 종류의 생산자잉여와 소비자잉여 사이의 긴밀한 관계는 로빈슨 크루소 같은 자의 삶 속에서 행복과 불행을 추정할 때, 가장 단순한 방법은 그의 소비자잉여 전체를 포함하는 방식으로 생산자잉여를 계산하는 것이라는 사실에서 보여진다.

노동자 수입의 대부분은 노동을 준비하기 위한 고통과 비용에 대한 연기된 수익의 성격을 갖는다. 따라서 그의 잉여를 추정하는 데는 큰 어려움이 있다. 그의 거의 모든 노동이 유쾌할 수도 있다. 그리고 그는 노동 전체에 대해 상당히 많은 임금을 받을 수도 있다. 그러나 인간적 행복과 인내의 수지(收支)를 계산할 때, 우리는 과거에 부모와 자신이 인내했던 많은 노력과 희생을 반드시 공제해야만 한다. 하지만 우리는 얼마나 많이 공제해야 하는지 알 수 없다. 소수의 사람들에게는 수지가 음(-)일 수 있다. 그러나 대부분의 사람들에게는 수지가 양(+)이며, 일부 사람들에게는 수지가 아주 좋을 것이라고 생각할 만한 근거가 있다. 문제는 경제적인 만큼 철학적이기도 하다. 그것은 인간의 활동이 생산의 수단임과 동시에 그 자체로서 목적이라는 사실에 의해, 그리고 총비용에서 인간 노력의 즉각적이고 직접적인 비용(또는 주요비용)을 명확하게 분리하는 데서의 어려움에 의해 복잡해진다. 그리고 그것은 불완전하게 해결된 상태로 남겨질 수밖에 없다.[2]

2 우리가 생산의 물적 수단의 수입을 고려하는 것으로 넘어가면 문제는 어떤 점에서 좀더 단순하다. 이러한 물적 수단을 제공하는 데 들어간 노동과 기다림은 바로 위에서 언급했듯이 노동자잉여와 대기자(waiter)잉여를 창출하며, 우리가 단기에만 주의를 국한한다면 추가적

* 노동자잉여와 저축자잉여.
2) 『경제학 원리』 2, 제VI편, 제5장을 보라.

으로 직접적인 지출에 대한 화폐수익 초과분, 즉 잉여(준지대)를 창출한다. 그러나 장기에서는 경제학의 훨씬 더 중요한 문제들, 특히 이 장에서 논의된 문제들의 경우에, 즉각적인 지출과 총지출 사이에는 아무런 차이가 없다. 그리고 장기적으로 각 생산요소의 수입은 대체로 그러한 수입을 창출하기 위해 요구되는 노력과 희생의 총합을 한계비율로 보상하기에 필요충분한 수준이다. 만일 이러한 한계비율보다 낮은 수준으로 보상이 이루어질 것으로 예상되었다면 공급은 감소할 것이다. 따라서 이 경우에는 전체를 감안할 때 일반적으로 추가적인 잉여는 존재하지 않는다.

이 마지막 명제는 최근에 비로소 획득된 토지에도 어느 정도는 적용된다. 그리고 만일 우리가 최초의 기원까지 기록을 추적할 수 있다면 이 진술은 아마도 오래된 국가들의 많은 토지에 적용될 것이다. 그러나 이 시도는 경제학에서뿐만 아니라 역사학과 윤리학에서도 논란의 대상이 되는 문제들을 제기할 것이다. 그런데 여기서 우리의 고찰의 목표는 과거를 지향하는 것이 아니라 미래를 지향한다. 과거가 아니라 미래를 생각하고, 현행 토지사유제도의 공평성과 진정한 한계를 문제삼지 않는다면 국민배당에서 토지의 수입으로 돌아가는 부분은 다른 생산요소들로부터의 수입과는 다르다는 점에서 잉여라는 것을 알게 된다.

제V편, 제8장~제11장에서 자세히 논의되었던 사상들을 이 장의 관점에서 서술해보자. 기계든, 토지 위에 건설된 공장이든, 아니면 농장이든 모든 생산수단들은 그것들을 소유하고, 가동시키는 사람에게 특정한 생산활동의 주요비용을 초과하는 많은 잉여를 가져다준다는 점에서 비슷하다. 또한 그것들은 장기에는 정상적으로 그것들을 구매하고 가동시키는 데 따른 노력, 희생, 지출을 보상하기 위해 필요한 수준을 넘어서는 특별 잉여(그의 일반적인 노동자잉여, 대기자잉여와 대조되는 특별 잉여)를 그에게 전혀 가져다주지 못한다는 점에서도 비슷하다. 그러나 토지와 다른 생산요소들 사이에는 다음과 같은 차이점이 있다. 즉 사회적 관점에서 토지는 영구적인 잉여를 창출하는 반면, 인간이 만든 소멸성 재화들은 그렇지 못하다. 임의의 생산요소의 수입은 그것의 공급을 유지하기 위해 요구된다는 것이 진실에 가까우면 가까울수록, 그 요소가 국민배당에서 끌어낼 수 있는 몫이 그것의 공급을 유지하는 비용과 일치하도록 더욱더 긴밀하게 공급이 적응할 것이다. 그리고 오래된 국가들에서 토지는 예외적인 지위를 점한다. 왜냐하면 토지의 수입은 이러한 원인에 의해 영향을 받지 않기 때문이다. 그러나 토지와 다른 내구적 생산요소의 차이는 주로 정도의 차이다. 그리고 토지의 지대연구에 대한 관심은 대부분 경제학의 모든 영역에 스며 있는 위대한 원리에 대한 실례를 지대연구가 제공한다는 점에서 기인한다.

조세와 농업개량에 관한 리카도의 학설[1]

리카도 사상의 탁월함과 그것에 대한 표현의 결함에 대해서는 이미 많이 언급했다. 특히 그가 적절한 제한설명 없이 수익체감의 법칙을 단언하게 만든 원인에 대해서 주목했다. 농업에서 개량의 영향 및 조세의 귀착에 대한 그의 취급방법에 대해서도 이와 유사한 논평이 적용된다. 그는 스미스에 대한 비판에서 특히 조심성이 없었다. 그리고 맬서스가 정확히 말했듯이(『정치경제학 원리』, 제10장의 요약), "리카도는 일반적으로 영속적이고 최종적인 결과에 주목하지만, 토지의 지대와 관련해서는 언제나 정반대의 방향을 추구했다. 그는 오직 일시적인 결과만을 주목함으로써 쌀 또는 감자의 경작은 밀보다 더 많은 지대를 창출할 것이라는 애덤 스미스의 명제를 반박할 수 있었다." 그리고——"실제로 밀에서 쌀로의 변화는 틀림없이 서서히 일어날 것이므로 지대의 감소는 일시적으로도 발생하지 않을 것이라고 믿을 만한 근거가 있다"——라고 부연했을 때 그가 크게 잘못한 것은 아닐 것이다.

그럼에도 리카도의 시대에는 밀을 대량으로 수입할 수 없는 나라에서 일정 기간에 지주는 부유해지고, 나머지 사람들은 빈곤해지도록 경작에 대한 세금을 조정하고, 개량을 억제하는 것이 아주 쉽다라고 역설하는 것은 현실적으로 매우 중요했다. 그뿐만 아니라 오늘날에도 그러한 사실을 아는 것이 과학적으로 매우 흥미로운 일이다. 분명 궁핍 때문에 사

---

1) 『경제학 원리』 2, 제VI편, 제9장, 4를 참조하라.

람들이 줄어들면 지주들은 손해를 볼 것이다. 그러나 이러한 사실은 리카도의 생애 동안 일어났던 농산물 가격과 지대의 엄청난 상승이 지주 측의 편익보다 유례 없이 큰 국민의 피해를 나타낸다는 그의 논쟁에서는 거의 설득력이 없었다. 이제 리카도의 논거 가운데 일부를 검토해보자. 리카도는 명백하게 정제된 결과를 얻기 위해서 아주 명확한 가정에서 출발하기를 즐겨했다. 독자들은 삶의 실제 사실에 적용할 수 있도록 그러한 결과들을 조합할 수도 있을 것이다.

우선 어떤 나라에서 재배되는 '곡물'이 절대적 필수재라고 가정하자. 다시 말해서 그것에 대한 수요는 탄력성이 0이고, 한계생산비의 변화는 사람들이 그것에 대해 지불하는 가격에만 영향을 미칠 뿐 소비량에는 영향을 미치지 않는다고 가정하자. 그리고 곡물은 전혀 수입되지 않는다고 가정하자. 그렇다면 곡물에 대한 10분의 1의 세금의 효과는 과거의 10분의 9만으로도 한계투입단위 따라서 모든 투입단위를 보상하기에 충분할 때까지 그것의 실질가치를 상승시킬 것이다. 따라서 각 단위 토지에 대한 총곡물잉여는 과거와 동일할 것이다. 그러나 그중 10분의 1이 세금으로 징수되므로, 나머지는 기존의 곡물잉여의 9분의 10이 될 것이다. 그런데 곡물잉여의 실질가치가 9분의 10 비율로 상승할 것이기 때문에 실질잉여는 변하지 않을 것이다.

그러나 농산물에 대한 수요가 완전히 비탄력적이라는 가정은 너무 극단적인 가정이다. 실상 가격상승은 필수적인 농산물에 대해서는 아니더라도 어떤 종류의 농산물에 대한 수요의 즉각적인 감소를 야기할 것임이 틀림없다. 따라서 곡물, 즉 곡물 일반의 가치는 결코 세율만큼 충분히 상승하지 않을 것이며, 자본과 노동은 모든 토지의 경작에 과거보다 적게 투입될 것이다. 그렇게 모든 토지에서 곡물잉여가 감소할 것이며, 그 감소비율은 모든 토지에서 동일하지 않을 것이다. 그리고 곡물잉여의 가치는 9분의 10보다 낮은 비율로 상승하는 반면, 곡물잉여의 10분의 1이 세금으로 징수되기 때문에 실질잉여는 이중으로 감소할 것이다(『경제학 원리』1, 229쪽의 그림들은 단번에 이러한 추론을 기하학적 언어로 변환시켜준다).

　곡물의 자유로운 수입이 그것의 실질가치가 세금 때문에 크게 상승하는 것을 방지해주는 현대적 조건 아래서는 즉각적인* 감소가 아주 클 것이다. 그리고 수입이 없는 경우에도, 만일 그것의 실질가치 상승이 사람의 수를 감소시킨다면, 또는 적어도 그만큼의 가능성을 가지고 생활수준과 근로대중의 효율성을 떨어뜨리는 효과가 있다면, 점차적으로 동일한 결과가 일어날 것이다. 이러한 두 가지 효과는 생산자잉여에 같은 방향으로 아주 강하게 영향을 미칠 것이다. 양자 모두 고용주에게 노동비용을 상승시키는 반면, 후자는 동시에 노동자에게 실질시간임금을 감소시킬 것이다.

　이 모든 문제에 대한 리카도의 추론은 쫓아가기가 상당히 어렵다. 왜냐하면 그는 종종 인구증가에 비해 상대적으로 '즉각적'이고 '단기'에 속하는 결과들을 다루는 것을 중단하고, '궁극적'이고 '장기'——1차생산물의 노동가치가 인구수, 따라서 1차생산물에 대한 수요에 실질적으로 영향을 줄 수 있는 기간——에 속하는 결과들로 넘어갈 때 아무런 힌트도 제공하지 않기 때문이다. 이러한 부연설명이 제공된다면 그의 추론에서 근거가 없는 부분은 거의 없을 것이다.

　이제 우리는 농업기술에서 개선의 영향과 관련된 리카도의 논의로 넘어가도록 하자. 그는 개선을 두 가지 유형으로 나눈다. "연속적으로 투입되는 자본 단위들의 생산력 차이를 교란시키지 않으면서, 좀더 적은 자본으로 동일한 생산물을 획득할 수 있는"[2) 개선들로 구성된 첫 번째 유형에 대한 리카도의 논의——물론 그는 자신의 일반적 논증을 위해 임의로 주어진 개선이 다른 토지보다 특정 토지에 더 큰 기여를 할 수 있

---

* 수요.
2) 『저작집』(*Collected Works*), 1981, 제2장, 42쪽. 캐넌의 『생산과 분배에 관한 이론의 역사 1776~1848』, 325, 326쪽을 참조하라. 리카도의 두 가지 유형의 개선에 대한 구분은 전혀 만족스럽지 못하며, 여기서 고려될 필요는 없다.

다는 사실을 무시했다——가 특히 과학적 관심의 대상이다(『경제학 원리』1, 제IV편, 제3장, 4를 보라). 전과 마찬가지로 곡물에 대한 수요가 완전히 비탄력적이라고 가정했기 때문에 그는 가장 척박한 토지에서부터(그리고 이보다는 비옥하더라도 좀더 내포적으로 경작되었던 토지에서부터) 자본이 철수할 것이며, 그래서 좀더 유리한 상황에서 자본의 투입을 통해 획득된 곡물로 측정된 잉여 또는——이렇게 말해도 좋을 것이다——곡물잉여가 기존에 경작의 한계에 있던 토지보다 비옥한 토지의 잉여임을 입증했다. 또 자본의 투입단위들 사이의 생산성 차이는 가정에 따라 불변하기 때문에, 곡물잉여는 감소할 수밖에 없으며, 잉여의 실질가치와 노동가치는 훨씬 큰 비율로 감소할 것임을 입증했다.

이 사실은 다음 그림을 통해 분명해진다. 여기서 곡선 *AC*는 국가의 전체 토지를 하나의 농장으로 간주할 때 자본과 노동의 투입단위들에 대해 제공하는 수익을 나타낸다. 투입단위들은 투입순서가 아니라 생산성순서에 따라 정렬되어 있다. 균형에서 *OD*의 단위가 투입되며, 곡물의 가격은 수익 *DC*가 마지막 투입단위를 보상하기에 충분한 수준이다. 재배된 곡물의 총량은 영역 *AODC*로 표현되며, 그중

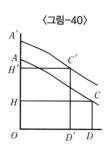

〈그림-40〉

*AHC*는 곡물잉여의 총합을 나타낸다. 〔잠시 중단하고 다음 사실을 지적해도 좋을 것이다. 이 그림을 단일농장 대신 국가 전체에 적용할 때 요구되는 유일한 해석상의 변화는, 단일농장의 경우와는 달리, 자본의 여러 투입단위들이 모두 같은 인근에 투입되며, (동종)생산물의 동등한 부분의 가치가 일치한다고 가정할 수 없다는 사실에서 비롯된다. 그러나 생산물을 공동시장으로 운반하는 비용을 생산비의 일부로 간주함으로써, 즉 자본과 노동의 각 투입단위의 일정 부분을 운송비용으로 할당함으로써 우리는 이러한 어려움을 극복할 수 있다.〕

그렇다면 리카도의 첫 번째 유형의 개선은 가장 유리한 조건에서 투입된 단위에 대한 수익을 *OA*에서 *OA′*로, 다른 투입단위들에 대한 수익

을 비슷한 비율은 아니지만 똑같은 크기로 증가시킬 것이다. 그 결과 새로운 생산량곡선 $A'C'$는 기존의 생산량곡선 AC를 AA' 거리만큼 높여서 재현한 것이 될 것이다. 따라서 만일 기존의 OD 단위가 수익성 있게 투입될 수 있을 정도로 곡물에 대한 수요가 무제한적이라면, 곡물잉여 총합은 변화가 있기 전과 동일할 것이다. 그러나 실제로는 이와 같은 즉각적인 생산증가는 수익성이 있을 수 없다. 따라서 이와 같은 유형의 개선은 곡물잉여의 총합을 반드시 감소시킬 수밖에 없다. 그리고 여기서 리카도는 총생산량이 전혀 증가하지 않는다고 가정했기 때문에 단지 OD' ——OD'는 $A'OD'C'$와 $AODC$가 일치한다는 조건에 의해 결정된다—— 단위만이 투입될 것이다. 그리고 곡물잉여 총합은 $A'H'C'$로 축소될 것이다. 이러한 결과는 AC의 모양과는 무관하며, 같은 의미이지만, 리카도가 자신의 주장을 증명하는 데 사용했던 산술적 예증을 위해 선별된 특수한 숫자들과도 무관하다.

그리고 대체로 산술적인 예는 증거가 아니라 단지 예시로서만 안전하게 사용될 수 있다는 점을 이 기회에 지적하는 것도 좋을 것이다. 왜냐하면 특수한 경우를 위해 제시된 숫자들 속에 결과가 은연중에 함축되어 있는지 여부를 판단하는 것이 일반적으로 결과의 참과 거짓 여부를 독립적으로 결정하는 것보다 더 어렵기 때문이다. 리카도는 수학적 훈련을 전혀 받지 못했지만 그의 직관은 독보적이었다. 단련된 수학자들 중에서도 극도로 위험한 추론과정을 그처럼 안전하게 밟고 지나갈 수 있는 사람은 거의 드물다. 밀처럼 아주 논리적인 사람도 이러한 과업을 감당하지 못했다.

특이하게도 밀은 개선되면 상이한 등급의 토지에 투입된 자본의 수익이 똑같은 크기가 아니라 똑같은 비율로 상승할 가능성이 훨씬 크다고 보았다(『정치경제학 원리』, 제IV편, 제3장, 4의 두 번째 경우를 보라). 그는 그렇게 함으로써 리카도의 아주 명확한 논의의 기초 ——변화는 자본의 상이한 투입단위들 사이의 생산성 차이를 변경시키지 않는다——를 잘라버렸다는 것을 알아채지 못했다. 그리고 비록 그가 리카도와 동일한 결과에 도달하긴 했지만, 그것은 단지 결과가 예시를 위해 선택한 숫자들 속에 암묵적으로 포함되어 있었기 때문이다.

다음 그림은, 수익체감의 법칙에 관해서 또는 수요공급의 법칙에 관해서 경제적 힘의 스케줄을 연속적인 전체로 표현해주는 어떤 도구(수학이든 그림이든)의 도움을 받지 않고는, 리카도보다 천재성이 떨어지는 사람이 안전하게 다룰 수 없는 일단의 경제문제들이 존재한다는 것을 보여주는 경향이 있다. 곡선 AC

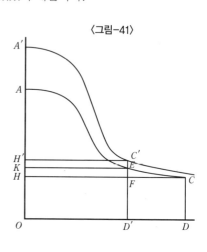

〈그림-41〉

는 이 그림에서도 앞의 그림과 동일한 의미를 갖는다. 그러나 개선은 자본과 노동의 각 투입단위에 대한 수익을 3분의 1만큼, 즉 똑같은 크기가 아니라 똑같은 비율로 증가시키는 효과가 있다. 그리고 새로운 생산량 곡선 $A'C'$는 AC 위에 있으며, 우측보다는 좌측에서 그 차이가 더 크다. 경작은 OD' 단위로 제한되며, 이때 새로운 생산량 총합을 나타내는 영역 $A'OD'C'$는 전과 마찬가지로 $AODC$와 일치한다. 그리고 $A'H'C'$는 전과 마찬가지로 새로운 곡물잉여 총합을 나타낸다. 이제 $A'H'C'$는 AKE의 4분의 3이며, $A'H'C'$가 AHC보다 큰지 작은지의 여부는 AC의 모양에 달려 있다는 사실을 쉽게 입증할 수 있다. 만일 AC가 직선이거나 거의 직선이라면(밀과 리카도의 수치들은 직선 모양의 생산량곡선 위에 있는 점들을 나타낸다), $A'H'C'$는 AHC보다 작을 것이다. 그러나 AC의 모양이 우리의 그림과 같다면 $A'H'C'$가 AHC보다 클 것이다. 그렇게 밀의 논증은 그 결론에 대해서 가정된 총생산량곡선의 특수한 모양에 의존한다. 반면에 리카도의 논증은 그렇지 않다.

(밀은 한 나라에서 경작되고 있는 부분이 세 등급, 즉 동일한 비용에 60, 80, 100부셸을 산출하는 토지로 구성되어 있다고 가정한다. 그리고

그는 각 자본 투입단위에 대한 수익을 3분의 1 증가시키는 개선은 곡물 지대를 60에서 $26\frac{2}{3}$로 떨어뜨릴 것임을 보여준다. 그러나 우리 그림에서 대략 그렸던 것처럼, 만일 그가 동일한 비용에 60, 65, 115부셸을 산출하는 세 등급의 토지로 구성되도록 한 나라의 비옥도 분포를 잡았다면, 이 경우에 개선은 곡물지대를 60에서 $66\frac{2}{3}$로 상승시킬 것임을 발견했을 것이다.)

끝으로 개선이 토지의 지대에 미칠 수 있는 영향과 관련된 리카도의 역설은 농업용 토지뿐만 아니라 도시지역의 토지에도 적용될 수 있다는 점을 지적할 수 있다. 예를 들어 강철 구조로 승강기가 겸비된 16층 높이의 상가를 건설하는 미국 방식은 건설, 조명, 환기 그리고 승강기 제조기술의 발전 결과로 갑자기 아주 효율적이고, 경제적이고 편리한 것으로 여겨질 수도 있다. 이 경우에 각 도시의 상업지구는 지금보다 더 좁은 면적을 차지할 것이다. 많은 토지들이 채산성이 떨어지는 용도로 전환되어야 할 것이다. 그리고 최종적으로 도시의 총부지가치가 감소하는 결과를 낳을 수도 있다.

주 I. (『경제학 원리』 1, 151쪽). 한계효용체감의 법칙은 다음과 같이 표현될 수 있다. 만일 u가 특정인에게 특정 시점에서 어떤 상품의 양 x의 총효용이라면 한계효용은 $\frac{du}{dx} \delta x$로 측정된다. 여기서 $\frac{du}{dx}$는 효용의 한계정도(marginal degree)를 측정한다. 제번스와 몇몇 다른 학자들은 제번스가 다른 곳에서 효용의 **최종정도**라고 명했던 것을 지칭하기 위해 '최종효용'이라는 용어를 사용한다. 어떤 표현방법이 좀더 편리한지에 대해서는 의문의 여지가 있다. 이러한 용어 결정에 원리의 문제는 전혀 개입되지 않는다. 본문에서 언급했던 조건을 감안해서 $\frac{d^2u}{dx^2}$는 언제나 부(-)의 값이다.

주 II. (『경제학 원리』 1, 154쪽). 만일 m이 특정 시점에 어떤 사람이 처분할 수 있는 화폐 또는 일반구매력의 양이고, μ가 그에 대한 그것의 총효용을 나타낸다면, $\frac{d\mu}{dm}$은 화폐의 효용의 한계정도를 나타낸다.

만일 p가 u만큼의 총효용을 제공하는 상품의 양 x에 대해 그가 기꺼이 지불하려는 정확한 가격이라면, $\frac{d\mu}{dm} \Delta p = \Delta u$이고 $\frac{d\mu}{dm} \frac{dp}{dx} = \frac{du}{dx}$이다.

만일 p'가 u'만큼의 총효용을 제공하는 다른 상품의 양 x'에 대해 그가 기꺼이 지불하려는 정확한 가격이라면, $\frac{d\mu}{dm} \frac{dp'}{dx'} = \frac{du'}{dx'}$이고 따라서

$\frac{dp}{dx} : \frac{dp'}{dx'} = \frac{du}{dx} : \frac{du'}{dx'}$이다(제번스의 『정치경제학 이론』에서 교환이론 Theory of Exchange에 관한 장의 151쪽을 참조하라).

그의 수입이 증가하면 그에게 화폐의 효용의 한계정도는 체감한다. 즉 $\frac{d^2u}{dm^2}$는 항상 부(-)다.

따라서 그에게 어떤 상품의 양 x의 한계효용이 일정할 때, 그의 수입 증가는 $\frac{du}{dx} \div \frac{d\mu}{dm}$를 증가시킨다. 다시 말하면 그것은 $\frac{dp}{dx}$, 즉 상품의 추가공급에 대해 기꺼이 지불하려는 가격을 증가시킨다. 우리는 $\frac{dp}{dx}$를 m, u 그리고 x의 함수로 간주할 수 있으며, $\frac{d^2p}{dmdx}$는 언제나 정(+)이다. 물론 $\frac{d^2p}{dudx}$도 언제나 정(+)이다.

주 III. (『경제학 원리』 1, 162쪽). 점 P, P'가 수요곡선상의 연속되는 두 점이라 하고, Ox에 수직으로 PRM을 그리고, PP'가 Ox와 Oy를 각각 점 T와 점 t에서 만나도록 그려보자. 그러면 $P'R$은 상품의 단위가격의 PR감소에 대응하는 수요량 증분이다.

그러면 점 P에서 수요의 탄력성은

$\frac{P'R}{OM} \div \frac{PR}{PM}$, 즉 $\frac{P'R}{PR} \times \frac{PM}{OM}$,

$\frac{TM}{PM} \times \frac{PM}{OM}$,

$\frac{TM}{OM}$ 또는 $\frac{PT}{Pt}$에 의해 측정된다.

점 P와 P' 사이의 거리가 무한정 감소할 때 PP'는 접선이 된다. 그렇게 『경제학 원리』 1, 162쪽에서 언급된 명제는 증명된다.

탄력성의 측정은 Ox와 Oy에 따른 평행거리를 측정하는 척도를 변경시켜도 변할 수 없다는 것은 사전적으로 자명하다. 그러나 이러한 결과에 대한 기하학적 증명은 투영법(projection method)으로 쉽게 얻어질 수 있다. 곡선 $y = f(x)$가 새로운 척도로 그려, 곡선의 방정식이 $qy = f(px)$가 될지라도(여기서 q와 p는 상수다), 탄력성 측정의 분석적 표현인 $\dfrac{dx}{x} \div \dfrac{-dy}{y}$는 값이 변하지 않는다는 것은 해석학적으로 자명하다.

만일 수요의 탄력성이 상품의 모든 가격수준에서 단위 탄력적이라면 가격하락은 구매량의 비례적 증가를 초래할 것이며, 따라서 상품에 대한 구매자의 총지출은 변하지 않을 것이다. 따라서 이러한 수요는 **지출불변수요**(constant outlay demand)라고 명명할 수 있을 것이다. 그것을 나타내는 곡선은——**지출불변곡선**(constant outlay curve)이라고 불릴 수 있을 것이다—— Ox와 Oy를 점근선으로 하는 직각 쌍곡선이다. 그리고 이러한 일련의 곡선들은 아래 그림에서 점선으로 표현된다.

수요곡선을 볼 때, 어떤 점에서 그 점을 지나는 지출불변곡선보다 수요곡선이 더 가파른지 덜 가파른지를 한눈에 파악할 수 있도록, 이러한 곡선들의 모양을 숙지하는 것은 상당한 이점이 있다. 투명한 종이 위에 지출불변곡선들을 그리고 수요곡선 위에 그 종이를 올려놓음으로써 정확성을 배가시킬 수 있다. 이러한 방법을 통해, 예를 들어 그림에 있는 수요곡선상의 점 A, B, C, D 각각에서 탄력성이 대략 1이라는 것을 한

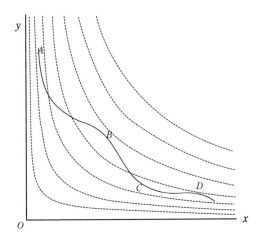

눈에 알아볼 수 있다. 점 A와 B 사이에서 또 점 C와 D 사이에서 수요곡선의 탄력성은 1보다 큰 반면, 점 B, C 사이에서 수요곡선의 탄력성은 1보다 작다. 이와 같은 연습은 임의의 형태의 수요곡선을 그림으로써 암묵적으로 상정되는 어떤 상품의 수요의 특성과 관련된 가정의 성격을 쉽게 간파하게 해주며, 개연성 없는 가정의 무의식적인 도입에 대한 안전 장치라는 것이 밝혀질 것이다.

모든 점에서 탄력성이 n인 수요곡선에 대한 일반 방정식은 $\frac{dx}{x} + n\frac{dy}{y} = 0$, 즉 $xy^n = C$다.

이러한 곡선에서 $\frac{dx}{dy} = -\frac{C}{y^{n+1}}$ 즉 가격의 미세한 감소의 결과에 따라 증가하는 수요량의 비율은 가격의 $(n+1)$제곱에 반비례한다는 것을 지적할 만한 가치가 있다. 지출불변곡선의 경우에 그것은 가격의 제곱, 또는 이 경우에는 마찬가지이지만 수요량의 제곱에 비례한다.

주 IV. (『경제학 원리』 1, 170쪽). 시간의 경과는 Oy를 따라 아래로 측정하고, 기록이 이루어진 재화의 양은 Oy와의 거리로 측정된다. 그렇다면 P'와 P가 재화량의 성장궤적을 나타내는 곡선상의 이웃하는 두 점일 때, 짧은 단위시간 NN'에서 증가율은

$$\frac{PH}{P'N'} = \frac{PH}{P'H}\frac{P'H}{P'N'} = \frac{PN}{Nt}\frac{P'H}{P'N'} = \frac{P'H}{Nt} \text{ 이}$$

다. 왜냐하면 극한에서 PN과 $P'N'$는 같기 때문이다.

만일 우리가 1년을 시간의 단위로 잡으면, Nt 길이에 의해 표시된 연도수의 역수는 연간 증가율을 나타낸다.

만일 Nt가 곡선상의 모든 점에 대한 상수 c와 같다면, 증가율은 상수이며 $\frac{1}{c}$과 같을 것이다. 이 경우에 모든 x값에 대해여 $-x\frac{dy}{dx} = c$다. 즉

곡선의 방정식은 $y = a - c \log x$다.

주 V. (『경제학 원리』1, 184, 185쪽). 우리는 본문에서 미래의 쾌락이 할인되는 비율은 개인에 따라 차이가 크다는 것을 보았다. 연간이자율을 r이라 하자. 미래의 쾌락이 도래했을 때 그것이 수령인에게 현재의 쾌락과 정확히 일치하기 위해서는 현재의 쾌락에 반드시 r을 더해야만 한다. 그러면 r은 어떤 사람에게는 50퍼센트 심지어 200퍼센트일 수도 있는 반면, 옆사람에게는 그것이 부(-)의 양일 수도 있다. 게다가 어떤 쾌락은 다른 쾌락들보다 더 절박하다. 그리고 어떤 사람은 미래의 쾌락을 불규칙하게 무작위적으로 할인할 수도 있다. 그는 어떤 쾌락을 1년이나 2년이나 거의 똑같이 기꺼이 연기할 수도 있다. 또한 다른 한편으로 그는 장기간의 연장에 대해서는 아주 강력하게 거부할 수도 있지만, 단기간의 연장에 대해서는 거의 전혀 거부하지 않을 수도 있다. 이러한 불규칙성이 흔히 있는 일인지에 대해서는 약간의 견해 차이가 존재한다. 그리고 이 문제는 쉽게 결정될 수 있는 사안이 아니다. 왜냐하면 쾌락의 추정은 전적으로 주관적이므로, 그러한 불규칙성이 발생했을 때 그것을 간파하기가 어려울 것이기 때문이다. 이러한 불규칙성이 전혀 없는 경우에 할인율은 각 시간 요소에 대해 동일할 것이다. 또는 동일한 내용을 달리 표현한다면 그것은 지수법칙을 따를 것이다. 그리고 만일 h가 확률이 p인 미래의 쾌락의 양이라면, 그리고 그것이 t 시점에 발생한다면, 그리고 $R = 1 + r$이라면, 쾌락의 현재가치는 phR^{-t}다. 그러나 이러한 결과는 **쾌락론**의 범주에 속하지 엄밀하게 경제학에 속하지는 않는다는 것을 반드시 염두에 두어야 한다.

여전히 동일한 가설 아래서 논의를 전개하자면, 만일 Δt의 시간 동안 예컨대 피아노의 소유로부터 Δh의 행복을 끌어낼 확률이 ω라면, 그에게 피아노의 현재가치는 $\int_0^T \omega R^{-t} \dfrac{dh}{dt} dt$다. 만일 모든 기간의 사건으로부터 발생하는 모든 행복을 포함해야 한다면, 우리는 반드시 $T = \infty$로

잡아야 한다. 만일 쾌락의 원천이 벤담의 표현에 따라 '불순하다면' (impure), t의 어떤 값에 대해서는 아마도 부(-)일 것이다. 그리고 물론 적분의 전체 값은 부(-)일지도 모른다.

주 VI. (『경제학 원리』 1, 196, 197쪽). 만일 주어진 시장에서 어떤 상품의 양 x에 대한 구매자를 찾을 수 있는 가격이 y라면, 그리고 수요곡선의 방정식이 $y = f(x)$라면, 상품의 총효용은 $\int_0^a f(x)\,dx$에 의해 측정된다. 여기서 a는 소비된 양이다.

그러나 만일 상품의 양 b가 생존을 위해 필요하다면, b보다 작은 x값에 대해서 $f(z)$는 무한 또는 적어도 무한정 클 것이다. 따라서 우리는 반드시 생계를 당연한 것으로 생각해야 하며, 별도로 절대적 필수재를 초과하는 상품 공급부분의 총효용을 추정해야만 한다. 물론 그것은 $\int_b^a f(x)\,dx$다.

만일 예를 들어 물과 우유처럼——어느 것이든 갈증을 가시게 할 것이다——동일한 필수적 욕구를 충족시키는 상품이 여러 개 있다면, 우리는 삶의 일상적인 조건에서 그러한 욕구에 대한 필수적 공급은 전적으로 가장 저렴한 것에서 나온다는 단순한 가정을 채택함으로써 큰 오류가 개입되지 않는다는 것을 발견할 것이다.

우리는 소비자잉여에 대한 논의에서 개별 구매자에 대한 화폐의 한계효용은 줄곧 동일하다고 가정했다는 것에 주의할 필요가 있다. 엄밀하게 말하자면 우리는 만일 그가 차에 대해 적게 지출한다면 그에게 화폐의 한계효용은 더 작아질 것이며, 그는 이제 그에게 그러한 지대를 창출하지 않는 가격에서 다른 상품을 구매함으로써 소비자잉여 요소를 획득할 것이라는 사실을 반드시 고려해야만 한다. 그러나 임의의 상품, 예를 들어 차에 대한 그의 지출은 그의 전체 지출의 작은 부분이라는——우리의 전체적인 논의의 밑에 깔려 있는——가정 아래서, 이러한 소비자 지대의 변화는 미량의 제곱이므로 무시될 수 있다(『경제학 원리』 2, 제V

편, 제2장, 3을 참조하라). 만일 어떤 이유에서건 그의 차에 대한 지출이 화폐의 가치에 미치는 영향을 고려하는 것이 바람직하다면, 위에서 주어진 적분구간 내에서 $f(x)$에 $xf(x)$(즉 그가 이미 차에 지출한 금액)의 함수——그의 화폐스톡이 $xf(x)$만큼 감소할 때 화폐의 한계효용을 나타낸다——를 곱하기만 하면 된다.

주 VII. (『경제학 원리』 1, 198, 199쪽). 만일 a_1, a_2, a_3, ……가 여러 상품들의 소비량이고, 그중 b_1, b_2, b_3, …… 생존을 위해 필수적이라면, 그리고 $y = f_1(x)$, $y = f_2(x)$, $y = f_3(x)$, ……가 각 수요곡선의 방정식이라면, 그리고 부의 분배의 불평등을 모두 무시할 수 있다면, 생계를 당연한 것으로 받아들일 때 동일한 욕구를 충족시켜주는 경쟁적인 모든 재화들을 공통의 수요곡선으로 통합하고, 또한 서비스가 보완적인 모든 재화집단에 대해서도 공통의 수요곡선으로 통합할 수 있는 방법을 찾을 수 있다면(『경제학 원리』 2, 제V편, 제6장을 보라), 소득의 총효용은 $\sum \int_b^a f(x)\, dx$로 표현할 수 있을 것이다. 그러나 우리는 그렇게 할 수 없다. 따라서 위의 공식은 실제적으로 적용할 수 없는 단지 일반적인 표현일 뿐이다. 『경제학 원리』 1, 196쪽 주 1)과 주 XIV의 후반부를 보라.

주 VIII. (『경제학 원리』 1, 199, 200쪽). 만일 어떤 사람이 소득 x에서 얻는 행복이 y라면, 그리고 베르누이를 따라서, 소득 1퍼센트 증가에서 얻게 되는 행복의 증가가 모든 소득수준에서 동일하다고 가정한다면, $x \dfrac{dy}{dx} = K$이며 $y = K \log x + C$다. 여기서 K와 C는 상수다. 더 나아가 생존을 위한 최소한의 필수재를 제공해주는 소득이 a일 때 소득이 a보다 작으면 고통이 쾌락을 능가하고, 소득이 a와 같으면 고통과 쾌락은 균형을 이룬다고 베르누이처럼 가정한다면, 우리의 방정식은 $y = K \log \dfrac{x}{a}$가 된다. 물론 K와 a 모두 각 개인의 기질, 건강, 습관 그리고 사회환경에 따라 달라진다. 라플라스(P. S. de Laplace)는 x에 물리적 자산(fortune physique), y에 도덕적 자산(fortune morale)이라는 이름을 붙였다.

베르누이 자신은 x와 a를 소득의 일정량이 아니라 재산의 일정량을 나타내는 것으로 생각했던 것처럼 보인다. 그러나 우리는 재산이 생존을 지원해야 하는 시간의 길이와 관련된 아무런 이해 없이는, 즉 재산을 실제로 소득으로 취급하지 않고는 생존을 위해 필수적인 재산을 추정할 수 없다.

어쩌면 베르누이의 제안 다음으로 가장 주의를 끓있던 추측은 부에 의해 제공된 쾌락은 부의 크기의 제곱근에 비례한다는 크래머(G. Cramer)의 제안일 것이다.

주 IX. (『경제학 원리』1, 199, 200쪽). 도박이 공정하다는 것은 경제적인 대 실수라는 주장은 일반적으로 베르누이의 또는 어떤 다른 명확한 가설에 기초하고 있다. 그러나 그것은 첫째로 도박의 쾌락은 무시될 수 있으며 둘째로, $\Phi''(x)$ —— $\Phi(x)$는 부가 x일 때 얻어지는 쾌락을 나타낸다——는 모든 x 값에서 부(-)라는 것 이외의 가정을 요구하지는 않는다.

특정 사건이 발생할 확률이 p일 경우, 어떤 사람이 그러한 사건이 발생할 때 $(1-p)y$를 받는 대가로 py를 지불하는, 공정한 내기를 한다고 가정해보자. 그렇게 함으로써 그는 행복에 대한 기대를 $\Phi(x)$에서 $p\Phi\{x+(1-p)y\}+(1-p)\Phi(x-py)$로 바꾼다. 이 식은 테일러 정리(Taylor's Theorem)에 따라 전개하면

$$\Phi(x)+\frac{1}{2}p(1-p)^2\Phi''\{x+\theta(1-p)y\}+\frac{1}{2}p^2(1-p)y^2\Phi''(x-\Theta py)$$

이 된다. 모든 x 값에 대해 $\Phi''(x)$는 부(-)라고 가정할 때 위 전개식은 언제나 $\Phi(x)$보다 작다.

이러한 가능한 행복의 손실이 도박의 흥분에서 파생되는 쾌락보다 더 클 필요가 없다는 것은 사실이다. 그리고 우리는 도박의 쾌락이 벤담의 표현에 따라 '불순하다는' 전제로 되돌려진다. 왜냐하면 그러한 쾌락은 꾸준한 노동뿐만 아니라 인생의 좀더 고귀하고 견고한 쾌락과 맞지 않는 침착하지 못하고 쉽게 흥분하는 인성을 낳을 가능성이 크다는 것을 경험이 보여주기 때문이다.

주 X. (『경제학 원리』 1, 209쪽). 주 I과 같은 방식을 따라 v가 노동량 l의 반효용 또는 반상품을 나타낸다고 해보자. 그러면 $\frac{dv}{dl}$은 노동의 반효용의 한계정도를 측정한다. 그리고 본문에 언급했던 조건들을 감안하면, $\frac{d^2v}{dl^2}$는 정(+)이다. m이 특정 시점에 어떤 사람이 처분할 수 있는 화폐 또는 일반구매력의 양이고, μ가 그에 대한 그것의 총효용을 나타낸다고 하자. 따라서 $\frac{d\mu}{dm}$는 화폐의 한계효용이다. Δl의 노동을 유인하기 위해서 그에게 반드시 지불해야만 하는 임금을 Δw라 하면, $\Delta w \frac{d\mu}{dm} = \Delta v$이고, $\frac{dw}{dl}\frac{d\mu}{dm} = \frac{dv}{dl}$다.

만일 우리가 그의 노동에 대한 혐오가 고정된 것이 아니라 변동한다고 가정한다면, 우리는 $\frac{dw}{dl}$을 m, v 그리고 l의 함수로 간주할 수 있다. 그러면 $\frac{d^2w}{dmdl}$, $\frac{d^2w}{dvdl}$는 모두 언제나 정(+)이다.

주 XI. (『경제학 원리』 1, 333쪽). 만일 조류의 특정 종의 구성원이 수상생활의 습성을 습득하기 시작한다면, 발가락 사이에 있는 물갈퀴의 성장은 그것이 자연선택의 작용으로 서서히 일어나든 아니면 변종으로서 갑작스럽게 일어나든 그들이 수상생활에서 더 많은 이점을 발견하는 원인이 될 것이며, 새끼들에게 물갈퀴의 성장에 더 의존할 기회를 만들어줄 것이다. 그러므로 $f(t)$가 t 시점에서 물갈퀴의 평균면적이라면, 물갈퀴의 증가율은 물갈퀴가 증가함에 따라 (일정한 한계 내에서) 증가할 것이다. 따라서 $f''(t)$는 정$(+)$이다. 이제 우리는 테일러의 정의에 따라 $f(t+h) = f(t) + hf'(t) + \dfrac{h^2}{1 \cdot 2} f''(t + \theta h)$라는 것을 알고 있다. 그리고 만일 h가 크고, 따라서 h^2이 아주 크다면, 비록 $f'(t)$는 작고 $f''(t)$가 결코 크지 않을지라도 $f(t+h)$는 $f(t)$보다 훨씬 클 것이다. 18세기 말과 19세기 초에 물리학에서 미분학의 응용에 의해 이루어진 발전과 진화론의 등장 사이의 관계는 피상적인 관계를 뛰어넘는다. 생물학뿐만 아니라 사회학에서도 우리는 비록 처음에는 미미하지만 그 효과의 성장에 의해 더 강력해지는 힘들의 축적된 효과를 지켜보는 것을 배우고 있다. 그리고 보편적인 형태——각각의 실례는 보편적인 형태의 하나의 구현이다——는 테일러의 정리이거나 아니면, 한 가지 이상의 원인의 동시 작용을 고려해야 한다면 다변수 함수에 상응하는 식이다. 추가적인 고찰을 통해서 종의 점진적인 변화는 지배적인 유형으로부터 개체들의 커다란 이탈에서 기원한다는 일부 멘델주의자들에 의해 이루어진 제안을 확인해줄지라도, 이러한 결론은 여전히 유효하다. 왜냐하면 경제학은 인류, 특정 국가, 특정 사회계층에 대한 연구이기 때문이다. 그리고 그것은 예외적인 재능을 가진 사람들이나 예외적으로 사악하고 폭력적인 사람들의 삶과는 간접적인 관계만 있을 뿐이다.

주 XII. (『경제학 원리』 2, 23쪽). 주 X에서처럼, 어떤 사람이 쾌락 u를 가져다주는 어떤 상품의 양 x를 획득하기 위해서 행해야만 하는 일정량의 노동의 반효용이 v라면, $\dfrac{du}{dx} = \dfrac{dv}{dx}$일 때 추가적인 공급을 보유하는데서 오는 쾌락은 그것을 획득하는 데 드는 고통과 일치할 것이다.

만일 노동의 고통이 부$(-)$의 쾌락으로 간주된다면, 그리고 $U \equiv -v$라고 쓴다면, $\dfrac{du}{dx} + \dfrac{dU}{dx} = 0$, 즉 $u + U$는 그의 노동이 끝나는 지점에서 극대화된다.

주 XII. *bis* (『경제학 원리』 2, 부록, 560, 561쪽). 『경제학 저널』 (*Giornale degli Economisti*), 1891년 2월호에 실린 논문에서 에지워스는 791~793쪽*에서 기술된 사과와 견과의 물물교환의 경우를 나타내는 그림을 그렸다. 사과는 Ox를 따라 측정되고, 견과는 Oy를 따라 측정된다. $Op=4$, $pa=40$, 그리고 a는 첫 번째 거래의 종료를 나타내며, 사과 4단위가 견과 40단위와 교환된다. 이 경우는 A가 시작부터 유리한 처지에 있다. 이런 경우에서 b는 두 번

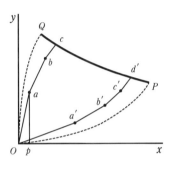

째, c는 마지막 단계를 나타낸다. 다른 한편 a', b', c', d'는 B가 시작부터 유리한 입장에 있는 일련의 거래의 첫 번째, 두 번째, 세 번째 그리고 마지막 단계를 나타낸다. c와 d' 모두가 반드시 놓여 있는 궤적 QP를 에지워스는 계약 곡선(contract curve)이라 명명했다.

『수리 심리학』에서 채용했던 방법을 따라서, 그는 A가 사과 x단위를 포기하고 견과 y단위를 받았을 때 사과들과 견과들의 그에 대한 총효용을 U로 나타내고, B가 견과 y단위를 포기하고 사과 x단위를 받았을 때 사과들과 견과들의 그에 대한 총효용을 V로 나타낸다. 추가적인 사과 Δx가 견과 Δy와 교환될 때, 만일 $\dfrac{dU}{dx} \Delta x + \dfrac{dU}{dy} \Delta y = 0$이라면 교환은 A에게 무차별할 것이다. 그리고 만일 $\dfrac{dV}{dx} \Delta x + \dfrac{dV}{dy} \Delta y = 0$이라면 교환은 B에게 무차별할 것이다. 따라서 이 식들은 그림에서 각각 무차별 곡선 OP와 OQ에 대한 방정식들이다. 그리고 A뿐만 아니라 B에 대해서도 교환조건이 무차별한 점들의 궤적인 계약곡선은 $\dfrac{dU}{dx} \div \dfrac{dU}{dy} = \dfrac{dV}{dx} \div \dfrac{dV}{dy}$라는 우아한 방정식을 갖게 된다.

만일 견과의 한계효용이 A뿐만 아니라 B에 대해서도 일정하다면, $\dfrac{dU}{dy}$와 $\dfrac{dV}{dy}$는 상수가 되며, U는 $\Phi\,(a-x)+\alpha y$가 되고 V는 $\Psi\,(a-x)$ $+\beta y$가 된다. 그리고 계약곡선은 $F\,(x)=0$ 또는 $x=C$가 된다. 즉 계약 곡선은 Oy와 평행한 직선이 되며, 어느 무차별곡선에 의해 주어지든 $\Delta y:\Delta x$의 값은 C의 함수가 된다. 이 사실은 물물교환이 어떤 경로를 통해 시작되었든 균형은 사과 C단위가 교환되는 점에서 발견될 것이며, 최종 교환비율은 C의 함수, 즉 상수라는 것을 보여준다. 본문에서 도달한 결론을 확인하기 위해 물물교환이론에 대한 에지워스의 수학적 해석의 이 같은 적용은 베리에 의해 처음으로 이루어졌으며, 『경제학 저널』 1891년 6월호에 발표되었다.

U와 V를 x 및 y의 일반함수로 나타내는 에지워스의 방법은 수학자에게는 큰 매력이 있다. 그러나 경제생활의 일상사를 표현하기에는 제번스처럼 사과의 효용함수를 단순히 x의 함수로 간주하는 것보다 덜 적합하다. 이 경우에, 논의 중인 특수한 경우에서 가정했듯이, 만일 A가 처음에 견과를 전혀 가지고 있지 않다면, U의 형태는 $\displaystyle\int_0^x \Phi_1(a-x)\,dx +$ $\displaystyle\int_0^y \Psi_1(y)\,dy$이며, V도 비슷한 형태를 띤다. 그리고 계약곡선의 방정식은 $\Phi_1(a-x)\div\Psi_1(y)=\Phi_2(x)\div\Psi_2(b-y)$다. 이것은 제번스의 『정치경제학 이론』, 제2판, 108쪽에 있는 **교환방정식들** 중의 하나다.

주 XIII. (『경제학 원리』 2, 48쪽). 주 V와 동일한 기호를 사용해 시간과 관련해서 주택을 건설하기 시작한 날을 출발점으로 삼고, T'를 주택을 건설하는 데 걸린 시간이라 하자. 그러면 주택으로부터 그가 기대하는 쾌락의 현재가치는 $H=\displaystyle\int_{T'}^T \omega R^{-t}\frac{dh}{dt}\,dt$다.

$\Delta t(t$와 $t+\Delta t$ 사이)의 시간 동안에 주택을 건설하는 데 그에게 발생한 노력의 요소를 Δv라 하면, 노력총합의 현재가치는 $V=\displaystyle\int_0^{T'} R^{-t}\frac{dv}{dt}\,dt$다.

만일 필요한 노동과 관련해 불확실성이 있다면 반드시 모든 가능한 요소를 계산에 넣어야 하며, 그것이 요구될 확률 ω'를 곱해야 한다. 그리고 V는 $\int_0^{T'} w' R^{-t} \frac{dv}{dt}\, dt$가 된다.

만일 우리가 출발점을 주택을 완성한 날로 옮긴다면, $H = \int_0^{T_1} \omega R^{-t}$ $\frac{dh}{dt}\, dt$, $V = \int_0^{T'} \omega' R^{-t} \frac{dv}{dt}\, dt$ [*]다. 여기서 $T_1 = T - T'$다. 그리고 이러한 출발점은, 비록 수학적 관점에서는 덜 자연스럽지만, 일상적인 경제생활의 관점에서는 좀더 자연스럽다. 이러한 출발점을 채택함으로써 우리는 V를 치르게 되는 고통의 추정치의 총합으로 간주한다. 말하자면 각각의 고통은 그것이 발생한 시점과 그것이 결실을 낳기 시작하는 시점 사이의 기다림의 축적된 부담을 짊어진다.

자본투자에 대한 제번스의 논의는 그것을 나타내는 함수가 1차방정식이라는 불필요한 가정에 의해 다소 손상된다. 제번스가 고센의 작업을 설명할 때 경제수량(economic quantities)의 변화의 진정한 특성을 나타내는 다형적(multiform) 곡선을 직선으로 대체하는 자신(그리고 휴얼W. Whewell)의 방법에 대한 반론을 스스로 지적했다는 점에서 더욱 놀라운 일이다.

주 XIV. (『경제학 원리』 2, 52쪽). 해당된 개인으로서, 일정한 설계 아래 주택을 건설하는 데 사용되는 상이한 종류의 노동, 예를 들어 목재절단, 석재운반, 땅파기 등의 각각의 크기를 α_1, α_2, α_3, ……라 하자. 그리고 그러한 설계 아래서 주택이 제공하게 될 거실, 침실, 사무실 등의 각각의 거주시설을 β, β', β'' 등이라 하자. 그러면 주 XIII처럼 V와 H를 사용하면 V, β, β', β''은 모두 α_1, α_2, α_3, ……의 함수이며, H는 β, β', β'' …… 함수이므로 또한 α_1, α_2, α_3, ……의 함수다. 그러면

---

[*] 원문에는 R'로 되어 있으나 오타로 판단된다.

우리는 각 용도에 대한 각 종류의 노동의 한계투자를 찾아야만 한다.

$$\frac{dV}{d\alpha_1} = \frac{dH}{d\beta}\frac{d\beta}{d\alpha_1} = \frac{dH}{d\beta'}\frac{d\beta'}{d\alpha_1} = \frac{dH}{d\beta''}\frac{d\beta''}{d\alpha_1} = \cdots\cdots$$

$$\frac{dV}{d\alpha_2} = \frac{dH}{d\beta}\frac{d\beta}{d\alpha_2} = \frac{dH}{d\beta'}\frac{d\beta'}{d\alpha_2} = \frac{dH}{d\beta''}\frac{d\beta''}{d\alpha_2} = \cdots\cdots$$

이 방정식들은 노력과 편익의 균형을 나타낸다. 그에게 목재를 자르고, 가공하는 데 들어간 추가노동의 실질비용은 그렇게 함으로써 얻을 수 있는 추가적인 거실 또는 침실 거주시설의 편익에 의해 정확하게 상쇄된다. 그러나 만일 직접 일하는 대신에 목수들에게 그것을 하도록 돈을 지불한다면, 우리는 반드시 V를 그의 총노력이 아니라 일반구매력의 총지출을 나타내는 것으로 간주해야 한다. 그러면 추가노동을 위해 목수들에게 그가 기꺼이 지불하려는 금액, 그들의 추가노동의 한계수요가격은 $\frac{dV}{d\alpha}$로 측정된다. 한편 $\frac{dH}{d\beta}$, $\frac{dH}{d\beta'}$는 그에게서 각각 추가적인 거실과 침실의 거주시설의 한계효용에 대한 화폐측정이다. 즉 그것들에 대한 그의 한계수요가격들이다. 그리고 $\frac{d\beta}{d\alpha}$, $\frac{d\beta'}{d\alpha}$는 그러한 거주시설을 제공하는데서 목수들의 노동의 한계효율성이다. 따라서 방정식들은 목수들의 노동에 대한 수요가격이 추가적인 거실 거주시설을 제공하는 데서의 목수들의 작업의 한계효율성을 곱한 추가적인 거실 거주시설에 대한 수요가격, 추가적인 침실 거주시설을 제공하는 데서의 목수들의 작업의 한계효율성을 곱한 추가적인 침실 거주시설에 대한 수요가격 등과 일치하는 경향이 있다는 것을 말해준다. 물론 각 구성요소에 대한 적절한 단위를 선택해야 한다.

이러한 진술을 목수들의 노동에 대한 다양한 모든 수요를 포괄하도록 일반화시키면 그것은 다음과 같이 변한다. 즉 목수들의 노동에 대한 (한계)수요가격은 임의의 생산물의 공급을 늘리는 데서 목수들의 노동의 (한계)효율성과 그러한 생산물에 대한 (한계)수요가격의 곱이다. 또는 같은 사실을 달리 표현하면, 목수들의 노동 1단위의 임금은 생산물 중에서 그들의 노동이 생산에 기여한 부분——생산물에 대한 목수들의 노동 1단위의 한계효율성을 나타낸다——의 가치와 일치하는 경향이 있다. 또는 제VI편, 제1장에서 우리가 집중적으로 다루게 될 표현을 사용하면, 목수들의 노동 1단위의 임금은 그들의 노동의 '순생산'의 가치와 일치하는 경향이 있다. 이러한 명제는 아주 중요하며, 그 속에 분배이론의 수요 측면의 핵심을 포함한다.

어떤 건축업자가 특정한 건물을 지을 마음이 있는데, 예를 들어 주택, 창고, 공장 그리고 소매상점 등 어떤 거주시설을 제공할 것인지를 생각하고 있다고 가정하자. 그가 결정해야 할 두 종류의 문제들이 있을 것이다. 각 종류의 거주시설을 얼마나 제공할 것이며, 어떤 방법으로 제공할 것인가. 그렇게 일정 규모의 거주시설을 제공함으로써 교외주택을 건설할 것인지를 결정하는 것 이외에 그는 어떤 생산요소를 어떤 비율로 사용할 것인지를 결정해야 한다. 예를 들어 타일을 사용할 것인지 아니면 슬레이트를 사용할 것인지, 석재를 얼마나 사용할 것인지, 증기력을 기중기 공사에만 사용할 것인지 아니면 모르타르를 만드는 데도 사용할 것인지, 그리고 그가 만일 대도시에 있다면 비계를 전문가들에 의해 제작하게 할 것인지 아니면 일반 노동자가 제작하게 할 것인지 등을 결정해야 한다.

이제 그가 각각 특정 등급의 교외주택 거주시설을 β, 창고 거주시설을 β', 공장 거주시설을 β''만큼 제공하기로 결정한다고 해보자. 그러나 전처럼 그가 단순히 상이한 종류의 노동을 α_1, α_2, α_3, …… 고용한다고 가정하는 대신 그의 지출을 (1) 임금, (2) 원료의 가격, (3) 자본에 대한 이자의 세 가지 항목으로 분류해보자. 한편 자신의 노동과 사업의 가치는 네 번째 항목이 된다.

이제 x_1, x_2, ……는 그가 고용한 감독노동을 포함해서 상이한 종류의 노동의 양이라고 하자. 각 종류의 노동의 양은 노동의 지속기간과 강도로 구성된다.

y_1, y_2, ……는 소모되고 건물 속에 체화된 다양한 종류의 원료의 양

이라고 하자. 건물은 자유 보유부동산(freehold)으로 판매된다고 가정할 수 있다. 이 경우에 토지조각들——그 위에 건물들이 개별적으로 건설된다——은 이 관점, 즉 개별 사업가의 관점에서는 원료의 특수한 형태에 불과하다.

다음으로 z는 여러 가지 목적을 위한 자본의 고정량 또는 배분충당(appropriation of employment)분량이라 하자. 여기서 우리는 공통의 화폐척도로 환원된 자본의 모든 형태를 반드시 계산에 넣어야 한다. 여기에는 임금과 원료구매를 위한 선불, 마모 등을 참작해 모든 종류의 설비——작업장과 작업장이 건설된 부지는 동일한 자격으로 계산된다——의 사용이 포함된다. 다양한 자본고정이 지속되는 기간들은 각기 다를 것이다. 그러나 그것들은 반드시 기하급수에 따라 표준단위, 예컨대 1년으로 환원되어야 한다.

네 번째로 u는 여러 사업에 수반되는 그 자신의 노동, 근심, 걱정, 소모 등의 화폐 상당액을 나타낸다고 하자.

게다가 별도의 항목들로 분류해도 좋지만, 이미 언급했던 항목들과 결합된다고 가정해도 좋은 여러 요소들이 있다. 위험에 대비한 충당금은 마지막 두 항목 사이에 할당될 수 있다. 기업 경영에 따른 일반비('간접비', 『경제학 원리』 2, 54, 55쪽을 보라)의 적절한 몫은 임금, 원료, (영업권 등) 계속기업으로서 기업조직의 자본가치에 대한 이자 그리고 건축업자 자신의 노동, 사업 그리고 근심에 대한 보수의 네 가지 항목들 사이에 배분될 것이다.

이러한 상황에서 V는 그의 총지출을 나타내고, H는 그의 총수입을 나타낸다. 그리고 그의 노력은 $H - V$를 극대화하는 방향으로 향한다. 이러한 조건 아래서 우리는 이미 주어진 방정식들과 유사한 방정식들을 얻는다.

$$\frac{dV}{dx_1} = \frac{dH}{d\beta}\frac{d\beta}{dx_1} = \frac{dH}{d\beta'}\frac{d\beta'}{dx_1} = \cdots\cdots$$

$$\frac{dV}{dx_2} = \frac{dH}{d\beta}\frac{d\beta}{dx_2} = \frac{dH}{d\beta'}\frac{d\beta'}{dx_2} = \cdots\cdots$$

$$\cdots$$

$$\frac{dV}{dy_1} = \frac{dH}{d\beta}\frac{d\beta}{dy_1} = \frac{dH}{d\beta'}\frac{d\beta'}{dy_1} = \cdots\cdots$$

$$\cdots$$

$$\frac{dV}{dz} = \frac{dH}{d\beta}\frac{d\beta}{dz} = \frac{dH}{d\beta'}\frac{d\beta'}{dz} = \cdots\cdots$$

$$\frac{dV}{du} = \frac{dH}{d\beta}\frac{d\beta}{du} = \frac{dH}{d\beta'}\frac{d\beta'}{du} = \cdots\cdots$$

다시 말하면 건축업자가 첫 번째 종류의 노동의 추가적인 소량공급 δx_1을 위해 기꺼이 지급하려는 한계지출 $\frac{dV}{dx_1}\delta x_1$은 $\frac{dH}{d\beta}\frac{d\beta}{dx_1}\delta x_1$, 즉 첫 번째 종류의 노동의 추가적인 소량공급의 결과로 그에 의해 제공되는 교외주택 거주시설의 증가를 통해 그가 획득하는 총수입 H의 증가와 같다. 그것은 창고 거주시설 등에 대해서도 마찬가지로 적용된다. 그렇게 임의의 생산요소——노동, 원료, 자본의 사용——의 일부뿐만 아니라 자신의 노동과 사업의 일부를 어떤 유형의 건물에서 다른 유형의 건물로 전환함으로써 아무것도 얻지 못하도록, 그는 자원을 여러 가지 용도에 배분할 것이다. 또한 그는 사업의 어떤 부문에서도 어떤 생산요소를 다른 생산요소로 대체함으로써뿐만 아니라 실제로 어떤 생산요소의 사용을 늘리거나 줄임으로써도 아무것도 얻지 못할 것이다. 이러한 관점에서 우리의 방정식들은 동일한 물건의 상이한 용도 사이의 선택과 관련해서 제III편, 제5장의 논의와 아주 유사하다(영국학술협회에서 에지워스의 뛰어난 강연에 첨부된 가장 흥미로운 주석 (f)을 참조하라).

특정 종류의 노동이든 다른 생산요소든 임의의 생산요소의 '순생산'이라는 표현을 해석하는 데서의 어려움에 대해서는 할 얘기가 더 있다 (『경제학 원리』 2, 제V편, 제11장, 1; 제VI편, 제I장, 8을 보라). 그리고 아마도 이 주의 나머지 부분은, 비록 앞부분과 유사하지만, 추후의 단계에 읽는 것이 좀더 편리할 수 있다. 건축업자는 첫 번째 종류의 노동의 마지막 단위에 대해 $\frac{dV}{dx_1}\delta x_1$을 지급한다. 왜냐하면 그것이 마지막 단위의 순생산이기 때문이다. 그리고 마지막 단위가 교외주택을 건설하는데 투입된다면, 그것은 그에게 추가적인 수입 $\frac{dH}{d\beta}\frac{d\beta}{dx_1}\delta x_1$을 가져다준다. 이제 만일 교외주택 거주시설 β에 대해 받는 단위가격이 p이고, 따라서 $p\beta$는 β 전체에 대해서 그가 받는 가격이라면, 그리고 만일 $\frac{d\beta}{dx_1}\delta x_1$, 즉 노동의 추가단위 δx_1에서 기인하는 교외주택 거주시설의 증가를 간단하게 $\Delta\beta$로 표현하면, 우리가 찾는 순생산은 $p\Delta\beta$가 아니라 $p\Delta\beta + \beta\Delta p$다. 여기서 Δp는 음수이며, 건축업자에 의해 제공되는 교외주택 거주시설 증가에 따른 수요가격의 하락이다. 우리는 이 두 가지 요소 $p\Delta\beta$와 $\beta\Delta p$의 상대적 크기에 대해 약간 연구해야 한다.

만일 건축업자가 교외주택의 공급을 독점하고 있다면 β는 교외주택의 총공급을 나타낼 것이다. 그리고 공급을 증가시킴으로써 β가 제공되었을 때, 교외주택에 대한 수요의 탄력성이 1보다 작다면, 그의 총수입은 감소할 것이다. 그리고 $p\Delta\beta + \beta\Delta p$는 음수가 될 것이다. 그러나 물론 그는 수요가 그렇게 비탄력적이 될 때까지 생산이 늘어나는 것을 허용하지 않을 것이다. 그가 생산을 선택하는 한계에서는 분명 음수 $\beta\Delta p$가 $p\Delta\beta$보다 작을 것이다. 그러나 그 차이가 비교해서 무시할 수 있을 정도로 작을 필요는 없을 것이다. 이것은 제V편, 제14장에서 논의되는 독점이론의 지배적인 현상이다.

그것은 또한 쉽게 확장할 수 없는 제한된 사업망을 가지고 있는 임의의 생산자의 경우에도 지배적인 현상이다. 만일 그의 고객들이 이미 그의 제품을 원하는 만큼 가지고 있어서 그들의 수요의 탄력성이 일시적으로 1보다 작다면, 비록 무급이라도 사람을 추가로 고용해서 일하게 함으로써 그는 손실을 입을 것이다. 일시적으로 자신의 고유한 시장을 망칠지도 모른다는 이러한 두려움은 단기, 특히 불경기 그리고 우리가 다른 저작에서 연구하게 될 공식적 · 비공식적 동업조합 규제와 관련된 많은 문제들에서 주된 영향을 미친다(『경제학 원리』 2, 제V편, 제5장, 제7장, 제11장을 보라). 생산량이 증가함에 따라 생산지출이 급격히 감소하는 상품들의 경우에는 비슷한 유형의 어려움이 존재한다. 그러나 여기서 생산의 한계를 규정하는 원인들은 너무 복잡해서 그것들을 수학적 언어로 전환하려고 시도할 만한 가치가 없어 보인다(『경제학 원리』 2, 제V편, 제12장, 2를 보라).

그러나 여러 생산요소들에 대한 전반적인 수요를 규정하는 원인들의 정상적 작용을 예시할 목적으로 개별 사업가의 행동을 연구할 때, 이와 같은 경우들을 피해야 하는 것은 자명한 것처럼 보인다. 우리는 그러한 경우들의 특징에 대해서는 특수한 논의에서 별도로 분석되도록 남겨두고, 정상적인 예시를 개인이 간접적이나마 효율적으로 시장에 접근할 수 있는 많은 사람들 중에서 한 사람에 불과한 경우에서 취해야 한다. β를 대규모 시장에 대한 총생산량이라 할 때, 만일 $\beta\Delta p$가 $p\Delta\beta$와 일치한다면 그리고 개별 사업가가 β의 1000분의 1인 β'를 생산한다면, 추가인력을 투입함으로써 증가하는 수입은 $p\Delta\beta'$으로서 $p\Delta\beta$와 같다. 그리고 그러한 수입에서 공제해야 할 부분은 $\beta\Delta p$의 1000분의 1인 $\beta'\Delta p$로서 무시할 수 있다. 따라서 분배법칙의 전반적 작용의 일부를 설명하기 위해, 임의의 생산요소의 한계작업의 순생산의 가치는 생산물의 정상판매가치로 평가한 순생산의 크기, 즉 $p\Delta\beta$라고 말하는 것은 정당하다.

이러한 어려움들 가운데 어느 것도 노동분업과 보수를 위한 노동체계에 의존하지 않는다는 것을 지적할 수 있다. 비록 그것들이, 그러한 체계와 연결된, 노력과 만족을 가격으로 측정하려는 습관에 의해 두드러지게 되었지만 말이다. 스스로 건물을 짓고 있는 로빈슨 크루소는 기존의 거주시설의 1000분의 1 증가가 그의 편의를 1000분의 1 증가시키지 않는다는 것을 알 것이다. 그가 추가한 것은 나머지와 같은 성질의 것일지도 모른다. 그러나 만일 우리가 그것을 그에게 동일한 실질가치가 있는 것으로 계산에 넣는다면, 새롭게 만들어진 부분은 기존의 부분의 필요성을 다소 덜 절박하게 만들고, 실질가치를 다소 떨어뜨린다는 사실을 감안해야 할 것이다(『경제학 원리』 2, 119쪽 주 2) 참조). 다른 한편 수익체증의 법칙은 그로 하여금 주어진 반시간 동안의 작업에 대해 진정한 순생산을 귀속시키는 것을 아주 어렵게 만들 수 있을 것이다. 예를 들어 섬의 일정 지역에 조미료로서 아주 탁월한 그리고 쉽게 운반 가능한 작은 풀이 자라고 있으며, 그곳에 방문하는 데 하루의 절반이 걸리고, 그는 한 번에 작은 더미를 얻기 위해 그곳에 간다고 가정하자. 그 후 하루의 절반을 투입할 중요한 사용처가 없어서, 그는 하루 전체를 할애했고 과거보다 10배 많은 분량을 가지고 돌아왔다. 우리는 마지막 하루의 절반의 수익을 나머지와 분리할 수 없다. 유일한 방법은 하루 전체를 하나의 단위로 삼고, 그것의 만족의 수익과 다른 방식으로 보낸 다른 날들의 그것과 비교하는 것이다. 그리고 현대의 산업체계에서 우리는 유사한 그러나 좀더 어려운 과업——어떤 목적을 위해서는 생산공정 전체를 단일의 단위로 삼아야 하는 과업——을 가지고 있다.

우리가 고려했던 그런 방정식 체계의 범위를 확장하고, 그러한 방정식들이 분배의 수요 측 문제 전체를 포괄할 때까지 세부사항을 증가시키는 것은 가능할 것이다. 그러나 명확한 일련의 원인들의 작용양식에 대한 수학적 해설이 그 자체로서 완전할 수 있고, 명확하게 한정된 한계 내에서는 아주 정확할 수 있지만 실제 삶의 복잡한 문제 전체, 심지어 상당한 부분을 일련의 방정식으로 파악하려는 어떤 시도에서도 상황은 그렇지 못하다. 왜냐하면 많은 중요한 고려사항들, 특히 시간요소의 다형적 영향과 관련된 것들은 수학적으로 쉽게 표현되지 않기 때문이다. 그것들은 완전히 생략되거나 장식미술의 박제된 새, 동물과 유사해질 때까지 깎이고 잘라져야만 한다. 그러므로 경제적 힘에 그릇된 비중을 할당하는 경향이 발생한다. 즉 분석적 방법에 제일 적합한 요소들이 가장 강조된다. 이러한 위험은 실제 삶의 문제에 수학적 분석뿐만 아니라 모든 종류의 분석을 적용할 때 내재되어 있다는 것은 의심할 여지가 없다. 다른 무엇보다도 이러한 위험을 경제학자는 항상 유념해야 한다. 그러나 그러한 위험을 완전히 회피하는 것은 과학적 발전의 주된 수단을 포기하는 것이다. 그리고 특히 수학적 독자들을 위한 논의에서 아주 대담하게 광범위한 일반화를 찾는 것은 당연히 옳다.

이러한 논의에서는, 예를 들어 경제적 원인들로부터 공동체에게 생기는 만족 또는 불만(노력, 희생 등)의 총합을 각각 H와 V로 간주하는 것이 옳을 것이다. 그리고 이러한 원인들의 항구적 방향은 **최대만족**의 달성으로 향한다는 학설(『경제학 원리』 2, 178~183쪽을 보라) 또는 전체로서 사회를 위해 $H - V$를 극대화하는 항구적 경향이 존재한다는 학설의 다양한 형태 속에 다소간 의식적으로 수반되는 가정들과 유사한 가정을 통해서 이러한 원인들의 작용이라는 개념을 단순화하는 것은 옳을 것이다. 이러한 설계에서 결과적으로 생기는 미분방정식들——우리가 설명했던 방정식들과 같은 종류다——은 경제학의 모든 분야에서 일단의 효용과 일단의 반효용, 그리고 일단의 만족과 일단의 실질비용의 상호작용에 의해 규정되는 가치를 나타내는 것으로 해석될 것이다. 이러한 논의는 나름의 자리가 있다. 그러나 그 자리는 일반인들이 일상사 속에서 다소간 의식적으로 채택하는 분석 및 추론방법을 간결하고 좀더 정밀한 언어로 표현하기 위해서만 수학이 사용되는 이 책과 같은 책이 아니다.

실제로 이러한 논의가 제III편에서 특정 상품의 총효용에 적용된 분석방법과 약간의 유사점이 있다는 것을 받아들일 수 있다. 두 경우의 차이는 주로 정도의 차이다. 그러나 그 정도는 너무 커서 거의 유적 차이와 맞먹는다. 왜냐하면 전자의 경우에 우리는 각 상품을 단독으로 그리고 특수한 시장에 관련지어 고려하기 때문이다. 그리고 우리는 고려 중인 때와 장소에서 소비자들의 상황을 주의 깊게 참작한다. 그렇게 우리는, 비록 좀더 많은 주의를 기울이겠지만, 금융정책을 논할 때 재무장관이나 일반인들의 관행을 따른다. 우리는 몇몇 상품들이 주로 부유층에서 소비되고, 그 결과 그것들의 실질총효용은 그러한 효용의 화폐측정에 의해 제시되는 것보다 더 적다는 것을 언급한다. 그러나 우리는, 다른 사람들과 함께, 대체로 그리고 반대되는 특별한 사유가 없다면 부유층에 의해 주로 소비되는 두 상품의 실질총효용 사이의 관계는 그것들의 화폐 측정 사이의 관계와 대략 일치한다고 가정한다. 그리고 부유층, 중산층, 빈곤층 사이에 비슷한 비율로 소비되는 상품들에 대해서도 마찬가지라고 가정한다. 이러한 추정은 개략적인 근사치에 불과하다. 그러나 각각의 특수한 어려움, 가능한 오류의 각 원천은 우리의 표현의 명확성에 의해 아주 잘 드러난다. 우리는 일상생활의 관행에 잠재되어 있지 않은 어떤 가정도 도입하지 않는다. 우리는 일상생활의 관행 속에서 좀 더 조야하지만 제법 성공적으로 파악되지 않는 어떤 과업도 시도하지 않는 반면, 우리는 어떤 새로운 가정도 도입하지 않으며, 피할 수 없는 가정들을 분명하게 노출시킨다. 그러나 비록 그것이 특수한 시장과 관련지어 특정한 상품들을 다룰 때는 가능할지라도, **최대만족설의 모든 것**을 포함하는 그물 내부에 들어오는 무수히 많은 경제적 요인과 관련해서는 가능할 것 같지 않다. 공급의 힘은 특히 이질적이고 복잡한데, 그것들은 모든 다양한 산업계층에 있는 사람들의 직·간접적인 무한히 다양한 노력과 희생을 포함한다. 그리고 만일 이 학설을 구체적으로 해석하는 데 다른 방해물이 없다면, 치명적인 장애는 아이들을 기르고 그들에게 직업을 준비시키는 데 드는 비용은 기계를 조립하는 데 드는 비용과 같은 방식으로 측정될 수 있다는 잠재적인 가정에서 발견될 것이다.

이러한 전형적인 사례에서 제공된 것과 비슷한 이유로, 본문에서 논의된 주제의 복잡성이 증가함에 따라 수학 부록의 주가 적용되는 범위는 점점 줄어들 것이다. 다음에 오는 몇 개의 주는 독점과 관계되는데, 독점에는 직접적이고 분석적 취급이 특별히 가능한 몇 가지 측면이 있다. 그러나 나머지 주들의 절반 이상이 이 주의 내용과 공통점이 많은 결합수요, 결합공급, 복합수요, 복합공급을 설명하는 데 집중되어 있다. 한편 이와 관련된 일련의 주들 가운데 마지막 주 XXI은 (시간요소에 대한 언급 없이) 분배와 교환에 대한 전반적 개관을 향해 조금 나아간다. 그러나 사용된 수학적 설명이 방정식에 개입되는 미지수와 수적으로 동일한 방정식들의 체계를 가리킨다는 것을 확인하는 데까지만 나아간다.

주 XIV. *bis* (『경제학 원리』 2, 79, 80쪽). 제V편, 제6장의 그림에서 공급곡선들은 모두 우상향한다. 그리고 그것들에 대한 수학적 설명에서, 우리는 생산의 한계지출이 명확하게——현실의 삶 속에서는 그런 일이 없다——결정된다고 가정할 것이다. 우리는 대규모 생산에 따른 내부경제와 외부경제를 향유하는 대표기업을 발전시키는 데 필요한 시간을 고려하지 않을 것이다. 그리고 우리는 제V편, 제12장에서 논의된 수익체증의 법칙과 관련된 모든 어려움을 무시할 것이다. 다른 방법을 택하는 것은 비록 무용한 것은 아닐지라도 이 책과 같은 저서에는 적합하지 않은 수학적 복잡성을 초래할 것이다. 따라서 이 주와 다음 주에서의 논의는 완전한 연구라기보다는 개략적인 스케치로 간주되어야만 한다.

a_1, a_2, ⋯⋯을 상품 A의 생산요소들이라 하자. 그리고 그것들의 공급방정식은 $y = \phi_1(x)$, $y = \phi_2(x)$, ⋯⋯이라 하자. A의 x단위 생산을 위해 필요한 생산요소들의 단위는 각각 $m_1 x$, $m_2 x$, ⋯⋯라 하고, 여기서 m_1, m_2, ⋯⋯은 일반적으로 상수가 아니라 x의 함수다. 그러면 A의 공급방정식은

$$y = \Phi(x) = m_1 \phi_1(m_1 x) + m_2 \phi_2(m_2 x) + \cdots\cdots = \sum \{m\phi(mx)\}$$다.

완성된 상품에 대한 수요방정식을 $y = F(x)$라 하면, r번째 생산요소 a_r에 대한 파생수요 방정식은 $y = F(x) - \{\Phi(x) - m_r \phi_r(m_r x)\}$다.

그러나 이 방정식에서 y는 생산요소 1단위의 가격이 아니라 m단위의 가격이다. 그리고 고정된 단위로 표현된 방정식을 구하기 위해서 η을 1단위의 가격이라 하고, $\xi = m_r x$라 하면 $\eta = \dfrac{1}{m_r} y$이며, 방정식은

$$\eta = f_r(\xi) = \frac{1}{m_r}\left[F\left(\frac{1}{m_r}\xi\right) - \left\{ \Phi\left(\frac{1}{m_r}\xi\right) - m_r \phi_r(\xi) \right\} \right]$$이 된다.

만일 m_r이 x의 함수, 예컨대 $= \psi_r(x)$라면, x는 방정식 $\xi = x\psi_r(x)$에 의해서 반드시 ξ항으로 결정되어야 한다. 따라서 m_r은 $\chi_r(\xi)$로 쓰일

수 있다. 이렇게 대체함으로써 우리는 η을 ξ의 함수로 표현한다. a_r에 대한 공급방정식은 단순히 $\eta = \phi_r(\xi)$이다.

주 XV. (『경제학 원리』 2, 82쪽).

칼에 대한 수요방정식이　　$y = F(x)$ .... (1),

칼에 대한 공급방정식이　　$y = \Phi(x)$ .... (2),

손잡이에 대한 공급방정식이 $y = \phi_1(x)$ .... (3),

칼날에 대한 공급방정식이　$y = \phi_2(x)$ .... (4)라 하면,

손잡이에 대한 수요방정식은 $y = f_1(x) = F(x) - \phi_2(x)$ ....(5)다.

(5)에 대한 탄력성을 나타내는 식은 $-\left\{\dfrac{xf_1'(x)}{f_1(x)}\right\}^{-1}$

즉 $-\left\{\dfrac{xF'(x) - x\phi_2'(x)}{f_1(x)}\right\}^{-1}$ 즉, $\left\{-\dfrac{xF'(x)}{F(x)}\dfrac{F(x)}{f_1(x)} + \dfrac{x\phi_2'(x)}{f_1(x)}\right\}^{-1}$ 이다.

이것은 아래의 조건이 더 많이 충족되면 충족될수록 더 작을 것이다.
(i) 정($+$)일 수밖에 없는 $-\dfrac{xF'(x)}{F(x)}$이 크다. 즉 칼에 대한 수요의 탄력성이 작다. (ii) $\phi_2'(x)$이 정($+$)이고 크다. 즉 칼날에 대한 공급가격이 공급량이 증가하면 빠르게 증가하고, 공급이 감소하면 빠르게 감소한다.
(iii) $\dfrac{F(x)}{f_1(x)}$이 크다. 즉 손잡이의 가격은 칼의 가격의 작은 부분에 불과하다.

유사한 그러나 좀더 복잡한 연구는, 생산요소의 단위가 고정된 것이 아니라 앞 주에서처럼 변할 때, 실질적으로 동일한 결과에 이른다.

주 XVI. (『경제학 원리』 2, 83쪽). 호프 m 부셸이 특정 종류의 에일맥주 x 갤런을 만드는 데 사용되며, 균형에서 x' 갤런이 가격 $y' = F(x')$에 판매된다고 가정하자. m이 $m + \Delta m$으로 변하고, 그 결과로 여전히 x' 갤런이 판매를 위해 제공될 때 가격 $y' + \Delta y'$에서 구매자를 발견한다고

하자. 그러면 $\frac{\Delta y'}{\Delta m}$는 호프에 대한 한계수요가격을 나타낸다. 만일 그것이 그것의 공급가격보다 크다면, 양조업자에게는 에일맥주에 호프를 더 투입하는 것이 이익일 것이다. 또는 좀더 일반화하기 위해 $y = F(x, m)$, $y = \Phi(x, m)$이 맥주에 대한 수요방정식과 공급방정식이라 하자. 여기서 x는 갤런 수이며, m은 갤런당 호프의 부셸 수다. 그러면 $F(x, m) - \Phi(x, m)$은 공급가격에 대한 수요가격의 초과분이다. 균형에서 그것은 물론 0이다. 그러나 만일 m을 변화시킴으로써 그것을 양수로 만드는 것이 가능하다면 변화가 초래될 것이다. 따라서 (호프의 증가에서 기인하는 것 이외에는 맥주를 만드는 지출에서 이렇다 할 변화가 없다고 가정하면) $\frac{dF}{dm} = \frac{d\Phi}{dm}$다. 여기서 전자는 한계수요가격이고, 후자는 호프의 한계공급가격이다. 따라서 양자는 일치한다.

이러한 방법은 물론 동시에 둘 또는 그 이상의 생산요소의 변화가 일어나는 경우로 확장이 가능하다.

주 XVII. (『경제학 원리』 2, 84쪽). 완성된 상품이든 생산요소든 어떤 재화가 두 가지 용도로 배분되며, 총량 x 중에서 첫 번째 용도에 할애된 부분은 x_1이고 두 번째 용도에 할애된 부분은 x_2라 가정하자. $y = \phi(x)$는 총공급방정식이고, $y = f_1(x_1)$, $y = f_2(x_2)$는 각각 첫 번째 용도와 두 번째 용도에 대한 수요방정식이라 하자. 그러면 균형에서 세 개의 미지수 x, x_1, x_2는 세 개의 방정식 $f_1(x_1) = f_2(x_2) = \phi(x)$, $x_1 + x_2 = x$에 의해 결정된다.

다음으로 상품의 첫 번째 용도에서 어떤 교란이 있을지라도, 두 번째 용도에서 그 상품의 수요와 공급은 균형상태에 있다는 가정 아래서, 즉 두 번째 용도에서 그 상품의 수요가격이 실제로 생산된 총량의 공급가격과 일치한다——언제나 $f_2(x_2) = \phi(x_1 + x_2)$다——는 가정 아래서, 첫 번째 용도에서 상품의 수요와 공급의 관계를 별도로 얻는 것이 바람직하다고 가정해보자. 앞의 식으로부터 우리는 x_1의 항으로 x_2를, 따라서 x_1의 항으로 x를 결정할 수 있다. 따라서 우리는 $\phi(x) = \psi(x_1)$라고 쓸 수 있다. 그렇게 첫 번째 용도에서 상품에 대한 공급방정식은 $y = \psi(x_1)$이 된다. 그리고 앞의 식은 이미 알려진 방정식 $y = f_1(x_1)$와 함께 필요한 관계를 제공한다.

주 XVIII. (『경제학 원리』 2, 85, 86쪽). a_1, a_2, ……는 결합생산물들이고, 결합 생산공정의 x단위로부터 그것들이 각각 $m_1 x$, $m_2 x$, ……생산된다고 하자. $y = f_1(x)$, $y = f_2(x)$, ……를 각각의 수요방정식이라고 하자. 그러면 균형에서 $m_1 f_1(m_1 x) + m_2 f_2(m_2 x) + \cdots\cdots = \phi(x)$다.

이 방정식으로부터 결정된 x의 값을 x'라 하면, $f_1(m_1 x')$, $f_2(m_2 x')$ ……는 각 결합생산물의 균형가격들이다. 물론 필요하다면 m_1, m_2, ……는 x'항으로 표현된다.

주 XIX. (『경제학 원리』 2, 87쪽). 이 경우는 필요한 변경을 가하면 주 XVI에서 설명했던 경우와 부합한다. 만일 균형에서 연간 x'의 황소가 공급되고 가격 $y' = \phi(x')$에서 판매되고, 각각의 황소가 m 단위의 고기를 산출한다면, 그리고 사육자들이 황소의 육종과 사육을 변경함으로써 황소의 고기 생산능력이 증가해서 Δm 단위의 고기가 추가되고 (가죽과 다른 결합생산물은 변하지 않을 때), 그를 위한 추가적 지출이 $\Delta y'$이라면, $\dfrac{\Delta y'}{\Delta m}$는 고기의 한계공급가격을 나타낸다. 만일 이 가격이 판매가격보다 작다면 변화를 일으키는 것이 사육자에게 이익일 것이다.

주 XX. (『경제학 원리』 2, 88, 89쪽). a_1, a_2, ……는 정확히 똑같은 기능을 수행하기에 적합한 요소들이라 하자. 이중 임의의 한 요소 1단위는 다른 모든 요소들의 1단위와 동등하도록 그것들의 단위가 선택된다고 하자. 이들 각각의 공급방정식은 $y_1 = \phi_1(x_1)$, $y_2 = \phi_2(x_2)$, ……이라 하자.

이러한 방정식들에서 변수를 바꾸어서 $x_1 = \psi_1(y_1)$, $x_2 = \psi_2(y_2)$ ……로 써보자. $y = f(x)$는 모든 요소들이 공통으로 제공하는 서비스에 대한 수요방정식이다. 그러면 균형에서 x와 y는 $y = f(x)$, $x = x_1 + x_2 +$ ……, $y_1 = y_2 = $ …… $= y$의 방정식들에 의해 결정된다(방정식들은 반드시 x_1, x_2, ……중 어느 것도 음수가 될 수 없도록 구성되어야 한다. y_1이 어떤 수준으로 떨어지면 x_1은 0이 되고, y_1이 더 떨어져도 x_1은 0으로 유지된다. x_1은 음수가 되지 않는다). 본문에서 우리가 말했듯이, 공급방정식들은 모두 수익체감의 법칙에 따른다는 가정이 필요하다. 즉 $\phi_{1'}(x), \phi_{2'}(x),$ ……는 언제나 정(+)이다.

주XXI. (『경제학 원리』 2, 90, 91쪽). 우리는 이제 결합수요, 복합수요, 결합공급 그리고 복합공급의 문제들이 함께 일어날 때 그것들을 조감할 수 있다. 그 목적은 우리의 추상적인 이론이 정확히 미지수만큼의 방정식을 가지고 있다는 것을 확인하는 것이다.

결합수요 문제에서 우리는 n개의 상품들 A_1, A_2, …… A_n이 있다고 가정할 수 있다. A_1은 α_1의 생산요소들을 가지고 있고, A_2는 α_2의 생산요소들을 가지고 있으며 이하도 마찬가지라고 가정하면, 생산요소의 총수는 $\alpha_1 + \alpha_2 + \alpha_3 + $ …… $+ \alpha_n$이며, 이것을 m이라 하자.

첫째, 모든 요소들은 서로 달라서 복합수요가 없다고 가정하자. 그리고 각 요소는 별도의 생산공정이 있어서 결합생산물이 없다고 가정하자. 끝으로 임의의 두 요소도 동일한 용도에 쓰이지 않아서 복합공급이 없다고 가정하자. 그러면 미지수는 $2n + 2m$개다. 바꿔 말하면 미지수는 n개의 상품과 m개의 요소에 대한 수량과 가격이다. 그리고 그러한 미지수들을 결정하기 위해 우리는 $2n + 2m$개의 방정식을 가지게 된다. 바꿔 말하면 (i) 상품의 가격과 수량을 연결하는 n개의 수요방정식, (ii) 일정량의 상품에 대한 공급가격과 그에 대응되는 생산요소들의 수량들에 대한 가격들의 합을 일치시키는 n개의 방정식, (iii) 생산요소의 가격과 수량을 연결하는 m개의 공급방정식, 그리고 끝으로 (iv) 일정 상품량의 생산에 사용되는 생산요소의 양을 설명하는 m개의 방정식이 있다.

다음으로 결합수요뿐만 아니라 복합수요도 고려해보자. β_1개의 생산요소들이 동일한 것으로, 예컨대 일정한 효율성을 가진 목수의 노동으로 이루어져 있다고 해보자. 예를 들어 목수들의 노동이 n개의 상품 A_1, A_2, ……의 β_1개의 생산요소들 가운데 하나라고 해보자. 그러면 무엇을 생산하기 위해 사용되었든 목수들의 노동은 동일한 가격을 가진 것으로 간주되기 때문에 이러한 생산요소들 각각에 대해서는 단지 하나의 가격만이 존재하고, 미지수는 $(\beta_1 - 1)$개 줄어들며, 공급방정식도 $(\beta_1 - 1)$개 줄어든다. 그리고 다른 경우들에 대해서도 마찬가지다.

다음으로 추가적으로 결합공급도 고려해보자. 상품들을 생산하는 데 사용되는 γ_1개의 요소들이 동일한 생산공정의 결합생산물이라 하자. 그러면 미지수의 개수는 변하지 않는다. 그러나 공급방정식은 $(\gamma_1 - 1)$개 줄어든다. 그러나 이렇게 줄어든 방정식은 이러한 결합생산물들의 수량을 연결하는 $(\gamma_1 - 1)$개의 새로운 방정식으로 채워진다. 다른 경우들에 대해서도 마찬가지다.

끝으로 사용되는 요소들 중의 하나에 대한 공급이 δ_1개의 경쟁적인 원천에서 오는 복합공급이라고 하자. 기존의 공급방정식들은 이러한 경쟁적 원천들 가운데 첫 번째 원천에 대한 방정식으로 남겨두면, 우리는 $(\delta_1 - 1)$개의 경쟁적 원천들의 가격과 수량으로 구성된 추가적인 $2(\delta_1 - 1)$개의 미지수를 갖게 된다. 이러한 미지수들은 경쟁적 원천들에 대한 $(\delta_1 - 1)$개의 공급방정식과 δ_1개의 경쟁적 원천들의 가격들 사이의 $(\delta_1 - 1)$개의 방정식으로 커버된다.

문제가 아무리 복잡해질지라도, 미지수의 개수는 언제나 방정식의 개수와 정확히 일치하므로 이론적으로는 연립방정식체계가 결정된다.

주 XXII. (『경제학 원리』 2, 187, 188쪽). 만일 $y = f_1(x)$, $y = f_2(x)$가 각각 수요곡선과 공급곡선에 대한 방정식이라면, 최대의 독점수입을 제공하는 생산량은 $\{xf_1(x) - xf_2(x)\}$를 극대화함으로써 구해진다. 즉 그 것은 방정식 $\dfrac{d}{dx}\{xf_1(x) - xf_2(x)\} = 0$의 근 또는 근들 가운데 하나다.

여기서 공급함수는 전처럼 $\phi(x)$로 나타내는 대신에 $f_2(x)$로 나타낸 다. 부분적으로 여기서 공급가격은 앞의 주들에서의 공급가격과는 의미 가 똑같지 않다는 것을 강조하기 위해서이며, 부분적으로 이제 곡선의 수가 증가함에 따라 혼동을 막는 데 필요한 곡선에 번호를 매기는 체계 와 일치시키기 위해서다.

주 XXIII. (『경제학 원리』 2, 190쪽). 만일 세금이 부과되고, 세금 총 액이 $F(x)$라면, 독점수입을 극대화하는 x값을 찾기 위해서는 $\dfrac{d}{dx}\{xf_1(x) - xf_2(x) - F(x)\} = 0$이어야 한다. 그리고 $F(x)$가 허가세의 경우처럼 상수든, 소득세의 경우처럼 $xf_1(x) - xf_2(x)$에 따라 변하든, 위 의 방정식은 $F(x)$가 0인 경우와 근이 같다는 것은 자명하다.

문제를 기하학적으로 다루면서, 만일 〈그림-34〉*에서 독점수입곡선 전체가 Ox 밑으로 떨어질 정도로 충분한 일정액의 세금이 독점기업에 부과되고, 점 q'가 점 L에서 아래쪽으로 그은 수직선과 새로운 곡선이 만나는 점이라면, 점 q'에서 새로운 곡선은 아래쪽으로 그려진 yO를 하 나의 점근선으로 하고 Ox를 다른 점근선으로 해서 그린 일련의 직각 쌍 곡선들 가운데 하나와 접한다는 것을 지적했다. 이러한 직각 쌍곡선들 은 **손실불변곡선**(constant loss curves)이라고 명명할 수 있다.

또 독점수입에 비례하는, 예를 들어 독점수입의 m(m은 1보다 작다) 배에 해당하는 세금은 QQ'를 새로운 곡선으로 대체할 것이며, 새로운 곡선의 각 세로좌표는 대응되는 QQ'의 점, 즉 가로좌표가 같은 점의 세 로좌표$\times(1 - m)$이다. QQ'의 기존의 위치와 새로운 위치에서 대응되 는 임의의 두 점에서 그은 두 접선은, 투영법에 의해 자명하듯이, Ox와

---

* 원문에는 〈그림-35〉로 되어 있으나 오타로 판단된다.

같은 점에서 만날 것이다. 그러나 쌍곡선들과 만나는 직선을 하나의 점근선에 평행하게 그리고, 각 교차점에서 쌍곡선에 대한 접선을 그리면, 이러한 접선들은 다른 점근선과 같은 점에서 만난다는 것은 동일한 점근선을 갖는 직각 쌍곡선의 하나의 법칙이다. 따라서 만일 $q_3{}'$이 QQ'의 새로운 위치에서 q_3에 대응되는 점이라면, 그리고 쌍곡선과 QQ'에 대한 공통접선이 Ox와 만나는 점을 G라 한다면 $Gq_3{}'$은 $q_3{}'$을 지나는 쌍곡선에 대한 접선일 것이다. 즉 $q_3{}'$는 새로운 곡선상에서 극대수입점이다.

이 주의 기하학적 그리고 해석학적 방법은 세금이 독점기업의 생산량에 부과되는 본문 제V편, 제14장, 4의 후반부에서 논의했던 경우와 같은 경우들에 적용될 수 있다.

주 XXIII. *bis* (『경제학 원리』 2, 190쪽). 이러한 결과들은 뉴턴의 방법과 직각 쌍곡선의 잘 알려진 속성들을 사용함으로써 기하학적으로 쉽게 증명된다. 그것들은 또한 해석학적으로도 증명될 수 있다. 전과 마찬가지로 $y = f_1(x)$는 수요곡선에 대한 방정식, $y = f_2(x)$는 공급곡선에 대한 방정식이라 하자. 그리고 $y = f_3(x)$는 독점수입곡선에 대한 방정식이라 하면, 여기서 $f_3(x) = f_1(x) - f_2(x)$다. 그리고 $y = f_4(x)$는 소비자잉여곡선에 대한 방정식이라 하면, $f_4(x) = \dfrac{1}{x}\displaystyle\int_0^x f_1(\alpha)\,d\alpha - f_1(x)$다. 그리고 $y = f_5(x)$는 총편익곡선에 대한 방정식이라 하면, $f_5(x) = f_3(x) + f_4(x) = \dfrac{1}{x}\displaystyle\int_0^x f_1(\alpha)\,d\alpha - f_2(x)$다. 물론 이러한 결과는 직접적으로 얻어질 수도 있다. 그리고 $y = f_6(x)$는 절충편익곡선이라 하면, $f_6(x) = f_3(x) + n\,f_4(x)$인데, 여기서 소비자잉여는 독점업자에 의해 그것의 실제 가치의 n배로 계산된다.

OL(〈그림-36〉),* 즉 판매될 때 극대독점수입을 제공하는 생산량을 찾기 위해서는 다음과 같은 방정식 $\dfrac{d}{dx}\{xf_3(x)\} = 0$, 즉 $f_1(x) - f_2(x) =$

---

* 원문에는 〈그림-37〉로 되어 있으나 오타로 판단된다.

$x\{f_2'(x) - f_1'(x)\}$이 성립되어야 한다. 위 방정식의 좌변은 정(+)일 수밖에 없으며, 따라서 우변도 그렇다. 그것은, 달리 보면 자명한 것이겠지만, 만일 공급곡선과 수요곡선을 각각 점 q_2와 점 q_1에서 만나도록 Lq_3를 그리면, 점 q_2에서 공급곡선(만일 우하향한다면)과 수직선이 이루는 각은 반드시 점 q_1에서 수요곡선과 수직선이 이루는 각보다 커야 한다는 것을 보여준다.

OW, 즉 판매될 때 극대총편익을 제공하는 생산량을 찾기 위해서는 다음과 같은 방정식 $\dfrac{d}{dx}\{xf_5(x)\} = 0$, 즉 $f_1(x) - f_2(x) - xf_2'(x) = 0$이 성립되어야 한다.

OY, 즉 판매될 때 극대절충편익을 제공하는 생산량을 찾기 위해서는 다음과 같은 방정식 $\dfrac{d}{dx}\{xf_6(x)\} = 0$, 즉 $\dfrac{d}{dx}\{(1-n)xf_1(x) - xf_2(x)$ $+ n\displaystyle\int_0^x f_1(\alpha)\,d\alpha\} = 0$, 즉 $(1-n)xf_1'(x) + f_1(x) - f_2(x) - xf_2'(x) = 0$이 성립되어야 한다. 만일 $OL = c$이면, OY가 OM^*보다 크다는 조건은 x에 c를 대입할 때 $\dfrac{d}{dx}\{xf_6(x)\}$가 정(+)이라는 것이다. 즉 $x = c$일 때 $\dfrac{d}{dx}\{xf_3(x)\} = 0$ 이고 $\dfrac{d}{dx}\{xf_4(x)\}$는 정(+)이라는 것이다. 즉 $f_1'(c)$는 부(-)라는 것이다. 그러나 이러한 조건은 c의 값이 무엇이든 충족된다. 이것은 제V편, 제14장, 7의 말미에서 주어진 두 가지 결과 중에서 첫 번째 결과를 증명해준다. 그리고 두 번째 결과에 대한 증명도 유사하다 (이러한 결과들과 그 증명에 대한 설명은 암묵적으로 극대독점수입점이 유일하다는 것을 가정한다).

본문에 있는 결과들에 한 가지 결과를 추가할 수 있다. x에 a를 대입해서 $OH = a$라 하면, OY가 OH보다 크다는 조건은, $x = a$일 때 $\dfrac{d}{dx}\{nf_6(x)\}$가 정(+)이라는 것이다. 즉 $f_1(a) = f_2(a)$이므로 $(1-n)f_1'(a) - f_2'(a)$는 정(+)이라는 것이다. 이제 $f_1'(a)$는 언제나 부(-)이므

---

* 원문에는 ON으로 되어 있으나 오타로 판단된다.

로, 조건은 $f_2'(a)$**가 부(-)라는 것이 된다. 즉 공급은 수익체증의 법칙을 따르고, $\tan\phi$가 $(1-n)\tan\theta$보다 더 크다는 것이다. 여기서 θ와 ϕ는 점 A에서 수요곡선의 접선과 공급곡선의 접선이 각각 Ox와 이루는 각이다. $n=1$일 때, 전체 조건은 $\tan\phi$가 부(-)라는 것이다. 즉 공급곡선이 점 A에서 우하향한다면, OW는 OH보다 크다. 즉, 만일 독점업자가 소비자들의 이해가 자신의 것이라고 간주한다면, 그는 공급가격(우리가 사용하는 특수한 의미에서)이 수요가격과 일치하는 점을 넘어서 생산을 계속할 것이다. 단 그점 부근에서 공급이 수익체증의 법칙을 따른다는 조건 아래서 그렇다. 그러나 만일 공급이 수익체감의 법칙을 따른다면 그는 좀더 적게 생산할 것이다.

주 XXIV. (『경제학 원리』 2, 282, 283쪽). Δx는 Δt 기간에 그가 생산할 것으로 예상되는 부의 크기라고 하고, Δy는 그가 예상하는 소비량이라 하자. 그러면 그의 미래 용역의 할인가치는 $\int_0^T R^{-t}\left(\dfrac{dx}{dt}-\dfrac{dy}{dt}\right)dt$인데, 여기서 T는 그가 최대한 살 수 있는 날이다. 비슷한 방식으로 그의 양육과 훈련에 드는 과거의 비용은 $\int_{-T'}^0 R^{-t}\left(\dfrac{dy}{dt}-\dfrac{dx}{dt}\right)dt$인데, 여기서 T'는 그가 태어난 날이다. 만일 그가 생애 전 기간에 체류했던 나라에서 물적 부를 더하지도 줄이지도 않을 것이라고 가정해야 한다면, $\int_{-T'}^T R^{-t}\left(\dfrac{dx}{dt}-\dfrac{dy}{dt}\right)dt=0$이어야 한다. 또는 출발점을 그가 태어난 날로 잡고, $l=T+T'$를 그의 최대한 가능한 삶의 기간이라 한다면, 그것은 좀더 단순한 형태 $\int_0^l R^{-t}\left(\dfrac{dx}{dt}-\dfrac{dy}{dt}\right)dt=0$을 가정한다.

Δx는 Δt 시간 동안 그의 예상되는 생산량이라고 말하는 것은 다음과 같이 좀더 정확하게 표현될 수 있는 것을 축약한 것이다. p_1, p_2, ……

** 원문에는 $f_2'(x)$로 되어 있으나 오타로 판단된다.

는 Δt 시간 동안 그가 $\Delta_1 x,\ \Delta_2 x,\ \cdots$의 부의 요소를 생산할 확률이라 하고, $p_1 + p_2 + \cdots = 1$이고, $\Delta_1 x,\ \Delta_2 x,\ \cdots$ 중에서 일부는 0일 수 있다고 하자. 그러면 $\Delta x = p_1 \Delta_1 x + p_2 \Delta_2 x + \cdots$ 이다.

찾아보기

지은이 앨프레드 마셜

앨프레드 마셜(Alfred Marshall, 1842~1924)은 영국 런던의 버몬지에서 태어났다. 아버지는 마셜이 성직자가 되길 원했지만 어린 시절부터 수학에 남다른 소질을 보인 그는 케임브리지 대학에서 수학과 물리학을 전공했다. 후에 경제학의 수학적인 엄밀함을 개선해 경제학을 좀더 과학적으로 만드는 데 힘썼다. 영국의 경제학자 제번스, 프랑스의 경제학자 발라와 더불어 19세기 한계혁명을 주도해 신고전파시대를 열었다. 마셜은 1890년대에서 1920년대까지 세계 경제학계를 대표한 인물이며 특히 케임브리지에서 경제학을 독자적인 학문으로 끌어올린 실질적인 공헌자다. 또한 수십 년 동안 세계 경제학계의 흐름을 주도했던 피구, 케인스, 로빈슨 등으로 이어지는 케임브리지 학파의 창시자이기도 하다. 경제학자로서 그의 생애를 관통하는 궁극의 목표는 현존하는 사회적 조건에 대한 지식을 확보하고 그 지식을 활용해 빈곤을 퇴치하는 데 있었다. 이러한 인식에 기초한 '냉철한 머리와 따뜻한 가슴' 이라는 경제적 기사도의 원칙은 그의 이론적 업적에 필적하는 유산이다. 마셜의 대표작『경제학원리』(1890)는 현대 미시경제학의 가장 원론적인 분석도구들을 대부분 집대성한 경제학사상 기념비적인 걸작이다. 그밖에 주요저서로는『산업경제학』(1879)을 비롯해, 『산업과 상업』(1919),『화폐, 신용 그리고 통상』(1923) 등이 있다.

옮긴이 백영현

백영현(白榮鉉)은 서울대학교 경제학과를 졸업하고, 프랑스 파리 X 대학에서 '시장과 정의' 라는 주제로 경제학 박사학위를 받았다. 세종대학교 겸임교수를 거쳐 지금은 금곡학술문화재단의 사무총장을 맡고 있다. 역서로는 한길사에서 펴낸 앨프레드 마셜의『경제학원리 1 · 2』를 비롯하여, 미셸 보의『세계의 격변』, 딘 베이커의『강요된 신화』, 조지프 E. 스티글리츠의『스티글리츠의 경제학』등이 있다. 편서로는『한국 사회에 주는 충고』(공편)가 있다.

한국연구재단 학술명저번역총서

서양편 ● 68 ●

'한국연구재단 학술명저번역총서'는
우리 시대 기초학문의 부흥을 위해
한국연구재단과 한길사가 공동으로 펼치는
서양고전 번역간행사업입니다.

경제학원리 2

지은이 · 앨프레드 마셜
옮긴이 · 백영현
펴낸이 · 김언호
펴낸곳 · (주)도서출판 한길사
등록 · 1976년 12월 24일 제74호
주소 · 413-120 경기도 파주시 광인사길 37
www.hangilsa.co.kr
E-mail: hangilsa@hangilsa.co.kr
전화 · 031-955-2000~3
팩스 · 031-955-2005

제1판 제1쇄 2010년 12월 30일
제1판 제2쇄 2015년 10월 15일

값 35,000원
ISBN 978-89-356-6244-9 94320
ISBN 978-89-356-5291-4 (세트)
* 잘못 만들어진 책은 구입하신 서점에서 바꿔드립니다.